FACHHANDBUCH

Wettbewerbsrecht

Rolf H. Weber
Stephanie Volz

FACHHANDBUCH

Wettbewerbsrecht

EXPERTENWISSEN FÜR DIE PRAXIS

Schulthess § 2013

Zitiervorschlag:
Rolf H. Weber/Stephanie Volz, Wettbewerbsrecht, Zürich 2013, Rz. x.yz

Bibliografische Information der Deutschen Nationalbibliothek

Die Deutsche Nationalbibliothek verzeichnet diese Publikation in der Deutschen Nationalbibliografie; detaillierte bibliografische Daten sind im Internet über http://dnb.d-nb.de abrufbar.

ISBN 978-3-7255-6749-2

www.schulthess.com

Vorwort

Obwohl das schweizerische Kartellgesetz 1995 einen modernen und europakompatiblen Rechtsrahmen gegen private Wettbewerbsbeschränkungen geschaffen hat, ist es weiter ständigen Wandlungen unterworfen. Die praktische und wissenschaftliche Bedeutung kartellrechtlicher Fragestellungen nimmt deshalb seit einigen Jahren zu; durch die Einführung der direkten Sanktionen und der Kronzeugenregelung im Jahre 2004 hat sich diese Entwicklung noch verstärkt.

Gleichwohl ist ein Ende des Weges nicht in Sicht und dem Kartellgesetz steht erneut eine möglicherweise einschneidende Revision bevor. Der Bundesrat hat nämlich am 22. Februar 2012 die Botschaft für die Revision des Kartellgesetzes nach drei Vernehmlassungen verabschiedet. Zur Debatte stehen derzeit insbesondere eine Neugestaltung der bisherigen institutionellen Ordnung und aus materieller Sicht die Einführung eines Teilverbotes für kartellistische Absprachen sowie eine erhoffte Vereinfachung der Beurteilung von Fusionsvorhaben.

Das vorliegende Handbuch will insbesondere Praktikern einen einfachen und leicht verständlichen Überblick über die Materie des Kartellrechts verschaffen. Der erste Teil des Buches behandelt die wirtschaftlichen und rechtlichen Grundlagen, im zweiten Teil sind die materiell bedeutsamsten Teilbereiche – Wettbewerbsabreden, unzulässige Verhaltensweisen marktbeherrschender Unternehmen sowie Unternehmenszusammenschlüsse – eingehend erläutert. Schliesslich befasst sich der dritte Teil mit der verfahrensrechtlichen Thematik, einschliesslich der für Unternehmen bedeutsamen direkten Sanktionsmöglichkeiten und der Bonusregelung. Der Text ist bewusst stark gegliedert durch Grafiken, besonders hervorgehobene Praxistipps und vertiefende Erläuterungen zu Einzelfragen.

Der Schwerpunkt des Buches liegt klar auf praktisch relevanten Problemstellungen. Zahlreiche Beispiele aus der Praxis unterstreichen die theoretischen Ausführungen. Zum besseren Verständnis enthält das Handbuch zudem eine Reihe optisch einprägsamer Darstellungen, Praxishinweise und weiterführender Texte zur Konkretisierung schwieriger Rechtsfragen.

Das Fachhandbuch ist auf dem Stand von Ende Juni 2013 und berücksichtigt Rechtsprechung und Literatur bis Ende Juni 2013.

Juni 2013

Rolf H. Weber
Stephanie Volz

Inhaltsübersicht

Inhaltsverzeichnis

Allgemeines Literaturverzeichnis

BORER JÜRG, Kartellgesetz, Wettbewerbsrecht I, 3. Auflage, Zürich 2010;

CR-BEARBEITER, in: Martenet Vincent/Bovet Christian/Tercier Pierre (Hrsg.), Droit de la concurrence, 2. Auflage, Basel 2012;

DAVID LUCAS/JACOBS RETO, Schweizerisches Wettbewerbsrecht, 5. Auflage, Bern 2012;

DUCREY PATRIK, Kontrolle von Unternehmenszusammenschlüssen, in: Von Büren Roland/David Lucas (Hrsg.), Schweizerisches Immaterialgüter- und Wettbewerbsrecht, Band 5 Wettbewerbsrecht, Teilband 2 Kartellrecht, Basel/Genf/München 2000, 231 ff.;

HÄFELIN ULRICH/MÜLLER GEORG/UHLMANNN FELIX, Allgemeines Verwaltungsrecht, 6. Auflage, Zürich 2010;

HETTICH PETER, Wirksamer Wettbewerb, Diss., Bern 2003;

HK-BEARBEITER, in: Baker & McKenzie, Stämpflis Handkommentar zum KG, Bern 2007;

KG-BEARBEITER, in: Amstutz Marc/Reinert Mani (Hrsg.), Basler Kommentar Kartellgesetz, Basel 2007;

KÖLZ ALFRED/HÄNER ISABELLE/BERTSCHI MARTIN, Verwaltungsverfahren und Verwaltungsrechtspflege des Bundes, 3. Auflage, Zürich 2013;

MARTENET VINCENT/HEINEMANN ANDREAS, Droit de la concurrence, Genf/Zürich/Basel 2012;

OESCH MATTHIAS/WEBER ROLF H./ZÄCH ROGER (Hrsg.), Wettbewerbsrecht II, Zürich 2011;

OR-BEARBEITER, in: Honsell Heinrich/Vogt Nedim Peter/Wiegand Wolfgang (Hrsg.), Basler Kommentar Obligationenrecht, Art. 1–529 OR. Obligationenrecht I, 5. Auflage, Basel 2011;

OR-BEARBEITER, in: Honsell Heinrich/Vogt Nedim Peter/Watter Rolf (Hrsg.), Basler Kommentar Obligationenrecht, Art. 530–964 OR, Art. 1–6 SchlT AG, Art. 1–11 ÜBest GmbH. Obligationenrecht II, 4. Auflage, Basel 2012;

RICHLI PAUL, Kartellverwaltungsverfahren, in: Von Büren Roland/David Lucas (Hrsg.), Schweizerisches Immaterialgüter- und Wettbewerbsrecht, Band 5 Wettbewerbsrecht, Teilband 2 Kartellrecht, Basel/Genf/München 2000, 417 ff.;

STIRNIMANN FRANZ X., Urheberkartellrecht: Kartellrechtliche Verhaltenskontrolle von urheberrechtlichen Märkten in der Schweiz, Diss., Zürich 2004;

VON BÜREN ROLAND/MARBACH EUGEN/DUCREY PATRIK, Immaterialgüter- und Wettbewerbsrecht, 3. Auflage, Bern 2008;

VwVG-Bearbeiter, in: Waldmann Bernhard/Weissenberger Philippe (Hrsg.), VwVG – Praxiskommentar zum Bundesgesetz über das Verwaltungsverfahren, Zürich 2009;

Weber Rolf H., Kartellrecht – Einleitung, in: Von Büren Roland/David Lucas (Hrsg.), Schweizerisches Immaterialgüter- und Wettbewerbsrecht, Band 5 Wettbewerbsrecht, Teilband 2 Kartellrecht, Basel/Genf/München 2000, 1 ff.;

Weber Rolf H./Vlcek Michael, Tafeln zum Kartellrecht, Bern 2008;

Whish Richard/Bailey David, Competition Law, 7th Edition, Oxford 2012;

Zäch Roger, Verhaltensweisen marktbeherrschender Unternehmen, in: Von Büren Roland/David Lucas (Hrsg.), Schweizerisches Immaterialgüter- und Wettbewerbsrecht, Basel/Genf/München 2000, Band 5 Wettbewerbsrecht, Teilband 2 Kartellrecht, 137 ff. (SIWR);

Zäch Roger, Schweizerisches Kartellrecht, 2. Auflage, Bern 2005;

ZPO-Bearbeiter, in: Baker & McKenzie, Stämpflis Handkommentar zur ZPO, Bern 2010;

Zurkinden Philipp, Schweizerisches Kartellrecht, Bern 2010;

Zurkinden Philipp/Trüeb Hans Rudolf, Das neue Kartellgesetz. Handkommentar, Zürich 2004.

Materialienverzeichnis

BOTSCHAFTEN UND BERICHTE DES BUNDESRATES

BOTSCHAFT zu einem Bundesgesetz über Kartelle und andere Wettbewerbsbeschränkungen (Kartellgesetz, KG) vom 23. November 1994, BBl. 1995 468 ff., zit.: BOTSCHAFT

BOTSCHAFT über die Änderung des Kartellgesetzes vom 7. November 2001, BBl. 2001 2022 ff., zit.: BOTSCHAFT 2001

BOTSCHAFT zur Änderung des Kartellgesetzes und zum Bundesgesetz über die Organisation der Wettbewerbsbehörde vom 22. Februar 2012, BBl. 2012 3905 ff., zit: BOTSCHAFT 2012

BOTSCHAFT zur Genehmigung des Abkommens zwischen der Schweizerischen Eidgenossenschaft und der Europäischen Union über die Zusammenarbeit bei der Anwendung ihres Wettbewerbsrechts vom 22. Mai 2013, BBl. 2013 3959 ff., zit.: BOTSCHAFT Abkommen

BERICHT des Bundesrates zur Abschreibung der Motion Schweiger (07.3856): Ausgewogeneres und wirksameres Sanktionssystem für das Schweizer Kartellrecht vom 15. Februar 2012, BBl. 2012 1835 ff.; zit. BERICHT des Bundesrates zur Motion Schweiger

NATIONALE MATERIALIEN

Erläuterungen zur KG-Sanktionsverordnung (SVKG), abrufbar unter <http://www.weko.admin.ch/dokumentation>, zit.: Erläuterungen SVKG

Geschäftsreglement der Wettbewerbskommission vom 1. Juli 1996 (Stand am 1. Januar 2013) vom Bundesrat genehmigt am 30. September 1996, SR 251.1, abrufbar unter <http://www.weko.admin.ch/dokumentation>, zit.: Geschäftsreglement WEKO

Abkommen zwischen der Schweizerischen Eidgenossenschaft und der Europäischen Union über die Zusammenarbeit bei der Anwendung ihrer Wettbewerbsrechte, Entwurf, abrufbar unter <http://www.europa.admin.ch/dokumentation>, zit. ABKOMMEN

Synthesebericht der Evaluationsgruppe Kartellgesetz, Im Auftrag des Eidgenössischen Volkswirtschaftsdepartements vom 5. Dezember 2008, abrufbar unter <http://www.weko.admin.ch/dokumentation>, zit. Evaluationsgruppe KG

VERORDNUNGEN UND RICHTLINIEN DER EUROPÄISCHEN UNION

Verordnung (EG) Nr. 772/2004 der Kommission vom 27. April 2004 über die Anwendung von Artikel 81 Absatz 3 EG-Vertrag auf Gruppen von Technologietransfer-Vereinbarungen, Abl. L 123 vom 27. April 2004 11 ff., zit.: TECHNOLOGIE-GVO

Verordnung (EG) Nr. 461/2010 der Kommission vom 27. Mai 2010 über die Anwendung von Artikel 101 Absatz 3 des Vertrags über die Arbeitsweise der Europäischen Union auf Gruppen von vertikalen Vereinbarungen und abgestimmten Verhaltensweisen im Kraftfahrzeugsektor Abl. L 129 vom 28. Mai 2010 52 ff., zit.: KFZ-VERORDNUNG

Leitlinien zur Anwendbarkeit von Artikel 101 des Vertrags über die Arbeitsweise der Europäischen Union auf Vereinbarungen über horizontale Zusammenarbeit, Abl. C 11 vom 14. Januar 2011 1 ff., zit.: HORIZONTALLEITLINIEN

Leitlinien für vertikale Beschränkungen, Abl. C 130 vom 19. Mai 2010 1 ff., zit.: VERTIKALLEITLINIEN

Abkürzungsverzeichnis

A.	Auflage
a.A.	anderer Ansicht
Abl.	Amtsblatt (EU)
Abs.	Absatz
AG	Aktiengesellschaft
AJP	Aktuelle juristische Praxis (St. Gallen/Lachen, 1992 ff.)
AS	Amtliche Sammlung des Bundesrechts
Art.	Artikel (im Singular oder Plural)
Aufl.	Auflage
BAKOM	Bundesamt für Kommunikation
BankG	Bundesgesetz über die Banken und Sparkassen vom 8. November 1934 (Bankengesetz, SR 952.0)
BBl.	Bundesblatt der Schweizerischen Eidgenossenschaft
BGBM	Bundesgesetz über den Binnenmarkt vom 6. Oktober 1995 (SR 943.02)
BGE	Entscheid(e) des Schweizerischen Bundesgerichts
BGer	Bundesgericht
BV	Bundesverfassung der Schweizerischen Eidgenossenschaft vom 18. April 1999 (SR 101)
BZP	Bundesgesetz über den Bundeszivilprozess vom 4. Dezember 1947 (SR 273)
bzw.	beziehungsweise
CHF	Schweizer Franken
d.h.	das heisst
ders.	derselbe
Diss.	Dissertation
DSG	Bundesgesetz über den Datenschutz vom 19. Juni 1992 (SR 235.1)
EDÖB	Eidgenössischer Datenschutz- und Öffentlichkeitsbeauftragter
EMRK	Konvention zum Schutze der Menschenrechte und Grundfreiheiten vom 4. November 1950 (SR 0.101)
Erw.	Erwägung
EU	Europäische Union
EuGH	Europäischer Gerichtshof
EuZ	Zeitschrift für Europarecht (Beiheft SJZ)

EuZW	Europäische Zeitschrift für Wirtschaftsrecht (München/Frankfurt, 1990 ff.)
evtl.	eventuell
f./ff.	folgende(r/s)
FINMA	Finanzmarktaufsichtsbehörde
FMG	Bundesgesetz über den Fernmeldeverkehr vom 30. April 1997 (SR 784.10)
Fn	Fussnote
FS	Festschrift
FusG	Bundesgesetz über Fusion, Spaltung, Umwandlung und Vermögensübertragung vom 3. Oktober 2003 (SR 221.301)
h.L.	herrschende Lehre
HGer	Handelsgericht
Hrsg.	Herausgeber
IPRG	Bundesgesetz über das Internationale Privatrecht vom 18. Dezember 1987 (SR 291)
i.S.v.	im Sinne von
i.V.m.	in Verbindung mit
KG	Bundesgesetz über Kartelle und andere Wettbewerbsbeschränkungen vom 6. Oktober 1995 (SR 251)
KMU	Kleine und mittlere Unternehmen
LugÜ	Lugano-Übereinkommen (Übereinkommen über die gerichtliche Zuständigkeit und die Vollstreckung gerichtlicher Entscheidungen in Zivil- und Handelssachen, abgeschlossen in Lugano am 16. September 1998, SR 0.275.11)
m.w.H.	mit weiteren Hinweisen
MWSTG	Mehrwertsteuergesetz (Bundesgesetz über die Mehrwertsteuer vom 12. Juni 2009, SR 641.20)
N	Note
Nr.	Nummer
NZZ	Neue Zürcher Zeitung
OECD	Organisation for Economic Cooperation and Development (Organisation für wirtschaftliche Zusammenarbeit und Entwicklung)
OR	Bundesgesetz betreffend die Ergänzung des Schweizerischen Zivilgesetzbuches (Fünfter Teil: Obligationenrecht) vom 30. März 1911 (SR 220)
PG	Postgesetz vom 17. Dezember 2010 (SR 783.0)
PüG	Preisüberwachungsgesetz vom 20. Dezember 1985 (SR 942.20)

recht	Zeitschrift für juristische Ausbildung und Praxis (Bern, 1983 ff.)
REKO	Rekurskommission
RPW	Recht und Politik des Wettbewerbs, Publikationsorgan der Schweizerischen Wettbewerbsbehörden (Bern, 1997 ff.)
RTVG	Bundesgesetz über Radio und Fernsehen vom 21. Juni 1991 (SR 784.40)
Rz.	Randziffer
SHAB	Schweizerisches Handelsamtsblatt (Bern)
sic!	Zeitschrift für Immaterialgüter-, Informations- und Wettbewerbsrecht (Zürich, 1997 ff.)
SIWR	Schweizerisches Immaterialgüter- und Wettbewerbsrecht
SJZ	Schweizerische Juristenzeitung (Zürich, 1905 ff.)
sog.	sogenannte (r/s)
SR	Systematische Sammlung des Bundesrechts
StGB	Schweizerisches Strafgesetzbuch vom 21. Dezember 1937 (SR 311.0)
StPO	Schweizerische Strafprozessordnung vom 5. Oktober 2007 (SR 312.0)
SVKG	Verordnung über die Sanktionen bei unzulässigen Wettbewerbsbeschränkungen vom 12. März 2004 (KG-Sanktionsverordnung, SR 251.5)
SZW	Schweizerische Zeitschrift für Wirtschaftsrecht, früher: die Schweizerische Aktiengesellschaft, SAG (Zürich, 1990 ff.)
URG	Bundesgesetz über das Urheberrecht und verwandte Schutzrechte vom 9. Oktober 1992 (SR 231.1)
usw.	und so weiter
u.U.	unter Umständen
UWG	Bundesgesetz über den unlauteren Wettbewerb vom 19. Dezember 1986 (SR 241)
v.a.	vor allem
vgl.	vergleiche
VKU	Verordnung über die Kontrolle von Unternehmenszusammenschlüssen vom 17. Juni 1996 (SR 251.4)
Vorbem.	Vorbemerkungen
VPG	Postverordnung vom 29. August 2012 (SR 783.01)
VStR	Bundesgesetz über das Verwaltungsstrafrecht vom 20. Dezember 1974 (SR 313.0)
VwVG	Bundesgesetz über das Verwaltungsverfahren vom 20. Dezember 1968 (SR 172.021)
WAK	Kommissionen für Wirtschaft und Abgaben

WEKO	Wettbewerbskommission
WuW	Wirtschaft und Wettbewerb (Düsseldorf, 1951 ff.)
www	World Wide Web
z.B.	zum Beispiel
ZBJV	Zeitschrift des Bernischen Juristenvereins (Bern, 1864 ff.)
ZGB	Schweizerisches Zivilgesetzbuch vom 10. Dezember 1907 (SR 210.0)
Ziff.	Ziffer
ZIK	Zentrum für Informations- und Kommunikationsrecht
zit.	zitiert
ZPO	Schweizerische Zivilprozessordnung vom 19. Dezember 2008 (SR 272)
ZSR	Zeitschrift für Schweizerisches Recht (Basel, 1882 ff.)
ZWeR	Zeitschrift für Wettbewerbsrecht (Köln, 2003 ff.)

TEIL 1

Einführung

Inhaltsübersicht

Teil 1: Einführung

Spezialliteratur

BISCHOF JUDITH, Rechtsfragen der Stromdurchleitung, Diss., Zürich 2002; DIETRICH MARCEL/BÜRGI ALEXANDER, Abgrenzung der Zuständigkeiten von Wettbewerbskommission und Preisüberwacher, in: sic! 2005 179 ff.; KÜNZLER ADRIAN, Rechtlicher Regelungsrahmen und ökonomische Analysen im Kartellrecht, in: AJP 2008 1074 ff. (AJP 2008); KÜNZLER ADRIAN/ZÄCH ROGER, Revision der schweizerischen Fusionskontrolle – Einführung eines Konsumentenwohlfahrtsstandards, in: AJP 2013 754 ff.; OESCH MATTHIAS/ZWALD THOMAS, Bundesgesetz über den Binnenmarkt (BGBM), in: Oesch Matthias/Weber Rolf H./Zäch Roger (Hrsg.), Wettbewerbsrecht II, Zürich 2011, 455 ff.; TSCHUDIN MICHAEL, Diskriminierung als kartellrechtlicher Aufgreiftatbestand, in: Jusletter 25. März 2013 (Diskriminierung); WEBER ROLF H., Wirtschaftsregulierung in wettbewerbsrechtlichen Ausnahmebereichen, Zürich 1986 (Wirtschaftsregulierung); WEBER ROLF H., Erzwingung unangemessener Preise» – Wohin geht der Weg?, in: Jusletter 1. November 2010 (Jusletter); WEBER ROLF H., Preisüberwachungsgesetz (PüG), Bern 2009 (PüG); ZÄCH ROGER/KÜNZLER ADRIAN, Traditionelle europäische Wettbewerbspolitik versus «more economic approach», in: EuZ 2009 30 ff.

I. Zweck, Geltungs- und Anwendungsbereich des Kartellgesetzes

A. Wettbewerb

1. Begriff des Wettbewerbs

1.1 Wettbewerb lässt sich umschreiben als eine marktbezogene Rivalitätsbeziehung zwischen mehreren Wirtschaftssubjekten, welcher das erwerbsorientierte Streben von Anbietern und Nachfragern nach geschäftlichen Verbindungen mit Dritten zugrunde liegt.[1] Im Wettbewerb bemühen sich also mehrere Unternehmen (einschliesslich Einzelkaufleute), mit der Marktgegenseite ins Geschäft zu kommen, indem sie die Konkurrenten mittels besserer Preise/Konditionen, besserer Produkte und/oder besseren Dienstleistungsangebots beim Verkauf/Vertrieb zu übertreffen beabsichtigen.[2] Wettbewerb setzt somit voraus, dass mindestens zwei Wirtschaftsteilnehmer der einen Marktseite mit der anderen Marktseite ins Geschäft kommen wollen.

1.2 Beispiele aus alter Zeit:[3]

- ☐ In der Genesis der Bibel hat im Verhältnis zwischen Adam und Eva kein Wettbewerb entstehen können, weil es an Ausweichmöglichkeiten fehlte.
- ☐ In der griechischen Sage konnte Paris eine Wahl zwischen Hera, Pallas Athene und Aphrodite treffen.

1.3 Wettbewerber verhalten sich typischerweise antagonistisch, d.h., durch den Einsatz eines oder mehrerer Aktionsparameter bezwecken sie, den Marktanteil zu Lasten anderer Wirtschaftssubjekte zu erhöhen.[4] Im Wettbewerb findet ein kompetitives Streben der Marktteilnehmer statt.[5] Wettbewerb ist mithin «Stress» und «Kampf», der Anstrengung verlangt und Innovation fordert.[6]

1.4 Der Wettbewerb vermag nur zu spielen, wenn gewisse objektive und subjektive Voraussetzungen vorliegen:

1.5 (i) **Objektiv** betrachtet ist erforderlich, dass auf einem bestimmten Markt austauschbare (substituierbare) Güter (Waren oder Dienstleistungen)[7] vorhanden sind, die ein Angebot und eine Nachfrage ermöglichen: Das Spiel von Angebot und Nachfrage kann ablaufen, wenn auf jeder Marktseite (anders als im Beispiel der Genesis aus

---

1 WEBER, SIWR, 5.
2 ZÄCH, N 10.
3 Beispiele aus: KUMMER MAX, Der Begriff des Kartells, Bern 1966, 35.
4 WEBER, Wirtschaftsregulierung, 45.
5 WEBER, SIWR, 5.
6 ZÄCH, N 10.
7 WEBER, SIWR, 6.

der Bibel) zwei voneinander unabhängige (d.h. nicht konzernierte) Wirtschaftsteilnehmer vorhanden sind.[8]

Ein Marktteilnehmer in einem bestimmten Markt genügt für das Vorliegen von Wettbewerb lediglich, wenn angesichts der konkreten Marktgegebenheiten mit dem Eintritt eines Konkurrenten zu rechnen ist. Dieses «Risiko» eines Markteintritts charakterisiert den sog. potenziellen Wettbewerb, der sich dadurch auszeichnet, dass der einzige Anbieter auf dem Markt befürchten muss, dass jederzeit ein weiterer Anbieter in den Markt eintreten könnte (sog. bestreitbarer Markt). Potenzieller Wettbewerb wird insbesondere durch tiefe Markteintritts- und Marktaustrittsschranken begünstigt: Markteintrittsschranken sind rechtliche oder tatsächliche Erschwernisse für einen Markteintritt, wie z.B. hohe Anfangsinvestitionen (etwa im Infrastrukturbereich) oder grosse Kundenloyalität. Lassen sich hohe Investitionen, die für einen Markteintritt notwendig sind, bei fehlendem Erfolg und einem allfälligen späteren Marktaustritt nicht realisieren (sog. Sunk Costs), sind die Marktaustrittsschranken gross.[9] 1.6

(ii) **Subjektiv** setzt das Vorliegen von Wettbewerb voraus, dass bei den Wirtschaftsteilnehmern ein Wille zum Wettbewerb (spirit of competition) vorhanden ist. Liegt dieser notwendige Wille zum Wettbewerb bei den Wirtschaftssubjekten nicht vor, lässt sich der Wettbewerb nur mittels staatlicher Normen herbeiführen, welche die privatautonomen Wettbewerbsbeschränkungen (insbesondere Wettbewerbsabreden) zwischen den Wirtschaftssubjekten unterbinden.[10] 1.7

2. Funktionen des Wettbewerbs

Die Wirtschaftswissenschaften haben sich sehr eingehend mit den Funktionen des Wettbewerbs beschäftigt und einzelne Elemente in unterschiedlicher Art herausdifferenziert. Kurz zusammengefasst lässt sich auf folgende Funktionen, die auf den tatsächlichen Auswirkungen des Wettbewerbs aufbauen, hinweisen:[11] 1.8

Entdeckungs- und Fortschrittsfunktion	Im Wettbewerb stehende Unternehmen sind bestrebt, durch Innovationen (Innovationswettbewerb) sowie durch bessere Produktionsverfahren und qualitativ bessere Produkte einen Wettbewerbsvorteil zu erlangen. Erfahrungsgemäss verursacht eine Fortschrittsverlangsamung einen schwächeren Wettbewerb.
Koordinationsfunktion	Wettbewerb koordiniert den schnellen Ausgleich sowie die rasche Anpassung der Interessen von Anbietern und Nachfragern mit dem Ziel des Marktgleichgewichts (wohlfahrtsökonomisches Optimum).

8 Substituierbare Güter sind solche Güter, die von der Marktgegenseite hinsichtlich ihrer Eigenschaften und ihres vorgesehenen Verwendungszwecks als gleichartig angesehen werden (vgl. Art. 11 Abs. 3 lit. a VKO).

9 WEBER/VLCEK, 7; zu den Marktzutrittsschranken vgl. hinten N 2.62 ff.

10 WEBER/VLCEK, 7.

11 Eingehender dazu WEBER, SIWR, 7 ff.; ZÄCH, N 20 ff.

Allokationsfunktion	Wettbewerb zwingt Anbieter und Nachfrager zu einem effizienten Einsatz der Produktionsfaktoren, Kosten sind zu minimieren und Einkommen zu maximieren; volkswirtschaftlich führt dies zu einer effizienten Allokation.
Risikoverteilungsfunktion	Im freien Wettbewerb trägt jeder Anbieter und Nachfrager das Risiko seines unternehmerischen Handelns selbst. Dieses Risiko kann durch Kartelle teilweise auf andere Wirtschaftsteilnehmer abgewälzt werden.
Auslesefunktion	Durch Wettbewerb sind Anbieter und Nachfrager gezwungen, sich Marktveränderungen anzupassen. Ein Anbieter, der sich nicht entsprechend anzupassen vermag, wird vom Markt verdrängt. Kartelle versuchen hingegen, ineffizienten Mitgliedern ein Überleben zu ermöglichen, was zur Verhinderung bzw. Verzögerung eines Strukturwandels führen kann.
Renditennormalisierungsfunktion	Mitglieder von Kartellen vermögen Kartellrenten in Anspruch zu nehmen, die nicht durch ihre Leistung gerechtfertigt sind; die kartellistische Renditenhöhe bleibt im Wettbewerb hingegen beschränkt.
Preisstabilisierungsfunktion	Allgemeine Preiserhöhungen führen im Wettbewerb weniger zur Änderung des Endverkaufspreises eines Produktes als bei Kartellabsprachen. Anbieter müssen befürchten, dass sie Marktanteile verlieren, wenn nur sie ihre Preise erhöhen. Wettbewerb trägt damit zur Inflationsbekämpfung bei.
Übermachterosionsfunktion	Wettbewerb verhindert im Zusammenspiel mit einem funktionierenden Kartellrecht die Konzentration von wirtschaftlicher sowie gesellschaftlicher Macht in den Händen einzelner Wirtschaftsteilnehmer, weil sie grundsätzlich mit neuen Markteintritten rechnen müssen.

Abb. 1.1

1.9 Mit den genannten (in der Lehre teilweise auch anders umschriebenen) Funktionen sind tatsächliche Auswirkungen des Wettbewerbs angesprochen; inwieweit diese wettbewerblichen Funktionen in Wirtschaft und Gesellschaft auch verwirklicht werden sollen, obliegt dem Entscheidungsermessen des Verfassungs- bzw. Gesetzgebers.[12]

3. Wettbewerbspolitische Leitbilder

1.10 Wettbewerbspolitische Leitbilder können dazu dienen, eine Grundlage für den Verfassungs- bzw. Gesetzgeber bereitzustellen, um sinnvolle und v.a. kohärente wettbewerbsrechtliche Entscheidungen zu treffen. Die dazu entwickelten wirtschafts-

12 Vgl. auch Zäch, N 20.

wissenschaftlichen Erkenntnisse sind aber stark umstritten und divergieren auch untereinander, weshalb der Erkenntnisgewinn daraus nicht zu überschätzen ist. Im Wesentlichen lässt sich kurz auf folgende Leitbilder hinweisen:[13]

Klassischer Liberalismus	**Konzept:** Nach dem Konzept des klassischen Liberalismus wird der Wettbewerb durch das egoistisch motivierte Handeln der Wirtschaftssubjekte wie durch eine «unsichtbare Hand» (ADAM SMITH) gesteuert.[14]	**Kritik:** Die Schwäche des klassischen Liberalismus liegt vor allem in der Überschätzung des Selbstregulierungsmechanismus des Marktes.	1.11
Vollkommene Konkurrenz	**Konzept:** Die vollkommende Konkurrenz beschreibt die ideale Marktform als ein Gleichgewicht, bestehend in einem bilateralen Polypol. In diesem Leitbild stehen viele kleine Anbieter vielen kleinen Nachfragern gegenüber, die einzelnen Konkurrenten verfügen über wenig Markteinfluss. Zudem geht dieses Modell von der Homogenität der angebotenen Produkte/Dienstleistungen und von grosser Markttransparenz aus.[15]	**Kritik:** Dem Modell der vollkommenen Konkurrenz fehlt die Berücksichtigung der wettbewerblichen Dynamik. Eine Vielzahl von Konkurrenten führt nicht unbedingt dazu, dass auch intensiver Wettbewerb entsteht. Bei vielen Wettbewerbern ist die Markttransparenz beschränkt, zudem fehlt kleinen Wettbewerbern oftmals die notwendige Durchschlagskraft, um sich im Wettbewerb gegen die Konkurrenten durchzusetzen. Ausserdem vernachlässigt diese Theorie die Kostenersparnisse durch Massenproduktion, die sich mit vielen kleinen Anbietern nicht erzielen lassen.	
Funktionsfähiger Wettbewerb	**Konzept:** Nach der Theorie des funktionsfähigen Wettbewerbs ist der Wettbewerb nicht das Ziel, sondern das Mittel zur Erreichung des gesamtwirtschaftlichen Optimums. Es soll ein funktionsfähiger, nicht ein vollständiger Wettbewerb sichergestellt werden. Die geeignete Marktstruktur ist diejenige des weiten Oligopols. Theoretische Marktunvollkommenheiten (wie z.B. das Bestehen grosser Konzerne) werden in Kauf genommen. Neben Marktstrukturkriterien spielen auch Marktverhaltens- und Marktergebniskriterien eine Rolle.[16]	**Kritik:** Diesem Modell fehlt vor allem die empirische Absicherung; die Kausalbezüge zwischen den Marktstrukturvariablen und der Wettbewerbsintensität sind in der praktischen Umsetzung nicht gesichert.	

13 Die Darstellung ist angelehnt an Tafel 11/1 WEBER/VLCEK, 14; eingehender dazu WEBER, SIWR, 9 ff.; ZÄCH, N 96 ff.

14 ADAM SMITH, An Inquiry into the Nature and Causes of the Wealth of Nations, London 1776, Book IV.

15 WEBER, Wirtschaftsregulierung, 51 f.

16 WEBER, Wirtschaftsregulierung, 53 f.

Neoklassischer freier Wettbewerb	**Konzept:** Zentrales Element des neoklassischen freien Wettbewerbs ist die Wettbewerbsfreiheit der Unternehmen. Wettbewerbsfreiheit bedeutet die Freiheit der Wettbewerber, selbst innovativ zu sein oder die Leistungen der Konkurrenten zu imitieren, sich die Partner auf der Marktgegenseite selbst auszuwählen und ohne Zwang durch Dritte Entschlüsse fassen zu können. Die Unternehmen sind in ihrer Freiheit vor auf Marktmacht – nicht auf Leistungsfähigkeit – beruhendem Zwang Dritter zu schützen. Ausserdem bedeutet Wettbewerbsfreiheit die Freiheit der Unternehmer, ihre gefassten Entschlüsse ohne Beschränkungen der anderen Marktteilnehmer in die Tat umzusetzen. Aufgabe der Wettbewerbspolitik ist die Beseitigung von nicht naturnotwendigen Wettbewerbshemmnissen.[17]	**Kritik:** Der Begriff «Wettbewerbsfreiheit» ist abstrakt, d.h. wenig operabel. Die absolute Ablehnung möglicher Zielkonflikte erscheint überspitzt, die Konzentration auf Per-se-Verbote führt zu Schwarz-Weiss-Entscheidungen und macht eine Wettbewerbsförderungspolitik kaum möglich.
Koordinationsmängelkonzept	**Konzept:** Das Koordinationsmängelkonzept formuliert überprüfbare Marktfunktionen: Markträumung, Renditennormalisierung, Übermachterosion, Produktefortschritt und Verfahrensfortschritt. Mit Hilfe dieses «Testprogrammes» lässt sich nachträglich die Wirksamkeit von Wettbewerbsprozessen überprüfen.[18]	**Kritik:** Das Konzept eignet sich nur zur nachträglichen Überprüfung der Wirksamkeit von Wettbewerbsprozessen, nicht aber zur Beantwortung der Frage, welche Parameter präventiv festzulegen sind, um ein wettbewerbliches Umfeld zu schaffen.
Chicago School	**Konzept:** Die Chicago School geht von der Auffassung aus, dass Wettbewerb zwar zur Entstehung marktmächtiger Positionen und damit zu Wettbewerbsbeschränkungen führt, diese aber stets nur vorübergehend sind, weil die natürlichen Marktkräfte marktmächtige Positionen wieder erodieren. Deshalb sieht die Chicago School nur horizontale Wettbewerbsbeschränkungen als volkswirtschaftlich schädlich an, weil sie negative Allokationseffekte zeitigen, nicht dagegen vertikale Wettbewerbsbeschränkungen sowie Unternehmenszusammenschlüsse.[19]	**Kritik:** Die Schwäche dieses Konzepts liegt darin, dass es von einem sehr grossen Zeithorizont ausgeht. Ein Staat kann sich jedoch nicht damit begnügen, dass eine durch Unternehmenszusammenschluss entstandene marktbeherrschende Stellung allenfalls in 20 Jahren durch den Wettbewerb wieder beseitigt wird. Zudem überschätzt es den Selbstregulierungsmechanismus des Wettbewerbs. In grossen Märkten wie den USA ist das Auftreten von (potenziellen) Konkurrenten viel wahrscheinlicher als in kleinen Binnenmärkten wie der Schweiz.

17 Weber, Wirtschaftsregulierung, 55 f.

18 Weber, SIWR, 12.

19 Vgl. dazu Posner Richard A., The Chicago School of Antitrust Analysis, in: 127 University of Pennsylvania Law Review 1979, 944 ff.

Möglicher bzw. potenzieller Wettbewerb	**Konzept:** Nach dem Konzept des möglichen Wettbewerbs werden Wettbewerbsbeschränkungen toleriert, solange für jedes Unternehmen die rechtliche und faktische Möglichkeit besteht, den Wettbewerb aufzunehmen. Dem Konzept liegt die Auffassung zugrunde, dass die Möglichkeit zu mehr Wettbewerb auch genutzt wird, wenn rechtlich dazu die Möglichkeit besteht.[20]	**Kritik:** Problematisch an diesem Konzept ist die Annahme, die Möglichkeit zu mehr Wettbewerb würde tatsächlich auch genutzt; oft sind die Marktteilnehmer nämlich nicht willens, die Wettbewerbschance zu nutzen, weil das Vorhandensein von Kartellabsprachen für die Marktteilnehmer bequemer ist; zudem bestehen teilweise nur schwer überwindbare Marktzutrittsschranken (z.B. hoher Kapitalbedarf). Entsprechend waren auch die Erfahrungen unter dem KG 1962, welches sich auf das Konzept des möglichen Wettbewerbs stützte.
Neuere Industrieökonomie	**Konzept:** Die industrieökonomische Theorie hat in unterschiedlicher Weise einzelne wettbewerbspolitische Modelle verfeinert und zusätzliche Aspekte in die Betrachtung miteinbezogen. (i) Die Mobilitätstheorie kommt u.a. zur Erkenntnis, dass in kleineren offenen Volkswirtschaften ausländische etablierte Unternehmen bessere Chancen haben, in den ausländischen Markt einzudringen als inländische Neuunternehmen.[21] (ii) In Anlehnung an die Chicago-Schule wird die Bedeutung der Transaktionskosten für unternehmerische Entwicklungen herausgearbeitet; wettbewerbsrechtlich ist von Bedeutung, dass gewisse horizontale Kooperationen (Forschungs- oder Normenkartelle) sowie vertikale Verträge zu einer Senkung der Transaktionskosten beizutragen vermögen.[22] (iii) Marktaustrittsschranken: Marktaustritte, die mit hohen Kosten verbunden sind (Sunk Costs), halten neue (potenzielle) Wettbewerber von einem Markteintritt ab.[23]	**Kritik:** Diese Theorieansätze stellen nur eine Auswahl der zahlreichen, von der neueren Industrieökonomie entwickelten Instrumente dar. Die Rechtspraxis muss in der Regel aus Gründen der Effizienz mit vereinfachten Wettbewerbstests operieren.

Abb. 1.2

20 BAUMOL WILLIAM J./PANZAR JOHN C./WILLIG ROBERT D., Contestable Markets and the Theory of Industry Structure, New York 1982.

21 ZÄCH, N 110.

22 ZÄCH, N 111.

23 ZÄCH, N 112.

B. Kartellrechtliche Grundordnung

1. Verfassungsrechtliche Grundlagen des Kartellgesetzes

1.12 Die Bundesverfassung enthält einerseits Grundrechte, die für die Ausübung wirtschaftlicher Tätigkeiten relevant sind und andererseits eine Kompetenzbestimmung zum Erlass des Kartellgesetzes sowie einzelne wirtschaftsverfassungsrechtliche Vorgaben für die Ausgestaltung des Kartellgesetzes. Im Einzelnen sind insbesondere folgende Verfassungsbestimmungen zu beachten:[24]

Wirtschaftsfreiheit (Art. 27 BV)

1.13 Die Wirtschaftsfreiheit von Art. 27 BV deckt eine individualrechtliche und eine institutionelle Seite ab: Die Hauptfunktion besteht in der Einräumung eines Grundrechts an Individuen und Unternehmen, wirtschaftlich tätig zu sein; materiell geht es mithin um das **dynamische,** transaktionale Wirtschaftsgeschehen. Daneben gewährleistet die Wirtschaftsfreiheit eine Institutsgarantie zugunsten einer freiheitlich-marktwirtschaftlichen Grundordnung. Die Grundrechte richten sich konzeptionell gegen den Staat, Private untereinander vermögen sich nicht darauf zu berufen (keine direkte Drittwirkung). Art. 35 Abs. 3 BV statuiert indessen die staatliche Pflicht, Grundrechte, die sich dazu eignen, auch unter Privaten wirksam werden zu lassen (indirekte Drittwirkung).[25] Bei der Wirtschaftsfreiheit nach Art. 27 BV handelt es sich zweifelsohne um ein Grundrecht, welches eine indirekte Drittwirkung entfalten kann. Die kartellrechtlichen Regeln lassen sich somit als Konkretisierung von Art. 35 Abs. 3 BV verstehen, denn sie tragen dazu bei, dass der freie Wettbewerb ohne private Wettbewerbsbeschränkungen verläuft.[26]

Eigentumsgarantie (Art. 26 BV)

1.14 Die Eigentumsgarantie ist neben der Wirtschaftsfreiheit der zweite wichtige Grundpfeiler der schweizerischen Wirtschaftsverfassung, denn ohne Eigentumsrechte könnte der Wettbewerb als Koordinationsmodell nicht spielen. Dieses Grundrecht, das ebenfalls eine individualrechtliche und eine institutionelle Seite hat, schützt das statische «Haben» der Individuen und Unternehmen. Individualrechtlich geht es um die Bestandesgarantie sowie, im Falle einer Expropriation, um die Wertgarantie, institutionell darf das Eigentum als solches nicht abgeschafft werden (Institutsgarantie).

Wettbewerbsrechtskompetenz (Art. 96 BV)

1.15 Art. 96 Abs. 1 BV ermächtigt den Bund, ein Kartellgesetz zu erlassen. Die Handlungsfreiheit des Gesetzgebers ist aber nicht völlig unlimitiert, insbesondere hat der Bund keine Kompetenz zum Erlass eines generellen Verbots jeglicher Wettbewerbsbeschränkungen. Grundsätzlich baut das verfassungsrechtliche Konzept auf dem Missbrauchsprinzip auf, nicht auf dem Verbotsprinzip; mit den Beweisvermu-

24 ZÄCH, N 122 ff.
25 KG-LEHNE, Art. 1 N 20; KOSTKA, 756 f.
26 KG-LEHNE, Art. 1 N 20.

tungen bei horizontalen und vertikalen Wettbewerbsabreden (Art. 5 Abs. 3 und 4 KG) sowie mit der vom Bundesgericht entgegen des Wortlautes der Botschaft angeordneten ex tunc-Wirkung nichtiger Kartellabreden[27] kommt die schweizerische Kartellrechtsordnung aber sehr nahe an das Konzept des Verbotsprinzips heran.

Konsumentenschutz (Art. 97 Abs. 2 BV)

Generell geht das Kartellgesetzkonzept davon aus, dass ein funktionierender Wettbewerb tiefere Preise und konsumentengerechtere Angebote mit sich bringt. In besonderen Situationen bedarf es aber eines spezifischen Schutzes der Konsumenten, weshalb der Bund durch Art. 97 Abs. 2 BV ermächtigt wird, in deren Interessen Schutznormen zu erlassen. 1.16

Konjunkturpolitik (Art. 100 BV)

Grundsätzlich muss sich der Bund auch im Bereich der Konjunkturpolitik am Prinzip der Wirtschaftsfreiheit orientieren, d.h., die Normen sind wettbewerbsneutral auszugestalten. In gewissen, in Art. 100 Abs. 3 BV umschriebenen Bereichen kann jedoch der Bund vom Prinzip der Wirtschaftsfreiheit abweichen, solange die abweichenden Massnahmen verhältnismässig sind. 1.17

Relativität der verfassungsrechtlichen Systemvorgaben 1.18

Unter der Geltung von Art. 31 aBV (Handels- und Gewerbefreiheit) hat die Meinung vorgeherrscht, im Bereich des Kartellrechts sei nur eine Missbrauchs-, nicht eine Verbotsgesetzgebung zulässig. Mit der heutigen Verfassung hat diese Betrachtungsweise eine gewisse Relativierung erfahren, auch wenn das Argument erhalten bleibt, dass die ökonomische Schädlichkeit von Wettbewerbsbeschränkungen von den konkreten Marktverhältnissen abhängt.[28] Vermehrt gilt nunmehr als anerkannt, dass der Ausgangspunkt der Regelung der Wettbewerbsordnung (Verbot oder Missbrauchsverhinderung) rechtstechnisch gesehen von untergeordneter Bedeutung ist.[29] Durch die Schaffung der Vermutungstatbestände von Art. 5 Abs. 3 und 4 KG sowie insbesondere durch die bundesgerichtliche Festlegung, dass kartellgesetzwidrige Tatbestände im Gegensatz zur Äusserung in der Botschaft des Bundesrates eine ex tunc-Wirkung aufweisen,[30] kommt die heutige Kartellrechtsordnung sehr nahe an eine Verbotsgesetzgebung heran.[31]

2. Wettbewerbstheoretisches Konzept des Kartellgesetzes

Das Kartellgesetz 1962 ist noch vom (unzulänglichen) Konzept des «möglichen Wettbewerbs» ausgegangen. In der Botschaft zum Kartellgesetz 1985 hat der Bun- 1.19

27 BGE 134 III 438 ff., Erw. 2; vgl. auch hinten N 3.441 ff.
28 Borer, Art. 1 N 8.
29 Weber, SIWR, 27 m.w.H.
30 BGE 134 III 438 ff., Erw. 2.
31 Borer, Art. 1 N 10.

desrat teilweise am Konzept des wirksamen Wettbewerbs angeknüpft, doch hat der damalige Art. 29 aKG paradigmatisch gezeigt, welche Zwitterstellung entsteht, wenn gleichzeitig die Methode des wirksamen Wettbewerbs und die Saldomethode (Ausgleich zwischen wettbewerblichen und sozialpolitischen Interessen) zur Anwendung kommen soll.[32]

1.20 Mit dem Kartellgesetz 1995 ist der (definitive) Übergang zum Konzept des wirksamen Wettbewerbs erfolgt. Im Kartellgesetz fehlt indessen eine Umschreibung des wirksamen Wettbewerbs; das schweizerische Recht enthält allein in Art. 12 Abs. 2 PüG eine kurze Definition, welche darauf abstellt, dass die Anbieter und Nachfrager in der gegebenen Marktsituation über Substitutionsmöglichkeiten beim Bezug oder Absatz von Produkten oder Dienstleistungen verfügen.[33]

1.21 Der Begriff des wirksamen Wettbewerbs lässt die «Workability»-Kriterien des wettbewerbspolitischen Leitbildes des funktionsfähigen Wettbewerbs anklingen.[34] Materiell geht es um die Frage, ob im konkreten Fall die zentralen Funktionen des Wettbewerbs (Allokation, Anpassung und Innovation) beeinträchtigt sind.[35] In Frage steht somit nicht ein bestimmtes wohlfahrtsökonomisches Anliegen, sondern der Schutz des Wettbewerbs als Institution.[36]

1.22 Das theoretische Grundmuster des wirksamen Wettbewerbs eignet sich in der Praxis aber nur bedingt, ein konkretes Marktverhalten oder eine konkrete Strukturveränderung auf ihre Vereinbarkeit mit den kartellgesetzlichen Ansätzen hin zu überprüfen; vielmehr bedarf es der dauernden Bezugnahme auf den zu beurteilenden Sachverhalt und dessen Einbettung in die komplexen Mechanismen des Wirtschaftslebens.[37]

1.23 In der Botschaft zum Kartellgesetz 1995 hat der Bundesrat festgehalten, durch flexible Generalklauseln sei die Möglichkeit zu schaffen, neue wettbewerbstheoretische Beurteilungsmuster aufzunehmen. Verwirklicht werden soll das Konzept eines «offenen» Rahmens, der dem Anliegen einer dynamischen und modernen Weiterentwicklung der Kartellrechtsordnung im Sinne eines prozessorientierten Ansatzes zu genügen vermag.[38]

1.24 Mit dem konsequenten Schutz der Institution Wettbewerb verwirklicht das Kartellgesetz 1995 ein Verhaltensrecht mit Präventivwirkung. Die wettbewerbsrechtlichen Normen begründen Verhaltensparameter, welche die Wirtschaftssubjekte zu lenken vermögen.

---

32 Schluep Walter R., «Wirksamer Wettbewerb» – Schlüsselbegriff des neuen schweizerischen Wettbewerbsrechts, Bern 1987.

33 Weber, PüG, Art. 12 N 14 ff. m.w.H.

34 Hettich, 34.

35 Borer, Art. 1 N 18.

36 Weber, SIWR, 30.

37 Borer, Art. 1 N 19.

38 Weber, SIWR, 30.

Die Lehre erachtet mit Blick auf das «offene» Konzept des wirksamen Wettbewerbs insbesondere folgende Ausprägungen als relevant:[39] 1.25

- **Bewahrung der zentralen Wettbewerbsfunktionen:** Der Wettbewerb als vielgestaltiger, dynamischer Prozess verlangt nach einem ergebnisorientierten und praxisrelevanten Ansatz, der zur Verwirklichung der relevanten Wettbewerbsfunktionen im Marktprozess beiträgt.
- **Offenheit von Märkten:** Wettbewerb ist zu erwarten, wenn der Markteintritt und der Marktaustritt offen sind, d.h., Wettbewerbsstrukturen sind so zu schaffen, dass es nicht zur Abschottung von Märkten kommt.
- **Verzicht auf wettbewerbspolitisches «fine tuning»:** Gemäss geltendem Kartellgesetzkonzept ist auf ein wettbewerbspolitisches «fine tuning» zu verzichten, weil gesetzgeberisch die Komplexität des Marktgeschehens ohnehin nicht vollständig erfasst werden kann; insbesondere sollen Bagatellfälle nicht Gegenstand von KG-Verfahren sein.
- **Verzicht auf «Instrumentalisierung» der Wettbewerbspolitik:** Die Kartellgesetzgebung ist nicht für wettbewerbsfremde Zwecke, in bewusster Abkehr von der Saldomethode, welche sozialpolitische Aspekte mitberücksichtigt hat, einzusetzen; in wettbewerbsrechtlichen Verfahren geht es allein um die Sicherung der allokativen und dynamischen Effizienz der Märkte. Andere volkswirtschaftliche und soziale Ziele bleiben der Beurteilung durch die politischen Behörden vorbehalten (Art. 8 und Art. 11 KG).

Der dynamische Begriff des wirksamen Wettbewerbs ist auch die Grundlage für die Entwicklung der funktionalen Betrachtungsweise bei der Beurteilung wettbewerbsrechtlicher Fragen gewesen.[40] Das Konzept der funktionalen Auslegung bedeutet, dass eine bestimmte Gegebenheit daraufhin untersucht wird, welchen Beitrag sie im Rahmen eines gegebenen Systems leistet, d.h., massgebliche Aspekte sind die Relevanz der Gegebenheit mit Blick auf die Funktionsfähigkeit des Systems und die rechtswirksame Ausprägung der Gegebenheit. Konkret hat die Auslegung kartellgesetzlicher Rechtsnormen so zu erfolgen, dass die Ziele der angestrebten Wettbewerbsordnung möglichst optimal erreicht werden.[41] Die funktionale Auslegungsmethode steht nahe an der teleologischen Auslegungsmethode, die auf die Eruierung von Sinn und Zweck der auszulegenden Norm abzielt, weshalb sie ungeachtet ihrer intellektuellen Sachgemässheit in den letzten Jahren kaum mehr ein Eigenleben entwickelt hat. 1.26

Beeinflusst von US-amerikanischen Überlegungen hat in der vergangenen Dekade auch der neue Theorieansatz des **«more economic approach»** im europäischen 1.27

39 Weber, SIWR, 30 f.; vgl. auch Borer, Art. 1 N 15 ff.

40 Schluep Walter A., Entwicklungslinien des schweizerischen Kartellrechts, in: AJP 1996 795 ff.

41 Schluep Walter A., Über Funktionalität zum Wirtschaftsrecht, in: Walder Hans Ulrich/Jaag Tobias/Zobl Dieter (Hrsg.), Aspekte des Wirtschaftsrechts, Festgabe zum schweizerischen Juristentag 1994, Zürich 1994, 139 ff.

und teilweise im schweizerischen Wettbewerbsrecht Fuss gefasst.[42] Dieser Ansatz stellt die wohlfahrtsmaximierende Bedeutung des Kartellgesetzes in den Vordergrund. So betrachtet liegt eine Abkehr vom Konzept des wirksamen Wettbewerbs vor, weil nicht mehr der Wettbewerb als Institution der Dreh- und Angelpunkt der Kartellgesetzordnung sein soll, sondern die gesamtwirtschaftliche Wohlfahrt. Der «more economic approach» wird zum Teil auf Art. 96 BV abgestützt, der am Missbrauchsprinzip festhält, wonach der Bund Vorschriften gegen volkswirtschaftlich und sozial schädliche Auswirkungen von Kartellen und Wettbewerbsbeschränkungen erlässt.[43]

1.28 Bisher haben in der Schweiz die gegenüber dem «more economic approach» kritischen Stimmen die Oberhand behalten.[44] Von Bedeutung ist insbesondere, dass der «more economic approach» in einem gewissen Spannungsverhältnis zur Rechtssicherheit steht. Wirtschaftliche Wohlfahrt ist ein weit interpretierbarer und praktisch kaum fassbarer Begriff, was ihn wenig justiziabel macht.[45] Für Unternehmen ist es somit sehr schwierig zu beurteilen, ob ihr konkretes Verhalten die Konsumentenwohlfahrt positiv beeinflusst oder nicht. Aus diesem Grund ist die Berücksichtigung ökonomischer Analysemethoden auch immer mit einem Verlust an Rechtssicherheit verbunden. Weil sich die Rechtssicherheit jedoch positiv auf das wirtschaftliche Wachstum und den Wohlstand auswirkt, vermag der «more economic approach» eine wohlfahrtsmindernde Wirkung zu entfalten.[46] Betont wird auch, dass eine zu starke Berücksichtigung ökonomischer Modelle und Analysen durch die Kartellrechtsanwendenden dazu führen könne, dass sich der eigentliche Gesetzeszweck ändere; eine solche Kompetenz läge jedoch allein beim Gesetzgeber und nicht beim Rechtsanwendenden.[47]

3. Zweckartikel als Konkretisierung des wettbewerbsrechtlichen Konzepts

1.29 Im Gegensatz zu den früheren Kartellgesetzen wird nun das Kartellgesetz mit einem Zweckartikel eingeleitet (Art. 1), der Leitbildcharakter für die Auslegung der konkreten wettbewerbsrechtlichen Anordnungen haben soll. Im Gesetzgebungsverfahren ist der ursprünglich vorgeschlagene «wirksame Wettbewerb» auf den «Wettbewerb» schlechthin gekürzt und der parallele Hinweis auf das Recht auf freie

42 Vgl. dazu auch Thier Andreas, Schweizerische Kartellrechtstradition und «more economic approach» – Zur bundesgerichtlichen Rechtsprechungspraxis 1986–1960, in: Sethe Rolf/Heinemann Andreas/Hilty Reto M./Nobel Peter/Zäch Roger, Kommunikation – Festschrift für Rolf H. Weber zum 60. Geburtstag, Bern 2011, 621 ff.; Künzler, 6 f.; Ders. AJP 2008, 1074 ff. m.w.H.; Büyüksagis Erdem, New perspectives on misuse of market power: How should the effects-based approach complement the existing normative solution?, in: SZW 2013 49 ff.

43 Tschudin, Diskriminierung, N 2.

44 Ausführlich dazu Künzler, 1 ff.; Ders. AJP 2008, 1074 ff.; Zäch/Künzler, 30 ff.

45 Zäch/Künzler, 32 ff.

46 Dazu ausführlich Künzler/Zäch, 754 ff., 763.

47 Künzler, AJP 2008, 1074 ff., 1077, 1084.

wirtschaftliche Betätigung fallen gelassen worden; materiell haben diese Veränderungen aber nicht einen Konzeptwechsel bewirken wollen.

Zu den Elementen des Zweckartikels gehört der Begriff der «Verhinderung» bestimmter Wettbewerbsbeschränkungen, der zum Ausdruck bringen will, dass repressive und präventive Massnahmen als wettbewerbsbeschränkende Vorgehen gegen das Kartellgesetz verstossen können. Angesichts des erwähnten Verzichts auf ein wettbewerbspolitisches «fine tuning» und auf eine «Instrumentalisierung» der Wettbewerbspolitik will das Kartellgesetz aber nur erhebliche Wettbewerbsbeschränkungen erfassen, welche die Institution Wettbewerb klar beeinträchtigen. 1.30

Im Lichte der Ausdrucksweise «und anderen Wettbewerbsbeschränkungen» in Art. 1 KG bringt der Gesetzgeber zum Ausdruck, dass der Anwendungsbereich des Kartellgesetzes nicht auf traditionelle Kartelle (horizontale Absprachen und horizontal abgestimmtes Verhalten) beschränkt ist, sondern dass weitere Arten von Wettbewerbsbeschränkungen (z.B. vertikale Wettbewerbsabreden, missbräuchliches Verhalten marktbeherrschender Unternehmen, Kontrolle von Unternehmenszusammenschlüssen) ebenfalls von Bedeutung sein können. 1.31

Das Kartellgesetz bezweckt die Förderung des Wettbewerbs; angesprochen wird damit eine dynamische, nicht eine statische Funktion. Gleichzeitig wird dadurch klar, dass die kartellgesetzlichen Normen nicht von einer bestimmten Wettbewerbstheorie abhängen, sondern auch für neue Ansätze der Markt- und Wettbewerbspolitik offen stehen. Die Zielsetzung der Wettbewerbsrechtsordnung wird – wie erwähnt – gesetzgeberisch bewusst in flexiblen Generalklauseln umschrieben, die es erlauben, bestehende und etwaige neue Beurteilungsmuster auszunehmen; sachlich geht es darum, diejenigen geeigneten wettbewerbstheoretischen Grundmuster heranzuziehen, welche dem Ziel der Erhaltung funktionsfähiger Wettbewerbsprozesse am besten dienen. 1.32

4. Anhang: Gesetzgebungsentwicklung in der Schweiz

a) 1962–2003

1.33 Überblicksmässig lässt sich die Gesetzgebungsentwicklung in der Schweiz wie folgt zusammenfassen:[48]

KG 1962	– Anlehnung an das Konzept des möglichen Wettbewerbs – Saldotheorie – Trennung Zivilrecht/Verwaltungsrecht – Schwache Kartellkommission
KG 1985	– Mischform (Art. 29) wirksamer Wettbewerb/Saldotheorie – Trennung Zivilrecht/Verwaltungsrecht – Relativ schwache Kartellkommission
KG 1995	– Wirksamer Wettbewerb – Abkehr von der Saldomethode – Einheitliche materielle Tatbestände (Art. 5, 7, 9/10) – Einführung von Vermutungstatbeständen – Einführung der präventiven Zusammenschlusskontrolle
KG 2003	– Sanktionen – Neufassung gewisser Bestimmungen und Verschärfung einzelner Tatbestände

Abb. 1.3

1.34 Als wesentliche Neuerungen, die in der Revision von 2003 Eingang in das Kartellgesetz gefunden haben, sind zu vermerken:[49]

Art. 2 Abs. 1bis KG Art. 3 Abs. 2 KG	Der **Geltungsbereich** des KG erfährt eine Ausweitung (klare Erfassung öffentlich-rechtlicher Unternehmen; Zulässigkeitserklärung von Parallelimporten nach erstmaligem Inverkehrbringen).
Art. 4 Abs. 2 KG	Der hinzugefügte **Klammereinschub** bewirkt, dass bei der Beurteilung der Marktstellung eines Unternehmens auch zu prüfen ist, ob andere Marktteilnehmer von diesem abhängig sind.[50]
Art. 5 Abs. 4 KG	Im **vertikalen Bereich** sind vermutungsweise die Preisabreden sowie der absolute Gebietsschutz unzulässig.
Art. 6 Abs. 1 lit. e KG	Eine **neue Bagatellregelung** gilt für KMU.
Art. 9 Abs. 2 KG	Die Sonderordnung für **Medienzusammenschlüsse** entfällt.
Art. 49a KG	Die Wettbewerbskommission hat das Recht, bereits bei erstmaligem wettbewerbswidrigem Verhalten **direkte Sanktionen** auszufällen.

Abb. 1.4

48 WEBER/VLCEK, 18.
49 Vgl. auch WEBER/VLCEK, 19.

Mit der Revision von 2003 hat der Gesetzgeber auch die Pflicht zur Evaluation des Kartellgesetzes eingeführt; Art. 59a KG sieht vor, dass der Bundesrat spätestens fünf Jahre nach Inkrafttreten des revidierten Gesetzes, d.h. bis zum Frühjahr 2009, dem Parlament einen Bericht über die Auswirkungen der kartellgesetzlichen Normen zu erstatten hat. 1.35

Das Eidgenössische Volkswirtschaftsdepartement ist dieser Pflicht zeitgerecht nachgekommen, obwohl zu verschiedenen Rechtsfragen, die Teil der Revision waren, Anfang 2009 noch gar keine rechtskräftigen Entscheide vorgelegen haben, insbesondere nicht zur Beurteilung des neuen Art. 5 Abs. 4 KG (vertikale Preis- und Gebietsschutzabreden). Insoweit «musste» die Evaluation etwas gar früh erfolgen. 1.36

b) Laufende KG-Revision

Das Eidgenössische Volkswirtschaftsdepartement hat eine umfassende Evaluation der Schweizer Wettbewerbspolitik vorgenommen, wie sie international sonst kaum beobachtbar ist. Gesamthaft sind 15 Berichte und Studien erstellt worden, zu denen auch ökonomische Wirkungsanalysen und umfassende rechtliche Bestandesaufnahmen gehörten. Das Ergebnis der Evaluation ist insoweit nicht besonders kritisch ausgefallen, als keine grundlegenden Mängel in der Kartellgesetzgebung diagnostiziert worden sind; ungeachtet des gesamthaft als befriedigend bezeichneten Zustandes («bewährtes» Kartellgesetz) enthalten die Vernehmlassungsergebnisse aber doch verschiedene Vorschläge für Verbesserungsmöglichkeiten. 1.37

Der Bundesrat ist indessen, was etwas erstaunt, nicht von den Vernehmlassungsergebnissen konkret ausgegangen, sondern hat seine Änderungsvorschläge mit wesentlichen Neuerungen angereichert. Die Vernehmlassung I vom 30. Juni 2010[51] hat insbesondere den Übergang von einem Verwaltungs- zu einem Gerichtssystem (mit einem Wettbewerbsgericht) zur Diskussion gestellt; ein ähnliches Anliegen ist im Synthesebericht der KG-Evaluation nicht zu finden. Die Vernehmlassung II vom 30. März 2011[52] hat sich vornehmlich mit der Motion Schweiger beschäftigt, welche beantragt, dass Compliance-Massnahmen von Unternehmen im Falle eines Verwaltungsstrafverfahrens klar strafmindernd zu berücksichtigen seien und dass kartellrechtliche Individualsanktionen gegen Manager in Betracht gezogen werden müssten. Die Vernehmlassung III vom 23. September 2011[53] hat sich schliesslich dem politisch sehr aktuellen Thema der Frankenstärke und der Nichtweitergabe von Währungsvorteilen zugewendet, und zwar mit dem Vorschlag, die bestehenden Vermutungstatbestände von Art. 5 Abs. 3 und Abs. 4 KG in Teilkartellverbote umzuformen. 1.38

50 Einbezug der «vertikalen Dimension»; vgl. ZÄCH, N 344.
51 Vgl. dazu <http://www.seco.admin.ch/themen/02860/04210/>.
52 Vgl. dazu <http://www.seco.admin.ch/themen/02860/04210/>.
53 Vgl. dazu <http://www.seco.admin.ch/themen/02860/04210/>.

1.39 Die Botschaft des Bundesrates vom 22. Februar 2012[54] schlägt nun insbesondere folgende wichtige Änderungen des Kartellgesetzes vor:

Wettbewerbsgericht	Der Bundesrat beantragt die Abschaffung der Wettbewerbskommission und deren Ersatz durch ein Wettbewerbsgericht, mit der Konsequenz, dass die administrative «Wettbewerbsbehörde» (heutiges Sekretariat) zur «Antragsbehörde» beim Wettbewerbsgericht wird.
Teilkartellverbot	Geplant ist die Verschärfung der bisherigen Vermutungstatbestände von Art. 5 Abs. 3 und 4 KG durch Formulierung von Teilkartellverboten bei bestimmten horizontalen und vertikalen Wettbewerbsabreden (Per-se-Tatbestände).
SIEC-Test in der Fusionskontrolle	Neben verschiedenen weiteren Anpassungen an das EU-Wettbewerbsrecht schlägt der Bundesrat vor, als neues Beurteilungskriterium statt der Schwellenwerte den sog. SIEC[55]-Test zur Anwendung zu bringen.
Kartellzivilrecht	Um die Attraktivität des Kartellzivilrechts zu steigern, beabsichtigt der Bundesrat, die Aktivlegitimation auszubauen und die Verjährung während des verwaltungsrechtlichen Verfahrens ruhen zu lassen.
Verfahrensfragen	Eine Vielzahl kleinerer prozeduraler Änderungen soll die Rechtsstaatlichkeit des Verfahrens verbessern und zur gesteigerten Effizienz beitragen.
Compliance-Massnahmen	Gemäss Vorschlag des Bundesrates ist die Implementierung und Überwachung von Compliance-Massnahmen durch das Unternehmen im Falle eines dennoch eintretenden Kartellgesetzverstosses strafmindernd zu berücksichtigen.
Individualsanktionen	Der Bundesrat begründet in einer besonderen Stellungnahme detailliert, weshalb die Einführung von Individualsanktionen gegen Manager nicht erfolgen soll.

Abb. 1.5

1.40 Der Ständerat ist in der Debatte am 21. März 2013[56] einem Grossteil der vom Bundesrat gemachten Anträge materieller Art gefolgt. Insbesondere sprach er sich für die Übernahme eines Teilkartellverbotes aus, jedoch mit einer Ergänzung von Art. 27 Abs. 1bis E-KG (De-Minimis-Klausel), wonach Wettbewerbsbeschränkungen, die einen vernachlässigbaren Einfluss auf den Wettbewerb haben, nicht aufgegriffen werden sollen. Zudem hat der Ständerat die vorgeschlagene Änderung bezüglich Art. 7 Abs. 2 lit. c KG (Änderung des Ausdruckes «Erzwingen» durch «Festlegen»)

54 BBl. 2012 3905 ff.
55 Significant Impediment of Effective Competition.
56 Vgl. <http://www.parlament.ch>.

sowie den Antrag Hess, eine abgeschwächte Form der Motion Birrer-Heimo,[57] angenommen. Gleiches gilt für die Einführung des SIEC-Tests bei der Zusammenschlusskontrolle und die Änderungen im Zivilrecht. Zustimmung erhielt auch die Einführung der Compliance Defense und die Änderung des Widerspruchverfahrens. Abgelehnt wurde indessen die institutionelle Reform, lediglich die Verkleinerung der WEKO auf fünf Mitglieder fand Zustimmung. Somit sprach sich der Ständerat insgesamt für eine Verschärfung des Kartellgesetzes aus.

Zurzeit steht die Revision des Kartellgesetzes still. Die Kommission für Wirtschaft und Abgaben (WAK) des Nationalrates beschloss mit dem Eintretensentscheid zu warten, weil er vorab einige Fragen der Revision durch die Verwaltung geklärt haben wollte. Dies betrifft beispielsweise das Teilverbot von Kartellen, die institutionelle Reform und die unzulässige Behinderung des Einkaufs im Ausland. Zudem möchte die WAK verschiedene Anhörungen der betroffenen Kreise vornehmen.[58] 1.41

C. Regelungsbereich des Wettbewerbsrechts

1. Private Wettbewerbsbeschränkungen

Das Kartellgesetz regelt die privaten Wettbewerbsbeschränkungen. Nicht Gegenstand des Kartellgesetzes sind somit Wettbewerbsbeschränkungen, die sich aus den Tätigkeiten der öffentlichen Hand ergeben. 1.42

Deutlich zeigt sich diese Ausrichtung an der Sondernorm zu den wettbewerbsausschliessenden Vorschriften (Art. 3 Abs. 1 KG).[59] Sofern eine staatliche Markt- oder Preisordnung besteht oder wenn ein Unternehmen mit besonderen Rechten ausgestattet ist, vermögen die kartellgesetzlichen, den Wettbewerb öffnenden Vorschriften nicht mehr zu greifen. 1.43

Auf Bundesebene ergeben sich marktöffnende Regeln aus den Grundrechten, insbesondere der Wirtschaftsfreiheit. Die Öffnung der kantonalen Märkte vermag im Rahmen des Binnenmarktgesetzes zu erfolgen.[60] 1.44

Wettbewerbsverzerrungen seitens der öffentlichen Hand können insbesondere auch durch Subventionen und andere Vergünstigungen zugunsten einzelner Unternehmen eintreten. In diesem Bereich ist die Rechtslage in der Schweiz weiterhin «unterentwickelt», weil es an einem bereichsübergreifenden Subventionsrecht fehlt. Im Gegensatz zur europarechtlichen Beihilferegelung (Art. 107/108 AEUV), die bereits in den Römer Verträgen von 1957 enthalten war, hat der Gesetzgeber in der Schweiz angesichts weit verbreiteter hiesiger Subventionspraktiken darauf verzichtet, «das 1.45

---

57 Im Rahmen einer Motion kann ein Mitglied des Parlaments (Ständerat oder Nationalrat) vom Bundesrat Gesetzesänderung oder einen Beschluss verlangen, sie ist zwingend, wenn das Parlament zustimmt.

58 Vgl. <http://www.parlament.ch>.

59 Vgl. dazu hinten N 1.82 ff.

60 Vgl. dazu hinten N 1.132 ff.

heisse Eisen» der Unzulässigerklärung von Subventionseinräumungen anzutasten. In dieser Tatsache liegt ein grundsätzliches Manko des schweizerischen Wettbewerbsrechts begründet. Die einzige, verfassungsrechtlich abgesicherte «Korrektur» besteht darin, dass die Bundesgerichtspraxis seit Jahrzehnten aus der Wirtschaftsfreiheit den Grundsatz der «Wettbewerbsneutralität» staatlicher Massnahmen (bzw. früher den Grundsatz der Gleichbehandlung der «Gewerbegenossen») ableitet, der jedenfalls bei vergleichbarer wirtschaftlicher Lage diskriminierende Subventionseinräumungen ausschliessen sollte.

2. Grundtatbestände des Wettbewerbs

1.46 Entsprechend den in Art. 4 KG enthaltenden Begriffsdefinitionen lässt sich zwischen drei Grundtatbeständen von Wettbewerbsbeschränkungen differenzieren, nämlich den (horizontalen und vertikalen) Wettbewerbsabreden (Art. 5/6 KG) als ursprünglichem Kartelltatbestand (horizontale Kartelle), dem Missbrauch einer marktbeherrschenden Stellung (Art. 7 KG) und der Unternehmenszusammenschlusskontrolle (Art. 9–11 KG) inkl. der Kontrolle von Gemeinschaftsunternehmen (Art. 1/2 VKU).

1.47 Im Falle einer horizontalen Wettbewerbsabrede stimmen die Teilnehmer derselben Marktstufe ihr Verhalten aufeinander ab, was zur Konsequenz hat, dass etwaige Aussenseiter derselben Marktstufe vom Markt verdrängt werden und dass die Marktgegenseite nicht mehr über Auswahlmöglichkeiten (Substitutionswettbewerb) verfügt.[61] Bei vertikalen Wettbewerbsabreden legen Teilnehmer verschiedener Marktstufe ihr Verhalten gegenseitig fest, insbesondere um vertragliche Vertriebssysteme[62] zu gewährleisten.[63] Denkbar sind aber auch entsprechende Abreden von Verbänden.[64]

1.48 Von der Art der wettbewerbsrechtlichen Überwachung her betrachtet lässt sich differenzieren zwischen der Verhaltenskontrolle und der Strukturkontrolle. Die Verhaltenskontrolle setzt an den tatsächlichen Verhaltensweisen der Unternehmen an, indem geprüft wird, ob das Verhalten zu Wettbewerbsbeschränkungen führt, insbesondere durch Abreden oder missbräuchliche Vorkehren.[65] Die Strukturkontrolle prüft im Rahmen einer präventiven Kontrolle, ob durch einen Unternehmenszusammenschluss die Marktstruktur eine ungünstige Veränderung erfährt.[66]

---

61 Zäch, N 52 ff.

62 Als Erscheinungsformen treten der Alleinvertriebsvertrag, die selektiven Vertriebssysteme, der Alleinbezugsvertrag, der Alleinbelieferungsvertrag und das Franchising auf.

63 Zäch, N 60 ff.

64 Hauptbeispiel dafür ist die Buchpreisbindung; dazu hinten N 2.413.

65 Vgl. RPW 2006/2 310 ff., 337 ff.

66 Weber/Vlcek, 11.

Zusammenfassend lassen sich die drei Grundtatbestände von Wettbewerbsbeschränkungen und die beiden Arten von Kontrollen wie folgt darstellen:[67] 1.49

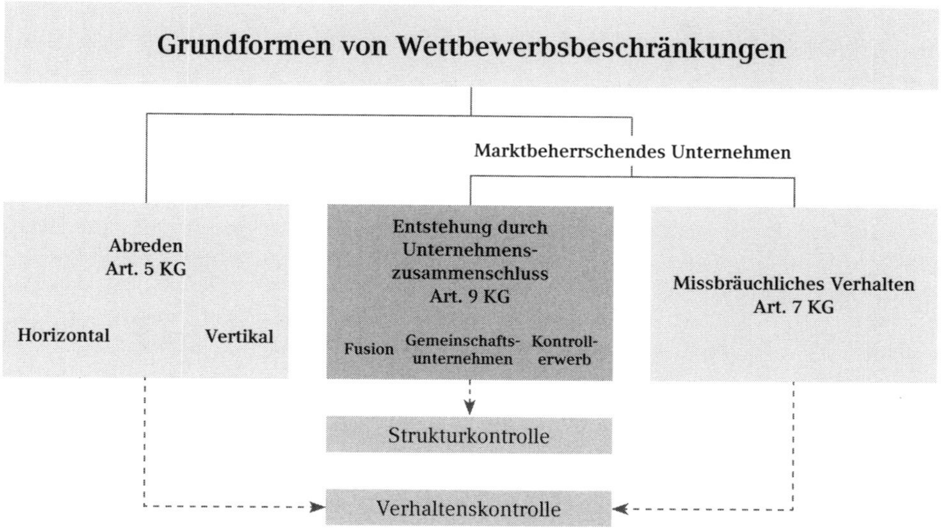

Abb. 1.6

67 WEBER/VLCEK, 11.

II. Geltungs- und Anwendungsbereich des Kartellgesetzes

A. Geltungsbereich des Kartellgesetzes

1.50 Der Geltungsbereich des Kartellgesetzes ist in Art. 2 KG umschrieben; die Geltung ist in persönlicher, sachlicher, räumlicher und zeitlicher Hinsicht zu prüfen. Von der Geltung ist die Anwendung (bzw. die Anwendbarkeit) des Kartellgesetzes zu unterscheiden; diese Beurteilung hat in einem zweiten Schritt zu erfolgen, erst nach Feststellung der Geltung lässt sich prüfen, ob die tatbestandsmässigen Voraussetzungen erfüllt sind, um eine KG-Norm auf einen konkreten Sachverhalt anzuwenden.

1.51 Der Geltungsbereich ist in Art. 2 KG weit umschrieben; erfasst sind alle Verhaltensweisen von Unternehmen, die eine Wettbewerbsbeschränkung zu verursachen vermögen.

1. Persönlicher Geltungsbereich

1.52 Das Kartellrecht gilt für Unternehmen des privaten und des öffentlichen Rechts (Art. 2 Abs. 1 und Abs. 1bis KG).

a) Begriff des Unternehmens

1.53 Art. 2 Abs. 1 KG 1995 enthielt noch keine Definition des «Unternehmens»; seit der Revision von 2003 hält Art. 2 Abs. 1bis KG jedoch fest, dass als Unternehmen sämtliche Nachfrager oder Anbieter von Gütern oder Dienstleistungen im Wirtschaftsprozess zu gelten haben, unabhängig von ihrer jeweiligen Rechtsform.[68] Um von einem Unternehmen auszugehen, sind somit zwei Voraussetzungen notwendig, einerseits die Teilnahme am Wirtschaftsprozess und andererseits eine wirtschaftliche, nicht aber rechtliche, Selbstständigkeit.[69]

1.54 **Checkliste: Unternehmen**

- ☐ Teilnahme am Wirtschaftsprozess
- ☐ Wirtschaftliche Selbstständigkeit

1.55 Das Erfordernis der Teilnahme am Wirtschaftsprozess ist dahingehend zu verstehen, dass dem kartellrechtlichen Unternehmensbegriff eine **wirtschaftliche und funktionale Betrachtungsweise** zugrunde liegt. Demzufolge können auch private

---

68 BOTSCHAFT, 533; BORER, Art. 2 N 3.
69 KG-LEHNE, Art. 2 N 8.

Personen Unternehmen i.S.v. Art. 2 Abs. 1bis KG sein, wenn sie am Wirtschaftsleben teilnehmen. Die Abgrenzung ist dabei nach den jeweiligen Umständen des konkreten Einzelfalles vorzunehmen. Natürliche Personen sind immer dann als Unternehmen im Sinne des Kartellgesetzes zu betrachten, wenn sie effektiv **am Wirtschaftsleben teilnehmen;** dies ist beispielsweise dann der Fall, wenn eine natürliche Person ein Einzelunternehmen führt oder als professioneller Investor auftritt.[70]

Für eine Teilnahme am Wirtschaftsprozess ist nicht erforderlich, dass die in Frage stehende Tätigkeit mit Gewinnausübungsabsicht erfolgt.[71] 1.56

Aus der Formulierung ergibt sich des Weiteren die Unerheblichkeit der Rechts- bzw. Organisationsform. Schon die Fassung von Art. 2 Abs. 1 KG 1995 war in einer Weise formuliert, dass auch **öffentlich-rechtliche Unternehmen** als erfasst gelten mussten. Unternehmen wie z.B. Swisscom, die Schweizerischen Bundesbahnen, Kantonalbanken, usw. unterliegen von der Sache her genauso den Bestimmungen des KG wie private Unternehmen. Weil das Bundesgericht singulär im Fall der Schweizerischen Meteorologischen Anstalt zu einem gegenteiligen Schluss (anders als die Wettbewerbskommission) gekommen ist,[72] hat sich der Gesetzgeber im Rahmen der Revision von 2003 indessen veranlasst gesehen, ausdrücklich klarzustellen, dass öffentlich-rechtliche Unternehmen dem Kartellgesetz unterstehen. In Art. 2 Abs. 1bis KG wird dies nun unzweifelhaft festgelegt, indem ein Bezug auf alle Nachfrager oder Anbieter von Gütern oder Dienstleistungen im Wirtschaftsprozess, **unabhängig von ihrer Rechts- oder Organisationsform,** erfolgt. 1.57

Die Voraussetzung der wirtschaftlichen Selbstständigkeit ist in dem Sinne zu verstehen, dass die rechtliche Selbstständigkeit für das Vorliegen eines Unternehmens nicht zwingend notwendig ist, sondern dass auch rechtlich unselbstständige Organisationseinheiten des öffentlichen oder privaten Rechts dem Kartellgesetz unterstellt sind; gleichwohl notwendig ist indessen eine **wirtschaftliche Selbstständigkeit,** d.h. eine gewisse auf den Markt ausgerichtete Emanzipation.[73] Dies ist insbesondere im Hinblick auf die kartellrechtliche Beurteilung von Konzernsachverhalten von Bedeutung. 1.58

b) Konzerne

Das Kartellgesetz geht vom Konzept der Selbstständigkeit der vom KG erfassten Unternehmen aus. Wer wirtschaftlich selbstständig ist, wird im Wettbewerb bestehen wollen. Fehlt es an der wirtschaftlichen Selbstständigkeit, ist auch nicht von einem Wettbewerbswillen auszugehen, weil der Anreiz zum «Kampf» im Markt nicht vorhanden ist. Wirtschaftlich unselbstständig sind insbesondere Konzernunternehmen. 1.59

---

70 Borer, Art. 2 N 7.
71 RPW 1997/2 142 ff., 143.
72 BGE 127 II 32 ff.
73 HK-Rubin/Courvoisier, Art. 2 N 8.

1.60 Sofern die Muttergesellschaft ihre Tochtergesellschaften effektiv zu kontrollieren vermag und die Möglichkeit auch tatsächlich ausübt, wird der Konzern als Ganzes kartellrechtlich erfasst (Konzern als selbstständige Wirtschaftseinheit), weshalb die Tochtergesellschaften keine Unternehmen i.S.v. Art. 2 KG sind.

1.61 Konkret bedeutet dies, dass zwei Konzernunternehmen miteinander Wettbewerbsabreden treffen oder ohne Kontrollmöglichkeit seitens der Wettbewerbskommission fusionieren können (**«Konzernprivileg»**). Negativ betrachtet bedeutet diese Betrachtungsweise jedoch auch, dass bei der Beurteilung der Marktmacht eines Unternehmens alle im Konzern verbundenen Unternehmen für die Feststellung der Marktstärke von Bedeutung sind.[74]

1.62 **Praxistipp: Rechtliche Selbstständigkeit und Verfügungsadressat**

Der Umstand, dass die rechtliche Selbstständigkeit für das Vorliegen eines Unternehmens i.S.v. Art. 2 Abs. 1bis KG nicht notwendig ist, hat auch verfahrensrechtliche Konsequenzen.[75]

Verfügungsadressaten gemäss Verwaltungsrecht können nämlich gleichwohl nur rechtliche selbstständige Unternehmen sein. Im Rahmen von Konzernsachverhalten ist es deshalb denkbar, dass das Unternehmen i.S. des Kartellrechts und der Verfügungsadressat auseinanderfallen. Bislang hat die WEKO in solchen Fällen die betreffende Verfügung sowohl der Tochter- als betroffenes Unternehmen i.S. des Kartellrechts als auch der Muttergesellschaft als Verfügungsadressatin zugestellt. Dies ergibt sich daraus, dass im verwaltungsrechtlichen Verfahren als Partei gilt, wessen Rechte und Pflichten durch die Verfügung berührt sind (Art. 6 VwVG).[76]

- **Verfügungsadressat im formellen Sinn:** Muttergesellschaft, weil sie als Subjekt des Rechtsverhältnisses durch die Verfügung **direkt berechtigt und verpflichtet** wird.
- **Verfügungsadressat im materiellen Sinn:** Tochtergesellschaft, weil sie durch die Verfügung in ihren **Interessen unmittelbar berührt** wird.

c) Besonderheiten des Arbeits- und Konsumentenmarktes

1.63 (i) Der **Arbeitsmarkt** ist vom Kartellgesetz nicht erfasst.[77] Der Grund für die Nichtgeltung des KG im Arbeitsmarkt liegt darin, dass sich typischerweise unterschiedlich starke Marktpartner gegenüberstehen und die schwächere Marktseite (Arbeitnehmende) die Möglichkeit haben sollte, ihre Interessen gemeinschaftlich zu wahren. Insbesondere sind Gesamtarbeitsverträge zwischen Arbeitgeber- und

74 KG-Lehne, Art. 2 N 27; Borer, Art. 2 N 11.
75 KG-Lehne, Art. 2 N 21.
76 RPW 2005/3 505 ff., 508.
77 Diese Bereichsausnahme ist vom KG 1962 und vom KG 1985 noch ausdrücklich festgehalten worden, im Jahre 1995 aber als entbehrlich erschienen.

Arbeitnehmerorganisationen (Gewerkschaften) nicht dem Kartellgesetz unterstellt, was bedeutet, dass die Regelung von Mindestlöhnen kartellgesetzlich unproblematisch ist.

Formell lässt sich argumentieren, die Arbeitnehmenden seien keine Unternehmen, weil sie für andere, d.h. fremdnützig, produzieren (Zurechnung an den Arbeitgeber). Materiell geht es darum, dass – wie erwähnt – ein strukturelles Ungleichwicht vorhanden ist, welches es rechtfertigt, die schwächere Vertragsseite organisatorisch in eine bessere Lage zu versetzen. 1.64

Der Vorbehalt ist aber eng auszulegen; lediglich Wettbewerbsbeschränkungen, die sich konkret auf das Arbeitsverhältnis beziehen, sind von der Geltung des Kartellgesetzes ausgenommen, nicht jedoch Abreden, die sich auf die Güter- oder Dienstleistungsmärkte auswirken. Vereinbarungen, welche z.B. die Anstellung von Personal eines anderen Marktteilnehmers ausschliessen, wären kartellrechtlich unzulässig. 1.65

(ii) **Konsumierende** sind nicht Produzenten von Waren oder Dienstleistungen im Rahmen des Wirtschaftsprozesses, d.h., es fehlt ihnen die erforderliche Unternehmensqualität gemäss Art. 2 Abs. 1 KG. Zwar kann es durchaus Situationen geben, in denen die Konsumierenden den Wettbewerb erheblich zu beeinflussen vermögen (z.B. Boykott gewisser Nahrungsmittel), doch ist der Bezug zu wenig intensiv, um das KG anzuwenden. 1.66

2. Sachlicher Geltungsbereich

Der sachliche Geltungsbereich des Kartellgesetzes erfasst nicht die unternehmerische Tätigkeit an sich, sondern beschränkt sich nach Art. 2 Abs. 1 KG auf Unternehmen, die Kartell- oder Wettbewerbsabreden treffen, Marktmacht ausüben oder an Unternehmenszusammenschlüssen beteiligt sind. 1.67

Der Tatbestand der **Wettbewerbsabrede** ist in Art. 4 Abs. 1 KG legaldefiniert.[78] Als Wettbewerbsabrede gilt danach jede rechtlich erzwingbare oder nicht erzwingbare Vereinbarung oder sonstwie aufeinander abgestimmte Verhaltensweise zwischen Unternehmen gleicher oder verschiedener Marktstufen, die eine Wettbewerbsbeschränkung bezwecken oder bewirken. Dass Art. 2 Abs. 1 KG nicht nur von Wettbewerbsabreden, sondern auch von Kartellabreden spricht, ist für die kartellrechtliche Beurteilung ohne Bedeutung; die Verwendung des Begriffs «Kartellabrede» ist eigentlich überflüssig, weil der Begriff des Kartells bereits in der Wettbewerbsabrede enthalten ist.[79] Dass die Kartellabrede in Art. 2 Abs. 1 KG ausdrücklich Erwähnung findet, ist darauf zurückzuführen, dass dadurch der weite Anwendungsbereich des Abredebegriffs unterstrichen und darauf hingewiesen werden sollte, dass sowohl horizontale wie auch vertikale Wettbewerbsabreden der Beurteilung durch das Kartellgesetz unterworfen sind.[80] 1.68

---

78 Vgl. zum Begriff ausführlich hinten N 2.101 ff.
79 BORER, Art. 2 N 13.
80 BORER, Art. 2 N 13; KG-RUBIN/COURVOISIER, Art. 2 N 15.

1.69 Der Begriff der **Ausübung von Marktmacht** ist im Kartellgesetz, insbesondere in Art. 4 KG, nicht erwähnt. Stattdessen findet sich in Art. 4 Abs. 2 KG eine Definition des marktmächtigen Unternehmens. Marktmacht ist jedoch nicht mit Marktbeherrschung gleichzusetzen; Marktbeherrschung erscheint gemäss Botschaft als eine qualifizierte Form der Marktmacht.[81] Marktmacht liegt demzufolge zwischen Markteinfluss und Marktbeherrschung. Anknüpfungspunkt für die Beurteilung missbräuchlicher Verhaltensweisen ist gemäss Art. 7 KG die marktbeherrschende Stellung eines Unternehmens. Der Grund für die Verwendung des Begriffs der Marktmacht im Rahmen des Geltungsbereiches des Kartellgesetzes ist darin zu sehen, dass die Anwendung des Kartellgesetzes beziehungsweise die Einleitung einer Untersuchung durch die WEKO nicht dadurch erschwert werden sollte, dass vorab der schwierige Nachweis des Vorliegens einer marktbeherrschenden Stellung erbracht werden muss.[82] In der Praxis verzichtet die WEKO in der Regel auf den gesonderten Nachweis des Vorliegens von Marktmacht, weil das Vorliegen einer marktbeherrschenden Stellung die Ausübung von Marktmacht an sich impliziert.[83]

1.70 Schliesslich erfasst der Anwendungsbereich des Kartellgesetzes auch Unternehmen, welche sich an **Unternehmenszusammenschlüssen** beteiligen. Welche Sachverhalte unter den Tatbestand des Unternehmenszusammenschlusses fallen, ist in Art. 4 Abs. 3 KG legaldefiniert. Erfasst sind danach einerseits Fusionen von zwei oder mehreren voneinander unabhängigen Unternehmen (Art. 4 Abs. 3 lit. a KG) und andererseits jeder Vorgang, wie namentlich der Erwerb einer Beteiligung oder der Abschluss eines Vertrages, durch den ein oder mehrere Unternehmen unmittelbar oder mittelbar die Kontrolle über ein oder mehrere bislang unabhängige Unternehmen oder Teile davon erlangen (Art. 4 Abs. 3 lit. b KG).[84] Der sachliche Geltungsbereich des Kartellgesetzes ist weit und umfasst grundsätzlich auch Unternehmenszusammenschlüsse, welche die Schwellenwerte von Art. 9 KG nicht erreichen, was aus praktischer Sicht gleichwohl bedeutungslos ist, weil die WEKO bei der Nichterreichung der Schwellenwerte von Art. 9 KG keine Untersuchung einleiten wird.[85]

3. Örtlicher Geltungsbereich

1.71 Angesichts zunehmender grenzüberschreitender Transaktionen, insbesondere der steigenden Zahl von globalen Unternehmenszusammenschlüssen, kommt der Bestimmung des örtlichen Geltungsbereichs des Kartellgesetzes eine grosse Bedeutung zu. Grundsätzlich gilt das **Auswirkungsprinzip;** gemäss der ausdrücklichen Anordnung von Art. 2 Abs. 2 KG als einseitiger Kollisionsnorm findet das KG konkret Anwendung auf Sachverhalte, die sich in der Schweiz auswirken, auch wenn sie im Ausland veranlasst werden. Diese Anordnung, die insbesondere für das Verwal-

81 Botschaft, 547. Zum Begriff vgl. ausführlich hinten N 2.502 ff.

82 Borer, Art. 2 N 16; KG-Lehne, Art. 2 N 35.

83 Vgl. dazu hinten N 2.507.

84 Ausführlich dazu hinten N 2.824 ff.

85 KG-Lehne, Art. 2 N 39; vgl. auch HK-Rubin/Courvoisier, Art. 2 N 29.

tungsverfahren zur Anwendung gelangt, entspricht der Bestimmung von Art. 137 IPRG, die als allseitige Kollisionsnorm das Auswirkungsprinzip für die Geltendmachung privatrechtlicher Ansprüche statuiert.[86]

Aus dem Auswirkungsprinzip ergibt sich insbesondere, dass es für die Frage der Anwendbarkeit des Kartellgesetzes nicht darauf ankommt, wo eine Wettbewerbsbeschränkung **örtlich veranlasst** wurde.[87] Daraus folgt, dass auch Unternehmen dem schweizerischen Kartellgesetz unterliegen können, welche ihren Sitz im Ausland haben. 1.72

Eingeschränkt wird das Auswirkungsprinzip durch das Erfordernis, dass sich die Wettbewerbsbeschränkung **unmittelbar** auf den schweizerischen Markt auszuwirken hat. Dabei geht es im Wesentlichen um die Frage, ob die Auswirkungen auf dem inländischen Markt überhaupt wahrnehmbar, d.h. spürbar sind.[88] Entscheidend ist unter materiellen Aspekten insbesondere, ob sich die Tätigkeit von (schweizerischen oder ausländischen) Marktteilnehmern auf dem schweizerischen Markt in relevanter Weise auswirkt. Weil allgemein im Kartellrecht der Grundsatz der Erheblichkeit der Wettbewerbsbeschränkung («Spürbarkeit») gilt, haben qualifizierte Inlandsauswirkungen vorzuliegen. 1.73

Das Kartellgesetz gilt grundsätzlich auch für Exportkartelle schweizerischer Unternehmen, denn die Auswirkung solcher Exportkartelle auf die Schweiz ist nicht ausgeschlossen; insbesondere lässt sich eine im Ausland vereinnahmte Kartellrente gegebenenfalls zur Aufrechterhaltung ineffizienter Strukturen in der Schweiz einsetzen.[89] 1.74

Art. 2 Abs. 2 KG ist weit auszulegen und umfasst neben tatsächlichen auch **potenzielle Auswirkungen** auf den schweizerischen Markt. So hat im Fall Swisscom/Fastweb die WEKO dafürgehalten, dass die Übernahme eines italienischen Unternehmens, das zwar nur den italienischen Markt betreffe, durch ein grosses Schweizer Unternehmen indirekte Auswirkungen auf die Schweiz haben könne, weshalb der Kontrollerwerb der Unternehmenszusammenschlusskontrolle unterstellt worden ist.[90] 1.75

Nicht zu übersehen bleibt, dass mit Bezug auf die Durchsetzung von Massnahmen das **Territorialitätsprinzip** gilt; aus diesem Grunde können Durchsetzungsprobleme mit Blick auf Unternehmen, die ihren Sitz im Ausland haben, vorhanden sein, insbesondere wenn die Unternehmen nicht über Tochtergesellschaften oder Zweigniederlassungen in der Schweiz verfügen. In einem solchen Fall besteht jedoch die Möglichkeit, dass die betreffenden Unternehmen Geschäftsbeziehungen zu Unternehmen in der Schweiz unterhalten, woraus Forderungen entstehen, welche mit Arrest i.S.v. Art. 271 ff. SchKG belegt werden können.[91] 1.76

---

86 KG-Lehne, Art. 2 N 60; HK-Rubin/Courvoisier, Art. 2 N 36.
87 KG-Lehne, Art. 2 N 49; HK-Rubin/Courvoisier, Art. 2 N 31; Borer, Art 2 N 20.
88 Borer, Art 2 N 21; KG-Lehne, Art. 2 N 51.
89 Weber, SIWR, 42; differenzierend Borer, Art. 2 N 21.
90 RPW 2007/2 312 ff., 313; BGE 127 III 219 ff., Erw. 3.
91 Weber, SIWR, 43; Zäch, N 274; KG-Lehne, Art. 2 N 57.

4. Zeitlicher Geltungsbereich

1.77 Die Bestimmungen des Kartellgesetzes gelten ab dem Datum ihrer Inkraftsetzung. Mit Blick auf früher begründete Wettbewerbsbeschränkungen ist vom Prinzip der Nichtrückwirkung auszugehen. Sowohl mit Blick auf die Inkraftsetzung des Kartellgesetzes 1995 per 1. Juli 1996 als auch der revidierten Bestimmungen von 2003 per 1. April 2004 (mit Übergangsfrist hinsichtlich der Sanktionierung gewisser Verhaltensweisen) stellen sich aus heutiger Sicht kaum Probleme mit dem Prinzip der Nichtrückwirkung.

5. Zusammenfassung: Geltungsbereich des Schweizer Kartellrechts

1.78 **Checkliste: Geltungsbereich des schweizerischen Kartellgesetzes**

- ☐ **Persönlich:** Unternehmen i.S.v. Art. 2 Abs. 1bis KG
  - ☐ Beteiligung am Wirtschaftsprozess
  - ☐ Wirtschaftliche Selbstständigkeit
- ☐ **Sachlich:** Alternativ
  - ☐ Vorliegen einer Wettbewerbsabrede
  - ☐ Ausübung von Marktmacht
  - ☐ Beteiligung an Unternehmenszusammenschlüssen
- ☐ **Örtlich:** Auswirkungsprinzip – Sachverhalte, die sich auf die Schweiz auswirken
- ☐ **Zeitlich:** Inkrafttreten KG 1. Juli 1996, Revision 1. April 2004.

B. Verhältnis zu anderen Rechtsvorschriften

1.79 Das Verhältnis zu anderen Rechtsvorschriften ist in Art. 3 KG geregelt: Abs. 1 enthält einen Vorbehalt zugunsten von planwirtschaftlich orientierten Vorschriften und öffentlich kontrollierten Unternehmen, sofern ein Wettbewerbsausschluss als erwünscht erscheint; in Abs. 2 befindet sich ein im Einzelnen umstrittener «Vorbehalt» zugunsten der Immaterialgüterrechte (geistiges Eigentum); Abs. 3 umschreibt das Verhältnis zwischen Kartellgesetz und Preisüberwachungsgesetz.

1.80 Art. 3 KG befasst sich mit denjenigen Wirtschaftsbereichen, in denen aufgrund öffentlich-rechtlicher Vorschriften der Markt nicht wie üblich spielen kann (sog.

Marktversagen) oder wenn die üblichen Marktmechanismen zu sozial unerwünschten Verteilungen führen (sog. Verteilungsprobleme).[92]

1. Vorbehalt von wettbewerbsausschliessenden Vorschriften

a) Begründung für Wettbewerbsausschluss

aa) Einleitung

Die ökonomischen Rahmenbedingungen können in bestimmten Märkten so ausgestaltet sein, dass faktisch kaum ein Wettbewerb zu entstehen vermag; der Gesetzgeber spricht in Art. 3 Abs. 1 KG von Märkten für bestimmte Waren und Leistungen, die den «Wettbewerb nicht zulassen». Sachlich liegt also ein Vorbehalt zugunsten wettbewerbsausschliessender Vorschriften bzw. der Situation eines gesetzlichen Wettbewerbsausschlusses vor. 1.81

Die Lehre spricht oft von wettbewerbspolitischen Ausnahmebereichen,[93] die es nahelegen, planwirtschaftliche Regelungsmuster zur Anwendung zu bringen, weil eine Koordination der Marktteilnehmer durch Wettbewerb als nicht sachgerecht erscheint. Unter solchen Gegebenheiten will das Kartellgesetz die im öffentlichen Interesse erfolgten legislatorischen Interventionen nicht beeinträchtigen. 1.82

Als Beispiele kommen insbesondere Infrastrukturmärkte, die sich durch natürliche Monopolstrukturen auszeichnen, und die Landwirtschaft in Betracht. In diesen Marktbereichen ist das Risiko des Eintritts von Marktversagen gross, weshalb öffentlich-rechtliche Vorschriften regulierend eingreifen. 1.83

Eine solche Interventionsgesetzgebung ist aber nur gerechtfertigt, soweit tatsächlich eine wettbewerbliche Sonderstellung vorliegt. Eine extensive Auslegung von Art. 3 Abs. 1 KG z.B. auf alle Tätigkeiten öffentlicher Unternehmen wäre nicht angemessen; vielmehr geht es «nur» um die Nichtbeeinträchtigung eines bewussten gesetzgeberischen Interventionszieles. 1.84

bb) Mögliche Vorschriften i.S.v. Art. 3 Abs. 1 KG

Vorbehaltsfähige Vorschriften im Sinne von Art. 3 Abs. 1 KG sind regelmässig **öffentlich-rechtliche Vorschriften;** doch können sich Wettbewerbsausschlüsse auch aus zwingendem privaten Recht ergeben; zu denken ist etwa an Vorschriften des Miet- oder Arbeitsrechts. Diese Ansicht rechtfertigt sich auch dadurch, dass die Grenzen zwischen öffentlichem und privatem Recht im Wirtschaftsbereich oft fliessend sind.[94] 1.85

92 RPW 2010/4 649 ff., 655.
93 Vgl. WEBER, Wirtschaftsregulierung, 77 ff.
94 BORER, Art. 3 N 3; KG-MÜNCH, Art. 3 N 11.

1.86 In Frage kommen Vorschriften aus dem kommunalen, kantonalen oder dem Bundesrecht.[95] In der Regel wird es sich um Gesetze im formellen Sinn handeln, denkbar ist indessen auch, dass entsprechende Vorschriften in Verordnungen stehen, soweit die Grundsätze der Gesetzesdelegation eingehalten worden sind.[96] Ungenügend sind indessen sonstige verwaltungsrechtliche Akte wie beispielsweise eine Konzession.[97]

cc) Folgen des Wettbewerbsausschlusses

1.87 Die Vorschrift von Art. 3 Abs. 1 KG beschlägt nicht die Frage nach der Zuständigkeit der WEKO, sondern regelt den materiellen Anwendungsbereich des Kartellgesetzes. Liegt eine wettbewerbsausschliessende Situation gemäss Art. 3 Abs. 1 KG vor, bleibt die WEKO zwar für die Beurteilung zuständig, es ist ihr aber verwehrt, Verfügungen zu erlassen oder einvernehmliche Regelungen zu treffen. Hingegen steht es der Wettbewerbskommission frei, Empfehlungen an politische Behörden abzugeben (Art. 45 KG).[98]

1.88 Grundsätzlich wird die Untersuchungskompetenz der WEKO also nicht eingeschränkt; bringt indessen eine Partei den Vorwand vor, dass eine Vorschrift im Sinne von Art. 3 Abs. 1 KG vorliege, hat die WEKO die entsprechende Untersuchung vorerst darauf zu beschränken, zu prüfen, ob ein Vorbehalt i.S.v. Art. 3 Abs. 1 KG vorliege.[99]

1.89 Art. 3 Abs. 1 KG nennt ausdrücklich zwei Vorbehaltsbereiche, nämlich die staatliche Markt- und Preisordnung sowie die Unternehmen mit besonderen Rechten. Ungeachtet der linguistischen Möglichkeit, das einleitend verwendete Wort «insbesondere» als «beispielhaft» zu verstehen, ergibt sich aus dem Sinn der Vorschrift, selbst wenn der Bundesrat in der Botschaft zur Auslegung des Wortes «insbesondere» keine Stellung genommen hat, dass die Vorbehalte abschliessend aufgezählt sind. Weitere Ausnahmen im Sinne von Art. 3 Abs. 1 KG kommen mithin nicht in Frage.[100]

b) Staatliche Markt- und Preisordnung

1.90 Eine staatliche Markt- oder Preisordnung liegt vor, wenn die massgeblichen ökonomischen Parameter in entscheidender Weise durch das öffentliche Recht festgelegt sind (lit. a). Ob die im Markt auftretenden Unternehmen privat- oder öffentlich-

---

95 Bischof, 160; HK-Carcagni/Treis/Durrer/Hanselmann, Art. 3 N 2.

96 KG-Münch, Art. 3 N 10; HK-Carcagni/Treis/Durrer/Hanselmann, Art. 3 N 2; Borer, Art. 3 N 3; z.B. RPW 2007/4 517 ff., 520 (Bundesbeschluss über die Beschaffung von Rüstungsmaterial vom 12. Dezember 2005).

97 HK-Carcagni/Treis/Durrer/Hanselmann, Art. 3 N 2; KG-Münch, Art. 3 N 10; RPW 2004/3 859 ff., 877; RPW 2006/4 625 ff., 635.

98 Zäch, N 283; KG-Münch, Art. 3 N 22; HK-Carcagni/Treis/Durrer/Hanselmann, Art. 3 N 3.

99 RPW 2003/3 695 ff., RPW 2007/3 400 ff., 404.

100 Weber, SIWR, 46.

rechtlich organisiert sind, ist in diesem Kontext nicht von Bedeutung. Die Markt- oder Preisvorschriften müssen wirtschaftlich grundlegende Elemente eines Marktes (z.B. Produktion, Verteilung) betreffen. Wettbewerbsparameter, welche keiner staatlichen Regulierung unterliegen, sind indessen einer kartellrechtlichen Beurteilung zugänglich.[101] Unternehmen, welche sich in einem staatlich regulierten Markt betätigen, sind nicht automatisch von der Einhaltung des Kartellgesetzes befreit, sondern haben sich in den Bereichen, in denen Wettbewerb trotz staatlicher Intervention möglich ist, an die kartellrechtlichen Vorgaben zu halten.[102]

Die Praxis zu Art. 3 Abs. 1 lit. a KG ist sehr restriktiv, ein Wettbewerbsausschluss wegen Vorliegens einer staatlichen Markt- oder Preisordnung wird selten angenommen. Anwendungsbeispiele staatlicher Markt- und Preisordnungen finden sich vor allem in der Landwirtschaft, indessen werden diese aufgrund der stetigen Öffnung des Agrarmarktes seltener.[103] 1.91

Beispiele: 1.92

- Tarife für Infrastrukturbetriebe
- Preis- und Kontingentvorschriften in der Milch- und Käsewirtschaft.

Vertiefung: Aus der Praxis der WEKO lassen sich die folgenden Beispiele erwähnen: 1.93

- Im Rahmen der Untersuchung «Terminierung» Mobilfunk prüfte die WEKO, ob es sich bei der fernmelderechtlichen Regulierung bezüglich Interkonnektion (Art. 11 FMG) um Vorschriften im Sinne von Art. 3 lit. a KG handle. Sie verwies dabei auf die umfassende Rechtsprechung des Bundesgericht, welches bereits in verschiedenen Entscheiden festgehalten hatte, dass auch im **Fernmeldebereich** UWG, PüG und KG Geltung beanspruchen würden und die sektorspezifische Regelung bezüglich der Interkonnektionspflicht lediglich neben die preis- und wettbewerbsrechtliche Ordnung hinzutrete, diese jedoch nicht ausschliesse (RPW 2007/2 241 ff., 252).
- Grundsätzlich als betroffener Markt in Frage kommt der **Energiesektor:** Die WEKO sah als potenzielle Grundlage für eine vorbehaltene Vorschrift das – zu diesem Zeitpunkt allerdings noch nicht in Kraft getretene – **Stromversorgungsgesetz (StromVG),** dessen Art. 5 den Bundesrat ermächtigt, transparente und diskriminierungsfreie Regeln für die Zuordnung von Endverbrauchern zu einer bestimmten Spannungsebene sowie die entsprechenden Regeln für Elektrizitätserzeuger und Netzbetreiber festzulegen. Weil die ausführenden Bestimmungen des Bundesrates noch nicht galten, war das StromVG allein für die Annahme einer vorbehaltenen Vorschrift nicht ausreichend (RPW 2007/3 353 ff., 356).
- Im **Gesundheitssektor** prüfte die WEKO das Vorliegen vorbehaltener Vorschriften auf dem Gebiet der **Zusatzversicherungen,** welche gemäss Art. 12 Abs. 3 KVG dem VVG unterstehen. Dieses Gesetz sieht aber weder einen Tarifschutz noch einen Kontrahierungszwang vor und schränkt deshalb den Wettbewerb unter Versicherern und Leistungserbringern nicht ein (RPW 2006/3 513 ff., 515 sowie schon RPW 2003/4 847 ff., 862).

---

101 KG-Münch, Art. 3 N 15; Zäch, N 280.
102 RPW 2010/4 649 ff., 655.
103 Zäch, N 286 ff.

- Im Entscheid Permira Holdings Limited/Hirschmann Industrial Holding Ltd./Jet Aviation sah die WEKO die einzelnen Regulierungen im **Luftverkehrsbereich** grundsätzlich als geeignet an, unter Umständen Markteintrittsschranken zu bilden, was bei den einzelnen Märkten allenfalls zu berücksichtigen ist. Im betreffenden Fall waren jedoch keine solchen Vorschriften ersichtlich (RPW 2005/4 619 ff., 620).

1.94 **Praxistipp: Vorbehaltene Vorschriften i.S.v. Art. 3 Abs. 1 lit. a KG**

In ständiger Praxis äussern sich WEKO und Bundesgericht wie folgt zu den vorbehaltenen Vorschriften i.S.v. Art. 3 Abs. 1 lit. a KG:

- Bei der Schaffung der betreffenden Vorschrift muss es das Ziel des Gesetzgebers gewesen sein, den Wettbewerb auszuschalten.
- Wenn die staatliche Markt- oder Preisordnung für wettbewerbliches Verhalten und damit für die Anwendung wettbewerbsrechtlicher Kriterien Raum lässt, sind die Vorschriften des Kartellgesetzes anwendbar.

c) Unternehmen mit besonderen Rechten

1.95 Der Gesetzgeber kann einzelne (privat- oder öffentlich-rechtlich organisierte) Unternehmen mit besonderen Rechten betrauen; diese «Verleihung» von Rechten gründet regelmässig in der Annahme, dass sich dadurch öffentliche Interessen optimal verwirklichen lassen (lit. b). In der Praxis geschieht dies namentlich durch die Einräumung eines **staatlichen Monopols;** der Wettbewerb bleibt im durch das Monopol beherrschten Markt ausgeschlossen.[104] Beispielsweise verfügt die Post über ein Beförderungsmonopol für Briefe bzw. Pakete bis zu einem bestimmten Gewicht (Art. 3 PG).

1.96 Neben den staatlichen Monopolen kommen auch Unternehmen, die öffentliche Aufgaben wahrnehmen, in den Genuss besonderer Rechte. Im Vordergrund stehen in der Praxis die staatlichen Unternehmen, für welche ein **Versorgungsauftrag** vorgesehen ist (z.B. Post, Wasser-, Gas-, Elektrizitätsunternehmen).

1.97 Die Problematik des Vorbehalts liegt darin, dass insbesondere öffentlich-rechtliche Unternehmen, die einen Leistungsauftrag zu erfüllen haben (z.B. Schweizerische Radio- und Fernsehgesellschaft) dahin tendieren, sich vom Anwendungsbereich des Kartellgesetzes vollständig ausgeschlossen zu erachten. Eine solche Auslegung wäre nicht sachgerecht. Vielmehr ist im Einzelfall zu beurteilen, inwieweit der Vorbehalt tatsächlich der Erfüllung der öffentlichen Aufgabe, welche Grundlage der Ausstattung mit besonderen Rechten gewesen ist, dient; ausserhalb dieses (eng zu verstehenden) Bereiches müssen die Kartellgesetznormen zur Anwendung gelangen.[105]

---

104 Zäch, N 287; BGE 129 II 497 ff., Erw. 4.3.2.
105 RPW 2010/4 349 ff., 358; vgl. dazu auch Botschaft, 539.

So unterstehen beispielsweise auch die Schweizerische Post sowie die Verwertungsgesellschaften des Urheberrechts den kartellrechtlichen Vorschriften, wenn sie ausserhalb der regulierten Bereiche tätig sind und mit anderen Unternehmen im Wettbewerb stehen.[106] 1.98

Vertiefung: Aus Art. 9 Abs. 3 PG ergibt sich, dass die Post im Bereich der Wettbewerbsdienste vorbehaltlich gesetzlicher Ausnahmen denselben Regelungen unterliegt, wie sie für die privaten Anbieter gelten. Daraus folgt unter anderem, dass die Post im Bereich der Wettbewerbsdienste wie die privaten Anbieter dem Kartellgesetz – vorbehaltlich anderslautender Gesetzesbestimmungen – unterstellt ist. Die Wettbewerbsdienste der Post sind in Art. 7 der VPG definiert, dazu gehören insbesondere die **Vermittlung von Bankdienstleistungen** (RPW 2003/2 255 ff., 260). 1.99

Für **Verwertungsgesellschaften** ergibt sich die Abgrenzung der regulierten und nicht regulierten Bereiche aus Art. 40 URG. Regulierte Bereiche sind etwa die Aufführung und Sendung nicht theatralischer Werke oder die Herstellung und Verbreitung von im Handel erhältlichen Ton- und Bildträgern (Art. 40 Abs. 1 URG). Zu den wettbewerblichen Bereichen gehören demgegenüber die Wahrnehmung herkömmlicher Senderechte an literarischen Werken und die Wahrnehmung analoger Abbildungsrechte an Werken der bildenden Künste durch die Pro Litteris bzw. die Wahrnehmung analoger Abbildungsrechte an dramaturgischen und audiovisuellen Werken durch die SSA (Société Suisse des Auteurs).[107] 1.100

2. Vorbehalt zugunsten von Immaterialgüterrechten

a) Wettbewerbsrechtliche Problematik

Vom Anwendungsbereich des Kartellgesetzes ausgenommen sind gemäss Art. 3 Abs. 2 KG Wettbewerbswirkungen, die sich ausschliesslich aus der Gesetzgebung über **geistiges Eigentum** ergeben. Der Begriff des geistigen Eigentums ist in diesem Zusammenhang weit zu verstehen und erfasst neben dem Patent-, Marken-, Design- und Urheberrecht auch z.B. das Know-how sowie das Sorten- und Topographieschutzrecht; zudem lässt der Begriff Raum für zukünftige technische Entwicklungen.[108] 1.101

Gesetzlich statuierte oder von der Rechtsprechung anerkannte Immaterialgüterrechte vermitteln **Ausschliesslichkeitsrechte** mit Bezug auf die geschützten Produkte oder Dienstleistungen. Während der gesetzlich festgelegten Dauer der Schutzfrist ist der Wettbewerb ausgeschlossen, weil das Immaterialgüterrecht einen absoluten Schutzbereich gegen Konkurrenten schafft. 1.102

Die ökonomische Begründung für die Ausschliesslichkeitsrechte liegt darin, dass Anreize für Forschung und Entwicklung nur dann bestehen, wenn sich die Ergebnisse auch monetarisieren lassen. Im Einzelnen ist diese Begründung zwar umstrit- 1.103

---

106 RPW 2003/2 255 ff., 260; KG-Münch, Art. 3 N 20.
107 Vgl. dazu Stirnimann, 305 f. m.w.H.
108 HK-Carcagni/Treis/Durrer/Hanselmann, Art. 3 N 8; Borer, Art. 3 N 7; Botschaft, 541.

ten; denn nur schon der «first mover»-Effekt (selbst ohne Immaterialgüterrechtschutz) gibt einen Wettbewerbsvorsprung.[109]

1.104 Grundsätzlich basiert das Immaterialgüterrechtssystem auf dem **Territorialitätsprinzip,** d.h. die Ausschliesslichkeitsrechte sind territorial begrenzt. Dadurch werden die Rechteinhaber in die Situation versetzt, einzelne geografische Märkte voneinander abzuschotten und damit den grenzüberschreitenden (Intrabrand-) Wettbewerb zu beschränken.

b) Anwendungsprinzipien

1.105 Lehre und Rechtsprechung haben folgende allgemeine Kriterien für die Anwendbarkeit kartellrechtlicher Normen auf immaterialgüterrechtlich bewirkte «Wettbewerbsbeschränkungen» entwickelt:

- Wettbewerbsbeschränkungen, die sich ausschliesslich aus der Gesetzgebung über das geistige Eigentum ergeben, rechtfertigen ein kartellrechtliches Eingreifen nicht. Der Gesetzgeber hat mit der Verwendung des Wortes «ausschliesslich» zum Ausdruck gebracht, dass aber mittelbar durch Immaterialgüterrechte verursachte Wettbewerbsbeschränkungen der Beurteilung durch das Kartellgesetz unterliegen.
- Die Frage nach dem Bestehen eines entsprechenden Immaterialgüterrechts ist keine kartellrechtliche Problemstellung; hingegen ist die Art und Weise der Ausübung eines Immaterialgüterrechts kartellrechtlich prüfbar.

1.106 Geboten ist somit in der Praxis eine mehrstufige Beurteilung, die sich wie folgt gliedern lässt:[110]

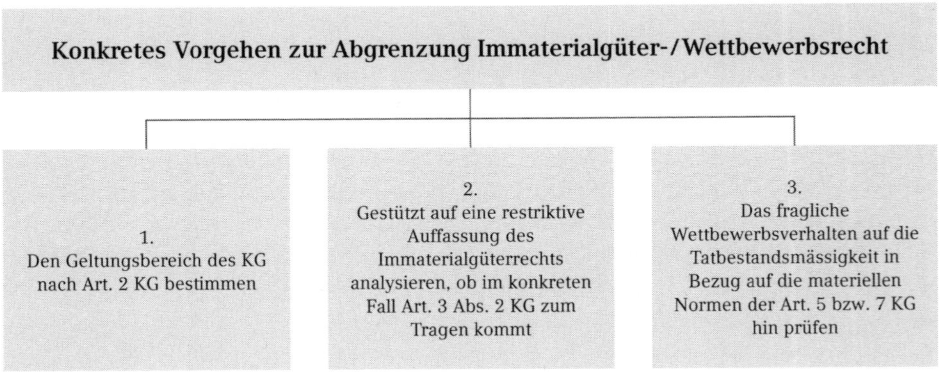

Konkretes Vorgehen zur Abgrenzung Immaterialgüter-/Wettbewerbsrecht
1. Den Geltungsbereich des KG nach Art. 2 KG bestimmen
2. Gestützt auf eine restriktive Auffassung des Immaterialgüterrechts analysieren, ob im konkreten Fall Art. 3 Abs. 2 KG zum Tragen kommt
3. Das fragliche Wettbewerbsverhalten auf die Tatbestandsmässigkeit in Bezug auf die materiellen Normen der Art. 5 bzw. 7 KG hin prüfen

Abb. 1.7

109 Eingehend dazu SIEGERT GABRIELE/WEBER ROLF H./LOBIGS FRANK/SPACEK DIRK, Der Schutz innovativer publizistischer Konzepte im Medienwettbewerb, Baden-Baden 2006.

110 WEBER/VLCEK, 38.

Die Problematik der Unterscheidung zwischen **Bestand und Ausübung** von Rechten des geistigen Eigentums, die üblicherweise als Differenzierungskriterium zur Sprache kommt, liegt darin, dass der Bestand (oder der spezifische Gegenstand) von Immaterialgüterrechten kaum losgelöst von deren Ausübung zu beurteilen ist, denn die Ausübung hat direkte Auswirkungen auf den Bestand eines Rechts. Aus diesem Grunde lässt sich am ehesten davon ausgehen, dass diejenigen Ausübungsformen nicht in den Bereich der Ausschliesslichkeitsrechte fallen, welche sich nicht auf den spezifischen Gegenstand des betroffenen Immaterialgüterrechts beziehen, sondern wirtschaftlich betrachtet «überschiessend» darauf gerichtet sind, als Gegenstand, Mittel oder Folge einer Wettbewerbsabrede zu wirken.[111] Eine Wettbewerbsbeschränkung ist somit dann nicht hinnehmbar, wenn es an einem inneren Zusammenhang zwischen der Wettbewerbsabrede und der Schutzrechtsausübung fehlt. 1.107

c) Parallelimporte im Besonderen

In der Praxis entzündet sich das Spannungsverhältnis zwischen Immaterialgüterrechtsschutz und Wettbewerbsrecht insbesondere an den Parallelimporten; darunter sind Einfuhren immaterialgüterrechtlich geschützter Produkte zu verstehen, die ohne Zustimmung des inländischen Schutzrechtsinhabers aus einem Drittland erfolgen, in welchem die betreffenden Produkte ebenfalls vom Schutzrechtsinhaber selbst oder jedenfalls mit seiner Zustimmung in Verkehr gesetzt worden sind. 1.108

Nach allgemeinen wettbewerbsrechtlichen Überlegungen dürfen Produkte, die zwar immaterialgüterrechtlich geschützt sind, aber einmal mit Zustimmung des Rechteinhabers auf den Markt gelangten, weiter vertrieben werden (sog. **Erschöpfungsgrundsatz**). Heftig umstritten ist indessen, ob die Erschöpfung international, regional oder national zu sehen ist. Im Falle einer internationalen Erschöpfung sind Parallelimporte möglich, im Falle einer nationalen Erschöpfung bleibt es bei den einzelstaatlichen Marktabschottungen. 1.109

Innert fünf Jahren hat sich das Bundesgericht in drei Entscheiden zu den drei wichtigsten Immaterialgüterrechtsgesetzen zur Frage der geografischen Umschreibung des Erschöpfungsgrundsatzes unterschiedlich geäussert:[112] 1.110

---

111 Borer, Art. 3 N 11 m.w.H.

112 Weber/Vlcek, 39.

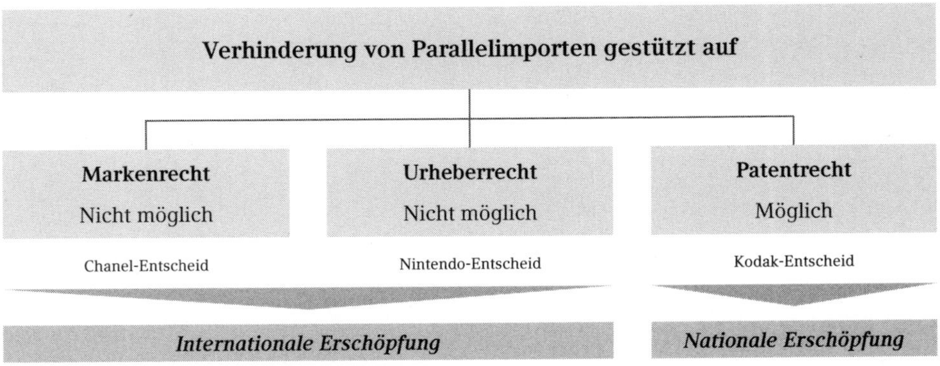

Abb. 1.8

1.111 Bezüglich der Rechtslage im Hinblick auf das **Designrecht** hat das Bundesgericht noch keine Stellung genommen. Weil das Designrecht indessen dem Patentrecht sehr nahe steht, würde das Bundesgericht wohl vom Prinzip der nationalen Erschöpfung ausgehen.[113]

1.112 **Chanel, BGE 122 III 469 ff.**

Chanel ist Inhaberin der Marke Chanel, unter welcher sie Parfüm-, Hygiene- und Schönheitsprodukte herstellt und verkauft. Chanel vertrieb ihre Produkte in Europa über ein selektives Vertriebssystem und bezeichnete sie zur Kontrolle mit speziellen Codes. Die EPA gehörte nicht zu den zugelassenen Händlern, verkaufte aber gleichwohl Chanel-Produkte, welche sie auf dem Parallelmarkt erworben hatte. Chanel wollte EPA die entsprechende Praxis gestützt auf Markenrecht verbieten. Das Bundesgericht äusserte sich folgendermassen dazu:

«Sur la base de ces différentes interprétations, force est de conclure que la LPM n'offre aucun moyen au titulaire d'une marque protégée en Suisse de se défendre contre l'importation parallèle, en marge d'un réseau de distribution sélective, de produits munis licitement de la même marque à l'étranger et rigoureusement semblables à ceux vendus par les distributeurs agréés. Les demanderesses ne peuvent dès lors invoquer la protection du droit des marques pour s'opposer à la vente des produits Chanel par la défenderesse.»

113 HK-Carcagni/Treis/Durrer/Hanselmann, Art. 3 N 21.

Nintendo, BGE 124 III 321 ff. 1.113

Nintendo beauftragte Waldmeier AG als Alleinvertriebsberechtigte zum Vertrieb des Videospiels «Donke Kong Land» in der Schweiz. Waldmeier AG verkaufte das Spiel dann auch mit einer selbstverfassten deutsch-französischen Spielanleitung. Kurz darauf bot auch die Wahl Expimo AG das betreffende Spiel in amerikanischer Version mit englischer Spielanleitung an. Dies wollte die Nintendo AG verhindern. Das Bundesgericht äusserte sich dazu wie folgt:

«Aus dem Blickwinkel einer teleologischen Gesetzesauslegung lässt es sich daher ebenfalls nicht rechtfertigen, mit einem Übergang zur nationalen Erschöpfung eine Abschottung des schweizerischen Marktes für urheberrechtlich geschützte Produkte herbeizuführen. Dagegen ist auch mit dem in der Berufungsantwort mehrfach vorgebrachten Argument nicht aufzukommen, die Klägerinnen müssten den chinesischen Markt wegen des absolut erforderlichen Kampfes gegen Piraterieprodukte zu äusserst billigen Preisen beliefern. Denn abgesehen davon, dass vorliegend Parallelimporte von für den amerikanischen Markt bestimmten Videospielen in Frage stehen, liegt die Bekämpfung des Piraterieprodukte-Geschäfts in China jedenfalls ausserhalb des Normzwecks von Art. 12 Abs. 1 URG. Zusammenfassend ergibt sich, dass nach dem neuen Urheberrecht weiterhin die internationale Erschöpfung gilt. Das Verwertungsrecht des Urhebers ist somit auch für Werbeexemplare erschöpft, die mit seiner Zustimmung erstmals im Ausland veräussert worden sind. Die Einfuhr solcher Produkte in die Schweiz kann mit urheberrechtlichen Mitteln nicht unterbunden werden.»

Kodak, BGE 126 III 129 ff. 1.114

Kodak produzierte und vertrieb verschiedene Filmprodukte. Jumbo wollte neben den von Kodak erworbenen Filmen in seinen Supermärkten auch aus Grossbritannien parallelimportierte Filme verkaufen. Dies wollte die Kodak verhindern und verklagte Jumbo gestützt auf Patentrecht. Das Bundesgericht äusserte sich in folgender Weise zum Sachverhalt:

«Zu den Bedürfnissen des Patentinhabers gehört nicht, künstlich Märkte aufzuteilen bzw. den schweizerischen Markt vom Ausland abzuschotten (…). Die Herrschaft des Patentinhabers über die Einfuhr patentgeschützter Waren ergibt sich nicht aus dem Inhalt seiner Erfinderrechte, sondern allein aus der territorialen Begrenzung der schweizerischen Rechtsordnung. Die Befugnis, über die Einfuhr patentgeschützter Waren ausschliesslich zu bestimmen, bezweckt die Gewährleistung des vom schweizerischen Recht angestrebten Erfindungsschutzes namentlich auch für den Fall, dass die Waren mit Einverständnis des schweizerischen Patentinhabers im Ausland unter nicht mit dem Inland vergleichbaren Bedingungen in Verkehr gesetzt worden sind.»

Im Anschluss an die unbefriedigende Rechtslage, welche die drei erwähnten Entscheide geschaffen haben, ist vom Gesetzgeber im Rahmen der KG-Revision 2003 eine gewisse Klärung der Rechtslage vorgenommen worden: Gemäss dem neuen 1.115

Satz 2 von Art. 3 Abs. 2 KG lassen sich die sich aus Immaterialgüterrechten ergebenden Möglichkeiten, Einfuhren zu beschränken, kartellrechtlich überprüfen.

1.116 Die Bestimmung geht indessen über das Kodak-Urteil hinaus, denn sie gilt nicht nur für Patentrechte, sondern für sämtliche Immaterialgüterrechte und umfasst neben der Verhinderung von Parallelimporten auch sonstige Einfuhrbeschränkungen, welche sich auf Immaterialgüterrechte stützen.[114] Das Bundesgericht hat sich bis anhin jedoch noch nicht abschliessend zu dieser Thematik geäussert.

d) Wettbewerbsbeschränkungen durch Lizenzverträge

1.117 Durch Lizenzverträge räumen die Inhaber von Immaterialgüterrechten Dritten ein Nutzungsrecht an den entsprechenden Rechten ein. Je nach konkreter Ausgestaltung sind Lizenzverträge geeignet, eine Wettbewerbsbeschränkung zu bewirken; die Gefahr besteht in besonderer Weise im Rahmen von vertikalen Vertriebsverträgen.[115]

1.118 Zudem können Lizenzverträge bei Vorhandensein einer marktbeherrschenden Stellung des Lizenzgebers Probleme bereiten, namentlich im Falle der Einräumung von ausschliesslichen Lizenzen oder der Verweigerung von Lizenzen.[116]

1.119 **Beispiele: Heikle Klauseln in Lizenzverträgen**

Im Rahmen von Lizenzverträgen können insbesondere die folgenden Klauseln wettbewerbsrechtlich problematisch sein:[117]

- Horizontale Preis-, Mengen- oder Gebietsabreden: Wenn der Lizenzgeber und der Lizenznehmer sich auf den gleichen Märkten betätigen, sind beispielsweise Klauseln über Höchstpreise oder mengenmässige Verkaufsbegrenzungen unzulässig.
- Vertikale Preis- und Gebietsbeschränkungen: Vorkehren, mit welcher der Lizenzgeber dem Lizenznehmer gewisse preisliche, räumliche oder kundenbezogene Beschränkungen auferlegt; nicht erfasst sind Höchstpreise, ausser es werden damit indirekt Preise festgesetzt.[118]

114 Zäch, N 306 und 308.
115 Weber/Vlcek, 36; Zäch, N 327.
116 Vgl. dazu hinten N 2.608 ff.
117 Vgl. dazu ausführlich Troller Kamen, Grundzüge des schweizerischen Immaterialgüterrechts, 2. Auflage, Basel 2005, 315 ff.
118 Vgl. dazu Gaba, Hors-Liste.

- Koppelungsbindungen: Sind vor allem im Rahmen von Art. 7 KG einschlägig, können aber auch unter Art. 5 KG relevant sein; als problematisch erweisen sie sich vor allem beim Full Line Forcing, d.h. der Verpflichtung, das ganze Sortiment beim Lizenzgeber zu beziehen, oder beim Tie Out, d.h. der Verpflichtung, keine Lizenzen von anderen Anbietern zu beziehen.
- Liefer- und Lizenzverweigerung: Bezogen auf Art. 7 Abs. 2 lit. a KG problematisch beim Vorliegen einer marktbeherrschenden Stellung des Lizenzgebers.[119]
- Preis- und Konditionenmissbrauch: Heikel beim Vorliegen einer marktbeherrschenden Stellung des Lizenzgebers, zu beachten ist Art. 7 Abs. 2 lit. c KG.[120]
- Diskriminierung von Handelspartnern: Wenn ein Lizenzgeber marktbeherrschend ist, ergibt sich aus Art. 7 Abs. 2 lit. b KG unter Umständen ein Gleichbehandlungsgebot.

Unproblematisch sind hingegen in der Regel die folgenden – in der Praxis häufig verwendeten – Klauseln:

- Nichtangriffsverpflichtungen: Wenn sich der Lizenznehmer verpflichtet, keine Nichtigkeitsklagen und keine Einreden oder Einwände gegen die Rechtsbeständigkeit des Lizenzgegenstandes zu erheben.[121]
- Grant Backs (Rückgewährungspflichten): Wenn sich der Lizenznehmer verpflichtet, dem Lizenzgeber Verbesserungen am Produkt zurückzulizenzieren.

3. Verhältnis des Kartellgesetzes zu anderen Bundesgesetzen

a) Kartellgesetz und Preisüberwachungsgesetz

Das (frühere) Kartellgesetz 1985 ist gleichzeitig mit dem Preisüberwachungsgesetz 1.120
(PüG) vom Parlament verabschiedet und auf Mitte 1986 in Kraft gesetzt worden. Gemäss Art. 5 PüG haben Wettbewerbskommission und Preisüberwacher zusammenzuarbeiten; Art. 16 Abs. 2 PüG legt fest, dass der Preisüberwacher für die Verfahren, welche den Preismissbrauch betreffen, gegenüber der Wettbewerbskommission den Vorrang hat («bleibt … vorbehalten»).[122]

Das Kartellgesetz 1995 hat ohne Beachtung der schon bestehenden Regel von 1.121
Art. 16 Abs. 2 PüG eine neue Prioritätsregel eingeführt, die besagt, dass die kartellrechtlichen Vorschriften den **Vorrang** gegenüber dem PüG geniessen (Art. 3 Abs. 3

119 Vgl. dazu hinten N 2.577 ff.
120 Vgl. dazu hinten N 2.659 ff.
121 Die schweizerische Praxis hat sich bis anhin noch nicht zur Zulässigkeit von Nichtangriffsklauseln geäussert. Eine detaillierte Darstellung der Problematik findet sich bei Simon Jürg/Fischer Roland, Zur kartellrechtlichen Beurteilung von Nichtangriffsklauseln in Marken- und Patentlizenzverträgen, in: Jusletter vom 17. Oktober 2005.
122 Vgl. Weber, PüG, Art. 16 N 12 ff.

KG). Art. 16 Abs. 2 PüG wird damit materiell derogiert; die h.L. nimmt deshalb entstehungsgeschichtlich an, dass die neuere Regelung von Art. 3 Abs. 3 KG der widersprechenden Bestimmung von Art. 16 Abs. 2 PüG vorgeht.[123] Konkret bedeutet dies, dass der Preisüberwacher sich nicht mit Angelegenheiten befassen darf, die bereits Gegenstand eines Verfahrens der WEKO sind, ausser wenn sich die beiden Behörden zu einer anders lautenden einvernehmlichen Regelung durchgerungen haben.

1.122 Die WEKO kann dem Preisüberwacher beispielsweise in einer konkreten Untersuchung den Vorrang einräumen. Nicht möglich sind demgegenüber parallele Untersuchungen.[124] In der Praxis kommt eine solche Delegation eher selten vor, denn im Gegensatz zum Kartellgesetz ermöglicht das Preisüberwachungsgesetz keine Verhängung direkter Sanktionen. Aufgrund seiner Formulierung gebietet das Kartellgesetz indessen die Verhängung direkter Sanktionen, wenn die entsprechenden Voraussetzungen erfüllt sind, die Bewahrung einzelner Unternehmen vor einer direkten Sanktion durch Delegation an den Preisüberwacher liegt nicht in der Kompetenz der WEKO.[125]

1.123 Beim Preisüberwacher verbleibt damit noch die Kompetenz zur Beurteilung der staatlich **administrierten Preise,** weil – wie erwähnt[126] – die Beurteilung von Markt- und Preisordnungen der Kompetenz der Wettbewerbskommission entzogen ist (Art. 3 Abs. 1 lit. a KG), sowie der Preise bei ausnahmsweise zugelassenen Wettbewerbsbeschränkungen; in den übrigen Bereichen besteht ein Vorrang des Kartellgesetzes.[127]

1.124 Diese Auffassung deckt sich auch mit dem Wortlaut von Art. 15 Abs. 1 PüG, nach welchem Preise, welche von einer anderen Behörde aufgrund einer bundesrechtlichen Vorschrift überwacht werden, von der betreffenden Behörde alleine zu beurteilen sind. Die WEKO ist als Behörde im Sinne dieser Bestimmung zu sehen, denn sie ist gemäss Art. 45 KG gesetzlich zur laufenden Beobachtung der Wettbewerbsverhältnisse verpflichtet.[128] Indessen ist das Verhältnis zwischen dem Preisüberwacher und der WEKO im Zusammenhang mit Preismissbräuchen marktbeherrschender Unternehmen nicht immer eindeutig.[129]

1.125 Überblicksmässig lässt sich deshalb das Verhältnis von KG und PüG wie folgt darstellen:[130]

123 Weber, PüG, Art. 16 N 13; KG-Münch, Art. 3 Abs. 3 N 2; Dietrich/Bürgi, 185.
124 KG-Carcagni/Treis/Durrer/Hanselmann, Art. 3 N 26.
125 KG-Münch, Art. 3 Abs. 3 N 3.
126 Vgl. vorne N 1.91 ff.
127 Dietrich/Bürgi, 187.
128 Dietrich/Bürgi, 187.
129 Weber, Jusletter, N 19.
130 Weber/Vlcek, 35.

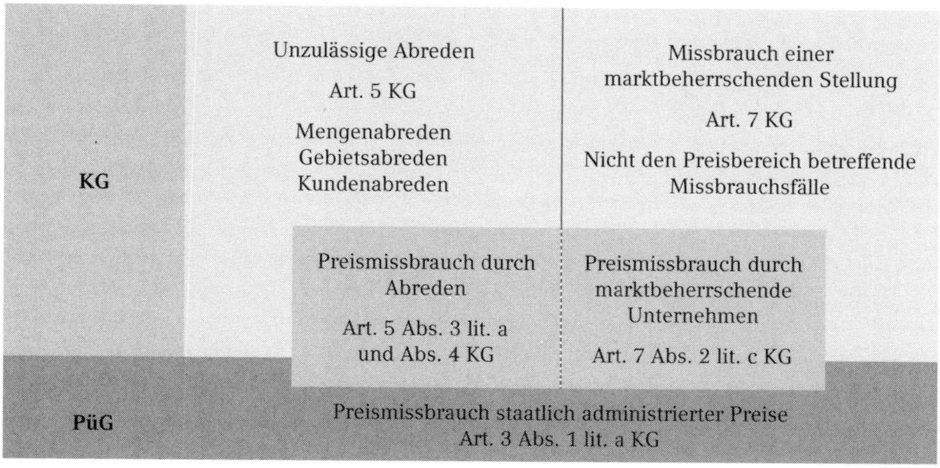

Abb. 1.9

Der Preisüberwacher nimmt an den Sitzungen der Wettbewerbskommission regelmässig teil (Art. 5 Abs. 2 PüG) und kann damit deren Mitglieder an seinen Kenntnissen teilhaben lassen; Kompetenzkonflikte scheinen sich in der Praxis bisher nicht ergeben zu haben. 1.126

b) Kartellgesetz und Gesetz gegen den unlauteren Wettbewerb

Das Kartellgesetz bezweckt, den Wettbewerb an sich zu gewährleisten, das UWG zielt auf die lautere Abwicklung des Wettbewerbs ab. Beim KG geht es mithin um die Quantität, beim UWG um die Qualität des Wettbewerbs. 1.127

Das Bundesgericht hat im bekannten Veledes-Fall[131] dafürgehalten, KG und UWG seien getrennt zu beurteilen; insbesondere vermöge bestehende Marktmacht keinen Einfluss auf die Beurteilung der Lauterkeit des Verhaltens eines Marktteilnehmers zu haben. 1.128

Veledes, BGE 107 II 277 ff. 1.129

Die Denner AG verkaufte jeweils einmal pro Woche gewisse Detailhandelsprodukte im Rahmen besonders angekündigter Verkaufsaktionen sehr günstig. Der Schweizer Verband der Lebensmittel-Detaillisten wollte diese Tiefpreisaktionen gestützt auf UWG und KG verhindern. Bezüglich des Verhältnisses von UWG und KG äusserte sich das Bundesgericht im einschlägigen Entscheid wie folgt:

131 BGE 107 II 277 ff.

«Die von Vischer und von Büren vertretene Auffassung, dass die Wettbewerbshandlung des mächtigeren Unternehmens strenger als die des schwächeren zu werten sei, findet im UWG keine Stütze. Die Lauterkeit oder Unlauterkeit einer Wettbewerbshandlung bewertet sich nach dem Grundsatz von Treu und Glauben, wie er im Wettbewerbsrecht verstanden wird, nicht danach, von wem die Handlung ausgeht. Marktmacht ist nicht über darauf bezogene Verschärfung des Lauterkeitsschutzes nach UWG, sondern vom Freiheitsschutz nach Kartellgesetz her anzugehen (...). Sie kann in ihren Auswirkungen allenfalls unter kartellrechtlich massgebenden Gesichtspunkten als missbräuchlich ausgenutzt erscheinen. Das gilt namentlich auch für die von den drei Klägern behaupteten Folgen derartiger Aktionen wie Zugs- oder Nachhaltigkeitszwang. Dagegen geht es nicht an, aus solchen Wirkungen, mögen sie für den Mitbewerber unangenehm sein und wären sie sogar volkswirtschaftlich nachteilig, kurzerhand auf Unlauterkeit der Werbemittel zu schliessen.»

1.130 Angesichts der wettbewerbsrechtlichen Gesamtkonzeption der neueren Wettbewerbsgesetze lässt sich diese «Trennungstheorie» nicht weiter aufrechterhalten; vielmehr sind beide Gesetze parallel zur Anwendung zu bringen, wenn ein Sachverhalt einzelne Tatbestandselemente von KG und UWG berührt.[132]

c) Kartellgesetz und Binnenmarktgesetz

1.131 Kartellgesetz und Binnenmarktgesetz (BGBM) haben ergänzende Funktionen, weil das KG ungerechtfertigte private Wettbewerbshindernisse und das BGBM ungerechtfertigte öffentliche (kantonale und kommunale) Wettbewerbshindernisse zu verhindern versucht. Das BGBM enthält gewisse Minimalvorschriften, welche zur Realisierung eines offenen Binnenmarktes notwendig sind.[133]

1.132 Der WEKO kommt bei der Umsetzung des BGBM eine wichtige Rolle zu, welche im Rahmen seiner Revision im Jahre 2005 noch verstärkt wurde.[134] Die WEKO überwacht die Einhaltung des Binnenmarktgesetzes (Art. 8 Abs. 1 BGBM) und kann Empfehlungen abgeben bzw. Gutachten zum BGBM erstatten (Art. 10a BGBM).

1.133 Um diese Aufgabe besser wahrnehmen zu können, verfügt die WEKO seit der Revision über eine verbesserte Amtshilfe (Art. 8a BGBM) und die Möglichkeit, von Dritten verbindliche Auskünfte einzuholen (Art. 8b BGBM).

1.134 Bei einer Missachtung hat die WEKO direkt die Möglichkeit, gegen kantonale Entscheide Beschwerde zu erheben und eine Feststellung darüber zu verlangen, dass eine Verfügung den Marktzugang in unzulässiger Weise beschränkt (Art. 9 Abs. 2bis BGBM).[135]

---

132 Weber, SIWR, 54; Zäch, 331.

133 Von Büren/Marbach/Ducrey, N 1300.

134 KG-Münch, Art. 3 Abs. 3 N 6; HK-Carcagni/Treis/Durrer/Hanselmann, Art. 3 N 29. Ausführlich dazu Oesch/Zwald, BGBM, Art. 1 N 3 ff.

135 HK-Carcagni/Treis/Durrer/Hanselmann, Art. 3 N 29.

d) Kartellgesetz und öffentliches Beschaffungswesen

Das Bundesgesetz über das öffentliche Beschaffungswesen (BoeB) bezweckt die 1.135
Verwirklichung von Wettbewerb mit Blick auf Vergaben der öffentlichen Hand (inkl. öffentliche Unternehmen).

Das öffentliche Beschaffungsrecht zielt darauf ab, in seinem Anwendungsbereich 1.136
effiziente Wettbewerbsverhältnisse zu schaffen. Noch weiter gehender als mit Bezug auf die privaten Wettbewerbsverhältnisse (Art. 8 und Art. 11 KG) können indessen im Bereich des öffentlichen Beschaffungswesens auch allgemeine öffentliche Interessen (z.B. Umweltschutz, Nachhaltigkeit) bei der Beurteilung der unterbreiteten Angebote eine Rolle spielen.[136]

Auch das BoeB bezweckt den Schutz des Wettbewerbs und vermag neben Art. 5 1.137
KG parallel zur Anwendung zu kommen. Gemäss Art. 11 Abs. 1 lit. e BoeB kann der Auftraggeber den Zuschlag widerrufen oder Anbieter vom Verfahren ausschliessen, wenn sie Abreden getroffen haben, welche den wirksamen Wettbewerb ausschliessen oder erheblich beeinträchtigen.

e) Kartellgesetz und ZGB/OR

Die Vorschriften des ZGB/OR kommen subsidiär zur Anwendung, soweit das Kar- 1.138
tellrecht (insbesondere in zivilrechtlich relevanten Fragen) keine Sonderordnung enthält.

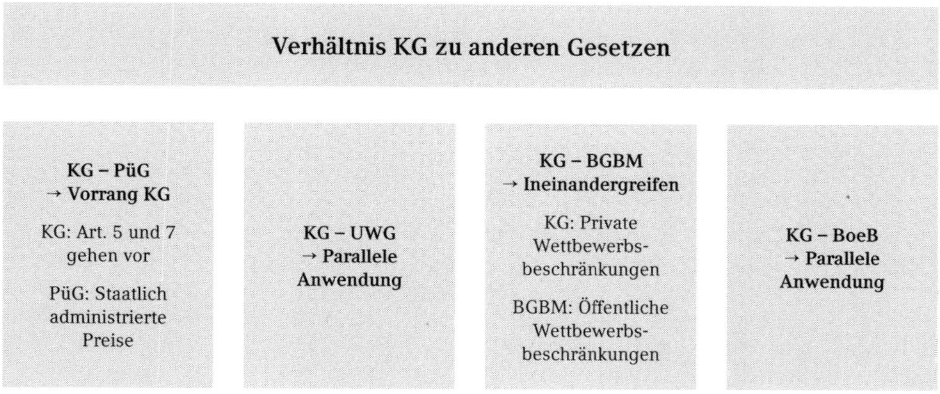

Verhältnis KG zu anderen Gesetzen
KG – PüG
→ Vorrang KG
KG: Art. 5 und 7 gehen vor
PüG: Staatlich administrierte Preise
KG – UWG
→ Parallele Anwendung
KG – BGBM
→ Ineinandergreifen
KG: Private Wettbewerbs-beschränkungen
BGBM: Öffentliche Wettbewerbs-beschränkungen
KG – BoeB
→ Parallele Anwendung

Abb. 1.10

136 Vgl. Weber Rolf H./Menoud Valérie, The Information Society and the Digital Divide – Legal Strategies to finance Global Access, Zürich 2008, 171 ff.

TEIL 2

Materieller Teil

Inhaltsübersicht

Teil 2: Materieller Teil

Spezialliteratur

AMMANN MARTIN/STREBEL MARIO, Die KMU-Bekanntmachung der Weko, in: sic! 2007 228 ff.; AMSTUTZ MARC/REINERT MANI, Erfasst Art. 4 Abs. 2 KG auch die überragende Marktstellung und die relative Marktmacht?, in: sic! 2005 537 ff. (sic! 2005); AMSTUTZ MARC/REINERT MANI, Rabatte und Kartellrecht, in: Anwaltsrevue 2006 187 ff. (Anwaltsrevue); BALDI MARINO, Für eine «informierte» Wettbewerbspolitik, in: AJP 2012 1183 ff.; BISCHOFF ALEXANDER, Der SSNIP-Test: Rückgriff auf mikroökonomische Prinzipien bei der Marktbestimmung im Kartellrecht, Diss., Zürich 2010; BLATTMANN ANDREAS D., Der Informationsaustausch zwischen Wettbewerbern, Diss., Zürich 2012; BRECHBÜHL BEAT/BERGER BERNHARD, Erwerb einer (Minderheits-)Beteiligung als Wettbewerbsabrede?, in: SZW 2001 305 ff.; BÜHLER SIMON, Der Fluch des Gewinners in der öffentlichen Beschaffung, in: AJP 2012 685 ff.; CANDREIA PHILIP,

Konzerne als marktbeherrschende Unternehmen nach Art. 7 KG, Diss., Zürich 2007; CHERPILLOD DENIS, L'abus structurel. La modification directe de la structure du marché sous l'angle de l'abus de position dominante, Diss., Lausanne 2006; DÄHLER ROLF/KRAUSKOPF PATRICK, Die Sanktionsbemessung und die Bonusregelung, in: Stoffel Walter A./Zäch Roger (Hrsg.), Kartellgesetzrevision 2003, Zürich 2004, 127 ff.; DÄHLER ROLF/KRAUSKOPF PATRICK/STREBEL MARIO, § 8 Aufbau und Nutzung von Machtpositionen, in: Geiser Thomas/Krauskopf Patrick/ Münch Peter (Hrsg.), Schweizerisches und europäisches Wettbewerbsrecht, Basel 2005, 267 ff.; DIETRICH MARCEL/BÜRGI ALEXANDER, Abgrenzung der Zuständigkeiten von Wettbewerbskommission und Preisüberwacher, in: sic! 2005 179 ff.; DIETRICH MARCEL/SAURER MARKUS, Ist eine Marke ein Markt? Marktabgrenzung bei selektiven Vertriebssystemen, in: sic! 2001 593 ff.; DOSS ANDREA, Vertikalabreden und deren direkte Sanktionierung nach dem schweizerischen Kartellgesetz, Diss., Zürich 2009; DUCREY PATRIK, Vertikalabreden: Praxis und Zukunft in der Schweiz, in: Amstutz Marc/Hochreutener Inge/Stoffel Walter (Hrsg.), Die Praxis des Kartellgesetzes im Spannungsfeld von Recht und Ökonomie, Zürich/Basel/Genf 2011, 1 ff.; DUCREY PATRIK/TAGMANN CHRISTOPH, Die Anwendung des Kartellrechts auf KMU, in: ZBJV 2007 69 ff.; FUCHS ANDREAS/MÖSCHEL WERNHARD, Art. 102 AEUV, in: Immenga Ulrich/Mestmäcker Ernst-Joachim (Hrsg.), Wettbewerbsrecht, Band 1 EU/ Teil 1, 5. Auflage, München 2012, 550 ff.; GANZ ELINE E., Kollektive Marktbeherrschung – Im Spannungsfeld koordinierter und unilateraler Effekte von Zusammenschlüssen im europäischen und schweizerischen Kartellrecht, in: Jusletter 21. Februar 2005; GIGER GION, Vertikale Abreden – Entwicklungen im schweizerischen und europäischen Kartellrecht, in: sic! 2010 859 ff.; GRABER ANDREA, Die neue Vertikalbekanntmachung 2010 der WEKO, in: Jusletter 23. August 2010; GRABER ANDREA/LANGENEGGER MARKUS, Fusionskontrolle im Schweizer Detailhandel – Ökonomische Aspekte der Verfahren Migros/Denner und Coop/Carrefour, in: sic! 2009 387 ff.; GRONER ROGER, Missbrauchsaufsicht über marktbeherrschende Unternehmen – quo vadis?, in: recht 2002 63 ff.; HANGARTNER YVO/PRÜMMER FELIX, Die ausnahmsweise Zulassung grundsätzlich unzulässiger Wettbewerbsbeschränkungen und Unternehmenszusammenschlüsse, in: AJP 2004 1093 ff.; HEINEMANN ANDREAS, Schutzrechte und Wettbewerbsrecht: Perspektiven für die schweizerische Rechtsentwicklung, in: sic! 2010 33 ff. (Schutzrechte); HEINEMANN ANDREAS, Direkte Sanktionen im Kartellrecht, in: Jusletter 21. Juni 2010 (Sanktionen); HEINEMANN ANDREAS, Abreden im Horizontalverhältnis – Bereichsübersicht Art. 5 KG, in: Amstutz Marc/Hochreutener Inge/Stoffel Walter A. (Hrsg.), Die Praxis des Kartellgesetzes im Spannungsfeld von Recht und Ökonomie, Zürich/Basel/Genf 2011, 115 ff. (Abreden); HEINEMANN ANDREAS/HEIZMANN RETO A., Kartellrechtliche Vorgaben für die Unternehmenskommunikation, in: Sethe Rolf/Heinemann Andreas/Hilty Reto M./Nobel Peter/Zäch Roger (Hrsg.), Kommunikation – Festschrift für Rolf H. Weber zum 60. Geburtstag, Bern 2011, 63 ff.; HEIZMANN RETO A., Der Begriff des marktbeherrschenden Unternehmens im Sinne von Art. 4 Abs. 2 in Verbindung mit Art. 7 KG, Diss., Zürich 2005; HEIZMANN RETO A, Relative Marktmacht, überragende Marktstellung – eine Analyse nach sechs Jahren Praxis, in: recht 2010 172 ff. (recht 2010); HEIZMANN RETO A./TOGNI LORENZO, Kartellrechtsrevision – eine kritische Würdigung der Vorschläge des Bundesrates zur Zusammenschlusskontrolle, in: AJP 2010 1592 ff. (AJP 2010); HEIZMANN RETO A./TOGNI LORENZO, Neuregelung der Zusammenschlusskontrolle, in: Zäch Roger/Weber Rolf H./Heinemann Andreas (Hrsg.), Revision des Kartellgesetzes – Kritische Würdigung der Botschaft 2012 durch Zürcher Kartellrechtler, Zürich 2012, 105 ff.; HILTY RETO M./FRÜH ALFRED, Potenzial und Grenzen der Revision von Art. 5 KG, in: Zäch Roger/ Weber Rolf H./Heinemann Andreas (Hrsg.), Revision des Kartellgesetzes – Kritische Würdigung der Botschaft 2012 durch Zürcher Kartellrechtler, Zürich 2012, 81 ff.; HOEHN THOMAS/ ZURKINDEN PHILIPP, Bedingungen und Auflagen im schweizerischen und europäischen Fusionsverfahren, in: Anwaltsrevue 2009 167 ff.; HOFFET FRANZ, § 10 Unternehmenskonzentration, in: Geiser Thomas/Krauskopf Patrick/Münch Peter (Hrsg.), Schweizerisches und europäisches Wettbewerbsrecht, Basel 2005, 369 ff.; HOFFET FRANZ, Revision Art. 5 KG: Schnellschuss über das Ziel hinaus, in: Anwaltsrevue 2011 418 ff. (Anwaltsrevue); HÜBSCHER BARBARA/RIEDER PIERRE, Die Bedeutung der «Essential facilities»-Doktrin für das schweizerische Wettbewerbsrecht, in: sic! 1997 439 ff.; JACOBS RETO, Entwicklungen im Wettbewerbs- und Kartellrecht 2010, in: SJZ 2010 216 ff. (SJZ 2010); JACOBS RETO, Entwicklungen im Wettbewerbs- und Kartellrecht, in: SJZ 2011 206 ff. (SJZ 2011); JOVANOVIC MILAN, Die kartellrechtlich unzulässige Lizenzverweigerung – Immaterialgüter als Essential-Facilities: Tatbestandsmerkmale und Rechtsfolgen, Diss., Zürich 2007; KELLER STEFAN, Zum Reko-Entscheid «Berner Zeitung AG, Tamedia AG/Wettbewerbskommission», in: sic! 2007 54 ff.; KIENER OLAF, Marktmissbrauch – am Beispiel der Kündigung von Vertriebsverträgen, Diss., Zürich 2001; KÖRBER TORSTEN, Fusionskontrollverordnung (FVKO), in: Immenga Ulrich/Mestmäcker Ernst-Joachim (Hrsg.), Wettbewerbsrecht, Band 1 EU/ Teil 1, 5. Auflage, München 2012, 689 ff.; KOSTKA JUHANI, Harte Kartelle – Internationale Entwicklungen und schweizerisches Recht, Diss., Fribourg 2010; KRAUSKOPF, PATRICK L., Das verschärfte Kartellgesetz: Kostspielige Risiken, in: Baurecht 2003 121 ff.; KRAUSKOPF, PATRICK L./HENCKEL SOPHIE, Art. 2 Abs. 1bis KG: Gedanken zum neuen Unternehmensbegriff, in: sic! 2006 747 ff.; KRAUSKOPF PATRICK L./KAUFMANN OLIVER, Das System der Rechtfertigungsgründe im Kartellrecht: Einwendungen bei Wettbewerbsabreden, in: sic! 2013 67 ff.; KRAUSKOPF PATRIK/RIESEN OLIVIER, Selektive Vertriebsverträge, in: Zäch Roger (Hrsg.), Das revidierte Kartellgesetz in der Praxis, Zürich 2006, 83 ff.; KÜNZLER ADRIAN, Rechtlicher Regelungsrahmen und ökonomische Analysen im Kartellrecht, in: AJP 2008 1074 ff. (AJP 2008); KÜNZLER ADRIAN/ZÄCH ROGER, Revision der schweizerischen Fusionskontrolle – Einführung eines Konsumentenwohlfahrtsstandards, in: AJP 2013 754 ff.; LANG CHRISTOPH G./JENNY RETO M., Zum Konzernprivileg im schweizerischen Kartellrecht, in: sic! 2007 299 ff.; MARTENET VINCENT/HOLZMÜLLER FRANCE, Fusionskontrolle, in: Tschäni Rudolf (Hrsg.), Mergers & Acquisitions XV, Zürich 2013, 183 ff.; MEINHARDT MARCEL, Sanierung und Fusionskontrolle – Ausgewählte Fragen zur Fusionskontrolle bei Sanierungstatbeständen, in: Tschäni Rudolf (Hrsg.), Mergers & Acquisitions V, Zürich 2003, 113 ff. (Sanierung); MEINHARDT MARCEL, Wettbewerbsrechtliche Klauseln in M&A-Verträgen, in: Tschäni Rudolf (Hrsg.), Mergers & Acquisitons XIII, Zürich 2010, 209 ff.; MEINHARDT MARCEL/BISCHOF JUDITH, Nachfragemacht nach revidiertem Kartellrecht, in: Jusletter 17. Oktober 2005; MEINHARDT MARCEL/PRÜMMER FELIX, § 9 Organisation des Einkaufs, in: Geiser Thomas/Krauskopf Patrick/Münch Peter (Hrsg.), Schweizerisches und europäisches Wettbewerbsrecht, Basel 2005, 325 ff.; NEFF KLAUS, Auflagen und Bedingungen im Fusionskontrollverfahren, in: Jusletter 9. Oktober 2005; NOBEL PETER/WEBER ROLF H., Medienrecht, 3. Auflage, Bern 2007; PALASTHY ANDRAS, Die Verweigerung der Durchleitung von Strom nach dem Kartellgesetz, in: AJP 2000 298 ff.; REINERT MANI, § 4 Preisgestaltung, in: Geiser Thomas/Krauskopf Patrick/Münch Peter (Hrsg.), Schweizerisches und europäisches Wettbewerbsrecht, Basel 2005 (Preisgestaltung); REINERT MANI, Vertikale Preisempfehlungen im Schweizer Kartellrecht – Eine Kritik des Entscheids Preisempfehlung für Hors-Liste Medikamente, in: Amstutz Marc/Hochreutener Inge/Stoffel Walter (Hrsg.), Die Praxis des Kartellgesetzes im Spannungsfeld von Recht und Ökonomie, Zürich/Basel/Genf 2011, 21 ff. (Vertikale Preisempfehlungen); RIGAMONTI CYRILL P., Zur Rechtmässigkeit des Handels mit Softwareproduktschlüsseln, in: AJP 2010 582 ff.; RUFFNER MARKUS, Unzulässige Verhaltensweisen marktmächtiger Unternehmen, in: AJP 1996 834 ff.; SASINOWSKA BEATA, Refusal to Supply – Is indispensability still indispensable? in: EuZW 2013 539 ff.; SCHALLER OLIVIER/KELLER BENNO, Wettbewerbsrechtliche Beurteilung von IT-Kooperationen und IT-Outsourcing im Bankensektor, in: sic! 2004 892 ff.; SCHLAURI SIMON/VLCEK MICHAEL, Netzneutralität – Eine Analyse mit Schwerpunkt auf dem geltenden Schweizer Kartell- und Kommunikationsrecht, in: sic! 2010 137 ff.; SCHNEIDER HENRIQUE, Änderung des Schweizerischen Kartellgesetzes: eine Kritik, in: sic! 2013 17 ff.; STIRNIMANN FRANZ X./WEBER ROLF H., IT-/Info-Flaschenhälse und Kartellrecht, in: sic! 2007

85 ff.; THOMI ROGER/WOHLMANN HERBERT, Must-in-Stock-Produkte – Die Erweiterung des Begriffs der Marktbeherrschung, in: SZW 2012 299 ff.; TSCHUDIN MICHAEL, Rabatte als Missbrauch einer marktbeherrschenden Stellung gemäss Art. 7 KG, Diss., Basel 2011; TSCHUDIN MICHAEL, Diskriminierung als kartellrechtlicher Aufgreiftatbestand, in: Jusletter 25. März 2013 (Diskriminierung); VLCEK MICHAEL/MAMANE DAVID, Kartellrecht, Entwicklungen 2011, njus, Bern 2012; WALLOT MAX, Massnahmen gegen Patentrolle: Zwangslizenzen, Rechtsmissbrauchsverbot oder doch Verhältnismässigkeitsprüfung, in: sic! 2011 157 ff.; WEBER ROLF H., Entstehung von Marktmacht als Deregulierungsfolgeproblem, in: AJP 1995 1149 ff. (AJP 1995); WEBER ROLF H., «Erzwingung unangemessener Preise» – Wohin führt der Weg?, in: Jusletter 1. November 2010; WEBER ROLF H., Bekanntmachung über die wettbewerbsrechtliche Behandlung vertikaler Abreden (Vertikalbekanntmachung, VertBek), in: Oesch Matthias/Weber Rolf H./Zäch Roger (Hrsg.), Wettbewerbsrecht II, Zürich 2011, 142 ff. (VertBek); WEBER ROLF H./RIZVI SALIM, FRAND – Versuch einer Strukturierung, in: ZBJV 2011 433 ff.; WEBER ROLF H./RIZVI SALIM, Verordnung über die Kontrolle von Unternehmenszusammenschlüssen (VKU), in: Oesch Matthias/Weber Rolf H./Zäch Roger (Hrsg.), Wettbewerbsrecht II, Zürich 2011, 49 ff. (VKU); WEBER ROLF H./RIZVI SALIM, Verordnung über die Sanktionen bei unzulässigen Wettbewerbsbeschränkungen (KG-Sanktionsverordnung, SVKG), in: Oesch Matthias/Weber Rolf H./Zäch Roger (Hrsg.), Wettbewerbsrecht II, Zürich 2011 94 ff. (SVKG); WEBER ROLF H./VLCEK MICHAEL; Kartellrecht, Entwicklungen 2010, njus, Bern 2011; WEBER ROLF H./VOLZ STEPHANIE, Online-Werbemarkt und Kartellrecht – Innovation vs. Marktmacht, in: sic! 2010 777 ff. (sic! 2010); WEBER ROLF H./VOLZ STEPHANIE, Online Marketing und Wettbewerbsrecht, ZIK Band 51, Zürich/Basel/Genf 2011; WEBER ROLF H./WICKIHALDER URS, Relevante Märkte bei Zusammenschlussvorhaben im IT-Bereich, in: Oertle Matthias/Wolf Matthias/Breitenstein Stefan/Diem Hans-Jakob (Hrsg.), M&A Recht und Wirtschaft in der Praxis, Liber amicorum für Rudolf Tschäni, Zürich/St. Gallen 2010, 451 ff.; WEBER ROLF H./ZEIER PRISKA, Vertikale Wettbewerbsabreden nach schweizerischem Kartellrecht, in: ZWeR 2005 178 ff.; ZÄCH ROGER/HEIZMANN RETO A., § 2 Markt und Marktmacht, in: Geiser Thomas/Krauskopf Patrick/Münch Peter, Schweizerisches und europäisches Wettbewerbsrecht (Hrsg.), Basel 2005; ZÄCH ROGER/KÜNZLER ADRIAN, Traditionelle europäische Wettbewerbspolitik versus «more economic approach», in: EuZ 2009 30 ff.; ZIRLICK BEAT/LÜTHI BENEDICHT/STÜSSI FRANK, Die Revision des Kartellgesetzes – ein Zwischenbericht, in: ZSR 2013 27 ff.; ZURKINDEN PHILIPP, Gestaltung von Bedingungen und Auflagen sowie die Aufsicht über deren Einhaltung im schweizerischen Fusionskontrollverfahren im Vergleich zur EU, in: Kunz Peter V./Herren Dorothea/Cottier Thomas/Matteotti René (Hrsg.), Wirtschaftsrecht in Theorie und Praxis – Festschrift Roland von Büren, Basel 2009, 511 ff.

I. Definitionen und Schlüsselbegriffe

A. Ökonomische Grundlagen

Das Kartellrecht als Rechtsgebiet liegt an der Schnittstelle zwischen den Rechts- und Wirtschaftswissenschaften. In den Anfangsjahren des Wettbewerbsrechts spielten ökonomische Überlegungen noch eine geringe Rolle und beruhte die Normsetzung auf mehrheitlich formalen strukturellen Ansätzen. Die Situation änderte sich seit Beginn der 80er-Jahre, als ökonomische Betrachtungsweisen zuerst in den USA und hernach auch in Europa und der Schweiz immer mehr Beachtung fanden.[1] 2.1

Bei der Analyse kartellrechtlicher Fragen spielen heute ökonomische Einschätzungen eine zentrale Rolle. Aus diesem Grund werden nachfolgend die wichtigsten ökonomischen Grundlagen und Begriffe kurz dargestellt. 2.2

1. Wettbewerb und wirksamer Wettbewerb

Wettbewerb besteht, wenn sich mehrere Wirtschaftssubjekte darum bemühen, mit der Marktgegenseite ins Geschäft zu kommen.[2] Ziel des schweizerischen Kartellrechts ist der Schutz des wirksamen Wettbewerbs; dieser Begriff dient auch als massgebliches Beurteilungskriterium für Wettbewerbsabreden und für die Prüfung von Unternehmenszusammenschlüssen. Indessen enthalten weder die Bundesverfassung noch das Kartellgesetz oder die anwendbaren Verordnungen eine Definition des wirksamen Wettbewerbs.[3] 2.3

Aus der Konzeption des Kartellrechts lässt sich herleiten, dass sich die Wirksamkeit des Wettbewerbs danach beurteilt, ob der Wettbewerb seine zentralen Funktionen (Allokation, Anpassung und Innovation) wahrnehmen kann.[4] Negativ umschrieben herrscht auf einem Markt dann wirksamer Wettbewerb, wenn er nicht durch private oder staatliche Einflüsse so erheblich gestört ist, dass sich einzelne Marktteilnehmer im Hinblick auf bestimmte Wettbewerbsparameter nicht mehr individuell und unabhängig verhalten können.[5] 2.4

Ein zentrales Kriterium für die Wirksamkeit des Wettbewerbes ist das Vorhandensein offener Märkte; wesentlich dafür ist, dass der Zu- oder Austritt vorhandener oder zukünftiger Konkurrenten rasch und ohne unzumutbaren Aufwand möglich ist. Grundlegend für die Beurteilung der Wettbewerbsverhältnisse ist deshalb das Vorhandensein von Marktzutritts- bzw. Marktaustrittsschranken.[6] 2.5

---

1 WHISH/BAILEY, 2.
2 Vgl. dazu vorne N 1.1 ff.; ZÄCH, N 10.
3 Eine solche findet sich aber in Art. 12 PüG.
4 BOTSCHAFT, 45; BORER, Art. 1 N 18; ausführlich zum Begriff des wirksamen Wettbewerbs: HETTICH, 31 ff.
5 VON BÜREN/MARBACH/DUCREY, N 1238.
6 Vgl. hinten N 2.60 ff.

2. Marktstrukturen

2.6 Ausgangspunkt wettbewerbsrechtlicher Fragestellungen sind die Märkte, auf denen sich der Wettbewerb abzuspielen hat. Märkte definieren sich durch die vorhandenen Nachfrager und Anbieter, welche sich je nach Zahl von Teilnehmern in unterschiedliche Strukturformen gliedern. Grundsätzlich lassen sich drei Strukturformen unterscheiden:[7]

- **Oligopolistischer Markt:** Ein oligopolistischer Markt zeichnet sich dadurch aus, dass die Anzahl der Unternehmen im Markt beschränkt ist und die sich auf dem Markt befindlichen Unternehmen über eine gewisse Marktmacht verfügen. In oligopolistischen Märkten besteht das Risiko von unilateralen Effekten und kollusivem Verhalten.[8]
- **Atomistischer Markt:** Auf einem atomistischen Markt stehen viele kleine Unternehmen nebeneinander. Es handelt sich dabei um die ideale Grundform des Wettbewerbs, soweit sich die Beteiligten kompetitiv verhalten und der Markt nicht durch Absprachen gestört wird.
- **Gemischter Markt:** Die dritte Form der Marktstruktur ist ein gemischter Markt, auf dem neben Grossunternehmen auch kleinere Unternehmen tätig sind.

3. Beschränkungen des Wettbewerbes

2.7 Massgebliche Voraussetzung für ein wettbewerbsrechtliches Eingreifen ist das Nichtfunktionieren der natürlichen Marktkräfte, namentlich das Vorhandensein einer Wettbewerbsbeschränkung. Materiell bestehen zwei Grundformen von Wettbewerbsbeschränkungen; einerseits mehrseitige Verhalten, z.B. durch Abreden zwischen Unternehmen, die eine Wettbewerbsbeschränkung bewirken, und andererseits einseitige Verhaltensweisen eines marktbeherrschenden Unternehmens.[9]

a) Wettbewerbsbeschränkungen durch Abreden

aa) Horizontale Abreden

2.8 Horizontale Abreden sind Abreden von Unternehmen, welche auf derselben Marktstufe tätig sind. Bei Absprachen zwischen Unternehmen, welche tatsächlich oder der Möglichkeit nach miteinander im Wettbewerb stehen, spricht man auch von **Kartellen.**

---

7 RPW 2005/1 146 ff., 158.
8 Vgl. dazu hinten N 2.22 ff.
9 ZÄCH, N 46.

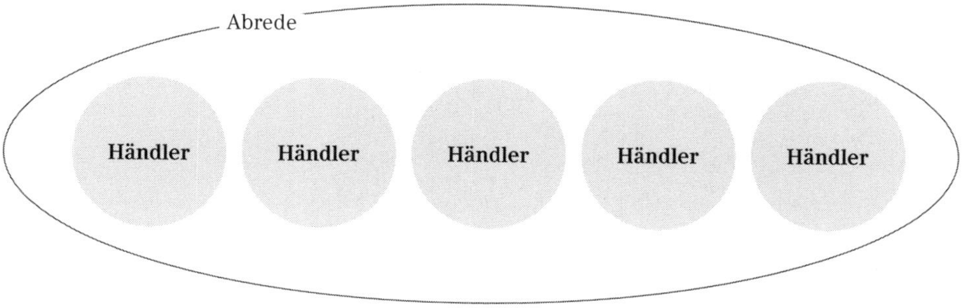

Abb. 2.1

Klassische Abreden in Kartellen betreffen Absprachen über Preise oder Preisbestandteile (z.B. Rabatte), Mengen (Produktions-, Bezugs- oder Liefermengen) sowie die Marktaufteilung nach Gebieten oder Geschäftspartnern.[10] 2.9

Abreden zwischen Wettbewerbern können sowohl negative als auch positive Auswirkungen haben. In negativer Hinsicht ermöglichen sie es den Marktteilnehmern, die Preise hoch zu halten, und stören dadurch die Renditenormalisierungs- und Allokationsfunktion des Wettbewerbs.[11] Kartelle behindern zudem vorhandene Aussenseiter, d.h. nicht an der Abrede teilnehmende Unternehmen, und können potenzielle Konkurrenten von einem Marktbeitritt abhalten. 2.10

Die Abreden vermögen aber auch positive Auswirkungen zu haben, indem sie es den Beteiligten ermöglichen, Kosten und Risiken zu teilen und Synergien zu nutzen, was sich für die Endkunden in einer besseren Qualität und Produktvielfalt zu äussern vermag. 2.11

bb) Vertikale Abreden

Vertikale Abreden sind Absprachen zwischen Unternehmen verschiedener Marktstufen. Vertikale Abreden kommen überwiegend in Vertriebsverträgen zwischen Produzenten bzw. Lieferanten und Händlern vor. Regelmässig versuchen die Produzenten bzw. Lieferanten mit mehreren Händlern gleiche oder ähnliche Verträge abzuschliessen, sodass es auf der Vertriebsstufe zu einem Bündelungseffekt kommt.[12] 2.12

10 ZÄCH, N 53; KG-NYDEGGER/NADIG, Art. 4 N 135.
11 ZÄCH, N 54; zu den Begriffen vgl. vorne N 1.9.
12 ZÄCH, N 60; KG-NYDEGGER/NADIG, Art. 4 N 142.

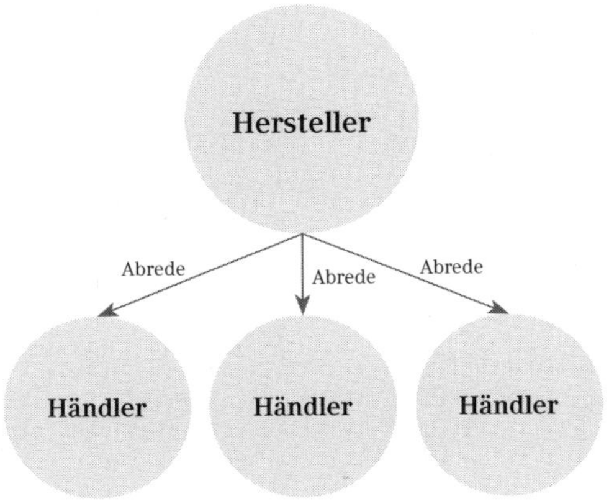

Abb. 2.2

2.13 Vertikale Abreden wirken sich oft positiv auf den Wettbewerb aus, indem sie zur Effizienzsteigerung beitragen und so die Produkt- und Dienstleistungsqualität erhöhen oder Innovationen hervorbringen. Einige Autoren stellen deshalb das Schädigungspotenzial vertikaler Abreden überhaupt in Frage.[13] Gleichwohl vermögen anerkanntermassen auch vertikale Abreden negative Wirkungen zu entfalten; zu denken ist namentlich an Preisbindungen zweiter Hand oder absolute Gebietsschutzabreden.[14] Relevant werden können diese aber nur, wenn die durch die Abrede geschützten Güter keinem Wettbewerbsdruck von substituierbaren Gütern ausgesetzt sind (Interbrand-Wettbewerb). Die Schädlichkeit vertikaler Abreden beurteilt sich im Wesentlichen nach der Marktmacht und der Bedeutung der vertriebenen Güter.[15]

b) Wettbewerbsbeschränkungen durch Marktmacht

aa) Problem

2.14 Bei Wettbewerbsbeschränkungen durch Marktmacht geht es darum, dass der Wettbewerb auf einem bestimmten Markt deshalb nicht spielt, weil sich darin nicht genügend Wettbewerber befinden und ein oder mehrere Unternehmen über eine marktbeherrschende Stellung verfügen. Hat ein Unternehmen Marktmacht inne, ist es in der Lage, die Preise frei zu gestalten bzw. den Wettbewerb auf andere Weise zu beschränken, so beispielsweise durch Produktionsbeschränkungen, Verhinderung von Innovation oder die Einschränkung von Produktqualität oder -vielfalt.[16]

2.15 Es lassen sich zwei Formen von Wettbewerbsbeschränkungen unterscheiden, welche sich aufgrund von Marktmacht ergeben können: Einerseits der Missbrauch der Marktmacht durch Behinderung der anderen Wettbewerbsteilnehmer (Behin-

---

13 Vgl. Künzler, 366.
14 KG-Nydegger/Nadig, Art. 4 N 140.
15 Künzler, 369.
16 Whish/Bailey, 25.

derungsmissbrauch), andererseits der Missbrauch der Marktmacht durch Ausbeutung der Marktgegenseite (Ausbeutungsmissbrauch).

bb) Behinderungsmissbrauch

Behinderungsmissbräuche wirken sich in der Regel ambivalent auf die Wohlfahrt aus, weil sie sowohl positive als auch negative Effekte zeitigen können. Auf die Endkonsumenten hat der Behinderungsmissbrauch nur indirekte Effekte. 2.16

Beim Behinderungsmissbrauch versucht das marktbeherrschende Unternehmen durch sein Verhalten, die eigene Stellung im Markt zu sichern oder auszubauen. Behinderungstatbestände spielen sich zwischen Unternehmen auf derselben Marktstufe ab, sie gelten als wettbewerbsbezogen. Weil Unternehmen gleicher Marktstufen in der Regel als Wettbewerber nicht miteinander in einer direkten geschäftlichen Beziehung stehen, findet die Behinderung meist auf indirektem Weg, über ein entsprechendes Verhalten gegenüber einem oder mehreren Unternehmen der Marktgegenseite, statt.[17] Unter den Begriff Behinderungsmissbrauch fällt auch die «disziplinierende Behinderung», durch welche das marktbeherrschende Unternehmen auf missliebige Verhaltensweisen eines Konkurrenzunternehmens reagiert.[18] 2.17

cc) Ausbeutungsmissbrauch

Ausbeutungsmissbräuche sind in Märkten möglich, in denen kein Wettbewerb besteht.[19] Sie setzen die Marktgegenseite gewissen Benachteiligungen aus, für die sich keine sachlichen Gründe vorbringen lassen.[20] 2.18

Ausbeutungstatbestände ereignen sich meist zwischen Unternehmen unterschiedlicher Marktstufen; sie erfolgen im Rahmen von Verträgen und ausserhalb des eigentlichen Wettbewerbs. Typische Fälle von Ausbeutungsmissbräuchen sind die Erzwingung von unangemessenen Preisen und Geschäftsbedingungen oder Preisdifferenzierungen.[21] 2.19

c) Wettbewerbsbeschränkungen durch Unternehmenszusammenschlüsse

Durch Zusammenschlüsse von Unternehmen kann sich die Charakteristik oder die Struktur eines Marktes wesentlich verändern.[22] Die Kontrolle von Unternehmenszusammenschlüssen versucht zu verhindern, dass es aufgrund eines Zusammen- 2.20

17 Zäch, N 620; Ders. SIWR, 186.
18 Ruffner, 838.
19 Tschudin, Diskriminierung, N 3.
20 In Anlehnung an die Terminologie von Zäch (N 619 ff.) und Weber/Vlcek, 87, wird entgegen der gesetzlichen Terminologie nicht von Benachteiligungs-, sondern von Ausbeutungsmissbrauch gesprochen.
21 Borer, Art. 7 N 8.
22 Ganz, N 2.

schlusses zu einer Verschlechterung der Wettbewerbsverhältnisse auf den betroffenen Märkten kommt und so schädliche Auswirkung auf die Wohlfahrt zeitigt. Aus wirtschaftlicher Sicht lassen sich Unternehmenszusammenschlüsse wie folgt unterteilen:

aa) Horizontale Zusammenschlüsse

2.21 **Horizontale Zusammenschlüsse** finden zwischen Unternehmen statt, welche auf demselben sachlichen und räumlichen Markt tätig sind; sie erweisen sich aus kartellrechtlicher Sicht als besonders heikel, weil sie aufgrund der kumulierten Marktanteile zur Bildung von marktbeherrschenden Unternehmen führen können.

2.22 Horizontale Zusammenschlüsse können sowohl unilaterale bzw. nichkoordinierte wie auch koordinierte Auswirkungen haben. **Unilaterale Effekte** sind durch den Zusammenschluss verursachte negative Effekte auf die Wettbewerbssituation, ohne dass eine marktbeherrschende Stellung oder eine kollektive Marktbeherrschung vorliegen würde.[23] Im Rahmen von Unternehmenszusammenschlüssen spricht man von unilateralen Effekten, wenn durch den Zusammenschluss der beträchtliche Wettbewerbsdruck beseitigt wird, den die Unternehmen aufeinander ausgeübt haben oder der Wettbewerbsdruck auf die verbleibenden Wettbewerber gemindert wird, auch wenn eine Koordinierung der Teilnehmer des Oligopols unwahrscheinlich ist.[24]

2.23 Damit es zu **koordinierten Effekten** kommen kann, haben drei Voraussetzungen erfüllt zu sein: (1) Es muss für die betroffenen Unternehmen möglich sein, ihr Verhalten auf irgendeine Weise zu koordinieren, (2) ein Abweichen vom koordinierten Verhalten muss sich für das abweichende Unternehmen negativ auswirken und (3) die koordinierenden Unternehmen dürfen keinem Wettbewerbsdruck von übrigen Marktteilnehmern ausgesetzt sein.[25]

bb) Vertikale Zusammenschlüsse

2.24 **Vertikale Zusammenschlüsse** sind Verbindungen zwischen Unternehmen, welche Tätigkeiten auf einander vor- oder nachgelagerten Märkten entfalten. Die Unternehmen bezwecken durch den Zusammenschluss in der Regel den besseren Zugang zu Beschaffungs- oder/und Absatzmärkten.

2.25 Vertikale Zusammenschlüsse steigern oft die wirtschaftliche Effizienz; problematisch sind vertikale Zusammenschlüsse dann, wenn durch sie anderen Unternehmen der Marktzugang erschwert oder verunmöglicht wird. [26]

---

23 Zu den unilateralen Effekten vgl. GRABER/LANGENEGGER, 390 ff.
24 KÜNZLER/ZÄCH, 756.
25 WHISH/BAILEY, 819.
26 WHISH/BAILEY, 810.

cc) Konglomerale Zusammenschlüsse

Konglomerale oder **diagonale Zusammenschlüsse** sind Zusammenschlüsse von Unternehmen, die weder auf demselben Markt noch auf derselben Marktstufe tätig sind; nach dem Zusammenschluss entsteht ein sog. Mischkonzern, welcher in der Regel der Risikodiversifikation dient. 2.26

Aus kartellrechtlicher Sicht bereiten konglomerale Zusammenschlüsse üblicherweise keine Probleme.[27] Eine Beeinträchtigung des Wettbewerbs ist immerhin denkbar, wenn durch die Möglichkeit des Zusammenschlusses von sich ergänzenden Produkt-, Dienstleistungspaletten oder Marken sog. **Portfolio-Effekte** entstehen.[28] 2.27

Vertiefung: Ein Portfolio-Effekt liegt vor, wenn sich die Produkte der sich zusammenschliessenden Unternehmen in dem Sinne ergänzen, dass sie normalerweise zusammen nachgefragt werden. Das neu entstehende Unternehmen ist dadurch in der Lage, die Produkte nach dem Zusammenschluss als komplettes Sortiment (Portfolio) anzubieten, was seine Markstellung steigert, denn die Verhandlungsmacht eines Unternehmens, welches ein Portfolio mit Marken anbietet, ist grösser als die Summe der Verhandlungsmacht mit Bezug auf die einzelnen Marken alleine. Dadurch entsteht die Gefahr, dass es vonseiten des betroffenen Unternehmens zu missbräuchlichen Verhaltensweisen kommt, einerseits weil das Unternehmen über grössere Flexibilität in der Gestaltung der Preise, Aktionen und Rabatte verfügt, und andererseits weil die Möglichkeit von Koppelungsgeschäften besteht. Damit ein Portfolio-Effekt ausgenutzt werden kann, hat das Unternehmen jedoch über mindestens eine Schlüsselmarke auf dem Markt zu verfügen; eine Schlüsselmarke ist eine besonders erfolgreiche Marke, welche nicht ohne Umsatzeinbusse aus dem Handel genommen werden kann.[29] 2.28

B. Schlüsselbegriffe des Kartellgesetzes

Das Kartellgesetz enthält zahlreiche Begriffe, welche einer näheren Betrachtung bedürfen und deren Auslegung auf einer langjährigen Praxis beruht. Weil eine Vielzahl der Begriffe für die Beurteilung mehrerer Tatbestände von Bedeutung ist, werden nachfolgend die wichtigsten Begriffe erläutert. 2.29

1. Abgrenzung des relevanten Marktes

Die Abgrenzung des relevanten Marktes ist für die Beurteilung der Marktmacht einzelner Unternehmen sowie der Auswirkungen potenzieller Wettbewerbsbeschränkungen zentral. In jedem Verfahren vor der WEKO kommt es deshalb zu einer mehr oder weniger detaillierten Analyse des konkret relevanten Marktes. 2.30

Der relevante Markt umschreibt den jeweiligen von einer potenziellen Wettbewerbsbeschränkung betroffenen Markt. 2.31

---

27 Ducrey, SIWR, 234; HK-Reich, Art. 10 N 11.
28 HK-Reich, Art. 10 N 11; KG-Meinhardt/Waser/Bischof, Art. 10 N 121 ff.
29 RPW 2001/4 701 ff., 704; dazu auch RPW 2003/2 314 ff., 354 sowie RPW 2002/4 628 ff., 641.

2.32 Die Frage des relevanten Marktes richtet sich danach, ob für die betreffende Marktgegenseite in sachlicher, räumlicher und zeitlicher Hinsicht genügend Ausweichmöglichkeiten bestehen, um die von der Abrede betroffenen Märkte zu umgehen. Unter Marktgegenseite versteht man die Gegenseite der an der vermutungsweise unzulässigen Abrede beteiligten Unternehmen oder die Geschäftspartner bzw. Konkurrenten von marktmächtigen oder sich zusammenschliessenden Unternehmen.

2.33 Das Kartellgesetz selbst enthält keine Definition des relevanten Marktes. Eine solche findet sich einzig in der Verordnung über die Kontrolle von Unternehmenszusammenschlüssen (VKU), welche sich an der entsprechenden europäischen Regelung orientiert. Obwohl die Verordnung im Hinblick auf Unternehmenszusammenschlüsse geschaffen wurde, gelten die entsprechenden Bestimmungen gemäss Praxis und Lehre auch für die Prüfung von Wettbewerbsbeschränkungen i.S.v. Art. 5 und 7 KG.[30]

a) Sachlich relevanter Markt

2.34 Der sachlich relevante Markt umfasst alle Produkte und Dienstleistungen, welche funktionell austauschbar sind, d.h. alle Waren oder Dienstleistungen, die von der Marktgegenseite hinsichtlich ihrer Eigenschaften oder ihres Verwendungszweckes als substituierbar angesehen werden (Art. 11 Abs. 3 lit. a VKU). Die Definition des sachlich relevanten Marktes entspricht im Wesentlichen derjenigen des europäischen Wettbewerbsrechts,[31] aus diesem Grund können die von der europäischen Kommission verwendeten Marktabgrenzungsinstrumente wertvolle Orientierungshilfe leisten.

2.35 Der sachlich relevante Markt beurteilt sich aus Sicht der Marktgegenseite, d.h. danach, ob die dem Unternehmen gegenüberstehenden Abnehmer oder Anbieter die entsprechenden Produkte oder Dienstleistungen als funktional austauschbar erachten. Die schweizerische Lehre und Rechtsprechung gehen in diesem Zusammenhang vom sog. **Bedarfsmarktkonzept** aus. Diesem Konzept liegt der Ansatz zugrunde, dass es für die Nachfrager nie völlig irrelevant ist, welches Produkt sie erwerben oder erwerben können, weshalb streng genommen jedes Produkt selbst einen relevanten Markt bezeichnet, was im Ergebnis zur Abgrenzung des relevanten Marktes wenig hilfreich wäre. Infolgedessen wird der Markt nach dem Bedarfsmarktkonzept danach abgegrenzt, welche Produkte zwar nicht genau gleich, jedoch funktionell substituierbar bzw. austauschbar sind.[32] Gleichwohl bedarf das Konzept der funktionellen Austauschbarkeit einer gewissen wertenden Betrachtungsweise; zu berücksichtigen sind gleichermassen objektive Kriterien (Eigenschaften, Zweckbestimmung, Preis) wie auch subjektive Komponenten (spezifische Präferenzen der Marktgegenseite). Ausschlaggebend ist somit das tatsächliche Marktgeschehen, d.h. das konkrete Nachfrageverhalten der jeweiligen Marktgegenseite gestützt auf

---

30 So BGE 128 II 18 ff., Erw. 7.3.
31 Hoffet, N 10.31.
32 Heizmann, N 193 ff.; vgl. auch Art. 12 PüG.

deren Bedürfnisse, ihr Preisempfinden und ihre jeweiligen Befriedigungspräferenzen.[33]

Beispiele: Sachlich relevante Märkte[34] 2.36

Fahrzeuge: Unterteilt in Microwagen, Kleinwagen, Untere Mittelklasse, Obere Mittelklasse, Oberklasse, Luxusklasse, wenn zwar die Übergänge zwischen den Produkten fliessend sind (RPW 2012/3 540 ff., 560);

Detailhandel (Beschaffungsmarkt): Unterteilt in Food- und Non-Food-Bereich; der Food-Bereich umfasst die Produktgruppen Frischprodukte, Kolonialwaren, Tiernahrung/Tierbedarf, Babybedarf sowie Getränke, der Non-Food-Bereich umfasst Wasch-/Reinigungsmittel, Körperpflege/Kosmetik, Papier-/Hygiene-Produkte und sonstige Produkte (RPW 2008/1 129 ff., 150);

Werbemarkt: Unterteilt nach der Art der Werbeträger (Zeitung, Fernsehen, Plakat) und der Art der Werbung (Firmenwerbung, Anzeigen usw.) (RPW 2010/2 329 ff., 337);

Käsemarkt: Unterteilt in Hart-, Halbhart-, Weich- und Schmelzkäse (RPW 2002/1 62 ff., 67);

Getränkemarkt: Unterteilt in den Horeka-Kanal (Hotel/Restaurants/Catering) und den Detailhandel; ferner lassen sich alkoholische und nicht alkoholische Getränke trennen (RPW 2005/1 114 ff., 118).

Die Praxis hat zur Bestimmung der Substituierbarkeit und des sachlich relevanten Marktes verschiedene Methoden entwickelt. 2.37

Eine mögliche Prüfung der Substituierbarkeit der Nachfrage ist die Anwendung des **SSNIP-Tests.**[35] Der Test geht davon aus, dass das zu beurteilende Unternehmen den Preis für ein bestimmtes Produkt geringfügig, d.h. um etwa 5–10%, aber dauerhaft erhöht, und es wird abzuschätzen versucht, ob die Nachfrager in einem solchen Fall auf andere Angebote ausweichen. In der Praxis werden solche Schätzungen in der Regel durch die Befragung tatsächlicher Nachfrager vorgenommen. Ein eigener sachlicher Markt liegt dann vor, wenn sich eine solche Preiserhöhung für das betreffende Unternehmen wirtschaftlich lohnen würde, weil die Nachfrager nicht auf andere Produkte umsteigen, da sie es mangels Substitutionsmöglichkeit gar nicht tun könnten. Der SSNIP-Test geht von der These aus, dass diejenigen Produkte demselben sachlichen Markt angehören, auf welche bei einer entsprechenden, auch geringfügigen Preiserhöhung ausgewichen wird.[36] 2.38

33 RPW 2006/2 347 ff., 364; Thomi/Wohlmann, 301.

34 Ausführlich dazu KG-Meinhardt/Waser/Bischof, Art. 10 N 53; Körber, Art. 2 N 76 ff.

35 «Small but Significant and Nontransitory Increase Price»-Test; vgl. dazu ausführlich Bischoff, 13 ff.

36 Heizmann, N 217 ff.

2.39 Eine weitere Methode ist die sog. **Angebotsumstellungsflexibilität.** Nach dieser Methode wird geprüft, ob andere Unternehmen bei einer entsprechenden Preiserhöhung in der Lage wären, Alternativprodukte innert kurzer Zeit und ohne grössere Investitionen auf den Markt zu bringen.[37] Dies hängt im Wesentlichen davon ab, welche wirtschaftlichen Anreize bei den Wettbewerbern für eine Sortimentsumstellung bestehen. Eine grosse Angebotsumstellungsflexibilität haben beispielsweise Detailhändler, welche eine breite Produktpalette anbieten. Sie sind in der Lage, ihr Sortiment in einer Produktgruppe in der Regel rasch umzustellen und zu erweitern, weil sich beim Handel mit gewissen Gütern ähnliche Anforderungen an Know-how, Beschaffung, Lagerung und Absatz ergeben. Dadurch kann beispielsweise der gesamte Damenbekleidungsbereich in einem sachlichen Markt zusammengefasst werden, selbst wenn für die Konsumentin Damenblusen und Hosen nicht substituierbar sind. Von Bedeutung ist vielmehr, dass der Detailhändler mit dem Know-how im Damenblusenbereich jederzeit auch Hosen in sein Sortiment aufzunehmen vermag.[38] Das Konzept der Angebotsumstellungsflexibilität basiert auf der Überlegung, dass – wie beim potenziellen Wettbewerb – ein möglicher Markteintritt eines Konkurrenten disziplinierende Wirkung auf ein Unternehmen ausüben kann.

2.40 Die Austauschbarkeit lässt sich auch am Konzept der **Kreuzpreiselastizität der Nachfrage** prüfen. Im Grundsatz geht es bei diesem Konzept darum, wie sich eine Preisänderung eines Gutes auf die Nachfrage nach einem anderen Gut auswirkt. Nach dieser Methode gehören Produkte dann demselben Markt an, wenn die Kreuzpreiselastizität positiv ist, d.h., wenn der Preis für ein Produkt steigt, die Nachfrage nach dem anderen zunimmt. Die Produkte gehören indessen nicht demselben Markt an, wenn die Kreuzpreiselastizität negativ ist, d.h., wenn bei einer Preiserhöhung des einen Produktes die Nachfrage nach dem anderen abnimmt. Je höher der positive Wert der Kreuzpreiselastizität ist, desto höher ist auch der Wettbewerbsdruck auf das andere Produkt. Man spricht in diesem Fall von Komplementarität der Produkte.

2.41 Von den genannten Konzepten zu unterscheiden ist der potenzielle Wettbewerb, welcher für die Beurteilung des relevanten Marktes keine Rolle spielt. Der potenzielle Wettbewerb ist indessen für die Beurteilung der Marktstellung von Unternehmen massgeblich. Der Unterschied zum Konzept der Angebotsumstellungsflexibilität besteht in der Analyse, ob die entsprechenden Produkte kurzfristig und ohne grossen Aufwand auf den Markt gebracht werden können; es geht insbesondere um das zeitliche Element des Marktzutritts.[39]

---

37 Zäch, N 566.
38 Dazu RPW 1997/3 364 ff., 368.
39 Zäch, N 268; KG-Krauskopf/Schaller, Art. 5 N 120.

Praxistipp: Marke als Markt? 2.42

Eine kartellrechtlich interessante Frage stellt sich im Hinblick darauf, ob Produkte einer berühmten Produktmarke einen eigenen sachlichen Markt bilden oder ob dieselben Produkte einer anderen Marke demselben sachlich relevanten Markt zuzurechnen sind. Bildet eine Marke einen eigenen Markt, hat der betreffende Hersteller einen Marktanteil von 100%, er ist somit auf jeden Fall marktbeherrschend. Gleiches gilt für einen Alleinimporteur, solange keine wesentlichen Parallelimporte stattfinden.[40]

In der Lehre ist diese Frage umstritten.[41] Es besteht eine gewisse Tendenz, Marken nicht als eigene Märkte zu betrachten, insbesondere dann nicht, wenn die Markenprodukte mit Produkten anderer Marken im Wettbewerb stehen, d.h. wenn Interbrand-Wettbewerb besteht.[42] Diese Meinung folgt einer objektivierten Betrachtungsweise der Substituierbarkeit, stellt also darauf ab, ob es aus objektiver Sicht der durchschnittlichen Marktgegenseite alternative Angebote gibt oder nicht. Eine andere Ansicht befürwortet demgegenüber eine subjektive Substituierbarkeit, d.h. stellt darauf ab, ob die Marktgegenseite die Produkte subjektiv als austauschbar erachtet. Folgt man dieser Ansicht, können gewisse Markenprodukte für die Abnehmer durchaus unaustauschbar sein, selbst wenn es aus objektiver Sicht Alternativen gäbe (z.B. im Fall eines Parfüms). Möglich ist dies insbesondere, wenn eine Marke über ein sehr starkes Markenimage verfügt.[43]

b) Räumlich relevanter Markt

Der räumlich relevante Markt umfasst das Gebiet, in welchem die Marktgegenseite 2.43
die den sachlichen Markt umfassenden Waren oder Dienstleistungen nachfragt oder anbietet (Art. 11 Abs. 3 lit. c VKU). Auch die Definition des räumlich relevanten Marktes stimmt mehrheitlich mit derjenigen des europäischen Wettbewerbsrechts überein, wobei die europäische Regelung jedoch präzisierend festhält, dass es sich beim räumlich relevanten Markt um dasjenige Gebiet handelt, in dem homogene Wettbewerbsbedingungen herrschen und sich von benachbarten Gebieten durch spürbar andere Wettbewerbsbedingungen unterscheidet.[44] Zentral ist die Homogenität der Wettbewerbsbedingungen, d.h. die wirtschaftlichen Rahmenbedingungen des Wettbewerbs.[45]

Auch zur Bestimmung der räumlichen Marktabgrenzung lässt sich grundsätzlich 2.44
der **SSNIP-Test** heranziehen, d.h., die räumlichen Marktgrenzen bestimmen sich danach, wie weit ein Anbieter seine Preise erhöhen kann, ohne dass die Nachfrager

40 Thomi/Wohlmann, 303.
41 Vgl. Heizmann, N 265 ff.; Thomi/Wohlmann, 301; Dietrich/Saurer, 594 ff. m.w.H.
42 KG-Reinert/Bloch, Art. 4 Abs. 2 N 197.
43 Heizmann, N 267.
44 Hoffet, N 1032.
45 Bischoff, 27.

in andere Gebiete abwandern oder andere Marktteilnehmer auf den Markt kommen.[46] Die WEKO stellt in ihrer Praxis allerdings bei der Bestimmung des räumlich relevanten Marktes relativ selten auf den SSNIP-Test ab.[47]

2.45 Der räumlich relevante Markt wird in der Regel als lokal, regional, national oder international bezeichnet. Die Abgrenzung des räumlich relevanten Marktes ist deshalb von Bedeutung, weil der Nachfrager die den sachlichen Markt umfassenden Substitutionsprodukte auch in räumlicher Hinsicht erreichen können muss. Der räumlich relevante Markt ist nicht zwingend auf die Schweiz beschränkt, je nach betroffenem sachlich relevantem Markt kann sich der räumlich relevante Markt auch auf Europa oder gar die ganze Welt erstrecken.

2.46 Für die Abgrenzung des räumlich relevanten Marktes sind Kriterien wie regionale oder nationale Präferenzen, Sprache, Transportkosten, räumlich unterschiedliche technische Normen und Standards sowie die Mobilität der Marktgegenseite zu berücksichtigen.[48] Gestützt auf diese Kriterien ist ein nationaler, die Schweiz umfassender Markt immer dann anzunehmen, wenn sich für die Schweiz aufgrund ihrer besonderen Stellung im europäischen Wirtschaftsraum besondere Handelsschranken ergeben.[49]

2.47 Vor allem bei der Beurteilung von vertikalen Gebietsschutzabreden ist darauf zu achten, dass der jeweilige Markt unter üblichen Wettbewerbsbedingungen abzugrenzen ist und dass vermutungsweise kartellrechtswidriges Verhalten ausser Acht gelassen werden muss. Wenn es nämlich aufgrund einer unzulässigen Gebietsschutzabrede faktisch zu einem eigenen nationalen Markt kommt, ergibt sich daraus nicht automatisch, dass der räumlich relevante Markt national ist.[50]

2.48 **Beispiele: Räumlicher Markt**

Lokaler Markt

- Valet-Parking am Flughafen: Der Markt ist begrenzt durch das Erfordernis der Flughafennähe (RPW 2006/4 625 ff., 639).
- Detailhändler: Der Markt ist begrenzt durch das Erfordernis, dass sich die Güter des täglichen Lebens in Reichweite der Kunden befinden müssen (RPW 2008/1 129 ff., 156).

Regionaler Markt

- Medien: Der Markt ist in Sprachregionen aufgeteilt (RPW 2007/4 605 ff., 608);
- Fahrschulen: Der Markt beurteilt sich nach den Wohnsitzkantonen der Fahrschüler (RPW 2003/2 271 ff., 285).

---

46 HEIZMANN, N 217.
47 KG-MEINHARDT/WASER/BISCHOF, Art. 10 N 49.
48 ZÄCH, N 553.
49 HEIZMANN, N 272.
50 GIGER, 863.

Nationaler Markt

- Milchprodukte: Der Markt ist aufgrund von Kontingenten und Zöllen begrenzt (RPW 2003/4 786 ff., 791).
- Rezeptpflichtige Arzneimittel: Der Markt ist aufgrund der Versandmöglichkeit schweizweit, das Ausland ist ausgenommen, weil die Kosten für diese Medikamente nicht zurückerstattet werden (RPW 1998/4 549 ff., 553).

International

- Chemikalien: Weltweiter Markt von Cyanurchlorid, weil es weltweit hergestellt, ohne wesentliche Auflagen transportiert und weltweit vertrieben werden kann (RPW 2000/2 224 ff., 225).
- Grüner Kaffee (geschälte Kaffeesamen): Weltweiter Markt, weil der grüne Kaffee für den Grosshandel vom jeweiligen Anbaugebiet mit Schiffen in der ganzen Welt verteilt wird (RPW 2001/4 1121 ff., 1125).

Sonderfall Ausschreibungen: Im Rahmen von Ausschreibungen erstreckt sich der räumlich relevante Markt auf den von der öffentlichen Hand bestimmten beschaffungsrechtlichen Vergabeprozess (RPW 2009/3 196 ff., 207).

c) Zeitlich relevanter Markt

Die Abgrenzung des zeitlich relevanten Marktes beschäftigt sich mit der Frage, ob die räumlich erreichbaren Substitutionsprodukte auch zeitlich jederzeit verfügbar sind. Die Abgrenzung des zeitlich relevanten Marktes ist insbesondere bei denjenigen Märkten von Bedeutung, welche saisonalen Schwankungen unterliegen (z.B. Gemüse und Früchte) oder aber nur für eine bestimmte Zeit bestehen (z.B. Ausstellungen). 2.49

Anders als für den sachlich und den räumlich relevanten Markt enthält das Gesetz keine Definition des zeitlich relevanten Marktes. Der zeitlich relevante Markt spielt denn auch im Rahmen der Marktabgrenzung eine untergeordnete Rolle und erlangt nur dann Bedeutung, wenn bestimmte Produkte tatsächlich nicht permanent verfügbar sind. Praktisch relevant ist der zeitlich relevante Markt z.B. auch bei Fernsehübertragungsrechten. 2.50

Vertiefung: Von einem zeitlich beschränkten Markt ist gemäss der WEKO bei einem Submissionsverfahren auszugehen; dieser Markt beginnt mit der Ausschreibung und endet formell mit dem Vertragsabschluss, der Wettbewerb spielt faktisch jedoch nur bis zur Abgabe der jeweiligen Offerten (RPW 2002/1 130 ff.). In ihrer späteren Praxis verzichtete die WEKO indessen auf eine Prüfung des zeitlich relevanten Marktes, weil sie bereits den sachlich relevanten Markt auf die jeweilige Ausschreibung reduzierte (RPW 2009/3 196 ff., 206; RPW 2012/2 270 ff., 391). 2.51

2. Marktmacht

2.52 In idealen Wettbewerbsverhältnissen verfügt kein Unternehmen über Marktmacht; auf Monopolmärkten hat hingegen ein einziges Unternehmen die absolute Marktmacht inne. Dazwischen gibt es jedoch eine Vielzahl von möglichen Intensitätsstufen von Marktmacht.[51] Das schweizerische Kartellrecht orientiert sich für die Definition am Kriterium der Unabhängigkeit und definiert die Marktbeherrschung als Fähigkeit eines Unternehmens, sich als Anbieter oder Nachfrager auf einem Markt von den anderen Marktteilnehmern in wesentlichem Umfang unabhängig zu verhalten.

2.53 Entstehen kann Marktmacht grundsätzlich auf zwei verschiedene Arten: Einerseits durch internes Unternehmenswachstum, indem sich ein Unternehmen auf einem Markt gegen die vorhandenen Unternehmen durchsetzt oder weil die Konkurrenten aufgrund von Strukturveränderungen vom Markt verschwinden. Andererseits besteht die Möglichkeit des externen Unternehmenswachstums, d.h. Wachstums dadurch, dass sich zwei oder mehrere Unternehmen im Rahmen einer Fusion zusammenschliessen oder ein Unternehmen ein anderes erwirbt.[52] Zu beachten ist ferner, dass die Marktbeherrschung nicht notwendigerweise von einem Unternehmen allein auszugehen hat, sie kann auch kollektiv, d.h. durch mehrere Unternehmen zusammen erfolgen.

a) Aktueller Wettbewerb

2.54 Allgemein umschrieben herrscht auf einem Markt aktueller Wettbewerb, wenn auf demselben mehrere Wettbewerber vorhanden sind, welche sich gegenseitig konkurrenzieren. Die Prüfung des aktuellen Wettbewerbs umfasst die drei Kriterien Marktstruktur, Expansionshindernisse sowie Unternehmensstrukur.[53]

aa) Marktstruktur

2.55 Das wesentlichste Kriterium bei der Analyse der Marktstruktur sind die **Marktanteile;** dieses Merkmal zieht die WEKO praktisch in jedem Fall für die Beurteilung der Marktbeherrschung heran. Zu berücksichtigen ist indessen nicht nur der aktuelle, effektive Marktanteil eines Unternehmens, sondern auch die **Verteilung der Marktanteile** zwischen den Wettbewerbern, d.h. der relative Marktanteil.[54] Das Vorhandensein eines relativ starken Wettbewerbs in einer sonst atomistischen Marktstruktur spricht tendenziell nicht für Marktbeherrschung.

2.56 Des Weiteren spielt die **Entwicklung** der Marktanteile eine Rolle; insbesondere wenn hohe Marktanteile über längere Zeit gehalten werden, steht dieser Umstand als Indiz für eine marktbeherrschende Stellung. Als allgemeiner Grundsatz gilt: Je

51 Whish/Bailey, 25.
52 Zäch, N 92.
53 Dazu ausführlich RPW 2011/1 96 ff.
54 Heizmann, N 311; Kiener, 184; Ruffner, 837; Zäch, SIWR, 173; ders. N 585.

höher der Marktanteil eines Unternehmens ist und je länger dieser Marktanteil gehalten wird, desto eher liegt eine marktbeherrschende Stellung vor. Im Rahmen von Fusionsverfahren wird zur Messung der Marktkonzentration jeweils der sogenannte Herfindahl-Hirschman-Index (HHI) herangezogen, welcher verschiedene auf einem Markt tätige Unternehmen und ihre jeweiligen Marktanteile miteinander in Beziehung setzt.[55]

bb) Expansionshindernisse

Aufgrund der Dynamik des Wettbewerbs sind bei der Beurteilung des aktuellen 2.57
Wettbewerbs auch allfällige Expansionshindernisse miteinzubeziehen, denn von ihnen hängt die Frage ab, wie sich die Marktanteile des betroffenen Unternehmens zu entwickeln vermögen. Die Frage nach dem Vorliegen von Expansionshindernissen überschneidet sich in gewissen Punkten mit der Analyse des potenziellen Wettbewerbs, weil in beiden Fällen **Marktzutritts- und Marktaustrittsschranken** relevant sind. Bei der Prüfung der Expansionshindernisse ist jedoch der Fokus auf diejenigen Elemente zu legen, welche einer Vergrösserung der Marktstellung des marktbeherrschenden Unternehmens entgegenstehen oder aber die starke Marktstellung des Unternehmens zusätzlich untermauern. Vorteile, die dem marktbeherrschenden Unternehmen zukommen, sind beispielsweise besondere Grössen- oder Verbundvorteile (Economies of Scale und Economies of Scope), aber auch Kosten und Hindernisse, welche für Kunden beim Wechsel von Geschäftspartnern anfallen (Switching Costs).

cc) Unternehmensstruktur

Die Analyse der Unternehmensstruktur untersucht, ob und wenn ja, welche Eigen- 2.58
schaften und Merkmale eines Unternehmens für oder gegen dessen marktbeherrschende Stellung sprechen. Solche Merkmale sind beispielsweise technologische und kommerzielle Vorteile sowie technologische Überlegenheit, Finanzkraft des Unternehmens wie auch der leichte und privilegierte Zugang zu finanziellen Ressourcen, vertikale Integration und der Zugang zu Beschaffungs- und Absatzmärkten sowie der Zustand von Vertriebs- und Verkaufsnetzen.[56]

Wichtigstes Kriterium ist die **Finanzkraft** eines Unternehmens, denn Unternehmen 2.59
mit starker Finanzkraft haben im Vergleich zu ihren Konkurrenten mehr Mittel für Werbung, Marketing sowie Forschung und Entwicklung zur Verfügung, überdies haben sie dadurch die Möglichkeit, eine aggressive Preispolitik zu betreiben. Die Analyse der **vertikalen Integration** des Unternehmens prüft die Stellung eines Unternehmens auf den dem relevanten Markt vor- und nachgelagerten Märkten. Wenn ein Unternehmen auf verschiedenen Marktstufen tätig ist, befindet es sich in der Lage, Waren oder Dienstleistungen nicht über Märkte, sondern innerhalb

---

55 Vgl. dazu hinten N 2.1039 f.

56 RPW 2008/1 222 ff., 226; KG-Reinert/Bloch, Art. 4 N 348 ff. Vgl. dazu schon Weber, AJP 1995, 1151.

des Unternehmens zu tauschen und auf diese Weise Kosten einzusparen. Zudem ermöglicht die vertikale Integration ein selbstständigeres Verhalten, weil das Unternehmen weniger von Zulieferern und Abnehmern abhängig ist.[57]

b) Potenzieller Wettbewerb

aa) Begriff

2.60 Potenzieller Wettbewerb liegt vor, wenn auf einem Markt zum Beurteilungszeitpunkt zwar kein Wettbewerb herrscht, jedoch ein solcher infolge eines Marktzutritts eines Konkurrenten wahrscheinlich ist. Potenzieller Wettbewerb wirkt sich allgemein disziplinierend auf Marktteilnehmer auf. In die Beurteilung des potenziellen Wettbewerbs sind auch die Markteintritte der letzten Jahre miteinzubeziehen.

2.61 Die Wahrscheinlichkeit des Neueintrittes auf einen Markt ist im Wesentlichen von sog. **Marktzutritts- und Marktaustrittsschranken** abhängig, die den tatsächlichen Markteintritt erschweren.

bb) Marktzutritts- und Marktaustrittsschranken

aaa) Typologie

2.62 **Marktzutrittsschranken** entstehen durch Kosten, welche ein Unternehmen bei einem Marktzutritt zu tragen hat, die das sich bereits im Markt befindliche Unternehmen nicht hat. Marktzutrittsschranken können rechtlicher, tatsächlicher oder strategischer Natur sein.[58]

- **Rechtliche Marktzutrittsschranken:** Ergeben sich aus staatlichen oder administrativen Vorschriften in Form tarifärer und nicht tarifärer Hindernisse; typische rechtliche Schranken sind Bewilligungen und Konzessionen in einem staatlich regulierten Wirtschaftsbereich.
- **Natürliche Marktzutrittsschranken:** Ergeben sich aus ökonomischen oder technischen Gegebenheiten und sind vom jeweiligen Unternehmensverhalten unabhängig; betroffen sind Branchen, die ein bestimmtes Know-how oder Auftragsvolumen erfordern, damit sich eine wirtschaftliche Tätigkeit lohnt.
- **Strategische Marktzutrittsschranken:** Ergeben sich aus Hindernissen, die von bereits im Markt tätigen Unternehmen absichtlich errichtet werden, um potenziellen Wettbewerben den Marktzutritt zu erschweren; als Beispiel für eine strategische Marktzutrittsschranke sind langfristige Exklusivverträge zu nennen.

2.63 **Marktaustrittsschranken** entstehen demgegenüber durch Kosten, die ein Unternehmen bei einem Marktaustritt zu tragen hat. Darunter fallen insbesondere die sog. Sunk Costs, d.h. die für einen Marktzutritt notwendigen Investitionen, welche bei einem Marktaustritt verloren gehen. Marktaustrittsschranken verhindern den

---

57 HEIZMANN, N 359 und 362 f.
58 Vgl. dazu auch WEBER, Wirtschaftsregulierung, 195 ff.

potenziellen Wettbewerb, weil sie potenzielle Wettbewerber von einem Markteintritt abschrecken. Zu den Marktzutrittsschranken zählen beispielsweise hohe Werbekosten oder erhebliche Investitionserfordernisse für die Infrastruktur sowie Aufwendungen für Forschung und Entwicklung.

bbb) Wichtige Marktzutrittsschranken

Für die Beurteilung der Marktzutrittsschranken spielen die folgenden Faktoren eine Rolle:[59] 2.64

Economies of Scale (Grössenvorteile): Grössenvorteile entstehen, wenn die Durchschnittskosten der Produktion mit steigender Stückzahl sinken, was namentlich bei Gütern der Fall ist, bei denen die Produktion im Vergleich zu den variablen Kosten hohe Fixkosten verursacht. Von Grössenvorteilen profitieren vordergründig Unternehmen, die bereits auf dem Markt tätig sind. 2.65

Economies of Scope (Verbundvorteile): Verbundvorteile entstehen, wenn bei der Produktion mehrerer Produkte gemeinsam niedrigere Kosten resultieren, als wenn diese getrennt voneinander produziert würden. Diese Situation tritt ein, falls bei den einzelnen Produkten im Rahmen der Produktion auf gemeinsame Ressourcen zurückgegriffen werden kann. 2.66

Hohe Kosten: Sowohl hohe **Investitionskosten** und **Sunk Costs** (d.h. Investitionen, die bei einem Marktaustritt verloren gehen) als auch hohe **Fixkosten** sind als Marktzutrittsschranken zu werten, weil sie Unternehmen davon abhalten, überhaupt einen Marktzutritt zu versuchen. 2.67

Kostenvorteile: Unternehmen, welche schon länger auf dem Markt tätig sind, verfügen über grössenunabhängige Vorteile wie z.B. den Zugang zu billigen Rohstoffen, günstige Standorte sowie niedrige Kapitalkosten. 2.68

Konzessionen und **Bewilligungen:** Administrative Verfahren sind in der Regel mit hohen Kosten verbunden; sie stellen unter Umständen ein rechtliches Hindernis dar, weil die Anzahl der zu vergebenden Konzessionen und Bewilligungen gegebenenfalls beschränkt ist. 2.69

Goodwill/Ruf eines Unternehmens: Etablierte Anbieter auf dem Markt haben gegenüber Neueinsteigern den Vorteil, dass sie aufgrund ihrer bisherigen Tätigkeit über bessere Beziehungen und über fundiertere Kenntnisse ihrer Kunden verfügen, was ihnen Kundenbindungseffekte bringt. Zur Kategorie des Goodwill gehören auch Faktoren wie Bekanntheit des Unternehmens oder der Marke und das sich daraus ergebende Kundenvertrauen.[60] 2.70

Switching Costs: Switching Costs sind Kosten, die einer Partei beim Wechsel des Vertragspartners anfallen. Je höher diese sind, desto schwieriger ist es für einen Neueinsteiger, einem auf dem Markt etablierten Unternehmen die Vertragspartner 2.71

---

59 Vgl. auch KG-Reinert/Bloch, Art. 4 Abs. 2 N 318 ff.
60 Dazu auch RPW 2001/1 95 ff., 103.

abtrünnig zu machen. Hohe Switching Costs bestehen beispielsweise dann, wenn der Wechsel des Vertragspartners mit einem notwendigen Preisvergleich zwischen den Anbietern einhergeht, namentlich wenn die Informationsbeschaffung aufwendig und ein Vergleich der unterschiedlichen Angebote schwierig ist.[61] Den Effekt des Verbleibs beim bisherigen Anbieter nennt man auch **Lock-in Effekt.**

2.72 **Know-how:** Insbesondere in kleineren, spezialisierten Marktsegmenten verfügen etablierte Anbieter gegenüber Neueinsteigern über einen Wissensvorsprung; in solchen Märkten ist ein potenzieller Neueintritt deshalb weniger wahrscheinlich, weil sich die Anbieter erst das entsprechende Know-how aneignen müssen.[62] Ein etablierter Anbieter verfügt oft auch über einen **technologischen Vorsprung.**

2.73 **Distribution/Exklusivverträge:** Wenn ein Unternehmen den Vertrieb auf einem Markt durch flächendeckende Exklusivverträge organisiert hat, wird es für einen Neueinsteiger schwer, überhaupt Vertragspartner zu finden. Dies gilt umso mehr, wenn sich der Vertrieb nur ab einer bestimmten Belieferungsmenge lohnt oder eine hohe Vertriebsstellendichte notwendig ist.[63] In diesem Fall steht ein potenzieller Wettbewerber vor dem Problem, dass ihm allfällige Vertriebswege verschlossen sind.

2.74 **Tarifäre Handelshemmnisse:** Tarifäre Marktzutrittsbarrieren sind in erster Linie Zölle, welche einen Marktzutritt namentlich für ausländische Anbieter aufgrund der damit verbundenen Kosten wenig attraktiv macht.

2.75 **Nicht tarifäre Handelshemmnisse:** Unter nicht tarifären Barrieren lassen sich zahlreiche Zugangshindernisse subsumieren; zu denken ist neben den erwähnten Bewilligungen und Konzessionen an staatliche Kontingente (oft in der Landwirtschaft) oder bestehende Qualitätsanforderungen (beispielsweise bei Banken). Auch ein bestehendes Werbeverbot oder -beschränkungen (in der Schweiz z.B. für Anwälte) kann einem potenziellen Wettbewerber den Marktzutritt erschweren.

cc) Voraussetzungen für das Vorhandensein potenziellen Wettbewerbs

2.76 Um den potenziellen Wettbewerb zu bejahen, müssen drei Voraussetzungen erfüllt sein:[64]

- Hinreichende **Wahrscheinlichkeit** eines Marktzutritts: Die Wahrscheinlichkeit beurteilt sich einerseits anhand einer Schätzung für die Zukunft und andererseits gestützt auf historische Daten wie in letzter Zeit erfolgte Marktzutritte. In die Analyse fliessen auch bestehende Marktzutritts- und Austrittsbarrieren mit ein. Ein Marktzutritt ist dann wahrscheinlich, wenn er für das betreffende Unternehmen rentabel ist.[65]

---

61 RPW 1998/2 278 ff., 306.
62 RPW 2001/1 95 ff., 103.
63 RPW 1999/3 400 ff., 413; auch RPW 1999/1 57 ff., 61.
64 ZÄCH, SIWR, 173; DERS. N 584; KG-REINERT/BLOCH, Art. 4 N 343.
65 KG-MEINHARDT/WASER/BISCHOF, Art. 10 N 75.

- **Rascher** Marktzutritt: Der Marktzutritt hat innerhalb der nächsten zwei bis drei Jahre zu erfolgen.
- Hinreichende **Grösse:** Der Marktzutritt muss in hinreichender Grösse erfolgen; zu beachten sind in diesem Zusammenhang die Grösse des eintretenden Unternehmens sowie dessen Finanzkraft.

c) Stellung der Marktgegenseite

Bei der Beurteilung der Marktstellung eines Unternehmens ist auch die Stärke der jeweiligen Marktgegenseite zu beachten, weil sich diese unter Umständen disziplinierend auf das marktmächtige Unternehmen auswirken kann. 2.77

Die Stärke der Marktgegenseite ist wesentlich von der auf dem Markt vorhandenen Marktstruktur abhängig. Je nach vorhandener Marktstruktur vermag die Marktgegenseite ein mehr oder weniger starkes Gegengewicht gegenüber einem marktbeherrschenden Unternehmen auszuüben:[66] 2.78

- **Oligopolistischer Markt:** Aufgrund der Marktmacht, welche die Unternehmen der Marktgegenseite auf einem oligopolistischen Markt haben, sind sie in der Lage, gegenüber dem marktmächtigen Unternehmen ein Gegengewicht zu bilden. Es besteht insoweit eine Wechselwirkung, als beide Marktseiten in einem gegenseitigen Abhängigkeitsverhältnis stehen, was sich in der Regel disziplinierend auswirkt.
- **Atomistischer Markt:** Aufgrund der grossen Konkurrenzverhältnisse, der die Unternehmen auf der Marktgegenseite ausgesetzt sind, vermögen sie gegenüber einem marktmächtigen Unternehmen kein Gegengewicht zu bilden; aus diesem Grund ergibt sich aus einer atomistisch strukturierten Marktgegenseite in der Regel keine disziplinierende Wirkung.
- **Gemischter Markt:** In einem gemischten Markt können lediglich die Grossunternehmen gegenüber dem marktbeherrschenden Unternehmen ein Gegengewicht ausüben, die kleinen sind dazu nicht in der Lage.

Die Stärke der Marktgegenseite ist nicht allein von den jeweiligen Marktanteilen abhängig, sondern vermag sich auch aus Kriterien wie Sachkunde und Professionalität zu ergeben, denn in diesem Fall werden sich die Vertragspartner des marktmächtigen Unternehmens beispielsweise nicht von Differenzierungsstrategien beeindrucken lassen.[67] 2.79

---

66 RPW 2005/1 146 ff., 158. Zu den Marktstrukturen vgl. vorne N 2.6.
67 Kiener, 192.

d) Kollektive Marktbeherrschung

aa) Allgemeines

2.80 Kollektive Marktbeherrschung bedeutet, dass sich zwei Unternehmen kollusiv verhalten, ohne dass diese Kollusion die Intensität einer Abrede erreicht, und sie dadurch in der Lage sind, die Preise höher zu setzen als im wirksamen Wettbewerb.[68]

2.81 Abzugrenzen ist ein kollusives Verhalten namentlich gegenüber dem **erlaubten Parallelverhalten,** welches auf exogenen Marktfaktoren beruht; die Abgrenzung zwischen erlaubtem Parallelverhalten und kollusivem Verhalten ist in der Praxis indessen oft schwierig.

2.82 Kollektive Marktbeherrschung liegt dann vor, wenn sich zwei Unternehmen weitgehend gleichförmig verhalten, sodass sie von den übrigen Marktteilnehmern als Einheit wahrgenommen werden.[69]

2.83 Aus ökonomischer Sicht lassen sich verschiedene Faktoren definieren, welche sich kollusionsfördernd auswirken. Für die Annahme einer kollektiven Marktbeherrschung ist zudem erforderlich, dass sich die Parteien auch tatsächlich parallel verhalten.

bb) Strukturmerkmale des Marktes

2.84 Damit sich zwei Unternehmen kollektiv verhalten können, müssen gewisse Marktstrukturen vorhanden sein, welche die Wahrscheinlichkeit einer kollektiven Marktbeherrschung begünstigen. Es handelt sich dabei um die folgenden Merkmale:[70]

- **Marktkonzentration:** Die Anzahl der Marktteilnehmer ist für die Beurteilung der kollektiven Marktbeherrschung bedeutend; je weniger Marktteilnehmer ein Markt hat, umso wahrscheinlicher ist kollusives Verhalten. Bei einer Vielzahl von Marktteilnehmern sind hingegen Abreden oder Parallelverhalten schwieriger zu erreichen.
- **Marktanteile:** Damit eine kollektive Marktbeherrschung vorliegt, haben die gemeinsamen Marktanteile der beteiligten Unternehmen **50%-60% oder mehr** zu betragen, derweil die Marktanteile zwischen den Unternehmen nicht symmetrisch verteilt sein müssen.
- **Markttransparenz:** Von Bedeutung für die Marktbeherrschung ist ebenso die Markttransparenz. Je grösser die Markttransparenz ist, umso wahrscheinlicher kommt es zu einem parallelen Verhalten. Eine hohe Markttransparenz kann zudem eine Art Überwachungsmechanismus darstellen, denn sie verhindert ein Ausscheren eines Wettbewerbers aus dem Verhaltensmechanismus (natürliches Parallelverhalten). Die Markttransparenz wird durch Faktoren wie Produkteho-

---

68 KG-Reinert/Bloch, Art. 4 Abs. 2 N 400.

69 David/Jacobs, N 707.

70 RPW 2003/1 106 ff., 159.

mogenität, Zugänglichkeit von sensiblen Geschäftsinformationen sowie **personelle oder finanzielle Verflechtungen** gefördert.

- **Marktstabilität:** Die Antizipierung des Verhaltens des Konkurrenten ist nur bei relativ stabilen Märkten möglich, dynamische Märkte oder solche mit hohem potenziellem Wettbewerb setzen kaum Anreize für kollusives Verhalten. Miteinzubeziehen sind beim potenziellen Wettbewerb namentlich allfällige Marktzutrittsschranken. Die WEKO berücksichtigt bei der Beurteilung der Marktstabilität auch die jeweilige Marktphase, denn in jungen Wachstumsmärkten ändert sich die Marktstruktur erfahrungsgemäss rascher als dies bei stagnierenden Märkten der Fall ist. Eine solche Situation führt erfahrungsgemäss zu einem stärkeren Wachstum der Nachfrage, was einen Markteintritt für Konkurrenten attraktiv macht. In Reifephasen, in denen sich die Marktbedingungen nicht mehr stark ändern, ist der Gewinn von Marktanteilen praktisch nur noch zu Lasten der Konkurrenten möglich, was potenzielle Konkurrenten eher abschreckt und ein kollusives Verhalten für die bestehenden Wettbewerber attraktiv macht.[71]
- **Symmetrien der Unternehmen:** Unterschieden werden können die Interessens-, die Produkt- sowie die Kostensymmetrie. **Interessenssymmetrie** liegt vor, wenn alle Unternehmen beabsichtigen, langfristig im betreffenden Markt aktiv zu bleiben, denn in diesem Fall sind die Unternehmen langfristig auf das «Wohlverhalten» der Konkurrenten angewiesen. Die Interessenssymmetrie fordert zudem, dass die Unternehmen für die Zukunft ähnliche Ziele verfolgen und die Entwicklung des Marktes ähnlich voraussehen. Ein gleichförmiges Verhalten ist insbesondere dann unwahrscheinlich, wenn sich schon aufgrund des Zweckes der Unternehmensformen der Gesellschaften (Aktiengesellschaft, Genossenschaft, Verein) unterschiedliche unternehmerische Zielsetzungen ergeben.[72] Dieser Umstand allein reicht indessen nicht aus, zusätzlich müssen die Unternehmen ähnliche Ziele verfolgen. Bei der **Produktsymmetrie** wird geprüft, wie ähnlich die Produkte und Dienstleistungen der Anbieter sind; weisen sie eine starke Homogenität auf, erleichtert dies ein Parallelverhalten, weil es sich auf wenige Wettbewerbsparameter beschränken kann. Schliesslich wird kollusives Verhalten auch durch **Kostensymmetrie,** d.h. durch eine ähnliche Kostenstruktur, gefördert; denn nur wer über eine im Vergleich zu seinen Konkurrenten vorteilhaftere Kostenstruktur verfügt, hat einen Anreiz, sich auf dem Markt aggressiv zu verhalten.
- **Stellung der Marktgegenseite:** Eine starke Stellung der Marktgegenseite reduziert die Wahrscheinlichkeit einer Kollusion, weil die Abnehmer in der Lage sind, die Konkurrenz unter den Anbietern spielen zu lassen, was allfällige Absprachen oder ein Parallelverhalten destabilisiert; die Stärke der Marktgegenseite hängt in diesem Fall von der jeweiligen Marktstruktur ab. In diesem Zusammenhang ist auch die Preiselastizität der unternehmensindividuellen Nachfrage zu berücksichtigen, denn sie ermöglicht eine Schätzung des Preisspielraumes.

71 RPW 2003/1 106 ff., 143; RPW 2004/3 674 ff., 704.
72 RPW 2003/1 106 ff., 147.

Je grösser diese Elastizität ist, desto höher fallen die Nachfrageeffekte kleiner Preisänderungen für den einzelnen Anbieter aus, und für den Anbieter besteht ein grösserer Anreiz, sich nicht parallel zu verhalten.

- **Sanktionsmechanismus:** Schliesslich spricht auch die Möglichkeit einer allfälligen Sanktion für eine kollektive Marktbeherrschung. Droht für abweichendes Verhalten eine Sanktion, wird ein Unternehmen tendenziell von alternativem, abweichendem Verhalten absehen.[73] Von Bedeutung ist das Vorhandensein einer einseitigen Reaktionsmöglichkeit, wenn sich die anderen Beteiligten nicht mehr kollektiv verhalten.

cc) *Paralleles Verhalten*

2.85 Wenn die Marktstruktur für ein kollektives Verhalten von Unternehmen grundsätzlich geeignet wäre, muss geprüft werden, ob sich die Unternehmen auch tatsächlich parallel verhalten. Die Prüfung erfolgt dabei analog derjenigen der gleichgerichteten Verhaltensweisen nach Art. 4 Abs. 1 KG; gemäss WEKO ist die Analogie in der Beurteilung darauf zurückzuführen, dass Wettbewerbsabreden und kollektiv marktbeherrschende Stellungen in der Praxis sehr ähnliche Auswirkungen zeitigen.[74]

2.86 **Vertiefung:** Im Zusammenhang mit missbräuchlichen Verhaltensweisen prüfte die WEKO verschiedentlich, ob eine kollektive Marktbeherrschung bestehe, verneinte deren Vorliegen jedoch jeweils aufgrund verschiedener Umstände:

- Keine Anhaltspunkte für das Vorliegen einer kollektiven Marktbeherrschung der Mobilfunkanbieter Swisscom, Orange und Diax im schweizerischen Mobilfunkmarkt im Jahr 2000 (RPW 2002/1 97 ff., 122 f.).
- Keine kollektive Marktbeherrschung bei starker Stellung der Nachfrager und asymmetrischen Kostenstrukturen der im Verband eingebundenen Verlage und Verlagstitel (RPW 2001/1 64 ff., 72).
- Keine kollektive Marktbeherrschung von Migros und Coop auf dem Markt für die Beschaffung von Schlachtschweinen, weil weder die Betrachtung der statischen Strukturmerkmale noch die Analyse der Preis- und Margenentwicklung genügend Anhaltspunkte für das Vorliegen einer kollektiv marktbeherrschenden Stellung ergaben (RPW 2004/3 674 ff., 721).

2.87 Bis anhin bejahte die WEKO erst einmal eine kollektive Marktbeherrschung von mehreren Unternehmen, nämlich bei den Kreditkartenacquirern Cornèr Banca SA, Telekurs Europay AG, Swisscard AECS AG sowie UBS Card Center AG auf dem Schweizer Markt für den Zugang zum Kreditkartenzahlungsverkehr; die Rekurskommission hob den Entscheid jedoch aufgrund einer zu weiten Marktabgrenzung auf (vgl. RPW 2003/1 106 ff., 159 und RPW 2005/3 530 ff.).

---

73 RPW 2004/3 674 ff., 710; GRABER/LANGENEGGER, 395.
74 RPW 2004/3 674 ff., 700.

Hinweis: 2.88

Die Befürchtung der Entstehung einer kollektiven Marktbeherrschung war jedoch der Grund, weshalb die WEKO den Zusammenschluss von France Télécom SA (Orange) und Sunrise untersagte. Der Zusammenschluss hätte dazu geführt, dass danach nur noch zwei Mobilfunkunternehmen mit eigenem Netz in der Schweiz verbleiben würden, was zu einer kollektiven Marktbeherrschung führen könnte, welche in absehbarer Zeit nicht durch den Markteintritt Dritter relativiert würde (RPW 2010/3 499 ff.).[75]

e) Wirtschaftliche Abhängigkeit

aa) Allgemeines

Eine starke Marktposition kann nicht nur durch in der Unabhängigkeit gegenüber Marktteilnehmern, sondern auch durch die Unabhängigkeit gegenüber Nachfragern oder Anbietern begründet sein (relative Marktmacht).[76] 2.89

Das Prinzip der relativen Marktmacht regelt besondere **Abhängigkeitsverhältnisse;** der Begriff der Abhängigkeit bezieht sich auf **strukturelle Abhängigkeiten;** nicht geschützt sind Unternehmen, die freiwillig aufgrund von Fehlentscheidungen Klumpenrisiken eingegangen sind und deshalb in ein Abhängigkeitsverhältnis geraten.[77] 2.90

Auf Nachfragerseite lassen sich die folgenden Formen der Abhängigkeit unterscheiden:[78] 2.91

- **Sortimentsbedingte Abhängigkeit:** Eine sortimentsbedingte Abhängigkeit besteht bei Händlern, die darauf angewiesen sind, gewisse Produkte von bestimmten Herstellern im Sortiment zu führen, um wettbewerbsfähig zu sein. In der Praxis handelt es sich bei diesen Produkten oft um Markenartikel, man spricht in diesem Zusammenhang auch von «must-in-stock»-Produkten.
- **Unternehmensbedingte Abhängigkeit:** Eine unternehmensbedingte Abhängigkeit liegt dann vor, wenn ein Unternehmen seine Tätigkeit langfristig stark auf einen einzelnen Vertragspartner ausgerichtet hat, sodass es kaum mehr zu einem anderen Vertragspartner wechseln kann.

Die WEKO hat sich in verschiedenen Verfahren zur Frage der relativen Marktmacht geäussert und in ihrer bisherigen Rechtsprechung die Möglichkeit einer individu- 2.92

75 Eine ausführlichere Darstellung des Entscheides findet sich hinten N 2.1052.

76 Ausführlich dazu Heizmann, N 386 ff. sowie zur neueren Entwicklung ders. recht 2010, 172 ff.; Zäch/Heizmann, N 2.30 ff. Dazu auch Meinhardt/Bischof, N 1 ff. sowie ablehnend Amstutz/Reinert, sic! 2005, 632 ff.

77 Zäch/Heizmann, N 2.33.

78 Vgl. Zäch, N 579 ff.; Zäch/Heizmann, N 2.35; Amstutz/Reinert, sic! 2005, 632 ff.

ellen Abhängigkeit bejaht.[79] Ein Unternehmen ist dann von einem anderen Unternehmen wirtschaftlich abhängig, wenn dessen Geschäftsbeziehungen zum anderen Unternehmen (Zulieferer oder Abnehmer) von einer derartigen Intensität sind, dass es sich dessen Marktmacht nicht zu entziehen vermag. Dies trifft dann zu, wenn die Ausübung der wirtschaftlichen Tätigkeit des (abhängigen) Unternehmens mit Beendigung der Geschäftsbeziehung gefährdet würde.

bb) Konzept der Lieferantenabhängigkeit

2.93 Der wichtigste Entscheid zur Lieferantenabhängigkeit erging in der Sache Coop-Forte; in diesem Zusammenhang formulierte die WEKO die folgenden Voraussetzungen für eine Lieferantenabhängigkeit:[80]

2.94 **(1) Fehlende Ausweichmöglichkeit:** Für den Lieferanten existieren keine vergleichbaren Abnehmer für die angebotenen Güter oder Dienstleistungen und die zusätzliche Nachfrage anderer Abnehmer auf dem Markt ermöglicht es dem Lieferanten nicht, seine Fixkosten zu decken. Dazu haben die folgenden Voraussetzungen erfüllt zu sein:

- Mehr als **30% des Umsatzes** des abhängigen Unternehmens wird beim marktmächtigen Unternehmen generiert.
- Das abhängige Unternehmen verfügt **nicht über ausreichende Verhandlungsmacht,** um zu verhindern, dass das marktmächtige Unternehmen Bedingungen selbstständig durchsetzen kann. Dies ist insbesondere der Fall, wenn das abhängige Unternehmen:
  - kein wichtiger Akteur auf dem Markt ist;
  - seine Produkte nicht exportieren kann;
  - keine bekannten Produkte (insbesondere führende Marken) oder kein schwer ersetzbares Produktsortiment anbietet.
- Das abhängige Unternehmen hat keine alternativen Absatzkanäle innerhalb und ausserhalb des betreffenden Marktes und ist in seiner Existenz gefährdet, wenn es den Absatzkanal über das marktbeherrschende Unternehmen verliert.

2.95 **(2) Notwendigkeit spezifischer Aktiva:** Gebäude und Einrichtungen, gegebenenfalls Beschäftigte sowie die Forschung und Entwicklung des Lieferanten sind (teilweise) spezialisiert auf die Bereitstellung der Güter oder Dienstleistungen des Händlers und können mit einem ökonomisch vertretbaren Kostenaufwand für die Produktion anderer Güter oder Dienstleistungen weder verwendet noch angepasst werden. Die WEKO prüfte diese Voraussetzung gestützt auf die folgenden Kriterien, welche kumulativ erfüllt sein müssen:

79 Ausführlich dazu Heizmann, recht 2010, 172 ff.
80 RPW 2005/1 146 ff., 161.

- Für den Absatzkanal über das marktmächtige Unternehmen liegen spezifische Investitionen vor.
- Es fehlen exklusive oder/und langfristige Verträge, die eine Amortisation der Investitionen erlauben.
- Die Umstellungskosten auf andere Märkte oder Absatzkanäle sind so hoch, dass sie die wirtschaftliche Existenz des abhängigen Unternehmens gefährden würden.

(3) Kein Selbstverschulden der abhängigen Partei: Die Abhängigkeit darf keine Konsequenz einer strategischen Option des Lieferanten sein, die sich im Nachhinein als unvorteilhaft erweist, sondern muss aufgrund von Marktgegebenheiten entstanden sein. 2.96

In Präzisierung dieser Praxis hielt die WEKO in späteren Entscheidungen fest, dass die Kriterien der Absatzalternativen sowie der spezifischen Investitionen **alternativ** und nicht kumulativ zu erfüllen seien.[81] 2.97

81 RPW 2008/4 129 ff., 201; RPW 2006/1 137 ff., 139.

II. Wettbewerbsabreden

A. Gesetzliches System

1. Einleitung

2.98 Das Verbot kartellrechtswidriger Abreden ist einer der drei Pfeiler des schweizerischen Wettbewerbsrechts. Im Grundsatz erklärt Art. 5 KG zwei Arten von Wettbewerbsabreden für unzulässig, nämlich einerseits Abreden, die den Wettbewerb erheblich beeinträchtigen und sich nicht durch Gründe der wirtschaftlichen Effizienz rechtfertigen lassen, und andererseits Abreden, die den wirksamen Wettbewerb beseitigen; diese lassen sich nicht durch Gründe der wirtschaftlichen Effizienz rechtfertigen.

2.99 Nach der Praxis der WEKO ist beim potenziellen Vorliegen von Wettbewerbsabreden immer zuerst zu prüfen, ob diese vermutungsweise den Wettbewerb im Sinne von Art. 5 Abs. 3 oder 4 KG beseitigen. Liegt eine wettbewerbsbeseitigende Abrede vor und gelingt es den beteiligten Unternehmen nicht, die Vermutung der Wettbewerbsbeseitigung zu widerlegen, ist die Wettbewerbsabrede als unzulässig zu qualifizieren. Gelingt die Beseitigung der Vermutung, ist in einem zweiten Schritt zu prüfen, ob die Abrede als erheblich im Sinne von Art. 5 Abs. 1 KG zu werten ist. Erweist sie sich als erheblich, lässt sich ihre Rechtfertigung durch Gründe der wirtschaftlichen Effizienz untersuchen; wenn dieser Nachweis nicht gelingt, ist sie unzulässig.

2.100 Die Prüfung der Zulässigkeit von Wettbewerbsabreden erfolgt somit nach dem folgenden Schema:

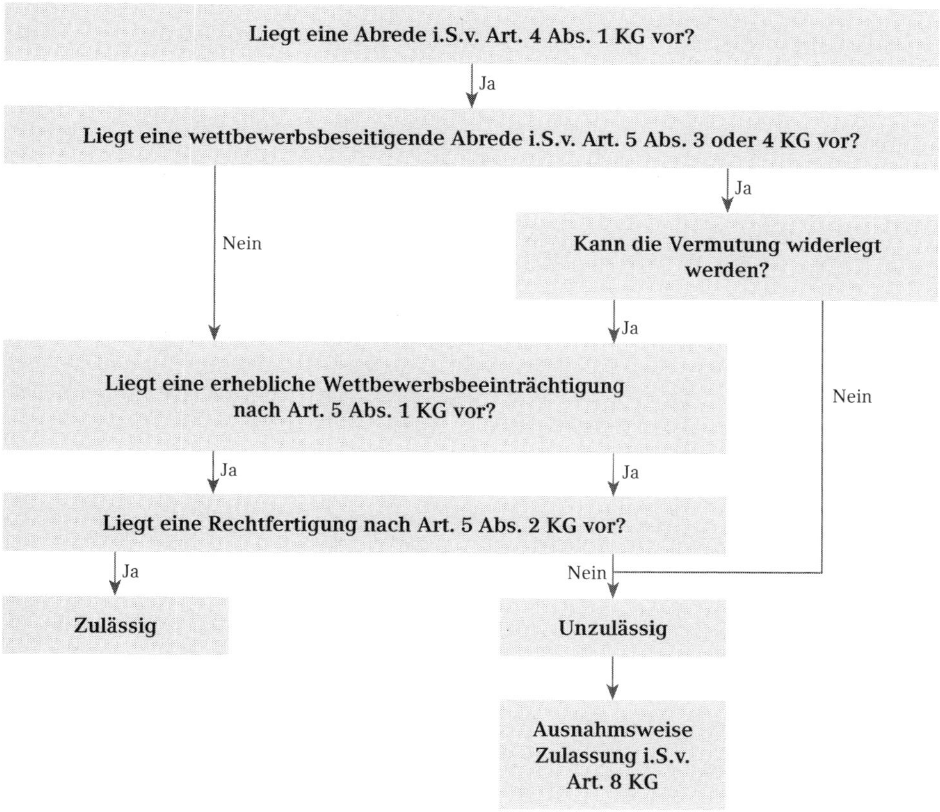
Liegt eine Abrede i.S.v. Art. 4 Abs. 1 KG vor?
Ja
Liegt eine wettbewerbsbeseitigende Abrede i.S.v. Art. 5 Abs. 3 oder 4 KG vor?
Nein
Ja
Kann die Vermutung widerlegt werden?
Ja
Nein
Liegt eine erhebliche Wettbewerbsbeeinträchtigung nach Art. 5 Abs. 1 KG vor?
Ja
Ja
Liegt eine Rechtfertigung nach Art. 5 Abs. 2 KG vor?
Ja
Nein
Zulässig
Unzulässig
Ausnahmsweise Zulassung i.S.v. Art. 8 KG

Abb. 2.3

2. Begriff der Abrede

Der kartellrechtliche Begriff der **Abrede** umfasst laut der Legaldefinition von Art. 4 Abs. 1 KG rechtlich erzwingbare oder nicht erzwingbare Vereinbarungen sowie aufeinander abgestimmte Verhaltensweisen von Unternehmen gleicher oder verschiedener Marktstufen, die eine Wettbewerbsbeschränkung bewirken oder bezwecken. 2.101

Vorausgesetzt ist, dass a) **zwei oder mehrere Unternehmen** bewusst und gewollt zusammenwirken und dass dieses Zusammenwirken b) eine **Wettbewerbsbeschränkung bezweckt oder bewirkt.** Eine Definition des kartellrechtlichen Unternehmensbegriffs findet sich in Art. 2 Abs. 1bis KG; danach gelten als Unternehmen sämtliche Nachfrager oder Anbieter von Gütern und Dienstleistungen im Wirtschaftsprozess, unabhängig von ihrer Rechts- oder Organisationsform.[82] Die an der Abrede beteiligten Unternehmen müssen wirtschaftlich selbstständig sein. 2.102

82 Zum Unternehmensbegriff vgl. vorne N 1.54.

Weil Konzerne unter einheitlicher Leitung stehen, sind Absprachen unter Konzerngesellschaften keine kartellrechtlich relevanten Abreden, als Unternehmen gilt der Konzern als Ganzes **(Konzernprivileg).**[83]

2.103 Auch Abreden unter Konsumenten oder zwischen einem Konsumenten und einem Unternehmen fallen nicht unter den Begriff der Wettbewerbsabrede, weil Konsumenten nicht wirtschaftlich agieren.[84]

2.104 **Sonderfall bei Privatpersonen: Einzelkaufmann als Unternehmen**

Der im Wettbewerbsrecht statuierte Unternehmensbegriff ist weit gefasst und folgt einer funktionalen Betrachtungsweise. Somit können nicht nur juristische, sondern auch natürliche Personen als Unternehmen i.S. des Kartellgesetzes gelten; dies ist beispielsweise dann der Fall, wenn eine natürliche Person als Einzelkaufmann tätig ist oder ein Einzelunternehmen führt bzw. als solches auftritt.

2.105 Gründen mehrere Unternehmen zusammen ein **Gemeinschaftsunternehmen** (GU oder Joint Venture), kann der Vorgang aus kartellrechtlicher Sicht in zweierlei Hinsicht von Bedeutung sein: Liegt ein Vollfunktions-Gemeinschaftsunternehmen i.S.v. Art. 2 Abs. 1 VKU vor, d.h., geben die beteiligten Unternehmen ihre eigene Tätigkeit im Bereich des Gemeinschaftsunternehmens zu dessen Gunsten auf, handelt es sich um einen Unternehmenszusammenschluss und es sind die diesbezüglichen Anforderungen zu beachten[85]. Anders liegt der Fall, wenn die beteiligten Unternehmen ihre Aktivitäten nicht vollständig aufgeben, sondern sich nur auf ihre Kernkompetenzen beschränken; in diesem Fall kann eine wettbewerbsbeschränkende Abrede i.S.v. Art. 4 Abs. 1 KG vorliegen.[86]

a) Formen von Abreden

2.106 Der Wortlaut der Bestimmung von Art. 4 Abs. 1 KG ist weit gefasst und beinhaltet eine Vielzahl von möglichen Abreden. Konkret sind drei Formen von Abreden denkbar:

83 Ausführlich zu dieser Thematik KRAUSKOPF/HENCKEL, 747 ff.; LANG/JENNY, 299 ff.
84 Vgl. dazu vorne N 1.67.
85 Vgl. dazu hinten N 2.869.
86 RPW 1998/1 20 ff., 22.

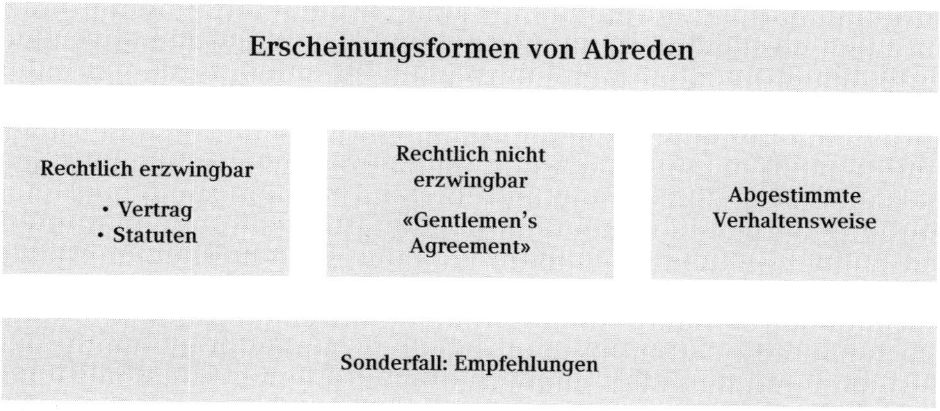

Abb. 2.4

aa) Rechtlich erzwingbare Abreden

Rechtlich erzwingbare Abreden können auf austauschvertragsrechtlicher oder ge- 2.107
sellschaftsrechtlicher Grundlage beruhen. Die rechtliche Erzwingbarkeit ergibt sich daraus, dass die Nichtbefolgung der Abrede in der Regel eine Sanktion zur Folge hat.

(i) Im Hinblick auf die austauschrechtliche Ausgestaltung ist insbesondere an schrift- 2.108
liche, mündliche, aber auch konkludente **Verträge i.S.v. Art. 1 OR** zu denken.

(ii) Bei der gesellschaftsrechtlichen Ausgestaltung ergibt sich die rechtliche Durch- 2.109
setzbarkeit oft durch verbindliche **Statutenbestimmungen** von Vereinen und Verbänden oder durch verbindliche **Gesellschaftsbeschlüsse.** Ebenso können **Empfehlungen** von Verbänden unter Umständen Wettbewerbsabreden darstellen.[87]

Auch einseitig erlassene **Konkurrenzverbote** werden grundsätzlich als Wettbe- 2.110
werbsverbote qualifiziert, wenn sich die Vertragspartner durch ausdrückliches oder konkludentes Handeln an die auferlegten Bedingungen halten.[88]

bb) Rechtlich nicht erzwingbare Abreden

Rechtlich nicht erzwingbare Abreden sind Absprachen, die zwar auf einer Überein- 2.111
kunft der beteiligten Unternehmen beruhen, deren Nichtbeachtung jedoch nicht unter Sanktionsfolge steht. Sie werden in Lehre und Praxis als **Gentlemen's Agreements** oder **Frühstückskartelle** bezeichnet. Die Vereinbarung beruht darauf, dass sich die Beteiligten darauf verlassen, die Gegenseite würde sich an die Vereinbarung halten; die Verpflichtung zur Einhaltung ist mithin nicht eine rechtliche, son-

87 Vgl. dazu hinten N 2.120 ff.
88 RPW 2006/4 682 ff., 689 ff.

dern eine moralische; eine Nichtbeachtung der entsprechenden Vereinbarung kann indessen indirekte Sanktionen wie z.B. die Ächtung als Geschäftspartner zur Folge haben. Das Abgrenzungselement zu den abgestimmten Verhaltensweisen liegt im **Bindungswillen** der Parteien.[89]

cc) Aufeinander abgestimmte Verhaltensweisen

2.112 Abgestimmte Verhaltensweisen liegen im bewussten und gewollten Zusammenwirken der Parteien; erforderlich ist ein **Mindestmass an Koordination.**[90]

2.113 **Vertiefung:** Die Auslegung des Begriffs der abgestimmten Verhaltensweisen entspricht nach der schweizerischen Rechtsprechung derjenigen des Europäischen Gerichtshofes. Danach liegt eine abgestimmte Verhaltensweise vor, wenn die Wettbewerbsteilnehmer *«bewusst die praktische Zusammenarbeit an die Stelle des mit Risiken verbundenen Wettbewerbs treten lassen»*.[91] Die betreffenden Unternehmen passen ihr Marktverhalten gewollt dem aufgrund bestimmter Kommunikationselemente antizipierten Marktverhalten anderer Unternehmen an. Zwischen den Unternehmen muss ein innerer Wille oder Konsens bestehen, der auf eine praktische Zusammenarbeit ausgerichtet ist.[92]

2.114 Aus praktischer Sicht kann insbesondere der Austausch oder die Veröffentlichung von **Marktinformationen** zwischen Wettbewerbern zu Problemen führen. Indessen ist der Nachweis des Vorliegens einer abgestimmten Verhaltensweise schwer möglich, weshalb sich Beweise in der Praxis oftmals nur aufgrund von Indizien erbringen lassen.

2.115 Abgrenzungsschwierigkeiten ergeben sich vor allem im Hinblick auf das zulässige Parallelverhalten. Von **zulässigem oder erlaubtem Parallelverhalten** spricht man, wenn sich Unternehmen im Hinblick auf die Veränderung gewisser Marktparameter (z.B. die Veränderung von Rohstoffpreisen) gleich oder gleichförmig verhalten.[93] Parallelverhalten ist insbesondere in oligopolistischen Märkten mit weitgehend homogenen Gütern zu beobachten.[94] Oftmals verfügen die betroffenen Unternehmen in solchen Fällen über wenig Spielraum bezüglich ihrer Preisgestaltung.

2.116 **Vertiefung:** Die WEKO geht beispielsweise von erlaubtem Parallelverhalten aus, wenn der Preiswettbewerb der Händler aufgrund staatlicher Vorschriften und technischer Vorgaben in zeitlicher sowie umfangmässiger Hinsicht stark eingeschränkt ist (RPW 2001/2 235 ff., 236). In einem Markt mit homogenen Gütern und vollkommener Markttransparenz führt die Voraussehbarkeit des Marktverhaltens der übrigen Marktteilnehmer und das Bewusstsein über das parallele Vorgehen nicht zur Annahme eines abgestimmten Verhaltens; vielmehr ist in diesem Fall von einem erlaubten Parallelverhalten auszugehen (RPW 2002/1 77 ff., 81).

---

89 KG-Nydegger/Nadig, Art. 4 Abs. 1 N 99; HK-Köchli/Reich, Art. 4 N 9.

90 KG-Nydegger/Nadig, Art. 4 Abs. 1 N 100; HK-Köchli/Reich, Art. 4 N 11 je m.w.H.

91 Zäch, N 367; KG-Nydegger/Nadig, Art. 4 Abs. 1 N 101; HK-Köchli/Reich, Art. 4 N 11; BGE 129 II 18 ff., Erw. 6.3; RPW 2005/1 54 ff., 92 ff.

92 Giger, 864.

93 Zäch, N 370.

94 Zäch, N 370; Borer, Art. 4 N 12.

Zulässig ist auch die sogenannte **Preisführerschaft,** bei welcher sich kleinere Unternehmen in Bezug auf ihre Preisgestaltung an einem wirtschaftlich bedeutenden Marktführer orientieren.[95] 2.117

Praxistipp: Submissionskartelle 2.118

In den letzten Jahren beschäftigte sich die WEKO verschiedentlich mit Submissionskartellen; Submissionsabsprachen zwischen Bauunternehmen bilden denn auch seit 2008 einen thematischen Schwerpunkt der WEKO. Submissionskartelle sind Absprachen zwischen Unternehmen mit dem Ziel, trotz Durchführung eines Ausschreibungsverfahrens den mit der öffentlichen Beschaffung verfolgten Wettbewerb zu verhindern. Submissionsabsprachen treten in den folgenden Formen auf:[96]

- **Angebotsbeseitigung:** Unternehmen verpflichten sich, überhaupt keine Angebote einzureichen.
- **Preisabreden:** Die Unternehmen sprechen sich über die Submissionspreise ab. Im Rahmen von Submissionsabsprachen ist eine direkte Absprache über Preise oder Preisinformationen nicht nötig, es genügt, dass Offerten eingereicht werden, die nicht an die Grenzen des Möglichen gehen.
- **Zuschlagssteuerung:** Die Ergebnisse werden im Voraus von den Unternehmen festgelegt und nach Märkten oder Gebieten aufgeteilt. Diejenigen Unternehmen, welche den Zuschlag nicht erhalten sollen, bieten zwar an (sog. Stützofferten), sie reichen jedoch bewusst Offerten mit einem höheren Angebot als dasjenige des «auserwählten» Bieters ein.

Sonderfall: Erwerb einer Minderheitsbeteiligung 2.119

Nach Ansicht der WEKO vermag auch der Erwerb einer **Minderheitsbeteiligung** an einem Konkurrenzunternehmen im Zusammenhang mit einer **Kooperationsabsicht** der betroffenen Unternehmen eine Wettbewerbsabrede i.S.v. Art. 4 Abs. 1 KG darzustellen.

RPW 2001/2 306 ff.: Der von der WEKO behandelte Sachverhalt betraf den Erwerb eines 30%-Anteils an der im Plakatgeschäft tätigen Affichage Holding SA durch die JC Decaux International, welche ebenfalls in derselben Branche tätig war. Im Anschluss an den Kauf kam es zu verschiedenen durch die Presse veröffentlichten Kooperationsabsichten, z.B. in Form einer beabsichtigten Einsitznahme in den Verwaltungsrat der Affichage Holding SA durch die JC Decaux, oder in Form von Pressemitteilungen, welche von einer «harmonischen Zusammenarbeit» sprachen. Im Ergebnis wurde indessen eine erhebliche Beeinträchtigung des Wettbewerbs verneint.

95 Zäch, N 369; Kostka, 1157 f.
96 Vgl. auch Krauskopf, 123; RPW 2012/2 270 ff., 392.

Auch die Europäische Kommission hat sich bereits mit dem Vorliegen einer Wettbewerbsabrede beim Erwerb einer Minderheitsbeteiligung an einem Konkurrenzunternehmen befasst.[97] Dabei ging es um eine Beteiligung von 22% an der Rothmans International durch die Konkurrentin Philip Morris, welche durch zahlreiche Vereinbarungen im Hinblick auf die Zusammenarbeit auf dem Gebiet der Herstellung, des Know-how, der Forschung und des Vertriebs unterstützt wurde. Der EuGH hielt in diesem Zusammenhang fest, dass der Beteiligungserwerb für sich alleine betrachtet noch keine Wettbewerbsabrede darzustellen vermöge, indessen eine solche beim Vorliegen von einem der folgenden Faktoren vorliegen könne:

- Das übernehmende Unternehmen erhält durch den Beteiligungserwerb und/ oder Nebenabreden rechtlich oder faktisch die Kontrolle über das Verhalten des Konkurrenzunternehmens.
- Das übernehmende Unternehmen vermag zu einem späteren Zeitpunkt die effektive Kontrolle über das Konkurrenzübernehmen zu erlangen.
- Der wirtschaftliche Zusammenhang auf dem betroffenen Markt legt einen wettbewerbswidrigen Zweck des Beteiligungserwerbs nahe.

dd) Empfehlungen

2.120 Unter **Empfehlungen** versteht man einseitige, nicht verbindliche Erklärungen, welche die Unternehmen zu einem bestimmten Verhalten animieren wollen und einen wettbewerbsrechtlich relevanten Inhalt haben (z.B. Preisempfehlungen, -konditionen und -kalkulationsmethoden). Empfehlungen können beispielsweise von Verbänden an ihre Mitglieder oder aber von Herstellern an ihre Vertriebsfirmen abgegeben werden.

2.121 Damit eine Preisempfehlung als Wettbewerbsabrede i.S.v. Art. 4 Abs. 1 KG anzusehen ist, muss ein bewusstes und gewolltes Zusammenwirken vorliegen; die dafür zu berücksichtigenden Kriterien unterscheiden sich je nachdem, ob eine horizontale oder eine vertikal abgestimmte Verhaltensweise in Frage steht. Im Rahmen horizontaler Abreden stellt die WEKO namentlich auf den **Befolgungsgrad** ab. Freilich ist allein aufgrund des Befolgungsgrades nicht auf eine abgestimmte Verhaltensweise zu schliessen; für das Vorliegen einer Abrede sind wohl noch weitere diesbezügliche Indizien erforderlich.

2.122 In ihrer bisherigen Praxis hat die WEKO im Rahmen von horizontalen Abreden konkrete Empfehlungen, welche von 81% bis 74% der Empfehlungsempfänger eingehalten wurden, als abgestimmte Verhaltensweise qualifiziert.[98] Neben der Anzahl der Befolger ist auch das Ausmass der Befolgung von Bedeutung. Als allge-

97 Urteil des EuGH vom 17. November 1987, British-American Tobacco Company Ltd und R. J. Reynolds Industries Inc. gegen Kommission der Europäischen Gemeinschaften, RS. 141 und 156/84, Slg. 1987, 4487 ff.

98 RPW 2010/4 649 ff., 662 m.w.H.

meiner Grundsatz gilt, dass es ausreicht, wenn eine Empfehlung überwiegend oder deutlich befolgt wird, selbst wenn gewisse Abweichungen (+/– 10%) im jeweiligen Einzelfall zulässig sein können.[99]

Auch bei der Prüfung von Empfehlungen im Rahmen von vertikalen Abreden sind im Hinblick auf die Qualifikation als abgestimmte Verhaltensweise die für die Prüfung von horizontalen Abreden entwickelten Kriterien – einschliesslich des Befolgungsgrades – heranzuziehen. Gleiches gilt umgekehrt für die Beurteilung horizontaler Empfehlungen, bei denen die für Vertikalabreden geltenden Grundsätze beachtet werden können. 2.123

Praxistipp: 2.124

Als Faustregel kann eine Empfehlung dann als Wettbewerbsabrede betrachtet werden, wenn sie von etwa **drei Vierteln** der Empfänger befolgt wird (vgl. RPW 2010/2 242 ff., 267; RPW 2010/4 649 ff., 662).

Zusätzliche Elemente sind indessen notwendig, um darzulegen, dass der Befolgungsgrad auf eine abgestimmte Verhaltensweise zurückzuführen ist. Im Rahmen von Preisempfehlungen in vertikalen Verhältnissen sind namentlich die Ausübung von Druck oder das Gewähren von Anreizen solche Elemente. 2.125

Ferner enthält die Vertikalbekanntmachung auch Bestimmungen zur Beurteilung von Preisempfehlungen. Dabei handelt es sich einerseits um «Aufgreifkriterien», welche sich auf den Abredebegriff von Art. 4 Abs. 1 KG beziehen, und andererseits um «Beurteilungskriterien», welche die Frage der Zulässigkeit der Abrede nach Art. 5 KG betreffen.[100] Im Zusammenhang mit dem Abredebegriff ist gemäss WEKO insbesondere von Bedeutung, ob die Preisempfehlung allgemein zugänglich ist, sie mit der Ausübung von Druck oder der Setzung von Anreizen verbunden ist, sie nicht ausdrücklich als unverbindlich bezeichnet wurde, sowie ihr jeweiliger Befolgungsgrad.[101] 2.126

ee) *Informationsaustausch*

Ein besonderes Problem im Zusammenhang mit Wettbewerbsabreden stellt der Informationsaustausch zwischen Wettbewerbern dar. Wie erwähnt kann der Austausch von Marktinformationen zwischen Unternehmen dann eine Wettbewerbsabrede begründen, wenn es darauf gestützt zu einer abgestimmten Verhaltensweise kommt. 2.127

Auch über öffentliche Auskündungen lässt sich ein Informationsaustausch erreichen, wenn die Konkurrenten auf dem Markt aufgrund der Auskündung das Verhalten des veröffentlichenden Unternehmens antizipieren können. 2.128

99 Kostka, 1208.
100 RPW 2010/4 649 ff., 661.
101 Vgl. Art. 11 lit. a, b, c und e Vert-BK; RPW 2003/2 271 ff., 279.

2.129 Die Abgrenzung zwischen erlaubtem Parallelverhalten und einer abgestimmten Verhaltensweise liegt darin, dass die Unternehmen mit der Abstimmung einen bestimmten «Plan» verfolgen in dem Sinne, dass sie das Verhalten ihrer Konkurrenten antizipieren können und hernach ihr eigenes Verhalten danach richten[102]. Erforderlich ist deshalb das Vorliegen eines Kausalzusammenhangs zwischen dem Verhalten und dem Informationsaustausch. Damit im Falle eines Informationsaustausches eine abgestimmte Verhaltensweise nach Art. 4 Abs. 1 KG vorliegt, müssen die folgenden Voraussetzungen erfüllt sein:[103]

- **Informationsaustausch zwischen Wettbewerbern:** Schwierig ist die Beurteilung, wenn nicht Geschäftsgeheimnisse ausgetauscht werden, sondern der potenzielle Informationsaustausch aus öffentlichen Auskündungen oder Empfehlungen besteht.[104]
- **Beseitigung von Unsicherheiten:** Das an einem Informationsaustausch beteiligte Unternehmen muss aufgrund der Information das Wettbewerbsverhalten der anderen Wettbewerber antizipieren und dies zum eigenen (monetären) Vorteil ausnutzen können.
- **Tatsächlich festgestelltes kollusives Verhalten:** Die abgestimmte Verhaltensweise hat gegen aussen erkennbar zu sein.
- **Kausalzusammenhang zwischen dem Informationsaustausch und dem Verhalten:** Ein Kausalzusammenhang liegt dann vor, wenn die Koordination über längere Zeit und kontinuierlich praktiziert wird.
- **Bewirken oder Bezwecken einer Wettbewerbsbeschränkung:** Schliesslich muss der Informationsaustausch eine Wettbewerbsbeschränkung bewirken oder bezwecken, das alternative Vorliegen einer Form genügt.[105]

2.130 Bezüglich des **Inhalts und des Wesens** der ausgetauschten Informationen lässt sich festhalten, dass Informationsaustausch dann als wettbewerbsbeschränkend gilt, wenn zu erwarten ist, dass er spürbare negative Auswirkungen auf mindestens einen Wettbewerbsparameter wie Preis, Produktionsmenge, Produktqualität, Produktvielfalt und Innovation haben wird.[106] Somit sind bei der Beurteilung die folgenden Faktoren zu beachten:[107]

- **Inhalt der Information:** Von Bedeutung ist insbesondere, ob vertrauliche, grundsätzlich dem Geschäftsgeheimnis unterliegende Informationen oder weniger sensible Informationen ausgetauscht werden: Je geheimer die Information, desto heikler der Informationsaustausch. Besonders problematisch ist der

102 RPW 2003/2 271 ff., 279.
103 Blattmann, 284.
104 Blattmann, 284.
105 So auch im europäischen Recht, vgl. Pischel/Hausner, 500. Vgl. zu den Begriffen bewirken/bezwecken hinten N 2.144.
106 Vgl. dazu Horizontalleitlinien, N 69; Pischel/Hausner, 498 ff.
107 RPW 2007/1 137 ff., 144; Heinemann/Heizmann, 66 f.; ausführlich zum Informationsaustausch und der Praxis der WEKO vgl. Blattmann, 222 und 289 ff.

Austausch über Verkaufspreise, Mengen, Geschäftsstrategien oder Kapazitätsauslastungen.

- **Aggregationsniveau:** Je aggregierter die ausgetauschten Daten sind, desto weniger lässt sich daraus das Verhalten des Unternehmens auf dem Markt antizipieren. Der Austausch von detaillierten Informationen ist deshalb problematischer als derjenige von aggregierten Daten.
- **Aktualität:** Historische Daten sind oft leichter erhältlich, zudem lassen sich daraus kaum Schlüsse über das künftige Verhalten des betroffenen Unternehmens ziehen. Je aktueller die ausgetauschten Daten sind, desto heikler ist der Austausch.
- **Frequenz:** Der häufige Informationsaustausch ermöglicht ein rasches Anpassen der eigenen Geschäftsstrategie, deshalb ist ein häufiger Informationsaustausch problematischer als ein sporadischer.
- **Marktstruktur:** Je konzentrierter, stabiler, symmetrischer und je weniger komplex ein Markt ist, desto wahrscheinlicher ist, dass ein Informationsaustausch eine Verhaltenskoordination bezweckt. Die Bedingungen haben nicht kumulativ vorzuliegen, es reicht, wenn einige davon gegeben sind. Eine erhebliche Bedeutung hat auch die Anzahl Wettbewerber, weil bei einer geringen Zahl Wettbewerber die Abstimmung und Koordination leichter erreicht werden kann.[108]
- **Homogenität der Produkte:** Je ähnlicher sich die Produkte oder Dienstleistungen der am Informationsaustausch Beteiligten sind, desto eher lassen sich Preise koordinieren.

Checkliste: Beurteilungskriterien Informationsaustausch 2.131

Je mehr der nachstehenden Kriterien erfüllt sind, desto problematischer ist der Informationsaustausch:

- ☐ Die Unternehmen sind auf einem **konzentrierten Markt** tätig:
- ☐ die **Produkte** auf dem betreffenden Markt sind **homogen;**
- ☐ die ausgetauschten Daten sind **firmenspezifisch und vertraulich;**
- ☐ es handelt sich um **detaillierte** Daten;
- ☐ sie sind **aktuell;**
- ☐ der Informationsaustausch findet **häufig** statt.

Besondere Vorsicht ist in diesem Zusammenhang bei einer sog. **ARGE** (Arbeitsgemeinschaft) geboten, bei welcher mehrere Unternehmen im Hinblick auf ein bestimmtes Projekt zusammenarbeiten, das sie wegen der Grösse und des Erfül- 2.132

108 Blattmann, 301; Pischel/Hausner, 500.

lungszeitraums nicht alleine zu bewältigen vermögen.[109] Denkbar sind die Formen der offenen oder der stillen ARGE; bei zweiterer Variante übernimmt ein Unternehmen die Führung und tritt gegenüber dem Bauherrn als alleinige Vertragspartei auf, ohne diesen über die Beteiligung der anderen Unternehmen zu informieren. Ist der Bauherr indessen über die Zusammenarbeit im Bilde, spricht man von einer offenen ARGE. Das Verhältnis der beteiligen Unternehmen untereinander wird durch einen Zusammenarbeitsvertrag geregelt. Derartige Zusammenarbeitsformen bergen die Gefahr, dass sie für unzulässige Zwecke ausgenutzt werden, so z.B. für den Informationsaustausch oder gar für unzulässige Absprachen. Aus diesem Grund sind die beteiligten Unternehmen gehalten, auch im Rahmen von zulässigen Zusammenarbeitsformen schon von Anfang an besondere Vorsicht im Hinblick auf die Compliance walten zu lassen und insbesondere die Grenzen des noch erlaubten Informationsaustausches stets im Auge zu behalten.

2.133 **Vertiefung:** Die Absprachen, welche die WEKO im Zusammenhang mit den Elektroinstallationsbetrieben Bern für unzulässig erklärt hat, entstanden aus einer solchen, vorerst zulässigen Zusammenarbeit im Rahmen einer ARGE, welche hernach zu einem regelmässigen, monatlichen Treffen zum Informationsaustausch ausgebaut wurde (RPW 2009/3 196 ff.).

2.134 **Praxistipp: Informationsaustausch**

Faustregel: Kein Austausch von **Geschäftsgeheimnissen**

Geschäftsgeheimnisse: Preise, Kapazitätsauslastung, direkte Informationen über Offertabsichten, auf welche die Kapazitätsauslastung hindeutet.[110]

Verhalten in Verbänden: Gibt ein Unternehmensvertreter von sich aus heikle Informationen preis, sollte man sich umgehend und in erkennbarer Weise vom entsprechenden Verhalten distanzieren und wenn nötig ein Treffen verlassen.

Für Unternehmen, welche in heiklen Branchen tätig sind, ist es empfehlenswert, für die Mitarbeiter **interne Weisungen** mit Bezug auf den Informationsaustausch zu erlassen.[111]

b) Abgrenzung zwischen horizontalen und vertikalen Abreden

2.135 Aus dem Wortlaut des Gesetzestextes geht hervor, dass sowohl horizontale Abreden wie auch vertikale Abreden als Abreden im Hinblick auf die Regelung von Art. 5 KG gelten. Die Legaldefinition in Art. 4 Abs. 1 KG unterscheidet nicht zwischen den Abredetypen.

2.136 **Horizontale Abreden** sind Abreden von Unternehmen auf **gleicher Marktstufe,** d.h. zwischen direkten Konkurrenten. Auf gleicher Marktstufe stehen Unternehmen dann, wenn sie aufgrund der Substituierbarkeit der von ihnen angebotenen

109 RPW 2009/3 196 ff., 199.
110 RPW 2012/2 207 ff., 387.
111 Als Teil der Compliance, vgl. hinten N 3.365 ff.

Güter und Dienstleistungen tatsächlich oder potenziell miteinander im Wettbewerb stehen. Von potenziellem Wettbewerb wird ausgegangen, wenn ein Unternehmen innert kurzer Zeit, d.h. innerhalb von zwei bis drei Jahren, in den betroffenen Markt eintreten und dadurch Wettbewerbsdruck auf die an der Wettbewerbsabrede beteiligten Unternehmen ausüben kann.[112]

Vertikale Abreden sind Abreden zwischen Unternehmen **verschiedener Marktstufen,** so beispielsweise zwischen Hersteller und Verkäufer. Vertikale Abreden dienen insbesondere Herstellern oder Produzenten dazu, Vertriebssysteme aufzubauen und den Vertrieb ihrer Produkte und Dienstleistungen zu kontrollieren.[113] Unter den Begriff der vertikalen Abreden fallen auch Abreden unter Verbänden, bei denen Teilnehmer der einen Marktstufe (z.B. Fabrikanten), welche horizontal verabredet sind, sich mit Teilnehmern einer anderen Marktstufe (z.B. Grosshändler), welche ebenfalls horizontal verabredet sind, absprechen.[114] Derartige Abreden bezwecken eine Marktabschottung in dem Sinne, dass die beteiligten Unternehmen «unter sich» bleiben wollen, sie werden in der Regel mit Exklusivabreden verbunden. 2.137

Die beiden Formen erscheinen auf den ersten Blick als einfach unterscheidbar; in der Praxis ist eine genaue Abgrenzung indessen oftmals schwierig, sie ist jedoch insbesondere im Hinblick auf die materielle gesetzliche Beurteilung von grosser Relevanz, denn die Kriterien für die Beurteilung ihrer Zulässigkeit unterscheiden sich in nicht wenigen Punkten. 2.138

Schwierigkeiten ergeben sich bei der Abgrenzung, wenn mehrere vertikale Abreden nebeneinander – d.h. im **Bündel** – bestehen. Durch die immer gleiche Ausgestaltung von Lieferverträgen kann es zu einem gleichförmigen Verhalten unter Konkurrenten kommen, wodurch sich auch vertikale Abreden im Ergebnis wie horizontale Abreden auszuwirken vermögen. In einem solchen Fall sind sowohl die Auswirkungen auf den horizontalen wie auch auf den vertikalen Markt zu prüfen. 2.139

Praxistipp: Bündeltheorie des Bundesgerichts 2.140

In BGE 129 II 18 hielt das Bundesgericht hinsichtlich derartiger Vereinbarungen fest: «*Eine Vielzahl von Vertikalabreden ist einer Horizontalabsprache gleichzustellen, wenn sie auf irgendeine Weise verknüpft oder mit einer Horizontalabsprache kombiniert sind, namentlich falls sie vom gleichen marktmächtigen Unternehmen ausgehen oder in irgendeiner Form, z.B. durch das Einsetzen einer neutralen Aufsichtsfunktion zentral koordiniert erscheinen*».

112 KG-Nydegger/Nadig, Art. 4 N 134.
113 Zäch, N 62.
114 Zäch, N 74.

Grundlage des Entscheides war die in der Schweiz viel diskutierte Buchpreisbindung. Im betreffenden Fall lagen jeweils identische vertragliche Vereinbarungen zwischen den Verlagen und den Buchhändlern vor (Sammelrevers); auf horizontaler Ebene gab es weder formelle vertragliche Absprachen zwischen den Verlagen untereinander noch zwischen den Buchhändlern. Das Bundesgericht leitete die horizontale Bindung auf Stufe der Buchhändler daraus ab, dass die von den Verlegern festgesetzten Preise von den Händlern ausnahmelos befolgt würden und dieses Verhalten nicht auf exogene Marktfaktoren zurückzuführen sei.

2.141 Einen Sonderfall stellt das Modell der **Dual Distribution** (zweigleisiger Vertrieb) dar.[115] In diesem Vertriebsmodell vertreibt ein Hersteller seine Produkte einerseits selbst, andererseits jedoch auch über Händler. Weil sowohl Hersteller als auch Händler die Produkte verkaufen, sind sie auf dem relevanten Produktmarkt mithin Konkurrenten.

2.142 Abreden im Bereich von Dual Distribution haben neben den horizontalen insbesondere auch vertikale Auswirkungen. In diesem Sinne stellt sich die Frage, ob die betreffende Abrede als horizontale Abrede i.S.v. Art. 5 Abs. 3 KG oder aber als vertikale Abrede im Sinne von Art. 5 Abs. 4 KG zu qualifizieren ist.

2.143 Soweit die Händler mit dem Produzenten nur im Bereich des Vertriebes im Wettbewerb stehen, wirken sich die Abreden in der Regel nur auf Vertriebsstufe aus. Derartige Abreden sind als vertikale Abreden zu qualifizieren, weil deren Produkte über den vertikalen Kanal zum Endabnehmer gelangen.[116]

c) Bezwecken oder Bewirken einer Wettbewerbsbeschränkung

2.144 Die Wettbewerbsabrede muss schliesslich eine Wettbewerbsbeschränkung bezwecken oder bewirken. Nach dem Wortlaut der Bestimmung haben die Kriterien nicht kumulativ, sondern alternativ vorzuliegen, d.h. es genügt, wenn durch die Abrede eine entsprechende Beeinflussung bezweckt wird, ohne dass sie eine dahingehende Wirkung entfaltet, die alleinige **objektive Eignung** zur Beschränkung reicht aus.

2.145 Des Weiteren muss es nicht die **subjektive Absicht** der Beteiligten sein, eine Wettbewerbswirkung auch tatsächlich zu verursachen, die alleinige wettbewerbsbeschränkende Auswirkung genügt.

2.146 Erforderlich ist indessen, dass zwischen der betreffenden Abrede und der Beschränkung ein **Kausalzusammenhang** vorliegt, die Beschränkung mithin auf die Parteiabrede und nicht alleine auf alternative Ursachen zurückzuführen ist. Die Kausalität vermag sich auf zivilrechtliche Grundsätze abzustützen. So ist einerseits im Rahmen der **natürlichen Kausalität** erforderlich, dass die Wettbewerbsabrede

115 Vgl. dazu auch Doss, N 172 ff.
116 Krauskopf/Schaller, N 541; Doss, N 173; Kostka, 1260.

für die Wettbewerbsbeseitigung condicio sine qua non war, d.h., dass die Wettbewerbsbeseitigung ohne die betreffende Abrede nicht oder nicht in gleicher Weise eingetreten wäre. Andererseits muss der Kausalzusammenhang **adäquat** sein, d.h., die Abrede hat nach dem gewöhnlichen Lauf der Dinge und der natürlichen Lebenserfahrung geeignet zu sein, eine Wettbewerbsbeschränkung wie die der eingetretenen Art zu bewirken.

Vertiefung: Die WEKO hat den folgenden Sachverhalten die objektive Eignung zu einer Wettbewerbsbeschränkung zugesprochen: 2.147

- Ein generelles Verbot für Internetverkäufe, weil dadurch die kompetitiven Effekte des Internets mit Bezug auf die Preise (verbesserte Transparenz durch die schnelle und einfache Möglichkeit des Preisvergleiches) umgangen werden und ein solches generelles Verbot auch in der Europäischen Union unzulässig wäre (RPW 2011/3 372 ff., 379).
- Einblick in Daten, welche von Unternehmen üblicherweise als Geschäftsgeheimnisse behandelt werden und welche strategisch bedeutsam sind, wie beispielsweise Preislisten, Umsätze, Werbeausgaben sowie die gemeinsame Festlegung von allgemeinen Geschäftsbedingungen (RPW 2011/4 529 ff., 585).
- Konventionen über die systematische Aufteilung von Strassenbauaufträgen ab einem Auftragsvolumen von CHF 20000 zur Erzielung «angemessener Preise» im Kanton Tessin (RPW 2008/1 50 ff., 85 ff.).

Als objektiv ungeeignet zu einer Wettbewerbsbeschränkung wurden die folgenden Sachverhalte erachtet: 2.148

- Vereinbarung über die Höhe und Abwälzung einer vorgezogenen Entsorgungsgebühr auf die Kunden, weil die Überwälzung in verschiedener Weise vorgenommen und von den beteiligten Unternehmen nicht einheitlich gehandhabt wurde (RPW 2005/2 251 ff., 260).
- Vereinbarung zwischen der Post und der UBS über vordefinierte Kreditauswahlkriterien, weil deren Festlegung eine notwendige Voraussetzung dafür war, dass die Post überhaupt im Kreditkartengeschäft tätig werden konnte und die Auswahlkriterien zudem marktüblichen Standards entsprachen (RPW 2003/2 255 ff. 264).

3. Intensität der Wettbewerbsbeeinträchtigung

Schon die Bundesverfassung enthält im einschlägigen Art. 96 BV den für das Kartellrecht allgemeingültigen Grundsatz, dass Wettbewerbsabreden nicht per se verboten sind, sondern nur dann, wenn sie volkswirtschaftlich oder sozial schädliche Einflüsse haben. Aus diesem Grund ist nicht jede Abrede unzulässig.[117] 2.149

Auch dem Gesetzestext von Art. 5 KG ist zu entnehmen, dass die Wettbewerbsbeeinträchtigung eine gewisse Intensität erreichen muss, um kartellrechtlich Relevanz zu erlangen. Die Wettbewerbsabreden sind hinsichtlich ihrer Intensität der Wettbewerbsbeeinträchtigung zu unterscheiden: 2.150

- Grundsätzlich zulässig sind unerhebliche Wettbewerbsbeschränkungen.

---

117 David/Jacobs, N 611.

- Wird der Wettbewerb durch eine Abrede erheblich beeinträchtigt, ist die Abrede unzulässig, doch lässt sie sich durch Gründe der wirtschaftlichen Effizienz rechtfertigen.
- Wettbewerbsabreden, welche den Wettbewerb beseitigen, sind immer unzulässig.

2.151 Die jeweiligen Intensitätsstufen der Beeinträchtigung sind nach den konkreten Verhältnissen im Einzelfall zu beurteilen; zudem ist die Erheblichkeit einer Wettbewerbsabrede immer mit Blick auf einen bestimmten Markt zu prüfen; grundsätzlich gilt, dass eine Wettbewerbsbeeinträchtigung umso wahrscheinlicher ist, je enger ein Markt abgegrenzt wird.

B. Unerhebliche Beschränkung

1. Bagatellwirkung

2.152 Bagatellfälle gelten stets als unerhebliche Beschränkung des Wettbewerbs; sie sind aus wettbewerbsrechtlicher Sicht unproblematisch. Die Erheblichkeit einer Wettbewerbsbeschränkung ist somit entscheidend für die Beurteilung, ob eine Abrede potenziell als unzulässig zu gelten hat oder nicht.

2.153 Von vornherein als Bagatellfall sind diejenigen Abreden zu qualifizieren, bei welchen sich der Markt vor und nach der Abrede nicht als wesentlich beeinflusst präsentiert.[118] Ein solcher Fall liegt vor, wenn eine Abrede keinerlei Marktwirkung entfaltet; in einer solchen Situation erübrigt sich eine weitergehende Prüfung.

2. Bagatellfälle aus rechtlicher Sicht

2.154 Für die Beurteilung der Intensität der Wettbewerbsabreden wesentliche Kriterien finden sich insbesondere in der Bekanntmachung über die wettbewerbsrechtliche Behandlung **vertikaler Abreden** vom 28. Juni 2010 **(«Vertikalbekanntmachung»)** der WEKO. Die wichtigsten in der Vertikalbekanntmachung festgehaltenen Bagatellfälle werden nachfolgend im Rahmen der Ausführung über die vertikalen Bagatellabreden dargestellt.

2.155 Obschon die Bekanntmachung in erster Linie auf die Behandlung von Vertikalabreden zugeschnitten ist, kann sie – soweit sich die Bestimmungen als passend erweisen – auch auf Horizontalabreden angewendet werden.[119] Denn was in vertikaler Hinsicht als erheblich betrachtet wird, muss auch in horizontaler Hinsicht erheblich sein; dies ergibt sich daraus, dass horizontale Abreden dem Grunde nach

---

118 KG-Krauskopf/Schaller, Art. 5 N 179.
119 Zäch, N 389.

schädlicher sind als vertikale Abreden, weil letztere unter Umständen auch eine wettbewerbsintensivierende Auswirkung haben können.[120]

Eine unbesehene Übernahme der Bestimmungen der Vertikalbekanntmachung auf horizontale Abreden erscheint indessen wenig praktikabel; vielmehr muss die Anwendbarkeit der Bestimmungen je nach konkretem Einzelfall im Hinblick auf die in Frage stehende Abrede und ihre Auswirkung geprüft werden. 2.156

Eine besondere Bestimmung bezüglich horizontaler Bagatellfälle enthält indessen Art. 6 Abs. 1 lit. e KG, welcher den Gesetzgeber ermächtigt, in Verordnungen oder allgemeinen Bekanntmachungen die Voraussetzungen zu umschreiben, unter denen Wettbewerbsabreden zwischen KMU aus Gründen der wirtschaftlichen Effizienz in der Regel als gerechtfertigt zu gelten haben. In Anwendung dieser Gesetzgebungskompetenz hat die WEKO mit Beschluss vom 19. Dezember 2005 die Bekanntmachung betreffend Abreden mit beschränkter Marktauswirkung **(«KMU-Bekanntmachung»)** erlassen. Sie enthält insbesondere gewisse Schwellenwerte, sog. Safe Harbours, welche erreicht werden müssen, damit eine Abrede überhaupt als wettbewerbsrechtlich relevant zu beurteilen ist.[121] 2.157

3. Bagatellfälle bei horizontalen Abreden

a) Allgemeines

Mit Bezug auf horizontale Abreden gibt es keine mit der Vertikalbekanntmachung vergleichbare Vorschrift, welche gewisse Fälle von Abreden generell als unerhebliche Bagatellfälle qualifiziert. 2.158

Neben den einschlägigen Schwellenwerten der KMU-Bekanntmachung können im Bereich der horizontalen Abreden jedoch beispielsweise Abreden zwischen zwei kleinen Anbietern, welche auf einem gesamtschweizerischen Markt kaum relevant sind, aus Gründen der Unerheblichkeit und fehlender Auswirkungen zulässig sein, obwohl eigentlich der Tatbestand von Art. 5 Abs. 3 KG erfüllt wäre.[122] 2.159

Vertiefung: Als unerheblich beurteilte die WEKO beispielsweise die folgenden Abreden: 2.160

- Abrede zwischen mehreren nicht marktbeherrschenden Unternehmen auf einem kompetitiven Markt über die Lancierung eines neuen Produkts (RPW 2009/2 122 ff., 138).
- Abrede zwischen Versicherern über gemeinsame Vertragsverhandlungen, weil die kumulierten Marktanteile der betroffenen Versicherer nicht mehr als 25% betrugen (RPW 2008/4 544 ff., 564).
- Abrede über ATM-Gebühr beim Bezug von Geld an anderen Bankautomaten, weil die Banken ihre Gebührenmodelle völlig verschieden ausgestalteten und die Höhe des an die Kunden überwälzten Betrages unterschiedlich war (RPW 2006/3 420 ff., 428).

---

120 Vgl. vorne N 2.13.
121 Vgl. nachfolgend N 2.470.
122 David/Jacobs, N 681.

- Abrede über eine gemeinsame Jahreskarte dreier Skigebiete, weil die Jahreskarte nur 20% des Umsatzes und somit einen sehr kleinen Wettbewerbsparameter betraf und die Konkurrenz der Skigebiete sehr gross war (RPW 2005/1 46 ff., 49).
- Abrede über die Verwendung einer Kalkulationshilfe, die von den Unternehmen unterschiedlich angewendet wurde und die Kalkulationshilfe deshalb von Anfang an keine spürbare Auswirkung auf den Wettbewerb hatte (RPW 2004/2 331 ff., 339).

b) Safe Harbours

2.161 Für die Beurteilung horizontaler Abreden finden sich sodann, wie erwähnt, gewisse Schwellenwerte insbesondere in der sog. KMU-Bekanntmachung.[123]

2.162 Danach sind horizontale Abreden von vornherein unproblematisch, wenn der gemeinsame **Marktanteil** der beteiligten Unternehmen auf keinem der betroffenen Märkte mehr als **10%** erreicht. Diese Schwelle gilt indessen nur, wenn nicht wesentliche Wettbewerbsparameter wie Preis, Menge oder Gebiet betroffen sind (Ziff. 3 KMU-BK).

2.163 **Kleinstunternehmen,** d.h. Unternehmen mit maximal 9 Mitarbeitern und einem Jahresumsatz von maximal 2 Mio. CHF, können unabhängig von ihrem Marktanteil horizontale Abreden treffen, solange sich diese nicht auf die Wettbewerbsparameter Preis, Menge oder Gebiet beziehen (Art. 4 und 5 KMU-BK).

2.164 Das schweizerische Recht enthält indessen keine allgemeine Bagatellschwelle, wie sie das europäische Recht kennt. Gemäss der sog. De-Minimis-Bekanntmachung der EU[124] beschränken horizontale Absprachen, bei welchen der Marktanteil der beteiligten Unternehmen je nach Fall weniger als 5–10% beträgt, den Wettbewerb nicht spürbar (Ziff. 7–9 De-Minimis-Bekanntmachung), bei kumulativen Marktabschottungseffekten gilt eine Marktanteilsschwelle von 30%. Zu beachten ist jedoch, dass diese Marktanteilsschwelle nicht für sog. Kernbeschränkungen – d.h. Preis-, Mengen- und Gebietsabsprachen – gilt (Art. 11 De-Minimis-Bekanntmachung).

4. Bagatellfälle bei vertikalen Abreden

a) Allgemeines

2.165 Für die Beurteilung vertikaler Abreden ist insbesondere die Vertikalbekanntmachung einschlägig, denn sie konkretisiert die eher rudimentär gehaltenen Vorschriften des Kartellrechts, um die Rechtssicherheit im Bereich der Vertikalabreden zu erhöhen. Die Vertikalbekanntmachung lehnt sich an die aktuelle Rechtslage hinsichtlich der Behandlung vertikaler Abreden in der Europäischen Union an.

---

123 Vgl. dazu hinten N 2.470.

124 Bekanntmachung der Kommission über Vereinbarungen von geringer Bedeutung, die den Wettbewerb gemäss Artikel 81 Absatz 1 des Vertrages zur Gründung der Europäischen Gemeinschaft nicht spürbar beschränken (de minimis), ABl. 2001 C 368/13 vom 22. Dezember 2001.

Die Vertikalbekanntmachung findet Anwendung auf vertikale Abreden, d.h. Abreden zwischen Unternehmen verschiedener Marktstufen. Neu ist auch der duale oder zweigleisige Vertrieb ausdrücklich in der Bekanntmachung geregelt. In Fällen, in denen der Hersteller seine Waren selbst vertreibt und dadurch auf Vertriebsstufe im Wettbewerb mit dem von ihm belieferten Händler steht, kommt die Vertikalbekanntmachung auch auf nicht gegenseitige Vereinbarungen zur Anwendung; dasselbe gilt in vergleichbaren Fällen, in denen ein Anbieter zugleich als Anbieter von Waren und Dienstleistungen auf der Ebene des Abnehmers tätig ist.[125] 2.166

Die Vertikalbekanntmachung enthält verschiedene Umschreibungen von Abreden, welche aufgrund von geringen Marktanteilen in der Regel als unerheblich gelten. Sie finden sich einerseits in Form von Schwellenwerten und andererseits in Form von Umschreibungen von in materieller Hinsicht unerheblichen Abreden. Nachfolgend wird nur auf prozentmässig umschriebene Safe Harbours eingegangen, die aus materieller Sicht unerheblichen Sachverhalte werden im Rahmen der Erheblichkeitsprüfung genauer erläutert. 2.167

b) Safe Harbours in der Vertikalbekanntmachung

Die Vertikalbekanntmachung enthält wie die europäische Regelung eine sog. De-Minimis-Klausel, die besagt, dass gewisse Abreden aufgrund der geringen Marktanteile generell als unerheblich zu gelten haben. Zu beachten ist, dass beim Vorliegen von vermutungsweise wettbewerbsbeseitigenden Klauseln im Sinne von Art. 5 Abs. 4 KG i.V.m. Ziff. 10 Vert-BK von vornherein keine Befreiung aufgrund geringer Marktanteile in Betracht kommt. 2.168

Gemäss **Ziffer 13** der Vertikalbekanntmachung sind Wettbewerbsabreden, welche keine Beschränkung im Sinne von Ziffer 12 enthalten, in der Regal als nicht erheblich zu betrachten, wenn die Marktanteile der beteiligten Unternehmen auf keinem von der Wettbewerbsabrede betroffenen Markt **15%** überschreiten. 2.169

Ein Sonderfall gilt dann, wenn ein Markt durch mehrere, nebeneinander stehende vertikale Vertriebsnetze beschränkt ist; in diesem Fall gilt nach Ziffer 13 Abs. 2 eine herabgesetzte **Marktanteilsschwelle von 5%.**[126] Indessen ist in der Regel nicht von einem kumulativen Marktabschottungseffekt auszugehen, wenn der von der Abrede betroffene Marktanteil **weniger als 30%** beträgt.[127] 2.170

Die folgenden in **Ziffer 12** der Vertikalbekanntmachung genannten Abreden gelten aufgrund ihres Inhaltes als **Kernbeschränkungen** und können auch bei geringen Marktanteilen nicht als unerheblich eingestuft werden: 2.171

---

125 Vgl. dazu WEBER, VertBek, 1 N 3 ff.
126 WEBER/VLCEK, 55.
127 WEBER, VertBek, 14 N 7.

- Direkte oder indirekte Abreden über Mindest- und Festpreise;
- Direkte oder indirekte Beschränkungen des Absatzgebietes oder des Kundenkreises;
- Beschränkungen des aktiven und passiven Vertriebs an den Endverbraucher im Zusammenhang mit selektiven Vertriebssystemen;
- Beschränkungen von Querlieferungen innerhalb von selektiven Vertriebssystemen;
- Abreden zwischen Anbieter und Abnehmer, die den Anbieter darin beschränken, Teile als Ersatzteile, Reparaturteile an Endverbraucher, an Reparaturbetriebe oder andere Dienstleister weiterzuverkaufen, die der Abnehmer nicht mit der Reparatur oder der Wartung seiner Ware betraut hat.

2.172 Faktisch ergibt sich eine weitere Safe-Harbour-Schwelle auch aus **Ziffer 16 der Vertikalbekanntmachung.** Wenn weder der Marktanteil des Lieferanten auf seinem Absatzmarkt noch des Abnehmers auf dem Beschaffungsmarkt mehr als **30%** beträgt und weder eine Kernbeschränkung im Sinne von Ziffer 12 noch eine Marktabschottung durch kumulative Vertriebsabreden vorliegt, gilt die entsprechende Abrede ohne weitere Prüfung als gerechtfertigt (Ziff. 16 Abs. 2 Vert-BK).

2.173 Auch bei vertikalen Abreden kommt die Erleichterung für **Kleinstunternehmen** mit maximal neun Mitarbeitern und CHF 2 Mio. Umsatz pro Jahr zur Anwendung; sie dürfen, unter Vorbehalt der vermutungsweise wettbewerbsbeseitigenden Abreden i.S.v. Art. 5 Abs. 4 KG, vertikale Abreden nach Belieben abschliessen (Art. 4 und 5 KMU-BK).

2.174 **Praxistipp: Safe Harbours bei Vertikalabreden**

Für die Praxis ergeben sich zusammenfassend die folgenden Faustregeln:

Per se unzulässig: Safe-Harbour-Schwellen kommen grundsätzlich nicht in Betracht im Falle von Kernbeschränkungen im Sinne von Ziffer 10.

15% Schwelle: Zulässig sind a) Wettbewerbsverbote und Einschränkungen des Mehrmarkenvertriebes bei selektiven Vertriebssystemen, wenn b) keines der an der Abrede beteiligten Unternehmen den Marktanteil von 15% überschreitet und wenn c) kein Abschottungseffekt durch kumulative Vertriebsabreden vorliegt.

30% Schwelle: Zulässig sind Wettbewerbsabreden, welche a) weder vermutungsweise als wettbewerbsbeseitigend im Sinne von Ziffer 10 gelten, noch b) unter Ziffer 12 fallen und c) keines der an der Abrede beteiligten Unternehmen einen Marktanteil von mehr als 30% auf dem relevanten Markt hat.

C. Wettbewerbsbeseitigung

Art. 5 Abs. 3 und Abs. 4 KG enthalten Abreden, bei denen vermutet wird, dass sie den wirksamen Wettbewerb beseitigen, es handelt sich bei solchen Abreden um sogenannte harte Kartelle. 2.175

Indessen findet auch auf vermutungsweise wettbewerbsbeseitigende Abreden kein «Per-se»-Verbot Anwendung, sondern es kann die gesetzliche Vermutung je nach den konkreten Umständen widerlegt werden. Nicht möglich ist indessen eine Rechtfertigung aus Gründen der wirtschaftlichen Effizienz, wie dies bei lediglich wettbewerbsbehindernden Abreden im Sinne von Art. 5 Abs. 1 KG der Fall ist. Art. 5 Abs. 3 KG enthält eine Regelung bezüglich harter Kartelle bei horizontalen Absprachen; Art. 5 Abs. 4 KG befasst sich mit vertikalen Absprachen. 2.176

Die Abgrenzung zwischen wettbewerbsbeseitigenden und lediglich wettbewerbsbeschränkenden Abreden ist oftmals von den konkreten Umständen des Einzelfalles abhängig; dies gilt insbesondere dann, wenn der Nachweis der Abrede an sich durch Indizien erbracht werden muss, so beispielsweise bei unzulässigen Verhaltensweisen im Rahmen eines Verbandes oder bei Fällen von Informationsaustausch. 2.177

Praktisch ist die Abgrenzung unter Umständen im Hinblick auf eine allfällige Sanktionierung von Bedeutung.[128] 2.178

1. Horizontale Absprachen

Art. 5 Abs. 3 KG stellt für gewisse horizontale Abreden, sogenannte harte Kartelle, die Vermutung auf, dass bei deren Vorliegen der wirksame Wettbewerb beseitigt wird. Es handelt sich dabei um Absprachen, welche alternativ die Wettbewerbsparameter Preis, Menge oder das Gebiet betreffen. Die Vermutung lässt sich durch den Nachweis des bestehenden Wettbewerbs trotz Vorliegens einer Abrede widerlegen. 2.179

Checkliste: Vorliegen einer Horizontalabrede i.S.v. Art. 5 Abs. 3 KG 2.180

- ☐ Abrede i.S.v. Art. 4 Abs. 1 KG
- ☐ Zwischen tatsächlichen oder potenziellen Konkurrenten
- ☐ Über einen qualifizierten der folgenden Wettbewerbsparameter:
  - ☐ Preis
  - ☐ Menge
  - ☐ Gebiet

128 Vgl. dazu hinten N 3.210.

2.181 Bei den vermutungsweise wettbewerbsbeseitigenden Abreden handelt es sich namentlich um die Folgenden:

a) Preisabsprachen

2.182 Als Preisabsprache gilt jede Abrede, durch welche entweder direkt oder indirekt Preise festgelegt werden. Derartige Absprachen werden deshalb als besonders problematisch angesehen, weil es sich beim Preis um einen der wichtigsten Wettbewerbsparameter handelt, nicht zuletzt, weil sich anhand eines Preisvergleichs leicht Markttransparenz herstellen lässt. Der Begriff des Preises wird weit ausgelegt und schliesst sämtliche Eingriffe in die Preisfestsetzungsfreiheit von Unternehmen mit ein, erfasst werden neben Abreden über Endverkaufspreise auch die Festlegung von Preiselementen wie z.B. Rabatte oder die Festlegung von Preisinformationssystemen.[129]

2.183 Indessen muss sich die Absprache auf einen Preisbestandteil beziehen, welcher eine **gewisse Wesentlichkeit** aufweist. Die Festlegung von bloss unbedeutenden Preiselementen, welche keine Auswirkung auf den Endpreis und den Wettbewerb haben können, fällt nicht unter den Vermutungstatbestand.

2.184 **Vertiefung:** Die WEKO verneinte eine preisharmonisierende Wirkung infolge einer Absprache über einen geringen Preisanteil beim sog. Klimarappen, welcher 2 Rappen pro Liter Benzin betrug, was lediglich einen Kostenbestandteil von 0,7%–1,5% ausmachte (RPW 2005/1 239 ff., 240).

2.185 Zu beachten ist zudem, dass die Preise nicht exakt vorgegeben werden müssen, auch eine Abrede mit einer gewissen Toleranzgrenze oder einer vorgegebenen Bandbreite kann eine Preisabrede sein.

2.186 **Vertiefung:** In den folgenden Fällen hat die WEKO die Vorgabe von Preisspannen als unzulässige Preisabreden erachtet:

- Vereinbarung von Rabatten innerhalb einer Bandbreite von plus/minus 2% (RPW 2000/3 320 ff., 358).
- Festlegung einer Preisspanne für bestimmte Dienstleistungen von Ärzten (RPW 2001/4 695 ff., 699).

aa) Direkte Preisabsprachen

2.187 Bei direkten Preisabsprachen vereinbaren die Wettbewerber direkt die Höhe eines Preises. Bei direkten Preisabreden lassen sich die folgenden Erscheinungsformen unterscheiden:

- **Festpreise:** Eine Festpreisabsprache liegt vor, wenn sich die Beteiligten über einen bestimmten Festpreis einigen und eine Abweichung weder nach unten noch nach oben möglich ist.

---

129 ZÄCH, N 454.

- **Mindestpreise:** Bei einer Abrede über Mindestpreise dürfen die Beteiligten einen bestimmten Minimalpreis nicht unterschreiten.
- **Höchstpreise:** Im Rahmen einer Höchstpreisvereinbarung steht es den Wettbewerbern frei, den Preis bis zu einer gewissen Höchstgrenze festzulegen. Aufgrund des den Wettbewerbern nach wie vor zustehenden Spielraums in der Preisgestaltung führt eine Abrede über Höchstpreise in der Regel nicht zu einer Wettbewerbsbeseitigung. Eine Ausnahme besteht indessen dann, wenn die Höchstpreisabrede aufgrund ihrer konkreten Ausgestaltung wie eine Festpreisabrede wirkt, was insbesondere bei einer sehr niedrigen Festsetzung des Höchstpreises der Fall sein kann.[130]
- **Einkaufspreise:** Nach der Praxis der WEKO sind nicht nur absatzseitige Abreden über Verkaufspreise als Preisabsprachen zu behandeln, sondern auch die beschaffungsseitigen Absprachen über Einkaufspreise, welche in der Regel über sogenannte Einkaufskooperationen mit gemeinsamen Einkaufspreisen erfolgen.

Sonderfall: Einkaufsgemeinschaften 2.188

Einkaufsgemeinschaften oder Einkaufskooperationen bezeichnen Vereinbarungen von Unternehmen gleicher Marktstufe zwecks gemeinsamer Beschaffung ihrer Produktionsgüter unter Wahrung ihrer rechtlichen und wirtschaftlichen Selbstständigkeit.[131]

Durch die Bündelung sind die beteiligten Unternehmen in der Lage, Grössen- oder Mengenvorteile wie z.B. Mengenrabatte zu realisieren; zudem können sie je nach Marktstärke der Marktgegenseite eine bessere Gegenmacht bilden und so günstigere Konditionen aushandeln.

Die in der Praxis auftretenden Erscheinungsformen sind vielfältig, so beispielsweise im Hinblick auf die Organisationsform, die Dauer oder die integrierten Aufgaben; Gleiches gilt für die den Unternehmen verbleibenden Entscheidungs- und Verhaltensspielräume.[132]

Einkaufskooperationen sind kartellrechtlich problematisch, wenn sie zu Preis- oder Mengenabsprachen führen. Während sich die Unterstellung unter Art. 5 Abs. 3 KG bei Bezugsmengenbeschränkungen direkt aus dem Wortlaut der Bestimmung ergibt, ist dies bei Preisnachfragekartellen nicht offensichtlich der Fall. Die WEKO hat nun aber festgehalten, dass auch Preisnachfragekartelle unter Art. 5 Abs. 3 KG fallen können.

130 KG-Krauskopf/Schaller, Art. 5 N 407.
131 Meinhardt/Prümmer, N 9.4.
132 Meinhardt/Prümmer, N 9.7.

Die WEKO qualifizierte einen Zusammenschluss einer kleineren Anzahl Wettbewerber zur Erreichung einheitlicher Tarifkonditionen als Nachfragekartell und als horizontale Preisabrede. Das Argument, dass es sich bei einer solchen Einkaufsgemeinschaft um eine «wettbewerbsintensivierende Gemeinschaft» handle, liess sie nicht gelten. Für die Zulassung von Nachfragekartellen ist darauf abzustellen, ob ein Restwettbewerb erhalten bleibt, d.h. ob und welche Alternativen für den Anbieter zum Verkauf an das Nachfragekartell bestehen, und ob auf dem nachgelagerten Markt negative Auswirkungen festzustellen sind.

Die durch Nachfragekartelle geschaffene Möglichkeit für kleinere Anbieter, gegenüber Grossanbietern beim Lieferanten bessere Konditionen zu erhalten, sind erst im Rahmen einer allfälligen Rechtfertigung nach Art. 5 Abs. 2 KG zu prüfen, wenn feststeht, dass keine Wettbewerbsbeseitigung i.S.v. Art. 5 Abs. 3 KG vorliegt.

Ferner können Einkaufskooperationen auch aus der Sicht des Missbrauchs der kollektiven Marktbeherrschung im Sinne von Art. 7 KG Probleme bereiten.[133]

2.189 **Fallbeispiel: Tarifverträge Zusatzversicherung Kanton Luzern, RPW 2008/4 544 ff.**

Eine Minderzahl der Versicherer hat sich bei den Vertragsverhandlungen bezüglich Tarifverträge mit den öffentlichen und öffentlich subventionierten Spitälern des Kantons Luzerns zusammengeschlossen, um für alle Versicherer die gleichen Tarifkonditionen erreichen zu können.

Aufgrund der marktbeherrschenden Stellung der Spitäler führte nach Ansicht der WEKO der Aufbau einer Gegenmachtposition durch die Krankenversicherer in casu zu keiner erheblichen Wettbewerbsabrede, weil die kumulierten Marktanteile der gemeinsam verhandelnden Versicherer nur zwischen 20 und 25% betrugen. Selbst bei gegebener Erheblichkeit wäre eine Vermutungswiderlegung aufgrund vorhandener Effizienzgründe möglich.

bb) Indirekte Preisabsprachen

2.190 Aus Sicht der Praxis problematischer und weit häufiger als direkte sind indirekte Preisabsprachen, welche nicht den Preis an sich betreffen, sondern einzelne Preisbestandteile oder -komponenten wie z.B. Rabatte. Auch indirekte Preisabsprachen sind als Preisabsprachen im Sinne von Art. 5 Abs. 3 KG zu werten, denn nach der Praxis der WEKO ist nicht das Mittel der Preisfestsetzung entscheidend, sondern deren Auswirkung.

2.191 Die häufigste Form von indirekten Preisabsprachen sind Absprachen über die Gewährung von **Rabatten und Preisnachlässen.** Erfasst sind nicht nur direkte Abreden

133 Vgl. dazu hinten N 2.543.

über Rabatte, sondern auch solche über deren indirekte Festlegung wie Vereinbarungen über Kriterien für die Rabattgewährung, soweit diese zu einer Preisfestsetzung führen. Dieselben Grundsätze gelten auch für Abreden über die Verwendung von Kalkulationsvorschriften, soweit damit letztlich eine Preisfestsetzung über einzelne Preiselemente erreicht wird. So ist beispielsweise eine gemeinsame Vereinbarung über eine einheitliche und gleichzeitige Preiserhöhung unzulässig.[134]

Fallbeispiel: Baubeschläge für Fenster- und Fenstertüren, RPW 2010/4 717 ff. 2.192

Im Rahmen der Untersuchung Baubeschläge sanktionierte die WEKO fünf Hersteller von Baubeschlägen, weil sie sich über den Umfang und den Zeitpunkt der Erhöhung von Bruttopreisen abgesprochen hatten. Ausgelöst wurde das Verfahren durch eine Selbstanzeige.

Der Markt für Baubeschläge wird fast vollständig von den fünf führenden europäischen Herstellern von Baubeschlägen für Fenster(türen) abgedeckt, welche die Baubeschläge entweder direkt, über Vertriebsgesellschaften oder über den Zwischenhandel an die Fensterverarbeiter lieferten. Die Untersuchung der WEKO befasste sich mit den Preiserhöhungen für Fenster(tür)beschläge im Schweizer Markt in den Jahren 2004 und 2006/2007 und kam zum Schluss, dass im Jahre 2004 Informationen hinsichtlich der Art und Weise, der Höhe und Umsetzung der Preiserhöhung zwischen den Untersuchungsadressaten ausgetauscht wurden. Sie qualifizierte die **Koordination der Preiserhöhungen** hinsichtlich Einführung, Umsetzungszeitpunkt und Höhe als horizontale Preisabrede i.S.v. Art. 5 Abs. 3 KG.

Die Vermutung der Preisabsprache konnte nicht widerlegt werden, weil rund 80% der Marktteilnehmer an der Absprache beteiligt waren, die Absprache über ein wesentliches Preiselement führte zudem zum Ausschluss von Innenwettbewerb.

Die WEKO sanktionierte die betroffenen Unternehmen mit einer Busse von insgesamt 7,6 Mio. CHF; sie befreite den Selbstanzeiger von einer Sanktion und reduzierte für ein weiteres Unternehmen die Busse gestützt auf Art. 12 Abs. 3 SVKG um 60%.

cc) Horizontale Preisempfehlungen

Preisempfehlungen oder Preislisten werden oftmals von Verbänden oder von Her- 2.193
stellern herausgegeben, um ihren Verbandsmitgliedern oder Vertriebsunternehmen die Festsetzung der Preise durch gewisse Informationen zu erleichtern; sie spielen somit eigentlich im vertikalen Verhältnis.[135]

Preisempfehlungen werden dann als horizontale Abreden angesehen, wenn sie 2.194
zwar von den Herstellern als unverbindlich gekennzeichnet sind, jedoch ein Grossteil der Adressaten sie befolgt.

134 RPW 2010/4 717 ff.
135 Zur Beurteilung von Preisempfehlungen im vertikalen Verhältnis vgl. hinten N 2.237.

2.195 Auch wenn eine Preisempfehlung eines Verbandes zwischenzeitlich nicht mehr gilt, kann darin dennoch eine Preisabrede gesehen werden, nämlich wenn die Wettbewerber trotz der Aufhebung die Preisempfehlung weiter befolgen.[136] Weil Empfehlungen im Rahmen horizontaler Abreden namentlich im Rahmen von Verbänden spielen, werden sie nachfolgend näher erläutert. Die Kriterien, wann bei Preisempfehlungen überhaupt von einer Abrede ausgegangen werden kann, sind im Abschnitt über Abreden dargelegt.[137]

dd) Verhaltensweise im Rahmen von Verbänden

2.196 Verbände und Branchenvereinigungen spielen im Rahmen von horizontalen Absprachen eine wichtige Rolle, obwohl sie eigentlich zu den verschiedenen Wettbewerbern in einem vertikalen Verhältnis stehen. Eine immanente Gefahr des Verbandswesens liegt in der Bildung von sog. **naiven oder offenen Kartellen,** denn der regelmässige und je nach Verband intensive Kontakt der Verbandsmitglieder kann dazu führen, dass geschäftsrelevante Informationen wie Angaben über Preise, Konditionen und dergleichen diskutiert werden.[138] Zudem ermöglichen oder vereinfachen Verbände, welche Tarife, Preisempfehlungen, Richtpreise, Preislisten und Kalkulationshilfen herausgeben, ihren Mitgliedern die direkte oder indirekte Absprache über Preise. Die «Dazwischen»-Schaltung eines Verbandes ändert nichts an der horizontalen Qualifizierung der entsprechenden Abreden. Ein Verband ist deshalb gehalten, dafür zu sorgen, dass seinen Mitgliedern keine Möglichkeit eingeräumt wird, den Verband als Hilfsmittel für wettbewerbswidrige Praktiken zu missbrauchen. Dass den betroffenen Unternehmen oft das Unrechtsbewusstsein fehlt, ändert nichts daran, dass es sich auch bei solchen Verhaltensweisen um unzulässige Absprachen nach Art. 5 Abs. 3 KG handelt.[139]

2.197 **Leistungsbeschriebe und Katalogisierungen** von Leistungen mit Tarifen und Preisen gelten nach der Praxis der WEKO als Preisabreden im Sinne von Art. 5 Abs. 3 lit. a KG. Sie sind jedoch bei Vorliegen von zwei alternativen Bedingungen als zulässig zu beurteilen:[140]

- Leistungsbeschriebe ohne Tarif- oder Grössenangaben, denn sie legen die Preise nicht fest und schränken deshalb die Preisgestaltungsfreiheit der Unternehmen nicht ein.
- Veröffentlichungen von historischen und aggregierten Daten, denn wenn diese Daten den Konsumenten zugänglich und die Tarife als unverbindlich gekennzeichnet sind, können sie sogar der Markttransparenz dienen.

2.198 **Preis- und Konditionenmeldesysteme** sind zentrale Meldestellen, bei denen Wettbewerber z.B. im Rahmen eines Verbandes ihre Preise und Konditionen periodisch

136 RPW 2003/2 271 ff., 281.
137 Vgl. dazu vorne N 2.120.
138 KRAUSKOPF, 123; DÄHLER/KRAUSKOPF, 130.
139 DÄHLER/KRAUSKOPF, 130.
140 RPW 2009/1 ff., 5 f.

bekannt geben können. Sie dienen zwar einerseits der Erhöhung der Markttransparenz, ermöglichen es aber andererseits den Unternehmen, ihr Verhalten aufeinander abzustimmen; diese Gefahr ist umso grösser, je vertraulicher die eingegebenen Daten sind. Des Weiteren können solche Systeme von Unternehmen dazu genutzt werden, untereinander die Einhaltung bestehender Abreden zu überwachen.[141]

Ein weiterer heikler Punkt sind sog. **Kalkulationshilfen,** welche den Unternehmen gewisse Bemessungsgrundlagen zur Verfügung stellen sollen. Sie enthalten rechnerische Grundlagen und allgemeine Hinweise zu Preisberechnungen. Kalkulationshilfen sind insbesondere von (unzulässigen) Preisempfehlungen abzugrenzen, weil sie im Gegensatz zu diesen unter Umständen gerechtfertigt werden können. Im Hinblick auf die Zulässigkeit von Kalkulationshilfen hat die WEKO die Bekanntmachung «Voraussetzungen für die kartellrechtliche Zulässigkeit von Abreden über die Verwendung von Kalkulationshilfen» vom 4. Mai 1998 erlassen.[142] Damit eine Kalkulationshilfe gerechtfertigt werden kann, darf sie keinen Austausch von Informationen beinhalten, die Aufschluss über das effektive Verhalten einzelner Beteiligter in der Offertstellung beziehungsweise bezüglich der Bestimmung von Endpreisen und Konditionen geben können; die Kalkulationshilfen unterliegen somit im Endergebnis denselben Einschränkungen wie der Informationsaustausch.[143] 2.199

Die Schwelle zur unzulässigen Preisempfehlung ist dann überschritten, wenn die Kalkulationshilfen genaue Beträge oder Prozentzahlen sowie Anweisungen zu einer koordinierten Implementierung von Preisen enthalten, woraus sich das effektive Verhalten der anderen Wettbewerber leicht antizipieren lässt. Im Unterschied zu Preisempfehlungen sollen es Kalkulationshilfen lediglich ermöglichen, die Kosten der Erbringung von Dienstleistungen im Hinblick auf die Preisbestimmung zu berechnen oder zu schätzen, die Festlegung des Endpreises kann hernach vom Unternehmen selbst vorgenommen werden. Zulässig sind beispielsweise Kalkulationshilfen, bei denen die Anwender einzelne Parameter wie Rabatte selbst eingeben müssen und welche nicht umfassend eingehalten werden.[144] 2.200

ee) Kasuistik zu den Preisabsprachen

Die WEKO hat beispielsweise die folgenden Absprachen als Preisabsprachen qualifiziert: 2.201

- **Submissionskartelle:** Abstimmung über Eingabepreise sowie Preis- und Kalkulationselemente bezüglich ausgesuchter Elektroinstallationsaufträge zur Steuerung der Auftragsvergabe. Das Unternehmen, welches den Auftrag erhalten sollte,

141 KG-Krauskopf/Schaller, Art. 5 N 387.
142 Vgl. RPW 1998/2, 351 ff., mit dem Kommentar des Sekretariats der WEKO in RPW 1998/2, 359 ff. Gemäss Art. 2 dieser Bekanntmachung sind Kalkulationshilfen standardisierte, in allgemeiner Form abgefasste Hinweise und rechnerische Grundlagen, welche es den Anwendern erlauben, die Kosten von Produkten oder der Erbringung von Dienstleistungen im Hinblick auf die Preisbestimmung zu berechnen oder zu schätzen.
143 Heinemann/Heizmann, 65; vgl. vorne N 2.127.
144 RPW 2001/4 638 ff., 644.

gibt den übrigen Wettbewerbern den eigenen Offertpreis bekannt, mit der Bitte, diesen nicht zu unterschreiten;[145] dasselbe gilt für Vereinbarungen unter Bauunternehmen zur Abgabe von Offerten innerhalb eines Preiskorridors von 10%.[146]

- **Preisempfehlungen eines Verbandes:** Die Bekanntgabe von Endtarifen durch einen Verband kann als unzulässige Preisabsprache erachtet werden, denn die Bekanntgabe eines empfohlenen Tarifs durch eine Branchenvereinigung ist grundsätzlich geeignet, die betreffenden Unternehmen zu einer Angleichung ihrer Tarife ohne Berücksichtigung ihrer Selbstkosten zu veranlassen.[147] Dasselbe gilt für die Festlegung von Preisen für gewisse Dienstleistungen wie den Transport von Futtermitteln und Getreide oder die Angabe von **Referenzpreisen** im Rahmen eines Berufsverbandes.[148]
- **Absprache über Preiserhöhungen:** Die Absprache über gleichzeitige und einheitliche Preiserhöhungen wird deshalb als vermutungsweise wettbewerbsbeseitigend betrachtet, weil die beteiligten Unternehmen dadurch versuchen, das mit einer Preiserhöhung verbundene Risiko – d.h. dasjenige des Marktanteilsverlusts – zu umgehen. Eine Abrede unter Wettbewerbern über die Einführung, den Umsetzungszeitpunkt und die Höhe einer Preiserhöhung ist deshalb unzulässig.[149]
- **Absprachen über einen Zielpreis:** Telefonkonferenzen, wöchentliche Schweinebörsen und die Publikation von Schlachtschweinpreisen zur Erreichung marktgerechter Preise sind als Preisabrede zu beurteilen.[150]
- **Keine Preisabreden bei geringen Preiselementen:** Keine Preisabreden sind nach Ansicht der WEKO die Absprachen über geringe Preiselemente, weil sie keine preisharmonisierende Wirkung zu zeitigen vermögen. Als kartellrechtlich unproblematisch erweisen sich beispielsweise eine Abrede über die Überwälzung einer vorgezogenen Entsorgungsgebühr auf die Kunden sowie eine Vereinbarung bezüglich des Klimarappens auf den Benzinpreis, weil diese 2 Rappen einen zu geringen Bestandteil des Endpreises für Benzin ausmachten.[151]

2.202 **Fallbeispiel: ASCOPA, RPW 2011/4 529 ff.**

Im Rahmen des Branchenverbandes ASCOPA tauschten verschiedene Hersteller und Importeure der Kosmetik- und Parfümbranche Informationen über Bruttoverkaufspreise, Umsätze und Werbeausgaben aus. Die WEKO sah in diesem regelmässigen und institutionalisierten Informationsaustausch eine erhebliche Wettbewerbsbeschränkung.

145 RPW 2009/3 196 ff., 207.
146 RPW 2002/1 130 ff., 142.
147 RPW 2006/4 591 ff., 594.
148 RPW 2004/4 993 ff., 996; RPW 2002/1 62 ff., 68; RPW 2002/3 424 ff., 429.
149 RPW 2010/4 717 ff.
150 RPW 2004/3 726 ff., 729.
151 RPW 1999/3 373 ff., 374 und RPW 2005/1 239 ff.

Der Informationsaustausch im Rahmen des Verbandes war namentlich deshalb heikel, weil es sich um nicht öffentlich zugängliche und sehr aktuelle Informationen handelte, welche es den beteiligten Unternehmen ermöglicht hätten, ihr Marktverhalten anzupassen.

Die WEKO verzichtete aber – entgegen ihrem ersten Entscheidantrag – schliesslich auf die Verhängung direkter Sanktionen, weil sich konkrete Abreden über Produktpreise und Verkaufsmengen nicht beweisen liessen, jedoch verbot sie den Beteiligten einen zukünftigen Informationsaustausch unter Bussenandrohung.

b) Mengenabsprachen

aa) Allgemeines

Mengenabsprachen können sich auf die **Produktions-, Bezugs- oder Liefermenge** 2.203 beziehen. Durch Mengenabsprachen wird das Angebot künstlich verknappt, was es den Unternehmen ermöglicht, ihre Produkte ohne (bzw. mit weniger) Werbung und Eigenleistung abzusetzen. Unterscheiden lassen sich grundsätzlich sog. **Quotenkartelle,** welche absatzseitig vereinbart werden und eine gewisse Produktionsmenge festlegen, und beschaffungsseitig wirksame Absprachen wie **Bezugsmengenvereinbarungen** oder **Einkaufskooperationen.** Auch **Gruppenboykotte** fallen unter den Begriff der Wettbewerbsabsprache, weil dadurch andere Marktteilnehmer von Bezug und Lieferung bestimmter Güter vollständig ausgeschlossen sind.

In der Praxis spielen Mengenabsprachen im Gegensatz zu Preisabreden eine ver- 2.204 gleichsweise geringe Rolle. Wie bei den Preisabsprachen sind die für die Mengenabreden eingesetzten Mittel unerheblich, massgeblich ist alleine, dass die Abrede die entsprechende Wirkung zeitigt, d.h. Mengen oder Bezugsmengen künstlich verknappt.

Die Mengenabrede kann direkt oder indirekt erfolgen; Abreden über Bezugs- und 2.205 Liefermengen sind unter anderem die vorherige Festlegung von Marktanteilen oder die Festlegung von Mengenzielen.

bb) Besondere Formen von potenziellen Mengenabsprachen

aaa) Spezialisierungsvereinbarungen

Eine besondere Form von Mengenabsprachen sind sog. **Spezialisierungsvereinba-** 2.206 **rungen,** d.h. Absprachen von Unternehmen über Produktionsprogramme. Charakteristisch für Spezialisierungsvereinbarungen ist die Vereinbarung von gegenseitigen Zuliefervereinbarungen, d.h., die beteiligten Unternehmen verpflichten sich gegenseitig, sich mit den hergestellten Produkten zu beliefern.

Horizontale Spezialisierungs- und Zuliefervereinbarungen sind grundsätzlich ge- 2.207 eignet, als Mengenbeschränkungen zu gelten; indessen wird die Vermutung in der

Regel bei Vereinbarungen zwischen kleinen und mittleren Unternehmen durch den Nachweis des vorhandenen Aussenwettbewerbs umgestossen werden können; geht man von einer erheblichen Wettbewerbsbeschränkung aus, lässt sich diese meist durch wirtschaftliche Effizienzvorteile rechtfertigen, welche den Endverbrauchern beispielsweise durch Preisvorteile oder Qualitätsverbesserungen zukommen.[152]

2.208 Weil Spezialisierungsvereinbarungen oft wettbewerbsfördernde Wirkung haben, sind sie in Art. 6 Abs. 1 lit. b KG unter den potenziell zur Rechtfertigung von Wettbewerbsabreden geeigneten Abreden erwähnt.[153]

2.209 Vertikale Zuliefervereinbarungen, welche sich auf das Verhältnis zwischen Lieferant und Abnehmer beschränken, sind in der Regel kartellrechtlich unproblematisch.[154]

bbb) Strukturkrisenkartelle

2.210 Eine zulässige Form von Mengenkartellen sind die sog. Strukturkrisenkartelle, in deren Rahmen sich die betroffenen Unternehmen zum Abbau von Überkapazitäten (durch Fixierung der Produktions- und Absatzmengen), welche sich aus einem Einbruch der Nachfrage ergeben, in konjunkturell schwierigen Zeiten verpflichten.[155]

2.211 Vorausgesetzt für die Zulässigkeit ist jedoch, dass eine konjunkturelle Krise vorliegt, dass das Hauptziel des Kartells im Abbau von Überkapazitäten besteht, dass die Effizienzvorteile die mit dem Kartell einhergehenden Wettbewerbsbeschränkungen überwiegen sowie dass das Kartell zur Erreichung der Zielsetzung unerlässlich ist und nicht zu einer dauernden Wettbewerbsbeseitigung führt.[156]

cc) Kasuistik zu den Mengenabsprachen

2.212 **Vertiefung:** In der Gerichtspraxis galten die folgenden Abreden als unzulässige Mengenabreden i.S.v. Art. 5 Abs. 3 lit. b KG:

- Abrede über eine saisonale Begrenzung der Milchproduktion, die Vermutung der Wettbewerbsbeseitigung konnte jedoch umgestossen werden (RPW 2005/3 458 ff., 463);
- Vereinbarung zwischen zwei Lebensmittelhändlern über die Begrenzung der Anzahl ihrer Verkaufsstellen; auch in diesem Fall hat sich die Vermutung der Wettbewerbsbeseitigung umstossen lassen (sic! 2001 829);
- Vereinbarung über den mengenmässigen Bezug von Strassenbelägen (RPW 2000/4 588 ff.).

---

152 Botschaft, 517; KG-Meinhardt/Hufschmid, Art. 6 N 63; vgl. dazu hinten N 2.383, N 2.435.

153 Vgl. dazu hinten N 2.435.

154 Zuliefervereinbarungen, welche sich auf eine übliche Lieferanten-Kunden-Beziehung beschränken, sind in der Regel keine Wettbewerbsabreden i.S.v. Art. 4 Abs. 1 KG und fallen deshalb von vornherein nicht unter den Tatbestand von Art. 5 Abs. 1 KG (KG-Meinhardt/Hufschmid, Art. 6 N 69).

155 A.A. Kostka, 1755.

156 Kostka, 635.

c) Gebietsabreden

Eine Gebietsabrede betrifft eine Marktabrede im Hinblick auf bestimmte Gebiete oder bestimmte Geschäftspartner. Die an der Wettbewerbsabrede mitwirkenden Unternehmen teilen Gebiete und/oder Geschäftspartner auf, indem sie sich verpflichten, nicht an einen anderen Unternehmen zugewiesene Geschäftspartner oder in entsprechende Gebiete zu liefern. 2.213

Durch die Segmentierung des Marktes kommt es zu einer Einschränkung der Anzahl der Geschäftspartner für die Marktgegenseite; im schlimmsten Fall – wenn auf dem relevanten Markt nur noch ein Geschäftspartner vorhanden ist – entsteht eine Monopolsituation. Wie Preisabreden können auch Gebietsabsprachen **direkt** oder **indirekt** erfolgen. Eine indirekte Gebietsabsprache liegt dann vor, wenn beispielsweise gewisse Zusatzdienstleistungen wie Service nur für in einem bestimmten Gebiet erworbene Produkte angeboten werden oder wenn sich die Wettbewerber darüber absprechen, wer in welchem Gebiet Werbung betreiben darf.[157] 2.214

aa) Gebietsabreden

Gebietsabsprachen sind Absprachen über räumlich abgrenzbare Flächen. Eine typische Form von Gebietsabsprachen liegt vor, wenn sog. **Exklusivvereinbarungen** eingegangen werden, d.h. wenn sich die Abredepartner dazu verpflichten, auf Direktlieferungen in den einem anderen Geschäftspartner zugeteilten Markt zu verzichten oder nur die Abredepartner selbst zu beliefern. 2.215

Eine Mischform zwischen einer Preis- und einer Gebietsabsprache liegt bei Preisschutzklauseln vor, bei denen sich ein Unternehmen verpflichtet, im Gebiet des Absprachepartners dessen Preise nicht zu unterbieten. 2.216

bb) Abreden über Geschäftspartner

Abreden über Geschäftspartner betreffen Abreden über die Marktgegenseite der Parteien. Im Rahmen von Abreden über Geschäftspartner vereinbaren die Parteien typischerweise eine Beschränkung der Partnerwahlfreiheit auf der Absatz- oder Beschaffungsseite.[158] 2.217

Beispiele für Abreden nach Geschäftspartnern sind **Kundenschutzklauseln** oder **Wettbewerbsverbote,** im Rahmen derer die an der Abrede Beteiligten vereinbaren, mit den Lieferanten oder den Kunden des Wettbewerbers keine Geschäftsbeziehungen einzugehen. 2.218

Vertiefung: Die WEKO hat beispielsweise die folgenden Abreden als unzulässige Gebietsabsprachen beurteilt: 2.219

- Abrede über Kundenabwerbeverbot zugunsten der anderen Vertragspartei (RPW 2003/2 255 ff., 263);

---

157 KG-Krauskopf/Schaller, Art. 5 N 437.
158 Weber/Vlcek, 47.

- Vereinbarung über die Organisation der Entsorgung von Geräten, doch hat es die WEKO in diesem Fall offengelassen, ob die Aufteilung von Märkten nach Produkten vom Tatbestand von Art. 5 Abs. 3 lit. c KG erfasst sei (RPW 2005/2 251 ff.);
- Unter die Aufteilung von Märkten nach Gebietspartnern fallen auch Abreden im Rahmen von Rotationskartellen, bei denen sich die Unternehmen über die Auftragsvergabe absprechen (RPW 2008/1 85 ff., 109).

2.220 **Fallbeispiel: Aargauer Baufirmen, Zürcher Baufirmen – Submissionskartelle, RPW 2012/2 270 ff.**

Im Rahmen der Untersuchung der Aargauer Strassen- und Tiefbauunternehmen prüfte die WEKO das Vorliegen einer unzulässigen Preis- und Gebietsabrede i.S.v. Art. 5 Abs. 3 lit. a und c bzw. Art. 5 Abs. 1 KG.

Gegenstand der Untersuchung waren Vereinbarungen der Parteien über Preise und Zuschläge, der Austausch von Informationen über Offertpreise und -bedingungen sowie die Koordination von Eingaben und die Zuteilung von Kunden und Projekten. Untersucht wurden über 100 Fälle unzulässiger Absprachen im Zeitraum von 2006–2009.

Ausgelöst wurde das Verfahren durch eine Selbstanzeige, worauf die WEKO eine Untersuchung gegen insgesamt 17 Baufirmen eröffnete und bei verschiedenen Unternehmen Hausdurchsuchungen durchführte.

Die WEKO sah eine Absprache nach Art. 5 Abs. 3 KG als erwiesen an, eine Rechtfertigung gestützt auf Aussenwettbewerb war nicht möglich; Gleiches galt für den Innenwettbewerb, weil sich die Kartellteilnehmer weitgehend an die Absprachen hielten. Den Beteiligten wurden Bussen auferlegt, erlassen wurde sie dem selbstanzeigenden Unternehmen; zudem profitierten zahlreiche Unternehmen aufgrund ihres kooperativen Verhaltens von einer Sanktionsmilderung.

Gleichzeitig mit der Untersuchung gegen Aargauer Baufirmen hat die WEKO auch gegen Zürcher Baufirmen ermittelt und schliesslich in Zürich 12 Baufirmen gebüsst, weil sie sich in den Jahren 2006–2009 über Preise in Ausschreibungsverfahren abgesprochen hatten. Das Verfahren stützte sich auf eine Selbstanzeige desselben Unternehmens wie im Kanton Aargau.[159]

d) Folgen der Vermutung

2.221 Die Beseitigung des wirksamen Wettbewerbs wird bei Vorliegen der Tatbestandsmerkmale von Art. 5 Abs. 3 KG ohne Weiteres vermutet; eine Prüfung, wie sich die betreffenden Abreden tatsächlich auf den Markt auswirken, entfällt. Bei Art. 5 Abs. 3 KG handelt es sich aus prozessualer Sicht zudem um eine gesetzliche Ver-

159 Vgl. dazu Medienmitteilung WEKO vom 18. Juni 2013; abrufbar unter <www.weko.admin.ch>.

mutung, d.h., die Norm regelt die Beweislast und die Folgen der Beweislosigkeit in einem allfälligen Zivilprozess.

Wird die Beseitigung des Wettbewerbs vermutet, besteht die Möglichkeit, diese Vermutung durch den Nachweis von bestehendem Restwettbewerb umzustossen.[160] 2.222

Wenn eine Abrede nach Art. 5 Abs. 3 KG vorliegt, kann dem an der Abrede beteiligten Unternehmen nach Art. 49a KG direkt eine Busse auferlegt werden. Nach dem Wortlaut erstreckt sich die Sanktionsandrohung jedoch nicht auf diejenigen Fälle, in welchen sich die Vermutung widerlegen lässt. 2.223

2. Vertikale Absprachen

a) Einleitung

Für vertikale Absprachen enthält Art. 5 Abs. 4 KG die Vermutung hinsichtlich der Beseitigung des wirksamen Wettbewerbs. Liegen Abreden im Sinne von Art. 5 Abs. 4 KG vor, gilt der Wettbewerb als beseitigt; die Vermutung kann durch den Nachweis, dass trotz der Abrede genügend Restwettbewerb besteht, entkräftet werden. 2.224

Der Vermutungstatbestand von Art. 5 Abs. 4 KG zu den Verboten von Vertikalabsprachen trat erst am 1. April 2004 in Nachgang zur letzten KG-Revision in Kraft. Zwar galten vertikale Absprachen bereits vor diesem Datum auch ohne ausdrückliche gesetzliche Regelung als Wettbewerbsabsprachen im Sinne von Art. 4 Abs. 1 KG, sie konnten indessen nur im Rahmen von Art. 5 Abs. 1 und 2 KG als wettbewerbsbeschränkende Absprachen geprüft werden und waren deshalb keiner Sanktionsandrohung unterworfen. Die Revision hat gewisse Vertikalabreden den horizontalen Absprachen gleichgestellt und als harte Kartelle bezeichnet. Ziel der Aufnahme ins Kartellgesetz war, dadurch die hohen Preise in der Schweiz einzudämmen. Mittels dieser Vorschrift sollte insbesondere eine mögliche Gebietsabschottung durch die Ermöglichung von Parallelimporten verhindert werden.[161] Seit seiner Einführung hat Art. 5 Abs. 4 KG indessen ständig Anlass zu Diskussionen gegeben, im Rahmen der aktuellen KG-Revision stehen bereits wieder verschiedene Änderungsvorschläge im Raum.[162] 2.225

Zur Konkretisierung der rudimentären gesetzlichen Regelung veröffentlichte die WEKO bereits im Jahr 2002 ihre erste Bekanntmachung über Vertikalabreden.[163] Die neueste Vertikalbekanntmachung stammt aus dem Jahr 2010, sie enthält die Grundsätze, welche die WEKO in ihrer bisherigen Praxis zur Bewertung von Vertikalabreden entwickelt hat. Für die Beurteilung von vertikalen Abreden sind somit jeweils die konkretisierenden Bestimmungen der Vertikalbekanntmachung zu beachten. 2.226

---

160 Vgl. hinten N 2.294.
161 RPW 2009/2 143 ff., 150; vgl. auch WEBER/ZEIER, 181.
162 Ausführlich HILTY/FRÜH, 81 ff.
163 RPW 2002/2 404 ff.

2.227 Zusammenfassend lassen sich die Vertikalabreden in drei verschiedene Kategorien gliedern; in Anlehnung an die Praxis und Lehre der Europäischen Union spricht man in diesem Zusammenhang oft von schwarzen, roten und anderen Klauseln. Nachfolgend findet sich eine Darstellung der Vertragsklauseln gemäss der neuen Vert-BK in einem Überblick:[164]

	Rechtsfolge	Beispiele
Schwarze Klauseln	Werden bei Widerlegung der Vermutung der Wettbewerbsbeseitigung zu roten Klauseln	– Festsetzung von Mindest- oder Festpreisen (Preisbindung zweiter Hand) – Zuweisung von Gebieten
Rote Klauseln	Bedeuten eine erhebliche Wettbewerbsbeschränkung	– Beschränkung des aktiven oder passiven Verkaufs an den Endverbraucher – Beschränkung von Querlieferungen – Wettbewerbsverbote auf unbestimmte Dauer oder für mehr als fünf Jahre – Nachvertragliche Wettbewerbsverbote
Andere Klauseln	Sind zulässig, wenn nicht der Anbieter oder der Abnehmer auf dem relevanten Markt mehr als 30% Marktanteil halten oder es zu einem kumulativen Abschottungseffekt infolge paralleler Vertriebsnetze kommt	– Franchiseverträge – Selektive Vertriebsverträge

Abb. 2.5

2.228 **Checkliste: Vorliegen einer Vertikalabrede i.S.v. Art. 5 Abs. 4 KG**

- ☐ Abrede i.S.v. Art. 4 Abs. 1 KG
- ☐ Zwischen Unternehmen verschiedener Marktstufen
- ☐ Über einen der folgenden Wettbewerbsparameter
  - ☐ Preis
  - ☐ Gebiet

2.229 Als harte Kartelle werden im Zusammenhang mit vertikalen Absprachen die nachfolgenden Sachverhalte betrachtet:

164 Weber, VertBek, 2 N 20.

b) Preisbindungen zweiter Hand

Unter Preisbindungen zweiter Hand versteht man Abreden über den Weiterverkaufspreis; d.h., der Hersteller oder Lieferant spricht sich mit seinen Abnehmern oder Weiterverkäufern über den Preis gegenüber seinen Endkunden ab. Solche Abreden sind oftmals in Vertriebsverträgen betreffend immaterialgüterrechtlich geschützte Güter wie z.B. Autos oder Kosmetika anzutreffen. 2.230

Preisbindungen zweiter Hand sind aus wettbewerblicher Sicht deshalb problematisch, weil sie den Händlern den Anreiz nehmen, den eigenen Vertrieb effizient zu gestalten, um möglichst tiefe Preise anbieten zu können.[165] 2.231

Die Preisabsprache kann direkt oder indirekt erfolgen. Direkt erfolgt die Preisabsprache, wenn der Preis unmittelbar festgelegt wird, indirekt, wenn eine entsprechende Wirkung durch eine einheitliche Gestaltung von Rabatt- oder Bonussystemen erreicht wird. Es kommt wiederum nicht auf die Mittel der Preisfestsetzung, sondern vielmehr auf die entsprechende Wirkung an.[166] 2.232

aa) Wiederverkaufspreis

Der Wiederverkaufspreis ist der Preis, zu dem eine bestimmte Ware oder Dienstleistung an einen Dritten weiterveräussert wird. Erfasst wird nicht nur die unmittelbare Festlegung des Wiederverkaufspreises, sondern auch die Festlegung einzelner Preisbestandteile oder -elemente. Der betreffende Bestandteil muss jedoch von einer gewissen Relevanz sein, denn ansonsten fehlt es von vornherein an einer möglichen Auswirkung auf den Wettbewerb.[167] 2.233

Die Festlegung des Wiederverkaufspreises ist auf sämtlichen Vertriebsstufen unzulässig. Bei mehrgliedrigen Vertriebssystemen kommt es somit nicht darauf an, ob der Wiederverkaufspreis zwischen dem Hersteller und dem Grossisten oder zwischen dem Grossisten und dem Einzelhändler festgelegt wird. 2.234

bb) Mindest- und Festpreis

Im Sinne von Art. 5 Abs. 4 KG unzulässig sind nicht sämtliche Preisabsprachen, sondern gemäss dem gesetzlichen Wortlaut nur Absprachen über **Mindest- und Festpreise.** Zulässig sind somit Absprachen über Höchstpreise, d.h. die Vorgabe des Vertreibers, dass gewisse Wiederverkaufspreise nicht überschritten werden dürfen. Grund dafür ist, dass Höchstpreise in der Regel keine volkswirtschaftlich schädigenden Auswirkungen haben, weil sie die Endverkaufspreise eher senken. 2.235

Höchstpreise können ausnahmsweise unzulässige Wettbewerbsabreden darstellen, wenn sie unbesehen als Weiterverkaufspreise übernommen werden, d.h. ein Gross- 2.236

165 KG-Krauskopf/Schaller, Art. 5 N 485.
166 RPW 2011/3 372 ff., 381.
167 KG-Krauskopf/Schaller, Art. 5 N 499.

teil der Händler den Höchstpreis direkt einhalten, soweit dies auf einer Willensübereinstimmung der Parteien beruht.[168]

cc) Vertikale Preisempfehlungen

2.237 Besonders problematisch sind Preisempfehlungen, d.h. Empfehlungen oder Orientierungshilfen des Herstellers gegenüber den Abnehmern über einen möglichen Wiederverkaufspreis. Vom Hersteller bzw. Lieferanten abgegebene unverbindliche Preisempfehlungen sind grundsätzlich nicht zu beanstanden, sie erfüllen nicht den Tatbestand der Abrede i.S.v. Art. 4 Abs. 1 KG, weil sie einseitig erfolgen. Die neue Vertikalbekanntmachung der WEKO befasst sich indessen nun ausdrücklich mit den vertikalen Preisempfehlungen.

2.238 Preisempfehlungen können dann als Wettbewerbsabrede i.S.v. Art. 4 Abs. 1 KG und als unzulässige Vertikalabsprache qualifiziert werden, wenn ihre Einhaltung durch **Ausübung von Druck** oder das **Setzen von entsprechenden Anreizen** erreicht werden soll (Ziff. 15 Abs. 2 Vert-BK). Weil für eine Abrede notwendigerweise zwei oder mehrere Parteien notwendig sind, unterliegen sämtliche an der Preisabrede beteiligten Unternehmen, d.h. nicht nur der Hersteller, einer Sanktionsandrohung. Dies führt dazu, dass auch der Händler einer Sanktion unterworfen werden kann, selbst wenn er die Vorgaben des Herstellers bzw. des Lieferanten nur widerstrebend befolgt.[169] In der Praxis kommt es indessen oft vor, dass die WEKO das Verfahren nur gegen die Hersteller bzw. Lieferanten eröffnet.[170]

2.239 Grundsätzlich ist bei Preisempfehlungen von Anbietern an Wiederverkäufer bzw. an Händler jeweils nach den Umständen des Einzelfalls zu prüfen, ob eine unzulässige Wettbewerbsabrede vorliegt (Ziff. 15 Vert-BK). Unzulässig sind Preisempfehlungen, die sich infolge Druckausübung oder Setzung von Anreizen faktisch wie Fest- oder Mindestpreise auswirken. Gewisse Umstände sprechen dafür, dass Preisempfehlungen unzulässig sind; namentlich sind dies:

- Der Umstand, dass die Preisempfehlung nicht in **allgemein zugänglicher Weise** abgegeben wird, sondern nur an die Wiederverkäufer und Händler (lit. a); das Kriterium der Allgemeinzugänglichkeit sollte aber insbesondere im Hinblick auf Geschäftsgeheimnisse von Hersteller und Vertreiber zurückhaltend angewendet werden, zudem kann die allgemeine Zugänglichkeit zu einer kollusiven Preisfestsetzung unter den Wettbewerbern führen.[171]
- Der Umstand, dass Preisempfehlungen, die von Herstellern und Lieferanten in Schweizer Franken auf Produkten, Verpackungen oder in Katalogen etc. angebracht werden, nicht ausdrücklich als **unverbindlich** bezeichnet sind (lit. b); Preisempfehlungen, die ausdrücklich als unverbindlich gekennzeichnet sind und zu deren Einhaltung kein Druck auf die Händler ausgeübt wird, der Herstel-

168 Zäch, N 465.
169 David/Jacobs, N 660; so z.B. im Fall Felco, RPW 2009/2 146 ff., 155.
170 Z.B. RPW 2012/3 540 ff.
171 Zäch, N 374.

ler vom Abnehmer aber gleichwohl den Preisaufdruck auf den Verpackungen verlangt, sind indessen zulässig.

- Der Umstand, dass das **Preisniveau** der von den Preisempfehlungen betroffenen Produkte bei vergleichbarer Gegenleistung **deutlich höher** liegt als im benachbarten Ausland (lit. c).
- Der Umstand, dass die Preisempfehlungen auch **tatsächlich** von einem bedeutenden Teil der Wiederverkäufer oder Händler **befolgt** werden (lit. d); dieses Kriterium ist insbesondere bei der Umstossung der Vermutung im Rahmen der Prüfung des vorhandenen Aussenwettbewerbs von Bedeutung.
- Aus der Praxis stammt zudem das Kriterium der Interessenlage; demnach gelten Preisempfehlungen, welche einseitig vom Hersteller und ohne Anregungen vonseiten der Abnehmer erlassen werden, eher nicht als abgestimmte Verhaltensweisen, während Empfehlungen des Herstellers, welche auf Anregungen von Abnehmern hin erfolgen, eher für eine abgestimmte Verhaltensweise sprechen.[172]

Damit von einer Druckausübung vonseiten des Herstellers gesprochen werden kann, müssen drei Voraussetzungen erfüllt sein:[173] 2.240

- Androhen eines **erheblichen Nachteils:** Ein solcher Nachteil kann namentlich in Drohungen, Einschüchterungen, Warnungen, Strafen, Verzögerungen und im Aussetzen von Lieferungen oder Vertragskündigungen bei Nichteinhaltung bestehen.[174] Der angedrohte Nachteil muss dabei von einer gewissen **Erheblichkeit** sein, die blosse Erinnerung an die Preisempfehlung durch den Hersteller genügt nicht. Sanktionen bei Nichteinhaltung stellen dann einen erheblichen Nachteil dar, wenn sie in einem Zusammenhang zur Nichteinhaltung der Preisempfehlungen stehen.[175]
- Schaffung einer **Zwangslage** durch die Nachteilsandrohung: Durch die Androhung des erheblichen Nachteils hat eine Zwangslage für den Abnehmer einzutreten und zwischen dem angedrohten Nachteil und der Zwangslage muss ein **Kausalzusammenhang** in dem Sinne bestehen, dass die Zwangslage gerade durch den angedrohten Nachteil geschaffen wird.[176]
- **Willensübereinstimmung** zwischen Hersteller und Vertreiber: Durch die Nachteilsandrohung und die Zwangslage des Vertreibers muss es zu einer eigentlichen Willensübereinstimmung zwischen den Parteien kommen, ansonsten eine Vereinbarung i.S.v. Art. 4 Abs. 1 KG nicht vorzuliegen vermag.

Die Druckausübung lässt sich beispielsweise durch parallel laufende Werbemassnahmen des Herstellers erreichen, in denen dieser eine Preissenkung ankündigt 2.241

---

172 RPW 2011/2 248 ff., 269.
173 Reinert, Vertikale Preisempfehlungen, 24 ff.
174 Vertikalleitlinien, N 48.
175 Vertikalleitlinien, N 48.
176 Reinert, Vertikale Preisempfehlungen, 27.

und die Händler dadurch faktisch zwingt, entsprechende Preisanpassungen vorzunehmen.[177]

2.242 Ein ähnliches Prüfschema kommt beim Setzen von Anreizen zur Anwendung. Damit die Gewährung von Anreizen zur Wettbewerbsabsprache wird, müssen die folgenden Voraussetzungen erfüllt sein:[178]

- Gewährung eines **Anreizes** für die Einhaltung der Preisempfehlung: In Frage kommen insbesondere die Gewährung von **finanziellen** Anreizen wie Rabatte, Skonti; jedoch sind auch andere Anreize wie zeitlich verbesserte Lieferbedingungen nicht ausgeschlossen. Der Aufdruck von Abgabepreisen alleine stellt indessen keinen Anreiz dar.[179]
- **Willensübereinstimmung** zwischen Hersteller und Händler: Zwischen den Parteien muss es infolge der Anreizgewährung zu einer eigentlichen Willensübereinstimmung kommen, sie kann ausdrücklich oder stillschweigend erfolgen.

2.243 Ein Grossteil der Lehre verlangt für das Vorhandensein einer vertikalen Abrede, dass die Befolgung durch die Händler mittels Druckausübung oder das Setzen von Anreizen begünstigt wird, weil es sonst dem Hersteller faktisch verunmöglicht würde, Preisempfehlungen abzugeben. Eine Befolgung von Preisempfehlungen ohne direkte Einwirkung vonseiten des Herstellers wäre im Rahmen von Art. 5 Abs. 3 KG als Horizontalabrede zu prüfen.[180] Nach der Praxis der WEKO kann jedoch darauf verzichtet werden, wenn das Vorliegen einer vertikalen Abrede durch andere Elemente hinreichend bewiesen wird.[181]

2.244 Die WEKO wendet im Rahmen der Prüfung von abgestimmten Verhaltensweisen im Zusammenhang mit Preisempfehlungen die für horizontale Abreden entwickelten Kriterien an. Im Kontext des Abredebegriffs sind somit von Art. 15 Abs. 3 Vert-BK insbesondere die Kriterien der allgemeinen Zugänglichkeit (lit. a), die Bezeichnung als verbindlich bzw. unverbindlich (lit. b) sowie der jeweilige Befolgungsgrad (lit. d) von Bedeutung; das wichtigste Beurteilungsmoment ist indessen der Befolgungsgrad. Hinsichtlich des quantitativ erforderlichen Befolgungsgrades sind die für die horizontalen Abreden entwickelten Massstäbe zu beachten, d.h., ein Befolgungsgrad von rund drei Vierteln der Empfehlungsempfänger ist ein starkes Indiz für eine Abrede. Ob ein hoher Befolgungsgrad im Rahmen von vertikalen Abreden für sich allein genommen indessen ausreicht, um von einer abgestimmten Verhaltensweise auszugehen, wird in der Lehre kontrovers beurteilt.[182]

2.245 Die WEKO hat die Kartellrechtswidrigkeit bei der Befolgung einer Preisempfehlung dann bejaht, wenn es auf dem betreffenden Markt in der Vergangenheit zu Preisabsprachen gekommen ist; denn aufgrund dieser vermag auch später eine gewisse

177 ZÄCH/HEIZMANN, 203.
178 REINERT, Vertikale Preisempfehlungen, 29.
179 VERTIKALLEITLINIEN, N 48.
180 So DAVID/JACOBS, N 664; REINERT, 35.
181 RPW 2010/4 649 ff., 668.
182 GIGER, 864 m.w.H.

«Pfadabhängigkeit» der Anbieter zu bestehen, was dazu führt, dass die Preisempfehlungen im Wesentlichen befolgt werden.[183]

Vertiefung: Die WEKO hat namentlich in den folgenden Fällen eine unzulässige Preisbindung zweiter Hand gesehen: 2.246

- Einhaltung einer Preisempfehlung hinsichtlich eines Wiederverkaufspreises von Gartenscheren, obwohl ein Unternehmen vorerst versuchte, die vorgegebenen Preise zu unterbieten und die Preisempfehlung erst auf Druck des Herstellers einhielt; indessen gelang die Umstossung der Vermutung der Wettbewerbsbeseitigung (RPW 2009/2 143 ff., 155).
- Wird eine Preisempfehlung bezüglich nicht kassenpflichtiger Medikamente von einer Mehrheit von Apothekern und selbstverschreibenden Ärzten eingehalten, liegt vermutungsweise eine Wettbewerbsbeseitigung vor, selbst wenn der Hersteller zur Einhaltung der Preisempfehlung weder Druck ausübte noch Anreize setzte (RPW 2010/4 649 ff., 673).
- Selbst eine Preisempfehlung, welche überhaupt nicht als solche gekennzeichnet ist, wird bei Einhaltung durch eine Mehrheit der Verkäufer zu einer unzulässigen Preisbindung zweiter Hand, auch wenn zur Einhaltung weder Druck ausgeübt noch Anreize gesetzt werden (RPW 2011/2 248 ff., 269).
- Keine Preisbindung zweiter Hand stellt indessen eine ausdrücklich als unverbindlich deklarierte Preisempfehlung dar (RPW 2008/3 382 ff., 384).
- Eine unzulässige Preisfestsetzung (Preisbindung zweiter Hand) liegt nach Ansicht der WEKO vor, wenn ein Importeur von Bergsportartikeln seinen Kunden bzw. Wiederverkäufern feste Mindestpreise vorschreibt und diese verpflichtet, den Endkunden höchstens 10% Rabatt zu gewähren. Die Einhaltung der Vorschriften wurde durch regelmässige Kontrollen geprüft und mit der Drohung der Liefereinstellung verknüpft. Das betreffende Verfahren richtete sich nur gegen den Importeur selbst, gegen die Abnehmer, welche faktisch an der Abrede beteiligt sind, wurde kein Verfahren eröffnet (Altimum SA, Verfügung vom 12. Oktober 2012).

Praxistipp: Preisempfehlungen von Herstellern 2.247

Für die Beurteilung der Zulässigkeit von Preisempfehlungen von Herstellern sind namentlich die folgenden Kriterien von Bedeutung:

- ☐ Befolgungsgrad
- ☐ Ausübung von Druck durch die Androhung direkter oder indirekter Nachteile
- ☐ Setzen von Anreizen zur Einhaltung
- ☐ Interessenlage – Ist die Preisempfehlung im Interesse des Herstellers oder der Abnehmer?
- ☐ Allgemeine Zugänglichkeit der Preisempfehlung
- ☐ Bezeichnung als verbindlich/unverbindlich
- ☐ Allgemeines Preisniveau im Hinblick aufs Ausland

183 Ducrey, 15; RWP 2010/4 649 ff., 650 ff. Kritisch Reinert, 45 ff.

2.248 **Vertiefung:** Im Fall Electrolux AG/V-Zug (RPW 2011/3 372 ff.) befasste sich die WEKO mit der Frage, ob ein Verbot von Internetverkäufen für sich allein betrachtet als Preisbindung zweiter Hand qualifiziert werden könne. Sie kam zum Schluss, dass ein Verbot von Internetverkäufen nur dann als Preisbindung zweiter Hand gelten könne, wenn eine solche von weiteren, qualifizierenden Umständen begleitet werde, so z.B. wenn das Verbot mit Preisempfehlungen oder ähnlichen Vereinbarungen verknüpft sei, welche die Rabattpolitik der Händler beeinflussen oder wenn Druckmittel eingesetzt würden, damit die Händler ein gewisses Preisniveau nicht unterschreiten (RPW 2011/3 372 ff., 381). Das Verbot von Internetverkäufen vermag jedoch u.U. eine unzulässige Gebietsschutzabrede i.S. eines Passivverkaufsverbotes zu begründen (Art. 5 Abs. 4 KG), insbesondere wenn dadurch der grenzüberschreitende Handel eingeschränkt werden soll.[184]

2.249 **Fallbeispiel: Hors-Liste-Medikamente, RPW 2010/4 649 ff.**

Die Pharmaunternehmen Pfizer AG, Eli Lilly SA und Bayer sprachen für ihre Medikamente Viagra, Cialis und Levitra Preisempfehlungen aus. Hauptfrage der Untersuchung war, ob es sich bei der unverbindlichen Preisempfehlung um eine vertikale Abrede i.S.v. Art. 5 Abs. 4 KG handle.

Weil die Preisempfehlung von einem Grossteil der Apotheken und selbstdispensierenden Ärzte befolgt wurde (laut WEKO von rund 80%) und es in der Branche bereits früher zu kollusivem Verhalten gekommen war, bejahte die WEKO eine vertikale Preisabrede i.S.v. Art. 5 Abs. 4 KG, obschon die entsprechende Preisabrede vonseiten der Hersteller weder mit Druckausübung noch mit dem Setzen von Anreizen verbunden war. Die WEKO verhängte gegen die betroffenen Unternehmen eine Busse von insgesamt CHF 5,7 Mio.

Der Hors-Liste-Entscheid wurde von der Lehre kritisch aufgenommen, insbesondere aufgrund der Befürchtung, dass es Herstellern nun faktisch nicht mehr möglich sei, infolge der Sanktionsandrohung Preisempfehlungen herauszugeben, oder nur dann, wenn sie sicher seien, dass diese von den Händlern nicht befolgt würden.[185]

c) Absoluter Gebietsschutz in Vertriebsverträgen

2.250 Gebietsschutzabreden oder Gebietsschutzklauseln in Vertriebsabreden, durch die Parallelimporte oder Direkteinkäufe aus dem Ausland verhindert werden sollen, sind vermutungsweise wettbewerbsbeseitigend.

2.251 Eine Abrede über einen absoluten Gebietsschutz liegt dann vor, wenn im Rahmen eines Vertriebsvertrages einem Händler ein Gebiet exklusiv zugewiesen wird, mit der Folge, dass anderen Vertriebspartnern der Verkauf in diesem Gebiet untersagt ist.

184 Vgl. hinten N 2.340.
185 Vgl. Reinert, 42 ff.; Jacobs, SJZ 2010, 220.

Nicht erfasst von diesem Verbot sind im Gegensatz zu den horizontalen Absprachen die Aufteilung der Gebiete nach Geschäftspartnern; unzulässig im Sinne von Art. 5 Abs. 4 KG ist nur die Aufteilung nach Gebieten, d.h. die geografische Aufteilung von Märkten. Die Marktaufteilung kann sich sowohl auf den inländischen wie auch auf den grenzüberschreitenden Vertrieb eines Produkts beziehen.[186] 2.252

aa) Erfasste Vertriebsverträge

Im Rahmen eines Alleinvertriebsvertrages kommt es oft zu zwei verschiedenen Abreden. Einerseits verpflichtet sich der Hersteller/Importeur durch eine **Exklusivvereinbarung,** in einem bestimmten, räumlich abgegrenzten Gebiet nur den Alleinvertreiber zu beliefern, während andererseits sich der Alleinvertreiber im Gegenzug verpflichtet, auf dem ihm ausschliesslich zugewiesenen Gebiet den Vertrieb der Produkte des betreffenden Herstellers/Importeurs zu fördern und gegebenenfalls durch einen zusätzlichen **Alleinbezugsvertrag** oder eine **Alleinbezugsabrede** ausschliesslich dessen Produkte zu vertreiben.[187] 2.253

Der Begriff des Vertriebsvertrages ist jedoch umfassend zu verstehen und beinhaltet nicht nur eigentliche Vertriebsverträge, sondern auch einzelne Vertragsklauseln in anderen Verträgen. Derartige **Vertriebsklauseln** finden sich oftmals in Franchise- oder Lizenzverträgen.[188] 2.254

Typisch sind im vertikalen Kontext sog. **selektive Vertriebsverträge,** bei denen sich die Anbieter verpflichten, die Vertragswaren oder -dienstleistungen nur an Händler zu verkaufen, die aufgrund festgelegter Merkmale ausgewählt wurden (zugelassene Händler), und die Händler die betreffenden Waren oder Dienstleistungen nicht an Händler weiterverkaufen dürfen, die nicht zum Vertrieb zugelassen sind (Ziff. 4 Vert-BK). Selektive Vertriebssysteme sind eine Unterart der Alleinvertriebsverträge, bei denen der Hersteller nur ausgewählte Einzelhändler beliefert.[189] 2.255

Wiederum sind Vertriebsverträge **sämtlicher Vertriebsstufen** betroffen, d.h. die entsprechenden Verträge können entweder zwischen Herstellern und Grossisten oder beispielsweise zwischen Zwischenhändlern und Detailhändlern abgeschlossen werden. 2.256

bb) Verkaufsverbot durch gebietsfremde Vertragspartner

Die Regelung von Art. 5 Abs. 4 KG findet nur Anwendung, wenn es sich beim betroffenen Händler um einen dem Vertriebsnetz des Herstellers angehörigen Partner handelt. Bei einem selektiven Vertriebssystem wählt der Hersteller den Händler nach festgelegten Merkmalen aus (zugelassener Händler, Ziff. 4 Abs. 1 lit. i Vert-BK); ein exklusives Vertriebssystem liegt vor, wenn einem Händler ein bestimmtes Ge- 2.257

---

186 KRAUSKOPF/RIESEN, 95.
187 ZÄCH, N 62.
188 KG-KRAUSKOPF/SCHALLER, Art. 5 N 538.
189 Zu den selektiven Vertriebsverträgen vgl. hinten N 2.266.

biet exklusiv zugewiesen wird.[190] Händler, welche nicht dem betreffenden Betriebssystem angehören, können sich nicht auf die Bestimmung von Art. 5 Abs. 4 KG berufen.

2.258 Zulässig bleibt somit eine Verpflichtung des Herstellers gegenüber den Händlern, selbst keine Kunden im betreffenden Gebiet zu beliefern bzw. überhaupt auf den eigenen Vertrieb zu verzichten, denn beim Hersteller selbst handelt es sich nicht um einen gebietsfremden Vertragspartner.[191] Gleiches gilt, wenn einem Grossisten verboten wird, direkt an Endabnehmer in die Gebiete von Detailhändlern zu liefern, denn auch der Grossist ist im Verhältnis zu den Detailhändlern kein gebietsfremder Partner.

2.259 Aus dem Wortlaut von Art. 5 Abs. 4 KG ergibt sich nicht abschliessend, was unter absolutem Gebietsschutz zu verstehen ist. Absoluter Gebietsschutz und somit ein Verstoss gegen Art. 5 Abs. 4 KG liegt vor, wenn nicht nur der aktive, sondern auch der passive Vertrieb in die betreffenden Gebiete durch den Lieferanten verboten wird. Von aktivem Verkauf spricht man, wenn ein Händler Kunden in einem bestimmten Gebiet direkt anspricht, von passivem Verkauf, wenn Verkäufe trotz fehlender aktiver Verkaufsanstrengungen durch den Händler zustande kommen. Das Verbot von aktiven Verkäufen in fremde Gebiete ist kartellrechtlich nicht zu beanstanden. Unzulässig ist nur, den entsprechenden Händlern zu verbieten, Anfragen von Kunden ausserhalb des Gebietes anzunehmen.

2.260 Allgemeine Werbe- und Verkaufsförderungsmassnahmen, die Kunden in Gebieten ansprechen, die anderen Gebieten zugewiesen sind, die aber eine vernünftige Alternative zur Ansprache von Kunden ausserhalb dieser Gebiete wie z.B. im eigenen Gebiet darstellen, sind als passive Verkäufe zu werten. Dasselbe gilt für Verkäufe über Internet, soweit sich die Verkaufsanstrengungen nicht gezielt an Kunden ausserhalb des zugewiesenen Gebietes richten (Ziff. 3 Vert-BK).

2.261 Die genaue Abgrenzung zwischen aktiven und passiven Verkäufen kann mitunter schwierig sein; insbesondere wirft der Verkauf von Produkten über Internet und die damit zusammenhängenden Fragen des Online-Marketings Probleme auf.[192] Grundsätzlich gelten als aktiver Verkauf alle Formen des Direktmarketings, wie beispielsweise die direkte E-Mail-Werbung. Jedoch können auch gewisse Formen der Anzeigenwerbung unter den Begriff des aktiven Verkaufs fallen, wenn sie sich nachweislich an bestimmte Kunden in einem abgegrenzten Gebiet wenden. Dies ist beispielsweise der Fall, wenn der Wiederverkäufer die Preise in einer Währung angibt, die nicht derjenigen in dem ihm zugewiesenen Gebiet entsprechen. Zu beachten ist, dass solche Restriktionen von passiven Verkäufen nur bei grenzüberschreitenden Sachverhalten von Bedeutung sein können, nicht bei rein schweizerischen Verhältnissen.[193]

---

190 KG-Krauskopf/Schaller, Art. 5 N 545.
191 David/Jacobs, N 670.
192 Weber/Volz, N 421.
193 RPW 2011/3 372 ff.

Praxistipp: Passivverkäufe 2.262

Unter Passivverkäufe fallen die folgenden Sachverhalte:

Eigene Website: Durch eine eigene Website wird den Kunden lediglich ein Mittel zur Verfügung gestellt, den Händler zu erreichen; die notwendige Folge, dass die Website auch über das zugewiesene Gebiet hinaus aufgerufen werden kann, ist lediglich ein technischer Aspekt. Die Sprache der Website ist für die Beurteilung nicht von Bedeutung.

Information durch den Händler: Lässt sich der Kunde vom Händler informieren und ergibt sich daraus ein Kaufvertrag, ist darin ein Passivverkauf zu sehen; dies gilt unabhängig davon, welcher Korrespondenzsprache sich der Händler bedient.

Unzulässig sind folgende Vereinbarungen:

- Automatische Umleitung auf die Website des zuständigen Händlers, sobald aufgrund der IP-Adresse die Herkunft des zugreifenden Computers erkannt wird;
- Vereinbarungen über den automatischen Unterbruch von Transaktionen, sobald z.B. an der Kreditkarte des Kunden dessen Zugehörigkeit zu einem anderen Gebiet erkannt wird;
- Begrenzung der Gesamtverkäufe über das Internet;
- Indirekte Begrenzung des Online-Verkaufs, z.B. weil für online zu verkaufende Produkte ein höherer Preis bezahlt werden muss.

Hingegen sind folgende Vereinbarungen zulässig:

- Verbot von gezielter Online-Werbung an Kunden ausserhalb des zugewiesenen Gebietes, so z.B. die Schaltung von gebietsspezifischer Bannerwerbung; solche Vorgehensweisen gelten als aktiver Verkauf;
- Verbot von Zahlungen an Suchmaschinen oder sonstige Online-Werbeplattformenanbieter zur Schaltung von gezielter Werbung in nicht zugewiesenen Gebieten;
- Setzung eines Links auf der eigenen Website auf die Website anderer Händler;
- Vereinbarung über einen effektiven Teil an offline zu verkaufenden Waren zur Gewährleistung eines physischen Verkaufspunktes;
- Qualitätsanforderungen an die Verwendung des Internets für Werbe- und Verkaufsmassnahmen.

Die Zuweisung von Gebieten kann **direkt** oder **indirekt** erfolgen. Die direkte Gebietszuweisung erfolgt in der Regel durch **Alleinbelieferungspflichten** des Herstellers.[194] Schwieriger zu beurteilen ist die indirekte Gebietszuweisung. 2.263

194 KG-Krauskopf/Schaller, Art. 5 N 532.

2.264 Denkbar ist eine solche indirekte Gebietszuweisung dadurch, dass gewisse vertragliche Leistungen wie z.B. eine Garantie vom Verkaufsort abhängig gemacht werden. Der Endverbraucher wird dadurch faktisch gezwungen, die Ware wieder an den Ort zu bringen, wo er sie erworben hat, was unter Umständen mit hohen Transportkosten und Umständen verbunden ist. Er wird somit von Parallelimporten absehen.[195] Gemäss Praxis der WEKO hat der Hersteller seine Produktgarantie zu leisten, unabhängig davon, bei welchem Verkaufspunkt der Endverbraucher das Produkt erworben hat.[196]

2.265 Neben der Gebietszuweisung kann auch das Verbot von Passivverkäufen indirekt erfolgen, so durch entsprechende Vorgaben oder durch das Setzen von Anreizen. Ein unzulässiges Verbot des Passivverkaufs durch indirekte Massnahmen liegt beispielsweise dann vor, wenn die Händler ihren Online-Shop so gestalten müssen, dass der entsprechende Bestellvorgang abgebrochen wird, sobald aufgrund der IP-Adresse des Computers oder der Kreditkarte festgestellt wird, dass es sich um einen Kunden aus einem fremden Gebiet handelt.[197]

d) Sonderfall: Selektive Vertriebssysteme

2.266 Einen Sonderfall der vertikalen Abreden stellen die selektiven Vertriebssysteme, d.h. der alleinige Vertrieb von Waren an ausgewählte Händler, dar. Die Zulässigkeit selektiver Vertriebssysteme beurteilt sich anhand der Kriterien von Ziffer 14 der Vertikalbekanntmachung; soweit die dort genannten Voraussetzungen erfüllt sind, fällt ein selektiver Vertrieb weder unter Art. 5 Abs. 4 KG noch ist er nach Art. 5 Abs. 1 KG als erheblich zu betrachten.[198]

2.267 Eine Besonderheit ist indessen beim Kraftfahrzeugvertrieb zu beachten. Gemäss der Kfz-Bekanntmachung[199] kann ein Hersteller entweder auf ein Exklusiv- oder auf ein Selektivvertriebssystem zurückgreifen; eine Kombination ist nicht erlaubt. Die Kfz-Lieferanten können beim Aufbau eines selektiven Vertriebssystems entweder qualitative oder quantitative Standards festsetzen.[200] Im Gegensatz dazu besteht für Reparatur- und Servicedienstleistungen ein sog. Kontrahierungszwang, denn es gilt der Grundsatz, dass jede Werkstatt, welche die vom Hersteller vorgegebenen qualitativen Kriterien erfüllt, ins Netz autorisierter Werkstätten aufzunehmen ist.

2.268 **Vertiefung:** Weil die Kfz-Bekanntmachung vor Art. 5 Abs. 4 KG in Kraft getreten ist, dient sie nur in Fällen von Art. 5 Abs. 1 KG, d.h. bei der Prüfung von erheblichen Wettbewerbsbeschränkungen, als Auslegungshilfe, die Beurteilung des Vermutungstatbestands von Art. 5 Abs. 4 KG beurteilt sich nur nach dieser Gesetzesbestimmung sowie nach der Vertikalbekanntmachung (RPW 2012/3 540 ff., 563).

---

195 KG-Krauskopf/Schaller, Art. 5 N 533.

196 Jahresbericht WEKO 2006, RPW 2007/1 1 ff., 5.

197 RPW 2011/3 372 ff., 381.

198 Vgl. dazu hinten N 2.351.

199 Erläuterungen der Wettbewerbskommission zur Bekanntmachung über die wettbewerbsrechtliche Behandlung von vertikalen Abreden im Kraftfahrzeughandel, Ziff. 14, abrufbar unter: <http://www.weko.admin.ch/publikationen>.

200 Ziff. 13 und 14 der Kfz-Bekanntmachung.

Vertiefung: Im Zusammenhang mit dem absoluten Gebietsschutz ist insbesondere auf die folgenden von der WEKO behandelten Fälle hinzuweisen: 2.269

- Ein unzulässiges Verbot von Parallelimporten liegt vor, wenn der Hersteller Schweizer Händler vertraglich dazu verpflichtet, ihre Produkte nur von autorisierten Händlern in der Schweiz oder in Liechtenstein zu beziehen und zugleich den ausländischen Händlern im EWR untersagt, die betreffenden Produkte in der Schweiz zu verkaufen. Die WEKO hat eine solche Abrede sanktioniert, obwohl sich nicht alle Händler an die vertraglichen Pflichten hielten und es vereinzelt zu Parallelimporten kam (RPW 2012/3 540 ff.).
- Eine unzulässige Behinderung von Parallelimporten bestand nach Ansicht der WEKO im Bereich von Ton- und Tonbildträgern. Die WEKO büsste den Branchenverband der Musiklabels, weil er seinen Neumitgliedern jeweils eine sog. Parallelverzichtserklärung vorlegte. Auch die Verträge der Phononet enthielten ein entsprechendes Parallelimportverbot (RPW 2012/4 820 ff.).
- Unzulässig ist ein Verbot mit absolutem Gebietsschutz in einem Lizenzvertrag, wenn Verkäufe ausserhalb des Vertragsgebietes generell untersagt sind. Die WEKO liess die Frage offen, ob der Tatbestand von Art. 5 Abs. 4 KG auch erfüllt ist, wenn der Vertrag eine sog. Informationspflicht zugunsten der Lizenzgeberin enthält, d.h. der passive Verkauf bei entsprechender Information der Lizenzgeberin zulässig ist. Für die Zulässigkeit des selektiven Vertriebes ist ausserdem erforderlich, dass für den Verkauf der betreffenden Produkte der selektive Vertrieb notwendig ist. Den Unternehmen gelang es im Ergebnis jedoch, durch den Nachweis von genügend Restwettbewerb die Vermutung der Wettbewerbsbeseitigung (genügend Intrabrand-Wettbewerb, weil Marktanteil nur bei 10% lag) zu widerlegen (RPW 2010/1 65 ff.).
- Eine Vereinbarung über den exklusiven Vertrieb von Bier ist dann zulässig, wenn die Exklusivvereinbarung keine Klauseln enthält, welche den absoluten Gebietsschutz in der Schweiz vorsehen und den schweizerischen Markt von entsprechenden Märkten in der EU abschotten sollte. Wenn Parallelimporte grundsätzlich möglich sind und auch getätigt werden, liegt kein absoluter Gebietsschutz vor (RPW 2010/3 444 ff., 464).

e) Folgen der Vermutung

Wenn eine Abrede im vorgenannten Sinne vorliegt, wird die Beseitigung des Wettbewerbs vermutet, die konkreten Auswirkungen der Abrede auf den betreffenden Markt brauchen nicht mehr überprüft zu werden. Indessen besteht die Möglichkeit, die Vermutung der Wettbewerbsbeseitigung durch den Nachweis von Restwettbewerb umzustossen.[201] 2.270

Wird eine vertikale Abrede als vermutungsweise wettbewerbsbeseitigend qualifiziert, unterliegt sie einer direkten Bussenandrohung nach Art. 49a KG. Gemäss der Praxis der WEKO ist eine Sanktionierung auch dann möglich, wenn die Vermutung der Wettbewerbsbeseitigung umgestossen werden kann.[202] 2.271

201 Vgl. hinten N 2.294.
202 Vgl. hinten N 3.211.

D. Widerlegung der Vermutung bei Wettbewerbsbeseitigung

1. Einleitung

2.272 Die Vermutung der Beseitigung des Wettbewerbs nach Art. 5 Abs. 3 und 4 KG lässt sich wie erwähnt durch den Nachweis von Restwettbewerb widerlegen. Dieser Nachweis wird durch den Beweis funktionierenden **Aussen- oder Innenwettbewerbs** erbracht. Vorab bedarf es indessen der Abgrenzung des relevanten Marktes, auf welchem die in Frage stehende Wettbewerbsbeschränkung ihre Wirkung zu entfalten vermag.

2.273 Aussenwettbewerb liegt vor, wenn auf dem relevanten Markt genügend nicht an der Abrede beteiligte Wettbewerber vorhanden sind. Ausreichender Innenwettbewerb besteht, wenn sich genügend Wettbewerber nicht an die Abrede halten oder wenn sich die Abrede auf einen unbedeutenden Wettbewerbsparameter bezieht. Der genügende Restwettbewerb vermag sich **alternativ** auf den Innen- oder Aussenwettbewerb zu beziehen.

2.274 Obwohl für die Widerlegung der Vermutung bei horizontalen und vertikalen Abreden grundsätzlich dieselben Kriterien greifen, werden die beiden Tatbestände nachfolgend getrennt behandelt, und zwar deshalb, weil es bei horizontalen Abreden um die Produkte oder Dienstleistungen verschiedener Anbieter geht, während sich horizontale Abreden in der Regel auf ein – von einem Hersteller produziertes – Produkt beziehen.

2. Keine Widerlegung bei Marktabschottung

2.275 Von vornherein keiner Widerlegung zugänglich ist der Fall, bei welchem es durch die Wettbewerbsabrede zu einer eigentlichen Marktabschottung kommt, d.h. durch die Abrede der Marktzutritt für aktuelle oder potenzielle Wettbewerber verunmöglicht oder erheblich erschwert wird.[203]

2.276 Eine Marktabschottung liegt immer dann vor, wenn der Schweizer Markt von den umliegenden ausländischen Märkten isoliert oder wenn anderen aktuellen oder potenziellen Wettbewerbern der Marktzutritt unnötig erschwert oder verunmöglicht ist. Ein Indiz für das Vorliegen einer Marktabschottung sind insbesondere höhere Preise auf dem inländischen Markt.

---

203 BGE 129 III 18 ff., Erw. 9.5.5; ZÄCH, N 486; KG-KRAUSKOPF/SCHALLER, Art. 5 N 474.

3. Horizontale Abreden

a) Relevanter Markt

Um die Intensität des Wettbewerbs zu prüfen, ist vorab der relevante sachliche, räumliche und zeitliche Markt abzugrenzen. Die Marktabgrenzung erfolgt anhand der üblichen Kriterien, d.h. zu bestimmen sind:[204] 2.277

- **Sachlich relevanter Markt:** Der sachliche Markt umfasst alle Waren oder Leistungen, die von der Marktgegenseite hinsichtlich ihrer Eigenschaften und ihres vorgesehenen Verwendungszweckes als substituierbar angesehen werden (Art. 11 Abs. 3 lit. a VKU).
- **Räumlich relevanter Markt:** Der räumliche Markt umfasst das Gebiet, in welchem die Marktgegenseite die den sachlichen Markt umfassenden Waren oder Leistungen nachfragt oder anbietet (Art. 11 Abs. 3 lit. b VKU).
- **Zeitlich relevanter Markt:** Der zeitlich relevante Markt ist dann von Bedeutung, wenn ein Produkt oder eine Leistung nicht während des ganzen Jahres oder generell nur während einer begrenzten Zeit angeboten wird.

Im Rahmen einer horizontalen Abrede ist die Vornahme der Marktabgrenzung nur für die Beurteilung des Aussenwettbewerbes notwendig.[205] 2.278

b) Aussenwettbewerb

Aussenwettbewerb geht grundsätzlich von nicht an der Abrede beteiligten Unternehmen aus, welche auf demselben Markt tätig sind wie die an der Abrede beteiligten Unternehmen. Der genügende Aussenwettbewerb kann sich aus aktuellen oder aber aus potenziellen Wettbewerbern ergeben. Der **potenzielle Wettbewerb** berücksichtigt namentlich rechtliche und tatsächliche **Marktzutrittsschranken.** 2.279

Unterscheiden lässt sich zwischen quantitativem und qualitativem Aussenwettbewerb; dem quantitativen Wettbewerb kommt aber weit grössere Bedeutung zu. Bei der Beurteilung des **quantitativem Wettbewerbs** wird danach gefragt, welche Stellung die an der Abrede beteiligten Unternehmen auf dem relevanten Markt im Hinblick auf die verbleibenden Konkurrenten haben; berücksichtigt wird insbesondere die Anzahl, die Marktanteile und der Einfluss der verbleibenden Wettbewerber. 2.280

Der **qualitative Aussenwettbewerb** beurteilt den von der Wettbewerbsabrede betroffenen Wettbewerbsparameter. Genügender qualitativer Aussenwettbewerb liegt vor, wenn sich die Wettbewerbsabrede auf einen unbedeutenden Wettbewerbsparameter bezieht und zwischen den an der Abrede beteiligten Unternehmen genügend Wettbewerb im Hinblick auf andere, **kompensierende Wettbewerbsparameter** verbleibt. Die kompensierenden Parameter müssen auf dem betreffenden Markt jedoch eine ähnlich hohe Bedeutung haben wie der von der Abrede betroffene. 2.281

---

204 Vgl. vorne N 2.30 ff.
205 ZÄCH, N 460.

2.282 Genügend Aussenwettbewerb liegt bei horizontalen Abreden namentlich dann vor, wenn es auf dem relevanten Markt ausreichend Wettbewerber gibt, die nicht in die Abrede eingebunden sind und welche für die Marktgegenseite eine ausreichende Wahlmöglichkeit darstellen, sodass sie einen gewissen Druck auf die an der Wettbewerbsabrede beteiligten Unternehmen auszuüben vermögen. Sind von einer Abrede mehrere Märkte betroffen, ist das Bestehen des genügenden Aussenwettbewerbs für jeden Markt gesondert zu prüfen.

2.283 Das Ausmass des Aussenwettbewerbs wird in der Regel durch die Marktanteile der an der Abrede beteiligten sowie der aussenstehenden Wettbewerber bestimmt. Es sind jedoch nicht nur die Marktanteile an sich zu betrachten, sondern die Marktverhältnisse im Gesamten. So kann beispielsweise bereits ein relativ geringer Marktanteil der an der Abrede beteiligten Unternehmen genügen, wenn zwar ein grosser nicht an der Abrede beteiligter Wettbewerber vorhanden ist, dieser jedoch keinen Wettbewerbsdruck ausübt.

2.284 **Vertiefung:** Die WEKO verneinte das Vorliegen von Aussenwettbewerb, obwohl die an der Abrede beteiligten Unternehmen zusammen nur einen Marktanteil von 40% hatten, weil sich die Preise eines nicht an der Abrede beteiligten Wettbewerbs nicht wesentlich von denjenigen der Beteiligten unterschied (RPW 2000/4 588 ff., 624 f.).

2.285 Allgemeingültige Zahlen notwendiger Marktanteile von aktuellem Aussenwettbewerb zur Beseitigung der Vermutung sind nicht vorhanden, solche Schwellenwerte lassen sich auch nicht aus der bisherigen WEKO-Praxis ableiten.

2.286 **Vertiefung:** Aus der bisherigen Praxis der WEKO können die folgenden Fälle als Beispiele dienen:

- Kein Aussenwettbewerb ist gegeben, wenn alle auf einem Markt tätigen Unternehmen an der Abrede teilnehmen.
- Ungenügender Aussenwettbewerb liegt vor, wenn rund 90% der Produkte auf dem relevanten Markt von der Abrede erfasst sind (BGE 129 II 18 ff., Erw. 8.2).
- Kein genügender Aussenwettbewerb besteht bei einem Marktanteil von rund 90% der an der Abrede beteiligten Unternehmen, wenn zudem nur ein Wettbewerber nicht an der Abrede teilnimmt.
- Genügender Aussenwettbewerb kann jedoch bestehen, wenn der Marktanteil der an der Abrede Beteiligten 70% ausmacht, jedoch für die Abnehmer verschiedene Ausweichmöglichkeiten vorhanden sind (RPW 2003/2 2 271 ff., 286).
- Genügend Aussenwettbewerb ist gegeben, wenn rund 50–60% der Marktteilnehmer an der Abrede beteiligt, die Anzahl der an der Abrede beteiligten Unternehmen aber rückläufig und zudem potenzieller Wettbewerb vorhanden ist (RPW 1998/2 189 ff., 195).
- Genügend Aussenwettbewerb liegt auch vor, wenn für die Marktgegenseite ausreichend Ausweichmöglichkeiten sowohl in sachlicher als auch in räumlicher Hinsicht bestehen (RPW 2005/1 46 ff., 49).

2.287 Wie erwähnt kann nicht nur der aktuelle, sondern auch der potenzielle Wettbewerb ausreichen, um die Vermutung der Wettbewerbsbeseitigung umzustossen. Genügend potenzieller Wettbewerb liegt vor, wenn es in den nächsten zwei bis drei

Jahren mit hinreichender Wahrscheinlichkeit zu einem Marktzutritt kommt. Die disziplinierende Wirkung von potenziellen Wettbewerbern hängt im Wesentlichen von den Marktzutritts- und -austrittsbedingungen ab. So vermögen beispielsweise tarifäre Handelshindernisse einen Marktzutritt von ausländischen Konkurrenten auszuschliessen; sind für einen Marktzutritt hohe Investitionen notwendig, spricht auch dieser Umstand eher gegen einen baldigen Marktzutritt.

Vertiefung: In der Praxis hat der potenzielle Wettbewerb beispielsweise in den folgenden Sachverhalten eine Rolle gespielt: 2.288

- Genügend Aussenwettbewerb bei niedrigen Marktzutrittsschranken, wenn der Marktzutritt weder grosser finanzieller Investitionen bedarf noch rechtliche Zutrittsschranken bestehen (RPW 1998/2 185 ff., 189);
- Kein potenzieller Aussenwettbewerb, wenn ein Marktzutritt mit hohen Kosten verbunden wäre, die zudem beim Marktaustritt verloren gingen (hohe Sunk Costs), weshalb nicht mit einem baldigen Marktzutritt zu rechnen ist (RPW 2000/4 588 ff., 628);
- Kein potenzieller Aussenwettbewerb, wenn in den nächsten Jahren nicht mit einem neuen, marktkräftigen Marktteilnehmer zu rechnen ist (RPW 2000/3 320 ff., 359).

Die Vermutung der Beseitigung des wirksamen Wettbewerbs kann auch widerlegt werden, wenn die Marktgegenseite genügend stark ist, um eine disziplinierende Wirkung auf die an der Abrede Beteiligten auszuüben, denn eine starke Marktgegenseite vermag die Abrede zu destabilisieren. 2.289

Vertiefung: Durch die Marktgegenseite kann dann kein Wettbewerbsdruck ausgeübt werden, wenn diese selbst ein Interesse an der Aufrechterhaltung der Abrede hat oder an deren Zustandekommen massgeblich beteiligt war (RPW 2000/4 588 ff., 630). Indessen vermögen z.B. Abnehmer von grossen Mengen wie Grossverteiler im Detailhandel durch ihre starke Stellung einen wesentlichen Einfluss auf das Marktgeschehen des vorgelagerten (Produzenten)Marktes auszuüben (RPW 2004/3 726 ff., 746). 2.290

c) Innenwettbewerb

Der Innenwettbewerb ist derjenige Wettbewerb, welcher weiterhin zwischen den an der Abrede beteiligten Unternehmen spielt. Bei der Beurteilung des Innenwettbewerbs können **quantitative und qualitative** Kriterien herangezogen werden. 2.291

Bei der Frage nach dem **quantitativ ausreichenden Innenwettbewerb** ist hauptsächlich von Bedeutung, ob sich die an der Abrede beteiligten Unternehmen auch tatsächlich an die Abrede halten; massgeblich ist insbesondere der Einfluss der Innenwettbewerber auf dem relevanten Markt. 2.292

Vertiefung: Aus der Praxis der WEKO sind die folgenden Entscheide zu erwähnen:[206]

- Genügend Innenwettbewerb besteht, wenn sich ein Grossteil der auf dem Markt tätigen Unternehmen nicht an der Abrede beteiligt (RPW 2008/4 544 ff., 562).

---

206 Für weitere Beispiele vgl. KG-Krauskopf/Schaller, Art. 5 N 472 f. sowie David/Jacobs, N 675 f.

- Genügend Innenwettbewerb ist zudem gegeben, wenn sich die Hälfte der an der Abrede Beteiligten nicht an vereinbarte Tarife hält (RPW 1998/2 189 ff., 195) oder wenn Tarifempfehlungen nur vereinzelt bzw. von praktisch niemandem eingehalten werden (RPW 2004/4 993 ff., 995; RPW 2004/2 331 ff., 343; RPW 2006/4 591 ff., 596).
- Genügend Innenwettbewerb liegt vor, wenn der von der Abrede betroffene Teil nur einen kleinen Teil der Gesamteinnahmen ausmacht und die beteiligten Unternehmen hinsichtlich der übrigen Preisgestaltung frei sind (RPW 2006/4 601 ff., 611).
- Kein genügender Innenwettbewerb besteht, wenn sich die an der Abrede beteiligten Parteien in einer überwiegenden Zahl der Fälle an eine Preisabrede und die Absprache halten (RPW 2009/3 196 ff., 209; RPW 2008/1 85 ff., 111).
- Kein genügender Innenwettbewerb ist gegeben, auch wenn die Preisabsprache nur die Bruttopreise betrifft, denn diese bilden die Berechnungsgrundlage für den Nettopreis (RPW 2012/3 615 ff., 647).

2.293 **Qualitativ genügender Innenwettbewerb** besteht in zwei Fällen, nämlich wenn der von der Abrede erfasste Wettbewerbsparameter durch einen ebenso bedeutsamen **kompensierenden Wettbewerbsparameter** ausgeglichen wird, oder aber, wenn die Abrede einen ohnehin **unbedeutenden Wettbewerbsparameter** betrifft. Nach der neueren Rechtsprechung des Bundesgerichts kann die Vermutung, dass eine Preisabrede den Wettbewerb beseitigt, insbesondere durch den Nachweis widerlegt werden, dass zwischen den Wettbewerbern intensiver Qualitätswettbewerb herrscht.[207] Der Preis ist in den meisten Märkten der wichtigste Wettbewerbsparameter, was indessen nicht ausschliesst, dass der Preis nicht alleinigen oder dominierenden Wettbewerbsparameter bildet, was beispielsweise bei vereinheitlichten Preisen für Produkte verschiedener Marken der Fall sein kann, wenn der Unterschied der verschiedenen Marken zu einem Restwettbewerb führt.[208]

4. Vertikale Abreden

2.294 Im Rahmen der vertikalen Abreden ist die Vermutung betreffend die Beseitigung des Wettbewerbs insbesondere durch das Vorliegen von Intrabrand- und Interbrand-Wettbewerb von Bedeutung. Ausschlaggebend ist, ob genügend Intrabrand- oder Interbrand-Wettbewerb auf dem betreffenden Markt besteht oder ob durch eine Kombination der beiden im Rahmen einer Gesamtbetrachtung genügend wirksamer Wettbewerb entsteht (Ziff. 11 Vert-BK). Während das Vorliegen wirksamen Intrabrand-Wettbewerbs immer genügt, um die Vermutung von Art. 5 Abs. 4 KG zu widerlegen, ist nach wie vor umstritten, ob dies beim Vorliegen von blossem Interbrand-Wettbewerb auch der Fall ist.[209]

2.295 Das Problem bei vertikalen Abreden besteht darin, dass solche Abreden oftmals dazu führen, dass in einem bestimmten Gebiet bestimmte (Marken-)Produkte eines

207 So BGE 129 II 18 ff., Erw. 8.3.4; anders noch RPW 2002/1 130 ff., 143; RPW 2001/2 381 ff., 410.

208 BGE 129 II 18 ff., Erw. 8.3.4.

209 Vgl. hinten N 2.297 ff.

Herstellers einheitlich zu demselben Preis angeboten werden. Weil diese Produkte vom selben Hersteller stammen, ist beispielsweise Wettbewerb im Hinblick auf die Qualität zwischen den Vertreibern von vornherein ausgeschlossen und kann in der Regel nur über den Preis geführt werden. So verkaufen die Anbieter von Coca Cola grundsätzlich immer dieselbe Qualität, eine Differenzierung vermag nur über den Preis zu erfolgen.

a) Relevanter Markt

Auch bei der Beurteilung von vertikalen Abreden ist vorab der relevante Markt abzugrenzen, um hernach die Auswirkungen der vertikalen Abrede auf dem betreffenden Markt überprüfen zu können.[210] 2.296

b) Intrabrand-Wettbewerb

Unter Intrabrand-Wettbewerb versteht man den Wettbewerb zwischen den einzelnen Markenhändlern, d.h. den Wettbewerb innerhalb der Marke. Wiederum kann zwischen quantitativem und qualitativem Intrabrand-Wettbewerb differenziert werden. 2.297

Der **quantitative Intrabrand-Wettbewerb** betrachtet die Stellung der Wiederverkäufer, welche sich nicht oder nur teilweise an die vorgegebene Wettbewerbsabrede halten. Der quantitative Intrabrand-Wettbewerb kann in zweifacher Hinsicht ausreichend sein: Einerseits beim Vorliegen von Innen-Intrabrand-Wettbewerb, welcher vorhanden ist, wenn nur eine kleine Anzahl Wettbewerber die Abrede einhält; andererseits vermag auch Aussen-Intrabrand-Wettbewerb zu genügen, wenn nur eine Stufe der Vertreiber an die Abrede gebunden ist, jedoch diejenigen Vertreiber, welche schliesslich die Endabnehmer beliefern, für genügend Wettbewerb sorgen.[211] 2.298

Im Rahmen des quantitativen Intrabrand-Wettbewerbs prüft die WEKO zum Beispiel, ob im Hinblick auf eine bestimmte Marke Parallelimporte überhaupt möglich sind, ob sie sich wirtschaftlich lohnen und ob solche auch getätigt werden. 2.299

---

210 Vgl. dazu vorne N 2.30 ff.

211 KG-Krauskopf/Schaller, Art. 5 N 598.

2.300 **Parallelimporte**

Die WEKO prüft den Intrabrand-Wettbewerb im Zusammenhang mit Parallelimporten in zwei Schritten:

Arbitragemöglichkeit: Vorerst stellt sich die Frage, ob es sich für Wiederverkäufer betriebswirtschaftlich überhaupt lohnt, Parallelimporte zu tätigen. Dies beurteilt sich danach, ob und in welchem Ausmass sich die Einstandspreise international unterscheiden. Nach der Praxis der europäischen Kommission stellen Preisunterschiede von mehr als 12% einen ausreichenden Anreiz für Direktimporte dar.[212]

Vorliegen von Parallelimporten: In einem zweiten Schritt ist zu untersuchen, ob die Tätigung von Parallelimporten im Hinblick auf den damit zusammenhängenden administrativen Aufwand und der Verfügbarkeit der nachgefragten Menge überhaupt attraktiv ist, d.h. ob überhaupt von der bestehenden Arbitragemöglichkeit Gebrauch gemacht wird.

2.301 Genügend **qualitativer Intrabrand-Wettbewerb** liegt vor, wenn sich die Händler zwar an die Vorgaben des Herstellers halten, sich jedoch bei anderen Wettbewerbsparametern konkurrenzieren; die WEKO prüft das Vorhandensein von qualitativem Intrabrand-Wettbewerb auch unter dem Stichwort «Restwettbewerb».[213] Ähnliche Preise lassen sich beispielsweise durch unterschiedliche Serviceleistungen und Qualitäten relativieren.

2.302 **Vertiefung:** Im Rahmen von Vertriebsverträgen ist der Qualitätswettbewerb von Anfang an ausgeschlossen, weil die Qualität im Wesentlichen vom Hersteller selbst bestimmt wird. Bei Produkten, welche keine Serviceleistungen benötigen, ist ein Wettbewerb sodann faktisch nur über den Preis möglich (RPW 2010/4 65 ff., 91). Ausreichender Preiswettbewerb ist beispielsweise in folgenden Fällen vorhanden:

- Unterschiedliche Preise in unterschiedlichen Absatzkanälen;
- Unterschiedliche Preise im Detailhandel;
- Häufige Aktionen der Händler (RPW 2010/4 65 ff., 93 f.).

---

212 RPW 2012/3 540 ff., 562.

213 Krauskopf/Schaller, Art. 5 N 599; RPW 2010/4 649 ff., 677. Als ausreichend für Widerlegung der Vermutung der Wettbewerbsbeseitigung gilt nach bisheriger Praxis der WEKO der Restwettbewerb jedoch nur bei horizontalen Abreden; ob dies auch bei vertikalen Abreden der Fall sein kann, hat sie bis zum heutigen Zeitpunkt offengelassen (RPW 2010/4 649 ff., 677).

Fallbeispiel: BMW, RPW 2012/3 540 ff. 2.303

Ende 2010 gingen bei der WEKO zahlreiche Beschwerden von Endkunden ein, die erfolglos versucht hatten, Neuwagen der Marke BMW oder Mini zu erwerben. Den Händlern im EWR war der Verkauf aufgrund der folgenden Klausel verboten:

«1.5 Export: Dem Händler ist es weder gestattet, unmittelbar oder über Dritte neue BMW Fahrzeuge und Original BMW Teile an Abnehmer in Länder ausserhalb des EWR zu liefern noch Fahrzeuge für solche Zwecke umzurüsten.»

Die WEKO kam zum Schluss, dass es sich bei der Klausel um eine Gebietsabschottung und damit um eine von Art. 5 Abs. 4 KG erfasste Wettbewerbsbeseitigung handle, die Vermutung der Wettbewerbsbeseitigung konnte jedoch widerlegt werden. Weiter prüfte die WEKO die Erheblichkeit der Abrede und betrachtete sie als qualitativ schwerwiegend, weil dadurch der Schweizer Markt abgeschottet werde, und als quantitativ schwerwiegend, weil es sich bei BMW und Mini um gut positionierte Marken mit wichtiger Marktstellung handle. Die Klausel führe zu hohen Preisunterschieden zum Ausland und beeinträchtige Parallel- und Direktimporte.

Die WEKO belegte BMW deshalb mit einer Busse von 165 Mio. CHF.

Praxistipp: 2.304

Wie die WEKO im Fall BMW festhielt, reicht es für die Anwendung von Art. 5 Abs. 4 KG aus, dass in ausländischen Verträgen Klauseln enthalten sind, welche eine Lieferung in die Schweiz untersagen; das Vorhandensein inländischer, kartellrechtswidriger Verträge ist nicht notwendig. Aus diesem Grund ist in der Praxis darauf zu achten, dass auch Verträge mit ausländischen Händlern keine Klauseln enthalten, welche nur einen EWR-weiten Vertrieb zulassen, obschon solche aus Sicht des europäischen Wettbewerbsrechts grundsätzlich zulässig wären.

c) Interbrand-Wettbewerb

Interbrand-Wettbewerb bezeichnet den Wettbewerb zwischen Anbietern verschiedener Marken. Der **quantitative Interbrand-Wettbewerb** bezieht sich auf das Vorhandensein von Wiederverkäufern fremder Marken auf dem relevanten Markt; der **qualitative Interbrand-Wettbewerb** betrifft die Wettbewerbssituation zwischen den Markenhändlern und den markenfremden Händlern hinsichtlich weiterer Wettbewerbsparameter. Mit der neuen Vertikalbekanntmachung ist nun die Diskussion, ob die Vermutung der Wettbewerbsbeseitigung durch den blossen Nachweis des vorhandenen Interbrand-Wettbewerbs erfolgen kann, hinfällig geworden. Ziffer 11 der Vertikalbekanntmachung hält ausdrücklich fest, dass für die Widerlegung der Vermutung ausschlaggebend sei, ob genügend Intrabrand- oder Intrabrand-Wettbewerb auf dem relevanten Markt bestehe oder ob die Kombination von beidem zu genügend wirksamem Wettbewerb führe. Daraus ergibt sich, dass sich das Vorlie- 2.305

gen von genügend Restwettbewerb entweder aus Intrabrand-Wettbewerb allein, Interbrand-Wettbewerb allein oder aus einer Kombination von beiden ergeben kann.

2.306 Der Interbrand-Wettbewerb ist insbesondere dann als nicht genügend zu betrachten, wenn es nicht im Ermessen des Konsumenten liegt, welches Produkt er kauft, sondern wenn ihm dieses – z.B. durch einen Arzt – vorgeschrieben wird.[214]

2.307 **Fallbeispiel: Gaba, RPW 2010/1 65 ff.**

Die Denner AG (Denner) gelangte mit einer Anzeige an die WEKO bezüglich des Vertriebssystems der Gaba AG (Gaba), der Herstellerin von Elmex Zahnpasta. Denner beklagte insbesondere, dass ihr verweigert werde, Elmex rot aus Österreich zu importieren, wo die Zahnpasta aufgrund eines Lizenzvertrages durch die Gebro Pharma GmbH (Gebro) hergestellt und vertrieben würde.

Der Lizenzvertrag zwischen Gaba und Gebro enthielt eine Klausel mit einem absoluten Gebietsschutz, d.h. ein Verbot aktiver und passiver Verkäufe für Vertragsprodukte, d.h. für den Vertrieb von Elmex Zahnpasta. Gebro durfte demnach Elmex nur in Österreich herstellen und vertreiben.

Dem Argument, dass die Lizenzklausel sich nur auf österreichisches Gebiet und nicht auf die Schweiz beziehe und deshalb Art. 5 Abs. 4 KG nicht anwendbar sei, liess die WEKO nicht gelten und berief sich darauf, dass Art. 5 Abs. 4 KG auch Gebiete umfasse, die ausserhalb der Schweiz lägen. Auch dem Argument der Parteien, dass ein selektiver Vertrieb für Elmex notwendig sei, folgte die WEKO nicht, weil selektive Vertriebssysteme insbesondere für Prestige- und Luxusgüter sowie bei technisch hochstehenden Produkten angezeigt seien, nicht aber für Zahnpasta.

Die WEKO sah darin einen Verstoss gegen Art. 5 Abs. 4 KG, die Vermutung liess sich jedoch durch den Nachweis von genügend Intra- und Interbrand-Wettbewerb widerlegen. Jedoch war die Wettbewerbsabrede als qualitativ und quantitativ erheblich i.S.v. Art. 5 Abs. 1 KG zu betrachten und liess sich nicht durch Effizienzgründe rechtfertigen.

5. Folgen der Widerlegung der Vermutung

2.308 Kann die Vermutung der Wettbewerbsbeseitigung widerlegt werden, ist in einem nächsten Schritt zu prüfen, ob die in Frage stehende Abrede eine erhebliche Wettbewerbsbeschränkung verursacht.

2.309 Die WEKO geht in aller Regel davon aus, dass beim Vorliegen einer Abrede nach Art. 5 Abs. 3 oder 4 KG, selbst bei Widerlegung der Wettbewerbsbeseitigung, mindestens eine erhebliche Wettbewerbsbeeinträchtigung vorliege. Ein Teil der Lehre erachtet diese Annahme als zu weit gehend; indessen lässt sich eine erhebliche

214 RPW 2010/4 649 ff., 650 ff.

Wettbewerbsbeschränkung rechtfertigen, die zusätzliche Prüfung des Vorliegens einer erheblichen Wettbewerbsbeschränkung führt für die betroffenen Unternehmen faktisch kaum zu einem Nachteil.

Kommt es durch eine Abrede zu einer erheblichen Wettbewerbsbeschränkung auf dem relevanten Markt, ist in einem nächsten Schritt eine Effizienzprüfung nach Art. 5 Abs. 2 KG durchzuführen; ist eine Rechtfertigung aus Gründen der wirtschaftlichen Effizienz möglich, ist die Abrede zulässig.[215] 2.310

Aus der bisherigen Praxis der Wettbewerbskommission lässt sich die Tendenz erkennen, dass insbesondere horizontale Preisabsprachen, welche zwar harte Kartelle im Sinne von Art. 5 Abs. 3 KG darstellen, bei denen die Vermutung der Wettbewerbsbeseitigung indessen widerlegt werden konnte, schliesslich nicht einmal eine erhebliche Wettbewerbsbeschränkung begründeten. Dies ist insbesondere dann der Fall, wenn eine Preisempfehlung oder sonstige Preisabsprache von den Beteiligten nicht eingehalten wird, mit anderen Worten nach wie vor genügend Innenwettbewerb besteht. 2.311

Vertiefung: Aus der Praxis können die folgenden Fälle als Beispiele genannt werden: 2.312

- Die Nichteinhaltung von Tarifen trotz vorhandener Preisabsprache und das Bestehen eines erheblichen Spielraums für die Beteiligten bei der Preisfestsetzung führt zur Annahme, dass keine erhebliche Wettbewerbsbeschränkung vorliegt. Die WEKO merkte in diesem Entscheid indessen noch ausdrücklich an, dass im Falle einer erheblichen Wettbewerbsabrede keine Rechtfertigung aus Gründen der wirtschaftlichen Effizienz möglich wäre (RPW 2006/4 591 ff., 598).
- Die Absprache über die Abwälzung einer Gebühr auf die Kunden stellt keine erhebliche Wettbewerbsbeschränkung dar, wenn bei der Art und Höhe der Abwälzung grosse Unterschiede bestehen (RPW 2006/3 422 ff., 425).
- Die Nichtbeteiligung wichtiger Wettbewerber und das Vorhandensein genügender Ausweichmöglichkeiten für die Marktgegenseite trotz bestehender Absprachen führen dazu, dass in der Regel auch bei einer Preisabsprache keine erhebliche Wettbewerbsbeschränkung vorliegt (RPW 2004/4 1100 ff., 1120; RPW 2004/3 726 ff., 749).

E. Erhebliche Wettbewerbsbeschränkung

1. Einleitung

Liegt keine Wettbewerbsabrede gemäss Art. 5 Abs. 3 bzw. Abs. 4 KG vor oder konnte die entsprechende Vermutung widerlegt werden, ist in einem nächsten Schritt zu prüfen, ob allenfalls eine erhebliche Wettbewerbsbeschränkung anzunehmen ist. Zur Prüfung der Erheblichkeit einer Abrede ist in einem ersten Schritt der relevante Markt abzugrenzen. In einem zweiten Schritt ist hernach die konkrete Auswirkung der Abrede auf diesen Markt zu klären. 2.313

---

215 David/Jacobs, N 683.

2.314 Um von einer erheblichen Beeinträchtigung des Wettbewerbs auszugehen, ist vorausgesetzt, dass eine Abrede i.S.v. Art. 4 Abs. 1 KG auf dem sachlich relevanten Markt eine massgebliche Beschränkung des Wettbewerbs bewirkt, welche sich nicht durch Gründe der wirtschaftlichen Effizienz (Art. 5 Abs. 2 KG) rechtfertigen lässt.

2.315 Eine Wettbewerbsbeschränkung liegt insbesondere dann vor, wenn durch die betreffende Abrede die Handlungsfreiheit eines Wettbewerbsteilnehmers im Hinblick auf gewisse Wettbewerbsparameter beschränkt ist.[216]

2. Bestimmung des relevanten Marktes

2.316 Die Abgrenzung des relevanten Marktes ist somit notwendig, um die konkreten Auswirkungen einer Wettbewerbsabrede zu beurteilen. Dabei gilt der Grundsatz, dass je kleiner der Markt für bestimmte Waren und Dienstleistungen ist, je gewichtiger die Beeinflussung des Wettbewerbs auf diesem Markt durch die Abrede sein dürfte.[217]

2.317 Die Frage des relevanten Marktes richtet sich danach, ob für die betreffende Marktgegenseite in sachlicher, räumlicher und zeitlicher Hinsicht genügend Ausweichmöglichkeiten bestehen, um die von der Abrede betroffenen Märkte zu umgehen. Unter Marktgegenseite versteht man die Gegenseite der an der vermutungsweise unzulässigen Abrede beteiligten Unternehmen.

2.318 Das Kartellgesetz selbst enthält keine Definition des relevanten Marktes. Eine solche findet sich einzig in der Verordnung über die Kontrolle von Unternehmenszusammenschlüssen (VKU), welche sich an der diesbezüglichen europäischen Regelung orientiert. Obwohl die Verordnung im Hinblick auf Unternehmenszusammenschlüsse geschaffen wurde, gelten die entsprechenden Bestimmungen gemäss Praxis und Lehre auch für die Prüfung von Wettbewerbsabsprachen i.S.v. Art. 5 KG.[218] Die Abgrenzung des relevanten Marktes für die Beurteilung einer Wettbewerbsabrede erfolgt folglich nach den herkömmlichen Grundsätzen. Es sind dies:

- **Sachlich relevanter Markt:** Der sachliche Markt umfasst alle Waren oder Leistungen, die von der Marktgegenseite hinsichtlich ihrer Eigenschaften und ihres vorgesehenen Verwendungszweckes als substituierbar angesehen werden (Art. 11 Abs. 3 lit. a VKU).
- **Räumlich relevanter Markt:** Der räumliche Markt umfasst das Gebiet, in welchem die Marktgegenseite die den sachlichen Markt umfassenden Waren oder Leistungen nachfragt oder anbietet (Art. 11 Abs. 3 lit. b VKU).

---

216 Zäch, N 379; HK-Reinert, Art. 5 N 4.
217 Weber/Vlcek, 51.
218 So BGE 129 II 18 ff., Erw. 7.3.

- **Zeitlich relevanter Markt:** Der zeitlich relevante Markt ist dann von Bedeutung, wenn ein Produkt oder eine Leistung nicht während des ganzen Jahres oder generell nur während einer begrenzten Zeit angeboten wird.

Weil die Abgrenzung des relevanten Marktes nicht nur für die Beurteilung von Wettbewerbsabreden, sondern auch im Rahmen der Untersuchung des Verhaltens marktmächtiger Unternehmen sowie von Unternehmenszusammenschlüssen von Bedeutung ist, enthält das Kapitel über die Schlüsselbegriffe des Wettbewerbsrechts eingehende Erläuterungen zur genauen Marktabgrenzung.[219] 2.319

3. Erheblichkeit

Bei der Frage der Erheblichkeit geht es um die Abgrenzung zwischen den zulässigen und den unzulässigen Wettbewerbsabreden. Unerhebliche Wettbewerbsbeschränkungen sind grundsätzlich zulässig. Das Gesetz enthält jedoch keine weitergehenden Kriterien zur Bestimmung der Erheblichkeit. Das Bundesgericht sieht eine Wettbewerbsbeeinträchtigung dann als erheblich an, wenn eine Abrede einen auf dem relevanten Markt erheblichen Wettbewerbsparameter betrifft (qualitatives Element) und die an der Abrede beteiligten Unternehmen über erhebliche Marktanteile verfügen (quantitatives Element).[220] Eine Per-se-Erheblichkeit gibt es nicht, es ist im Einzelfall ist eine Abwägung anhand qualitativer wie auch quantitativer Kriterien vorzunehmen.[221] 2.320

Gemäss der Praxis der WEKO gilt der Grundsatz, dass eine Beschränkung dann unerheblich ist, wenn sie den Wettbewerb im Vergleich zur Situation vor der Abrede nicht in einem für die Marktteilnehmer nennenswerten Ausmass zu beeinflussen vermag.[222] Zudem existieren gewisse Schwellenwerte, bei deren Vorliegen eine Abrede als unerheblich und somit wettbewerbsrechtlich zulässig gilt.[223] 2.321

a) Qualitative Kriterien

In qualitativer Hinsicht ist eine Wettbewerbsabrede erheblich, wenn der von der Abrede betroffene Wettbewerbsparameter auf dem relevanten Markt eine gewisse Bedeutung aufweist. Die wichtigsten Wettbewerbsparameter sind Preis, Art, Qualität und Quantität bzw. Menge, Beratung, Vermarktung, Vertriebskanal, angebotene Geschäftsbedingungen, verfügbare Bezugsquellen und Lieferbereitschaft sowie die freie Beschaffung von Produktionsfaktoren. 2.322

Betrifft eine Abrede zentrale Wettbewerbsparameter, kann diese für sich allein betrachtet schon zu einer erheblichen Wettbewerbsbeeinträchtigung führen. Dies gilt insbesondere im Hinblick auf den Preis, welcher bei den meisten Gütern einen 2.323

219 Vgl. dazu vorne N 2.30 ff.
220 BGE 129 II 18 ff., Erw. 5.2.1.
221 Ducrey, 14.
222 RPW 2004/2 331 ff., 339.
223 Vgl. vorne N 2.152.

wichtigen Wettbewerbsparameter darstellt. Die Aufhebung des Preiswettbewerbs wird in der überwiegenden Zahl von Fällen zu einer erheblichen Wettbewerbsbeeinträchtigung führen.

2.324 Weil auf verschiedenen Märkten den Wettbewerbsparametern unterschiedliches Gewicht zukommt (z.B. wird bei Alltagsprodukten der Preis für eine Kaufentscheidung eine wesentliche Rolle spielen, während bei langlebigen Investitionen mehr die Qualität und der Service im Vordergrund stehen), ist die Bedeutung der jeweiligen Wettbewerbsparameter immer mit Bezug auf den konkret betroffenen Markt zu bestimmen.[224]

b) Quantitative Kriterien

2.325 Im Rahmen der quantitativen Erheblichkeit ist die Wettbewerbssituation auf dem betroffenen Markt zu untersuchen. Von Bedeutung sind in diesem Zusammenhang insbesondere der aktuelle und der potenzielle Wettbewerb wie auch die Stellung der Marktgegenseite und diejenige der Kartellaussenseiter.

2.326 Erheblichkeit in quantitativer Hinsicht liegt vor, wenn die Beschränkung aus volkswirtschaftlichen Gründen von genügendem Gewicht ist, um ein Eingreifen der Wettbewerbsbehörden zu rechtfertigen (Aufgreifkriterium). Die an der Wettbewerbsabrede beteiligten Unternehmen müssen somit auf dem betreffenden Markt eine gewisse Macht auszuüben vermögen; eine derartige Beurteilung wird gestützt auf Marktanteile und Umsätze vorgenommen.

2.327 Für die Beurteilung der quantitativen Erheblichkeit ist insbesondere die Abgrenzung des relevanten Marktes von Bedeutung. Denn je enger der jeweilige Markt abgegrenzt wird, desto wahrscheinlicher ist es, dass eine Abrede einen Grossteil des Marktes erfasst.

c) Gesamtbetrachtung

2.328 Die Beurteilung der Erheblichkeit hat im Rahmen einer Gesamtbetrachtung zu erfolgen, und zwar dergestalt, dass die Kombination von qualitativen und quantitativen Beeinträchtigungen gesamthaft zu einer erheblichen Wettbewerbsbeeinträchtigung führen muss.

2.329 In der Praxis und in der Lehre haben sich indessen Kriterien herausgebildet, welche für die Beurteilung herangezogen werden können, je nachdem, ob eine vertikale oder eine horizontale Abrede in Frage steht. Aus diesem Grund werden die beiden Arten von Absprachen nachfolgend gesondert behandelt.

---

224 KG-Krauskopf/Schaller, Art. 5 N 187; David/Jacobs, N 615.

4. Horizontale Absprachen

a) Qualitative Kriterien bei horizontalen Absprachen

Im Kontext der **horizontalen Abreden** gilt, dass Abreden, welche nach Art. 5 Abs. 3 KG als wettbewerbsbeseitigend zu qualifizieren sind, bei denen die Vermutung jedoch widerlegt werden kann, als erheblich im Sinne von Art. 5 Abs. 1 KG erscheinen, denn grundsätzlich gilt der Preis immer als wichtiger Wettbewerbsparameter, d.h. horizontale Absprachen über Preise haben der Erfahrung nach negative Auswirkungen auf den Wettbewerb. Dasselbe gilt für die Wettbewerbsparameter Menge und Gebiet. 2.330

Als qualitativ erhebliche Wettbewerbsabsprachen gelten grundsätzlich auch sämtliche Mittel, welche eine indirekte Absprache über die genannten Wettbewerbsparameter ermöglichen, wie z.B. verbandsinterne Meldestellen oder sonstige Werkzeuge, welche den Austausch sensitiver Geschäftsdaten fördern oder ermöglichen. 2.331

Gleichwohl können auch Absprachen über andere als die genannten Parameter zu erheblichen Wettbewerbsbeschränkungen führen; so spielen im Dienstleistungssektor, z.B. bei Beratungen, der Ruf und die Bekanntheit des Dienstleistungserbringers wie auch die Art und Qualität der Leistung eine wesentliche Rolle. Bei Medikamenten zählen in erster Linie Kriterien wie Wirksamkeit und Verträglichkeit des Produkts. Dies kann umgekehrt auch dazu führen, dass der Wettbewerbsparameter Preis nur von sekundärer Bedeutung ist.[225] 2.332

b) Quantitative Kriterien bei horizontalen Abreden

In quantitativer Hinsicht sind im Zusammenhang mit horizontalen Abreden sowohl die aktuelle als auch die potenzielle Wettbewerbssituation zu betrachten. 2.333

Der **aktuelle Wettbewerb** beurteilt sich danach, ob wirksamer Innen- und Aussenwettbewerb vorliegt; sind beide Elemente vorhanden, ist von einer unerheblichen Wettbewerbsabrede auszugehen. Fehlt es an **wirksamem Innen- oder an wirksamem Aussenwettbewerb,** ist das Vorliegen von **potenziellem Wettbewerb** zu prüfen; dieser beurteilt sich danach, ob in absehbarer Zeit – d.h. innerhalb der nächsten zwei, drei Jahre – mit bedeutsamen Markteintritten zu rechnen ist.[226] Als weiteres Kriterium ist schliesslich die Verhandlungsmacht der **Marktgegenseite** zu berücksichtigen. 2.334

Die Prüfung, ob eine Wettbewerbsabrede quantitativ erheblich ist, beurteilt sich somit kaskadenförmig nach a) der aktuellen Konkurrenz (bestehend aus Innen- und Aussenwettbewerb), nach b) der potenziellen Konkurrenz und c) nach der Stellung der Marktgegenseite.[227] 2.335

---

225 RPW 1998/2 189 ff., 197 zu den Dienstleistungen, RPW 2004/4 1040 ff., 1070 für Tierarzneiprodukte.

226 KG-Krauskopf/Schaller, Art. 5 N 240.

227 RPW 2001/2 306 ff., 321; RPW 1999/2 220 ff., 231.

aa) Aktueller Wettbewerb

2.336 Die Prüfung des **aktuellen Wettbewerbs** fragt danach, ob im Vergleich zur Situation vor der Abrede genügend **Innen- und Aussenwettbewerb** besteht. **Innenwettbewerb** liegt vor, wenn zwischen den an der Abrede beteiligten Wettbewerbern nach wie vor Wettbewerb vorhanden ist, so entweder weil sie sich nicht oder nicht umfassend an die Abrede halten oder weil im Hinblick auf andere gewichtige Wettbewerbsparameter Wettbewerb herrscht; im Rahmen des **Aussenwettbewerbs** wird untersucht, ob neben den an der Abrede beteiligten Unternehmen genügend Wettbewerb von Nichtbeteiligten besteht, welcher den beteiligten Unternehmen einen gewissen Wettbewerbsdruck aufzuerlegen vermag.[228] Die Prüfung basiert im Wesentlichen auf den **Marktanteilen** der beteiligten und der nichtbeteiligten Unternehmen, doch lassen sich auch Faktoren wie die Marktstruktur und die Veränderung der Marktanteile der letzten Jahre berücksichtigen.

bb) Potenzieller Wettbewerb

2.337 Nur wenn kein aktueller Wettbewerb vorliegt, prüft die WEKO in einem zweiten Schritt, ob allenfalls **potenzieller Wettbewerb** vorhanden ist, d.h., ob potenziell dem Markt beitretende Wettbewerber eine disziplinierende Wirkung auf die an der Abrede beteiligten Unternehmen haben können. Die Wahrscheinlichkeit eines Markteintritts ist dabei im Wesentlichen von drei Faktoren abhängig: der Wahrscheinlichkeit von Markteintritten, der Zeitspanne, bis sich der Zutritt für die Marktteilnehmer bemerkbar macht, und der Quantität der Markteintritte.[229] Neben dem Markteintritt eines zusätzlichen Konkurrenten kann auch ein potenzieller Wettbewerb «um den Markt» bestehen, d.h., es droht der Eintritt eines Konkurrenten, welcher hernach den gesamten Markt übernimmt.[230]

2.338 Die Wahrscheinlichkeit des Markteintritts beurteilt sich nach dem Vorliegen von ökonomischen, juristischen oder faktischen Marktzutrittsschranken.

cc) Marktgegenseite

2.339 Besteht weder aktueller noch potenzieller Wettbewerb, ist in einem letzten Schritt zu untersuchen, ob die Marktgegenseite über genügend Verhandlungsmacht verfügt, um eine disziplinierende Wirkung auf die Beteiligten der Wettbewerbsabrede auszuüben. Die Stellung der Marktgegenseite beurteilt sich beispielsweise danach, welche Ausweichmöglichkeiten bestehen.

---

228 KG-Krauskopf/Schaller, Art. 5 N 237.
229 RPW 2005/1 128 ff., 135.
230 RPW 2005/2 251 ff., 265.

5. Vertikale Abreden

a) Qualitative Kriterien bei vertikalen Abreden

Auch im Rahmen von vertikalen Abreden gibt es gewisse Abreden, welche in der Praxis aufgrund ihres Gegenstandes als erheblich zu betrachten sind. Die neue Vertikalbekanntmachung hält in Ziff. 12 Vert-BK ausdrücklich fest, dass sich die Erheblichkeit vertikaler Abreden sowohl aus qualitativen wie auch aus quantitativen Elementen ergibt; bei einer strikt dem Wortlaut folgenden Auslegung wäre die Erheblichkeit einer Abrede rein aufgrund ihres Gegenstandes nicht möglich. Die WEKO geht indessen davon aus, dass Abreden über Preisbindungen zweiter Hand sowie Abreden über absoluten Gebietsschutz, d.h. Abreden, welche grundsätzlich unter den Anwendungsbereich von Art. 5 Abs. 4 KG fallen, bei welchen die Wettbewerbsbeseitigung jedoch widerlegt werden konnte, als grundsätzlich erheblich i.S.v. Art. 5 Abs. 1 KG zu qualifizieren sind.[231] 2.340

Die Vertikalbekanntmachung enthält zudem in Ziffer 12 Abredearten fest, welche aus qualitativer Sicht als schwerwiegend zu beurteilen sind. Das Vorliegen eines der in Ziffer 12 Vert-BK genannten Fälle allein reicht aber zur Annahme der Erheblichkeit nicht aus, die Abrede muss zudem auch aus quantitativer Sicht erheblich sein. Die quantitative Komponente wird jedoch stark relativiert, indem Ziffer 12 Abs. 1 Vert-BK ausdrücklich festhält, dass eine qualitativ schwerwiegende Beeinträchtigung trotz quantitativ geringfügiger Auswirkungen erheblich sein kann; dies führt faktisch wohl zu einem Per-se-Verbot von gewissen vertikalen Abreden allein aufgrund qualitativer Kriterien, d.h. des Gegenstandes. Es handelt sich namentlich um folgende Abreden: 2.341

- Beschränkungen des Händlers, seine Wiederverkaufspreise selbst festzusetzen; zulässig sind Höchstpreise und unverbindliche Preisempfehlungen (lit. a);
- Beschränkungen des Gebiets oder der Kundengruppe, in das bzw. an die der Händler verkaufen darf; zulässig ist die Beschränkung des aktiven Verkaufs, die Beschränkung des Direktverkaufs des Grossisten an den Endverbraucher, die Beschränkung des Verkaufs an nicht zugelassene Händler sowie die Beschränkung der Möglichkeit des Abnehmers, Teile weiterzuverkaufen, die Kunden für die Herstellung derselben Art von Waren verwenden würden, wie der Anbieter sie herstellt (lit. b);
- Beschränkungen des aktiven und passiven Verkaufs an Endverbraucher bei Mitgliedern eines selektiven Vertriebssystems (lit. c);
- Beschränkungen von Querlieferungen zwischen Händlern unabhängig von der jeweiligen Marktstufe innerhalb eines selektiven Vertriebssystems (lit. d);
- Beschränkungen, die den Abnehmer von Teilen daran hindern, die Teile als Ersatzteile an jemand andern als an der Abrede beteiligte Händler zu vertreiben (lit. e);

231 Z.B. RPW 2010/1 65 ff.; 103; RPW 2010/4 649 ff., 679; WEBER, VertBek, 12 N 9 f.

- Wettbewerbsverbote von mehr als fünf Jahren (lit. f); erfasst sind im Wesentlichen direkte und indirekte Bezugspflichten von mindestens 80% der Gesamtbezüge;
- Bestimmte nachvertragliche Wettbewerbsverbote (lit. g);
- Einschränkungen von Mehrmarkenvertrieb in selektiven Vertriebssystemen, welche sich gezielt auf Marken bestimmter konkurrierender Anbieter beziehen (lit. h).

2.342 Das Vorliegen eines der genannten Aufgreifkriterien reicht indessen für sich allein betrachtet noch nicht aus, um die Unzulässigkeit zu begründen. Vielmehr muss im jeweiligen Einzelfall anhand der üblichen Kriterien geprüft werden, ob eine hinreichende Wettbewerbsbeseitigung bzw. -beeinträchtigung anzunehmen ist.

2.343 Eine negative Formulierung im Hinblick auf die Erheblichkeit enthält die Vertikalbekanntmachung für rein qualitative Selektivvertriebsverträge. Ziffer 14 benennt gewisse Voraussetzungen, bei deren Erfüllung ein selektives Vertriebssystem als zulässig erachtet wird.[232] Sind die in Ziffer 14 genannten Voraussetzungen nicht erfüllt, ist das selektive Vertriebssystem anhand der üblichen Erheblichkeitskriterien für vertikale Abreden zu prüfen.

2.344 Auch weitere Bekanntmachungen der WEKO wie die Kfz-Bekanntmachung enthalten ausdrückliche Vorgaben, wenn aufgrund des Gegenstandes von einer erheblichen Wettbewerbsabrede auszugehen ist. Dies ist der Fall bei Preisbindungen zweiter Hand und bei Fällen des absoluten Gebietsschutzes, bei denen die Unzulässigkeitsvermutung widerlegt werden konnte (Ziff. 12 und 13 Kfz-BK). Dasselbe trifft auf bestimmte Abreden bezüglich des relativen Gebietsschutzes (Ziff. 14 Kfz-BK), Koppelungsabreden (Ziff. 15 Kfz-BK) und Verboten des Mehrmarkenvertriebes (Ziff. 16 Kfz-BK) zu. Als erhebliche Wettbewerbsbeschränkungen gelten auch Kündigungsfristen, welche kürzer sind als zwei Jahre bei einem unbefristeten Vertrag bzw. kürzer als ein halbes Jahr bei einem Vertrag von mindestens 5 Jahren (Ziff. 17 Kfz-BK).

2.345 Auch bei vertikalen Absprachen sind Absprachen zwischen Kleinstunternehmen zulässig, so lange sie nicht unter Art. 5 Abs. 4 KG fallen, d.h. keine vertikale Preisabreden oder Gebietsabreden darstellen.

b) Quantitative Kriterien bei vertikalen Abreden

2.346 Aus quantitativer Hinsicht beurteilt sich eine vertikale Abrede insbesondere nach dem bestehenden **Intrabrand-Wettbewerb,** welcher sowohl als Innen- als auch als Aussen-Intrabrand-Wettbewerb in Erscheinung treten kann.

2.347 Von **Innen-(Intrabrand)-Wettbewerb** wird gesprochen, wenn die an einer Abrede beteiligten Unternehmen nach wie vor miteinander im Wettbewerb stehen, sei es, weil sie sich nicht an die Abrede halten, oder sei es, weil sie hinsichtlich eines nicht

232 Vgl. dazu hinten N. 2.266.

von der Abrede betroffenen Wettbewerbsparameters in einer Konkurrenzsituation stehen.

Aussen-(Intrabrand)-Wettbewerb liegt vor, wenn ein drittes Unternehmen, welches nicht an der Abrede beteiligt ist, Wettbewerbsdruck auf die an der Abrede beteiligten Unternehmen ausübt. 2.348

Fehlt es an **Intrabrand-Wettbewerb,** ist zu prüfen, ob im Hinblick auf die von der Abrede erfassten Produkte Wettbewerb mit substituierbaren Produkten besteht. 2.349

Praktisch sind bei der Prüfung der Erheblichkeit vor allem die Marktanteile der beteiligten Unternehmen von Bedeutung. Im Gegensatz zu quantitativen Kriterien enthält die Vertikalbekanntmachung indessen keine Aussagen und insbesondere keine ausdrücklichen Marktanteilsschwellen zur Konkretisierung der qualitativen Erheblichkeit. 2.350

In Erwägung III zur Vertikalbekanntmachung hält die WEKO zwar fest, dass sie davon ausgehe, dass vertikale Abreden nicht wettbewerbsschädigend seien, soweit keine qualitativ schwerwiegende Abrede vorliege und keines der an der Abrede beteiligten Unternehmen einen Marktanteil von mehr als 30% halte. Indessen wurde die Marktanteilsschwelle formell in Ziffer 16 und damit bei den Rechtfertigungsgründen platziert, weshalb diese Schwelle im Rahmen der Erheblichkeitsprüfung (noch) nicht zum Tragen kommt.[233] Die in Ziffer 13 statuierte Bagatellklausel, welche Abreden zwischen Unternehmen mit einem Marktanteil von unter 15% durchwegs als unerheblich bezeichnet, findet gemäss Anhang 1 zur Vertikalbekanntmachung keine Anwendung auf die Erheblichkeitsprüfung von Ziffer 12 Vert-BK, sondern ist als gesonderte Ausnahmeklausel zu betrachten.[234] Aus praktischer Sicht ist es jedoch unerheblich, ob die Marktanteilsschwelle bereits im Rahmen der Erheblichkeit oder in einem separaten Schritt geprüft wird, im Ergebnis führen beide Wege dazu, dass Abreden zwischen Unternehmen, von welchen keines einen Marktanteil von über 15% auf dem relevanten Markt hat, als unerheblich zu gelten haben. Zu beachten ist allerdings, dass diese Marktanteilsschwelle beim Vorliegen von mehreren nebeneinanderstehenden vertikaler Abreden auf 5% herabgesetzt ist. 2.351

Unter Kleinstunternehmen im Sinne der KMU-Bekanntmachung sind vertikale Abreden so lange zulässig, als sie nicht Abreden im Sinne von Art. 5 Abs. 4 KG, d.h. Abreden über Mindest- und Festpreise sowie über Marktaufteilungen, zum Gegenstand haben. 2.352

c) Gesonderte Betrachtung besonderer Vertikalabreden

aa) Selektiver Vertrieb

Der selektive Vertrieb charakterisiert sich dadurch, dass bestimmte Waren und Dienstleistungen nur von bestimmten Händlern vertrieben werden dürfen. Ein solches Vertriebssystem wird oftmals beim Vertrieb von Luxus- oder Prestigeproduk- 2.353

233 GIGER, 871.
234 So GIGER, 871.

ten eingesetzt, bei denen die Hersteller – um das Image der betreffenden Marke zu fördern – den Händlern gewisse Anforderungen an die Verkaufspräsentation oder die Ladengestaltung und dergleichen stellen.

2.354 Die Händler können dabei grundsätzlich entweder nach qualitativen oder nach quantitativen oder aus einer Kombination von beiden Kriterien ausgewählt werden:[235]

- **Qualitative Selektion:** Die Auswahl der Händler erfolgt gestützt auf objektive und sachliche Kriterien, welche im Zusammenhang mit der Erbringung bestimmter Betriebsdienstleistungen stehen. Die Selektionskriterien müssen einheitlich festgelegt, allen potenziellen Händlern zur Verfügung gestellt und zudem einheitlich angewendet werden.
- **Quantitative Selektion:** Im Rahmen der quantitativen Selektion wird die Anzahl der Händler direkt durch die Vorgabe einer bestimmten (Höchst)Zahl von Händlern oder indirekt durch die Vorgabe von bestimmten Mindestumsätzen oder Mindestbezugsmengen begrenzt. Die rein quantitative Selektion ist gemäss der Vertikalbekanntmachung unzulässig.

2.355 **Vertiefung:** Gemäss der Definition der Vertikalbekanntmachung (Ziff. 4) ist ein selektives Vertriebssystem eine Vereinbarung zwischen Anbieter und Händler, wonach:

- der Anbieter die Vertragswaren oder -dienstleistungen nur an Händler verkaufen darf, welche aufgrund festgelegter Merkmale ausgewählt wurden (zugelassene Händler) und
- diese Händler die betreffenden Waren oder Dienstleistungen nicht an Händler weiterverkaufen dürfen, die nicht zum Vertrieb zugelassen sind.

2.356 Vereinbarungen über den selektiven Vertrieb sind gemäss Ziffer 14 der Vertikalbekanntmachung dann als wettbewerbsrechtlich unerheblich zu qualifizieren, wenn sie kumulativ drei Voraussetzungen erfüllen:

- Die Beschaffenheit des fraglichen Produkts muss einen rein selektiven Vertrieb **erfordern,** d.h., ein solches Vertriebssystem muss ein Erfordernis für die Wahrung der Qualität und zur Gewährleistung des richtigen Gebrauchs des betreffenden Produkts sein.
- Die Wiederverkäufer müssen aufgrund **objektiver Kriterien qualitativer Art** ausgewählt werden; diese sind einheitlich festzulegen, allen potenziellen Wiederverkäufern zur Verfügung zu stellen und unterschiedslos anzuwenden;
- Die aufgestellten Kriterien dürfen nicht über das hinausgehen, was **erforderlich** ist.

2.357 Die WEKO handhabt die genannten Voraussetzungen recht streng, weshalb in der Praxis kaum je für ein Produkt der selektive Vertrieb in Frage kommt. Dazu im Einzelnen Folgendes:

2.358 **Notwendigkeit infolge der Produktbeschaffenheit:** Selektive Vertriebssysteme sind insbesondere bei Prestige- und Luxusgütern, bei technisch hoch stehenden Produkten oder bei Produkten, welche eine besondere technische Fachkenntnis

---

235 KRAUSKOPF/RIESEN, 95.

voraussetzen, zulässig. Bei Prestige- und Luxusgütern ist der selektive Vertrieb zulässig, wenn dies für das Markenimage eines Produkts von besonderer Bedeutung ist. Im Rahmen von technischen Produkten geht es beim selektiven Vertrieb darum, dass der Vertrieb der Produkte aufgrund der technischen Komplexität oder des Supportbedarfs einer besonderen Fachkenntnis oder zumindest Schulung des Händlers bedarf.[236]

Diskriminierungsfrei angewandte objektive Kriterien qualitativer Art: Nach 2.359
dieser Voraussetzung müssen sämtliche Händler, welche die objektiven Kriterien erfüllen, zum Vertrieb zugelassen werden. Die objektiven Kriterien können beispielsweise eine bestimmte Kapazität im Hinblick auf das Verkaufspersonal oder das Know-how sein.

Notwendigkeit der Abrede: Die Abrede muss notwendig sein, um das damit ange- 2.360
strebte Ziel zu erreichen, d.h., sie muss einerseits zur Zielerreichung geeignet sein und andererseits darf kein anderes Mittel zur Verfügung stehen, mit welchem das anvisierte Ziel mit einer geringfügigeren Einschränkung des Wettbewerbs erreicht werden kann.

Sind diese Voraussetzungen nicht erfüllt, ist der entsprechende Vertriebsvertrag 2.361
jedoch nicht ohne Weiteres als unzulässig zu betrachten, sondern es hat eine Prüfung gemäss den genannten, für die vertikalen Abreden zu verwendenden Kriterien zu erfolgen.[237]

Somit ist auch bei der Ausgestaltung von selektiven Vertriebssystemen besonderer 2.362
Wert auf die Einhaltung der in Ziffer 12 der Bekanntmachung genannten Erheblichkeitskriterien zu legen. Sind die in Ziffer 12 genannten Regeln eingehalten, wird es in der Praxis auch im Rahmen von selektiven Vertriebssystemen nicht zur Annahme einer erheblichen Wettbewerbsbeschränkung kommen.[238]

Checkliste: Selektiver Vertrieb 2.363

Die Prüfung, ob ein selektiver Vertrieb oder selektive Vertriebsklauseln zulässig sind, erfolgt nach folgendem Schema:

1. Liegt ein selektiver Vertrieb vor?

- ☐ Anbieter verkauft nur an Händler, die aufgrund festgelegter Merkmale ausgewählt wurden (zugelassene Händler).
- ☐ Händler dürfen die Ware oder Dienstleistungen nur an zugelassene Händler weiterverkaufen.

236 RPW 2010/4 640 ff., 645.
237 DAVID/JACOBS, N 624 f.; RPW 2010/4 640 ff., 645.
238 DAVID/JACOBS, N 625.

2. Qualitativ unerhebliches selektives Vertriebssystem?

Die folgenden Voraussetzungen sind kumulativ zu erfüllen:

- ☐ Notwendigkeit des selektiven Vertriebs infolge Produktbeschaffung
- ☐ Diskriminierungsfrei angewandte Kriterien objektiver Art
- ☐ Notwendigkeit der Abrede – keine milderen Massnahmen

3. Erheblichkeitsprüfung im Sinne von Art. 5 Abs. 1 KG

- ☐ Qualitative Erheblichkeit: Liegt ein Fall von Ziffer 12 Vert-BK vor?
- ☐ Quantitative Erheblichkeit: Verfügen die beteiligten Unternehmen über hohe Marktanteile? Marktstruktur? Preisgefälle zum Ausland?
- ☐ Bagatellklausel: Marktanteil unter 15%?

2.364 **Fallbeispiel: Electrolux – V-Zug AG, RPW 2011/3 372 ff.**

Im Fall Electrolux/Zug befasste sich die WEKO mit dem Problem der **kumulativen Auswirkung selektiver Vertriebssysteme,** d.h. der Frage, wie sich mehrere nebeneinander bestehende selektive Vertriebssysteme auf den Markt auswirken. Neben dem Hinweis auf die Regelung von Art. 13 Ziff. 2 Vert-BK bezüglich kumulativer Abschottungseffekte, welche eine Marktabschottung ausschliesst, wenn die Vertriebssysteme weniger als 30% des relevanten Marktes abdecken, stützte sich die WEKO im Wesentlichen auf europäische Grundsätze. Eine kumulative Wirkung selektiver Vertriebsverträge ist danach wahrscheinlich, wenn (i) solche Systeme mehr als 50% des Marktes abdecken und (ii) die Summe der Marktanteile der fünf grössten Anbieter über 50% liegt. Sind die genannten Voraussetzungen erfüllt, ist zu prüfen, ob die fünf grössten Anbieter ihre Produkte über selektive Vertriebssysteme absetzen. Im betreffenden Fall ging die WEKO aufgrund der hohen Marktanteile der Beteiligten (je zwischen 20 und 30%) und dem Bestehen von mehreren selektiven Vertriebssystemen, welche mehr als 50% des relevanten Markts abdeckten, von einer quantitativ schwerwiegenden Abrede aus (RPW 2011/3 372 ff., 390).

bb) Wettbewerbsverbote

2.365 Wettbewerbsverbote sind besondere Formen von Vertikalabreden; gemäss Ziffer 6 Vert-BK fallen zwei Sachverhalte darunter:

- Mittelbare oder unmittelbare Verpflichtungen, welche den Abnehmer von Vertragswaren oder -dienstleistungen dazu verpflichten, keine Waren oder Dienstleistungen herzustellen, zu beziehen, zu verkaufen oder weiterzuverkaufen, die mit den Vertragswaren oder -dienstleistungen im Wettbewerb stehen.

- Mittelbare und unmittelbare Verpflichtungen des Abnehmers, mehr als 80% seiner auf der Grundlage des Einkaufswertes des vorherigen Kalenderjahres berechneten gesamten Einkäufe von Vertragswaren oder -dienstleistungen sowie ihrer Substitute auf dem relevanten Markt vom Anbieter oder von einem anderen vom Anbieter bezeichneten Unternehmen zu beziehen.

Laut der Vertikalbekanntmachung der WEKO sind Wettbewerbsverbote dann vermutungsweise wettbewerbsbeseitigend, wenn sie für eine unbestimmte Dauer oder für mehr als fünf Jahre abgeschlossen werden (Art. 12 Abs. 2 lit. f Vert-BK). Die Dauer der Begrenzung auf fünf Jahre gilt indessen nicht, wenn der Abnehmer die Vertragswaren oder -dienstleistungen auf dem Grundstück oder in den Räumlichkeiten des Verkäufers anbietet. 2.366

Nachvertragliche Wettbewerbsverbote sind grundsätzlich erheblich (Art. 12 Abs. 2 lit. g Vert-BK). Dieser Grundsatz gilt aber nicht für die folgenden Sachverhalte: 2.367

- Das Wettbewerbsverbot bezieht sich auf Waren oder Dienstleistungen, die mit den Vertragswaren oder -dienstleistungen im Wettbewerb stehen.
- Das Wettbewerbsverbot beschränkt sich auf Räumlichkeiten oder Grundstücke, von denen aus der Abnehmer während der Vertragsdauer seine Geschäfte betrieben hat.
- Das Wettbewerbsverbot ist unerlässlich zum Schutz von Know-how, welches der Anbieter dem Abnehmer übertragen hat.
- Das Wettbewerbsverbot ist auf höchstens ein Jahr nach der Beendigung der Vereinbarung begrenzt.

Fraglich ist indessen, wie Wettbewerbsverbote zu werten sind, welche für weniger als fünf Jahre abgeschlossen worden sind, d.h., ob sie ohne weitere Prüfung als unerheblich zu beurteilen sind, oder ob nur die Beurteilung als vermutungsweise erheblich hinfällig ist und hernach eine gesonderte Prüfung betreffend die qualitative und quantitative Erheblichkeit vorgenommen werden muss. In Anlehnung an die Prüfung bei selektiven Vertriebssystemen ist wohl von Letzterem auszugehen, d.h., wenn ein Wettbewerbsverbot für eine Dauer von weniger als fünf Jahren abgeschlossen wird, ist dennoch zu untersuchen, ob es dadurch nicht zu einer erheblichen Wettbewerbsbeeinträchtigung kommt. 2.368

F. Rechtfertigung bei sich erheblich auswirkenden Wettbewerbsabreden

Wettbewerbsabreden, welche den relevanten Markt nur erheblich beeinträchtigen, jedoch nicht beseitigen, können nach Art. 5 Abs. 2 KG aus Gründen der wirtschaftlichen Effizienz gerechtfertigt werden. Damit eine Rechtfertigung zustande kommt, haben **kumulativ** drei Voraussetzungen erfüllt zu sein: Als allgemeine Voraussetzungen muss die Abrede einerseits tatsächlich notwendig sein: um das angestrebte Effizienzziel zu erreichen, und andererseits darf die Abrede keine Möglichkeit er- 2.369

öffnen, den wirksamen Wettbewerb zu beseitigen. Als dritte Voraussetzung hat die Abrede einem der in Art. 5 Abs. 2 lit. a KG genannten Effizienzziele zu dienen.

2.370 **Checkliste: Voraussetzungen einer Rechtfertigung**

- ☐ Vorliegen eines Rechtfertigungsgrundes
- ☐ Notwendigkeit der Abrede
- ☐ Keine Möglichkeit der Wettbewerbsbeseitigung

1. Allgemeine Voraussetzungen

a) Notwendigkeit (Art. 5 Abs. 2 lit. a KG)

2.371 Das Vorhandensein eines Rechtfertigungsgrundes für eine Abrede reicht allein nicht aus, um eine Wettbewerbsabrede zu legitimieren. Eine Abrede ist immer nur dann als zulässig zu betrachten, wenn sie für die Erreichung des angeführten Effizienzzieles notwendig ist. Die Notwendigkeit ist unter drei kumulativ zu erfüllenden Voraussetzungen gegeben:[239]

- Die Abrede muss **geeignet** sein, das Effizienzziel zu erreichen. Die Eignung ist dann nicht gegeben, wenn das Ziel auch ohne die entsprechende Abrede erreicht werden kann.
- Die Abrede muss **erforderlich** sein, um das Effizienzziel zu erreichen, d.h., es darf kein milderes, den Wettbewerb weniger beeinträchtigenderes Mittel zur Verfügung stehen (Grundsatz der schonenden Rechtsausübung). Die Erforderlichkeit hat in zeitlicher, räumlicher und persönlicher Hinsicht vorzuliegen.
- Zudem bedarf es der **Verhältnismässigkeit im engeren Sinne,** d.h., die Wettbewerbsabrede darf den Wettbewerb im Verhältnis zum angestrebten Ziel nicht überproportional beeinträchtigen.

2.372 Im Allgemeinen wird die Voraussetzung der Notwendigkeit erfüllt sein, wenn die Abrede einem der in Art. 5 Abs. 2 lit. a KG genannten Effizienzgründe dient.

b) Fehlende Möglichkeit zur Beseitigung des wirksamen Wettbewerbs (Art. 5 Art. 2 lit. b KG)

2.373 Die zu rechtfertigende Abrede darf es den beteiligten Unternehmen nicht ermöglichen, den wirksamen Wettbewerb zu beseitigen. Der wirksame Wettbewerb gilt als beseitigt, wenn kein Wettbewerbsdruck mehr besteht oder wenn für die Marktgegenseite keine geeigneten Ausweichmöglichkeiten mehr vorhanden sind.[240] Der

---

239 Vgl. z.B RPW 2011/2 230 ff., 246.
240 ZÄCH, N 428.

Grund für diese Voraussetzung liegt darin, dass im Falle einer Wettbewerbsbeseitigung die betreffenden Unternehmen den durch die Effizienzgewinne generierten Vorteil bzw. die Kosteneinsparung nicht weitergeben würden.

Der wirksame Wettbewerb lässt sich dann beseitigen, wenn durch die Abrede bereits am Markt auftretende Wettbewerber vom Markt **verdrängt** werden oder aber wenn durch die Abrede das Auftreten neuer Wettbewerber **verhindert** wird. 2.374

Die Beurteilung erfolgt aus Sicht der Abredeparteien, wobei die Beurteilung nicht anhand objektiver Kriterien, sondern gestützt auf das subjektive Verhalten der Abredeparteien vorzunehmen ist.[241] 2.375

2. Rechtfertigung aus Gründen der wirtschaftlichen Effizienz

Die Liste der Rechtfertigungsgründe in Art. 5 Abs. 2 lit. a KG ist abschliessend. Es muss stets eine volkswirtschaftliche Effizienz vorliegen, die sich nach ökonomischen Kriterien beurteilt, denn ein wettbewerbsbeschränkendes Verhalten, welches aus Sicht der beteiligten Unternehmen effizient ist, muss nicht notwendigerweise auch gesamtwirtschaftlich effizient sein. Eine Rechtfertigung ist nur möglich, wenn die Effizienzvorteile nicht bloss den beteiligten Unternehmen im Rahmen von subjektiven Vorteilen (Kartellgewinne) zukommen, sondern die anderen Marktteilnehmer müssen ebenso vom Effizienzvorteil – z.B. durch günstigere Preise – profitieren. Die blosse Steigerung der betriebswirtschaftlichen Effizienz eines Unternehmens reicht deshalb zur Annahme einer Rechtfertigung so wenig aus wie eine Beurteilung nach nicht wirtschaftlichen oder gar politischen Kriterien.[242] 2.376

Bei Vorliegen anderer als wirtschaftlicher Gründe ist unter Umständen eine ausnahmsweise Zulassung durch den Bundesrat wegen Vorliegens überwiegender öffentlicher Interessen in Betracht zu ziehen (Art. 8 KG).[243] 2.377

Für eine Rechtfertigung genügt es indessen, wenn ein einziger der in Art. 5 Abs. 2 lit. a KG genannten Effizienzgründe vorliegt. Mit Blick auf die Beurteilung von vertikalen Abreden enthält Ziffer 16 der Vertikalbekanntmachung spezifische Konkretisierungen der einzelnen Rechtfertigungsgründe. 2.378

a) Senkung der Herstellungs- oder Vertriebskosten

aa) Allgemeines

Herstellungs- und Vertriebskosten lassen sich insbesondere dadurch senken, dass gewisse Produktionsfaktoren im Rahmen von sog. Rationalisierungskooperationen koordiniert genutzt werden. Aus ökonomischer Sicht ergeben sich daraus in zweifacher Sicht Vorteile:[244] 2.379

---

241 KG-KRAUSKOPF/SCHALLER, Art. 5 N 360.

242 KRAUSKOPF/KAUFMANN, 75 ff.

243 Dazu hinten N 2.475.

244 KG-KRAUSKOPF/SCHALLER, Art. 5 N 306 ff.

- **Economies of Scale:** Nach diesem Grundsatz sinken die Durchschnittskosten der Produktion mit steigender Stückzahl. Das Prinzip der Economies of Scale bezieht sich auf die Ausnutzung von Grössenvorteilen.
- **Economies of Scope:** Durch Verbundvorteile lassen sich dann Kosten einsparen, wenn zwei oder mehrere Produkte gemeinsam zu niedrigeren Kosten produziert werden können als getrennt voneinander, denn dadurch lassen sich Doppel- oder Mehrfachausgaben in verschiedenen Unternehmensbereichen vermeiden, so z.B. Verträge über die gemeinsame Nutzung von EDV-Anlagen oder Lagereinrichtungen.

2.380 Typische Erscheinungsformen von derartigen Kooperationen sind Forschungs-, Spezialisierungs-, Einkaufs-, Produktions- und Vertriebskooperationen.[245] Unter die typischen Vertriebskosten sind beispielsweise Schulungs- und Ausbildungskosten zu subsumieren.

2.381 Auch der Aufbau einer Gegenmacht **(Countervailing Power)** zur Relativierung oder Eliminierung von Marktmacht auf der Gegenseite fällt nach Lehre und Praxis unter den Effizienzgrund der Senkung von Herstellungs- und Vertriebskosten, wenn daraus eine Kostensenkung resultiert. Die Bildung einer Gegenmacht ist dann zulässig, wenn es dadurch zu einer verbesserten Verhandlungsposition der Gegenpartei der marktmächtigen Partei kommt und wenn die Bildung einer Verhandlungsgemeinschaft keine negativen Auswirkungen auf dem nachgelagerten Markt zeitigt, d.h., es im Rahmen der Verhandlungsgemeinschaft nicht zu einer Preisabsprache im Hinblick auf den nachgelagerten Markt kommt.[246]

bb) Kooperationsformen zur Rationalisierung

2.382 Kleinere und mittelgrosse Unternehmen versuchen ihre Herstellungs- und Kooperationskosten oft durch sog. Rationalisierungskooperationen zu verbessern, d.h., sie treffen mit Unternehmen der gleichen Marktstufe Abreden, um vorhandene Synergieeffekte besser zu nutzen und so die eigene Wettbewerbsfähigkeit im Vergleich zu grösseren Unternehmen zu verbessern.[247]

2.383 Als Beispiele kommen die folgenden Kooperationsformen in Betracht:[248]

- **Forschungskooperationen:** Durch Forschungskooperationen können sich kleinere und mittlere Unternehmen die oft hohen Kosten für den Unterhalt einer Forschungsabteilung teilen.
- **Spezialisierungskooperationen:** Spezialisierungsvereinbarungen beschreiben Marktaufteilungen nach Produkten; sie sind in der Regel effizienzsteigernd, weil sie es den Unternehmen ermöglichen, sich auf ihre Kernkompetenzen zu konzentrieren.

---

245 ZÄCH, N 405.
246 Ausführlich dazu RPW 2008/4 544 ff., 565 ff.
247 WEBER/VLCEK, 62; ZÄCH, N 405.
248 WEBER/VLCEK, 62; ZÄCH, N 405.

- **Einkaufskooperationen:** Einkaufskooperationen ermöglichen beispielsweise das Erzielen von grösseren Rabatten durch die kumulierten Mengen.
- **Produktionskooperationen:** Im Rahmen von Produktionskooperationen sind die Unternehmen in der Lage, bereits vorhandene Kapazitäten besser zu nutzen.
- **Vertriebskooperationen:** Unter Vertriebskooperationen lassen sich sämtliche Abreden im Bereich des Vertriebs subsumieren, zu denken ist beispielsweise an Alleinvertriebsverträge oder selektive Vertriebssysteme.

cc) Rechtfertigungsgründe der Vertikalbekanntmachung

Die Vertikalbekanntmachung enthält zwei Beispiele für Rechtfertigungsgründe zur Senkung von Herstellungs- und Vertriebskosten. 2.384

Eine Wettbewerbsabrede ist nach Ziffer 16 Abs. 4 lit. c Vert-BK zur Vermeidung des **Hold-up-Problems** zulässig, d.h., wenn sie dem Schutz vertragsspezifischer Investitionen dient, die ausserhalb der Geschäftsbeziehungen nicht oder nur mit hohem Verlust verwendet werden können. Das Hold-up-Problem ist insbesondere dann zu beachten, wenn vertragsspezifische Investitionen eine grosse Rolle spielen, z.B. wenn ein Händler bestimmte Investitionen tätigen muss, damit der Verkauf eines Produkts überhaupt möglich ist. Der Rechtfertigungsgrund von Ziffer 16 Abs. 4 lit. c Vert-BK ist insbesondere im Zusammenhang mit Mindestbezugspflichten, Exklusivverträgen und Wettbewerbsverboten einschlägig, weil diese (langfristigen) Vertragsformen ein opportunistisches Verhalten und das damit verbundene Investitionsproblem verhindern können.[249] 2.385

Vertiefung: Als Beispiel kann ein Zulieferer eines Automobilherstellers dienen, der seine Produktionslinie entsprechend den Wünschen des abnehmenden Automobilherstellers ausrichtet.[250] 2.386

Des Weiteren sind Abreden gerechtfertigt, um die Übertragung von wesentlichem Know-how zu fördern (Art. 16 Abs. 4 Ziff. f Vert-BK). 2.387

Neben den in Ziffer 16 genannten Rechtfertigungsgründen kann der Rechtfertigungsgrund der Senkung der Herstellungs- und Vertriebskosten auch auf sog. **Ausschliesslichkeitsvereinbarungen** angewandt werden. Denn durch ein selektives Vertriebssystem besteht für einen Hersteller die Möglichkeit, auf bereits vorhandene Verkaufsstellen zurückzugreifen und ein neues Produkt auf einem neuen Markt zu lancieren, ohne dass er selbst ein Vertriebsnetz aufbauen müsste, was zu Kosteneinsparungen führt.[251] 2.388

Vertiefung: Obwohl der Begriff der Vertriebskosten auch allfällige Personalschulungs- und Ausbildungskosten erfasst, ist dieser Rechtfertigungsgrund nicht einschlägig, um einen Lieferboykott für Händler zu rechtfertigen, wenn die entsprechenden Schulungs- und Ausbildungskosten nicht vom Hersteller zu tragen wären (RPW 2004/4 1040 ff., 1085). 2.389

---

249 WEBER, VertBek, 16 N 12.
250 WEBER, VertBek, 16 N 12.
251 KG-KRAUSKOPF/SCHALLER, Art. 5 N 313.

b) Verbesserung der Produkte oder der Produktionsverfahren

aa) Allgemeines

2.390 Der Rechtfertigungsgrund der Verbesserung der Produkte oder Produktionsverfahren wird in der Lehre weit ausgelegt und umfasst nicht nur die eigentliche Verbesserung, sondern beispielsweise auch das Angebot einer breiteren Produkt- oder Dienstleistungspalette oder die Verbesserung des Vertriebs. Dazu können auch Abreden dienen, welche die Erschliessung neuer Märkte zum Gegenstand haben, soweit die betreffende Abrede zeitlich begrenzt für die Zeit des Markteintrittes gilt.

2.391 Als Beispiele für Abreden zur Verbesserung des Vertriebes sind etwa die Verpflichtung zu fachkundiger Beratung der Kundschaft, zu ausreichender Lagerhaltung sowie zur Gewährleistung eines guten Kundendienstes zu nennen; solche Abreden vereinfachen oder ermöglichen dem Abnehmer erst das Auffinden des geeigneten Produkts oder sie dienen der Verbesserung der Benutzungsmöglichkeiten des Produkts und stellen so im Ergebnis eine Verbesserung des Produkts dar.[252]

2.392 Unter diesen Rechtfertigungsgrund fällt auch die **Verbesserung der Ökobilanz** eines Produkts; auch umweltfreundlichere Produkte gelten im Sinne des Tatbestandes als verbessert. Dies rechtfertigt sich insbesondere deshalb, weil sich durch die Erhöhung der Umweltverträglichkeit eines Produkts auch Kosten für die Beseitigung von dadurch entstehenden Schäden verhindern lassen.[253]

2.393 Die Vertikalbekanntmachung enthält zudem weitere Konkretisierungen, die klarstellen welche Abreden unter den Rechtfertigungsgrund zu subsumieren sind:[254]

- Zeitlich begrenzter Schutz von Investitionen für die Erschliessung neuer räumlicher Märkte oder neuer Produktmärkte (Ziff. 16 Abs. 4 lit. a Vert-BK), so beispielsweise im Rahmen von Exklusivverträgen und Mindestpreisbindungen;
- Sicherung der Einheitlichkeit und Qualität der Vertragsprodukte (Ziff. 16 Abs. 4 lit. b Vert-BK), insbesondere bei selektiven Vertriebssystemen;
- Vermeidung von ineffizient tiefen Verkaufsförderungsmassnahmen (z.B. Beratungsdienstleistungen), die daraus resultieren können, dass ein Hersteller oder Händler von den Verkaufsförderungsbemühungen eines anderen Herstellers oder Händlers zu profitieren vermag (**Trittbrettfahrerproblem;** Ziff. 16 Abs. 4 lit. d Vert-BK);
- Vermeidung eines doppelten Preisaufschlags, der sich ergeben kann, wenn sowohl der Hersteller als auch der Händler über Marktmacht verfügen (**Problem der doppelten Marginalisierung;** Ziff. 16 Abs. 4 lit. e Vert-BK);
- Sicherung von finanziellen Engagements (z.B. Darlehen), die durch den Kapitalmarkt nicht zur Verfügung gestellt werden (Ziff. 16 Abs. 4 lit. g Vert-BK).

---

252 Botschaft, 559; Zäch, N 407 ff.; RPW 2010/4 640 ff., 647; RPW 2010/4 649 ff., 683.
253 Zäch, N 408.
254 RPW 2011/2 248 ff., 273.

Die genannten Rechtfertigungsgründe sind in der Praxis von unterschiedlicher Relevanz, neben dem Investitionsschutz erlangten von den genannten Konkretisierungen in der Vertikalbekanntmachung insbesondere das Trittbrettfahrerproblem (Ziff. 16 Abs. 4 lit. d Vert-BK) sowie das Problem der doppelten Marginalisierung (Ziff. 16 Abs. 4 lit. e Vert-BK) praktische Bedeutung und werden deshalb nachfolgend eingehender erläutert. 2.394

bb) Investitionsschutz

Der in Ziffer 16 Abs. 4 lit. a Vert-BK genannte Investitionsschutz steht im Zusammenhang mit dem Spill-over-Effekt und findet insbesondere bei Rechtfertigung von Exklusivvereinbarungen Anwendung. Die Markteinführung von neuen Produkten ist für den Händler häufig mit Investitionen hinsichtlich Marketing und Werbung verbunden; von diesen Investitionen vermögen unter Umständen auch ähnliche Produkte und Nachahmerprodukte zu profitieren **(Spill-over-Effekt).** Um die getätigten Investitionen abzusichern, werden deshalb mit den Händlern oft längerfristige Exklusivvereinbarungen abgeschlossen.[255] Unter Umständen können indessen auch Mindestbezugsmengen sowie Wettbewerbsverbote angemessen – und unter anderem als mildere Massnahmen angebracht – sein. 2.395

cc) Trittbrettfahrerproblem

Das **Trittbrettfahrerproblem** spielt insbesondere beim Vertrieb von beratungsintensiven Produkten eine Rolle. Um eine qualifizierte Beratung zu gewährleisten, müssen die betreffenden Händler das Produkt teurer verkaufen, weil die Beratung in den Verkaufspreis miteinfliesst. Indessen verleitet dies einerseits gewisse Händler dazu, das Produkt günstiger anzubieten und dafür die entsprechende Beratung wegzulassen, und andererseits entsteht für den Kunden dadurch die Möglichkeit, sich in einem Geschäft mit entsprechender Dienstleistung kostenlos beraten zu lassen und das Produkt hernach günstiger beim Händler ohne Beratungsdienstleistung zu kaufen. Die Händler werden dadurch allgemein gezwungen, bei Beratungs- und Servicedienstleistungen Kosten zu sparen, um das Produkt günstiger anbieten zu können, was dazu führt, dass Verkaufsförderungsmassnahmen reduziert werden und der Absatz sinkt. 2.396

Das Trittbrettfahrerproblem spielt vornehmlich bei technisch komplexen und teureren Produkten eine Rolle, welche nur selten gekauft werden und bei welchen eine Informationsasymmetrie zwischen dem Kunden und dem Händler besteht. Der Vermeidung der Trittbrettfahrerproblematik dienen in der Praxis vornehmlich Preisbindungen zweiter Hand (Resale Price Maintenance), welche den Qualitätswettbewerb mit Bezug auf Beratungs-, Service und Garantieleistungen zwischen den Händler fördern.[256] Dem Problem kann allerdings auch durch Mindestpreisvor- 2.397

---

255 RPW 2005/1 114 ff., 124.

256 Ausführlich zu dieser Thematik RPW 2005/2 260 ff., 285 ff.

schriften, Exklusivverträge und selektive Vertriebssysteme im Zusammenhang mit Wettbewerbsverboten oder Qualitätssicherungskriterien begegnet werden.

2.398 Im Zusammenhang mit dem Trittbrettfahrerproblem sind namentlich die folgenden Effizienzgründe zu berücksichtigen:

- **Point-of-sale-services-Argument:** Das Point-of-sale-services-Argument bezieht sich auf die Erhöhung des Serviceniveaus und ist auf diejenigen Produkte anwendbar, bei denen absatzfördernde Massnahmen wie Service- und Beratungsleistungen von Bedeutung sind.[257] Wesentlich für die Beurteilung sind Komplexität und Beschaffenheit der Produkte, Art und Umfang der erbrachten Serviceleistungen, Informationsstand bei den Konsumenten sowie die vorhandenen Informationsmöglichkeiten als auch die Transaktionskosten (Suchkosten).[258]
- **Quality-Certification-Argument:** Das Quality-Certification-Argument beschreibt die Situation, in der ein angesehener Händler gegenüber einem Kunden mit geringem Informationsniveau glaubhaft machen kann, ein bestimmtes Produkt genüge gewissen Qualitätsansprüchen. Einschlägig ist das Argument besonders bei Produkten, die neu auf dem Markt sind.[259]
- **Risikoallokation:** Das Argument der Risikoallokation berücksichtigt die Situation, dass bei unterschiedlichen Preisen und geringer Lieferhäufigkeit der Händler infolge Nachfrageunsicherheiten einen gewissen Warenbestand halten muss. Preisvorgaben schützen in solchen Fällen risikoaverse Händler vor Nachfrageschocks, weil sich die Preise nicht an den Marktbedingungen orientieren.[260]
- **Outlets-Hypothese:** Die Outlets-Hypothese spielt auf Märkten, in denen die Nachfrage durch die Anzahl der Verkaufsstellen steigt und sich zugleich die Nachfrage nicht durch eine Preissenkung erhöhen lässt. In solchen Fällen haben die Händler ein eigenes Interesse an der Erhöhung von Verkaufsstellen, weil sich dadurch auch der Absatz ihrer eigenen Produkte steigert. Durch die Ausschaltung des Preiswettbewerbs lässt sich sodann die optimale Händlerdichte erreichen.[261]

2.399 **Vertiefung:** Neben dem bekannten Buchpreisbindungsfall hat die WEKO die Trittbrettfahrerproblematik und die spezifisch damit in Verbindung stehenden Effizienzgründe, welche eine Preisabrede zu rechtfertigen vermögen, auch in anderen Fällen geprüft, so z.B. im Zusammenhang mit verschreibungspflichtigen Medikamenten (RPW 2010/4 649 ff., 686):

- Das Point-of-sale-services-Argument ist in der Regel bei Medikamenten nicht einschlägig, obwohl es sich dabei in der Regel um komplexe Produkte handelt und die Konsumenten über relativ wenig Vorwissen verfügen. Die notwendige Beratung erfolgt jedoch in der Regel durch den verschreibenden Arzt und wird im Rahmen seines Honorars abgegolten.

257 RPW 2010/4 649 ff., 685; RPW 2005/2 260 ff., 285.
258 RPW 2010/4 649 ff., 686.
259 RPW 2010/4 649 ff., 686.
260 RPW 2010/4 649 ff., 686.
261 RPW 2010/4 649 ff., 686.

- Das Quality-Certification-Argument findet keine Anwendung, weil abgabepflichtige Medikamente neben den Ärzten nur von Apotheken abgegeben werden und die Mindestanforderungen an den Medikamentenverkauf durch kantonale und eidgenössische Normen festgelegt wird.
- Das Argument der Risikoallokation ist nicht einschlägig, weil Medikamente täglich geliefert werden und deshalb keine Gefahr von unvorhergesehenen Nachfrage- und Publikumspreisschwankungen besteht.
- Auch die Outlet-Hypothese spielt nicht im Zusammenhang mit rezeptpflichtigen Medikamenten, weil die Nachfrage nach rezeptpflichtigen Medikamenten von deren Verschreibung und nicht von der Zahl der Verkaufsstellen abhängig ist.

dd) Problem der doppelten Marginalisierung

Das Problem der **doppelten Marginalisierung** kommt dann zum Tragen, wenn sowohl Hersteller als auch Händler über Marktmacht verfügen und deshalb einen Preisaufschlag auf das Produkt verlangen können, weil sie bezüglich der Preisfestsetzung relativ frei sind. Der doppelte Preisaufschlag führt zu Preisen, welche höher sind, als wenn ein einzelner Monopolist den gesamten Herstellungs- und Vertreibungsprozess dominieren würde.[262] Preisbindungen zweiter Hand können geeignet sein, diesem Problem entgegenzuwirken. Bei der Prüfung des Rechtfertigungsgrundes ist indessen immer zu beachten, dass sich das Problem der doppelten Marginalisierung oftmals durch mildere Massnahmen lösen lässt, so beispielsweise durch die Vereinbarung von Mindestabnahmemengen oder der Festsetzung von Einzelhandelshöchstpreisen.[263] 2.400

ee) Kasuistik zum Rechtfertigungsgrund der Verbesserung der Produkte oder des Produktionsverfahrens

In der Praxis verweisen die Beteiligten im Rahmen der Rechtfertigung oft auf eine Verbesserung der Produkte oder der Verfahren; in der Spruchpraxis der WEKO finden sich deshalb eine Reihe von Entscheiden zu diesem Thema. 2.401

Vertiefung: In der Praxis war der Rechtfertigungsgrund der Verbesserung der Produkte oder des Produktverfahrens insbesondere in folgenden Entscheiden von Bedeutung: 2.402

- Gerechtfertigt ist das Verlangen bestimmter Voraussetzungen für die Zulassung zum Vertrieb bei supportintensiven Produkten, wenn der eigentliche Vertrieb und auch die Zeit nach dem Vertrieb (z.B. durch Installation, Unterhalt, Fehlerbehebung) den Aufbau eines speziellen Supportteams bedingt. In diesem Fall wird durch die Abrede gewährleistet, dass dem Kunden durch den Händler der notwendige Support geboten wird (RPW 2010/4 640 ff., 647).
- Gerechtfertigt sein kann eine Abrede bei der Einführung eines neuen Produkts auf dem Markt, denn dadurch steigt der Wettbewerbsdruck auf dem betreffenden Markt; Innova-

262 WEBER, VertBek, 16 N 16 m.w.H.
263 RPW 2010/4 649 ff., 687; KG-KRAUSKOPF/SCHALLER, Art. 5 N 345.

tion und Effizienz werden gefördert, was idealerweise zu einer Preissenkung führt (RPW 2009/2 122 ff., 138).

- Nicht legitimiert werden kann durch diesen Rechtfertigungsgrund eine eingehaltene Preisempfehlung, denn eine solche birgt die Gefahr, dass dank den Einheitspreisen auf dem Markt auch ineffiziente Akteure überleben können und deshalb für die Marktteilnehmer keine Anreize bestehen, ihr System effizienter und kostengünstiger zu gestalten oder sich an die Präferenzen der Kunden anzupassen (RPW 2010/4 649 ff., 684 f.).
- Keine Rechtfertigung gestützt auf das Argument des Investitionsschutzes ist möglich, wenn die Exklusivvereinbarung nicht im Hinblick auf eine neue Produkteinführung abgeschlossen worden ist (RPW 2005/1 114 ff., 124).
- Keine Rechtfertigung der Nichtbelieferung von Apotheken mit Tierarzneimitteln ist möglich gestützt darauf, dass für die Verschreibung von Tierarzneien eine besonders fachkundige Beratung notwendig sei, denn es obliegt der allgemeinen, beruflichen Sorgfaltspflicht des Apothekenpersonals, die Kunden im Hinblick auf die Abgabe eines Medikaments, sei es für Mensch oder Tier, qualifiziert zu beraten (RPW 2004/4 1040 ff., 1084).

c) Förderung der Forschung oder der Verbreitung von technischem oder beruflichem Wissen

2.403 Der Rechtfertigungsgrund der Förderung der Forschung oder der Verbreitung von technischem oder beruflichem Wissen umfasst zwei verschiedene Tatbestände, einerseits die Förderung der Forschung, welche auch die Förderung der Entwicklung umfasst, und andererseits die Verbreitung von technischem oder beruflichem Wissen, soweit sich dadurch eine **brancheninterne oder branchenexterne Wirkung** ergibt.

2.404 Branchenintern ist die Wirkung, wenn sich das entsprechende Wissen innerhalb der betroffenen Branche vermehrt, branchenextern, wenn die Kunden vom verbreiterten Wissen profitieren.[264] Derartige Abreden sind beispielsweise Lizenz- und Franchising- oder Know-how-Verträge; zu denken ist jedoch ebenso an Vereinbarungen in Selektiv- und Alleinvertriebsverträgen, die eine fachgerechte Ausbildung von Händlern verlangen. Auch brancheninterne Absprachen über die gemeinsame Ausbildung von Lehrlingen oder Weiterbildung von Mitarbeitenden dienen der Verbreitung von technischem und beruflichem Wissen.[265] Bisher ungeklärt ist die Frage, ob unter den Rechtfertigungsgrund der «Verbreitung von technischem oder beruflichem Wissen» auch diejenigen Fälle zu subsumieren sind, bei denen sich die Verbreitung der von einer bestimmten Branche hergestellten Produkte positiv auf das technische oder berufliche Wissen von Konsumenten oder sonstigen Aussenstehenden auszuwirken vermag.

2.405 **Vertiefung:** Das Bundesgericht hat sich (noch) nicht dazu geäussert, ob sich die Verbreitung von technischem und beruflichem Wissen auch auf die Verbreitung von Wissen an die Konsumenten beziehen könne; die WEKO hat sie im Hinblick auf eine Preisbindung für Bücher

264 BGE 129 II 18 ff., Erw. 10.3.3; HK-Reinert, Art. 5 N 17; KG-Krauskopf/Schaller, Art. 5 N 322.

265 Von Büren/Marbach/Ducrey, N 1437.

zwischen Verlagen und Buchhändlern verneint, weil die durch die Preisbindung behauptete Vergrösserung der Titelvielfalt mit Bezug auf Fachliteratur keine direkte Effizienzwirkung zeitige (RPW 2005/2 269 ff., 307; bestätigt durch die REKO in RPW 2006/3 548 ff., 573).

Im Rahmen von **horizontalen Absprachen** kommt es oft zu Forschungs- und Entwicklungskooperationen. Unter den Rechtfertigungsgrund der Verbreitung von technischem Wissen fallen auch der gemeinsame Betrieb teurerer Anlagen zu Forschungszwecken oder der Austausch von Forschungsergebnissen.[266] Eine weitere Erscheinungsform von Forschungs- und Entwicklungskooperationen sind technische Standardisierungen, welche Kompatibilität und Interoperabilität schaffen und so die gemeinsame Forschung und Entwicklung erst ermöglichen. Als Beispiel für eine zulässige horizontale Absprache nennt die Lehre beispielsweise die Vereinbarung zur Zusammenarbeit bei der Erstellung von Statistiken im Bereich von Versicherungen.[267] 2.406

Bei **vertikalen Absprachen** spielt der Rechtfertigungsgrund in der Regel in Form der Verbreitung von technischem Wissen. Die Vertikalbekanntmachung nennt die Förderung der Übertragung von wesentlichem Know-how ausdrücklich als Beispiel für einen Rechtfertigungsgrund (Art. 16 Abs. 4 Ziff. f Vert-BK). Im Rahmen von selektiven Vertriebsverträgen lassen sich beispielsweise Abreden, welche eine fachgerechte Ausbildung von Händlern bezwecken, rechtfertigen.[268] 2.407

Sachverhalte, welche unter den Tatbestand der Förderung der Forschung und Entwicklung fallen, dienen oftmals auch der Verbesserung der Produkte bzw. Produktionsverfahren und lassen sich somit in zweifacher Hinsicht rechtfertigen. 2.408

d) Rationellere Nutzung von Ressourcen

Der Effizienzgrund der rationelleren Nutzung von Ressourcen umfasst sowohl die Nutzung unternehmerischer wie auch natürlicher Ressourcen. Das Bundesgericht subsumiert weiter öffentliche Güter und die Nutzung des in der Menschheit vorhandenen Wissens unter diesen Rechtfertigungsgrund.[269] Dabei müssen die entsprechenden Abreden jedoch einen genügend engen Zusammenhang zum Produktionsverfahren der betreffenden Betriebe haben; allgemein dem Umweltschutz dienende Absprachen sind höchstens im Rahmen von Art. 8 KG zu rechtfertigen.[270] 2.409

Die rationellere Nutzung von Ressourcen gilt sowohl bei horizontalen als auch bei vertikalen Abreden als Rechtfertigungsgrund. 2.410

Im Rahmen von vertikalen Abreden nennt die Vertikalbekanntmachung den Rechtfertigungsgrund der Sicherung von finanziellen Engagements, die durch den Kapitalmarkt nicht gesichert werden können (Ziffer 16 Abs. 4 lit. g Vert-BK). Der Begriff 2.411

266 Von Büren/Marbach/Ducrey, N 1437.
267 Zäch, N 414.
268 RPW 2010/4 649 ff., 688.
269 Buchpreisbindung, BGE 129 II 18 ff., Erw. 10.3.3.
270 Gutachten der Wettbewerbskommission vom 20. Dezember 2004 zum Klimarappenprojekt, RPW 2005/1 239 ff.; RPW 2005/2 251 ff., 267.

des finanziellen Engagements ist weit zu verstehen und umfasst neben Darlehen auch Gebrauchsleihen und sonstige geldwerte Leistungen.

2.412 **Vertiefung:** Der Rechtfertigungsgrund der rationelleren Nutzung von Ressourcen hat die WEKO in den folgenden Sachverhalten untersucht:

- Keine Rechtfertigung einer unbefristeten Exklusivvereinbarung, welche mit einem Darlehen verknüpft war, weil keine vorzeitige Ausstiegsklausel beim Bezahlen der Restschuld – fehlende Notwendigkeit wegen Vorhandenseins einer milderen Massnahme – bestand (RPW 2005/1 114 ff., 124).
- Keine Rechtfertigung einer Preisabrede zwischen Verlegern und Buchhändlern, weil durch die Abrede keine direkte Effizienzsteigerung bei der Verbreitung der ideellen Ressource «Wissen» vorlag; indessen ist nicht ausgeschlossen, dass unter dem Begriff «Ressource» auch die Nutzung des in der Menschheit verbreiteten Wissens gesehen werden kann (BGE 129 II 18 ff., Erw. 10.3.3; RPW 2005/2 269 ff., 308).
- Rechtfertigung einer Abrede über die vorgezogene Entsorgungsgebühr von Elektrogeräten, weil dadurch die Rücklaufquote von Altgeräten gesteigert wird; zudem spielte der Rechtfertigungsgrund der Senkung der Herstellungskosten eine Rolle, denn darunter fällt auch die Senkung der Herstellungskosten für die Entsorgung eines bestimmten Altstoffs (RPW 2005/1 239 ff., 265 und RPW 2002/2 246 ff., 259).

2.413 **Fallbeispiel: Buchpreisbindung, BGE 129 II 18 ff. und BGer 2A.430/2006 vom 6. Februar 2007**

Einer der berühmtesten Kartellrechtsfälle, welcher wohl auch die meisten Gerichtsinstanzen beschäftigt hat, ist der Buchpreisbindungsfall. Ursprung war das sog. «Sammelrevers von 1993 für den Verkauf preisgebundener Verlagserzeugnisse in der Schweiz», mit welchem die Verkaufspreise für rund 90% der in der Deutschschweiz verkauften Bücher festgelegt wurde. Dazu schlossen die jeweiligen Verlage mit den Buchhändlern individuelle Preisbindungsverträge ab, welche die Buchhändler zu gewissen Mindestpreisen verpflichteten.

Im Jahr 1999 erklärte die WEKO die Preisbindung für unzulässig, wobei sie neben einer vertikalen Abrede (welche damals noch nicht als hartes Kartell galt) auch zwei horizontale Abreden zwischen den Verlagen einerseits und den Buchhändlern andererseits identifizierte. Während die damalige REKO den Entscheid der WEKO stützte, befand das Bundesgericht, dass sich die Vermutung der Wettbewerbsbeseitigung durch das Bestehen von genügend Innenwettbewerb umstossen liesse; im konkreten Markt bestünden neben dem Preis noch zahlreiche weitere Wettbewerbsparameter wie z.B. Qualität oder Servicedienstleistungen, bezüglich derer sich die Buchhändler konkurrierten. Die WEKO prüfte sodann das Vorliegen einer erheblichen Wettbewerbsabrede i.S.v. Art. 5 Abs. 1 KG und sah diese als gegeben an. Weil keine Rechtfertigung gestützt auf das Vorliegen von Effizienzgründen vorlag, betrachtete sie die Buchpreisbindung gleichwohl als unzulässig. Die REKO und das zweite Mal auch das Bundesgericht schützten den Entscheid der WEKO. Die Buchhändler gelangten schliesslich mit einem Gesuch um ausnahmsweise Zulassung nach Art. 8 KG an den Bundesrat, welcher das Gesuch jedoch abwies.

(Die Entscheide der Instanzen finden sich in: RPW 1999/3 441 ff.; RPW 2001/2 381 ff; RPW 2002/4 731 ff., RPW 2005/2 269 ff., RPW 2006/3 548 ff. und RPW 2007/1 129 ff.).[271]

3. Besondere Rechtfertigungsgründe bei vertikalen Abreden

Wie erwähnt enthält die Vertikalbekanntmachung in Ziffer 16 besondere Rechtfertigungsgründe für Vertikalabreden. Neben den genannten Konkretisierungen der Rechtfertigungsgründe von Art. 5 Abs. 2 KG enthält Ziffer 16 Abs. 2 Vert-BK eine vermutungsweise Rechtfertigung aufgrund von geringen Marktanteilen. 2.414

Nach Ziffer 16 Abs. 2 Vert-BK gilt eine Abrede ohne Einzelfallprüfung vermutungsweise als gerechtfertigt, wenn der **Marktanteil** der beteiligten Unternehmen auf dem relevanten Markt nicht mehr als **30%** beträgt. Wenn eine Abrede indessen als qualitativ schwer im Sinne von Ziffer 12 Abs. 2 Vert-BK zu beurteilen ist oder sich die Abrede zusammen mit anderen kumulativ auf dem Markt auswirkt, ist eine Prüfung nach Art. 5 Abs. 2 KG vorzunehmen.[272] 2.415

4. Weitere Rechtfertigungsgründe

Nach Art. 6 KG kann der Bundesrat durch Verordnungen oder die WEKO durch allgemeine Bekanntmachungen die Voraussetzungen umschreiben, unter denen einzelne Arten von Wettbewerbsabreden aus Gründen der wirtschaftlichen Effizienz normalerweise als gerechtfertigt gelten. 2.416

Die WEKO hat gestützt auf diese Ermächtigung bereits einige Bekanntmachungen erlassen, die nachfolgend zu erörtern sind. 2.417

G. Konkretisierung durch Bekanntmachungen und Richtlinien

1. Gesetzliche Regelung

Die WEKO hat nach Art. 6 Abs. 1 KG die Befugnis, Voraussetzungen für die Zulassung von gewissen Wettbewerbsabreden im Hinblick auf die wirtschaftliche Effizienz zu erlassen. Art. 6 KG entspricht grundsätzlich dem Regelungsgedanken der europäischen Gruppenfreistellungsverordnungen (GVO), welche eine generell- 2.418

---

271 Zum Verfahren vgl. auch Howald Samuel, Das Projekt Buchpreisbindungsgesetz sollte ad acta gelegt werden, in: Jusletter vom 23. November 2009.

272 Von Büren/Marbach/Ducrey, N 1439; Weber, VertBek, 16 N 4.

abstrakte Umschreibung der zulässigen Wettbewerbsbeschränkungen im Sinne von Art. 5 Abs. 2 KG anbieten möchten.[273]

2.419 Neben der WEKO hat auch der Bundesrat die Möglichkeit, Konkretisierungen zu Art. 5 Abs. 1 KG im Rahmen von Verordnungen zu erlassen. Bis anhin hat der Bundesrat von dieser Kompetenz indessen noch keinen Gebrauch gemacht, weshalb nachfolgend auf diese Variante nicht weiter einzugehen ist.

2. Von Art. 6 KG erfasste Kooperationsformen

a) Allgemeines

2.420 Nach Art. 6 Abs. 1 KG können Verordnungen oder Bekanntmachungen namentlich Abreden im Bereich Forschung und Entwicklung, Abreden über die Spezialisierung und Rationalisierung, Alleinbezugsabreden, Abreden über Exklusivlizenzen im Rahmen des geistigen Eigentums sowie Abreden zur Stärkung von kleinen und mittleren Unternehmen betreffen. Die Aufzählung der Kooperationsformen in Art. 6 Abs. 1 KG ist nicht abschliessend.[274]

2.421 Nach Art. 6 Abs. 2 KG sind Kooperationsformen gewisser Wirtschaftszweige gesondert durch Bekanntmachungen oder Vereinbarungen zu konkretisieren; das Gesetz nennt als Beispiel die Möglichkeit, Abreden über die rationellere Umsetzung öffentlich-rechtlicher Vorschriften zum Schutz von Kunden oder Anlegern im Finanzmarktbereich zu treffen.

2.422 Bei den genannten Verordnungen und Bekanntmachungen handelt es sich um die Entsprechung zu den Gruppenfreistellungsverordnungen der Europäischen Kommission. Der wesentliche Unterschied zu den Verordnungen der Europäischen Union liegt darin, dass die Bekanntmachungen der WEKO lediglich der Rechtssicherheit dienen und die Praxis bzw. die Ansicht der Behörde wiedergeben. Die Gerichte sind an die Richtlinien nicht gebunden; diese haben mithin **keine Legalisierungswirkung.**

2.423 Bei den in Art. 6 Abs. 1 und 2 KG genannten Bereichen handelt es sich nicht um eine Prioritätenliste, für welche der Erlass von Verordnungen oder Bekanntmachungen zwingend wäre; die WEKO hat bis anhin Bekanntmachungen erlassen, wenn sie aufgrund ihrer gesammelten praktischen Erfahrung konkrete Kriterien abzuleiten vermochte.[275]

2.424 Diese Praxis der WEKO ist zu begrüssen, denn zu detaillierte oder konkrete Bestimmungen der Behörden können die **Entdeckungsfunktion** des Wettbewerbs gefährden;[276] zudem besteht die Gefahr, dass eine vorschnelle Regelung, welche

273 WEBER/VLCEK, 54.
274 BORER, Art. 6 N 7.
275 HK-REINERT, Art. 6 N 8.
276 ZÄCH, N 506; WEBER/VLCEK, 54; KG-MEINHARDT/HUFSCHMID, Art. 6 N 5.

sich nicht auf aus der Praxis gezogene Lehren stützt, praktische Regulierungsfehler enthält.[277]

b) Abreden über die Zusammenarbeit bei der Forschung und Entwicklung

Nach Art. 6 Abs. 1 lit. a KG können Abreden über die Zusammenarbeit in der Forschung und Entwicklung aus Gründen der wirtschaftlichen Effizienz gerechtfertigt sein. Es handelt sich bei den betreffenden Abreden um Kooperationsformen, welche die Auslagerung oder Zusammenlegung der Tätigkeiten auf dem Gebiet der Forschung und Entwicklung zum Gegenstand haben.[278] 2.425

Solche Zusammenarbeitsformen ermöglichen es den beteiligten Parteien, ihr Forschungs- und Entwicklungspotenzial zusammenzulegen und dadurch Kosten zu sparen; durch die entstehenden Synergien wird die Innovation gefördert. Von Bedeutung sind solche Zusammenarbeitsformen insbesondere für kleine und mittlere Unternehmen («KMU»), welche sich aufgrund ihrer begrenzten Finanzkraft teure Forschungs- oder Entwicklungsprojekte oft nicht alleine leisten könnten.[279] 2.426

Eine Zusammenarbeit in der Forschung und Entwicklung darf jedoch keinesfalls dazu führen, dass der Wettbewerb auf der Stufe der Forschung beeinträchtigt wird.[280] Zu unterlassen ist einerseits die Folge, dass durch die Zusammenarbeit der Wettbewerb der Beteiligten auf der Stufe der Produkte durch Preis- oder Mengenabsprachen beeinträchtigt wird;[281] andererseits ist zu vermeiden, dass es den kooperierenden Parteien möglich ist, aufgrund der Zusammenarbeit einen technologischen, immaterialgüterrechtlich geschützten Vorsprung zu erarbeiten, welcher eine Marktabschottung gegenüber anderen Wettbewerbern ermöglicht.[282] 2.427

Die WEKO hat im Bereich der Zusammenarbeit auf dem Gebiet der Forschung und Entwicklung keine spezielle Bekanntmachung erlassen. Gewisse Hinweise zu Forschungs- und Entwicklungsabreden finden sich indessen in der KMU-Bekanntmachung.[283] 2.428

---

277 KG-Meinhardt/Hufschmid, Art. 6 N 5.
278 KG-Meinhardt/Hufschmid, Art. 6 N 24.
279 KG-Meinhardt/Hufschmid, Art. 6 N 28.
280 Borer, Art. 6 N 8; HK-Reinert, Art. 6 N 10.
281 Borer, Art. 6 N 8.
282 KG-Meinhardt/Hufschmid, Art. 6 N 33.
283 Vgl. dazu hinten N 2.470.

2.429 **Praxistipp:**

Dass in der Praxis der WEKO Forschungs- und Entwicklungskooperationen bis anhin wenig thematisiert wurden, heisst nicht, dass sie nicht von Bedeutung wären. Oft verweisen die an einer Abrede beteiligten Unternehmen indessen zur Rechtfertigung einer Wettbewerbsabrede auf den Grund der «Verbesserung der Produkte oder Produktion» hin, welcher Forschungs- und Entwicklungszwecke beinhaltet.

c) Abreden über die Spezialisierung und Rationalisierung einschliesslich diesbezügliche Abreden über Kalkulationshilfen

2.430 Als gerechtfertigte Wettbewerbsabreden gelten nach Art. 6 Abs. 1 lit. b KG auch Abreden über die Spezialisierung und Rationalisierung, einschliesslich der Abreden über Kalkulationshilfen.

aa) Abreden über die Rationalisierung

2.431 Rationalisierungsabreden erfassen Abreden über die einheitliche Anwendung von Typen und Normen, Vereinbarungen über den zwischenbetrieblichen Informationsaustausch, aber auch Einkaufs-, und Vermarktungskooperationen.[284] Charakteristisch für Rationalisierungsvereinbarungen ist, dass sie den beteiligten Unternehmen eine Kosteneinsparung ermöglichen.[285]

2.432 **Vereinbarungen über Typen und Normen** (sog. **«Standards»**) sind wettbewerbsfördernd, weil aufgrund der Vereinheitlichung die Kompatibilität der Produkte sichergestellt und dadurch der Wettbewerb zwischen den Herstellern gefördert wird.[286] Standardisierungsvereinbarungen sind indessen dann wettbewerbsrechtlich bedenklich, wenn sie dazu führen, dass es durch die Standardisierung zu einer Marktabschottung kommt oder wenn die entsprechenden Vorgaben faktisch zur Beschränkung des Imports verwendet werden.[287]

2.433 **Vereinbarungen über den Informationsaustausch** umfassen oft Forschungsdaten oder Statistiken, welche die Erstellung von Marktstudien oder sonstigen einzel- oder branchenübergreifenden Vergleichsstudien ermöglichen.[288] Der Informationsaustausch wirkt auf der einen Seite deshalb wettbewerbsfördernd, weil sich das Vorhandensein von Information positiv auf die Markttransparenz auswirkt; auf der anderen Seite ermöglicht oder fördert er aber das Parallelverhalten und abgestimmte Verhaltensweisen von Unternehmen. Der Informationsaustausch ist in der

---

284 HK-Reinert, Art. 6 N 12.
285 HK-Reinert, Art. 6 N 12.
286 HK-Reinert, Art. 6 N 13.
287 KG-Meinhardt/Hufschmid, Art. 6 N 140.
288 KG-Meinhardt/Hufschmid, Art. 6 N 153.

Praxis von grosser Relevanz und war schon oft Thema von Entscheidungen der WEKO.[289]

Einkaufsvereinbarungen oder -kooperationen sind Vereinbarungen zum Zwecke der gemeinsamen Produktionsmittelbeschaffung, um die mit dem höheren Bestellvolumen einhergehenden Grössenvorteile zu nutzen. Vermarktungsvereinbarungen umfassen sämtliche Zusammenarbeitsformen im Bereich Verkauf, Vertrieb sowie Produktförderung.[290] Solche Vereinbarungen sind grundsätzlich zulässig, soweit die Zusammenarbeit nicht dazu führt, dass sich die beteiligten Unternehmen über Preise oder Geschäftspartner absprechen. 2.434

bb) Abreden über die Spezialisierung

Spezialisierungsvereinbarungen sind Abreden zwischen zwei oder mehreren Unternehmen darüber, dass die Produktion eines Erzeugnisses einem Unternehmen überlassen wird, welches hernach die übrigen Unternehmen damit beliefert. Spezialisierungsvereinbarungen unterscheiden sich von herkömmlichen Zuliefervereinbarungen durch das Erfordernis der Einstellung der eigenen Produktion.[291] 2.435

Vereinbarungen über Spezialisierungen haben oft prokompetitive Wirkung, weil sie es den beteiligten Unternehmen ermöglichen, Grössen- und Verbundsvorteile zu nutzen, welche ansonsten mangels erforderlicher Grösse nicht realisierbar wären; auf diese Weise generierte Einsparungen werden in der Regel an den Endverbraucher weitergegeben.[292] Spezialisierungsvereinbarungen sind denn auch in Art. 6 Abs. 1 lit. b KG ausdrücklich als grundsätzlich zur Rechtfertigung geeignete Kooperationsform genannt.[293] 2.436

Vertiefung: Die im Rahmen von Spezialisierungsvereinbarungen ausgemachten Bedingungen vermögen im Einzelfall wettbewerbsbeschränkende Wirkung zu entfalten; unproblematisch sind in der Regel Vereinbarungen, welche die folgenden Sachverhalte betreffen:[294] 2.437

- **Keine Wettbewerber:** Unerheblich sind Wettbewerbsauswirkungen, wenn die Beteiligten nicht dieselben Endprodukte fertigen und deshalb keine Wettbewerber sind.
- **Beschränkung auf Zwischenprodukte:** Unproblematisch sind die Wettbewerbsauswirkungen, wenn sich die Vereinbarung auf Zwischenprodukte oder -dienstleistungen beschränkt, die für das Endprodukt einen geringen wertmässigen Teil ausmachen. Der Anteil bemisst sich nach dem jeweiligen Kostenanteil am Endprodukt.
- **Beschränkung auf gemeinsame Benutzung:** Problemlos möglich sind Vereinbarungen, welche sich auf die blosse gemeinsame Benutzung von Produktionsanlagen, Lager- oder

---

289 Vgl. dazu vorne N 2.127.

290 KG-Meinhardt/Hufschmid, Art. 6 N 111.

291 Meinhardt/Prümmer, N 9.56.

292 KG-Meinhardt/Hufschmid, Art. 6 N 59.

293 Anders als die Europäische Union (vgl. dazu die revidierte Verordnung ABl. L 335 vom 18. Dezember 2010, 43) hat die WEKO indessen zu den Spezialisierungsvereinbarungen keine gesonderte Bekanntmachung erlassen.

294 Vgl. dazu auch KG-Meinhardt/Hufschmid, Art. 6 N 62 ff.; weiter Meinhardt/Prümmer, N 9.59.

Transporteinrichtungen beschränken; in der Regel handelt es sich dabei nicht um Wettbewerbsabreden i.S.v. Art. 5 Abs. 1 KG, soweit sich die entsprechende Vereinbarung auf organisatorische oder technische Regelungen zur Benutzung der Anlage begrenzt.

cc) Abreden über die Verwendung von Kalkulationshilfen

2.438 Die Formulierung über die Kalkulationshilfen fand erst im Rahmen der parlamentarischen Beratung Eingang in den Gesetzestext.[295] Kalkulationshilfen sind wettbewerbsrechtlich deshalb bedenklich, weil sie es den Anwendern erlauben, das Verhalten ihrer Konkurrenten abzuschätzen und sich dadurch untereinander bewusst oder unbewusst abzustimmen, was eine unzulässige Preisabrede im Sinne von Art. 5 Abs. 3 KG darstellen würde. Zur Sicherstellung der Rechtssicherheit – insbesondere in Hinblick auf Kalkulationshilfen von Verbänden – hat die WEKO zur Verwendung von Kalkulationshilfen eine Bekanntmachung erlassen.[296]

d) Abreden über den ausschliesslichen Bezug oder Absatz bestimmter Waren oder Dienstleistungen

2.439 Bei den Abreden nach Art. 6 Abs. 1 lit. c KG über den ausschliesslichen Bezug oder den Absatz von Waren oder Dienstleistungen handelt es sich in der Regel um vertikale Vereinbarungen; dazu hat die WEKO insbesondere die Vertikalbekanntmachung erlassen.[297]

e) Lizenzvereinbarungen

2.440 Nach Art. 6 Abs. 1 lit. d KG sind auch Abreden über die ausschliessliche Lizenzierung von Rechten des geistigen Eigentums grundsätzlich geeignet, allfällige Wettbewerbsabreden zu rechtfertigen. Die WEKO hat zu diesem Themengebiet bis anhin noch keine Bekanntmachung erlassen.

2.441 Die Vereinbarung von Exklusivlizenzen ist deshalb wettbewerbsfördernd, weil durch die Einräumung einer Lizenz der Vertrieb von Produkten in Gebiete ermöglicht wird, in welchen der Lizenzgeber selbst nicht tätig ist oder tätig sein möchte.[298]

2.442 Als Orientierungshilfe lässt sich die europäische Gruppenfreistellung über den Technologietransfer[299] heranziehen. Danach sind Technologie-Transfervereinbarungen über die Produktion und den Vertrieb von Vertragsprodukten grundsätzlich zulässig, wenn der gemeinsame Marktanteil der Parteien auf den relevanten Märkten 20% nicht überschreitet und wenn es sich bei den Betroffenen um Wettbewerber handelt. Stehen die Parteien nicht miteinander im Wettbewerb, liegt die Marktanteilsschwelle bei 30%. Technologie-Transfervereinbarungen, welche die Festle-

---

295 Borer, Art. 6 N 10; HK-Reinert, Art. 6 N 17.
296 Zur näheren Erläuterung vgl. hinten N 2.457.
297 Zur näheren Erläuterung vgl. hinten N 2.461.
298 HK-Reinert, Art. 6 N 21.
299 Technologie-GVO, N 10.

gung von Preisen oder die Zuordnung von Kunden oder Märkten zum Inhalt haben, sind von der Freistellung nicht erfasst; zulässig sind nur Vereinbarungen, welche nicht weiter gehen als dies für die Verbesserung der Produktion oder des Vertriebs erforderlich ist.[300]

Abreden, welche nach der europäischen Technologietransfer-Verordnung freigestellt werden können, dürften auch nach schweizerischem Recht zulässig sein.[301] Bis anhin haben Vereinbarungen über ausschliessliche Lizenzierungen in der Praxis der WEKO kaum je eine Rolle gespielt.[302] 2.443

f) Abreden zur Verbesserung der Wettbewerbsfähigkeit von KMU

Die Bestimmung von Art. 6 Abs. 1 lit. e KG bezüglich der Rechtfertigung von Abreden, welche zum Zweck haben, die Wettbewerbsfähigkeit kleinerer und mittlerer Unternehmen zu verbessern, und welche nur eine beschränkte Marktauswirkung aufweisen, wurde erst im Rahmen der Kartellrechtsrevision im Jahre 2003 ins Gesetz aufgenommen. Dadurch sollte die Wirkung der neu ausdrücklich geregelten Bestimmungen über vertikale Wettbewerbsabreden auf kleinere und mittlere Unternehmen abgeschwächt werden. Die WEKO hat in Konkretisierung der Bestimmung die sog. KMU-Bekanntmachung erlassen.[303] 2.444

g) Branchenspezifische Kooperationsformen

Neben bestimmten Arten von Abreden erfasst Art. 6 Abs. 2 KG auch die Möglichkeit der besonderen Regelung von branchenspezifischen Kooperationsformen. Das Gesetz verweist ausdrücklich auf eine mögliche Branchenregulierung im Finanz- oder Versicherungsbereich; dadurch sollte insbesondere eine Regelung für der staatlichen Aufsicht unterstehende Branchen ermöglicht werden.[304] Die Aufzählung der Branchen ist jedoch bloss beispielhaft und keinesfalls abschliessend zu verstehen, denkbar ist auch eine Konkretisierung für Branchen, welche nicht der staatlichen Aufsicht unterstehen. 2.445

Die WEKO erliess branchentechnisch bis anhin eine Bekanntmachung für die Automobilbranche sowie eine für die Sportartikelbranche.[305] 2.446

---

300 Borer, Art. 6 N 29.
301 Borer, Art. 6 N 29; HK-Reinert, Art. 6 N 22.
302 Hilty, Art. 6 N 33.
303 Zur näheren Erläuterung vgl. hinten N 2.470.
304 Botschaft, 564; HK-Reinert, Art. 6 N 27.
305 Weber/Vlcek, 54; Borer, Art. 6 N 31; vgl. dazu hinten N 2.451 und N 2.465.

2.447 **Praxistipp:**

Die genannten Formen von Kooperationsverträgen fallen in der Praxis oft unter den Tatbestand des Unternehmenszusammenschlusses nach Art. 4 Abs. 3 KG. Die WEKO prüft in der Regel vorab das Vorliegen eines Unternehmenszusammenschlusses und bei Verneinen eines solchen das Vorhandensein einer Wettbewerbsabrede nach Art. 4 Abs. 1 KG (z.B. RPW 1998/1 20 ff., 21).

3. Überblick über die Bekanntmachungen

a) Einleitung

2.448 Die Bekanntmachungen können inhaltlich sowohl gewisse Voraussetzungen enthalten, bei deren Vorliegen in der Regel eine Rechtfertigung anzunehmen ist (sog. White List), denkbar ist aber auch die Formulierung von Bedingungen, nach welchen wahrscheinlich keine Rechtfertigung aus Gründen der wirtschaftlichen Effizienz möglich sein wird (sog. Gray List). Weil das Schweizer Recht jedoch eine Missbrauchsgesetzgebung kennt, ist es grundsätzlich nicht möglich, sog. Schwarze Klauseln zu formulieren, bei deren Vorhandensein per se von einer wettbewerbsrechtlichen Unzulässigkeit auszugehen ist. Die in Ziffer 12 Abs. 2 Vert-BK statuierten Abreden sind als qualitativ schwerwiegend zu qualifizieren; damit solche Abreden unzulässig sind, müssen sie jedoch auch von einer gewissen quantitativen Erheblichkeit sein, doch können an die quantitativen Voraussetzungen geringfügigere Anforderungen gestellt werden.[306]

2.449 Die WEKO hat bis heute fünf Bekanntmachungen erlassen:

- Bekanntmachung bezüglich Homologation und Sponsoring bei Sportartikeln;[307]
- Bekanntmachung betreffend die Voraussetzungen für die kartellrechtliche Zulässigkeit von Abreden über die Verwendung von Kalkulationshilfen;[308]
- Bekanntmachung über die wettbewerbsrechtliche Behandlung von vertikalen Abreden im Kraftfahrzeughandel – Kfz-Bekanntmachung;[309]
- Bekanntmachung betreffend Abreden mit beschränkter Marktwirkung – KMU-Bekanntmachung;[310]

306 Weber, VertBek, 12 N 9 f.; Neff, KG-Art. 6 N 8; Graber, N 13; a.A. wohl HK-Reinert, Art. 6 N 7.

307 RPW 1998/1 154 ff. und 165 ff.

308 RPW 1998/2 351 ff. und 359 ff.

309 RPW 2002/4 770 ff. und RPW 2010/3 624 ff.

310 RPW 2006/1 209 ff.

- Bekanntmachung über die wettbewerbsrechtliche Behandlung vertikaler Abreden – Vertikalbekanntmachung.[311]

Die Bekanntmachungen der WEKO enthalten insbesondere Konkretisierungen im Hinblick darauf, wie die WEKO Art. 5 KG in verschiedenen Situationen auszulegen gedenkt.[312] Zu beachten ist jedoch, dass diese Bekanntmachungen nicht rechtlich bindend sind, denn die WEKO besitzt keinerlei Rechtssetzungskompetenz. Es handelt sich lediglich um Richtlinien, welche den betroffenen Unternehmen Hinweise geben, wie die WEKO gewisse Abreden interpretiert; aufgrund des Vertrauensprinzips sind die Richtlinien für die WEKO faktisch aber bindend. Indessen sind die Gerichte nicht an die Auslegung gebunden.[313] Gleichwohl halten sich insbesondere die unteren Zivilgerichte an die Vorschriften der einschlägigen Bekanntmachungen. 2.450

b) Homologation und Sponsoring

Die Bekanntmachung «Homologation und Sponsoring von Sportartikeln» vom 15. Dezember 1997 ist anwendbar auf Abreden über Homologation und Sponsoring im Sportartikelbereich, soweit diese Abreden den Wettbewerb auf dem Sportartikelmarkt regeln oder beeinflussen. Bei der Bekanntmachung handelt es sich um eine Bekanntmachung im Sinne von Art. 6 Abs. 2 KG, welche für eine bestimmte Branche – vorliegend die Sportartikelbranche – Geltung beansprucht.[314] 2.451

Die Bekanntmachung umfasst grundsätzlich zwei Begriffe: 2.452

- **Homologation:** Zulassung eines Sportartikels für den Einsatz an Turnieren und Wettkämpfen; die Zulassung erfolgt gestützt darauf, dass der Sportartikel bestimmte definierte Qualitätseigenschaften aufweist (Ziff. 2);
- **Sponsoring:** Der Sponsor fördert die betreffende Sportart oder den betreffenden Sportverband mit Geld, Sach- oder Dienstleistungen; er erhält dafür Werbeleistungen, namentlich verpflichtet sich der betreffende Sportverband, den Namen und die Marke des Sponsors in seinen öffentlichkeitswirksamen Tätigkeiten zu nennen (Ziff. 3).

Die Homologations-Bekanntmachung bezeichnet Homologations- und Sponsoringabreden als erhebliche Wettbewerbsbeschränkungen und erklärt hernach gewisse Beschränkungen als in der Regel gerechtfertigt oder nicht gerechtfertigt. 2.453

Gerechtfertigt sind Homologationsabreden in den folgenden Fällen: 2.454

- Die Homologation steht jedem Sportartikelhersteller zu gleichen Bedingungen offen.

311 RPW 2010/3 606 ff.
312 Krauskopf/Kaufmann, 76.
313 David/Jacobs, N 646.
314 Weber/Vlcek, 54.

- Die Homologationsprüfung ist für jeden Sportartikel, für dessen Kategorie eine Homologation vorgesehen ist, zu jeder Zeit offen.
- Die Homologationsprüfung wird zeitlich so durchgeführt, dass noch nicht homologierte Produkte rechtzeitig vor der Sportsaison als homologiert auf dem Markt angeboten werden können.

2.455 Sponsoringabreden, welche die Verwendung von Sportartikeln an offiziellen Turnieren und Wettkämpfen vom Sponsoring abhängig machen, sind gerechtfertigt, wenn:

- jeder Sportartikellieferant zu gleichen Bedingungen Sponsor werden kann;
- bei einer Beschränkung auf ausgewählte Lieferanten oder einen Exklusivpartner die Auswahl nach Kriterien erfolgt, deren Erfüllung sachlich überprüfbar ist, und wenn Vertragsdauer und Vergabeverfahren so angesetzt werden, dass regelmässig eine Wettbewerbssituation entsteht;
- die exklusive Verwendung der Produkte eines Sponsors sich auf ein Turnier oder eine andere offizielle Veranstaltung beschränkt, die einmalig oder nur in grösseren Abständen organisiert wird und sich nicht auf einen grösseren Zeitraum erstreckt.

2.456 Nicht gerechtfertigt sind:

- Homologationsabreden, wenn sie nur Sportartikel mit internationalem Renommee oder nur Sportartikel von Lieferanten, die über ein nationales Vertriebsnetz verfügen, für offizielle Turniere oder Wettkämpfe zulassen;
- Sponsoringabreden, welche die Verwendung von Sportartikeln bei offiziellen Turnieren oder Wettkämpfen vom Sponsoring abhängig machen, sofern sich die exklusive Verwendung von Sportartikeln eines oder ausgewählter Sponsoren auf den ganzen regelmässigen Turnier- oder Wettkampfbetrieb eines Jahres oder einer Saison oder grosser Teile davon erstreckt.

c) Kalkulationshilfen

2.457 Die Bekanntmachung der WEKO bezüglich der «Voraussetzungen für die Zulässigkeit von Abreden über die Verwendung von Kalkulationshilfen» vom 4. Mai 1998 soll klarstellen, wann und unter welchen Voraussetzungen die Verwendung von Kalkulationshilfen, welche von Wirtschaftsverbänden und Branchenverbänden herausgegeben werden, zulässig ist. Die Bekanntmachung findet Anwendung auf Abreden von Unternehmen gleicher Marktstufen, unabhängig von einer allfälligen Beteiligung von Branchenverbänden oder sonstigen Dritten bei der Verwendung von Kalkulationshilfen.

2.458 Als Kalkulationshilfen im Sinne der Bekanntmachung gelten nach deren Art. 2 in allgemeiner Form abgefasste Hinweise und rechnerische Grundlagen, welche den Anwendern erlauben, die Kosten von Produkten oder die Erbringung von Dienstleistungen im Hinblick auf die Preisbestimmung zu berechnen oder zu schätzen. Erfasst sind von der Bekanntmachung nur Kalkulationshilfen, welche zu horizontalen Abreden führen; dazu zählen auch Kalkulationshilfen, welche vermittelnd von Branchenverbänden oder sonstigen Dritten herausgegeben werden (Art. 1). In Art. 3 und 4 der Bekanntmachung sind Abreden über den Gebrauch von Kalkulationshilfen aufgezählt, welche vermutungsweise als gerechtfertigt bzw. nicht gerechtfertigt gelten.

Aus Gründen der wirtschaftlichen Effizienz lassen sich insbesondere die folgenden Abreden rechtfertigen (Art. 3): 2.459

- Inhaltliche Beschränkung der Kalkulationshilfen auf Angaben und Formeln zur Kalkulation der Kosten und Bestimmung der Preise (lit. a);
- Bewirkung des Austausches von Wissen und Fähigkeiten der Beteiligten im Bereich von Kostenrechnung und Kalkulation (lit. b);

Zudem sind Abreden unter den folgenden Voraussetzungen unproblematisch (Art. 3):

- Die Beteiligten verfügen über Freiheiten bei der Bestimmung von Leistungs- und Lieferkonditionen und Abnehmerpreisen sowie bei der Gewährung von Rabatten und anderen Preisabschlägen (lit. c);
- Die Kalkulationshilfen beinhalten keinen Austausch von Informationen, die Aufschluss über das effektive Verhalten von einzelnen Beteiligten in der Offertstellung bzw. bezüglich der Bestimmung von Endpreisen und Konditionen geben können (lit. d).

Als nicht gerechtfertigt aus Gründen der wirtschaftlichen Effizienz gelten indessen die folgenden Abreden (Art. 4): 2.460

- Wenn sie den Beteiligten pauschale Beträge oder pauschale Prozentsätze für Gemeinkostenzuschläge und andere Kostenzuschläge zur Bestimmung der Selbstkosten vorgeben oder vorschlagen (lit. a);
- Wenn sie den Beteiligten Margen, Rabatte, andere Preisbestandteile oder Endpreise vorgeben oder vorschlagen (lit. b);
- Wenn sie den Beteiligten in anderer Form Aufschluss über das effektive Verhalten von einzelnen Beteiligten in der Offertstellung beziehungsweise bezüglich der Bestimmung von Endpreisen und Konditionen geben können (lit. c).

d) Vertikalbekanntmachung

Die praktisch meistbeachtete Bekanntmachung der Wettbewerbskommission ist die Vertikalbekanntmachung.[315] Die WEKO hat die erste Fassung im Jahre 2002 veröffentlicht, in der Zwischenzeit hat sie die Bekanntmachung mehrfach revidiert. Die momentan aktuelle Fassung stammt vom 28. Juni 2010. 2.461

315 Ein ausführlicher Kommentar zu den einzelnen Bestimmungen findet sich in WEBER, VertBek.

2.462 Die Vertikalbekanntmachung ist im Gegensatz zu den anderen Bekanntmachungen nicht direkt gestützt auf Art. 6 KG erlassen worden, sondern in analoger Anwendung, denn inhaltlich umschreibt sie nicht vordergründig Kriterien für die Rechtfertigung von Abreden aus Gründen der wirtschaftlichen Effizienz, sondern enthält auch Kriterien zur Bewertung der Erheblichkeit bzw. der Unerheblichkeit von Wettbewerbsbeschränkungen.[316]

2.463 Die Vertikalbekanntmachung deckt grundsätzlich vier Themenbereiche ab: Sie konkretisiert die in Art. 5 Abs. 4 KG enthaltenen wettbewerbsbeseitigenden Abreden, sie umschreibt das Vorgehen zur Beurteilung der Erheblichkeit von Abreden nach Art. 5 Abs. 1 KG und erklärt gewisse Abreden von vornherein aufgrund ihrer geringen Wirkung als unerheblich. Zudem sind einzelne Rechtfertigungsgründe für Wettbewerbsbeschränkungen in Vertriebsverträgen festgehalten.

2.464 Die einschlägigen Bestimmungen der Vertikalbekanntmachung sind bereits im Rahmen der Auseinandersetzung mit den vertikalen Wettbewerbsabreden erläutert worden, weshalb an dieser Stelle nicht weiter auf spezifische Bestimmungen eingegangen wird.[317]

e) Kfz-Bekanntmachung

2.465 Die Bekanntmachung über die wettbewerbsrechtliche Behandlung von vertikalen Abreden im Kraftfahrzeughandel vom 21. Oktober 2002 orientiert sich im Wesentlichen an der entsprechenden europäischen Gruppenfreistellungsverordnung und führt damit zu einer Harmonisierung mit dem europäischen Wettbewerbsrecht.[318]

2.466 Die Kfz-Bekanntmachung ist lex specialis zur Vertikalbekanntmachung sowie zu den allgemeinen gesetzlichen Bestimmungen und kommt im Zusammenhang mit dem Vertrieb von Kraftfahrzeugen immer zur Anwendung, wenn sie sich zu einer bestimmten Frage äussert (Art. 9 Abs. 1 Vert-BK). Ansonsten gelten die üblichen gesetzlichen Bestimmungen.[319]

2.467 Die Kfz-Bekanntmachung erklärt insbesondere die nachfolgenden Absprachen als erheblich wettbewerbsbeeinträchtigend:

- Preisbindungen zweiter Hand, deren Unzulässigkeitsvermutung nach Art. 5 Abs. 4 KG widerlegt werden konnte (Ziff. 12);
- Absoluter Gebietsschutz (Passivverkaufsverbote), deren Unzulässigkeitsvermutung nach Art. 5 Abs. 4 KG widerlegt werden konnte (Ziff. 13 und Ziff. 14);
- Gewisse Fälle des relativen Gebietsschutzes (Aktivverkaufsverbote inkl. Standortklauseln) (Ziff. 14);

316 Von Büren/Marbach/Ducrey, N 1462.
317 Vgl. dazu vorne N 2.294 und N 2.340.
318 Kfz-Verordnung.
319 RPW 2012/3 540 ff., 553.

- Koppelungsabreden, welche Handelstätigkeiten mit dem Ersatzteilhandel oder den Wartungsdienstleistungen verbinden (Ziff. 15 Abs. 1);
- Vorenthaltung von gewissen relevanten Informationen (Ziff. 15 Abs. 2);
- Verbot des Mehrmarkenvertriebs, d.h. jedes mittelbare oder unmittelbare Verbot, Kraftfahrzeuge oder Ersatzteile von konkurrierenden Kraftfahrzeuglieferanten zu verkaufen oder für diese Instandsetzungs- oder Wartungsdienstleistungen zu erbringen (Ziff. 16);
- Kündigungsfristen von weniger als sechs Monaten bei einem Vertrag von mindestens fünf Jahren oder weniger als zwei Jahren bei einem unbefristeten Vertrag (Ziff. 17).

Die wichtigsten Bestimmungen der Kfz-Bekanntmachung sind bereits im Rahmen der einschlägigen kartellrechtlichen Tatbestände erläutert worden.[320] 2.468

Auf europäischer Ebene findet die bisher geltende Kfz-GVO ab dem 1. Juni 2013 keine Anwendung mehr. Die betreffenden Abreden sind dann nach der allgemeinen Gruppenfreistellungsverordnung zu beurteilen, für die Märkte für Instandhaltungs- und Wartungsdienstleistungen sowie den Vertrieb von Ersatzteilen wird die neue Kfz-GVO einschlägig sein.[321] Die WEKO hat indessen am 16. Juli 2012 entschieden, dass sie die Bekanntmachung über Kfz vorläufig unverändert beibehält. Sie äusserte sich dahingehend, dass sie den Automobilmarkt und die sich abzeichnenden Entwicklungen im Auge behalten und erst Mitte 2014 eine Neubeurteilung vornehmen will. 2.469

f) KMU-Bekanntmachung

Ziel der KMU-Bekanntmachung ist es, der speziellen Situation der kleinen und mittleren Unternehmen Rechnung zu tragen, welche sich insbesondere seit der Verschärfung der Sanktionen im Rahmen der Kartellgesetzrevision im Jahre 2003 ergaben. Aus diesem Grund wurde neu Art. 6 Abs. 1 lit. e KG ins Kartellgesetz eingefügt und in Konkretisierung der Bestimmung die Bekanntmachung betreffend Abreden mit beschränkter Marktwirkung (KMU-Bekanntmachung) vom 19. Dezember 2005 erlassen.[322] 2.470

Die KMU-Bekanntmachung ist insbesondere im Hinblick auf die Unerheblichkeit von Wettbewerbsabreden von Bedeutung, weil sie im Gegensatz zum Kartellgesetz selbst gewisse Mindestgrenzen vorsieht, bei denen Abreden im Rahmen von Wettbewerbsbeschränkungen (nicht jedoch bei Abreden nach Art. 5 Abs. 3 und 4 KG) von Anfang an als nicht erheblich gelten: 2.471

- Nach Ziff. 3 Abs. 1 lit. a wird bei horizontalen Abreden auf die Einleitung eines Verfahrens verzichtet, wenn die beteiligten Unternehmen nicht mehr als 10%

---

320 Vgl. dazu vorne N 2.340 ff.
321 RPW 2012/1 1 ff., 5.
322 Dazu Ducrey/Tagmann, 69 ff.

Marktanteil auf sich vereinigen und die Abrede der Verbesserung der Wettbewerbsfähigkeit der beteiligten Unternehmen dient.

- Nach Ziff. 4 wird auch bei Abreden zwischen Kleinstunternehmen, d.h. Unternehmen, welche höchstens 10 Mitarbeitende beschäftigen und höchstens 2 Millionen CHF Umsatz haben, auf die Einleitung eines Verfahrens in der Regel verzichtet.

2.472 Durch die Formulierung wird klar, dass es für die WEKO in Einzelfällen gleichwohl möglich sein muss, eine entsprechende Untersuchung zu eröffnen, wenn die entsprechende Abrede ausnahmsweise eine erhebliche Wettbewerbsbeschränkung zur Folge hat, d.h., die KMU-Bekanntmachung enthält keine generelle Bestimmung zur Zulässigkeit von harten Kartellen.[323]

2.473 Die einschlägigen Bestimmungen wurden bereits im Rahmen der Behandlung der horizontalen Abreden näher beleuchtet, weshalb an dieser Stelle auf die gemachten Ausführungen verwiesen werden kann.[324]

2.474 Grundsätzlich lässt sich festhalten, dass die WEKO im Hinblick auf kleine oder mittlere Unternehmen unter zwei alternativen Voraussetzungen auf die Eröffnung einer Untersuchung verzichtet, nämlich wenn es sich entweder um eine Abrede zwischen Kleinstunternehmen handelt oder aber wenn die betreffende Abrede zur Verbesserung der Wettbewerbsfähigkeit der Beteiligten führt und bloss eine beschränkte Marktwirkung hat.

---

323 Ducrey/Tagmann, 87.
324 Vgl. dazu vorne N 2.163, N 2.173.

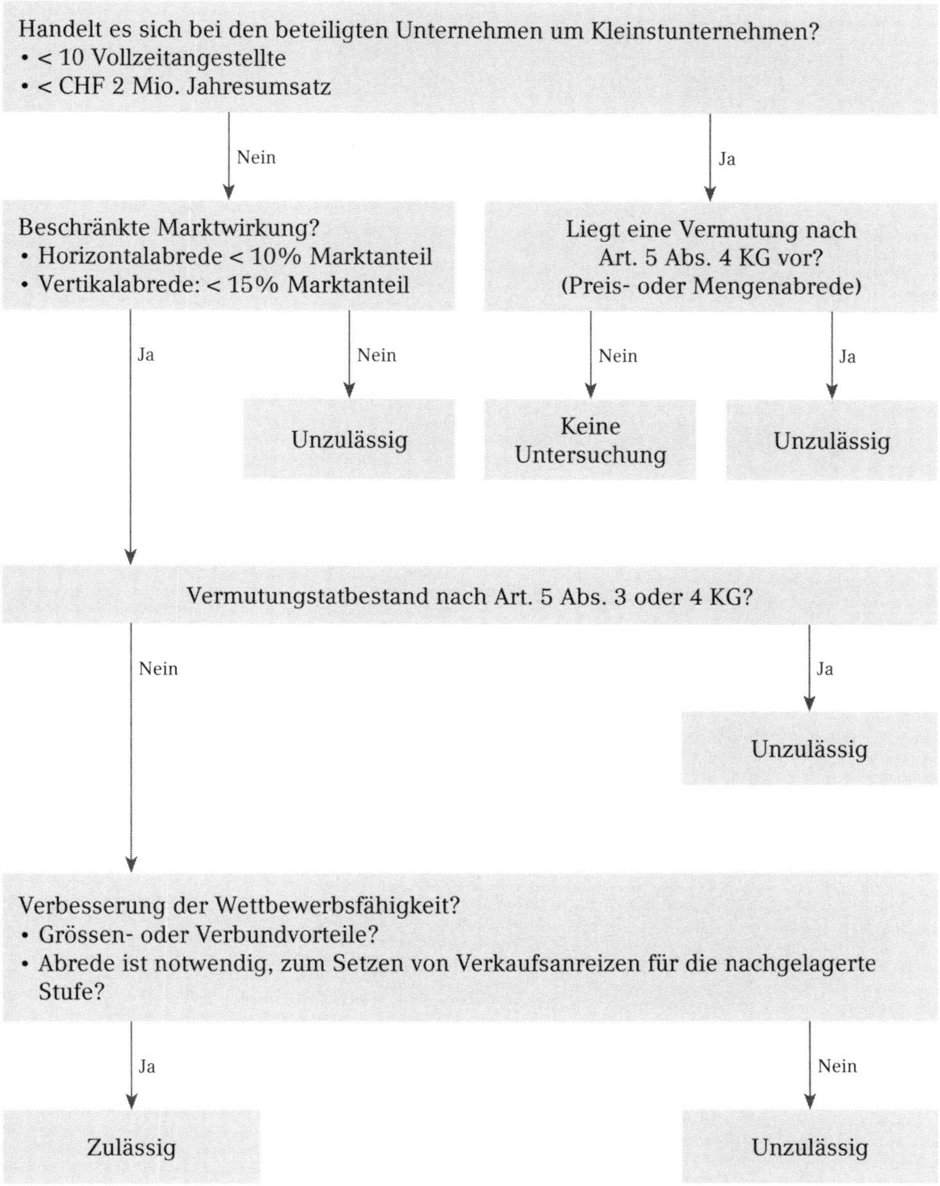
Handelt es sich bei den beteiligten Unternehmen um Kleinstunternehmen?
• < 10 Vollzeitangestellte
• < CHF 2 Mio. Jahresumsatz
Nein
Ja
Beschränkte Marktwirkung?
• Horizontalabrede < 10% Marktanteil
• Vertikalabrede: < 15% Marktanteil
Liegt eine Vermutung nach Art. 5 Abs. 4 KG vor? (Preis- oder Mengenabrede)
Ja
Nein
Nein
Ja
Unzulässig
Keine Untersuchung
Unzulässig
Vermutungstatbestand nach Art. 5 Abs. 3 oder 4 KG?
Nein
Ja
Unzulässig
Verbesserung der Wettbewerbsfähigkeit?
• Grössen- oder Verbundvorteile?
• Abrede ist notwendig, zum Setzen von Verkaufsanreizen für die nachgelagerte Stufe?
Ja
Nein
Zulässig
Unzulässig

Abb. 2.6

H. Ausnahmsweise Zulassung

1. Bestimmung von Art. 8 KG

2.475 Eine Sondervorschrift betreffend Wettbewerbsabreden enthält Art. 8 KG; danach kann der Bundesrat auf Antrag der Beteiligten Wettbewerbsabreden, die von der zuständigen Behörde für unzulässig erklärt wurden, ausnahmsweise zulassen, wenn sie in Ausnahmefällen notwendig sind, um überwiegende öffentliche Interessen zu verwirklichen. Die Bestimmung ist auch anwendbar auf unzulässige Verhaltensweisen marktbeherrschender Unternehmen, die konkrete Anwendung ist jedoch in der Lehre umstritten.[325] Für Unternehmenszusammenschlüsse enthält Art. 11 KG eine ähnliche Regelung.

2.476 Bei Art. 8 KG handelt es sich um eine politisch motivierte Bestimmung, welche dem Bundesrat als politische Instanz die Kompetenz einräumt, in Ausnahmefällen in die grundsätzlich durch den Markt geregelten Wirtschaftsbeziehungen zwischen den Privaten einzugreifen.[326] Der Grund für die Regelung ist darin zu sehen, dass auch der Wettbewerb trotz seiner vordergründig positiven Beurteilung im Einzelfall zu unerwünschten Auswirkungen führen kann.[327]

2.477 In der Praxis gab es bis heute erst zwei Gesuche zur ausnahmsweisen Zulassung einer Wettbewerbsabrede; es handelt sich einerseits um den Musikalienfall und andererseits um den bekannten Buchpreisbindungsfall.[328] Beide Gesuche wurden vom Bundesrat abgelehnt.

2. Formelle Voraussetzungen

a) Entscheid

2.478 Erste Voraussetzung für die Stellung eines Gesuchs nach Art. 8 KG ist, dass die betreffende Wettbewerbsabrede oder die Verhaltensweise des marktbeherrschenden Unternehmens von der zuständigen Behörde für unzulässig erklärt wurde. Unter den Begriff der zuständigen Behörde fällt nicht nur ein Entscheid der WEKO, sondern auch ein Entscheid, der in einem Zivilverfahren vor Zivilgerichten erging.

b) Unzulässigkeitsentscheid in einem verwaltungsrechtlichen oder zivilrechtlichen Verfahren

2.479 Erging der Entscheid in einem **verwaltungsrechtlichen Verfahren** vor der Wettbewerbskommission, muss diese die betreffende Abrede oder Verhaltensweise als unzulässig erklärt haben, d.h., kommt es zu einer einvernehmlichen Regelung im

325 Ausführlich HANGARTNER/PRÜMMER, 1098 ff.
326 BORER, Art. 8 N 1.
327 HANGARTNER/PRÜMMER, 1093.
328 Musikalienfall vgl. RPW 1998/3 478 ff.; Buchpreisbindung RPW 2007/2 341 ff.

Sinne von Art. 29 KG oder wird das Verfahren eingestellt, kann der betreffende Entscheid dem Bundesrat nicht vorgelegt werden.[329]

Entschieden Zivilgerichte im Rahmen von Art. 15 Abs. 2 KG über die Zulässigkeit der Wettbewerbsbeschränkung, ist unklar, ob ein Antrag schon während des Verfahrens beim Vorliegen eines Zwischenentscheides gestellt oder ob erst der Endentscheid nach dem Abschluss des zivilrechtlichen Verfahrens dem Bundesrat vorgelegt werden kann. Die Formulierung von Art. 15 Abs. 2 KG lässt dies offen. 2.480

Die h.L. spricht sich indessen aus prozessökonomischen Gründen dafür aus, ein Gesuch bereits bei Vorliegen eines Zwischenentscheides zuzulassen.[330] 2.481

c) Gesuch und Verfahren

Auf jeden Fall haben die betroffenen Parteien ein Gesuch an den Bundesrat zu richten, der Bundesrat wird nicht von sich aus tätig. Der Kreis der Antragsberechtigten beschränkt sich dabei nicht auf die Verfügungsadressaten des Entscheides, sondern kann auch weitere Parteien umfassen, die an der Wettbewerbsabrede beteiligt waren.[331] 2.482

Das Verfahren richtet sich nach Art. 31 KG. 2.483

3. Materielle Voraussetzungen

a) Prüfungsbefugnis des Bundesrates

Die Prüfung durch den Bundesrat beschränkt sich auf die Frage, ob die Wettbewerbsabrede oder die Verhaltensweise notwendig ist, um überwiegende öffentliche Interessen zu begründen; die wettbewerbsrechtliche Beurteilung ist nicht Gegenstand der Prüfung.[332] 2.484

b) Überwiegende öffentliche Interessen

Wesentliches Kriterium für die ausnahmsweise Zulassung ist das Vorliegen überwiegender öffentlicher Interessen. Das Kartellgesetz enthält keine Aufzählung der in Frage kommenden öffentlichen Interessen, folglich kann jedes öffentliche Interesse für die Rechtfertigung der ausnahmsweisen Zulassung herangezogen werden. In der Lehre werden beispielsweise Energie- und Kulturpolitik, Landwirtschafts- oder Umweltschutz, wie auch Sozialpolitik, Wohlfahrt und wirtschaftspolitische Interessen als mögliche öffentliche Interessen genannt.[333] 2.485

---

329 HK-Köchli, Art. 8 N 6; KG-Meinhardt/Prümmer, Art. 8 N 12 f.
330 HK-Köchli, Art. 8 N 7; Hangartner/Prümmer, 1104; KG-Meinhardt/Prümmer, Art. 8 N 15.
331 Borer, Art. 8 N 6.
332 HK-Köchli, Art. 8 N 9; Zäch, N 1012.
333 Hangartner/Prümmer, 1106 ff.; HK-Köchli, Art. 8 N 13.

2.486 Die öffentlichen Interessen haben zudem die Interessen an einem funktionierenden Wettbewerb zu überwiegen, d.h., der Bundesrat hat eine Interessenabwägung zwischen den in Frage stehenden öffentlichen Interessen und den betroffenen Wettbewerbsinteressen vorzunehmen; eine Zulassung ist nur denkbar, wenn erstere gewichtiger sind und deshalb ein Gegengewicht zu den von den Wettbewerbsbehörden vorgebrachten Argumenten bilden.

c) Notwendigkeit

2.487 Die Wettbewerbsabrede bzw. Verhaltensweise hat nicht nur öffentlichen Interessen zu dienen, sondern sie hat zudem zu deren Erreichung notwendig zu sein. Damit nimmt Art. 8 KG Bezug auf das verwaltungsrechtliche **Verhältnismässigkeitsprinzip.**[334] Insbesondere sind allfällige mildere Massnahmen in Form von weniger gravierenden Möglichkeiten zu prüfen.

4. Rechtsfolgen

2.488 Der Bundesrat kann das von den Parteien gestellte Gesuch entweder zulassen oder ablehnen. Eine allfällige ausnahmsweise Zulassung ist mit einer zeitlichen Beschränkung zu versehen (Art. 31 Abs. 3 KG), eine Verlängerung ist möglich.

2.489 Der Entscheid des Bundesrats wirkt **ex tunc,** es stehen dagegen keine **Rechtsmittel** zur Verfügung.[335]

2.490 **Key Points Wettbewerbsabreden**

- ☐ **Harte Kartelle:** Als schwere Fälle gelten Abreden über Preise, Mengen oder Gebiete
- ☐ **Keine Per-se-Verbote:** Grundsätzlich bestehen für alle Formen von Wettbewerbsabreden Rechtfertigungsmöglichkeiten (gegebenenfalls nach Umkehr der Beweisvermutung einer Wettbewerbsbeseitigung).
- ☐ **Horizontale Abreden:** Der Fokus der Wettbewerbsbehörden im Bereich der horizontalen Abreden lag in den letzten Jahren bei den Submissionskartellen.
- ☐ **Vertikale Abreden:** Bei den vertikalen Abreden haben die Wettbewerbsbehörden ihr Augenmerk vor allem auf Versuche der Verhinderung von Parallelimporten gelegt.
- ☐ **Bagatellabreden:** Abreden zwischen Unternehmen mit geringen Marktanteilen sind grundsätzlich problemlos.

---

334 Borer, Art. 8 N 9; HK- Köchli, Art. 8 N 11; KG-Meinhardt/Prümmer, Art. 8 N 26.

335 Hangartner/Prümmer, 1105 f.; KG-Meinhardt/Prümmer, Art. 8 N 34.

- **Informationsaustausch:** Als Grundsatz gilt, dass Geschäftsgeheimnisse unter keinen Umständen mit Konkurrenten getauscht werden dürfen.
- **Sanktionsdrohung:** Harte Kartellabreden nach Art. 5 Abs. 3 und 4 KG sind sanktionierbar; dies gilt auch, wenn die Vermutung der Wettbewerbsbeseitigung widerlegt wird.

I. Revision des Kartellgesetzes

1. Geplante Neuregelungen

Art. 5 KG soll in der Weise revidiert werden, dass horizontale Preis-, Mengen- und Gebietsabreden sowie vertikale Preisbindungs- und Gebietsabschottungen gesetzlich verboten werden, möglich bleibt aber die Zulassung bei Vorliegen von Rechtfertigungsgründen. Der Nachweis der Rechtfertigungsgründe ist von den Unternehmen zu erbringen (Art. 5 Abs. 3 E-KG). 2.491

Interessant an der in der Botschaft vorgeschlagenen Regelung ist vor allem, dass der Bundesrat ursprünglich eine Lockerung der Vorgaben zu den Wettbewerbsabreden vorgesehen hat. Dem Bundesrat wird deshalb vorgeworfen, eine Kehrtwende vollzogen zu haben.[336] Grund für die heute vorgeschlagene Lösung war unter anderem die Aufwertung des Frankens im Sommer 2011.[337] 2.492

In der neuen Fassung soll Art. 5 KG wie folgt lauten: 2.493

Art. 5 E-KG

«[1]Abreden, die den Wettbewerb auf einem Markt für bestimmte Waren oder Leistungen erheblich beeinträchtigen und sich nicht durch Gründe der wirtschaftlichen Effizienz rechtfertigen lassen, sind unzulässig.

[2]Folgende Abreden sind vorbehältlich einer Rechtfertigung aus Gründen der wirtschaftlichen Effizienz unzulässig:

a. Abreden zwischen Unternehmen, die tatsächlich oder der Möglichkeit nach miteinander im Wettbewerb stehen, über:

1. die direkte oder indirekte Festsetzung von Preisen,

2. die Einschränkung von Produktions-, Bezugs- oder Liefermengen,

3. die Aufteilung von Märkten nach Gebieten oder Geschäftspartnern;

b. Abreden zwischen Unternehmen verschiedener Marktstufen über:

---

336 ZIRLICK/LÜTHI/STÜSSI, 35; vgl. auch AMSTUTZ MARC/REINERT MANI, Zickzackkurs des Bundesrates im Bereich der Vertikalabreden, NZZ vom 5. Juli 2012.

337 HILTY/FRÜH, 86 f.; ZIRLICK/LÜTHI/STÜSSI, 35.

1. Mindest- oder Festpreise,

2. die Zuweisung von Gebieten, soweit Verkäufe in diese durch gebietsfremde Vertriebspartner ausgeschlossen werden.

3Eine Wettbewerbsabrede ist durch Gründe der wirtschaftlichen Effizienz gerechtfertigt, wenn sie:

a. notwendig ist, um die Herstellungs- oder Vertriebskosten zu senken, Produkte oder Produktionsverfahren zu verbessern, die Forschung oder die Verbreitung von technischem oder beruflichem Wissen zu fördern oder um Ressourcen rationeller zu nutzen, wobei hierfür die Unternehmen die Beweislast tragen; und

b. den beteiligten Unternehmen in keinem Fall Möglichkeiten eröffnet, wirksamen Wettbewerb zu beseitigen.»

2.494 Geplant ist somit die Einführung eines Teilkartellverbotes mit Rechtfertigungsmöglichkeiten (Abs. 2 und 3). Nicht geändert werden soll die bisherige Unterscheidung zwischen gewöhnlichen Abreden, die untersagt werden können, und den harten, sanktionsbedrohten Abreden, welche heute in Art. 5 Abs. 3 und 4 KG enthalten und direkt sanktionierbar sind. Dadurch verspricht sich der Bundesrat mehr Rechtssicherheit, weil nicht mehr auf das Kriterium der Erheblichkeit abgestellt wird, sondern auf die Art der Abrede.

2.495 Bezüglich der Rechtfertigungsgründe soll sich an der materiellen Rechtslage nichts ändern, sie sollen nach wie vor gewährleisten, dass ökonomische Überlegungen im Rahmen einer Einzelfallbetrachtung auch weiterhin berücksichtigt werden können.[338] Eine Änderung ist jedoch vorgesehen mit Bezug auf die Verteilung der Beweislast. Gemäss Abs. 3 haben für die Rechtfertigung die Unternehmen die Beweislast zu tragen. Dies soll indessen nichts daran ändern, dass im Verfahren der Untersuchungsgrundsatz Anwendung findet. So ist es an den Behörden, den Sachverhalt von Amtes wegen abzuklären, dies gilt für belastende wie auch für entlastende Beweise.[339] Zudem hält die Botschaft bezüglich des Beweismasses präzisierend fest, dass bezüglich der Rechtfertigung das Vorliegen überwiegender Wahrscheinlichkeit genügt.[340]

---

338 Martenet/Heinemann, 869.
339 Botschaft 2012, 3941.
340 Botschaft 2012, 3942.

Art. 5 E-KG

```
Liegt eine unzulässige Wettbewerbsabrede i.S.v. Art. 5 Abs. 2 KG vor?
         │                              │
        Nein                            Ja
         ▼                              │
  Liegt eine erhebliche      Ja         │
  Wettbewerbsbeeinträchtigung ─────────▶│
  nach Art. 5 Abs. 1 KG vor?            │
         │                              ▼
        Nein                  Liegt eine Rechtfertigung
         │                    nach Art. 5 Abs. 2 KG vor?
         │                              │
         │                             Nein
         ▼                              ▼
      Zulässig                       Unzulässig
                                        │
                                        ▼
                              Ausnahmsweise Zulassung
                              i.S.v. Art. 8 KG
```

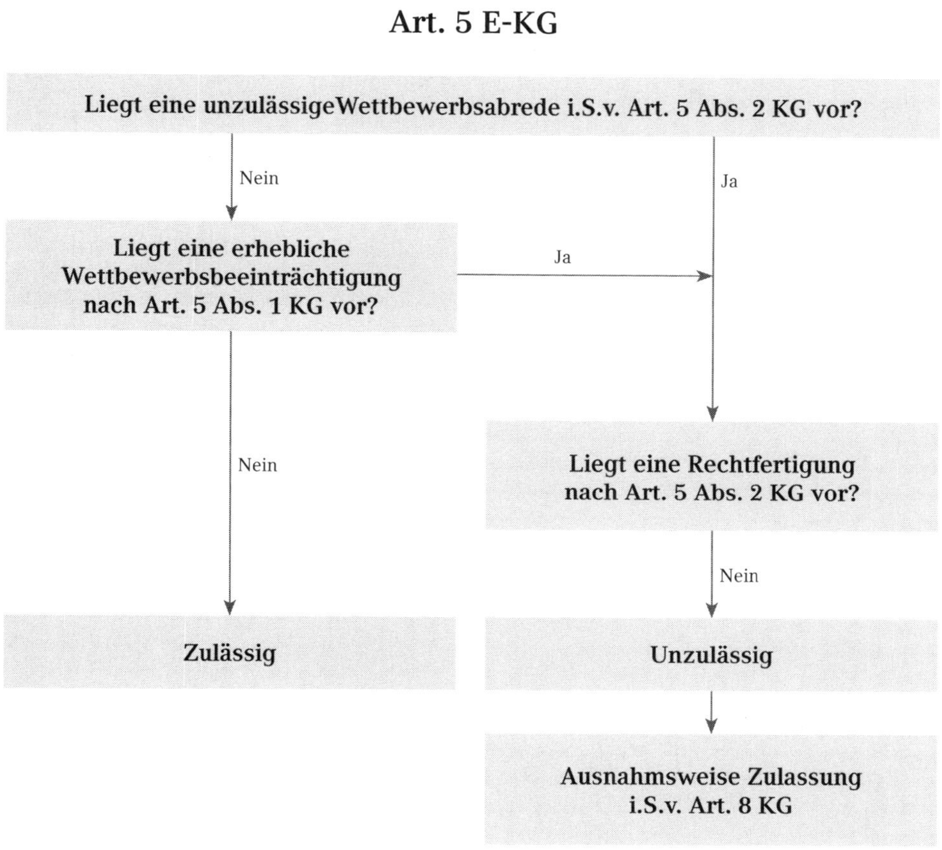

Abb. 2.7

2. Würdigung und Erfolgsaussichten

Die Reaktionen auf die Neufassung von Art. 5 KG fielen unterschiedlich aus. Positiv hervorgehoben wird die Stärkung der Rechtssicherheit, weil das Verbot in generell-abstrakter Weise umschreibt, welche Arten von Abreden verboten sind und welche nicht.[341] Auch die Angleichung an das europäische Recht stösst mehrheitlich auf Zustimmung.[342]

2.496

Als Hauptkritikpunkt wird vorgebracht, dass das Teilkartellverbot gegen das in der Bundesverfassung verankerte Missbrauchsprinzip verstosse, weil ein Per-se-Verbot die Auswirkungen der Abrede nicht berücksichtige. Einige Autoren sehen

2.497

---

341 HILTY/FRÜH, 96; ZIRLICK/LÜTHI/STÜSSI, 37; a.A. HOFFET, Anwaltsrevue, 420.
342 HILTY/FRÜH, 96; kritisch bezüglich der Angleichung, BALDI, 1183.

angesichts der bis anhin bewährten Regelung und des Fehlens von wesentlichen wirtschaftlichen Umständen von Anfang an keinen Anlass für eine Gesetzesänderung.[343] Bezweifelt wird mitunter ganz allgemein, ob der bundesrätliche Vorschlag ein geeignetes Mittel zur bezweckten Bekämpfung der Hochpreisinsel Schweiz sei.[344] Grund für Kritik bildet auch die Beweislastverteilung bzw. die Tatsache, dass die Unternehmen die objektive Beweislast für das Vorliegen von Effizienzgründen zu tragen hätten. Es wird befürchtet, dass die eingesparten Effizienzgewinne, die sich aus grundsätzlich zulässigen Vereinbarungen auf den Gebieten Vertrieb, Forschung und Entwicklung usw. ergeben würden, durch den zu erbringenden Effizienzbereich gleich wieder verloren gehen.[345] Andere Stimmen heben jedoch hervor, dass sich faktisch bezüglich der Beweislastverteilung wenig ändern würde, weil weiterhin der Untersuchungsgrundsatz gilt und das Beweismass für das Vorbringen von Rechtfertigungsgründen herabgesetzt ist.[346] Die Gegner der Revision befürchten, dass vor allem kleine und mittlere Unternehmen unter der neuen Regelung leiden würden, namentlich in der Baubranche, in welcher Kooperationen zur Bewältigung von Grossprojekten verbreitet sind.[347]

343 Hoffet, Anwaltsrevue, 418 f.

344 Zirlick/Lüthi/Stüssi, 36. Kritisch auch Hilty/Früh, 100; Hoffet, Anwaltsrevue, 418 f.; Amstutz Marc/Reinert Mani, Das Kartellgesetz ist kein Mittel gegen den starken Franken, NZZ vom 19. Oktober 2011, 30.

345 Schneider, 20.

346 Zirlick/Lüthi/Stüssi, 39.

347 Vgl. Gygi Beat, Kartellverdachts-Spiel, NZZ vom 13. Juni 2013, 32; Borner Silvio/Saurer Markus, Wettbewerbspolitik jenseits der ökonomischen Vernunft, NZZ vom 28. September 2012, 21. Zurkinden Philipp, Mehr Rechtsunsicherheiten für Arbeitsgemeinschaften, NZZ vom 2. Juli 2013, 29; a.A. Scheidegger Eric, Seilziehen um die Kartellrechtsrevision, NZZ vom 2. Juli 2013, 29.

III. Unzulässige Verhaltensweisen marktbeherrschender Unternehmen

A. Gesetzliches System

1. Einleitung

Das Dreisäulenprinzip des schweizerischen Wettbewerbsrechts betrifft neben der Kontrolle wettbewerbsbeschränkender Abreden und der später zu erläuternden Unternehmenszusammenschlusskontrolle die Überprüfung missbräuchlicher Verhaltensweisen marktmächtiger Unternehmen. Indessen ist es Unternehmen nicht verboten, durch internes Wachstum eine marktbeherrschende Stellung zu erlangen, denn der freie Wettbewerb beinhaltet auch die Möglichkeit, sich im Wettbewerb eine Spitzenstellung zu erarbeiten. Weil sich aus dem Innehaben einer marktbeherrschenden Stellung aus volkswirtschaftlicher Sicht aber gewisse Probleme ergeben können, stellt Art. 7 KG den Grundsatz auf, dass sich marktbeherrschende Unternehmen nicht missbräuchlich, d.h. wettbewerbsschädigend, verhalten dürfen. 2.498

Unbestritten stellt die Regelung von Art. 7 KG einen Eingriff in die Wirtschafts- und Vertragsfreiheit der betroffenen Unternehmen dar, denn in einem liberalen Wirtschaftssystem steht es den Unternehmen grundsätzlich frei zu bestimmen, mit wem sie Verträge abschliessen möchten und wie sie diese inhaltlich ausgestalten wollen. Die von Art. 7 KG aufgestellten Schranken der Vertragspartner- und Inhaltsfreiheit sind aber derart weit gefasst, dass sie die Unternehmen in dieser Hinsicht kaum wesentlich einschränken.[348] 2.499

Der Tatbestand ist wie folgt aufgebaut: Art. 7 Abs. 1 KG verbietet im Sinne einer Generalklausel marktbeherrschenden Unternehmen, andere Wettbewerber bei der Aufnahme oder Ausübung des Wettbewerbs zu behindern oder die Marktgegenseite zu benachteiligen. Art. 7 Abs. 2 KG konkretisiert die potenziell missbräuchlichen Verhaltensweisen hernach im Rahmen eines Beispielkatalogs. Die in Art. 7 Abs. 2 KG enthaltene Aufzählung ist nicht abschliessend; zudem sind auch im Rahmen von Verhaltensweisen, welche unter Art. 7 Abs. 2 KG fallen, die allgemeinen Voraussetzungen der Generalklausel von Art. 7 Abs. 1 KG zu erfüllen. 2.500

---

348 David/Jacobs, N 685.

2.501 **Checkliste: Unzulässiges Verhalten i.S.v. Art. 7 KG**

- ☐ Marktbeherrschendes Unternehmen i.S.v. Art. 4 Abs. 2 KG
- ☐ Missbräuchliches Verhalten
  - ☐ Behinderung anderer Wettbewerber ODER
  - ☐ Benachteiligung der Marktgegenseite
- ☐ Kausalzusammenhang zwischen Marktbeherrschung und missbräuchlichem Verhalten.[349]

2. Marktmacht und Marktbeherrschung

2.502 Für die Anwendung von Art. 7 KG ist vorausgesetzt, dass die in Frage stehende Verhaltensweise von einem marktbeherrschenden Unternehmen ausgeht. Der Begriff des marktbeherrschenden Unternehmens findet sich in Art. 4 Abs. 2 KG legaldefiniert. Gemäss dieser Bestimmung handelt es sich bei einem marktbeherrschenden Unternehmen um ein einzelnes oder um mehrere Unternehmen, die auf einem Markt als Anbieter oder Nachfrager in der Lage sind, sich von anderen Marktteilnehmern in wesentlichem Umfange unabhängig zu verhalten.

a) Begriff und Stufen der Marktmacht

2.503 Bei der Beurteilung der Marktbeherrschung stellt sich vorab die Frage, wie der Begriff der **Marktbeherrschung** von demjenigen der **Marktmacht** abzugrenzen ist. Die Begriffe Marktmacht und Marktbeherrschung finden sich im schweizerischen Kartellrecht an verschiedenen Orten, weshalb die im schweizerischen Kartellrecht verwendete Systematik der möglichen Arten von Marktmacht zu erläutern ist.

2.504 Grundsätzlich lassen sich drei Stufen der Marktmacht unterscheiden:[350]

- **Gewöhnlicher Markteinfluss:** Über einen gewöhnlichen Markteinfluss verfügt jedes auf einem bestimmten Markt tätige Unternehmen, er ist kartellrechtlich nicht relevant.
- **Marktmacht:** Marktmacht ist eine Geltungsvoraussetzung des Kartellgesetzes i.S.v. Art. 2 Abs. 1 KG; das Gesetz definiert den Begriff indessen nicht. Die h.L. umschreibt Marktmacht i.S.v. Art. 2 Abs. 1 KG als qualifizierten Markteinfluss,

---

349 So RUFFNER, 383; HK-REINERT, Art. 7 N 3; a.A. ZÄCH, N 623; KG-AMSTUTZ/CARRON, Art. 7 N 20.

350 ZÄCH, N 346; ZÄCH/HEIZMANN, N 2.14 ff.

d.h., das betreffende Unternehmen beeinflusst den Markt mehr als «normal», beherrscht ihn jedoch noch nicht.[351]

- **Marktbeherrschung:** Marktbeherrschung geht weiter als Marktmacht und ist als qualifizierte Marktmacht zu bezeichnen. Marktbeherrschung ist Tatbestandsvoraussetzung von Art. 7 KG sowie von Art. 10 Abs. 2 KG, das geforderte Mass an Marktmacht unterscheidet sich jedoch in diesen beiden Bestimmungen. Die im Rahmen der Zusammenschlusskontrolle geforderte Marktbeherrschung hat graduell stärker zu sein, gefordert ist in diesem Zusammenhang das Vorliegen einer «qualifizierten Marktbeherrschung», was höhere Hürden für ein behördliches Eingreifen mit sich bringt.[352]

Die Abgrenzungen zwischen den verschiedenen Stufen der Marktmacht sind in der Praxis nicht immer klar und eindeutig vorzunehmen, der Übergang zwischen den einzelnen Stufen ist fliessend.[353] Zudem unterliegen die Stärkepositionen auf den Märkten einer ständigen Wandelung, sodass das Vorliegen von Marktbeherrschung jeweils in jedem Einzelfall einer gesonderten Betrachtung bedarf. 2.505

b) Marktmacht und Marktbeherrschung im Sinne von Art. 7 KG

Bei der Marktbeherrschung handelt es sich um die qualifizierte Form der einfachen Marktmacht.[354] Um als marktbeherrschend im Sinne von Art. 7 KG zu gelten, hat das betreffende Unternehmen gegenüber seinen Konkurrenten über eine herausragende bzw. überragende Marktstellung zu verfügen.[355] 2.506

Allerdings spielt im Zusammenhang mit der Missbrauchskontrolle die Unterscheidung zwischen Marktmacht und Marktbeherrschung in der Praxis kaum eine Rolle, denn die Marktmacht an sich erfordert in der Regel keine selbstständige Prüfung; ein Unternehmen, welches nicht über Marktmacht verfügt, ist nicht imstande, den Markt zu beherrschen.[356] Nach der Praxis der WEKO ist bei Bejahung einer marktbeherrschenden Stellung die Marktmacht automatisch festgestellt; liegt keine marktbeherrschende Stellung vor, ist die Prüfung der Marktmacht obsolet, weil in diesem Fall kein kartellrechtsrelevantes Verhalten im Sinne von Art. 7 KG in Frage steht.[357] 2.507

---

351 RPW 2001/1 95 ff., 98; ZÄCH, N 251; HEIZMANN, N 26.
352 Vgl. dazu hinten N 2.1032; a.A. TSCHUDIN, 221; KELLER, 56.
353 ZÄCH/HEIZMANN, N 2.18.
354 Vgl. dazu HEIZMANN, N 23 ff.
355 ZÄCH/HEIZMANN, N 2.19.
356 VON BÜREN/MARBACH/DUCREY, N 1258.
357 ZÄCH, N 251; RPW 2006/4 625 ff., 632; RPW 2008/4 544 ff., 548.

2.508 **Praxistipp:**

In der Praxis erfolgt die Bestimmung der Marktbeherrschung in zwei Schritten:

- ☐ Definition des relevanten Marktes (sachlich, örtlich, zeitlich)
- ☐ Analyse der Stellung des Unternehmens auf dem relevanten Markt

3. Behinderungs- und Ausbeutungsmissbrauch

a) Allgemeines

2.509 Das nach Art. 7 KG unzulässige Verhalten richtet sich entweder gegen Konkurrenten oder gegen die Markgegenseite; strukturell lassen sich somit zwei Kategorien unterscheiden, nämlich der Behinderungsmissbrauch, welcher gegen andere Wettbewerber ausgeübt wird und der Ausbeutungsmissbrauch, welcher die Marktgegenseite benachteiligt.[358] Beim **Behinderungsmissbrauch** versucht das marktbeherrschende Unternehmen durch sein Verhalten, die eigene Stellung im Markt zu sichern oder auszubauen. Im Rahmen des **Ausbeutungsmissbrauchs** versucht das marktbeherrschende Unternehmen beispielsweise, gegenüber der Marktgegenseite erhöhte Preise durchzusetzen. Die Tatbestände von Art. 7 KG lassen sich grundsätzlich alle einer der zwei Formen zuordnen, manche Tatbestandsvarianten können auch beide Missbrauchsformen erfüllen.

b) Fallgruppen des Ausbeutungs- und Behinderungsmissbrauchs

2.510 Die Aufzählung missbräuchlicher Verhaltensweisen in Art. 7 Abs. 2 KG enthält einige typische Behinderungs- und Ausbeutungstatbestände.

2.511 Die meisten der in Art. 7 Abs. 2 KG genannten Beispiele sind als Behinderungstatbestände konzipiert; dazu zählen die Verweigerung von Geschäftsbeziehungen gemäss Art. 7 Abs. 2 lit. a KG, das Diskriminierungsverbot von Art. 7 Abs. 2 lit. b KG sowie die missbräuchliche Preisunterbietung nach Art. 7 Abs. 2 lit. d KG und die missbräuchliche Einschränkung des Absatzes, der Erzeugung oder der technischen Entwicklung (Art. 7 Abs. 2 lit. e KG).

2.512 Als Ausbeutungstatbestände gelten demgegenüber die Erzwingung unangemessener Preise oder Geschäftsbedingungen gemäss Art. 7 Abs. 2 lit. c KG sowie das Koppelungsverbot (Art. 7 Abs. 2 lit. f KG). In der Praxis bereitet die Festlegung der Ausbeutungstatbestände mehr Probleme als diejenige der Behinderungstatbestände, weil deren Beurteilung stark von den Umständen des Einzelfalles abhängig ist; zudem ist ihnen die Gefahr inhärent, dass sie bei einer zu grosszügigen Aus-

358 Tschudin, Diskriminierung, 1. Zu den Begriffen vgl. vorne N 2.16.

legung zu einer ungewollten Preis-, Konditionen- oder Innovationskontrolle führen.[359]

In der Regel enthalten die Tatbestände wie auch die in Frage stehenden Verhaltensweisen jedoch sowohl behinderungs- wie auch ausbeutungsmissbräuchliche Komponenten, d.h., missbräuchliche Praktiken können sowohl behindernd als auch ausbeutend sein. Nicht selten dienen Behinderungspraktiken, d.h. die Absicht, Wettbewerber vom Markt zu verdrängen, dem Ziel, die Marktgegenseite zu benachteiligen. 2.513

Gewisse Verhaltensweisen lassen sich oftmals verschiedenen Tatbeständen von Art. 7 Abs. 2 KG zuordnen; für die praktische Beurteilung spielt dies aber deshalb keine Rolle, weil die Rechtsfolgen für die einzelnen Tatbestände identisch sind.[360] 2.514

c) Marktstrukturmissbrauch

Strittig ist, ob auch der sog. Marktstrukturmissbrauch von Art. 7 KG erfasst wird. Marktstrukturmissbrauch liegt gemäss WEKO vor, wenn ein marktmächtiges Unternehmen durch sein Verhalten die Marktstrukturen auf dem nachgelagerten Markt zu seinen Gunsten zu beeinflussen vermag.[361] Probleme bereitet der Strukturmissbrauch namentlich, wenn die Verstärkung der Marktstellung nicht durch Tatbestände erfolgt, welche nach Art. 9 KG aufgegriffen werden können. Die Frage, ob ein solches Verhalten unter Art. 7 KG subsumierbar ist, wird im Rahmen der Behandlung der Generalklausel eingehend erläutert.[362] 2.515

Vertiefung: Im Rahmen des Zusammenschlussvorhabens Credit Suisse/Bank Linth (RPW 2003/3 514 ff.) hat sich die WEKO erstmals mit der Figur des Marktstrukturmissbrauchs auseinandergesetzt. Inhaltlich betraf das Verfahren die geplante Zusammenarbeit im Informationstechnologiebereich zwischen den beiden Banken. Die WEKO äusserte insbesondere Bedenken bezüglich der über den IT-Bereich hinausgehenden Kooperationsbereiche, in welchen sie eine Basis für weitergehende Verhaltensabstimmungen sah. Bezüglich des Marktstrukturmissbrauches stellte sich die WEKO die Frage, ob die CS durch das Eingehen solcher Kooperationen und des damit verbundenen möglichen Ausbaus des Vertriebs ihrer eigenen Produkte die Marktstruktur auf den nachgelagerten Vertriebsmärkten zu ihren eigenen Gunsten zu beeinflussen vermöge. Schliesslich verfolgte die WEKO diesen Ansatz aber nicht weiter, sondern beschränkte sich auf die Prüfung des Vorliegens einer Wettbewerbsabrede. 2.516

359 Ruffner, 840.
360 Zäch, N 650.
361 RPW 2003/3 514 ff., 522; RPW 2006/3 449 ff., 453.
362 Vgl. hinten N 2.797.

B. Marktmacht

1. Kriterien

a) Allgemeines

2.517 Um festzustellen, ob ein potenziell marktbeherrschendes Unternehmen tatsächlich ein von den übrigen Marktteilnehmern unabhängiges Verhalten auszuüben vermag, ist vorerst der relevante Markt abzugrenzen, auf welchem die konkrete Marktmacht gegebenenfalls vorliegt.

2.518 Steht der relevante Markt fest, ist in einem zweiten Schritt zu untersuchen, ob das in Frage stehende Unternehmen auf dem betreffenden Markt über eine beherrschende Stellung verfügt, d.h., ob es sich gemäss Art. 4 Abs. 2 KG von den anderen Marktteilnehmern unabhängig verhalten kann.

2.519 Hinsichtlich der Beurteilung des unabhängigen Verhaltens gilt nach der Praxis der WEKO, dass sich ein Unternehmen auf dem relevanten Markt von andern Marktteilnehmern in erster Linie dann nicht in wesentlichem Umfang unabhängig zu verhalten vermag, wenn ihm ausreichend starke aktuelle oder potenzielle Konkurrenz gegenübersteht. Im Übrigen ist die Marktbeherrschung nicht anhand bestimmter Kriterien zu prüfen, sondern erfolgt je nach den Umständen und den konkreten Verhältnissen im Einzelfall.

b) Relevanter Markt

2.520 Um die Marktmacht eines Unternehmens zu beurteilen, ist die Abgrenzung des Marktes, auf welchem das betreffende Unternehmen tätig ist, von Bedeutung. Die Abgrenzung des relevanten Marktes ist erforderlich, um festzustellen, welchem Wettbewerbsdruck das Unternehmen ausgeliefert ist. Als Grundsatz gilt: Je enger ein Markt abgegrenzt ist, desto wahrscheinlicher wird das Vorliegen einer marktbeherrschenden Stellung.[363]

2.521 Die Marktabgrenzung im Rahmen von Art. 7 KG erfolgt grundsätzlich auf dieselbe Art und Weise, wie dies im Rahmen von Art. 5 KG und Art. 10 KG der Fall ist, obwohl sich naturgemäss gewisse Unterschiede daraus ergeben, dass die Marktabgrenzung im Sinne von Art. 5 und Art. 7 KG auf eine Bestandsaufnahme ausgerichtet ist, während bei der Prüfung von Unternehmenszusammenschlüssen insbesondere zukünftige Prognosen zu treffen sind.[364] Im Rahmen der Missbrauchsaufsicht ist der Markt grundsätzlich eng abzugrenzen; dadurch wird es für die Wettbewerbsbehörden eher möglich, eine marktbeherrschende Stellung zu bejahen und somit das in Frage stehende potenziell missbräuchliche Verhalten eines Unternehmens überhaupt einer Prüfung zu unterziehen.[365]

---

363 ZÄCH/HEIZMANN, N 2.6.
364 KG-REINERT/BLOCH, Art. 4 N 100.
365 Dazu KIENER, 93 ff.

Der relevante Markt ist in dreifacher Hinsicht zu konkretisieren: 2.522

- **Sachlich relevanter Markt:** Der sachliche Markt umfasst alle Waren oder Leistungen, die von der Marktgegenseite hinsichtlich ihrer Eigenschaften und ihres vorgesehenen Verwendungszweckes als substituierbar angesehen werden (Art. 11 Abs. 3 lit. a VKU).
- **Räumlich relevanter Markt:** Der räumliche Markt umfasst das Gebiet, in welchem die Marktgegenseite die den sachlichen Markt umfassenden Waren oder Leistungen nachfragt oder anbietet (Art. 11 Abs. 3 lit. b VKU).
- **Zeitlich relevanter Markt:** Der zeitlich relevante Markt ist dann von Bedeutung, wenn ein Produkt oder eine Leistung nicht während des ganzen Jahres oder generell nur während einer begrenzten Zeit angeboten wird.

Eingehende Erläuterungen zur Marktabgrenzung finden sich in den Ausführungen 2.523 zu den Definitionen und Schlüsselbegriffen.[366] Die Marktabgrenzung hat nach dem Bedarfsmarktkonzept zu erfolgen, welches insbesondere die Angebotsumstellungsflexibilität, die Kreuzpreiselastizität der Nachfrage sowie den SNIPP-Test berücksichtigt.

c) Beurteilungspraxis der Wettbewerbskommission

Gemäss Praxis der WEKO besteht die Möglichkeit unabhängigen Verhaltens haupt- 2.524 sächlich dann, wenn aufgrund der Marktverhältnisse kein genügender aktueller oder potenzieller Wettbewerb besteht oder wenn die Marktgegenseite nicht in der Lage ist, aufgrund ihrer Marktstärke eine disziplinierende Wirkung auf das betreffende Unternehmen auszuüben.

Für die Beurteilung der Marktmacht sind folglich drei Kriterien von Bedeutung, 2.525 nämlich (1) der **aktuelle Wettbewerb;** wenn es an einem solchen fehlt, ist (2) der **potenzielle Wettbewerb** zu untersuchen. Wenn weder aktueller noch potenzieller Wettbewerb vorliegt, so ist zudem (3) die **Stellung der Marktgegenseite** zu analysieren. Während die ersten beiden Kriterien das horizontale Wettbewerbsverhältnis betreffen, ist die Frage nach der Stellung der Marktgegenseite vertikaler Natur.[367]

aa) Aktueller Wettbewerb

Bei der Beurteilung des **aktuellen Wettbewerbs** sind jeweils die Marktanteile der 2.526 auf dem Markt tätigen Unternehmen von Bedeutung. Die Prüfung des aktuellen Wettbewerbs umfasst die drei Kriterien der Marktstruktur, der bestehenden Expansionshindernisse und der Unternehmensstruktur.[368]

---

366 Vgl. vorne N 2.30 ff.
367 Heizmann, N 14.
368 Dazu ausführlich vorne N 2.54 ff. sowie RPW 2011/1 96 ff.

- **Marktstruktur:** Ausgangspunkt zur Analyse der Marktstruktur ist der Vergleich der **Marktanteile;** dieses Merkmal zieht die WEKO praktisch in jedem Fall für die Beurteilung der Marktbeherrschung heran. Neben den aktuellen Marktanteilen sind aber auch deren Entwicklung sowie die Marktkonzentration zu beachten, welche indessen im Rahmen von Art. 7 KG von geringer praktischer Relevanz ist.
- **Expansionshindernisse:** Die Beurteilung der Expansionshindernisse erfolgt im Wesentlichen nach den vorhandenen **Marktzutritts- und Marktaustrittsschranken,** wobei im Gegensatz zur Beurteilung des potenziellen Wettbewerbs der Fokus auf diejenigen Elemente zu legen ist, welche einer Vergrösserung der Marktstellung des marktbeherrschenden Unternehmens entgegenstehen oder aber die starke Marktstellung des Unternehmens zusätzlich untermauern und so die Expansion eines Markteintreters erschweren.
- **Unternehmensstruktur:** Im Rahmen der Unternehmensstruktur sind unternehmensinterne Faktoren zu analysieren, so namentlich die Finanzkraft eines Unternehmens oder der Grad der vertikalen Integration, welcher die Stellung auf vor- und nachgelagerten Märkten misst.

bb) Potenzieller Wettbewerb

2.527 **Potenzieller Wettbewerb** besteht, wenn mit einer gewissen Wahrscheinlichkeit relativ kurzfristig neue Konkurrenten in den relevanten Markt eintreten können. Eine hohe Marktoffenheit, welche durch niedrige Ein- und Austrittsbarrieren charakterisiert ist, wirkt sich durch die ständige Möglichkeit des Marktzutrittes Dritter disziplinierend auf das marktmächtige Unternehmen aus.

2.528 Marktzutrittsschranken und der potenzielle Wettbewerb haben bei der Beurteilung der Marktmacht im Rahmen von Art. 7 KG geringere Relevanz als bei der Unternehmenszusammenschlusskontrolle nach Art. 10 KG. Dies liegt darin begründet, dass es sich bei der Untersuchung des missbräuchlichen Verhaltens marktbeherrschender Unternehmen um eine Vergangenheitsbetrachtung handelt, während die Unternehmenszusammenschlusskontrolle dynamisch erfolgt und deshalb zukunftsbezogene Elemente wie der potenzielle Wettbewerb stärker zu berücksichtigen sind.[369]

cc) Stellung der Marktgegenseite

2.529 Als letztes Kriterium zu prüfen ist die **Stellung der Marktgegenseite.** Wenn aktueller und potenzieller Wettbewerb fehlen, vermag allenfalls die Marktgegenseite bei genügender Stärke eine disziplinierende Wirkung auf das marktbeherrschende Unternehmen auszuüben. Je stärker die Marktgegenseite ist, umso unwahrscheinlicher ist ein von anderen Marktteilnehmern unabhängiges Verhalten.[370]

369 HEIZMANN, N 333.
370 RPW 1999/2 220 ff., 237.

dd) Weitere Beurteilungskriterien

Bei der Beurteilung der Marktbeherrschung können noch weitere Kriterien einschlägig sein. 2.530

Im Zusammenhang mit der Stellung des Unternehmens ist die jeweilige **Marktphase** von Bedeutung. Die Ökonomie unterscheidet zwischen Experimentier-, Wachstums-, Reife- und Stagnationsphase.[371] Während der Experimentier- und Wachstumsphase sind Markteintritte grundsätzlich einfacher möglich, weil sich der Markt im schnellen und technologischen Wandel befindet, was die Vermutung eines starken Wachstums der Nachfrage mit sich bringt, ein Umstand, der den Anreiz zum Markteintritt für neue Konkurrenten erhöht. Darüber hinaus müssen potenzielle Wettbewerber ihre Marktanteile im Unterschied zu einem gesättigten Markt nicht anderen, sich bereits im Markt befindlichen Unternehmen abspenstig machen, sondern vermögen ihre Marktanteile von sich aus aufzubauen. 2.531

Bestimmte Märkte befinden sich regelmässig in schnell wiederkehrenden Experimentier- und Wachstumsphasen; dazu zählt beispielsweise der gesamte Informations- und Technologiesektor, dessen Märkte durch hohes Wachstum und ständiges Innovationsstreben geprägt sind. Entsprechend treten regelmässig Verschiebungen in den Marktanteilen auf und die Unternehmen sind gezwungen, fortwährend Produkt-, aber auch Prozessinnovationen vorzunehmen, um ihre Marktanteile zu halten. Diese Faktoren wirken sich positiv auf den potenziellen Wettbewerb aus, denn sie machen einen Marktzutritt für einen allfälligen Wettbewerber interessant. 2.532

Eine disziplinierende Wirkung kann nicht nur von der Marktgegenseite, sondern auch von **angrenzenden Märkten** ausgehen.[372] In vertikaler Hinsicht ergibt sich eine disziplinierende Wirkung in erster Linie aus den Endkundenmärkten; horizontal angrenzende Märkte haben eine disziplinierende Wirkung, wenn sich ein Produkt auf verschiedenen Märkten findet oder wenn Märkte mit ähnlichen Produkten bestehen, welche zwar keine direkten Substitute sind, jedoch den Handlungsspielraum des marktbeherrschenden Unternehmens insofern einschränken, als bei einer massiven Preiserhöhung eine Abwanderung trotzdem wahrscheinlich ist.[373] 2.533

Strittig ist, ob sich auch das **Marktverhalten** als Kriterium für die Beurteilung der Marktbeherrschung heranziehen lässt. Ein Indiz für eine marktbeherrschende Stellung ist beispielsweise der Umstand, dass das marktbeherrschende Unternehmen während längerer Zeit die Marktgegenseite bezüglich der Preise oder Bedingungen zu diskriminieren vermag. Ein Grossteil der Lehre lehnt das Kriterium des Unternehmensverhaltens jedoch zu Recht ab, denn die Beurteilung des Verhaltens des potenziell marktbeherrschenden Unternehmens bereitet aufgrund des ambivalenten Charakters unternehmerischer Verhaltensweisen Schwierigkeiten und birgt zudem die Gefahr von Zirkelschlüssen.[374] 2.534

---

371 RPW 2003/1 106 ff., 142.

372 Kiener, 185; Schlauri/Vlcek, 137.

373 Kiener, 188.

374 KG-Reinert/Bloch, Art. 4 N 357; Kiener, 196; Candreia, N 445; differenzierend Zäch, 587; a.A. Dähler/Krauskopf/Strebel, N 8.76.

ee) Zusammenfassung

2.535 Zur Beurteilung der Marktbeherrschung eines Unternehmens finden jeweils verschiedene Kriterien Anwendung. In der Lehre und der Praxis hat sich bis anhin jedoch weder ein einheitliches Prüfungsschema noch eine einheitliche Abfolge durchgesetzt; dem Grundsatze nach prüfen Lehre und Rechtsprechung indessen dieselben Kriterien, die genaue Prüfungsreihenfolge ist deshalb ohne Bedeutung.

d) Alleinige und kollektive Marktbeherrschung

2.536 Wie Art. 4 Abs. 2 KG ausdrücklich festhält, kann eine Marktbeherrschung entweder durch ein Unternehmen alleine oder aber durch mehrere Unternehmen gemeinsam ausgeübt werden. Steht die Marktbeherrschung durch ein Unternehmen zur Debatte, folgt die Prüfung der Marktbeherrschung in der Regel den genannten Kriterien, im Rahmen der kollektiven Marktbeherrschung sind indessen einige Besonderheiten zu beachten.

aa) Marktbeherrschung durch ein Unternehmen

2.537 Ein Unternehmen ist marktbeherrschend, wenn es sich gegenüber den anderen Marktteilnehmern, d.h. Mitbewerbern, Abnehmern oder Endverbrauchern unabhängig verhalten kann.

2.538 Unabhängigkeit liegt dann vor, wenn die Gestaltung der wichtigen Wettbewerbsparameter wie Preis und Qualität des Produkts oder Vertriebsweg im alleinigen Ermessen des Unternehmens liegt und es in der Lage ist, diese Parameter ohne Rücksichtnahme auf die anderen Marktteilnehmer festzulegen.

2.539 Bei der Marktbeherrschung kann unterschieden werden zwischen der absoluten und der relativen Marktbeherrschung. Eine **absolute Marktbeherrschung** liegt vor, wenn ein Unternehmen im Verhältnis zu seinen Mitbewerbern über eine überragende Stellung verfügt; von **relativer Marktbeherrschung** spricht man bei einem Unternehmen, von dem andere Unternehmen als Nachfrager oder Anbieter abhängig sind.[375]

2.540 An dieser Stelle ist an die Figur der wirtschaftlichen Abhängigkeit zu erinnern, welche nach der Praxis der WEKO vom Vorliegen der nachfolgenden Voraussetzungen abhängt:[376]

---

375 Vgl. dazu vorne N 2.89 ff.; ZÄCH, N 575; HK-KÖCHLI/REICH, Art. 4 N 30.
376 Vgl. dazu vorne N 2.93 ff.

Prüfungsschema «Wirtschaftliche Abhängigkeit» 2.541

- ☐ Fehlen vergleichbarer Abnehmer
- ☐ Umsatzanteil des Lieferanten > 30%
- ☐ Verhandlungsmacht des Lieferanten
- ☐ Alternative Absatzmöglichkeiten

ODER

- ☐ Spezifische Investitionen
- ☐ Investitionen im Hinblick auf den Absatzkanal
- ☐ Analyse der Verträge
- ☐ Switching Costs

KUMULATIV

- ☐ Fehlendes Selbstverschulden

Liegt eine wirtschaftliche Abhängigkeit vor, reicht dies aus, um das stärkere Unternehmen als marktbeherrschend zu beurteilen. Die Begriffe der Marktbeherrschung und der wirtschaftlichen Abhängigkeit sind gleichwohl voneinander zu unterscheiden, denn die Marktbeherrschung bezieht sich auf das Verhältnis eines Unternehmens zu den Teilnehmern auf dem sachlich relevanten Markt, auf dem es tätig ist; die wirtschaftliche Abhängigkeit indessen betrifft das Verhältnis zwischen dem Unternehmen und einem bestimmten (vertikalen) Geschäftspartner.[377] 2.542

bb) Kollektive Marktbeherrschung

Kollektive Marktbeherrschung liegt vor, wenn zwei oder mehrere Unternehmen, welche aus strukturellen Gründen miteinander nicht im Wettbewerb stehen, gegenüber den anderen Marktteilnehmern einheitlich auftreten.[378] Der Begriff der kollektiven Marktbeherrschung spielt nicht nur im Zusammenhang mit der Missbrauchskontrolle eine Rolle; von praktischer Bedeutung war das Vorhandensein der kollektiven Marktbeherrschung in der Vergangenheit hauptsächlich bei Unternehmenszusammenschlusskontrollen. 2.543

Die kollektive Marktbeherrschung steht grundsätzlich zwischen der alleinigen Marktbeherrschung durch ein Unternehmen und den Wettbewerbsabreden zwischen zwei Unternehmen. Bei der kollektiven Marktbeherrschung ist insbesondere die Abgrenzung zu den Wettbewerbsabreden schwierig. Beide Tatbestände können je nach den konkreten Umständen des Einzelfalles einschlägig sein. 2.544

377 RPW 2005/1 146 ff., 161; HEIZMANN, N 386 ff.
378 Ausführlich zur kollektiven Marktbeherrschung auch HEIZMANN, N 680 ff.

2.545 Wie bereits im Zusammenhang mit den unzulässigen Wettbewerbsabreden erwähnt, fällt das gleichförmige Verhalten von **konzernmässig verbundenen Unternehmen** nicht unter den Begriff der kollektiven Marktbeherrschung, denn der Konzern gilt im Rahmen des Kartellgesetzes als ein Unternehmen.[379] In diesem Fall kann jedoch eine alleinige Marktbeherrschung des Konzernunternehmens vorliegen.

2.546 Nach der Praxis der WEKO ist die kollektive Marktbeherrschung von zwei Kriterien abhängig, nämlich einerseits vom Vorhandensein gewisser Strukturmerkmale auf dem betreffenden Markt und andererseits vom Vorliegen von Parallelverhalten.[380]

2. Marktanteil

a) Allgemeines

2.547 Wie erwähnt spielt der Marktanteil bei der Beurteilung der Marktbeherrschung eine grosse Rolle, wenn auch das Vorliegen von gewissen Marktanteilen für sich allein nicht genügt, um von einer marktbeherrschenden Stellung auszugehen. Umgekehrt ist aber das Innehaben einer marktbeherrschenden Stellung ohne das Vorliegen gewisser Marktanteile nicht denkbar.[381] Der Marktanteil ist sowohl bei der Beurteilung der Marktbeherrschung durch ein einziges Unternehmen als auch bei der kollektiven Marktbeherrschung von grosser praktischer Bedeutung.

b) Marktschwellenwerte für eine Marktbeherrschung

2.548 Die Prüfung des aktuellen Wettbewerbs erfolgt in erster Linie anhand von Marktanteilen, denn bei diesem Kriterium handelt es sich grundsätzlich um ein objektiv messbares, sachliches Kriterium zur Feststellung der Marktmacht. Das Kartellgesetz enthält keine Schwellenwerte, bei deren Vorliegen eine Marktbeherrschung vorliegt; die Praxis geht davon aus, dass bei Marktanteilen von über 75% eine marktbeherrschende Stellung gegeben ist, wenn nicht ausserordentliche Umstände gegen eine solche Annahme sprechen.

2.549 Bei einem Marktanteil unter 30% hingegen wird im Allgemeinen keine marktbeherrschende Stellung vorhanden sein. Gemäss der Praxis der WEKO liegt die **«kritische Schwelle»** bei **Marktanteilen von rund 50%,** d.h., grundsätzlich sprechen Marktanteile von über 50% für eine marktbeherrschende Stellung, soweit nicht Umstände vorliegen, die gegen eine solche Vermutung sprechen.[382] Für Marktanteile unter 50% gilt die Vermutung, dass je höher der Marktanteil ist, umso weniger Bedeutung den übrigen Kriterien zukommt. Immerhin führen geringe Marktanteile nicht automatisch zum Ausschluss der Möglichkeit der Marktbeherrschung.[383]

---

379 Vgl. dazu vorne N 1.60 ff.

380 Vgl. dazu vorne N 2.80 ff.

381 RUFFNER, 837.

382 RPW 1999/4 618 ff., 642; BORER, Art. 4 N 19.

383 HEIZMANN, N 309, 313; CANDREIA, N 435.

Vertiefung: Im Rahmen der Prüfung einer Marktbeherrschung im Sinne von Art. 7 KG hat die WEKO beim Vorliegen von folgenden Marktanteilen eine Markbeherrschung angenommen: 2.550

- **Marktanteil von 37–48%** und Vorhandensein eines ähnlich starken Konkurrenzunternehmens, wenn ein faktischer Kontrahierungszwang der Abnehmer gegenüber dem Anbieter besteht (RPW 2008/4 544 ff., 579).
- **Marktanteil von 46%** bei starker Zersplitterung der übrigen Konkurrenz, bei welchen es sich nicht um eigentliche Konkurrenten handelt (RPW 2002/4 576 ff., 577; bestätigt in RPW 2003/4 912 ff., 920).
- **Marktanteil von über 50%** bei atomistisch strukturierter Konkurrenz und schwachem potenziellem Wettbewerb (RPW 2003/1 75 ff., 84).
- **Marktanteil von 60%** bei fehlendem potenziellem Wettbewerb und einer schwachen Stellung der Unternehmen auf der Marktgegenseite (RPW 2001/1 95 ff., 101).
- Konstanter **Marktanteil von 63%** bei Fehlen von aktuellem und potenziellem Wettbewerb sowie einer disziplinierenden Wirkung sonstiger Wettbewerbskräfte (RPW 2007/2 190 ff., 217; bestätigt in RPW 2010/2 329 ff., 347).
- **Marktanteile von 75% bzw. 95%** und kein zu erwartender Markteintritt in den nächsten sechs Jahren (RPW 2005/1 128 ff., 136).
- **Marktanteile von (faktisch) 100%** sprechen praktisch immer für die Annahme einer marktbeherrschenden Stellung, insbesondere wenn nicht mit einem baldigen Markteintritt gerechnet werden kann (z.B. RPW 2008/3 385 ff., 396; RPW 2008/1 216 ff., 220; RPW 2007/2 241 ff., 261; RPW 2006/2 227 ff., 236; RPW 2005/1 54 ff., 86).

Zusammenfassend lässt sich festhalten, dass Marktanteile von unter 30% relativ problemlos sind und bei Marktanteilen über 50% eine (nicht gesetzliche) Vermutung einer marktbeherrschenden Stellung besteht, wenn nicht Umstände vorliegen, welche gegen eine solche Annahme sprechen. 2.551

C. Unzulässige Verhaltensweisen

1. Allgemeines

Wie erwähnt ist die Innehabung oder die Erarbeitung einer marktbeherrschenden Stellung für sich allein betrachtet wettbewerbsrechtlich nicht zu beanstanden. Unzulässigkeit liegt erst vor, wenn diese Stellung missbraucht wird. Marktbeherrschenden Unternehmen soll es unbenommen sein, den Ertrag ihrer leistungsbezogenen Anstrengungen für sich zu beanspruchen; die Missbrauchsprüfung ist lediglich darauf ausgerichtet, nicht leistungsbezogene Verhaltensweisen zu unterbinden und aktuellen und potenziellen Konkurrenten die Möglichkeit offenzuhalten, die Stellung des marktbeherrschenden Unternehmens anzugreifen.[384] 2.552

Problematisch ist in diesem Zusammenhang, dass ein bestimmtes Verhalten eines marktbeherrschenden Unternehmens verschiedenen Ausprägungen offensteht: Oft 2.553

384 RPW 2005/3 505 ff., 525.

kann es sowohl Ausdruck von Wettbewerb als auch ein missbräuchlicher Ausbeutungs- oder Behinderungsmissbrauch sein; deshalb ist eine einzelfallbezogene Betrachtungsweise bei der Beurteilung missbräuchlicher Verhaltensweisen von besonderer Bedeutung.[385]

2.554 Damit Art. 7 KG zur Anwendung gelangt, ist vorausgesetzt, dass ein marktbeherrschendes Unternehmen seine Marktstellung missbraucht und dass durch dieses Verhalten die Marktgegenseite oder Wettbewerber behindert werden. Zwischen dem Missbrauch und der marktbeherrschenden Stellung muss ferner ein **Kausalzusammenhang** bestehen.

2. Missbräuchliches Verhalten und Rechtfertigung

a) Betroffene Märkte

2.555 Die Verhaltensweisen des marktbeherrschenden Unternehmens können sich auf verschiedenen Märkten auswirken. Oft erfolgen sie auf demselben Markt, auf dem das Unternehmen marktbeherrschend ist, d.h., die Verhaltensweise betrifft dieselbe Marktstufe (horizontal foreclosure).

2.556 Denkbar ist aber auch die Marktbehinderung in einem benachbarten Markt (adjacant market) oder einem vor- oder nachgelagerten Markt, in dem das marktbeherrschende Unternehmen weder marktbeherrschend noch präsent zu sein hat; in Frage steht diesfalls eine vertikale Marktverschliessung (vertical foreclosure). Erforderlich ist aber, dass die Marktmacht es dem marktmächtigen Unternehmen ermöglicht, seine Marktmacht auch auf andere Märkte zu übertragen (sog. Leveraging).[386]

2.557 Am einfachsten überträgt das marktbeherrschende Unternehmen seine Marktmacht durch die Verweigerung von Geschäftsbeziehungen; möglich ist ein Leveraging aber auch durch die Bevorzugung eigener Konzerngesellschaften auf dem vor- oder nachgelagerten Markt oder durch Koppelungsgeschäfte.[387]

b) Missbräuchlichkeit

2.558 Gemäss Art. 7 Abs. 1 KG verhalten sich Unternehmen unzulässig, wenn sie durch den Missbrauch ihrer Stellung auf dem Markt andere Unternehmen in der Aufnahme oder Ausübung des Wettbewerbs behindern oder die Marktgegenseite benachteiligen. Das Gesetz selbst enthält keine Definition des Missbrauchsbegriffs.

2.559 Die Hauptschwierigkeit bei der Beurteilung der Missbräuchlichkeit liegt in der Abgrenzung von zulässigen und unzulässigen Verhaltensweisen. Die Schwelle zwischen zulässigem und unzulässigem Verhalten liegt dort, wo sich Behinderungs- und Ausbeutungstatbestände nicht durch sachliche Gründe («legitimate business

---

385 Botschaft, 569.
386 RPW 2011/4 483 ff., 501.
387 RPW 2011/1 96 ff., 144.

reasons») rechtfertigen lassen. Die WEKO prüft den Tatbestand von Art. 7 KG grundsätzlich zweistufig. In einem ersten Schritt ermittelt sie, ob eine **Wettbewerbsverfälschung** besteht; wird eine solche bejaht, untersucht sie in einem zweiten Schritt, ob dafür **sachliche Rechtfertigungsgründe** vorliegen.[388]

Um Wettbewerbsverfälschungen handelt es sich – wie aus dem Gesetzestext hervorgeht – bei jeder Form des Ausbeutungs- und Behinderungsmissbrauchs. Unzulässig sind alle Verhaltensweisen, die auf die Errichtung von Markteintritts-, Marktaustritts- oder Mobilitätsbarrieren ausgerichtet sind, ebenso Praktiken, welche die gezielte oder missbräuchliche Verdrängung von Konkurrenten oder die Erhöhung der Kosten der Marktrivalen zum Zweck haben. Konkretisierungen der wichtigsten Fälle von Ausbeutungs- und Behinderungstatbeständen enthält Art. 7 Abs. 2 KG; nicht im Beispielskatalog enthaltene Fälle des Ausbeutungs- oder Behinderungsmissbrauchs lassen sich gegebenenfalls unter Art. 7 Abs. 1 KG subsumieren. 2.560

c) Sachliche Gründe

aa) Allgemeines

Als Rechtfertigungsgründe fallen insbesondere kaufmännische und betriebswirtschaftliche Gründe in Betracht. Bei ihrer Beurteilung ist darauf abzustellen, wie sich die Bedingungen des konkreten Geschäfts in einem funktionierenden Wettbewerb präsentieren würden. Grundsätzlich gilt, dass ein Verhalten immer dann zulässig ist, wenn sich das marktbeherrschende Unternehmen nicht anders verhält, als es ein Unternehmen ohne gesteigerten Markteinfluss in der gleichen Situation tun würde. 2.561

Unsachlich sind Verhaltensweisen, die darauf gerichtet sind, Dritte vom Wettbewerb auszuschliessen oder sie zumindest zu behindern; sachlich gerechtfertigt sind Verhaltensweisen, die zwar zu einer Wettbewerbsbehinderung oder -beschränkung führen, diese Folge jedoch nicht bezwecken, sondern die in anderer Weise begründet sind.[389] 2.562

bb) Systematik der Rechtfertigungsgründe

Systematisch lassen sich die möglichen Rechtfertigungsgründe in zwei Gruppen gliedern. Bei der ersten Gruppe handelt es sich um objektive Rechtfertigungsgründe. In die zweite Gruppe fallen Effizienzgründe, d.h. die Rechtfertigung einer Verhaltensweise durch den Nachweis von Effizienzgewinnen und der damit verbundenen wettbewerbsfördernden Wirkung.[390] 2.563

388 KG-Amstutz/Carron, Art. 7 N 57 ff.
389 RPW 2006/4 625 ff., 641.
390 KG-Amstutz/Carron, Art. 7 N 63 ff.

2.564 **Objektive Gründe** ergeben sich insbesondere aus betriebswirtschaftlichen Überlegungen und können einerseits Verhaltensweisen sein, die objektiv notwendig sind, d.h. sich aus externen Faktoren ergeben, so z.B. Sicherheits- oder Gesundheitsgründe. Andererseits kommen auch kommerzielle Interessen in Frage, d.h. Massnahmen marktbeherrschender Unternehmen gegen Handlungen von Konkurrenten, welche eigene Geschäfte bedrohen.[391]

2.565 Eine weitere Rechtfertigung für wettbewerbsbeschränkendes Verhalten ergibt sich daraus, dass das in Frage stehende Verhalten **effizient** ist, d.h. die Wettbewerbsbeschränkung im Endeffekt zu einem besseren Preis-Leistungs-Verhältnis und somit zu günstigeren Preisen oder Bedingungen für die Konsumierenden führt.[392]

2.566 In gewissen Fällen vermag sich die Rechtfertigung auch darauf zu stützen, dass ein bestimmtes Verhalten branchenüblich ist.[393] Branchenüblichkeit liegt vor, wenn sich ein marktbeherrschendes Unternehmen nicht anders verhält, als es ein nicht marktbeherrschendes Unternehmen in derselben Situation tun würde.

cc) Verhältnismässigkeitsprinzip

2.567 Wichtig ist, dass die möglichen Rechtfertigungsgründe das Verhältnismässigkeitsprinzip wahren. Das marktmächtige Unternehmen hat namentlich nachzuweisen, dass das in Frage stehende Verhalten geeignet ist, das damit anvisierte Ziel zu erreichen, und das Verhalten zur Zielerreichung auch erforderlich ist, d.h., es dürfen keine als milder zu beurteilenden alternativen Handlungsweisen zur Verfügung stehen, mit denen das entsprechende Ziel auch zu erreichen wäre **(Gebot der Unerlässlichkeit).**[394]

dd) Rechtfertigungsgründe in der Praxis

2.568 Die WEKO hat bislang noch keine allgemeingültigen Formulierungen für sachliche Rechtfertigungsgründe aufgestellt; in der Praxis fand eine weite Bandbreite von Rechtfertigungsgründen Anwendung.[395] Als allgemeines Prinzip gilt, dass die Anforderungen an die sachlichen Rechtfertigungsgründe für ein Tun höher sind als für ein Unterlassen.[396] Zu den möglichen sachlichen Rechtfertigungsgründen zählen beispielsweise die zeitliche Dringlichkeit, der Nachweis der Zahlungsfähigkeit und des Handelsregistereintrages des Vertragspartners sowie administrative Vereinfachungen.

2.569 Ein Indiz für eine sachliche Rechtfertigung ist der Einsatz **wettbewerbsneutraler Mittel.**[397] Wettbewerbsneutral sind beispielsweise Mittel wie Ausschreibungen oder

391 KG-Amstutz/Carron, Art. 7 N 67.
392 Groner, 65.
393 Dähler/Krauskopf/Strebel, N 8.103; vgl. hinten N 2.713.
394 RPW 2011/1 96 ff., 165; KG-Amstutz/Carron, Art. 7 N 69 f.
395 Groner, 70.
396 Dähler/Krauskopf/Strebel, N 8.100.
397 Kiener, 214; Candreia, N 511.

Losziehungen; in diesen Fällen ist darauf zu achten, dass auch deren Bedingungen sachlich gerechtfertigt sind und insbesondere keine Forderungen enthalten, wie sie nur ein marktbeherrschendes Unternehmen verlangen kann.[398]

Vertiefung: Aus der Praxis der WEKO seien beispielhaft die folgenden sachlichen Rechtfertigungsgründe erwähnt: 2.570

- Zulässig ist es, vom Vertragspartner den Nachweis der Zahlungsfähigkeit sowie einen Handelsregistereintrag zu verlangen (RPW 2001/1 95 ff., 105).
- Zulässig ist eine Lieferverweigerung bei Notwendigkeit einer qualifizierten technischen Beratung durch den Abnehmer an den Kunden; die Kundenbetreuung muss aber auch tatsächlich notwendig sein und vom potenziellen Vertragspartner objektiv nicht erbracht werden können (RPW 2001/1 95 ff., 105).
- Die Berufung auf die zeitliche Dringlichkeit ist nur so lange zulässig, als auch tatsächlich Zeitdruck besteht; bei einem späteren Wegfall der Dringlichkeit ist eine Berufung auf den Rechtfertigungsgrund nicht mehr möglich (RPW 2003/4 753 ff., 771).
- Technische Argumente können zwar grundsätzlich als sachliche Gründe dienen, ein finanzieller Mehraufwand reicht als sachliche Rechtfertigung indessen nicht aus, wenn das marktmächtige Unternehmen für den Mehraufwand entschädigt wird (RPW 2003/2 406 ff., 431).

Das Handelsgericht Zürich erachtete auch den Umstand, dass die Geschäftsführung eines Unternehmens einen sehr schlechten Ruf hat und man mit dieser Gesellschaft nichts (mehr) zu tun haben will als Rechtfertigungsgrund (ZR 107 (2008), 187 f.). 2.571

3. Spezialtatbestände (Art. 7 Abs. 2 KG)

Art. 7 Abs. 2 KG konkretisiert den Tatbestand der missbräuchlichen Verhaltensweisen von Art. 7 Abs. 1 KG; die genannten Verhaltensweisen reichen indessen für sich alleine betrachtet zur Annahme missbräuchlichen Verhaltens nicht aus, vielmehr sind die Tatbestände von Abs. 2 immer im Kontext von Abs. 1 zu sehen, d.h., auch die in Art. 7 Abs. 1 KG genannten Missbrauchsmerkmale müssen erfüllt sein. Namentlich sind die in Abs. 2 lit. a–f genannten Verhaltensweisen nur dann missbräuchlich, wenn dafür sachliche Gründe fehlen.[399] 2.572

Die in den Tatbeständen von Art. 7 Abs. 2 KG genannten Verhaltensweisen sind somit weder als vermutungsweise unzulässig noch als Per-se-Verbote zu verstehen, vielmehr ist die Missbräuchlichkeit der Verhaltensweise in jeden Einzelfall gesondert festzustellen.[400] 2.573

Ein Verhalten, welches nicht unter die Spezialtatbestände von Art. 7 Abs. 2 KG fällt, vermag im Rahmen von Art. 7 Abs. 1 KG missbräuchlich zu sein. Der Beispielskatalog von Art. 7 Abs. 2 KG ist in dem Sinne als abschliessend zu betrachten, als 2.574

---

398 KIENER, 214. Derartige Bedingungen sind mitunter ein Anwendungsfall von Art. 7 Abs. 2 lit. e KG.

399 RUFFNER, 840; DÄHLER/KRAUSKOPF/STREBEL, N 8.79; BGE 129 II 497 ff., Erw. 6.5.1.

400 DAVID/JACOBS, N 721.

gemäss der Praxis des Bundesverwaltungsgerichts nur gegen in diesem Absatz normierte Verhaltensweisen gegebenenfalls Sanktionen im Sinne von Art. 49a KG verhängt werden können.[401]

2.575 In der Praxis sind die Grenzen zwischen den verschiedenen Formen der unzulässigen Verhaltensweisen fliessend, insbesondere der Tatbestand der Verweigerung der Geschäftsbeziehungen (Art. 7 Abs. 2 lit. a KG) lässt sich oft nicht einfach von anderen missbräuchlichen Verhaltensweisen abgrenzen, sodass ein Verhalten auch mehrere in Art. 7 Abs. 2 KG enthaltene Tatbestandsvarianten zu erfüllen vermag.

2.576 **Sonderfall: Missbrauch der marktbeherrschenden Stellung im Rundfunk**

Im Rahmen der Totalrevision des RTVG im Jahre 2006 wurden Art. 74 und 75 RTVG, welche der Bekämpfung der Medienkonzentration dienen sollten, neu ins Gesetz aufgenommen. Zweck der Bestimmungen ist die Erhaltung der Meinungs- und Angebotsvielfalt.

Wird die Meinungs- und Angebotsvielfalt gefährdet, weil ein Programmveranstalter seine beherrschende Stellung auf dem relevanten Markt missbraucht, kann das UVEK verschiedene Massnahmen ergreifen. Gestützt auf Art. 75 Abs. 2 RTVG stehen dem UVEK die folgenden Möglichkeiten zur Verfügung:[402]

- **Einräumung von Sendezeit an Dritte:** Durch diese Massnahme soll der Zugang zum Medium ermöglicht werden.
- **Verpflichtung zur Zusammenarbeit mit anderen Marktteilnehmern:** Diese Massnahme ist insofern problematisch, als der Zwang zur Zusammenarbeit einen wesentlichen Eingriff in die Grundrechte (insbesondere Art. 27 BV) darstellt.
- **Erlass eines Redaktionsstatuts zur Absicherung der redaktionellen Freiheit:** Diese Massnahme soll der Redaktion gegenüber dem Verleger eine hinreichende Unabhängigkeit gewährleisten.
- **Massnahmen, welche die unternehmerischen und organisatorischen Strukturen des Unternehmens anpassen sollen:** Weil es sich bei dieser Massnahme um einen weitgehenden Eingriff in die Wirtschaftsfreiheit handelt, ist deren Implementierung nur in den allerwenigsten Fällen zulässig.

401 Vgl. dazu hinten N 3.211 ff.

402 Ausführlich dazu Nobel/Weber, 10 N 66 ff. Zum Missbrauchsbegriff vgl. auch das Urteil des Bundesverwaltungsgerichts vom 22. August 2012, A-6542/2011 sowie Hubacher Kevin, Schweizer Kartellrecht 2012 – ein Jahresrückblick, in: Jusletter vom 11. März 2013, N 32 ff.

a) Verweigerung von Geschäftsbeziehungen und Essential Facility Doctrine

aa) Allgemeines

Art. 7 Abs. 2 lit. a KG erklärt die Verweigerung von Geschäftsbeziehungen, insbesondere in Form von Liefer- oder Bezugssperren, für unzulässig. Grundsätzlich geht die schweizerische Rechtsordnung vom Grundsatz der Vertragsfreiheit aus, d.h., es steht im Ermessen einer Partei, mit wem sie Verträge abschliessen will und mit wem nicht. In gewissen Situationen vermag sich jedoch aufgrund bestehender Marktpositionen ein Kontrahierungszwang zu ergeben, denn die Verweigerung von Geschäftsbeziehungen kann zum Zwecke haben, Konkurrenten zu behindern, indem ihnen beispielsweise Vertriebswege abgeschnitten oder der Zugang zu einem Markt vereitelt wird. Dem Tatbestand kommt insofern besondere Bedeutung zu, als er indirekt auch der Verhinderung weiteren missbräuchlichen Verhaltens dient, indem er zu unterbinden versucht, dass marktmächtige Unternehmen ihren kleineren Geschäftspartnern mit dem Abbruch von Geschäftsbeziehungen drohen, wenn diese sich nicht wunschgemäss verhalten.[403] 2.577

Die Verweigerung von Geschäftsbeziehungen kann sowohl marktbeherrschende Anbieter wie auch marktbeherrschende Abnehmer betreffen. Ein marktbeherrschender Anbieter ist beim Vertrieb seiner Produkte eingeschränkt, Gleiches gilt für einen Abnehmer, welcher ohne sachlichen Grund weder Lieferanten boykottieren noch diese mit Bezugssperren belegen darf.[404] 2.578

Die Verweigerung der Geschäftsbeziehungen hat **missbräuchlich** zu sein. So darf das marktbeherrschende Unternehmen beispielsweise Geschäftsbeziehungen nicht zum Zwecke der Verdrängung von Abnehmern oder Lieferanten vom Markt abbrechen, weil es beschlossen hat, hernach selbst auf dem betreffenden vor- oder nachgelagerten oder benachbarten Markt tätig zu werden. 2.579

Checkliste: Voraussetzungen Art. 7 Abs. 2 lit. a KG 2.580

- ☐ Marktmächtiges Unternehmen
- ☐ Verweigerung einer Geschäftsbeziehung
- ☐ Objektive Notwendigkeit der Geschäftsbeziehung
- ☐ Beseitigung des wirksamen Wettbewerbs
- ☐ Fehlen einer sachlichen Rechtfertigung

403 Botschaft, 571; Dähler/Krauskopf/Strebel, N 8.82.
404 David/Jacobs, N 722.

bb) Erfasste Verhaltensweisen

2.581 Art. 7 Abs. 2 lit. a KG qualifiziert die Verweigerung von Geschäftsbeziehungen durch ein marktbeherrschendes Unternehmen als potenziell missbräuchliches Verhalten. Der Tatbestand der Verweigerung von Geschäftsbeziehungen umfasst drei Verhaltensweisen:

- **Nichtaufnahme** von Geschäftsbeziehungen;
- **Abbruch** bestehender Geschäftsbeziehungen;
- **Einschränkung** bestehender Geschäftsbeziehungen.

2.582 Die Verweigerung von Geschäftsbeziehungen beziehungsweise deren Auflösung oder Einschränkung kann sich sowohl gegen direkte Konkurrenten wie auch gegen Unternehmen vor- oder nachgelagerter Marktstufen richten:[405]

- Die Verweigerung von Geschäftsbeziehungen gegenüber Konkurrenten erfolgt zur Stärkung der eigenen Position auf dem beherrschten Markt; durch eine Nichtbelieferung kann ein Konkurrent beispielsweise daran gehindert werden, Konkurrenzprodukte anzubieten.
- Die Verweigerung von Geschäftsbeziehungen auf vor- oder nachgelagerten Marktstufen dient dem marktmächtigen Unternehmen dazu, die marktbeherrschende Stellung auf den betreffenden vor- oder nachgelagerten Markt auszudehnen oder die Wettbewerber auf diesem Markt zu behindern.

cc) Verweigerung von Geschäftsbeziehungen

2.583 Die Verweigerung von Geschäftsbeziehungen ist der Grundtatbestand und der praktisch wichtigste Anwendungsfall von Art. 7 Abs. 1 lit. a KG. Eine Geschäftsverweigerung liegt dann vor, wenn ein Unternehmen versucht, mit dem marktbeherrschenden Unternehmen eine geschäftliche Beziehung einzugehen, dieses jedoch das entsprechende Ansinnen direkt oder indirekt ablehnt. Eine Verweigerung kann nicht nur ausdrücklich, sondern auch stillschweigend bzw. durch konkludentes Handeln erfolgen.[406]

2.584 Eine **indirekte Verweigerung** liegt dann vor, wenn ein Unternehmen über den Bezug oder die Lieferung der Produkte nicht ernsthaft verhandelt, d.h., wenn das marktbeherrschende Unternehmen dem potenziellen Geschäftspartner zwar ein Angebot macht, jedoch ein Produkt nur zu unverhältnismässig hohen Preisen oder unter Einhaltung nachteiliger Geschäftsbedingungen liefert.[407]

2.585 Die von der Geschäftsverweigerung betroffenen Produkte oder Dienstleistungen haben für die wirtschaftliche Tätigkeit des von der Geschäftsverweigerung betrof-

---

405 Dähler/Krauskopf/Strebel, N 8.80.
406 RPW 2000/4 561 ff., 567; KG-Amstutz/Carron, Art. 7 N 124; zur Stromdurchleitung im Besonderen Palasthy, 299.
407 Groner, 69; Fuchs/Möschel, N 308.

fenen Unternehmens **unerlässlich** zu sein.[408] Unerlässlichkeit liegt dann vor, wenn kumulativ (i) die wirtschaftliche Tätigkeit ohne das entsprechende Produkt nicht möglich oder zumutbar ist, (ii) das Unternehmen über keine alternative Bezugsquelle zur Beschaffung des betreffenden Produkts verfügt und es ihm (iii) auch nicht möglich ist, das betreffende Produkt in ökonomisch und rechtlich sinnvoller Art und Weise selbst herzustellen.[409] Das Erfordernis der Unerlässlichkeit stellt die Verbindung zwischen dem beherrschten Markt und dem vor- oder nachgelagerten Markt her, auf dem sich die Wettbewerbsbeschränkung schliesslich abspielt.[410] Die WEKO spricht im Zusammenhang mit einer vertikalen Geschäftsverweigerung auch von einer objektiven Notwendigkeit, welche dann vorliegt, wenn es auf dem nachgelagerten Markt kein Substitut gibt, welches die Wettbewerber verwenden können, um die negativen Folgen der Verweigerung langfristig abzufangen.[411]

Der sich für das marktmächtige Unternehmen ergebende Kontrahierungszwang unterscheidet sich in Abhängigkeit seiner eigenen Marktstärke. Handelt es sich beim marktmächtigen Unternehmen um ein Monopol, ist die Verweigerung einer Geschäftsbeziehung nur bei objektiver Unzumutbarkeit zulässig, während im Fall, dass neben dem vom marktmächtigen Unternehmen beherrschten Markt noch weitere Wettbewerber vorhanden sind, eine vertiefte Interessensabwägung vorzunehmen ist.[412] 2.586

dd) Einschränkung und Abbruch bestehender Geschäftsbeziehungen

Die Tatbestände der Einschränkung oder des Abbruchs bestehender Geschäftsbeziehungen entsprechen grundsätzlich demjenigen der Verweigerung der Aufnahme. Jedoch ist die Einschränkung bzw. der Abbruch bestehender Beziehungen grundsätzlich strenger zu beurteilen als die Nichtaufnahme; denn diese zeitigen regelmässig einschneidendere Auswirkungen. Die strengere Bewertung rechtfertigt sich dadurch, dass das marktbeherrschende Unternehmen die Abhängigkeits- und Gefährdungssituation durch die Aufnahme der Geschäftsbeziehung selbst mitverursacht hat. 2.587

Nach Praxis des EuGH ist der Abbruch von Geschäftsbeziehungen durch ein marktmächtiges Unternehmen grundsätzlich missbräuchlich, wenn er sich nicht auf sachliche Gründe stützt und verhältnismässig ist.[413] Bei der Beurteilung ist zu prüfen, ob die Geschäftsbeziehung für das betroffene Unternehmen unerlässlich ist oder ob alternative Beschaffungsmöglichkeiten zur Verfügung stehen, unter Berücksichtigung des Umstandes, dass bei eingegangenen Geschäftsbeziehungen ökonomische 2.588

408 BOTSCHAFT, 571; KG-AMSTUTZ/CARRON, Art. 7 N 125; zum europäischen Recht vgl. SASINOWSKA, 539 ff.
409 KG-AMSTUTZ/CARRON, Art. 7 N 125; SASINOWSKA, 540 ff.
410 FUCHS/MÖSCHEL, N 322.
411 RPW 2011/1 96 ff., 149.
412 FUCHS/MÖSCHEL, N 321.
413 FUCHS/MÖSCHEL, N 311.

Abhängigkeiten bestehen. Von Bedeutung ist ferner, ob mit dem Abbruch allenfalls gewisse Sunk Costs anfallen.[414]

2.589 Die Belieferung eines langjährigen Geschäftspartners ist grundsätzlich fortzusetzen, wenn dieser sich an die üblichen Gepflogenheiten der Branche hält; der einseitige Abbruch durch das marktbeherrschende Unternehmen ist indessen bei Vorliegen von besonderen Rechtfertigungsgründen zulässig.[415] Dabei ist der Zeitraum zu berücksichtigen, innert welchem ein Lieferstopp erfolgt; grundsätzlich sind langfristige Lieferstopps eher zulässig als kurzfristige, weil den betroffenen Geschäftspartnern auf diese Weise genügend Zeit verbleibt, sich nach alternativen Bezugsquellen umzusehen.[416] Insbesondere kann aber auch ein marktmächtiges Unternehmen nicht gezwungen sein, die Geschäftsbeziehungen «ewig» aufrecht zu erhalten; vielmehr muss ein stufenweiser Abbau des Liefervolumens möglich sein.

2.590 Unzulässig ist der Abbruch von Geschäftsbeziehungen dann, wenn er auf disziplinierenden Motiven beruht, z.B., wenn durch den Abbruch verhindert werden soll, dass die Gegenpartei Produkte eines Konkurrenten vertreibt.[417] In diesem Sinne vermag auch die blosse **Androhung** des Abbruchs von Geschäftsbeziehungen missbräuchlich zu sein, wenn das marktbeherrschende Unternehmen beispielsweise dadurch die Durchsetzung missbräuchlicher Geschäftspraktiken bezweckt.[418]

2.591 **Fallbeispiel: SWATCH, RPW 2012/2 260 ff., RPW 2013/3 700 ff.**

Ende 2009 gelangte die SWATCH an die WEKO, weil sie beabsichtigte, die Belieferung der Uhrenindustrie mit Assortiments (steuernder Teil einer mechanischen Uhr) und mechanischen Uhrwerken einzustellen und sie von der WEKO wissen wollte, wie dies wettbewerbsrechtlich korrekt durchgeführt werden könne.

Im Bereich Assortiments hat die Tochtergesellschaft Nivarox FAR SA (Nivarox) von SWATCH eine Monopolstellung, die Tocher ETA SA Manufacture Hologère Suisse (ETA) verfügt im Markt für mechanische Uhrwerke über einen Marktanteil von rund 70%.

Die WEKO eröffnete im Juni 2011 eine Untersuchung, im Jahr 2012 erging eine einvernehmliche Regelung bezüglich vorsorglicher Massnahmen. Die Regelung sah vor, dass im Jahr 2011 die gleiche Menge wie 2010 an die Abnehmer geliefert würde und 2012 eine Reduktion der Lieferung auf 95% bei den Assortiments bzw. 85% bei den mechanischen Uhrwerken zulässig sei (Phasing Out). Weil sich Anfang 2012 abzeichnete, dass das Verfahren nicht wie erwartet bis Ende 2012 abgeschlossen würde, verlängerte die WEKO die vorsorgliche Massnahme bis Ende 2013 und verpflichtete Nivarox und ETA zur Lieferung derselben Menge wie 2012.

414 KG-Amstutz/Carron, Art. 7 N 138; RPW 2006/4 625 ff., 644.

415 Fuchs/Möschel, N 312.

416 RPW 2005/1 128 ff., 140.

417 Ruffner, 841.

418 Dähler/Krauskopf/Strebel, N 8.82; Botschaft, 103.

Einzelne SWATCH-Produkte abnehmende Uhrenhersteller behaupten, auf die Bauteile von SWATCH angewiesen zu sein. Eine Eigenproduktion sei für sie aufgrund der Skaleneffekte nicht leicht möglich. Ein Import aus dem Ausland scheitere zum Teil daran, dass die Bestandteile aus einem Schweizer Betrieb stammen müssten. SWATCH begründete den Lieferstopp damit, dass sie selbst derart viele Uhren herstelle, dass sie die Bestandteile für sich selbst brauche. Ein Ausschluss jeglicher Vertragskündigungsunmöglichkeit stünde zudem nicht im Einklang mit der Wirtschaftsfreiheit (Art. 27 BV).

Derzeit verhandelt die WEKO mit der SWATCH über eine einvernehmliche Regelung für die folgenden Jahre. Eine erste einvernehmliche Regelung, welche das Sekretariat und die SWATCH ausgehandelt hatten und welche eine jährliche, 20%ige Lieferreduktion für mechanische Uhrwerke wie auch für Assortiments vorsah, lehnte die WEKO ab.[419] Sie befürwortete zwar eine Lieferreduktion von mechanischen Uhrwerken, befand jedoch die Lieferreduktion für Assortiments als zu früh und sprach sich für eine höchstens 10%ige Reduktion für das Jahr 2014 aus.

Während kleinere Uhrenproduktionsfirmen den Entscheid der WEKO mit einem Aufatmen zur Kenntnis nahmen, äusserten sich andere Stimmen kritisch zur fortdauernden Lieferverpflichtung der SWATCH. Beanstandet wird einerseits das Verhalten dieser Produzenten selbst, welche es in den letzten Jahren versäumten, Massnahmen zu treffen, um dem angekündigten stufenweisen Lieferrückgang zu begegnen, andererseits aber auch die WEKO, welche dieses Verhalten durch die langfristige Belieferungsverpflichtung durch die SWATCH stützt.[420]

ee) Wettbewerbsbeseitigung

Eine Verweigerung von Geschäftsbeziehungen ist nur dann kartellrechtlich relevant, wenn die entsprechende Verhaltensweise zu einer Beseitigung des wirksamen Wettbewerbs führt; die Wettbewerbsbeseitigung kann sich entweder in der Verdrängung bestehender Wettbewerber auf dem Markt oder aber im Nichteintritt eines potenziellen Wettbewerbers manifestieren.[421] 2.592

ff) Sachliche Rechtfertigung

Als **sachliche Rechtfertigungsgründe** sind bei der Verweigerung von Geschäftsbeziehungen insbesondere kaufmännische Grundsätze zu beachten, beispielsweise die Tatsache, dass die wirtschaftlichen Leistungen des Vertragspartners ungenügend sind.[422] Aus Effizienzgründen ist eine Rechtfertigung von Geschäftsverweige- 2.593

---

419 Medienmitteilung der WEKO vom 12. Juli 2013, abrufbar unter <http://www.weko.admin.ch>.
420 Vgl. dazu MARTEL ANDREA, Die grossen Fussstapfen der Swatch Group, NZZ vom 13. Juli 2013, 31; RÜTTI NICOLE, Rückschlag für die SWATCH Group, NZZ vom 13. Juli 2013, 25.
421 KG-AMSTUTZ/CARRON, Art. 7 N 128.
422 BOTSCHAFT, 571.

rungen vor allem gestützt auf **investitions- oder innovationsschützende** Überlegungen möglich. Wenn die Verweigerung der Geschäftsbeziehung ein Gut betrifft, das ein Resultat von innovativen Investitionen des Unternehmens darstellt, ist bei der Anwendung von Art. 7 Abs. 2 lit. a KG darauf zu achten, dass das marktmächtige Unternehmen in seinem Investitions- und Innovationswillen geschützt wird. Diese Überlegungen kommen insbesondere im Zusammenhang mit Essential Facilities oder Immaterialgüterrechtslizenzen zum Tragen, sollten aber generell im Rahmen der Rechtfertigung von Geschäftsverweigerungen Berücksichtigung finden.[423]

2.594 Zur Beurteilung der Missbräuchlichkeit lassen sich im Rahmen des **Vergleichsmarktskonzepts** die Verhaltensweisen anderer auf dem Markt tätiger Unternehmen heranziehen oder im Falle des Fehlens von solchen beim **räumlichen Vergleichsmarktkonzept** das Verhalten des fraglichen Unternehmens im Hinblick auf die übrigen Marktteilnehmer. In diesem Sinne wird die Verweigerung von Geschäftsbeziehungen dann als gerechtfertigt angesehen, wenn sich ein Wettbewerber ohne marktbeherrschende Stellung unter den gleichen Umständen gleich verhielte.[424]

2.595 Steht der **Abbruch oder die Einschränkung** von Geschäftsbeziehungen zur Debatte, sind entsprechend strengere Anforderungen an das Vorliegen von Legitimate Business Reasons zu stellen. Unterhält das marktmächtige Unternehmen mit mehreren Unternehmen Geschäftsbeziehungen, ist darauf zu achten, dass eine allfällige Einschränkung gleichmässig, d.h. nach objektiven Kriterien, erfolgt. In diesem Sinne sind vor allem Rechtfertigungsgründe zulässig, welche den Geschäftspartner betreffen, so beispielsweise wenn dieser die gestellten Anforderungen an Qualität oder Solvenz nicht mehr erfüllt oder sich in sonstiger Weise vertragswidrig verhält.[425]

2.596 Mögliche Rechtfertigungsgründe für den Abbruch oder die Einschränkung von Geschäftsbeziehungen sind wirtschaftliche Gründe, beispielsweise wenn ein marktmächtiges Unternehmen aufgrund sinkender Nachfrage seinen Vertrieb neu organisiert und deshalb gewisse Anpassungen im Vertriebsnetz vornimmt.[426] Bei Einschränkungen, welche sich beispielsweise auf Mangellagen zurückführen lassen, ist jedoch, auch im Hinblick auf den Tatbestand von Art. 7 Abs. 2 lit. b KG, darauf zu achten, dass allfällige Liefereinschränkungen gleichmässig auf die Geschäftspartner verteilt werden.[427]

gg) Essential Facility Doctrine

2.597 Einen besonderen Fall der Verweigerung von Geschäftsbeziehungen stellt die sog. **Essential Facility Doctrine** dar. Das Prinzip der Essential Facilities besagt, dass Wettbewerb in gewissen Märkten nur dann möglich ist, wenn der Zugang zu gewissen Einrichtungen oder Informationen (sog. **«Essential Facilities»**) gewährleistet

423 RPW 2011/1 96 ff., 173.
424 Von Büren/Marbach/Ducrey, N 1522.
425 KG-Amstutz/Carron, Art. 7 N 140; zu den Kündigungsgründen vgl. auch Kiener, 228 ff.
426 Fuchs/Möschel, N 313.
427 Botschaft, 571.

ist. Wenn ein marktbeherrschendes Unternehmen eine solche Essential Facility innehat, muss es den übrigen Wettbewerbern den Zugang dazu grundsätzlich gewähren, ausser das Unternehmen verfüge über einen sachlichen Rechtfertigungsgrund für die Verweigerung. Abzugrenzen ist die Essential Facility Doctrine insbesondere von einer vertikalen Marktbehinderung, bei welcher ein marktbeherrschendes Unternehmen seine Marktstellung auf dem beherrschten Markt ausnutzt, um seine Marktstellung auf einem zweiten Markt zu verbessern, weil es insoweit noch nicht beherrschend ist.[428]

Die Essential Facility Doctrine stammt aus dem amerikanischen Wettbewerbsrecht, 2.598
hat sich jedoch sowohl in der europäischen als auch in der schweizerischen Rechtsprechung etabliert. Die Theorie entwickelte sich insbesondere im Zusammenhang mit Schienen-, Telekommunikations- und Stromnetzen, bei denen eine faktische (natürliche) Monopolstellung besteht, weil es aus finanziellen oder praktischen Gründen unmöglich ist, ein paralleles oder konkurrierendes Netz aufzubauen und die Wettbewerber deshalb auf den Zugang zum bestehenden Netz angewiesen sind.[429]

Aufgrund der Essential Facility Doctrine ist einem Wettbewerber unter vier kumula- 2.599
tiv zu erfüllenden Voraussetzungen der Zugang zu gewähren:[430]

- Eine wesentliche Einrichtung («Essential Facility») wird von einem marktbeherrschenden Unternehmen kontrolliert;
- Die Essential Facility kann nicht dupliziert werden;
- Dem Wettbewerber wird der Zugang zur Essential Facility verweigert;
- Die Gewährung des Zugangs ist für den Betreiber der Essential Facility zumutbar.

Als wesentliche Einrichtung i.S. einer **Essential Facility** kommt jede nicht in kurzer 2.600
Zeit duplizierbare Infrastruktur in Betracht, die zur Erbringung einer bestimmten Dienstleistung oder zur Herstellung gewisser Produkte unabdingbar ist. Der Begriff der Infrastruktur ist nicht auf materielle Einrichtungen beschränkt, das Konzept ist auch beim Zugang zu Dienstleistungen und diesbezüglichen immateriellen Rechten anwendbar. Bei der Annahme einer Essential Facility ist zu differenzieren zwischen möglichen Essential Facilities privater Unternehmen und solchen, welche sich aus staatlichen Monopolen ergeben. Insbesondere wenn ein privates Unternehmen aufgrund einer besonderen Leistung ein (temporäres) Monopol auf einem Markt erreicht, darf aus Gründen des Innovationsschutzes nicht leicht eine Essential Facility angenommen werden, selbst wenn die Innovation für den Zugang zu einem Markt wesentlich ist.[431]

---

428 RPW 2011/1 96 ff., 156.
429 BGE 129 II 497 ff., Erw. 6.5.1; Bischof, 141 f.
430 BGE 129 II 497 ff., Erw. 6.5.1; Stirnimann/Weber, 87.
431 Hübscher/Rieder, 439.

2.601 Besondere Probleme bereitet das Vorliegen von Essential Facilities namentlich in der Technologiebranche, weil sich in diesem Sektor aufgrund von Standardisierungen, Netzwerkeffekten und Innovationen vermehrt Zugangsfragen stellen.[432] In diesem Zusammenhang stellt sich vor allem die Frage, inwieweit marktbeherrschende Unternehmen ihren Konkurrenten Schnittstelleninformationen offenzulegen haben. Grundsätzlich ist heute anerkannt, dass auch Informationen als Essential Facility gelten können, indessen besteht in der Schweiz noch keine gefestigte Lehre, unter welchen Voraussetzungen eine Offenlegung von Informationen zu erfolgen hat.

2.602 **Vertiefung:** Folgende Essential Facilities waren bereits Gegenstand von Verfahren der WEKO:

- Zugang zum Stromnetz: Eine missbräuchliche Verweigerung von Geschäftsbeziehungen liegt vor, wenn ein marktbeherrschendes Unternehmen sich ohne objektive Rechtfertigungsgründe weigert, gegen eine angemessene Entschädigung Dritten den Zugang zu seinen Netzen oder zu anderen Infrastruktureinrichtungen zu gewähren und dieses Unternehmen ohne diesen Zugang aus rechtlichen oder faktischen Gründen nicht in der Lage ist, seine Tätigkeit auf den an diese Netze anschliessenden Märkten auszuüben und dieser Markt deshalb nicht einem wirksamen Wettbewerb ausgesetzt ist (RPW 2001/1 255 ff., 285 bestätigt in BGE 129 II 497 ff.).
- Swiss Football League: Die Swiss Football League verfügt über die «Essential Facility» bezüglich der Zulassung von Berufsfussballspielern zum nationalen Fussballmarkt. Indem sie einem Fussballspieler die Qualifizierung und damit die Möglichkeit, zum Spielbetrieb zugelassen zu werden, verweigert, schliesst sie ihn vom entsprechenden Marktzutritt aus. Die Verweigerung der Zulassung ist nur beim Vorliegen von sachlichen Gründen zulässig (RPW 2004/4 1203 ff., 1208).

2.603 Erwähnenswert ist zudem der Fall des «Allgemeinen Bestattungsinstituts», in welchem das Handelsgericht Aargau festhielt, dass die Information der Angehörigen bei einem Todesfall eine Essential Facility darstellen kann. Weil dem Kantonsspital Aarau marktbeherrschende Stellung zukam, ist aus Sicht der Bestattungsunternehmen die Art und der Inhalt der Information der Angehörigen eines im Kantonsspital Aarau Verstorbenen eine Essential Facility (RPW 2003/2 451 ff., 473).

2.604 Ähnlich gelagert sind Fälle, in denen ein marktbeherrschendes Unternehmen durch die Geschäftsverweigerung den Wettbewerb auf einem vor- oder nachgelagerten Markt behindert oder dafür sorgt, dass ein beherrschter Markt dem Wettbewerb erst gar nicht zugänglich gemacht wird.[433] Insbesondere wenn das marktmächtige Unternehmen im Sinne einer Dual Distribution selbst auf einem nachgelagerten Markt neben anderen Wettbewerbern tätig ist, wäre es missbräuchlich, wenn es die Belieferung der nachgelagerten Wettbewerber mit notwendigen Zwischenprodukten einstellen würde mit dem Ziel, diese vom nachgelagerten Markt zu verdrängen.[434]

---

432 Wallot, 160; vgl. dazu auch Weber/Volz, sic! 2010, 782 ff. Das Problem stellt sich umso mehr, weil sich die entsprechenden Informationen durch technische Schutzmassnahmen zusätzlich sichern lassen (vgl. Stirnimann/Weber, 92).

433 BGE 129 II 497 ff., Erw. 6.5.3.

434 Ruffner, 841.

Auch bei Vorliegen einer Essential Facility kann die Verweigerung einer Geschäftsbeziehung unter Bezugnahme auf sachliche Gründe gerechtfertigt sein. Im Zusammenhang mit Netzinfrastrukturen ist insbesondere die mangelnde Netzkapazität ein objektiver Rechtfertigungsgrund. Direkte Eingriffe in die Eigentumsrechte marktbeherrschender Unternehmen bedürften indessen einer gesetzlichen Grundlage.[435] 2.605

Neben dem eigentlichen Zugang zur Infrastruktur bereitet auch die Festsetzung einer allfälligen angemessenen **Vergütung** Probleme. Grundsätzlich obliegt die Vereinbarung einer solchen wie auch deren Höhe der Disposition der Parteien.[436] Wenn das marktmächtige Unternehmen indessen seine Stellung zur Durchsetzung unangemessen hoher Preise missbraucht, vermag ein Anwendungsfall von Art. 7 Abs. 2 lit. c KG vorzuliegen. Bei der Vereinbarung einer Zugangsgebühr sind jedoch stets allfällige Infrastrukturinvestitionen zu berücksichtigen, welche das Unternehmen auf eigene Kosten und auf eigenes Risiko getätigt hat; solche Investitionen sind entsprechend zu entschädigen.[437] 2.606

Fallbeispiel: Migros/Watt, BGE 129 II 497 ff. 2.607

Das Bundesgericht sah im Verhalten der Entreprises Electriques Fribourgeoises (EEF) einen Verstoss gegen die Essential Facility Doctrine, weil diese sich geweigert hatten, Watt den Zugang zu ihrem Netz zu gewähren und es Watt dadurch nicht möglich war, elektronischen Strom für die Migros zu liefern, weil die Erstellung eines parallelen Transportnetzes nicht in Betracht fiel (Erw. 6.5.2).

Die EEF konnte sich auf keine objektiven Rechtfertigungsgründe berufen, welche ihr Verhalten gerechtfertigt hätten. Insbesondere war der im Zusammenhang mit der Benützung von Netzen genannte objektive Rechtfertigungsgrund der mangelnden Netzkapazität nicht einschlägig. Das von den EEF vorgebrachte Argument, dass der von ihr an die Migros gelieferte Strom rund 4% der gelieferten Energiemenge ausmache, liess das Bundesgericht nicht gelten. Die alleinige Tatsache, dass ein marktbeherrschendes Unternehmen Marktanteile an einen neuen Konkurrenten verlieren könne, sei kein objektiver Rechtfertigungsgrund, sondern vielmehr ein eigentliches Ziel des Kartellrechts (Erw. 6.5.5).

Die EEF hatten deshalb den Zugang gegen die Leistung eines angemessenen Entgelts zu gewähren.

hh) Immaterialgüterrechtslizenzen

Eine besondere Problematik der Essential Facility Doctrine stellt sich mit Bezug auf **Immaterialgüterrechte.** Grundsätzlich ist die Ausschliesslichkeitsposition der Inhaber von Immaterialgüterrechten geschützt; Art. 3 Abs. 2 KG enthält denn auch 2.608

435 BGE 129 II 497 ff., Erw. 6.5.4.
436 BGE 129 II 497 ff., Erw. 6.5.9.
437 Hübscher/Rieder, 439.

einen ausdrücklichen Vorbehalt zugunsten von immaterialgüterrechtlichen Ausschliesslichkeitsrechten, sodass diese einer kartellrechtlichen Prüfung grundsätzlich nicht zugänglich sind. Diese Bestimmung dient der Förderung der Innovation und so letztlich der Förderung des Wettbewerbs an sich und hält damit einer kartellrechtlichen Prüfung stand.[438]

2.609 Der Umstand, dass die Verweigerung einer Geschäftsbeziehung ein immaterialgüterrechtlich geschütztes Gut betrifft, reicht zu deren Rechtfertigung nicht aus, denn es gibt es Situationen, in denen durch die konkreten Modalitäten der Ausnützung eines Immaterialgüterrechts faktisch eine Missbräuchlichkeit entsteht. Denn der Besitz eines Immaterialgüterrechts führt wie bei der Essential Facility Doctrine dazu, dass ein Unternehmen in einem gewissen Bereich über ein Ausschliesslichkeitsrecht verfügt und für andere Unternehmen möglicherweise keine ökonomisch sinnvollen Ausweichmöglichkeiten bestehen.[439] Deshalb stellt sich die Frage, ob ein marktbeherrschendes Unternehmen verpflichtet ist, einem Wettbewerber eine Lizenz zur Verwendung eines Immaterialgüterrechts einzuräumen bzw. ob auch Immaterialgüterrechte vom Begriff der «Essential Facility» erfasst sein können.

2.610 Die Entwicklung der Essential Facility erfolgte am Beispiel physischer Infrastrukturen, insbesondere im Netzbereich, wo aufgrund historischer Tatsachen natürliche Monopole bestanden.[440] Der wesentliche Unterschied zwischen Immaterialgüterrechten und Essential Facilities liegt demzufolge darin, dass Immaterialgüterrechte auf einer bewusst von Gesetzes wegen eingeräumten Vorzugsstellung beruhen, Essential Facilities jedoch eine (natürliche) physische Verknappung zugrunde liegt.[441]

2.611 Die europäische Praxis stellt bei der Beurteilung, ob die Verweigerung einer Immaterialgüterrechtslizenz sachlich gerechtfertigt ist, auf den sog. «Incentives Balance Test» ab. In dessen Rahmen wird eine Abwägung zwischen der Reduktion der Investitionsanreize, welche durch die Zwangslizenz entsteht und der Erhöhung des Innovationsanreizes der übrigen Wettbewerber vorgenommen.[442] Dem Innovations- und Investitionsschutz ist in solchen Fällen besonders dann die Priorität einzuräumen, wenn die Gefahr besteht, dass durch die Lizenzgewährung oder durch die Offenlegung einer Information eine Produktimitation möglich wird.

---

438 Heinemann, Immaterialgüterschutz, 25; vgl. dazu vorne N 1.102 ff.
439 Weber/Rizvi, ZBJV, 447.
440 Heinemann, Immaterialgüterschutz, 510.
441 Stirnimann/Weber, 91; vgl. dazu auch Jovanovic, 73 ff.
442 RPW 2011/1 96 ff., 174.

Wichtig: 2.612

Einen besonderen Fall der Verweigerung von Geschäftsbeziehungen stellt die Verweigerung von **Schnittstelleninformationen** durch das marktbeherrschende Unternehmen dar, die verhindert, dass die Konkurrenten auf dem benachbarten, vor- oder nachgelagerten Markt Produkte anbieten können, die kompatibel sind mit den Produkten, Anlagen, Systemen oder Einrichtungen des marktbeherrschenden Unternehmens auf dem beherrschten Markt. Zu dieser Thematik sind die folgenden Punkte bemerkenswert (RPW 2011/1 96 ff., 175):

- ☐ Schnittstelleninformationen spielen vor allem in Computermärkten eine Rolle.
- ☐ Offene Schnittstellen fördern die Innovation auf den vor- und nachgelagerten Märkten.
- ☐ Die Verpflichtung zur Offenlegung ist bei Schnittstelleninformationen tiefer anzusetzen als bei anderen Immaterialgüterrechten.
- ☐ Schnittstelleninformationen marktmächtiger Unternehmen gelten oft als Defacto-Standards.
- ☐ Schnittstelleninformationen können als Essential Facility qualifiziert werden.
- ☐ Die Offenlegung ist besonders gerechtfertigt, wenn die Information ein Bottleneck darstellt.
- ☐ Neben der Verweigerung von Geschäftsbeziehungen kommt eine Missbräuchlichkeit auch gestützt auf Art. 7 Abs. 2 lit. b KG (Diskriminierung von Handelspartnern) oder Art. 7 Abs. 2 lit. f (Koppelungsgeschäfte) KG in Frage.[443]

Das Bundesgericht hat sich im Gegensatz zum EuGH zu dieser Thematik noch nicht abschliessend geäussert, jedoch festgehalten, dass der immaterialgüterrechtliche Schutz keine missbräuchlichen Verhaltensweisen marktbeherrschender Unternehmen rechtfertigt.[444] Der Versuch, durch die von einem Patent verliehene Monopolstellung den Schweizer Markt vom ausländischen Markt abzuschotten, fällt unter den Tatbestand von Art. 7 Abs. 2 lit. c KG und nicht unter Art. 7 Abs. 2 lit. a KG.[445] Eine weitere Form der missbräuchlichen Lizenzverweigerung ergibt sich im Zusammenhang mit der Leistungseinschränkung, d.h., wenn der Immaterialgüterrechtsinhaber eine allfällige quantitative oder qualitative Unterversorgung von geschützten Gütern nicht selbst behebt; eine solche Verhaltensweise ist indessen von Art. 7 Abs. 2 lit. e KG erfasst.[446] 2.613

Um den Missbrauch einer marktbeherrschenden Stellung i.S.v. Art. 7 Abs. 2 lit. a KG zu begründen, ist neben der marktbeherrschenden Stellung und dem missbräuch- 2.614

443 Vgl. dazu hinten N 2.623 ff., 2.751 ff.
444 BGE 126 III 129 ff., Erw. 9.
445 Vgl. hinten N 2.623 ff.
446 Heinemann, Schutzrechte, 45; Jovanovic, 126 ff.

lichen Verhalten zusätzlich erforderlich, dass die Lizenzverweigerung eine für den Konsumenten vorteilhafte Entwicklung verhindert, deren Verwirklichung zwingend die Lizenz für das Recht aus geistigem Eigentum verlangt, d.h., die Verweigerung der Lizenz muss zu einer eigentlichen Innovationsblockade führen. Folglich ist für die Begründung eines Kontrahierungszwangs im Rahmen von Immaterialgüterrechten erforderlich, dass das um die Lizenz ersuchende Unternehmen den Nachweis erbringt, die Lizenz für die Entwicklung eines neuen Produkts zu benötigen; es reicht nicht aus, wenn die Intention des ersuchenden Unternehmens darauf beschränkt ist, die Produkte oder Dienstleistungen des marktbeherrschenden Unternehmens nachzubilden oder zu vervielfältigen.[447]

2.615 **Checkliste: Voraussetzungen der kartellrechtlichen Zwangslizenz**

- ☐ Marktbeherrschendes Unternehmen i.S.v. Art. 4 Abs. 2 KG als Lizenzinhaberin
- ☐ Geschäftsverweigerung
- ☐ Notwendigkeit der Lizenz für die Ausübung der wirtschaftlichen Tätigkeit
- ☐ Beseitigung des wirksamen Wettbewerbs
- ☐ Fehlen einer sachlichen Rechtfertigung
- ☐ Notwendigkeit der Lizenz für eine auf die Marktgegenseite bezogene vorteilhafte Entwicklung

2.616 In der Schweiz besteht bislang keine gefestigte Praxis, unter welchen Voraussetzungen eine Zwangslizenz zu gewähren ist und ob sich die Gewährung einer solchen direkt gestützt auf das Kartellrecht ergeben kann.[448]

2.617 Eine Folgefrage stellt sich in diesem Zusammenhang mit Bezug auf die Festlegung der Lizenzgebühr. Nach h.L. kann diese grundsätzlich frei vereinbart werden, doch darf es nicht zur Erzwingung von unangemessenen Preisen kommen (Art. 7 Abs. 2 lit. c KG).[449]

---

447 KG-Amstutz/Carron, Art. 7 N 148.
448 Wallot, 160; Groner, 212.
449 HK-Reinert, Art. 7 N 14; Hübscher/Rieder, 441; vgl. dazu hinten N 2.659.

Kartellrechtliche Zwangslizenzen – IMS Health/NDC Health[450] 2.618

Den europäischen Leitentscheid zu den kartellrechtlichen Zwangslizenzen fällte der EuGH im Jahr 2004 in der Sache **«IMS Health».** Dem Entscheid ging der grundlegende Fall **«Magill»** voraus, der auf der Tatsache beruhte, dass sich verschiedene irische Fernsehgesellschaften weigerten, unabhängigen Programmzeitschriften Informationen über ihr Programm zu geben, weil sie ihre eigene Programmzeitschrift nicht gefährden wollten. Der EuGH entschied in diesem Fall, dass die Immaterialgüterrechte an den Programmlisten nicht als Rechtfertigungsgrund für die Verweigerung der Informationsherausgabe ausreichten, sondern dass in der Informationsverweigerung eine unzulässige Behinderung der Konkurrenz liege. Um einen etwas komplizierteren Sachverhalt ging es im Fall **«IMS Health»,** nämlich um Statistiken, die das Unternehmen IMS Health über eine selbst entwickelte Bausteinstruktur erstellte. Die entsprechende Bausteinstruktur bildete sich in der Branche zu einem eigentlichen Standard heraus, worauf das konkurrierende Unternehmen NDC Health von IMS Health eine Lizenz zur Verwendung der entsprechenden Struktur eingeräumt erhalten wollte. Die IMS Health lehnte das Gesuch ab und NDC Health gelangte unter Berufung auf die missbräuchliche Geschäftsverweigerung an den EuGH. Der EuGH hielt in seinem Entscheid fest, dass die Verweigerung des Zugangs zu immaterialgüterrechtlich geschützten Rechten oder Dienstleistungen unter Umständen nicht mehr vom spezifischen Schutzgegenstand des Immaterialgüterrechts erfasst und somit missbräuchlich sein könne.

Der EuGH formulierte in der Folge drei Voraussetzungen für die Anerkennung einer kartellrechtlichen Zwangslizenz:

- Das um Lizenz ersuchende Unternehmen bezweckt, mit Hilfe der betreffenden Lizenz neue Erzeugnisse oder Dienstleistungen anzubieten, die der Immaterialgüterberechtigte nicht anbietet und für die eine potenzielle Nachfrage der Konsumenten besteht.
- Die Lizenzverweigerung ist nicht durch sachliche Gründe gerechtfertigt.
- Durch die Lizenzverweigerung wird der Wettbewerb auf dem Sekundärmarkt behindert.

ii) Kasuistik

Wie erwähnt handelt es sich beim Tatbestand von Art. 7 Abs. 2 lit. a KG um den praktisch bedeutsamsten Tatbestand von Art. 7 Abs. 2 KG; aus diesem Grund hat sich die WEKO in ihrer Praxis bereits mehrfach zu diesbezüglichen Sachverhalten geäussert. 2.619

450 Magill TV Guide/ITP, BBC und RTE Komm 21. Dezember 1988, ABl. 1989, L 78/43, 49 f und IMS Health EuGH Vom 29. April 2004, Rs. C-418/01, Slg. 2004, I-5039 Tz. 38. Vgl. dazu auch Heinemann, Immaterialgüterschutz, 479 m.w.H.

2.620 **Vertiefung:** Den Abbruch von Geschäftsbeziehungen sah die WEKO in den folgenden Fällen als missbräuchlich an:

- Eine Liefersperre ist unzulässig, wenn diese aufgrund einer fehlenden technischen Betreuung verhängt wird, obwohl eine solche gar nicht notwendig ist (RPW 2001/1 95 ff., 105).
- Die intransparente und einseitige Vergabe von Nutzungsrechten an öffentlichem Grund zur Nutzung von Plakatwerbung ohne die Durchführung eines Submissionsverfahrens ist unzulässig, denn es besteht in diesem Fall keine Verhandlungsplattform, die es den interessierten Nachfragern erlaubt, für den Zugang zu den fraglichen Nutzungsrechten überhaupt bzw. nach den gleichen Kriterien wie das bevorzugte Unternehmen berücksichtigt zu werden. Das Verhalten des marktmächtigen Unternehmens, i.c. des Eigentümers des öffentlichen Grundes, lässt sich zudem nicht auf sachliche Rechtfertigungsgründe abstützen (RPW 2003/1 75 ff., 85).
- Die Reduktion und vollständige Einstellung (Phasing out) der Lieferung von Ebauches (Rohwerke für Uhren) ist eine Einschränkung von Geschäftsbeziehungen. In einem solchen Fall kann das Behinderungsverbot zu einem Kontrahierungszwang führen, wenn die Geschäftsbeziehungen ohne genügende Vorankündigung eingeschränkt bzw. eingestellt werden und dadurch den Gegenparteien praktisch die Grundlage ihrer Geschäftstätigkeit entzogen wird (ETA/Swatch, RPW 2005/1 128 ff., 136; dazu auch betreffend mechanischer Assortiments, Nivarox, RPW 2006/1 51 ff., 56). Zulässig ist gemäss der WEKO indessen eine langsame Liefereinstellung (Phasing out), die den Abnehmern ausreichend Zeit verschafft, alternative Bezugsquellen zu erschliessen (RPW 2005/1 128 ff., 140).

2.621 Die WEKO betrachtete die Verweigerung von Geschäftsbeziehungen in den folgenden Fällen als sachlich gerechtfertigt:

- Ein Exklusivvertrag mit einem einzigen Abnehmer ist zulässig, wenn der Alleinvertrieb die einzige rentable und sinnvolle Vertriebsform ist und es sich nicht lohnt, ein Vertriebssystem aufzubauen (RPW 2003/2 240 ff., 249).
- Zulässig ist eine Lieferverweigerung, wenn diese an den Nachweis der Zahlungsfähigkeit und an das Vorhandensein eines Handelsregistereintrages gebunden sind, denn dabei handelt es sich um sachliche, aus kaufmännischer Sicht zu rechtfertigende Gründe (RPW 2001/1 95 ff., 105).

2.622 Die Verweigerung von Geschäftsbeziehungen ist auch nach europäischem Wettbewerbsrecht unzulässig; aus der weitreichenden Praxis des EuGH sind unter anderem die folgenden Fälle erwähnenswert:

- Commercial Solvents/Kommission, EuGH Rs. C-6/73, Slg. 1974, 223 ff.: Der EuGH betrachtete die Einstellung der Lieferung eines zur Herstellung eines Tuberkulosemedikamentes notwendigen Rohstoffes an einen langjährigen Abnehmer als missbräuchlich. Der Grund für den Abbruch der Belieferung lag darin, dass der Rohstoffhersteller das Medikament selbst herstellen und auf dem nachgelagerten Markt tätig sein wollte. Der Abbruch der Geschäftsbeziehungen bezweckte somit, einen Konkurrenten vom nachgelagerten Markt zu verdrängen; ein solches Vorgehen lässt sich sachlich nicht rechtfertigen.
- United Brands/Kommission, EuGH Rs. 27/76, Slg. 1978, 207 ff.: Der EuGH betrachtete eine Vertragsklausel eines Bananenlieferanten als missbräuchlich, in welcher er seinen Abnehmern nicht erlaubte, grüne, d.h. nicht reife Bananen weiterzuverkaufen. Eine unzulässige Geschäftsverweigerung sah der EuGH auch darin, dass der Bananenlieferant Uni-

ted Brands die Geschäftsbeziehungen zu einem Abnehmer abbrach, weil dieser Bananen eines Konkurrenten verkaufte. Solange das Verhalten des Abnehmers geschäftsüblich ist und den Gebräuchen des Handels entspricht, ist die Lieferverweigerung an einen langjährigen Geschäftspartner unzulässig.

- Bronner, Rs. C 9/97, Slg. 1998, 779 ff.: Keinen Anwendungsfall der Essential Facility Doctrine sah der EuGH in einem landesweiten Hauszustellungssystem für Tageszeitungen, welches von einem Presseunternehmen betrieben wurde. Das besagte Presseunternehmen verweigerte einer Konkurrenztageszeitung den Zugang zu seinem System. Die Zugangsverweigerung war nicht missbräuchlich, weil der Wettbewerb auf dem Zeitungsmarkt nicht ausgeschaltet war und weil neben diesem Vertriebssystem noch Alternativen zum Vertrieb bestanden, namentlich die Postzustellung oder der Laden- bzw. Kioskvertrieb; denkbar war auch der Aufbau eines eigenen Hauszustellungssystems.

b) Diskriminierung von Handelspartnern

aa) Allgemeines

Die Stossrichtung der Unzulässigkeit der Diskriminierung von Handelspartnern geht in dieselbe Richtung wie die Verweigerung von Geschäftsbeziehungen an sich, verbietet jedoch auch ein weniger weit gehendes Verhalten.[451] Marktbeherrschende Unternehmen haben bei der Ausgestaltung ihrer Verträge das kartellrechtliche Diskriminierungsverbot zu beachten, d.h., sie sind gehalten, ihre Vertragspartner nicht ohne Grund ungleich zu behandeln **(direkte Diskriminierung)** oder ungleiche Faktenlagen gleich zu behandeln, ohne dass eine Gleichbehandlung aufgrund der Umstände angezeigt wäre **(indirekte Diskriminierung).**[452] 2.623

Die Gleichheit ist relativ zu beurteilen, die in Frage stehenden Leistungen haben nicht exakt gleich, sondern unter Rücksichtnahme auf die jeweiligen Charakteristika des Marktes und der Produkte vielmehr **gleichwertig** zu sein.[453] 2.624

Checkliste: Voraussetzungen Art. 7 Abs. 2 lit. b KG 2.625

- ☐ Marktmächtiges Unternehmen
- ☐ Diskriminierung
- ☐ Wettbewerbsnachteil
- ☐ Fehlen einer sachlichen Rechtfertigung

In **Konzernverhältnissen** auferlegt die WEKO marktbeherrschenden Unternehmen allerdings die Pflicht, Wettbewerber auf vor- und nachgelagerten Märkten gleich zu behandeln wie die zum marktbeherrschenden Unternehmen gehörenden Gruppengesellschaften oder sonstigen Wirtschaftseinheiten. Die Pflicht bedarf indessen 2.626

451 Borer, Art. 7 N 16; Weber/Vlcek, 90.
452 RPW 2008/3 385 ff., 399; Dähler/Krauskopf/Strebel, N 8.87.
453 Botschaft, 572.

der weiteren Konkretisierung; denn aus kartellrechtlicher Sicht bilden das marktmächtige Unternehmen und die verbundenen Wirtschaftseinheiten ein einheitliches Unternehmen i.S.v. Art. 2 Abs. 1bis KG, welches in seiner organisatorischen Ausgestaltung grundsätzlich frei ist. Der Muttergesellschaft sollte es somit möglich sein, die Konditionen für Drittunternehmen in der Weise zu gestalten, dass daraus eine gewinnbringende Marge resultiert, ohne dass sie eine solche Preisberechnung auch gegenüber der Tochtergesellschaft anwenden müsste.[454] Dies sagt jedoch noch nichts über die Zulässigkeit der gegenüber den Drittunternehmen gewährten Konditionen aus; je nach konkreter Ausgestaltung fällt eine Missbräuchlichkeit i.S.v. Art. 7 Abs. 2 lit. a, c, d oder e KG in Betracht. Die Gewährung von ungünstigeren Bedingungen an Konkurrenten als an die eigene Unternehmenseinheit wäre beispielsweise nach Art. 7 Abs. 2 lit. a KG unzulässig, wenn dies in Verdrängungsabsicht und ohne eine sachliche Rechtfertigung erfolgt.[455]

bb) Preisdiskriminierung

2.627 Eine unzulässige **Preisdiskriminierung** liegt vor, wenn ein marktbeherrschendes Unternehmen von seinen Kunden ohne sachliche Rechtfertigung unterschiedliche Preise verlangt. Auch für marktmächtige Unternehmen ist die Vereinbarung von individuellen Preisen nicht per se kartellrechtlich problematisch, jedoch besteht ein erhöhtes Risiko für Preisdiskriminierungen, wenn ein marktbeherrschendes Unternehmen die Preise unsystematisch und einzelfallweise festsetzt, anstatt ein systematisches, auf sachlichen Gründen basierendes Tarifsystem zu verwenden.[456]

2.628 Die Ökonomie unterscheidet drei Formen der Preisdiskriminierung:

- **Preisdiskriminierung ersten Grades:** Bei der Preisdiskriminierung ersten Grades verlangt das marktbeherrschende Unternehmen von jedem Geschäftspartner den Preis, den dieser maximal zu zahlen bereit ist (Reservationspreis), die Preise werden individuell ausgehandelt.[457]
- **Preisdiskriminierung zweiten Grades:** Bei der Preisdiskriminierung zweiten Grades sind die Preise nicht das Ergebnis von Verhandlungen, sondern sie werden anhand objektiver Kriterien festgelegt; das marktbeherrschende Unternehmen kann beispielsweise verschiedene Versionen eines Gutes zur Verfügung stellen (Tickets erster oder zweiter Klasse) oder die Preise in Abhängigkeit der abgenommenen Menge berechnen.[458]
- **Preisdiskriminierung dritten Grades:** Bei der Preisdiskriminierung dritten Grades verrechnet das marktbeherrschende Unternehmen unterschiedlichen Nachfragergruppen unterschiedliche Preise. Voraussetzung dafür ist, dass die

454 KG-Amstutz/Carron, Art. 7 N 224; HK-Reinert, Art. 7 N 17; ausführlich Candreia, N 544 ff.
455 RPW 2002/3 440 ff., 446.
456 RPW 2008/3 385 ff., 400.
457 KG-Amstutz/Carron, Art. 7 N 180; Reinert, N 4.178.
458 KG-Amstutz/Carron, Art. 7 N 181; Reinert, N 4.178.

Nachfrager in verschiedene Gruppen aufgeteilt werden können und sich die Geschäftspartner einer dieser Gruppen zuteilen lassen.[459]

Das Gleichbehandlungsgebot gilt nur insoweit, als nicht sachliche Gründe eine Ungleichbehandlung der Vertragspartner rechtfertigen. Eine Ungleichbehandlung, welche daraus resultiert, dass gewisse Vertragspartner geschickter oder erfolgreicher verhandeln und deshalb vom marktbeherrschenden Unternehmen bessere Konditionen erhalten, ist zulässig. Dem marktbeherrschenden Unternehmen obliegt deshalb auch keine Pflicht, die günstigeren Konditionen den übrigen Geschäftspartnern anzubieten.[460] 2.629

cc) Ungleichheit der Geschäftsbedingungen

Die Ungleichbehandlung ist nicht nur auf unterschiedliche Preisgestaltungen beschränkt, sondern sie kann auch mittels ungleicher Geschäftsbedingungen erfolgen. Die Tatbestandsvariante der diskriminierenden Geschäftsbedingungen lässt sich jedoch unter Umständen als Unterfall der Preisdiskriminierung ansehen, denn in der Regel lassen sich die Elemente der Geschäftsbedingungen in Preisbestandteile umrechnen;[461] praktisch ist dies jedoch nicht ganz einfach, weshalb die diskriminierenden Geschäftsbedingungen gesondert zu behandeln sind. 2.630

Der Begriff der **Geschäftsbedingungen** ist weit auszulegen, er umfasst sämtliche Vertragsbestimmungen, die dem Vertragspartner einen wirtschaftlichen Vor- oder Nachteil verschaffen, so z.B. Vereinbarungen betreffend die Qualität der Ware, Skonti, Zahlungsfristen und Lieferbedingungen. Unter den Begriff der Geschäftsbedingungen fällt auch eine diskriminierende Informationspolitik gegenüber den Vertragspartnern.[462] 2.631

Erforderlich ist neben der Diskriminierung, dass die Diskriminierung zu einer spürbaren Benachteiligung des diskriminierten Unternehmens im Wettbewerb führt, d.h., gefordert ist eine relative Gleichbehandlung der Geschäftspartner im Hinblick auf die **Auswirkungen auf den Wettbewerb.** Kartellrechtlich irrelevant sind umgekehrt Diskriminierungen, die sich auf den Wettbewerb nicht auswirken.[463] 2.632

dd) Wettbewerbsnachteil

Dem Geltungsbereich des Kartellrechts entsprechend gilt das Diskriminierungsverbot nicht um seiner selbst willen, sondern nur dann, wenn ein Wettbewerber aufgrund der Diskriminierung einen Wettbewerbsnachteil gegenüber seinen Kon- 2.633

---

459 KG-Amstutz/Carron, Art. 7 N 182.
460 David/Jacobs, N 726.
461 Ruffner, 842.
462 David/Jacobs, N 727; RPW 2001/1 73 ff., 79.
463 David/Jacobs, N 728.

kurrenten erleidet, d.h., die ungleich behandelten Vertragspartner müssen miteinander im Wettbewerb stehen.[464]

ee) Sachliche Rechtfertigungsgründe

2.634 Die sachlichen Rechtfertigungsgründe sind vielfältig, sie hängen im Wesentlichen von der Dauer und der Auswirkung der in Frage stehenden Verhaltensweise auf die Wettbewerber und Marktgegenseite ab. Eine Diskriminierung lässt sich insbesondere durch ungleiche Sachverhalte rechtfertigen.

2.635 Im Unterschied zum Tatbestand von Art. 7 Abs. 2 lit. a KG sind an die sachliche Rechtfertigung im Zusammenhang mit dem Diskriminierungstatbestand weniger strenge Anforderungen zu stellen, denn unterschiedliche Bedingungen und Preise basieren oft auf unterschiedlichem Verhandlungsgeschick der Parteien.

2.636 Objektiv notwendig sind beispielsweise unterschiedliche Behandlungen von verschiedenen Marktstufen oder besondere Beziehungen zu einem bestimmten Vertragspartner.[465] Auch unterschiedliche Transport- oder Distributionskosten im Hinblick auf die einzelnen Abnehmer sind eine Rechtfertigung für unterschiedliche Bedingungen. Aus Effizienzgründen vermag eine Rechtfertigung in Einsparungen des marktmächtigen Unternehmens, in besseren Zahlungsmodalitäten oder im Aufbau von langfristigen Kooperationsprojekten gesehen werden.[466]

ff) Diskriminierung durch Rabatte

2.637 Eine Diskriminierung kann auch indirekt erfolgen, z.B. durch **Rabattsysteme.**[467] Eine mögliche Form von Rabatten ist der sog. **Treuerabatt,** bei dem die Abnehmer dafür belohnt werden, dass sie bestimmte Waren ausschliesslich oder zu einem grossen Teil vom marktbeherrschenden Unternehmen beziehen. Treuerabatte sind dann unzulässig, wenn sie darauf abzielen, dem Abnehmer die Wahl zwischen verschiedenen Bezugsquellen unmöglich zu machen oder zu erschweren und ihn so vom Bezug der Ware beim Konkurrenten abzuhalten.[468]

2.638 Dasselbe Resultat kann auch mittels **Zielrabatten,** welche beim Erreichen einer gewissen Zielmenge gewährt werden, oder mittels Jahresumsatzrabatten für bestimmte Jahresumsätze erreicht werden.

2.639 Den genannten qualitativen Rabattformen ist gemeinsam, dass sie die Marktgegenseite in gewisser Weise an das marktbeherrschende Unternehmen binden und die Wirkung der Ungleichbehandlung im Rahmen von Rabatten sich nicht auf die Marktgegenseite beschränkt, sondern auch (potenziellen) Konkurrenten den Markt-

---

464 KG-Amstutz/Carron, Art. 7 N 216.

465 KG-Amstutz/Carron, Art. 7 N 223.

466 RPW 2008/4 544 ff., 591.

467 Vgl. dazu Tschudin, 432 ff., insbesondere 576 ff. und Amstutz/Reinert, Anwaltsrevue, 187 ff.

468 RPW 1998/4 655 ff., 676; Tschudin, 526 ff.

zutritt erschwert.[469] **Qualitative Rabattformen** sind kartellrechtlich unbedenklich, wenn sie einerseits echte Leistungen honorieren und sich in tatsächlicher Hinsicht nicht wie Alleinbezugsverpflichtungen auswirken, d.h., wenn sie die Möglichkeit nicht einschränken, Konkurrenzprodukte zu beziehen.

Zulässig sind indessen wirtschaftlich motivierte Rabatte, wie **Mengenrabatte,** solange sie an den Umfang der beim betreffenden Unternehmen getätigten Käufe geknüpft sind und dies wirtschaftlich gerechtfertigt ist. Mengenrabatte sind kartellrechtlich so lange unbedenklich, als sie auf Skaleneffekten beruhen und durch diese gerechtfertigt sind. Wenn aber die Auslöseschwellen der Rabattabstufungen dazu führen, dass ein bestimmter Rabatt von vornherein nur einem bestimmten Vertragspartner zukommt und dieser Vorteil nicht durch Skalenerträge gerechtfertigt ist, liegt darin eine unzulässige Ungleichbehandlung gleicher Sachverhalte.[470] Verwandt mit den Mengenrabatten sind **Funktionsrabatte,** welche für die Übernahme gewisser Zusatzdienstleistungen wie Logistik- oder Marketingleistungen gewährt werden; sie sind in der Regel unbedenklich.[471] 2.640

Praxistipp: 2.641

Kartellrechtlich unproblematische Rabatte

Qualitative Rabatte (Treuerabatte, Zielrabatte)

- ☐ Honorierung echter Leistungen
- ☐ Keine Einschränkung der Möglichkeit, Produkte von anderen Anbietern zu führen

Quantitative Rabatte (Mengenrabatte)

- ☐ Abhängig von der tatsächlichen Menge
- ☐ Gerechtfertigt durch Skalenerträge

Heikel ist die Vereinbarung von sogenannten **English Clauses (Englische Klauseln).** Solche Vertragsklauseln verpflichten den Abnehmer, dem Lieferanten mitzuteilen, falls ihm ein Dritter ein für den Abnehmer vorteilhafteres Angebot macht und der Lieferant alsdann die Möglichkeit hat, die Lieferung zu den vom Dritten angebotenen Konditionen vorzunehmen. Die Unzulässigkeit solcher Klauseln vermag sich daraus zu ergeben, dass sie es dem marktbeherrschenden Unternehmen ermöglichen, an Marktinformationen seiner Konkurrenten zu gelangen und gestützt darauf mittels Anpassung der eigenen Konditionen die verbleibenden Wettbewerber aus dem Markt zu verdrängen.[472] 2.642

469 RPW 2008/3 385 ff., 399.
470 RPW 2005/3 505 ff., 526.
471 RPW 1999/1 57 ff., 63; Reinert, N 1.154.
472 Zäch, N 674; KG-Amstutz/Carron, Art. 7 N 241; HK-Reinert, Art. 7 N 22.

2.643 Die Vereinbarung von English Clauses ist aber nicht per se unzulässig, sondern hängt von den jeweiligen Faktoren des Marktes und deren konkreter Ausgestaltung ab. Soweit sie keine übermässige Transparenz zugunsten des marktbeherrschenden Unternehmens ermöglichen, sind sie zulässig.[473] Im Idealfall vermag die Vereinbarung von English Clauses die Wirkung von wettbewerbsbeschränkenden Rabatten abzuschwächen oder aufzuheben.[474]

2.644 Im Zusammenhang mit English Clauses ist auch unklar, unter welcher Tatbestandsvariante diese zu beurteilen sind; die WEKO prüfte eine ähnlich geartete Last-Call-Option[475] gestützt auf den Tatbestand von Art. 7 Abs. 1 KG.[476]

2.645 **Praxistipp: English Clauses**

Die Vereinbarung von English Clauses ist zulässig, soweit diese **keine** der folgenden Merkmale enthalten:

- ☐ Zwingende Offenlegung der **Identität** des Anbieters
- ☐ Zwingende Offenlegung der potenziellen **Bezugsmenge**
- ☐ Zwingende Offenlegung des vereinbarten **Preises**

gg) Quersubventionierungen

2.646 Eine weitere Möglichkeit der Diskriminierung besteht in sog. Quersubventionierungen. Eine Quersubventionierung liegt vor, wenn ein Unternehmen die Erträge aus einem wirtschaftlich profitablen Bereich nutzt, um Verluste auf einem defizitären Markt abzudecken. Eine solche Querfinanzierung gehört grundsätzlich zur üblichen Geschäftsstrategie eines Unternehmens und ist normalerweise kartellrechtlich unbedenklich.

2.647 Problematisch kann die Quersubventionierung indessen sein, wenn die zur Deckung des Verlusts verwendeten Erträge aus einem Monopolbereich stammen und der subventionierte Markt ein **strukturelles Defizit** aufweist, d.h. die Einnahmen des defizitären Dienstes auf Dauer die eigenen Grenzkosten nicht mehr decken, sodass diese vom Monopolbereich finanziert werden müssen. Bei der Neueinführung eines Produkts oder der Neuerschliessung eines Marktes braucht der entsprechende Dienst nicht von Anfang an rentabel zu sein, anfängliche Verluste in der Aufbauphase sind üblich; erforderlich ist aber, dass der betreffende Geschäftsbereich langfristig selbsttragend ist.[477] Zudem muss die von der Quersubventio-

473 REINERT, Preisgestaltung, 4.156.
474 REINERT, Preisgestaltung, 4.155.
475 Im Rahmen einer Last-Call-Option wird dem Lieferanten das Recht eingeräumt, mit dem Belieferten einen Folgevertrag einzugehen unter der Voraussetzung, dass er diesem die gleichen oder günstigere Konditionen gewährt als andere Wettbewerber.
476 RPW 2006/3 457 ff., 465.
477 RPW 2004/2 407 ff., 443 f.

nierung profitierende Wirtschaftseinheit vom marktbeherrschenden Unternehmen abhängig sein.

Wenn eine staatliche Unternehmenstätigkeit in einem Bundesgesetz vorgeschrieben ist, enthalten die Gesetze selbst in der Regel Bestimmungen, welche eine Quersubventionierung untersagen, so z.B. das neue Meteorologiegesetz (Art. 4 Abs. 3 MetG). Damit dem Verbot der Quersubventionierung genügend Rechnung getragen wird, ist es laut Bundesgericht indessen nicht notwendig, dass die nicht zum Monopolbereich gehörende Tätigkeit in eine eigene Tochtergesellschaft ausgelagert wird.[478] 2.648

Marktmächtige Unternehmen, welche in einem Monopolbereich tätig sind und erweiterte Dienste anbieten, sind gehalten, die beiden Bereiche buchhalterisch selbstständig zu behandeln oder die Dienste im Idealfall über zwei verschiedene juristische Personen abzuwickeln. 2.649

Wettbewerb in Monopolbereichen 2.650

Ein besonderes Problem besteht dann, wenn öffentliche Unternehmen erwerbswirtschaftlich auf Wettbewerbsmärkten auftreten. Die Zulässigkeit privatwirtschaftlichen Handelns des Gemeinwesens an sich ergibt sich aus der Verfassung, das Gemeinwesen ist denn auch in verschiedenen Märkten neben privatwirtschaftlichen Unternehmen tätig.

Ein Teil der Lehre vertritt die Auffassung, dass die Verhaltensweisen von öffentlichen Unternehmen strenger zu beurteilen sind als diejenigen von Privaten; diese Ansicht wird mit dem Argument begründet, dass die Marktstellung eines öffentlichen Unternehmens weniger oder gar nicht auf einer schützenswerten Leistung beruht.

Die Problematik privatwirtschaftlichen Handelns liegt jedoch nicht im privaten Tätigwerden des Staates an sich, sondern vielmehr darin, dass das Gemeinwesen oftmals in Monopolbereichen tätig ist und dort Gewinne erzielen kann, mit denen es gewisse Produkte oder Dienstleistungen auf dem Wettbewerbsmarkt quersubventionieren kann.

Das Bundesgericht fällte in der Causa «Glarnersach» ein Grundsatzurteil im Hinblick auf die unternehmerische Tätigkeit des Staates. Die wichtigsten Punkte des Urteils lassen sich wie folgt zusammenfassen:

478 BGer 2C_485/2010 vom 3. Juli 2012, Erw. 9; RPW 1997/2 150 f. Vgl. dazu auch WEBER ROLF H., Quersubventionierungsproblematik im Fernmeldebereich, in: Jusletter vom 13. Mai 2005.

- Einleitend hält das Bundesgericht fest, dass zwecks Wahrung der Wettbewerbsneutralität der Staat bei seiner wettbewerbsrechtlichen Tätigkeit keine Sonderrechte beanspruchen darf; aus diesem Grund ist eine systematische Quersubventionierung unzulässig.
- Die Auslagerung der wettbewerblichen Tätigkeit in eine separate Tochtergesellschaft ist indessen nicht zwingend notwendig, denn die finanzielle Trennung von Geschäftsbereichen ist auch innerhalb ein und derselben juristischen Person möglich. Das sich daraus ergebende Risiko der Haftung des Monopolbereichs für den Wettbewerbsbereich stellt keine systematische Quersubventionierung dar.
- Der Verdacht der unzulässigen Quersubventionierung lässt sich durch die Vorlage eines realistischen und sachgemässen Kostenverteilungsschlüssels entkräften.
- Die Wettbewerbsvorteile, die sich daraus ergeben, dass die Daten bestehender Kundenbeziehungen im Monopolbereich für die Akquisition neuer Kunden im Wettbewerbsbereich genutzt werden können, beschränken sich laut Bundesgericht auf den Anfangskontakt und führen nicht zu einer ins Gewicht fallenden Wettbewerbsverzerrung.

Kritisiert wird der Entscheid (zutreffend) insbesondere deshalb, weil Glarnersach in der Lage ist, Verbundsvorteile zwischen Monopol- und Wettbewerbsbereich zu nutzen, von welchen die Konkurrenten im Wettbewerbsbereich nicht profitieren können, was Glarnersach zu einem unzulässigen Wettbewerbsvorteil verhilft.[479]

hh) Preis-Kosten-Schere

2.651 Ein Sonderfall der Diskriminierung von Handelspartnern liegt in der Situation einer sog. **Preis-Kosten-Schere** vor.[480] Von einer Preis-Kosten-Schere ist gemäss Praxis der WEKO auszugehen, wenn ein marktbeherrschendes Unternehmen, das vertikal integriert ist, d.h. auch auf dem von ihm beherrschten nachgelagerten Markt tätig ist, die Differenz zwischen den Endverkaufspreisen (Retail) und dem Preis, zu dem die Produkte/Dienstleistungen an Konkurrenten im nachgelagerten Markt verkauft (Wholesale) werden, so tief ansetzt, dass es für die Wettbewerber auf dem nachgelagerten Markt auch bei effizienter Geschäftsführung praktisch nicht möglich

479 Vgl. Enz Werner, Das Gut Wirtschaftsfreiheit nimmt Schaden, NZZ vom 20. Juli 2012, 20.

480 Die WEKO beurteilte in ihrer jüngsten Praxis die Preis-Kosten-Schere als Anwendungsfall von Art. 7 Abs. 2 lit. b KG sowie Art. 7 Abs. 1 KG, die Lehre sieht darin indessen eher einen Anwendungsfall von Art. 7 Abs. 2 lit. c oder lit. d KG (vgl. KG-Amstutz/Carron, Art. 7 N 450).

ist, einen angemessenen Gewinn zu erreichen.[481] Die Lehre und die europäische Rechtsprechung verwenden ähnliche Definitionen.[482]

Bei der Kosten-Preis-Schere handelt es sich um einen Fall der vertikalen Marktabschottung, in deren Rahmen ein marktbeherrschendes Unternehmen seine Marktstellung dafür ausnutzt, um den Wettbewerb in einem nachgelagerten Markt auszuschalten. Bedeutung erlangte die Thematik in den letzten Jahren namentlich im Zusammenhang mit der Öffnung der Infrastrukturmärkte im Telekombereich. Die europäische Rechtsprechung[483] wie auch die WEKO[484] setzten sich mit dem Phänomen verschiedentlich in ihren Entscheiden auseinander. Besondere Probleme bereitet dabei die Beurteilung, wann eine unzureichende Gewinnmarge vorliegt.[485] 2.652

Checkliste: Materielle Prüfung Preis-Kosten-Schere 2.653

- ☐ Marktbeherrschendes Unternehmen
- ☐ Vertikale Integration des marktbeherrschenden Unternehmens
- ☐ Unzureichende Gewinnspanne der Geschäftspartner
- ☐ Einschränkung des Wettbewerbs auf dem nachgelagerten Markt

Abschliessend ist festzuhalten, dass sich die Preis-Kosten-Schere unter verschiedene Tatbestände von Art. 7 KG subsumieren lässt. Die europäische Rechtsprechung geht von einem eigenständigen Unterfall des Behinderungsmissbrauchs aus, die Einordnung der WEKO ist schwankend; tendenziell wird der Tatbestand unter Art. 7 Abs. 2 lit. b KG eingeordnet. 2.654

ii) Kasuistik

Der Tatbestand von Art. 7 Abs. 2 lit. b KG ist sehr weit umschrieben und bereitet bei der Auslegung in verschiedener Hinsicht Schwierigkeiten, weshalb sich die WEKO schon wiederholt dazu äusseren musste.[486] 2.655

Vertiefung: Die WEKO qualifizierte die folgenden Verhaltensweisen als unzulässige Diskriminierung von Handelspartnern: 2.656

---

481 RPW 2004/2 357 ff., 368; RPW 2005/1 54 ff., 98.

482 Reinert, Preisgestaltung, 4.145; Fuchs/Möschel, N 353 sowie RPW 2010/1 116 ff., 148 m.w.H.

483 Vgl. z.B. Urteile vom 29. März 2012 in den Rs. T-336/07 und T-398/07 (Telefónica und Spanien/Kommission) als Bestätigung des Urteils vom 4. Juli 2007 (Fall COMP/38.784 – Wanadoo/Telefónica); vgl. dazu auch Vlcek, N 169 ff.

484 Vgl. z.B. RPW 2010/1 116 ff.

485 Vgl. dazu RPW 2010/1 119 ff., 149.

486 Eine Darstellung der Praxis über Art. 7 Abs. 2 lit. b KG findet sich in Tschudin, Diskriminierung, N 6 ff.

- Die bevorzugte Behandlung eines eigenen Dienstes und die ungenügende Information der übrigen interessierten Wettbewerber sind ein Fall von diskriminierenden Geschäftsbedingungen (RPW 1997/2 161 ff., 167).
- Die Vereinbarung von Preisen «nach Absprache» durch ein marktbeherrschendes Unternehmen ist dann diskriminierend, wenn die verschiedenen Geschäftspartner dadurch für dieselbe Dienstleistung unterschiedliche Preise bezahlen und zudem in gewissen Fällen gleiche Preise bezahlt werden müssen, obwohl unterschiedliche Sachverhalte vorliegen (RPW 2008/3 385 ff., 401).
- Der Ausschluss der Kommissionierung von Vermittlern, die nicht über Inserateraum von mehreren voneinander unabhängigen Printmedienverlagen verfügten oder sich bei der Vermittlung auf eine Rubrik beschränkten und gewisse Umsatzschwellen nicht erreichten, stellt eine missbräuchliche Diskriminierung der Handelspartner dar (RPW 2010/2 329 ff., 348).
- Die Beschränkung der Offenlegung gewisser Schnittstelleninformationen für Zahlkartenterminals an eigene Wirtschaftseinheiten ist eine unzulässige Diskriminierung der anderen Handelspartner (RPW 2011/1 96 ff., 180).

2.657 Die WEKO sah in den folgenden Verhaltensweisen hingegen keine Diskriminierung:

- Die Beschränkung von Teilnehmern an einem Betriebstest ist nicht diskriminierend, selbst wenn ein Unternehmen von Anfang an als Teilnehmer gesetzt ist, solange die übrigen Unternehmen dieselben Dokumentationen oder Testergebnisse ausgehändigt erhalten (RPW 2001/1 73 ff., 79).
- Die Verrechnung von unterschiedlichen Tarifen ist zulässig, wenn diese auf unterschiedliche Kündigungsfristen zurückzuführen sind (RPW 2001/2 232 ff., 233).
- Die interne wie auch externe Gleichbehandlung aller Kunden betreffend Preis und Zugang zu einer Datenbank verhindern die Annahme einer Diskriminierung (RPW 2002/2 276 ff., 286).
- Das Halten von Minderheitsbeteiligungen an Zeitungsverlagen ist nicht als Diskriminierung zu werten, wenn keine Hinweise vorliegen, dass die Verlage, an denen die Vermittlerin Minderheitsbeteiligungen hält, bevorzugt behandelt werden (RPW 2006/3 449 ff., 454).
- Die ausschliessliche Zurverfügungstellung einer bestimmten Dienstleistung an die eigene Tochtergesellschaft stellt keine Diskriminierung dar, wenn nach geltender Gesetzeslage gerade keine Angebotspflicht für den betreffenden Dienst besteht (RPW 2007/2 338, 340; RPW 2006/4 730 ff., 734).
- Die Verweigerung eines Direktanschlusses an eine höhere Netzebene im Verteilernetz durch den Stromverteiler ist nicht diskriminierend, wenn alle nachgelagerten Stromversorgungsunternehmen vom Stromverteiler gleich behandelt werden (RPW 2007/3 353 ff., 362).
- Das Aufstellen gewisser Kriterien für die Gewährung einer Anerkennung im Bereich der Einbruch- und Überfallmeldeanlagen durch einen privaten Verein stellt keine Diskriminierung von Handelspartnern dar, wenn die verwendeten Kriterien verhältnismässig und nicht diskriminierend sind (RPW 2007/3 382 ff., 395).
- Die fehlende Nachfrage nach einem Geschäft verhindert von vornherein die Annahme des Tatbestandes der Diskriminierung; auch hat ein marktbeherrschendes Unternehmen

nicht in jedem Fall den Zugang zu seinen Dienstleistungen zu gewähren, sondern nur, wenn dies objektiv notwendig ist, um in den nachgelagerten Markt einzutreten (RPW 2011/1 87 ff., 93).

Aus der Praxis des EuGH sind betreffend diskriminierende Preise und Geschäftsbedingungen die folgenden Entscheide erwähnenswert: 2.658

- Suiker Unie UA/Kommission, Rs. 40/73, Slg. 1975, 1663 ff.: Der EuGH betrachtete insbesondere die Gewährung eines sog. Treuerabatts als missbräuchlich, welcher die Vereinigung der Zuckerproduzenen Suiker Unie denjenigen Kunden gewährte, die den Bedarf an Zucker ausschliesslich bei ihr bezogen.
- United Brands/Kommission, Rs. 27/76, Slg. 1978, 207 ff.: Eine nicht durch sachliche Gründe gerechtfertigte Preisdiskriminierung sah der EuGH in unterschiedlichen Preisen, die United Brands ihren Kunden für den Bezug von Bananen verrechnete. Die Preise unterschieden sich je nach geografischer Herkunft bis zu 50%; der Preisunterschied liess sich gemäss EuGH nicht durch die unterschiedlichen Marktbedingungen rechtfertigen.
- Hoffmann-La Roche/Kommission, Rs. C-85/76, Slg. 1979, 461 ff.: Der EuGH erklärte ein Rabattsystem von Hoffmann-La Roche für unzulässig, welches nicht auf die bezogene Menge pro Abnehmer abstellte, sondern davon abhängig war, wie viel des geschätzten Jahresbedarfs an Vitaminen der Abnehmer bei Hoffmann-La Roche bezog.

c) Erzwingung unangemessener Preise oder Geschäftsbedingungen

aa) Allgemeines

Art. 7 Abs. 2 lit. c KG erklärt das Erzwingen unangemessener Preise oder Geschäftsbedingungen als missbräuchlich. Aufgrund seiner Stärke kann es einem marktmächtigen Unternehmen unter Umständen möglich sein, die Marktgegenseite zur Bezahlung von unangemessen hohen oder zum Angebot von unangemessen tiefen Preisen zu zwingen.[487] 2.659

Beim Tatbestand von Art. 7 Abs. 2 lit. c KG handelt es sich um einen typischen Fall eines **Ausbeutungsmissbrauchs;** in diesem Sinne ist bei der Prüfung der Missbräuchlichkeit nicht nur danach zu fragen, ob die vom marktbeherrschenden Unternehmen festgelegten Preise oder Geschäftsbedingungen in einem vernünftigen Verhältnis zur angebotenen bzw. nachgefragten Leistung stehen, sondern die vereinbarten Preise oder Geschäftsbedingungen sind auch im Hinblick auf ihre schädlichen Wirkungen auf die von der Ausbeutung betroffenen Märkte zu prüfen. Diese Wirkungen können darin bestehen, dass durch Vereinbarung **unzulässige Eintrittsschranken** für den betroffenen Markt errichtet werden, welche der Dynamik des Wettbewerbs Schaden zufügen können.[488] 2.660

Die Beurteilung der Missbräuchlichkeit im Rahmen von Art. 7 Abs. 2 lit. c KG bereitet deshalb besondere Schwierigkeiten, weil die Regulierung von Preisen und Geschäftsbedingungen nicht Aufgabe des Kartellrechts ist; vielmehr hat das Kartellrecht nur dann einzugreifen, wenn das Verhältnis von Leistung und Gegenleistung 2.661

---

487 David/Jacobs, N 731.
488 RPW 2005/1 54 ff., 92.

nicht mehr Ausdruck von Leistungswettbewerb ist, sondern auf der monopolähnlichen Dominanz des marktmächtigen Unternehmens auf dem relevanten Markt beruht. Art. 7 Abs. 2 lit. c KG ist demnach dann einschlägig, wenn die Funktionen des Wettbewerbs, d.h. die Bestimmung des Preises durch den Ausgleich von Angebot und Nachfrage, gestört sind.

2.662 Auch hohe Preise können gerechtfertigt sein, wenn dafür sachliche Gründe vorliegen.[489] Aus Gründen der Rechtssicherheit ist ein Einschreiten der WEKO nur dann angebracht, wenn die in Frage stehenden Preise oder Geschäftsbedingungen **offensichtlich missbräuchlich** sind. Ziel der Missbrauchskontrolle ist der Schutz des Wettbewerbs und nicht der Schutz einzelner Unternehmen, welche sich selbstverschuldet von einem marktbeherrschenden Unternehmen übervorteilen lassen.

2.663 **Checkliste: Voraussetzungen Art. 7 Abs. 2 lit. c KG**

- ☐ Marktmächtiges Unternehmen
- ☐ Vorliegen von «Zwang»
- ☐ Unangemessenheit des Preises oder der Geschäftsbedingungen
- ☐ Fehlen einer sachlichen Rechtfertigung

bb) Verhältnis zum Preisüberwacher

2.664 Bei der Beurteilung missbräuchlicher Preise ist auch das Verhältnis des Kartellrechts zum Preisüberwachungsgesetz (PüG) relevant, weil sich beide Erlasse unter anderem mit der Bekämpfung missbräuchlicher Preise befassen. Dogmatisch ist eine Unterscheidung relativ einfach vorzunehmen, denn das Kartellgesetz zielt auf den Schutz des Wettbewerbs ab, während sich die Aufgabe des Preisüberwachers auf die Preisregulierung in Märkten mit marktbeherrschenden Unternehmen bezieht.[490]

2.665 In der Praxis ist die entsprechende Abgrenzung gleichwohl nicht ganz so einfach vorzunehmen. Allgemein gilt, dass sich die Zuständigkeit des Preisüberwachers auf staatliche administrierte Preise beschränkt, die Beurteilung der übrigen Sachverhalte obliegt der Kartellbehörde.[491]

cc) Verhältnis zum UWG

2.666 Gemäss Art. 8 UWG handelt unlauter, wer allgemeine Geschäftsbedingungen verwendet, die in Treu und Glauben verletzender Weise zum Nachteil der Konsumen-

489 RPW 2005/1 54 ff., 104; Von Büren/Marbach/Ducrey, N 1336.
490 KG-Amstutz/Carron, Art. 7 N 13.
491 Vgl. dazu vorne N 1.121.

tinnen und Konsumenten ein erhebliches und ungerechtfertigtes Missverhältnis zwischen den vertraglichen Rechten und den vertraglichen Pflichten vorsehen.

Obwohl eine parallele Unzulässigkeit gestützt auf Kartell- und Lauterkeitsrecht theoretisch möglich ist, findet Art. 8 UWG in der Praxis wohl aus zweierlei Gründen keine Anwendung auf unangemessene Geschäftsbedingungen nach Art. 7 Abs. 2 lit. c KG: 2.667

- Um von Art. 8 UWG erfasst zu sein, haben die Geschäftsbedingungen für eine Vielzahl von Verträgen generell vorformuliert zu sein[492], die unangemessenen Geschäftsbedingungen müssten vom marktmächtigen Unternehmen für eine Vielzahl von Vertragspartnern angewendet werden.
- Nach dem Wortlaut findet Art. 8 UWG nur Anwendung auf Geschäftsbedingungen, welche gegenüber Konsumenten zur Anwendung gelangen, die Geschäftspartner marktmächtiger Unternehmen sind jedoch in der Regel Unternehmen und gerade keine Konsumenten.

dd) Vorliegen von «Zwang»

Aus dem Begriff «Erzwingen» ergibt sich, dass die unangemessenen Preise nicht das Resultat autonomen Verhandelns der Parteien sein dürfen. Dass es zwischen dem marktbeherrschenden Unternehmen und dem Geschäftspartner am Ende zu einer Einigung und einem Vertragsabschluss kommt, schliesst das Vorliegen von Zwang jedoch nicht aus.[493] 2.668

An den Nachweis der Zwangslage werden in der Praxis keine überhöhten Anforderungen gestellt; ein Zwang liegt in der Regel dann vor, wenn für die betroffene Marktgegenseite **keine zumutbaren Ausweichmöglichkeiten** zu den Produkten oder Dienstleistungen, die unangemessenen Preisen oder Geschäftsbedingungen unterliegen, bestehen oder wenn das marktmächtige Unternehmen aufgrund seiner Position in der Lage ist, seinen Vertragspartner zur Übernahme der unangemessenen Klauseln zu veranlassen.[494] Eine solche Verhandlungsposition liegt beispielsweise vor, wenn das marktbeherrschende Unternehmen über Mittel verfügt, deren Anwendung oder deren blosse Androhung genügt, um den Geschäftspartner dazu zu bringen, die unangemessenen Preise oder Geschäftsbedingungen zu akzeptieren.[495] 2.669

Das marktmächtige Unternehmen kann die Zwangslage folglich auch durch die blosse Androhung von Massnahmen schaffen; indessen verlangen weder Lehre noch Rechtsprechung, dass der Zwang das Ausmass von Art. 29 OR annimmt.[496] Hingegen ist gemäss bundesgerichtlicher Rechtsprechung das Merkmal des «Er- 2.670

492 Botschaft zur Änderung des Bundesgesetzes gegen den unlauteren Wettbewerb (UWG) vom 2. September 2009, BBl. 2009 6151 ff.; Bühler S., 690 m.w.H.
493 Bühler S., 690.
494 RPW 2010/3 435 ff., 442; Rigamonti, 591. Eine Ausnahme davon ist wohl BGE 137 II 199 ff.
495 Dähler/Krauskopf/Strebel, N 8.90; Rigamonti, 591.
496 KG-Amstutz/Carron, Art. 7 N 195.

zwingens» selbstständig zu prüfen und ergibt sich nicht bereits aus der Innehabung einer marktmächtigen Stellung an sich.[497]

2.671 **Vertiefung:** Im Urteil BGE 137 II 199 wies das Bundesgericht in einem Grundsatzurteil darauf hin, dass dem Tatbestandselement der «Erzwingung» selbstständige Bedeutung zukommt, und hielt mit Verweis auf die Gesetzesbotschaft im Hinblick auf die Erzwingung fest: *«dies bedeutet, dass zum Beispiel ein nachfragemächtiges Unternehmen Mittel anwendet oder anzuwenden droht, mit denen es seiner Forderung nach einem bestimmten Vorzugspreis oder anderen besonders vorteilhaften Geschäftsbedingungen Nachdruck verleiht».* Zur Marktbeherrschung müsse somit als qualifizierendes Element eine unzulässige Verhaltensweise hinzutreten, die reine Ursächlichkeit der marktbeherrschenden Stellung für die unangemessenen Geschäftsbedingungen alleine reiche für die Annahme des missbräuchlichen Verhaltens nicht aus. Im betreffenden Fall sah das Bundesgericht das Erfordernis des «Erzwingens» (ungeachtet des weniger weit gehenden französisch- und italienischsprachigen Gesetzeswortlautes) als nicht erfüllt an, weil es den Konkurrenten der Swisscom, welche sich über unangemessene Preise beschwerten, freigestanden wäre, sich an die Kommunikationskommission zu wenden, welche die Preisfestsetzung durch Swisscom überprüfen kann. Dieser Umstand führte zum von der Lehre stark kritisierten Resultat, dass für die Konkurrenten eine Ausweichmöglichkeit bestand und deshalb kein Zwang vorlag.[498]

2.672 Die Erzwingung kann **mittelbar** oder **unmittelbar** erfolgen; unmittelbarer Zwang wird direkt gegenüber dem Geschäftspartner ausgeübt, mittelbarer Zwang liegt vor, wenn der unmittelbare Zwang auf einen weiteren Geschäfts- oder Vertragspartner abgewälzt wird.[499]

2.673 Im Rahmen der Kartellrechtsrevision zeichnet sich in diesem Bereich eine Änderung ab; der Ständerat möchte die Schwelle für ein Eingreifen beim Preis- bzw. Konditionenmissbrauch senken, indem er das Wort «erzwingen» durch «festlegen» ersetzt. Demnach soll sich ein marktbeherrschendes Unternehmen bereits unzulässig verhalten, wenn es die Preise bzw. Konditionen festsetzen kann.[500]

ee) Beurteilung der Unangemessenheit

2.674 Probleme ergeben sich auch im Hinblick auf die Beurteilung der Angemessenheit eines ökonomischen Gutes an sich, denn die Festlegung des eigentlichen Wertes ist aus ökonomischer Sicht praktisch nicht möglich.

2.675 Wenn ein Unternehmen über ein einzigartiges Produkt verfügt, sollte es ihm auch erlaubt sein, dafür einen Preis mit einer überdurchschnittlichen Gewinnmarge zu verlangen; denn dadurch wird Innovation gefördert, was sich auf den Wettbewerb positiv auswirkt. Der vereinbarte Preis hat somit in einem **offensichtlichen Missverhältnis** zur vereinbarten Leistung zu stehen. Im Zusammenhang mit Geschäftsbedingungen muss sich das Missverhältnis generell aus Leistung und Gegenleis-

---

497 BGE 137 II 199 ff., Erw. 4.3.4.

498 Kritisch zu diesem Entscheid WEBER, Jusletter, N 4 ff. sowie HEINEMANN, Sanktionen, N 1 ff.

499 FUCHS/MÖSCHEL, N 174.

500 Die aktuellen parlamentarischen Diskussionen sind abrufbar unter <http://www.parlament.ch/>, Nr. 12.028.

tung ergeben. Ein Missverhältnis ist dann offensichtlich, wenn es jedermann direkt ins Auge springt; eine abstrakte Konkretisierung des Missbrauchs ist jedoch nicht möglich, sondern hat in Abwägung der Umstände des Einzelfalles zu erfolgen.[501]

ff) Unangemessenheit des Preises im Besonderen

Die Erzwingung unangemessener Preise ist in zwei Richtungen denkbar, je nach- 2.676
dem, ob das marktbeherrschende Unternehmen als Nachfrager oder als Anbieter auftritt. Handelt es sich beim marktbeherrschenden Unternehmen um den Anbieter, wird es unangemessen **hohe Preise** verlangen; agiert es als Nachfrager, wird es von der Gegenseite unangemessen **tiefe Preise** fordern. Bei der Beurteilung von unangemessen tiefen Preisen ist jedoch besondere Vorsicht geboten, weil tiefe Preise ein gewünschtes Ziel des Wettbewerbs sind.[502]

Für die Beurteilung der **Angemessenheit von Preisen** stützt sich die Praxis auf 2.677
die Elemente des Preisüberwachungsgesetzes, d.h., Anwendung findet namentlich Art. 13 PüG analog. Nach Art. 13 PüG sind für die Beurteilung von Preisen insbesondere die Preisentwicklung auf Vergleichsmärkten, die Notwendigkeit der Erzielung eines angemessenen Gewinns, die Kostenentwicklung sowie besondere Unternehmensleistungen und Marktverhältnisse zu berücksichtigen; zudem lässt sich der Preissockel überprüfen (Art. 13 Abs. 2 PüG). Art. 13 PüG enthält also eine Reihe von Beurteilungskriterien zur Ermittlung des Preismissbrauchs; die Liste der Kriterien ist indessen weder abschliessend noch erfolgt die Aufzählung anhand einer Prioritätenordnung; die Ermittlung der Angemessenheit geschieht im Rahmen des Methodenpluralismus.[503]

Aus den erwähnten Kriterien entwickelten Lehre und Rechtsprechung die nachfol- 2.678
gend genannten Methoden zur Beurteilung der Preisangemessenheit:[504]

- **Als-ob-Methode:** Im Rahmen des Als-ob-Konzepts wird danach gefragt, welcher hypothetische Preis resultieren würde, wenn im relevanten Markt tatsächlich wirksamer Wettbewerb bestehen würde. Die Problematik der Methode liegt darin, dass sie die Ausarbeitung aufwendiger Preismodelle erfordert. Schwierigkeiten ergeben sich auch beim Auffinden eines Marktes mit ausreichend ähnlichen Rahmenbedingungen. Dieses Problem liesse sich unter Umständen durch die Annahme eines Marktes mit simulierten Marktbedingungen umgehen.
- **Vergleichsmarktkonzept:** Die Vergleichsmarktmethode ist die am häufigsten herangezogene und die praktisch wichtigste Methode für die Beurteilung der Preisangemessenheit. Das Vergleichsmarktkonzept zieht die Preise auf einem vergleichbaren Markt heran; der Vergleichsmarkt hat dem untersuchten Markt in sachlicher, räumlicher und zeitlicher Hinsicht möglichst nahe zu sein. Ist ein Preisunterschied beispielsweise auf verschiedene tatsächliche Bedingungen

501 Weber, Jusletter, N 29; vgl. auch BGE 123 III 292 ff., Erw. 4.
502 Reinert, N 4.175.
503 Weber, PüG, Art. 13 N 13 f.
504 Weber, PüG, Art. 13 N 16 ff.

und unterschiedliche Rechtsrahmen zurückzuführen, lässt sich gestützt darauf keine Unangemessenheit des Preises folgern. Die Anwendung der Vergleichsmarktmethode ist praktisch mit ähnlichen Schwierigkeiten verbunden wie die Als-ob-Methode, denn zum betreffenden Markt, in dem das marktmächtige Unternehmen tätig ist, besteht in der Regel eben gerade kein Vergleichsmarkt, weil die marktmächtige Stellung des Unternehmens ein wesentliches Charakteristikum des betreffenden Marktes darstellt und sich solche Verhältnisse schwerlich auf Vergleichsmärkten finden lassen. Auch ist im Fall des Vergleichsmarktes eine Simulation der Bedingungen nicht möglich, weil für den Vergleich etablierte Marktdaten erforderlich sind.[505]

- **Kostenmethode:** Die Kostenmethode ist die traditionellste Methode der Ermittlung des angemessenen Preises; sie beurteilt den Preis gestützt auf die Entstehungskosten zuzüglich einer angemessenen Gewinnmarge, d.h., es wird die Preis-Kosten-Spanne berechnet. Bei der Kostenmethode ist zu berücksichtigen, dass auch eine hohe Gewinnmarge nicht per se zur Annahme führt, dass ein Preis unangemessen ist, denn solche Margen können durch hohe Leistungsfähigkeit wie z.B. Know-how oder Immaterialgüterrechte gerechtfertigt sein. Bei der Kostenmethode stehen zur Kostenanalyse zwei Methoden zur Auswahl:[506]
  - **Von unten nach oben:** Bei dieser Methode wird ermittelt, ob gewisse Kostenposten überhöht sind, d.h. nicht den Kosten entsprechen, die üblicherweise zu erwarten sind. Danach werden die überhöhten Kosten auf ein gerechtfertigtes Niveau gesenkt. Durch die Reduktion der Gesamtkosten können sodann die Preise gesenkt werden.
  - **Von oben nach unten:** Diese Methode kalkuliert die Investitionskosten eines potenziellen Wettbewerbers mit dem Ziel, dessen Produktionskosten zu erfahren.

2.679 In der Praxis birgt jedoch auch die Kostenmethode einige Probleme: Einerseits ist die Zuordnung der Kosten nicht einfach vorzunehmen, andererseits schafft das Abstellen auf die Kosten den Unternehmen keinen Anreiz, Kosten einzusparen.[507]

2.680 Die WEKO spricht auch von relativen und absoluten Methoden; zu den relativen Methoden zählen die Als-ob-Methode sowie das Vergleichsmarktkonzept, die Kostenmethode ist eine absolute Methode der Preisbeurteilung.[508] Weil die genannten Methoden in ihrer praktischen Anwendung allesamt mit Problemen verbunden sind, ist bei der Beurteilung der Preise nicht auf eine Methode alleine abzustellen, sondern es ist methodenpluralistisch vorzugehen. Sinnvoll scheint es, in der Regel auf das Als-ob-Konzept oder das Vergleichsmarktkonzept abzustellen und die Kostenkontrolle zur Plausibilitätsprüfung heranzuziehen.

---

505 Weber, PüG, Art. 13 N 24 ff.; Borer, Art. 7 N 20; HK-Reinert, Art. 7 N 26; RPW 2005/1 54 ff., 105.

506 RPW 2008/3 385 ff., 403.

507 Ausführlich zur Problematik der Methode vgl. Weber, PüG, Art. 13 N 35 ff. m.w.H.

508 Vgl. RPW 2008/3 385 ff., 403.

gg) Unangemessene Geschäftsbedingungen im Besonderen

Wie der Tatbestand von Art. 7 Abs. 2 lit. c KG ausdrücklich festhält, können nicht nur unangemessene Preise, sondern auch unangemessene Geschäftsbedingungen, die das marktbeherrschende Unternehmen der Marktgegenseite aufnötigt, bei offensichtlicher Unangemessenheit unzulässig sein. Der Begriff der Geschäftsbedingungen ist weit auszulegen und umfasst auch Handelsbeschränkungen, welche das marktbeherrschende Unternehmen seinen Geschäftspartnern auferlegt.[509] Weil sich ungünstige Geschäftsbedingungen im Ergebnis als wirtschaftliche Nachteile präsentieren, welche sich in Preisbestandteile umrechnen lassen, ist die Unterscheidung zwischen Preis- und Geschäftsbedingungen nicht immer einfach vorzunehmen.[510] Angesichts des Umstandes, dass für die Beurteilung der Unangemessenheit dieselben Massstäbe gelten, ist die Unterscheidung praktisch auch nicht zwingend erforderlich. 2.681

Geschäftsbedingungen sind dann unangemessen, wenn sie unbillig oder unverhältnismässig sind. Die Feststellung der Unbilligkeit erfolgt im Rahmen einer Interessenabwägung zwischen den Interessen des marktbeherrschenden Unternehmens einerseits und der Wirtschaftsfreiheit des Geschäftspartners andererseits; auch eine Behinderung zulasten dritter Konkurrenten hat in die Beurteilung miteinzufliessen.[511] Führt die Interessenabwägung zum Schluss, dass die Geschäftsbedingungen unangemessen sind, ist sodann in einem zweiten Schritt die mögliche Rechtfertigung durch das Vorliegen sachlicher Gründe zu prüfen.[512] 2.682

Die Botschaft nennt als Beispiel für offensichtlich unangemessene Geschäftsbedingungen unüblich lange Zahlungs- oder Lieferfristen, die sich ein marktmächtiges Unternehmen gewähren lässt, denn diese kommen faktisch einem zinslosen Darlehen gleich.[513] Zu denken ist auch an ungewöhnliche Exklusivitätsklauseln, welche den Vertragspartner faktisch dazu verpflichten, sämtliche benötigten Dienstleistungen oder Produkte vom marktmächtigen Unternehmen zu beziehen, oder aber die Vereinbarung unüblich langer Vertragsdauern, Verkaufs- oder Einkaufsbedingungen.[514] Gleichermassen sind Verpflichtungen, die Zustimmung des Herstellers vor einer allfälligen Veräusserung einzuholen, ebenso wie generelle Veräusserungsverbote von erworbenen Produkten, in der Regel unangemessen.[515] 2.683

Bei der Beurteilung der Angemessenheit von Geschäftsbedingungen sind grundsätzlich dieselben Kriterien zu berücksichtigen wie bei den Preisen; Geschäftsbeziehungen beurteilen sich einerseits danach, ob die vereinbarten Geschäftsbedingungen das marktbeherrschende Unternehmen übermässig stark begünstigen oder den Vertragspartner offensichtlich ausbeuten, andererseits sind ebenso die Auswirkungen der Geschäftsbedingungen auf den Wettbewerb des relevanten Marktes 2.684

509 Botschaft, 573; RPW 2007/3 353 ff., 361; vgl. auch Fuchs/Möschel, N 194.
510 Ruffner, 842; Dähler/Krauskopf/Strebel, N 8.89; Bühler S., 690; Fuchs/Möschel, N 186.
511 RPW 2004/3 778 ff., 798; RPW 2005/1 146 ff., 166.
512 RPW 2005/4 672 ff., 701.
513 Botschaft, 573.
514 Borer, Art. 7 N 20.
515 Rigamonti, 590.

in Erwägung zu ziehen.[516] Auch das für die Unangemessenheit von Preisen anwendbare Vergleichsmarktkonzept ist für die Beurteilung von Geschäftsbedingungen geeignet; so kann beispielsweise ein gesetzlich normierter Vertrag zur Beurteilung der Angemessenheit der Verteilung von Rechten und Pflichten zwischen den Vertragsparteien herangezogen werden; indessen hat eine allfällige Abweichung blosse Indizienwirkung.[517]

2.685 Zulässig sind Geschäftsbedingungen immer dann, wenn sie wettbewerbsneutral sind; ein solcher Fall ist namentlich bei der Festsetzung von Normen oder Standards zur Qualitätssicherung gegeben. Der Umstand, dass gewisse interessierte Unternehmen das durch die Standards vorgegebene Niveau nicht zu erreichen vermögen, ist als Ausdruck des normalen Leistungswettbewerbs zu sehen und nicht per se als negativ zu betrachten.[518]

2.686 Weil in der Praxis die Beurteilung der offensichtlichen Unangemessenheit schwierig ist, hat sich die WEKO in verschiedenen Fällen dafür ausgesprochen, dass sich die Unangemessenheit von Geschäftsbedingungen am **Grundsatz der Verhältnismässigkeit** zu orientieren hat. Demnach hat das marktbeherrschende Unternehmen mit den Geschäftsbedingungen einen legitimen Zweck zu verfolgen und zur Erreichung dieses Ziels dürfen keine milderen Mittel zur Verfügung stehen.[519]

hh) Sachliche Rechtfertigungsgründe

2.687 Die möglichen Rechtfertigungsgründe, welche sich im Zusammenhang mit Art. 7 Abs. 2 lit. c KG vorbringen lassen, sind eng mit dem Tatbestandsmerkmal der Unangemessenheit verknüpft, d.h., wenn Preise oder sonstige Geschäftsbedingungen durch sachliche Gründe gerechtfertigt werden können, sind sie als angemessen zu beurteilen.[520]

ii) Sonderfall: Immaterialgüterrechte und Parallelimporte patentierter Produkte

2.688 Ein besonderes Problem im Zusammenhang mit der Missbrauchsaufsicht stellt sich im Hinblick auf Parallelimporte patentierter Produkte.

2.689 Patentierte Produkte sind insbesondere dadurch gekennzeichnet, dass sie hohe Kosten für die Entwicklung generieren, hernach jedoch die Herstellung des einzelnen Produkts relativ kostengünstig ist.[521] Diese Besonderheit ist bei einer kartellrechtlichen Beurteilung im Auge zu behalten, denn es ist das Ziel des durch das

---

516 Amstutz/Carron, Art. 7 N 313; RPW 2004/3 778 ff., 798.
517 Dähler/Krauskopf/Strebel, N 8.91.
518 RPW 2007/3 382 ff., 391.
519 Fuchs/Möschel, N 322.
520 KG-Amstutz/Carron, Art. 7 N 318.
521 Groner, 72.

Patent verliehenen Ausschliesslichkeitsrechts, dass Unternehmen bereit sind, die entsprechenden Investitionskosten auf sich zu nehmen.

Nur wenn die kraft Immaterialgüterrecht verliehene Rechtsposition missbraucht wird, um den schweizerischen Markt abzuschotten und unangemessen hohe Preise zu erzwingen, ist ein Eingreifen des Kartellrechts gerechtfertigt. Ein Anzeichen für eine unzulässige Marktabschottung besteht, wenn die Preise eines patentierten Produktes in der Schweiz wesentlich höher sind als im umliegenden Ausland; dies gilt besonders dann, wenn in den betreffenden Ländern in etwa dieselben wirtschaftlichen und rechtlichen Rahmenbedingungen herrschen wie in der Schweiz; insbesondere das allgemein höhere Preis- und Lohnniveau in der Schweiz vermag unter Umständen aber gewisse Preisdifferenzen zu rechtfertigen.[522] 2.690

jj) Kasuistik

Vertiefung: Der Tatbestand der unangemessenen Preise hatte in der Praxis bis anhin wenig Bedeutung; bei der WEKO war der Tatbestand in den folgenden Fällen ein Thema: 2.691

- Unangemessen sind Preise, wenn sie trotz Berücksichtigung eines angemessenen Gewinns und der finanziellen Investitionen weit über den effektiven Kosten liegen (RPW 2007/2 174 ff., 188).
- In Fällen, in denen keine der genannten Methoden hinreichende Anhaltspunkte für das Vorliegen von unangemessenen Preisen liefert, verzichtet die WEKO im Allgemeinen auf eine vertiefte Kostenanalyse (vgl. dazu RPW 2008/3 385 ff., 403; RPW 2006/3 433 ff., 438).

Die WEKO sah in den folgenden Sachverhalten unangemessene Geschäftsbedingungen: 2.692

- Die Verpflichtung eines Kunden zur Abnahme gewisser Zusatzleistungen, welche bei einem Dritten zu günstigeren Konditionen bezogen werden könnten, vermag den Tatbestand der unangemessenen Geschäftsbedingungen zu erfüllen, wenn sich das Verhalten nicht durch sachliche Gründe rechtfertigen lässt (RPW 2000/1 1 ff., 7).
- Die Beschränkung der registrierbaren Therapiermethoden für Therapeuten ist als unzulässig zu werten und lässt sich auch nicht durch das Erfordernis der Sicherstellung von Qualitätskriterien rechtfertigen. Weil der betroffene Verband sein Verhalten den Änderungsvorschlägen des Sekretariats angepasst hatte, verzichtete die WEKO auf eine eingehende Untersuchung (RPW 2004/2 449 ff., 473).

In den folgenden Fällen hat die WEKO die geprüften Geschäftsbedingungen als zulässig gewertet: 2.693

- Die Auferlegung eines Zusammenarbeitsprojekts für Lieferanten, im Rahmen dessen ein marktmächtiges Unternehmen seinen Geschäftspartnern gegen Entrichtung einer Abgabe bestimmte Zusatzleistungen anbietet, ist nicht per se als missbräuchlich zu qualifizieren, wenn die Gegenleistung des marktmächtigen Unternehmens einen gewissen Wert hat (RPW 2005/1 146 ff., 167).

522 Groner, 72; BGE 126 III 129 ff., Erw. 9c.

- Die Festsetzung von Standards zur Anerkennung von Fachfirmen zum Zwecke der Qualitätssicherung begründet keine unangemessenen Geschäftsbedingungen, zumal die Fachfirmen, die den Standard nicht erfüllten, nicht vom Markt ausgeschlossen waren, sondern den Nachfragern als Alternative zur Verfügung standen (RPW 2007/3 382 ff., 394).
- Die Pflicht zur Inanspruchnahme eines neueren Support-Angebots, verbunden mit einer nicht durch Mehrleistungen gerechtfertigten Preiserhöhung, ist grundsätzlich geeignet, ein missbräuchliches Verhalten darzustellen; wird den Kunden indessen die Möglichkeit eingeräumt, zwischen dem neuen und dem alten Support-Modell zu wählen, ist dieses Verhalten wettbewerbsrechtlich nicht mehr zu beanstanden (RPW 2010/3 435 ff., 442).

2.694 Auch der EuGH hat sich verschiedentlich mit dem Missbrauchstatbestand der Erzwingung unangemessener Preise beschäftigt:

- General Motors Continental/Kommission, Rs. 26/75, Slg. 1975, 1367 ff.: Die Europäische Kommission betrachtete den Preis für die Ausstellung eines für den Import notwendigen Zertifikats als überhöht im Verhältnis zur wirtschaftlichen Leistung. Der EuGH hob die Entscheidung zwar auf, bestätigte jedoch die Definition, dass Preise dann unangemessen sind, wenn sie in einem Missverhältnis zum wirtschaftlichen Wert der Ware oder Dienstleistung stehen.
- British Leyland/Kommission, Rs. 226/84, Slg. 1986, 3263 ff.: In einem praktisch identischen Sachverhalt erklärte der EuGH die Gebühr für die Ausstellung eines Zertifikats als unangemessen, weil diese für Fahrzeuge mit Linkslenkung doppelt so hoch war wie für solche mit Rechtslenkung.
- SACEM/Kommission, Rs. 242/88, Slg. 1989, 2811 ff.: Der EuGH erklärte die Gebühren der französischen Verwertungsgesellschaft für die Verwertung von Musik im internationalen Vergleich als unangemessen, und zwar insbesondere mit Blick auf die Gebühren in anderen Mitgliedstaaten der Europäischen Union.

d) Gezielte Unterbietung von Preisen oder sonstigen Geschäftsbedingungen

aa) Allgemeines

2.695 Art. 7 Abs. 2 lit. d KG verbietet marktmächtigen Unternehmen die gegen bestimmte Wettbewerber gerichtete Unterbietung von Preisen oder sonstigen Wettbewerbsbedingungen. Im Gegensatz zum Tatbestand von Art. 7 Abs. 2 lit. c KG, bei welchem das marktmächtige Unternehmen durch seine Preis- und Konditionengestaltung den eigenen Gewinn zu optimieren versucht, untersagt Art. 7 Abs. 2 lit. d KG marktmächtigen Unternehmen, ihre Produkte oder Dienstleistungen mit Verlust anzubieten, um dadurch bestehende Wettbewerber aus dem Markt zu verdrängen oder potenzielle neue Wettbewerber am Marktzutritt zu hindern, mit dem Ziel, danach die Preise wieder anzuheben.[523]

2.696 Bei diesem Tatbestand handelt es sich um eine typische Form des **Behinderungsmissbrauchs,** welcher die Konkurrenten mit leistungsfremden Mitteln bei der Ausübung des Wettbewerbs behindert; durch die Behinderung und Verdrängung wer-

523 David/Jacobs, N 738.

den indessen nicht nur die Wettbewerber selbst, sondern im Endeffekt auch die Konsumenten geschädigt, weil sie aufgrund der dadurch entstehenden geringeren Wahlmöglichkeiten höhere Preise bezahlen müssen.[524]

Die Unterbietung der Preise der Konkurrenz ist jedoch im Allgemeinen ein wünschenswertes wettbewerbsrechtliches Ziel, weil die tieferen Preise den Endkonsumenten zugute kommen, weshalb die Beurteilung des Tatbestandes besonders schwierig ist. Auch sollen durch den Missbrauchstatbestand keine Unternehmen bestraft werden, denen es dank besserer Leistung oder Innovation gelingt, die Kosten und dadurch auch ihre Preise zu senken, selbst wenn damit in gewissen Fällen das Verschwinden von Wettbewerbern einhergeht.[525] 2.697

Checkliste: Voraussetzungen Art. 7 Abs. 2 lit. d KG 2.698

- ☐ Marktmächtiges Unternehmen
- ☐ Unterbietung von Preisen/Geschäftsbedingungen
- ☐ Gegen einen Wettbewerber gerichtet (str.)
- ☐ Recoupment[526]
- ☐ Fehlen einer sachlichen Rechtfertigung

bb) Abgrenzung zum UWG

Abgesehen von Art. 7 Abs. 2 lit. d KG befasst sich auch Art. 3 lit. f UWG mit zu tiefen Preisen. Gemäss Art. 3 lit. f UWG handelt insbesondere unlauter, wer ausgewählte Waren, Werke oder Leistungen wiederholt unter Einstandspreis anbietet, diese Angebote in der Werbung besonders hervorhebt und damit die Kunden über die eigene oder die Leistungsfähigkeit von Mitbewerbern täuscht; eine Täuschung wird vermutet, wenn der Verkaufspreis unter dem Einstandspreis mit vergleichbaren Bezügen gleichartiger Waren, Werke oder Leistungen liegt; weist der Beklagte den tatsächlichen Einstandspreis nach, ist dieser für die Beurteilung massgebend. 2.699

Art. 3 lit. f UWG schützt somit nicht in erster Linie die Konkurrenten des marktmächtigen Unternehmens, sondern vielmehr die Marktgegenseite dieses Unternehmens, d.h. in aller Regel die Konsumenten.[527] 2.700

Die Regelung im UWG ist insofern strenger, als sie eine gesetzliche Vermutung enthält und generell Preise unter dem Einstandspreis, wenn dadurch die Marktgegenseite getäuscht wird, für wettbewerbswidrig erklärt. Das Kartellgesetz enthält 2.701

---

524 Botschaft, 573.
525 Ruffner, 843; Reinert, 140; Fuchs/Möschel, N 232.
526 Zum Begriff vgl. vorne N 2.704.
527 Weber/Vlcek, 91.

demgegenüber keine Vermutung, wonach der Verkauf unter dem Einstandspreis beziehungsweise den Selbstkosten wettbewerbsbeschränkend ist.

cc) Preise oder Geschäftsbedingungen

2.702 Der Missbrauchstatbestand von Art. 7 Abs. 2 lit. d KG lässt sich nicht nur durch eine bestimmte Preisgestaltung erfüllen, sondern gemäss Wortlaut auch durch eine gezielte Unterbietung von sonstigen Geschäftsbedingungen. In Frage kommt beispielsweise die Unterbietung durch die Gewährung kürzerer Lieferfristen, die Gewährung besonderer Treuerabatte bzw. Garantien oder die Übernahme von besonderen Leistungen.

2.703 Die Möglichkeit der Preisunterbietung ist nicht auf den Markt beschränkt, auf dem das Unternehmen marktbeherrschend ist; denkbar ist sie auch auf benachbarten Märkten.[528] Dabei besteht insbesondere durch die Vereinbarung einer English Clause die Möglichkeit, die Preise der Konkurrenz in Erfahrung zu bringen.[529]

dd) Gezielte Preisunterbietung

2.704 Eine gezielte Preisunterbietung zeichnet sich gemäss herrschender Lehre durch ein zweistufiges Vorgehen aus, nämlich dass mittels tiefen Preisen Konkurrenten aus dem Markt gedrängt oder vor einem Marktzutritt abgeschreckt werden, um in einer zweiten Phase die Preise über das Wettbewerbsniveau setzen beziehungsweise entsprechende Preise halten zu können (Recoupment). Die Unterbietungsstrategie des Unternehmens umfasst somit ein Behinderungselement, d.h., das marktmächtige Unternehmen muss über einen eigentlichen Verdrängungsplan verfügen, und ein Ausbeutungselement, d.h., das marktmächtige Unternehmen muss die Möglichkeit haben, die Preise nach der Verdrängung von anderen Wettbewerbern wieder auf das ursprüngliche Niveau zu heben.[530]

2.705 Das Gegenteil der Preisunterbietung, jedoch mit demselben Effekt, ist die **Preisüberbietung,** d.h. der Fall, dass das marktbeherrschende Unternehmen als Nachfrager der Marktgegenseite für beschränkt verfügbare Input Güter, d.h. Produktionsgüter, ein zu hohes Angebot macht, um grosse Mengen des betreffenden Gutes zu erwerben und durch die Beschneidung der Versorgerquellen der Konkurrenten diese vom Markt zu verdrängen.[531]

---

528 Reinert, Preisgestaltung, 4.121; Borer, Art. 7 N 24.

529 Zäch, N 683; vgl. dazu vorne N 2.642.

530 Vgl. dazu KG-Amstutz/Carron, Art. 7 N 370 ff.

531 Botschaft, 574; KG-Amstutz/Carron, Art. 7 N 373; Reinert, Preisgestaltung, 4.133; RPW 1997/4 490 ff.; RPW 1998/1 1 ff.

aaa) Kostenanalyse

Ein Merkmal für die Feststellung einer gezielten Preisunterbietung ist der Vergleich der fraglichen Preise mit den Kosten des entsprechenden Gutes. Für die Frage, wann ein Preis irrational tief ist, können die Regeln zur Querfinanzierung herangezogen werden.[532] Danach liegt ein Indiz für eine missbräuchliche Preisunterbietung dann vor, wenn ein strukturelles Defizit besteht, d.h. wenn die Einnahmen aus dem Produkt auf Dauer die eigenen Grenzkosten nicht mehr zu decken vermögen.[533] Schwierigkeiten bereitet dieser Test jedoch insofern, als die Grenzkosten praktisch sehr schwierig zu bemessen sind. 2.706

Einschlägig für die Kostenanalyse ist in der Schweiz deshalb vorwiegend der sog. **Areeda-Turner-Test**[534], welcher die Preise mit den kurzfristigen **durchschnittlichen variablen Kosten** vergleicht.[535] Die durchschnittlichen variablen Kosten sind in diesem Modell als Ersatz für die Grenzkosten einzusetzen. 2.707

bbb) Behinderungselement

Die WEKO hat teilweise die Meinung vertreten, dass sich die Preisunterbietung gegen einen bestimmten Wettbewerber zu richten hat, d.h., es habe eine **selektive Preisunterbietung** vorzuliegen.[536] Insbesondere im Zusammenhang mit der Unterbietung von Geschäftsbedingungen bereitet der Nachweis, dass sich die entsprechenden Verhaltensweisen gezielt gegen einen anderen Wettbewerber richten, unter Umständen aber Probleme.[537] Ein Teil der Lehre fordert deshalb, die Bejahung des Tatbestandes nicht vom Vorliegen dieser Voraussetzung abhängig zu machen, wenn die Möglichkeit des Recoupment gegeben ist.[538] 2.708

Neben der Verdrängung von bestehenden Konkurrenten kann sich die gezielte Preisdiskriminierung auch gegen potenzielle Wettbewerber richten, denen durch das entsprechende Verhalten signalisiert werden soll, dass sie bei einem allfälligen Markteintritt mit einem Preiskampf zu rechnen haben, was diese vom Markteintritt abhalten soll.[539] 2.709

---

532 Vgl. vorne N 2.646.

533 BORER, Art. 7 N 24.

534 Der Test basiert auf dem berühmten Aufsatz von PHILIPP AREEDA und DONALD TURNER, Predatory Prices and related practice under Section 2 of the Sherman Act, im Harvard Law Review, Vol. 88/4, 1975, 679 ff.

535 KG-AMSTUTZ/CARRON, Art. 7 N 377 ff.; REINERT, Preisgestaltung, 4.123; RPW 2005/1 114 ff., 121.

536 RPW 2002/3 339 ff., 343; WEBER/VLCEK, 91.

537 HK-REINERT, Art. 7 N 33.

538 REINERT, Preisgestaltung, 4.123, 4.129.

539 RUFFNER, 843.

ccc) Recoupment als Ausbeutungselement

2.710 Wie erwähnt erschöpft sich der Tatbestand von Art. 7 Abs. 2 lit. d KG nicht in der Verdrängung eines Wettbewerbers aus dem Markt, sondern setzt zusätzlich voraus, dass in einem zweiten Schritt die Preise über dem Wettbewerbsniveau durchgesetzt werden können. Herrscht auch nach der Verdrängung eines Wettbewerbers noch genügend Wettbewerb, sodass ein marktbeherrschendes Unternehmen seine Preise nicht über das Wettbewerbsniveau anheben kann, ist der Tatbestand von Art. 7 Abs. 2 lit. d KG nicht erfüllt.[540]

2.711 Die WEKO beurteilt die Möglichkeit der Wiedererhöhung der Preise insbesondere gestützt auf die Preispolitik des marktbeherrschenden Unternehmens; lassen sich die fraglichen Preise rational nur damit begründen, dass sie sich zu einem späteren Zeitpunkt (oder aufgrund einer Signalwirkung auf einem anderen Markt) mit Preisen über Wettbewerbsniveau überkompensieren lassen, liegt darin ein wichtiges Indiz für die gezielte Preisunterbietung.

ee) Sachliche Rechtfertigung

2.712 Aus der schweizerischen Praxis sind bis anhin noch keine spezifischen Rechtfertigungsgründe ersichtlich, welche sich gezielt auf das Unterbieten von Preisen oder Geschäftsbedingungen beziehen.

2.713 Eine besondere Rechtfertigung besteht bei branchenüblichem Verhalten, denn lässt sich das Verhalten auch bei nicht marktbeherrschenden Unternehmen beobachten, ist darin ein Indiz dafür zu sehen, dass keine unzulässige Verhaltensweise vorliegt.[541]

2.714 Eine solche Rechtfertigung ist beispielsweise im Zusammenhang mit Sonderangeboten einschlägig, wenn ein Unternehmen ein bestimmtes Produkt für eine kurze Zeit besonders günstig anbietet, um das Produkt zu lancieren oder um in einen neuen Markt einzutreten und nach einer gewissen Einführungsphase den Preis wieder erhöht. Entsprechende Verhaltensweisen sind zwar in der Regel darauf ausgerichtet, zumindest in gesättigten Märkten den Konkurrenten gewisse Marktanteile streitig zu machen, doch ist die nachträgliche Preiserhöhung nicht direkt Folge der Konkurrentenverdrängung. Die entsprechende Preispolitik darf indessen nicht das Ziel verfolgen, allfällige Konkurrenten vom Markt zu verdrängen, sondern hat der Lancierung des Produkts zu dienen.[542]

2.715 Branchenüblich ist eine Tiefpreispolitik auch bei **Komplementärgütern,** denn in diesem Fall kann es für ein Unternehmen gewinnmaximierend sein, ein solches Produkt zu einem tiefen Preis, gar zu einem Preis unter den Grenzkosten, anzubieten.

---

540 Borer, Art. 7 N 24.
541 RPW 2003/1 65 ff., 66; Borer, Art. 7 N 24.
542 KG-Amstutz/Carron, Art. 7 N 391.

Vertiefung: Der Effekt der lohnenswerten Tiefpreispolitik zeigt sich beispielsweise im Zusammenhang mit dem Zeitungsmarkt. Zeitungen sind auf zwei Märkten aktiv, nämlich auf dem Lesermarkt und dem Werbemarkt; der Werbemarkt ist vom Lesermarkt in der Form abhängig, dass der Preis für eine Anzeige von der Anzahl der Leser abhängig ist, die mit der Zeitung erreicht werden. Je mehr Leser eine Zeitung erreicht, desto teurer vermag sie den Werbetreibenden ihre Anzeigenseite zu verkaufen. Aus diesem Grund kann sich selbst die unentgeltliche Abgabe einer Zeitung im Endeffekt wirtschaftlich lohnen, weil dadurch mehr Leser erreicht und die Werbeanzeigen teurer verkauft werden können (RPW 2003/1 65 ff., 67). 2.716

Weitere Rechtfertigungsgründe für tiefe Preise ergeben sich im Zusammenhang mit Überkapazitäten und bei rückläufiger Nachfrage, wenn es einem Unternehmen aufgrund äusserer Umstände nicht möglich ist, die entsprechenden Produkte kostendeckend zu vermarkten. In dieselbe Kategorie gehört der Verkauf von Produkten, welche technisch überholt oder ausser Mode sind oder bei denen grössere Lagerkosten anfallen als bei einem sofortigen Verlustverkauf.[543] 2.717

ff) Kasuistik

Vertiefung: Die besonderen Probleme des Nachweises der gezielten Preisunterbietung zeigen sich exemplarisch darin, dass die WEKO die gezielte Preisunterbietung bis anhin noch nie bejaht hat. 2.718

- In der Einräumung von vorteilhaften Rabatten liegt keine gezielte Preisunterbietung, wenn die gewährten Preise auch nach Abzug des Rabatts noch über den Kosten liegen (RPW 2005/1 114 ff., 122).
- Ermöglichen die angebotenen Preise eine positive Marge und geht der Nachweis, dass die Preise der Anbieterin unter den Selbstkosten liegen fehl, liegt kein Fall der gezielten Preisunterbietung vor. Der Umstand, dass es für das betroffene Unternehmen nach der Preissenkung nicht möglich sein wird, die Preise wieder anzuheben, spricht zusätzlich gegen ein missbräuchliches Verhalten im Sinne von Art. 7 Abs. 2 lit. d KG (RPW 2004/4 1002 ff., 1013).
- Die Verteilung von Gratisexemplaren bei der Markteinführung eines Presseprodukts ist branchenüblich und somit nicht als gezielte Preisunterbietung zu werten (RPW 2003/1 62 ff., 66).
- Wird innerhalb eines Konzerns Werberaum in einer Zeitschrift kostenlos der eigenen Tochtergesellschaft zur Verfügung gestellt, liegt darin keine gezielte Preisunterbietung, sondern eine effiziente Synergienutzung (RPW 2002/3 431 ff., 432).

In zwei Fällen prüfte die WEKO das Vorliegen einer unzulässigen Preisüberbietung, doch ist auch in diesen Fällen nicht auf eine missbräuchliche Verhaltensweise erkannt worden. 2.719

- Keine Preisüberbietung liegt vor, wenn die Mietzinse für Ladengeschäfte dem üblichen Mass entsprechen und von sachlichen Kriterien wie beispielsweise Sortimentsinhalte und Umsatz abhängen (RPW 1998/1 1 ff., 6).
- Keine Preisüberbietung bestand im Fall Recymet SA, in welchem die WEKO die Zahlung von überhöhten Entschädigungen eines Recyclingbetriebes an Sammelstellen prüfte und

---

543 KG-Amstutz/Carron, Art. 7 N 393 f.

zum Schluss kam, dass die bezahlten Entschädigungen aus wirtschaftlicher Sicht nicht überhöht seien (RPW 1997/4 490 ff., 503).

2.720 Aus der Praxis der Europäischen Union sind im Hinblick auf die Preisunterbietung unter anderen die folgenden Entscheide erwähnenswert:

- AKZO Chemie BV/Kommission, Rs. C-62/86, Slg. 1991, 3359 ff.: Der grundlegendste Entscheid zur Preisunterbietung erging in der Sache AKZO Chemie BV, in dessen Rahmen der EuGH Preise unter den durchschnittlichen Kosten grundsätzlich als missbräuchlich bezeichnete. Einer solchen Preisfestsetzung liege immer das Ziel zugrunde, Konkurrenten aus dem Markt zu drängen und hernach die Preise wieder anzuheben. Preise, die über den durchschnittlichen Gesamtkosten (Fixkosten plus variable Kosten), d.h. über den durchschnittlichen variablen Kosten liegen, sind dann missbräuchlich, wenn sie «im Rahmen eines Plans festgesetzt wurden, der die Ausschaltung eines Konkurrenten zum Ziel hat».
- Tetra Pak International SA/Kommission, Rs. C-333/94, Slg. 1996, 5951 ff.: Im sog. Entscheid Tetra Pak II konkretisierte der EuGH seine Rechtsprechung im Hinblick auf die Preisunterbietung; danach liegt eine Preisunterbietung vor, wenn (1) der Preis unter den durchschnittlichen variablen Kosten oder wenn (2) der Preis zwischen den durchschnittlichen Gesamtkosten, aber über den durchschnittlichen variablen Kosten liegt und eine Verdrängungsabsicht ersichtlich ist. Im Fall Tetra Pak lagen die Preise unter den durchschnittlichen variablen Kosten, weshalb sich ein Nachweis der Verdrängungsabsicht erübrigte.
- Wanadoo Interactive SA/Kommission, Rs. T-340/03, Slg. 2007, 107 ff.: Im Fall Wanadoo Interactive SA befasste sich die Europäische Kommission mit angeblichen Kampfpreisen auf dem Endkundemarkt für Breitband-ADSL-Internetdienste in Frankreich. Die Preise von Wanadoo, einer Tochtergesellschaft der France Télécom, lagen nicht über die gesamte untersuchte Zeitspanne unter den variablen Kosten, sodass die Kommission zusätzlich das Vorliegen eines Verdrängungsplans zu beweisen hatte.

e) Einschränkung der Erzeugung, des Absatzes und der technischen Entwicklung

aa) Allgemeines

2.721 Art. 7 Abs. 2 lit. e KG verbietet marktmächtigen Unternehmen die Einschränkung der Erzeugung, des Absatzes oder der technischen Entwicklung von Produkten und Dienstleistungen. Der Tatbestand will verhindern, dass es durch die Einschränkung zu einer künstlichen Verknappung des Angebots kommt, was auf dem betreffenden Markt zu höheren Preisen führen würde.

2.722 Der Tatbestand ist nicht nur als **Ausbeutungstatbestand** zu sehen, welcher ein missbräuchliches Verhalten gegenüber der Marktgegenseite durch Herbeiführung von zu hohen Preisen zu verhindern versucht, sondern erfasst im Rahmen einer weiten Auslegung auch **Behinderungstatbestände,** die darauf gerichtet sind, die Produktion, den Absatz oder die technische Entwicklung eines Konkurrenten zu verringern.[544] Praktische Relevanz hat Art. 7 Abs. 2 lit. e KG vor allem als Behinderungstatbestand.

544 Zäch, N 688; Weber/Vlcek, 92.

Erforderlich ist, dass die Einschränkung der Erzeugung, des Absatzes oder der technischen Entwicklung zu einer Wettbewerbsbeschränkung in dem Sinne führt, dass es dadurch zu einer **künstlichen Verknappung** kommt.[545] Eine Verknappung ist dann künstlich, wenn sie nicht durch Marktänderungen, sondern durch das Verhalten des marktbeherrschenden Unternehmens verursacht wird, indem es entweder versucht, künstliche Marktzutrittsschranken für Wettbewerber zu errichten oder die Marktpreise zu erhöhen oder künstlich hochzuhalten.[546] 2.723

Checkliste: Voraussetzungen Art. 7 Abs. 2 lit. e KG 2.724

- ☐ Marktmächtiges Unternehmen
- ☐ Einschränkung
- ☐ Wettbewerbsbeschränkung – Künstliche Verknappung
- ☐ Fehlen einer sachlichen Rechtfertigung

bb) Erfasste Verhaltensweisen

Vom Tatbestand von Art. 7 Abs. 2 lit. e KG sind drei Verhaltensweisen erfasst:[547] 2.725

- Einschränkung der **Erzeugung:** Die Tatbestandsvariante der Einschränkung der Erzeugung befasst sich mit der Einschränkung der Produktionskapazität des marktbeherrschenden Unternehmens oder seiner Konkurrenten.
- Einschränkung des **Absatzes:** Die Einschränkung des Absatzes ist nicht direkt auf die Produktion gerichtet, sondern limitiert den Vertrieb bzw. den Marktzugang.
- Einschränkung der **technischen Entwicklung:** Die dritte Tatbestandsvariante der Einschränkung der technischen Entwicklung erfasst Verhaltensweisen, durch die das marktbeherrschende Unternehmen den Zugang zu technischen Informationen oder Ressourcen beschränkt oder verhindert.

Die von Art. 7 Abs. 2 lit. e KG erfassten Verhaltensweisen lassen sich oftmals auch unter andere Tatbestandsvarianten von Art. 7 Abs. 2 KG subsumieren. 2.726

cc) Vorliegen einer Einschränkung

Das Tatbestandsmerkmal der Einschränkung ist weit formuliert und erfasst nicht nur die Einschränkung der Produktion, des Absatzes oder der technischen Entwicklung des marktmächtigen Unternehmens selbst, sondern auch Verhaltensweisen, welche die Produktion, den Absatz oder die technische Entwicklung eines **fremden** 2.727

545 BOTSCHAFT, 574; KG-AMSTUTZ/CARRON, Art. 7 N 457.
546 BOTSCHAFT, 574; RPW 2011/1 96 ff., 143 und RPW 2005/3 458 ff., 469.
547 KG-AMSTUTZ/CARRON, Art. 7 N 417a ff.

Unternehmens behindern. Die Einschränkung kann betreffend Produkte, Mengen, Gebiete oder auch Abnehmer erfolgen.[548]

2.728 Die Einschränkung lässt sich grundsätzlich durch zwei Methoden realisieren, entweder durch Preismissbrauch oder durch Missbrauchsformen nicht preislicher Natur.

2.729 Einschränkende Verhaltensweisen ergeben sich nicht nur aus Verboten, durch welche die Marktgegenseite beispielsweise daran gehindert wird, an andere Wettbewerber zu liefern oder von ihnen gewisse Produkte oder Dienstleistungen zu beziehen, sondern auch in der Setzung von Anreizen, welche ein derartiges Verhalten fördern.

dd) Einschränkung der Erzeugung

2.730 Die Einschränkung der Erzeugung umfasst Verhaltensweisen, welche die Produktionskapazitäten beschneiden und dadurch das Angebot verknappen. Eine Verknappung des Angebots führt praktisch immer zu einer Preiserhöhung.

2.731 Die Einschränkung ist auf zwei Ebenen denkbar:[549]

- **Eigene Einschränkung:** Das marktbeherrschende Unternehmen kann seine eigene Erzeugung einschränken; dies geschieht beispielsweise dadurch, dass das Unternehmen keine Ersatzteile für ein bestimmtes Produkt herstellt, obwohl noch zahlreiche Produkte im Umlauf sind und es als einziges dazu in der Lage ist, die Ersatzteile herzustellen.
- **Einschränkung bei fremden Unternehmen:** Das marktbeherrschende Unternehmen vermag auch die Produktion von Konkurrenten oder sonstigen Drittunternehmen einzuschränken; in der Praxis geschieht dies durch entsprechende Wettbewerbsverbote, Spezialisierungsabkommen oder Verwendungsbeschränkungen. Weitere Möglichkeiten sind der Kauf des Konkurrenzunternehmens, verbunden mit der Einstellung der betreffenden Produktionsstätte oder die indirekte Einschränkung durch die Produktion erschwerende Verhaltensweisen wie querulatorische und unnötige Prozesse.

ee) Einschränkung des Absatzes

2.732 Die Einschränkung des Absatzes ist nicht auf Einschränkungen beim marktmächtigen Unternehmen selbst gerichtet, sondern auf die künstliche Beschränkung des Marktzugangs für aktuelle oder potenzielle Konkurrenten des marktmächtigen Unternehmens.[550]

---

548 BOTSCHAFT, 574.
549 KG-AMSTUTZ/CARRON, Art. 7 N 439.
550 KG-AMSTUTZ/CARRON, Art. 7 N 441.

Die Botschaft nennt als Beispiel für eine Absatzbeschränkung ein marktbeherrschendes Unternehmen, welches sich weigert, Bestandteile eines von ihm hergestellten Produkts zu verkaufen, um den Zutritt von Herstellern anderer Komponenten, die mit dem erwähnten Bestandteil kompatibel sind, zu verhindern und so seine Marktstellung zu sichern bzw. zu verstärken.[551] 2.733

Die Einschränkung des Absatzes geschieht in der Praxis in Form von **Alleinbezugsbindungen,** welche den Abnehmer verpflichten, gewisse Produkte oder Dienstleistungen ausschliesslich oder zu einem grossen Teil vom marktbeherrschenden Unternehmen zu beziehen. Solche Alleinbezugsbindungen vermögen sich deshalb negativ auf den Wettbewerb auszuwirken, weil sie den anderen Wettbewerbern im Markt den Zugang zu den Vertriebskanälen oder zu den Endabnehmern erschweren.[552] 2.734

Ein marktbeherrschendes Unternehmen, welches seine Lieferanten vertraglich zu einer exklusiven Lieferung verpflichtet, erschwert oder verhindert dadurch den Marktzutritt von potenziellen Konkurrenten, weil diese unter Umständen nicht auf genügend Lieferanten zugreifen können, um überhaupt wirtschaftlich tätig zu werden.[553] Eine Alleinbezugsbindung kann auch indirekt erfolgen, indem ein marktbeherrschendes Unternehmen seine Abnehmer verpflichtet, einen bestimmten Zwischenhändler zu berücksichtigen, denn durch dieses Verhalten wird einerseits die Wahlfreiheit der Abnehmer beeinträchtigt und werden andererseits die Zwischenhändler im Wettbewerb behindert.[554] 2.735

Auch ein **Wettbewerbsverbot** kann sich wie eine Alleinbezugsbindung auswirken und deshalb unter den Tatbestand von Art. 7 Abs. 2 lit. e KG fallen. Bei der Beurteilung der Zulässigkeit ist besonders die Dauer des Wettbewerbsverbotes zu beachten. 2.736

Selbst wenn die Alleinbezugsverpflichtung mit einer **English Clause**[555] verbunden ist, welche den Geschäftspartner des marktmächtigen Unternehmens verpflichtet, dieses zu informieren, sollte es von einem Dritten ein günstigeres Angebot erhalten, um es diesem zu ermöglichen, dem Geschäftspartner das Geschäft zu gleichen Konditionen anzubieten oder den Wechsel des Geschäftspartners zum Dritten zu akzeptieren, vermag sie wettbewerbsschädliche Wirkung zu haben. Zudem kann auch die Vereinbarung einer englischen Klausel für sich allein betrachtet zu einer missbräuchlichen Wettbewerbsbeschränkung im Sinne von Art. 7 Abs. 2 lit. b KG führen. 2.737

Eine weitere Form der Absatzbeschränkung geschieht durch **Rabatte,** indem das marktbeherrschende Unternehmen mittels bestimmter Treuerabatte seine Geschäfts- und Vertragspartner dazu bringt, keine Produkte mehr vom Konkurrenten zu beziehen. Ein solches Full Line Forcing, welches sachlich nicht notwendig ist, 2.738

---

551 Botschaft, 575.
552 KG-Amstutz/Carron, Art. 7 N 446.
553 RPW 1991/1 75 ff., 91.
554 Dazu RPW 1991/1 54 ff., 59.
555 Vgl. dazu vorne N 2.642.

erfüllt neben dem Missbrauchstatbestand von Art. 7 Abs. 2 lit. b KG auch den Tatbestand von Art. 7 Abs. 2 lit. e KG.[556]

ff) Einschränkung der Entwicklung

2.739 Der Tatbestand der Einschränkung der Entwicklung beinhaltet sämtliche Verhaltensweisen, die den Zugang zu oder die Verteilung von technologischen Ressourcen aufheben oder beschränken.

2.740 Die Einschränkung der Entwicklung ist vornehmlich im Zusammenhang mit der Entwicklungsbehinderung von aktuellen oder potenziellen Konkurrenten von Bedeutung, denn praktisch wird es sich kaum je nachweisen lassen, dass ein marktbeherrschendes Unternehmen selbst auf eine bestimmte Entwicklung verzichtet hat. Auch soll durch die Missbrauchskontrolle kein Unternehmen zu einer technischen Entwicklung gezwungen werden.[557]

2.741 Die Erschwerung der Entwicklung geschieht in der Praxis oft im Zusammenhang mit Patenten. Typisches Beispiel für eine Entwicklungseinschränkung sind sog. **Sperrpatente.** Missbräuchlich ist der Erwerb oder das Halten eines Patents dann, wenn das Vorgehen dem marktbeherrschenden Unternehmen lediglich dazu dient, aktuellen oder potenziellen Wettbewerbern die Möglichkeit neuer Entwicklungen zu versperren.[558] Auch Verhaltensweisen von sog. **Patenttrolls,** welche typischerweise Patente bloss halten, ohne sie selbst zu verwerten, können unter Umständen nach Art. 7 Abs. 2 lit. d KG unzulässig sein.[559]

2.742 **FRAND-Terms**

Eine Möglichkeit, missbräuchliche Verhaltensweisen gestützt auf Patente zu verhindern, besteht in der Verwendung von sog. FRAND-Verpflichtungen.[560] FRAND steht für «fair, reasonable and non-discriminatory terms» und umschreibt das Prinzip, dass Patente, welche einen Standard darstellen oder in einen Standard integriert sind, zu fairen, vernünftigen und diskriminierungsfreien Bedingungen verwertet werden können müssen. Ziel ist, dass einerseits die mit einem Standard zusammenhängenden Rechte auch für andere Marktteilnehmer offenbleiben und dass andererseits die Inhaber dieser Rechte ihre Erfindungen amortisieren können.

556 RPW 1998/4 655 ff., 657; RPW 1997/4 506 ff., 514.

557 BOTSCHAFT, 575.

558 RUFFNER, 845.

559 Vgl. dazu WALLOT, 157.

560 Vgl. dazu WEBER ROLF H., Competition Law versus FRAND Terms in IT Markets, in: World Competition Law and Economics Review, Vol. 34, No. 1, 2011, 51 ff.; WEBER/RIZVI, ZBJV, 433 ff.; BABEY FABIO/RIZVI SALIM, Die Fand-Verpflichtung – Fair, Reasonable and Non-Discriminatory terms (FRAND) im Lichte des Kartellrechts, in: WuW 2012 808 ff.

Das FRAND-Konzept verlangt, dass der Lizenzgeber Diskriminierungen verhindert, und zwar:

1. gegenüber und zwischen anderen Anbietern;
2. gegenüber und zwischen Wettbewerbern auf nachgelagerten Märkten;
3. gegenüber und zwischen Lizenznehmern auf nachgelagerten Märkten;

Meist wird die Verpflichtung zur Einhaltung von FRAND-Bedingungen von Standardisierungsorganisationen ihren Mitgliedern auferlegt.

Missbräuchlich sind auch **Verträge zur Errichtung** von **Patent-Tools** oder **Cross-Licensing-Verträge,** wenn sie lediglich dazu benutzt werden, Markteintrittsbarrieren aufzubauen oder Konkurrenten zu behindern.[561] 2.743

Eine Behinderung von Drittunternehmen liegt weiter vor, wenn das marktbeherrschende Unternehmen seinen aktuellen oder potenziellen Konkurrenten notwendige technische Daten in Form von sog. **Schnittstellen** vorenthält.[562] In einem solchen Fall behindert das marktmächtige Unternehmen durch die Verweigerung der Offenlegung den Wettbewerb auf dem nachgelagerten Markt.[563] 2.744

gg) Wettbewerbsbeschränkung

Die Einschränkung der Produktion allein reicht für die Annahme der Missbräuchlichkeit nicht aus, als zusätzliches Element muss es bedingt durch die Einschränkung zu einer künstlichen Verknappung kommen. 2.745

Das Kriterium der künstlichen Verknappung kann als Pendant zur in den Missbrauchsfällen von Art. 7 KG geforderten Wettbewerbsbeschränkung gesehen werden. In diesem Sinn ist – auch mit Blick auf das europäische Recht – zu fordern, dass neben der Einschränkung der Produktion, des Absatzes oder der technischen Entwicklung eine Wettbewerbsbeschränkung vorliegt.[564] 2.746

hh) Sachliche Rechtfertigung

Wie bei den übrigen in Art. 7 Abs. 2 KG genannten Tatbeständen sind auch von Art. 7 Abs. 2 lit. e KG nur Verhaltensweisen erfasst, welche sich als missbräuchlich erweisen, d.h. für deren Rechtfertigung keine sachlichen Gründe vorhanden sind. 2.747

---

561 Botschaft, 575.
562 Vgl. dazu auch Heinemann/Heizmann, 77; Stirnimann, 256; vgl. dazu auch vorne N 2.612.
563 Zum Beispiel Fernmeldemärkte vgl. dazu Weber Rolf H., Vom Monopol zum Wettbewerb – Regulierung der Kommunikationsmärkte im Wandel, Zürich 1994.
564 KG-Amstutz/Carron, Art. 7 N 459.

Der Tatbestand soll mit anderen Worten nicht dazu dienen, die Preise, Mengen oder Technologien von marktmächtigen Unternehmen zu kontrollieren.[565]

2.748 Rabatte lassen sich beispielsweise durch die Realisierung von Kosteneinsparungen rechtfertigen, welche am Ende den Konsumenten zugute kommen.

ii) Kasuistik

2.749 **Vertiefung:** Der Tatbestand von Art. 7 Abs. 2 lit. e KG fand in der Praxis der WEKO bis anhin wenig Beachtung; dennoch gibt es aus der Praxis einige Anwendungsfälle:

- Die Verweigerung der Offenlegung von Schnittstelleninformationen von Kreditkartenterminals wie auch die verspätete Mitteilung derselben an konkurrierende Terminal-Hersteller führt zu einer Verknappung des Terminal-Angebots; durch die Vorenthaltung der Information konnten die konkurrierenden Terminal-Hersteller die positiven Produkteigenschaften ihrer Terminals nicht zur Geltung bringen, was ihren Innovationsanreiz beeinträchtigte; zudem beschränkte die Verhaltensweise auch die Auswahl der Händler (RPW 2011/4 96 ff., 143).
- Die Einführung einer saisonalen Begrenzung der Biomilchproduktion zur Verhinderung des Preiszerfalls ist geeignet, eine Verknappung oder Einschränkung von Biomilch zu erreichen; das Verfahren wurde indessen eingestellt und den Beteiligten Gelegenheit gegeben, vom Vorhaben abzuweichen (RPW 2005/3 458 ff., 469).
- Flächendeckende Exklusivverträge hindern potenzielle Konkurrenten am Markteintritt, weil sie dadurch beim Aufbau eines eigenen Verteilnetzes eingeschränkt und schliesslich in ihrer wirtschaftlichen Existenz gefährdet werden (RPW 1999/1 75 ff., 91).
- Ein Bierliefervertrag mit einer Klausel, welche festhält, dass die Brauerei neben dem Bier auch den Zwischenhändler bestimmt, kann für die Bierzwischenhändler eine indirekte Einschränkung des Absatzes bedeuten, wenn die Brauerei ihren Vertragspartnern die Bezüge von Bieren bei gewissen Zwischenhändlern gezielt verunmöglicht (RPW 1999/1 57 ff., 58).

2.750 Auch aus europarechtlicher Sicht führten Einschränkungen der Erzeugung, des Absatzes und der technischen Entwicklungen zu gerichtlichen Diskussionen. Beispielhaft seien die folgenden Fälle erwähnt:

- Tetra Pak/Kommission, Rs. T-51/89, Slg. 1990, II-348 ff.: Die Europäische Kommission erklärte den Kauf der Liquipak-Gruppe als missbräuchliche Verhaltensweise, weil die Liquipak-Gruppe über ein Patent zur Herstellung von Milchverpackungen verfügte, mit welchem eine Konkurrenzierung der Verpackungen von Tetra Pak möglich war. Der Kauf war deshalb missbräuchlich, weil Tetra Pak allfälligen Konkurrenten den technischen Fortschritt verunmöglichte und damit ein Marktzutritt praktisch ausgeschlossen wurde.
- Porto di Genova/Kommission, Rs. C-179/90, Slg. 1991, I-5889 ff.: Der EuGH sah in der Weigerung eines Unternehmens, welches für die Durchführung von Hafenarbeiten über ein Monopol verfügte, neue Technologien einzusetzen, ein missbräuchliches Verhalten, weil dies zu erhöhten Arbeitskosten und längeren Ausführungszeiten und somit im Endeffekt zu höheren Kosten für die Abnehmer führte.

---

565 Borer, Art. 7 N 25; Ruffner, 844.

- British Airways/Kommission, Rs. C-95/04, Slg. 2007, I-2331 ff.: Der EuGH erachtete ein Rabattsystem der British Airways, welches diese in Verträgen mit Reisevermittlern anwandte, als unzulässige Behinderung der Konkurrenz, weil durch die gewährten Anreize für die Vertragspartner die Wahl zwischen mehreren Bezugsquellen erschwert wurde und die vereinbarten Rabatte nicht auf wirtschaftlichen Gründen beruhte, sondern vornehmlich eine Kundenbindung bezweckten.

f) Koppelungsgeschäfte

aa) Allgemeines

Von einem Koppelungsgeschäft spricht man, wenn das marktbeherrschende Unternehmen den Vertragspartner dazu verpflichtet, eine zusätzliche Leistung anzunehmen oder zu erbringen, ohne dass zwischen der gewollten Hauptleistung und der Koppelungsleistung ein sachlich gerechtfertigter Zusammenhang besteht. 2.751

Eine missbräuchliche Koppelung kann angebots- oder nachfrageseitig vorliegen. Eine Koppelung ausgehend von der Angebotsseite besteht darin, dass der Anbieter seinen Geschäftspartner dazu bringt, Waren oder Dienstleistungen zu beziehen, die er entweder nicht benötigt oder anderweitig zu günstigeren Bedingungen zu erwerben vermag. Eine nachfrageseitige unzulässige Koppelung liegt vor, wenn der marktmächtige Nachfrager seinen Vertragspartner zwingt, eine nicht mit dem eigentlichen Grundgeschäft im Zusammenhang stehende Leistung zu erbringen.[566] 2.752

Koppelungstatbestände haben eine Ausbeutungs- wie auch eine Behinderungsmissbrauchskomponente; regelmässig steht dabei die Ausbeutungskomponente im Vordergrund. Einerseits schränken Koppelungsgeschäfte die Freiheit des Vertragspartners ein, weil dieser dazu gezwungen wird, Produkte beim marktbeherrschenden Unternehmen zu beziehen, welche auch anderweitig erhältlich wären, oder entsprechende Leistungen zu erbringen. Andererseits kann das marktbeherrschende Unternehmen Koppelungsgeschäfte dazu zu nutzen, die bestehende Marktmacht durch die Koppelung auf einen benachbarten oder vor- bzw. nachgelagerten Markt auszudehnen und die sich auf diesen Märkten befindlichen Konkurrenten zu behindern oder vom Markt zu verdrängen.[567] 2.753

Die kartellrechtliche Problematik von Koppelungsgeschäften liegt darin, dass es durch die Koppelung dem marktmächtigen Unternehmen ermöglicht wird, aktuelle oder potenzielle Konkurrenten von vor- oder nachgelagerten Märkten zu verdrängen und so seine eigene marktbeherrschende Stellung zu untermauern und auf weitere Märkte auszudehnen.[568] 2.754

566 Weber/Vlcek, 94.
567 David/Jacobs, N 474; RPW 2011/1 96 ff., 182.
568 Stirnimann/Weber, 90.

2.755 **Checkliste: Voraussetzungen Art. 7 Abs. 2 lit. f KG**

- ☐ Marktmächtiges Unternehmen
- ☐ Getrennte Güter
- ☐ Koppelung
- ☐ Wettbewerbsbeschränkung
- ☐ Fehlen einer sachlichen Rechtfertigung

bb) Getrennte Güter

2.756 Eine gekoppelte Leistung liegt nur vor, wenn die zusätzliche Leistung nicht in einem vernünftigen Verhältnis zum Grundgeschäft steht; nicht gekoppelt sind demnach Güter, die von vornherein als «nur» ein Gut zu betrachten sind. Für das Vorliegen einer Koppelung ist als erstes Merkmal das Vorliegen von zwei oder mehreren getrennten Produkten erforderlich.

2.757 Ein einziges Produkt liegt vor, wenn Güter oder Dienstleistungen im Allgemeinen nur in ihrer fixen Zusammensetzung nachgefragt oder konsumiert werden; dies ist insbesondere bei Warengesamtheiten der Fall.[569]

2.758 Die Prüfung, ob getrennte Güter vorliegen, erfolgt gestützt auf eine marktorientierte Abgrenzung, d.h., sie stützt sich darauf, ob für die in Frage stehenden Produkte oder Dienstleistungen unterschiedliche relevante (aktuelle oder potenzielle) Märkte bestehen oder nicht.[570] Getrennte Produkte liegen vor, wenn es für die Verbraucher möglich ist, die Produkte von verschiedenen Anbietern zu beziehen, was insbesondere dann der Fall ist, wenn Unternehmen vorhanden sind, welche sich auf das alleinige Angebot des gekoppelten Produktes spezialisiert haben.[571]

2.759 **Vertiefung:** Keine getrennten Güter, sondern eine einheitliche Leistung liegt vor, wenn ein Unternehmen von einem Printprodukt eine zusätzliche Online-Version anbietet, denn die beiden Versionen entspringen demselben Produktionsvorgang (RPW 2008/3 385 ff., 405).

2.760 Besondere Schwierigkeiten im Zusammenhang mit der Koppelung ergeben sich im Zusammenhang mit Wartungs- oder Servicedienstleistungen. Insbesondere in technisch komplexen Märkten stellt sich die Frage, ob neben dem Produktmarkt ein eigener Markt für die Produktwartung existiert (Sekundärmarkt) oder ob ein einziger Markt vorliegt (Systemmarkt). Das Problem stellt sich beispielsweise im Zusammenhang mit Software und der Frage, ob ein selbstständiger Markt für die Wartung von Software besteht, was in der Regel wohl anzunehmen sein wird.[572]

---

569 RUFFNER, 845; FUCHS/MÖSCHEL, N 280.

570 VON BÜREN/MARBACH/DUCREY, N 1555; RPW 2011/1 96 ff., 183; STIRNIMANN/WEBER, 91; FUCHS/MÖSCHEL, N 281.

571 RPW 2011/1 96 ff., 183.

572 Vgl. zu dieser Thematik WEBER/WICKIHALDER, 456 ff.

cc) *Koppelung*

Eine Koppelung liegt dann vor, wenn der Anbieter des koppelnden Gutes dessen Lieferung von der Abnahme einer zusätzlichen Leistung abhängig macht. Der Abnehmer ist in der Wahl der zusätzlichen Leistung nicht frei, hat also keine andere Wahl, als auch das gekoppelte Gut zu erwerben.[573] 2.761

Eine Koppelung umfasst jedoch nicht bloss den Fall, dass der Abnehmer neben dem Grundgeschäft eine zusätzliche Leistung anzunehmen hat, sondern auch denjenigen, dass er eine zusätzliche Leistung zu erbringen hat, so z.B., indem ihm der Lieferant die Verpflichtung auferlegt, nicht nur ein einzelnes Produkt, sondern eine ganze Produktlinie inklusive allfälliger Zusatzdienstleistungen zu vermarkten.[574] 2.762

Praktisch sind zwei Formen der Koppelung denkbar:[575] 2.763

- **Tying** (Koppelung) liegt vor, wenn das koppelnde Produkt nur zusammen mit dem gekoppelten Produkt auf dem Markt verfügbar ist, das gekoppelte Produkt aber auch einzeln erhältlich ist.
- **Pure Bundling** (reine Bündelung) liegt vor, wenn beide Produkte nur noch zusammen erhältlich sind.

Die Koppelung kann auf verschiedenen Wegen erreicht werden:[576] 2.764

- **Vertragliche Koppelung:** Eine vertragliche Koppelung besteht darin, dass das marktmächtige Unternehmen den Vertragspartner mittels Vertragsklausel dazu verpflichtet, beide Güter zu erwerben (bzw. Leistungen zu erbringen).
- **Technologische oder technische Koppelung:** Eine technologische Koppelung liegt vor, wenn die Koppelung auf einer technischen Entscheidung gründet, indem die betreffenden Güter technisch miteinander verbunden werden, sodass sie nur zusammen ordnungsgemäss funktionieren; eine technische Koppelung besteht, solange die anderen Wettbewerber nicht in der Lage sind, kompatible Produkte herzustellen.
- **Ökonomische Koppelung:** Die ökonomische Koppelung erfolgt durch das Setzen von ökonomischen Anreizen.

Bei der Beurteilung eines konkreten Sachverhaltes ist von Bedeutung, ob die von der Koppelung betroffene zusätzliche Leistung in einem sachlichen Zusammenhang zum Grundgeschäft steht oder nicht.[577] 2.765

Die Koppelung kann direkt oder indirekt durch das Setzen von bestimmten Anreizen geschehen. Im Rahmen der indirekten Koppelung sind zwar die gekoppelten Produkte einzeln erhältlich, jedoch setzt das marktmächtige Unternehmen Anreize 2.766

---

573 KG-Amstutz/Carron, Art. 7 N 532.
574 Ruffner, 845.
575 Fuchs/Möschel, N 284.
576 KG-Amstutz/Carron, Art. 7 N 498; Fuchs/Möschel, N 284.
577 Botschaft, 575; RPW 2005/1 46 ff., 51.

zum gemeinsamen Erwerb (anreizbasierte Koppelung).[578] Ein weiteres Beispiel für eine indirekte Koppelung sind **finanzielle Vergünstigungen** in Form von **Rabatten** (mixed bundling), bei welchen die Höhe des Rabatts vom Bezug zusätzlicher Leistungen abhängt.[579]

dd) Wettbewerbsbeschränkende Wirkungen

2.767 Ein Koppelungsgeschäft ist nur dann kartellrechtlich relevant, wenn daraus eine Wettbewerbsbeschränkung resultiert. Eine solche liegt in erster Linie dann vor, wenn die Koppelung in Verdrängungsabsicht erfolgt, d.h., wenn das marktbeherrschende Unternehmen seine Marktmacht auf den Markt des gekoppelten Gutes übertragen will, auf dem es bis anhin nicht über eine marktmächtige Stellung verfügt. Wenn der Abnehmer beispielsweise zwei Produkte zum Preis von einem erhält, wird er kaum ein Interesse daran haben, das Zweitprodukt von einem anderen Wettbewerber zu beziehen. Koppelungspraktiken verringern zudem ganz allgemein die Preistransparenz, weil der Preis für die einzelnen Leistungen dadurch nicht mehr ersichtlich ist.[580]

2.768 Ein wettbewerbsbeschränkender Effekt liegt aber auch dann vor, wenn das marktbeherrschende Unternehmen in Ausbeutungsabsicht seine Stellung ausnutzt, um die Marktgegenseite zur Abnahme eines Gutes zu bringen, die sie eigentlich nicht oder nicht zu den vom marktbeherrschenden Unternehmen vorgegebenen Bedingungen erwerben möchte.[581]

2.769 Sind von der Koppelung Märkte mit nicht komplementären Gütern betroffen, lassen sich für die Beurteilung einer möglichen Übertragung der Marktmacht gemäss der Praxis der WEKO die Verhältnisse auf beiden Märkten für die Beurteilung heranziehen. Nur wenn auch die Verhältnisse auf dem gekoppelten Markt beschränkt sind, können die entsprechenden Verträge die Marktstruktur derart verändern, dass es zu einer Verdrängung von Wettbewerbern kommt. Dazu haben drei Bedingungen vorzuliegen:[582]

- Auf dem koppelnden Markt muss eine marktbeherrschende Stellung vorliegen.
- Das marktbeherrschende Unternehmen hat ein Festhalten an der Koppelungsstrategie an den Tag zu legen.
- Die Koppelungsstrategie muss Marktaustritte im gekoppelten Markt zur Folge haben und diese haben zu einer Wettbewerbsreduktion im gekoppelten Markt zu führen, was insbesondere bei einer Erhöhung der Marktzutrittsschranken der Fall ist.

---

578 FUCHS/MÖSCHEL, N 285.
579 REINERT, N 4.154; FUCHS/MÖSCHEL, N 285.
580 RPW 2008/3 385 ff., 404.
581 KG-AMSTUTZ/CARRON, Art. 7 N 543.
582 RPW 2007/3 353 ff., 360; RPW 2005/1 46 ff., 51 m.w.H.

ee) Sachliche Rechtfertigung

Ein Koppelungsgeschäft ist dann zulässig, wenn es durch sachliche Gründe gerechtfertigt werden kann. Zusammenfassend liegen solche Gründe dann vor, wenn objektiv überzeugende, zwingende technische oder wirtschaftliche Gründe oder anerkannte Handelsbräuche für die Zusammenfassung des betreffenden Leistungsangebotes sprechen.[583] Auch Sicherheitsaspekte sind als Rechtfertigungsgrund anerkannt. 2.770

Liegt ein **Sachzusammenhang** vor, d.h., sprechen überzeugende technische oder wirtschaftliche Gründe für eine Zusammenfassung der Leistung, ist eine Koppelung gerechtfertigt. Ein Beispiel ist die Vergabe von Lizenzen mit der Verknüpfung zur Abnahme gewisser Leistungen (z.B. Know-how), wenn diese zur einwandfreien, technischen Nutzung der Lizenz zwingend notwendig sind. Bei der Verpflichtung eines Händlers, ein ganzes Warensortiment des Herstellers abzunehmen (Full Line Forcing), ist insbesondere darauf abzustellen, ob eine solche Koppelung auch dem Verbraucher Vorteile bringt.[584] Sicherheitsaspekte vermögen beispielsweise die Koppelungsklausel zu rechtfertigen, dass Produkte, deren Unterhalt mit gewissen Gefahren verbunden ist, nur vom Hersteller selbst repariert werden dürfen.[585] 2.771

Auch **Handelsbräuche** wurden in der Literatur als Rechtfertigungsgrund genannt, deren praktische Relevanz ist jedoch gering. Einerseits darf der entsprechende Handelsbrauch nicht durch das marktmächtige Unternehmen selbst begründet worden sein, andererseits liegt das Problem der Rechtfertigung darin, dass dieses Kriterium vergangenheitsbezogen ist und dadurch unter Umständen sinnvolle technologische Innovationen und neue Produktintegrationen behindert, weil es sich auf frühere Geschehnisse zurückbezieht.[586] 2.772

Schliesslich ist auch bei der Prüfung sachlicher Rechtfertigungsgründe im Rahmen von Koppelungsgeschäften stets das Verhältnismässigkeitsprinzip im Auge zu behalten, d.h., es ist danach zu fragen, ob die Koppelung für die Erreichung der wirtschaftlichen Ziele notwendig ist oder nicht.[587] 2.773

Vertiefung: Ein Unternehmen, welches zusätzlich zu Publikationsdienstleistungen auch Korrekturarbeiten an den zu druckenden Texten anbietet, nimmt keine unzulässige Koppelung vor, denn die Korrekturkosten sind im Vergleich zu den Gesamtkosten marginal und das Angebot eines Gesamtleistungspakets ist insgesamt effizienter und kostengünstiger (RPW 2008/3 385 ff., 405). 2.774

ff) Kasuistik

Vertiefung: Aus der Praxis der WEKO sind die folgenden Sachverhalte zu Koppelungsgeschäften erwähnenswert: 2.775

583 Borer, Art. 7 N 27.
584 Fuchs/Möschel, N 290.
585 Botschaft, 576.
586 Botschaft, 576; Fuchs/Möschel, N 291.
587 Fuchs/Möschel, N 290.

- Um eine unzulässige Koppelung handelt es sich, wenn gewisse Serviceleistungen der SBB nur zusammen mit Rangierleistungen angeboten werden, weil das nachfragende Unternehmen daran gehindert wird, die Rangierleistungen selbst auszuführen oder durch einen günstigeren Drittanbieter ausführen zu lassen (RPW 2002/1 72 ff., 75 und RPW 2000/1 1 ff., 7).
- Eine unzulässige technologische Koppelung liegt vor, wenn die Weigerung, anderen Wettbewerbern wichtige Schnittstelleninformationen mitzuteilen, dazu führt, dass die Händler in der Wahl ihrer Vertragspartner nicht frei sind und konkurrierende Terminalanbieter keine eigenen Geräte herstellen können (RPW 2011/1 96 ff., 184).

2.776 Die WEKO verneinte in den folgenden Fällen das Vorliegen eines Koppelungsgeschäfts:

- Die Leistungen des Arztes und des Spitals im Rahmen eines Spitalvertrages sind als wirtschaftliche Einheit zu qualifizieren; es ist daher zulässig, sie als Gesamtleistungspaket anzubieten (RPW 1999/2 220 ff., 245).
- Das Angebot eines kombinierten Gesamtleistungspakets von Telefon und Internetanschluss ist keine unzulässige Koppelung, wenn die einzelnen Leistungen auch weiterhin getrennt angeboten werden (RPW 2004/2 357 ff., 372).
- Ein kombiniertes Angebot, bei welchem die einzelnen Dienstleistungen selbstständig und zu gleichen Bedingungen wie im kombinierten Angebot vertrieben werden, ist keine unzulässige Koppelung. Das Verhalten der Telekurs AG, welche einen Dualvertrag für das Kreditkarten- und Debitkartenakquiring angeboten hat, aber ungeachtet dessen für beide Bereiche der Abschluss eines separaten Vertrages zu denselben Konditionen möglich bleibt, lässt sich nicht als missbräuchlich qualifizieren (RPW 2004/4 1002 ff., 1015).
- Die Koppelung von Leistungen, die ökonomisch sinnvoll ist und für einen Teil der Nachfrager sogar einen Nutzen bringt, ist zulässig, wie die WEKO im Fall TopCard, in deren Rahmen drei Bündner Bergbahngesellschaften ein Abonnement anboten, das für alle drei Bergbahnen zusammen gültig war und zudem die Sommer- und die Wintersaison erfasste, entschied (RPW 2005/1 46 ff., 53).
- Die Publikation von Arzneimittelinformationen in einer Print- und einer Online-Version beruht nicht auf unterschiedlichen Leistungen und stellt kein Koppelungsobjekt dar; das Angebot eines Leistungspakets von Printdienstleistungen zusammen mit Korrekturarbeiten ist effizient und kostengünstig und deshalb in dieser Form gerechtfertigt (RPW 2008/3 385 ff., 405).

2.777 Auch die europäische Praxis hat sich bis anhin verschiedentlich mit Koppelungsgeschäften befasst:

- Hilti AG/Kommission, Rs. C-53/92, Slg. 1994, I 667 ff.: Hilti war ein marktbeherrschendes Unternehmen auf dem Markt für Bolzenschussgeräte und verkaufte Kartuschenstreifen nur zusammen mit der entsprechenden Anzahl Bolzen. Die Europäische Kommission sah in dieser Koppelung ein unzulässiges Koppelungsgeschäft, weil es dadurch unabhängigen Bolzenherstellern verunmöglicht wurde, in den entsprechenden Markt einzutreten.
- Tetra Pak International SA/Kommission, Rs. C-333/94, Slg. 1996, I-5951 ff.: Ein unzulässiges Koppelungsgeschäft sah der EuGH (wie auch bereits die Kommission und der EuG) darin, dass Tetra Pak, welche auf dem Markt für Milchabfüllungen über einen Marktanteil von über 90% verfügte, von den Kunden verlangte, dass sie bei Tetra Pak selbst oder bei einem genehmigten Unternehmen die entsprechenden Kartonverpackungen zu beziehen hatten.

- Microsoft Corp./Kommission, Rs. T-201/04, Slg. 2007, II-3601 ff.: Der EuGH bestätigte einen Entscheid der Kommission, welcher eine Koppelung des Windows Media Players mit dem Windows-Betriebssystem durch Microsoft als missbräuchliche Verhaltensweise betrachtete. Die Unzulässigkeit der Koppelung bestand insbesondere darin, dass es sich beim Media Player und dem Betriebssystem um verschiedene Produkte handelte und der Erwerb des Media Players ohne das entsprechende Betriebssystem nicht möglich war, was den Konkurrenten den Zutritt zum relevanten Markt erschwerte.

g) Abgrenzung und Kombinationen der Tatbestände

Wie erwähnt ist die Abgrenzung zwischen den Tatbeständen mitunter schwierig, verschiedene Verhaltensweisen lassen sich auf unterschiedliche Weisen qualifizieren. Oftmals erfüllt eine Verhaltensweise eines marktmächtigen Unternehmens gleich mehrere Tatbestandsvarianten von Art. 7 Abs. 2 KG. 2.778

Art. 7 Abs. 2	lit. b	lit. c	lit. d	lit. e	lit. f
lit. a	Geschäftsverweigernde Diskriminierung von Handelspartnern bei Preisen oder sonstigen Geschäftsbedingungen (1)	Geschäftsverweigernde Erzwingung unangemessener Preise oder unangemessener Bedingungen (2)		Geschäftsverweigernde Einschränkung der Erzeugung, des Absatzes oder der technischen Entwicklung (3)	Geschäftsverweigernde Koppelungsgeschäfte (4)
lit. b		Diskriminierende Erzwingung unangemessener Preise oder Geschäftsbedingungen (5)	Diskriminierende Unterbietung von Preisen und Geschäftsbedingungen (6)	Diskriminierende Einschränkung der Erzeugung, des Absatzes oder der technischen Entwicklung (7)	
lit. c				Einschränkung der Erzeugung, des Absatzes oder der technischen Entwicklung durch unangemessene Geschäftsbedingungen (8)	Koppelung von Geschäften durch unangemessene Geschäftsbedingungen (9)
lit. d				Preis- oder sonstige Einschränkung der Erzeugung, des Absatzes oder der technischen Entwicklung (10)	
lit. e					Erzeugung, Absatz oder Technik limitierendes Koppelungsgeschäft (11)

Abb. 2.8

2.779 (1) Geschäftsverweigernde Diskriminierung von Handelspartnern bei Preisen oder sonstigen Geschäftsbedingungen (Art. 7 Abs. 2 lit. a und b KG) – Das marktbeherrschende Unternehmen weigert sich, mit gewissen Unternehmen Verträge abzuschliessen, obwohl es mit vergleichbaren Unternehmen Handelsbeziehungen unterhält. Weil die Weigerung, einen Vertrag einzugehen, bereits den Wettbewerb verfälschen kann, ist das Verhalten unter Vertragsabschluss und somit unter lit. b zu subsumieren.[588]

2.780 (2) Geschäftsverweigernde Erzwingung unangemessener Preise oder unangemessener Bedingungen (Art. 7 Abs. 2 lit. a und c KG) – Das marktbeherrschende Unternehmen verweigert durch die Erzwingung unangemessener Preise oder unangemessener Bedingungen faktisch ein Geschäft. Einschlägig ist grundsätzlich lit. a; wird eine Geschäftsbeziehung gleichwohl aufgenommen, beurteilt sich die Rechtslage nach lit. c.[589]

2.781 (3) Geschäftsverweigernde Einschränkung der Erzeugung, des Absatzes oder der technischen Entwicklung (Art. 7 Abs. 2 lit. a und e KG) – Das marktbeherrschende Unternehmen schränkt Erzeugung, Absatz bzw. technische Entwicklung ein, sodass es dadurch nicht mehr in der Lage ist, der Nachfrage zu entsprechen. Die Rechtslage beurteilt sich in diesem Fall alleine nach lit. a.[590]

2.782 (4) Geschäftsverweigernde Koppelungsgeschäfte (Art. 7 Abs. 2 lit. a und f KG) – Das marktbeherrschende Unternehmen bietet seinem Geschäftspartner ein «take-it-or-leave-it»-Koppelungsgeschäft an. Die Rechtslage beurteilt sich danach, ob durch das Verhalten des Unternehmens die Konkurrenz, d.h. der Hersteller des gekoppelten Gutes, behindert wird (lit. e) oder aber der Geschäftspartner selbst (lit. a). [591]

2.783 (5) Diskriminierende Erzwingung unangemessener Preise oder Geschäftsbedingungen (Art. 7 Abs. 2 lit. b und c) – Das marktbeherrschende Unternehmen diskriminiert seinen Geschäftspartner durch die Auferlegung unattraktiver Bedingungen. Auf diesen Sachverhalt ist grundsätzlich lit. b anwendbar, solange die zugefügte Benachteiligung nicht unangemessen i.S.v. lit. c ist. [592]

2.784 (6) Diskriminierende Unterbietung von Preisen und Geschäftsbedingungen (Art. 7 Abs. 2 lit. b und d KG) – Das marktbeherrschende Unternehmen bietet die unterbietenden Preise nur bestimmten Handelspartnern an. Solange dies zum Zwecke geschieht, die eigenen Verluste in Grenzen zu halten, sind lit. b und d alternativ anwendbar.[593]

2.785 (7) Diskriminierende Einschränkung der Erzeugung, des Absatzes oder der technischen Entwicklung (Art. 7 Abs. 2 lit. b und e KG) – Das marktbeherrschende Unternehmen beschränkt durch die Diskriminierung von Handelspartnern den Wettbewerb, sodass die Konkurrenten ihre Absätze bedroht sehen. In diesem Fall geht

---

588 KG-Amstutz/Carron, Art. 7 N 108; CR-Clerc, Art. 7 N 212.
589 KG-Amstutz/Carron, Art. 7 N 109.
590 KG-Amstutz/Carron, Art. 7 N 110.
591 KG-Amstutz/Carron, Art. 7 N 111.
592 KG-Amstutz/Carron, Art. 7 N 187.
593 KG-Amstutz/Carron, Art. 7 N 188.

lit. e vor, solange nicht die Auswirkungen der Diskriminierung ausschliesslich die Handelspartner des marktbeherrschenden Unternehmens und nicht seine Konkurrenten betreffen.[594]

(8) Einschränkung der Erzeugung, des Absatzes oder der technischen Entwicklung durch unangemessene Geschäftsbedingungen (Art. 7 Abs. 2 lit. c und e KG) – Ein marktbeherrschendes Unternehmen kann durch sein Verhalten sowohl den Tatbestand nach lit. c als auch lit. e erfüllen, so z.B., indem eine unangemessene Exklusivitätsverpflichtung zugleich die Absatzkanäle der Wettbewerber einschränkt oder wenn es durch eine unangemessene Exklusivlieferungsvereinbarung den Verkauf des Produkts an andere Wettbewerber verhindert. Der Sachverhalt beurteilt sich im Einzelfall danach, ob das Behinderungselement (lit. d) oder das Verdrängungselement (lit. e) schwerer wiegt.[595] 2.786

(9) Koppelung von Geschäften durch unangemessene Geschäftsbedingungen (Art. 7 Abs. 2 lit. c und f KG) – Ein marktbeherrschendes Unternehmen, das an ein Koppelungsgeschäft unangemessene Bedingungen knüpft, vermag mit seinem Verhalten die Tatbestände von Art. 7 Abs. 2 lit. c und f KG zu erfüllen; beide Tatbestandsvarianten können Anwendung finden. 2.787

(10) Preis- oder sonstige Einschränkung der Erzeugung, des Absatzes oder der technischen Entwicklung (Art. 7 Abs. 2 lit. d und e KG) – Wenn ein marktbeherrschendes Unternehmen Preise oder sonstige Geschäftsbedingungen unterbietet, liegt im Grund immer auch eine Einschränkung der Erzeugung oder des Absatzes der Konkurrenten vor. Die Tatbestände sind in diesem Fall alternativ anwendbar, jedoch werden die Voraussetzungen von lit. e für die Behörden einfacher zu handhaben sein.[596] 2.788

(11) Erzeugung, Absatz oder Technik limitierendes Koppelungsgeschäft (Art. 7 Abs. 2 lit. e und f KG) – Ein marktbeherrschendes Unternehmen, welches seine Geschäftspartner dazu zwingt, neben dem gewollten noch das gekoppelte Gut zu erwerben, erzeugt damit immer auch eine Einschränkung der Erzeugung, des Absatzes oder der Technik seiner Wettbewerber. Die Effekte der Konkurrentenbehinderung wirken sich jedoch auf dem beherrschten Markt aus, während sich die wettbewerbsbeschränkenden Folgen auf dem – nicht beherrschten – Markt des gekoppelten Gutes zeigen. Sind beide Tatbestände erfüllt, geniesst lit. f deshalb vor lit. e Vorrang.[597] 2.789

4. Generalklausel (Art. 7 Abs. 1 KG)

Ist keiner der in Art. 7 Abs. 2 KG genannten Tatbestände einschlägig, bedeutet dies nicht automatisch, dass das Verhalten des marktmächtigen Unternehmens zulässig 2.790

594 KG-Amstutz/Carron, Art. 7 N 189.
595 KG-Amstutz/Carron, Art. 7 N 284.
596 KG-Amstutz/Carron, Art. 7 N 347.
597 KG-Amstutz/Carron, Art. 7 N 430.

ist; eine Verhaltensweise kann auch nach Art. 7 Abs. 1 KG unzulässig sein. Diese Bestimmung umfasst generell alle Verhaltensweisen eines marktbeherrschenden Unternehmens, durch welche es seine starke Stellung missbraucht, indem es andere Unternehmen bei der Aufnahme oder der Ausübung des Wettbewerbs behindert oder die Marktgegenseite benachteiligt. Die Generalklausel von Art. 7 Abs. 1 KG erfasst insbesondere Fallgruppen des Missbrauches einer marktbeherrschenden Stellung, die nicht direkt zu einer der in Art. 7 Abs. 2 lit. a–f KG genannten Fallgruppen passen.[598]

2.791 Im Rahmen des Behinderungsmissbrauches findet die Generalklausel auf sämtliche Fälle Anwendung, welche Konkurrenten in der Aufnahme oder Ausübung des Wettbewerbs behindern, d.h., erfasst ist jegliches Verhalten, dessen Ziel die Errichtung von Markteintritts-, Marktaustritts- oder Mobilitätsbarrieren ist, aber auch Praktiken, welche Kosten für die Konkurrenten erhöhen oder diese gezielt vom Markt drängen sollen.[599]

2.792 Ein Verhalten vermag somit auch aufgrund einer Subsumption unter Art. 7 Abs. 1 KG unzulässig zu sein. Der wesentliche Unterschied der Generalklausel zu den Tatbeständen in Art. 7 Abs. 2 KG liegt jedoch darin, dass bei einem Verstoss gegen die Generalklausel aufgrund ihrer Unbestimmtheit laut dem Bundesverwaltungsgericht keine direkte Sanktion verhängt werden kann.[600] Der Grund ist, dass Art. 7 Abs. 1 KG keine spezifischen Kriterien bezüglich der Unzulässigkeit des Verhaltens enthält, sondern nur durch die allgemeinen und generalklauselartigen Begriffe «unzulässiges Verhalten» oder «Missbräuchlichkeit» umschrieben ist. Daraus lässt sich gemäss Bundesverwaltungsgericht nicht rechtsgenügend erkennen und vorhersehen, welche Verhaltensweisen zulässig sind und welche nicht, zumal – wie bereits erwähnt – unternehmerische Verhaltensweisen verschiedenen Erklärungs- und Interpretationsansätzen zugänglich sind und die Abgrenzung zwischen «zulässig» und «unzulässig» im Einzelfall schwierig ist. Art. 7 Abs. 1 KG genügt deshalb dem Legalitätsprinzip, welches notwendige Bedingung für die Verhängung einer Sanktion ist, nach überwiegender Auffassung allein nicht.[601]

a) Behinderung im Zusammenhang mit neuen Produkten

2.793 Behinderungen, welche unter den Tatbestand von Art. 7 Abs. 1 KG subsumiert werden können, sind beispielsweise im Zusammenhang mit der Einführung neuer Produkte denkbar.[602]

2.794 Marktbeherrschende Unternehmen, die Produkte herstellen, zu welchen andere Unternehmen Zubehörteile oder Ergänzungen anbieten, verändern bisweilen ihre Produkte in der Weise, dass die entsprechenden Zubehörteile nicht mehr passend

598 Weber/Vlcek, 86.
599 Botschaft, 519.
600 RPW 2010/2 242 ff., 267.
601 RPW 2010/2 242 ff., 267; vgl. dazu auch KG-Amstutz/Carron, Art. 7 N 26 ff.; Borer, Art. 7 N 6 f.
602 Zäch, 639 ff.; Weber/Vlcek, 86.

sind, was für die betreffenden Wettbewerber eine beträchtliche Umsatzeinbusse und eventuell sogar eine Marktverdrängung zur Folge hat. Deshalb stellt sich die Frage, wie das marktbeherrschende Unternehmen in diesem Fall vorzugehen hat.

Bei der Einführung oder der Modifizierung von Produkten, welche zu einer Behinderung von Wettbewerbern führen, kommt es im Wesentlichen darauf an, ob dafür sachliche Rechtfertigungsgründe vorliegen, sei es durch objektive Rechtfertigungen wie z.B. die Reduktion von Herstellungskosten, sei es durch das Vorliegen von Effizienzgründen, wenn die Produkterneuerung oder -modifikation zu einer objektiven Verbesserung des Angebots führt.[603] 2.795

Eine weitere Frage stellt sich im Hinblick darauf, ob in einem solchen Fall das marktbeherrschende Unternehmen verpflichtet ist, die Hersteller von Komplementärprodukten über einen geplanten Standardwechsel zu informieren. Eine solche Informationspflicht ist insbesondere dann anzunehmen, wenn das marktbeherrschende Unternehmen über eine Essential Facility verfügt.[604] Ein Standardwechsel gilt als wichtiger Bestandteil der Rahmenbedingungen; diejenigen Unternehmen, welche betreffend die grundsätzlichen Rahmenbedingungen über einen Wissensvorsprung verfügen, haben deshalb gegenüber den anderen einen Wettbewerbsvorteil. Dies gilt umso mehr in Innovationsmärkten, in welchen der erste Marktteilnehmer, der eine Innovation auf den Markt bringt, einen langfristigen Reputationsvorteil erwirbt.[605] 2.796

b) Marktstrukturmissbrauch

Eine bis anhin vornehmlich in der Lehre diskutierte Frage geht dahin, ob auch der Marktstrukturmissbrauch von Art. 7 Abs. 1 KG erfasst ist. Ein solcher liegt gemäss WEKO dann vor, wenn ein Unternehmen durch sein Verhalten die Marktstruktur auf nachgelagerten Märkten negativ beeinflussen kann.[606] 2.797

Das Konzept geht zurück auf ein Urteil des EuGH, der den Strukturmissbrauch als ein Verhalten eines marktbeherrschenden Unternehmens definierte, durch welches dieses seine marktbeherrschende Stellung in der Weise verstärkte, dass aufgrund des Beherrschungsgrades der Wettbewerb wesentlich behindert wird und auf dem Markt nur noch Unternehmen verbleiben, die in ihrem Marktverhalten von dem beherrschten Unternehmen abhängen.[607] Die Europäische Kommission hat das Konzept des Marktstrukturmissbrauchs entwickelt, als noch keine gesetzliche Fusionskontrolle vorgesehen war und der Marktstrukturmissbrauch deshalb als Mittel diente, um eine Fusionskontrolle gleichwohl vornehmen zu können.[608] Die Frage, 2.798

---

603 ZÄCH, 641.
604 ZÄCH, 641; HEINEMANN/HEIZMANN, 77. Die Verweigerung einer rechtzeitigen Information könnte u.U. auch unter Art. 7 Abs. 2 lit. f KG subsumiert werden, vgl. HEINEMANN/HEIZMANN, 77.
605 Vgl. RPW 1997/2 161 ff., 167.
606 RPW 2003/3 549 ff., 552; RPW 2006/3 449 ff., 453. Zum Begriff auch CHERPILLOD, 200.
607 EuGH Rs. C-6/72, Slg. 1973, 215; RPW 2006/3 449 ff.; 453.
608 KG-AMSTUTZ/CARRON, Art. 7 N 46.

ob das Konzept auch nach der Einführung der Fusionskontrolle anwendbar sei, ist strittig.[609]

2.799 In der Schweiz fehlt es weiter an einer klaren Festlegung, was unter einem Marktstrukturmissbrauch zu verstehen ist und wann ein solcher vorliegt; zwei Voraussetzungen scheinen für das Vorliegen indessen wesentlich zu sein:[610]

- Das Verhalten des marktmächtigen Unternehmens beeinflusst **unmittelbar** die Marktstruktur.
- Durch die Beeinflussung der Marktstruktur kommt es zu einer **Wettbewerbsbehinderung.**

2.800 Die WEKO hat die Frage, ob ein Marktstrukturmissbrauch von Art. 7 Abs. 1 KG erfasst ist, bislang offengelassen, jedoch sich schon verschiedentlich am Rande mit dem Konzept beschäftigt.[611] Erstmals erwähnte ihn die WEKO im Entscheid Credit Suisse/Bank Linth, damals definierte sie den Marktstrukturmissbrauch als ein Verhalten, mit welchem ein Unternehmen «die Marktstruktur auf den einzelnen nachgelagerten Vertriebsmärkten zu ihren eigenen Gunsten beeinflussen kann».[612] Fundierter setzte sich die WEKO im Zusammenhang mit dem Sachverhalt Publigroupe SA mit dem Marktstrukturmissbrauch auseinander: Sie qualifizierte ein solches Verhalten als Teilmenge zwischen Ausbeutungs- und Behinderungsmissbrauch und hielt fest, dass im Rahmen einer fallweisen Beurteilung eines Sachverhaltes ein Strukturmissbrauch angenommen werden könne.[613] Im konkreten Fall fand indessen keine eingehende Auseinandersetzung mit dem Marktstrukturmissbrauch statt.

c) Weitere Fälle

2.801 In ihrer Praxis wendete die WEKO die Generalklausel von Art. 7 Abs. 1 KG verschiedentlich an; indessen ist nicht immer klar, ob entsprechende Verhaltensweisen nicht auch unter einen der in Art. 7 Abs. 2 KG genannten Spezialtatbestände hätten subsumiert werden können.

2.802 Die WEKO betrachtete beispielsweise die Preisfestsetzung eines marktmächtigen Unternehmens, durch die dem Wiederverkäufer eine zu knappe Marge verblieb, d.h. es zu einer **Preis-Kosten-Schere** kam, als Anwendungsfall von Art. 7 Abs. 1 KG; in einem späteren Entscheid sah die WEKO indessen in der Preis-Kosten-Schere einen Verstoss gegen Art. 7 Abs. 2 lit. b KG.[614] Ein Grossteil der Lehre subsumiert die Preis-Kosten-Schere unter Art. 7 Abs. 2 lit. c oder lit. e KG.[615]

609 KG-Amstutz/Carron, Art. 7 N 47.
610 RPW 2003/3 549 ff.; 552; RPW 2006/3 449 ff., 453.
611 Vgl. dazu vorne N 2.515.
612 RPW 2003/3 549 ff., 552; zum Einfluss eines marktmächtigen Unternehmens auf die Marktstruktur vgl. auch Weber, AJP 1995, 1151; vgl. vorne N 2.515.
613 RPW 2006/3 449 ff., 453.
614 RPW 2010/1 116 ff., 146.
615 Vgl. vorne N 2.651 ff.

Das Vorliegen einer Preis-Kosten-Schere begründet gemäss WEKO generell Anhaltspunkte für das Vorliegen eines Missbrauchs einer marktbeherrschenden Stellung. Die erforderlichen Voraussetzungen sind, dass ein vertikal integriertes Unternehmen die Endleistungspreise (Retail) im Vergleich zu den Vorleistungspreisen (Wholesale) derart tief ansetzt, dass es vergleichbar effizienten Wettbewerbern auf den Endkundenmärkten verunmöglicht wird, Gewinn zu erwirtschaften, um im Markt zu verbleiben.[616] 2.803

Auch die Vereinbarung einer **English Clause** (auch Last-Call-Recht) hat die WEKO unter dem Tatbestand von Art. 7 Abs. 1 KG geprüft; sie hielt diesbezüglich jedoch nur fest, dass die Vereinbarung einer solchen Klausel kartellrechtlich lediglich dann relevant sein könne, wenn sie von einem marktbeherrschenden Unternehmen ausgehe.[617] 2.804

5. Ausnahmsweise Zulassung nach Art. 8 KG

Art. 8 KG hält fest, dass der Bundesrat ausnahmsweise beim Vorliegen überwiegender öffentlicher Interessen auf Gesuch der Beteiligten Wettbewerbsabreden oder als unzulässig beurteilte Verhaltensweisen marktbeherrschender Unternehmen zulassen kann. 2.805

Die h.L. beurteilt die ausnahmsweise Zulassung auf marktbeherrschende Unternehmen für widersprüchlich und deshalb höchst problematisch. Besteht das unzulässige Verhalten in einem Behinderungsmissbrauch, würde eine Zulassung durch den Bundesrat faktisch dazu führen, dass es zu einer Monopolisierung des betroffenen Marktes käme. Bei einem Ausbeutungsmissbrauch würde es dem betroffenen Unternehmen durch die Zulassung ermöglicht, weiterhin unzulässige Monopolrenten auf Kosten der Konsumenten zu generieren.[618] Aus diesem Grund sind kaum überwiegende öffentliche Interessen ersichtlich, welche eine ausnahmsweise Zulassung zu begründen vermögen.[619] 2.806

Bislang hatte Art. 8 KG jedoch nur eine geringe praktische Relevanz, der Bundesrat prüfte erst zwei Fälle der ausnahmsweisen Zulassung im Kontext von Wettbewerbsabreden und kam in beiden Fällen zu einem negativen Entscheid.[620] Als Folge eines missbräuchlichen Verhaltens eines marktbeherrschenden Unternehmens ist es bisher noch nie zu einem Gesuch nach Art. 8 KG gekommen. 2.807

---

616 RPW 2004/2 357, 362 sowie RPW 2005/1 54 ff., 98; weitere Ausführungen dazu N 2.651 ff.
617 RPW 2006/3 457 ff., 464; RPW 2011/2 335 ff., 340.
618 Ausführlich Hangartner/Prümmer, 1098.
619 Hangartner/Prümmer, 1099.
620 RPW 2007/2 341 ff., 347; RPW 1998/3 478 ff., 485.

2.808 **Key Points Unzulässige Verhaltensweisen marktbeherrschender Unternehmen**

- ☐ **Marktbeherrschung:** Damit der Tatbestand von Art. 7 KG Anwendung findet, hat als erste Voraussetzung eine marktbeherrschende Stellung eines Unternehmens vorzuliegen.
- ☐ **Keine fixen Marktanteile:** Die Frage, ob ein Unternehmen marktbeherrschend ist, beurteilt sich nicht nach fixen Marktanteilsschwellenwerten, sondern nach den jeweiligen Umständen des Einzelfalles.
- ☐ **Tatbestände:** Die Fallgruppen sanktionierbarer unzulässiger Verhaltensweisen sind in Art. 7 Abs. 2 KG aufgezählt.
- ☐ **Kein Per-se-Verbot:** Verhaltensweisen nach Art. 7 Abs. 2 KG sind nicht per se verboten, sondern können durch Gründe der wirtschaftlichen Effizienz gerechtfertigt werden.
- ☐ **Sanktionsdrohung:** Unzulässige Verhaltensweisen nach Art. 7 Abs. 2 KG, die nicht durch «legitimate business reasons» gerechtfertigt werden können, unterliegen der Sanktionsandrohung nach Art. 49a KG.

D. Revision des Kartellgesetzes

1. Geplante Neuregelungen

2.809 Am 30. September 2011 reichte Nationalrätin Prisca Birrer-Heimo eine Motion[621] ein, welche den Bundesrat damit beauftragen sollte, das Kartellgesetz mit einem Artikel zu unzulässigen Preisdifferenzierungen zu ergänzen. Obwohl der Bundesrat die Ablehnung der Motion empfahl, wurde sie vom Nationalrat Ende 2011 angenommen und dem Bundesrat überwiesen. Der neue Art. 7a E-KG sollte wie folgt lauten:

Art. 7a E-KG Unzulässige Behinderung des Einkaufs im Ausland

«[1] Unternehmen verhalten sich vorbehaltlich Absatz 3 unzulässig, wenn sie Nachfrager aus der Schweiz mit Waren oder Leistungen in einem Staat der OECD zu den dort geltenden Preisen und Geschäftsbedingungen nicht bedienen, soweit:

a) diese Waren oder Leistungen (in vergleichbarer Ausprägung) auch in der Schweiz angeboten werden; und

b) diese Unternehmen dort einen Verkaufspreis öffentlich bekannt geben oder die Nachfrager aufgrund der Erwartungen ihrer Kunden oder eines früheren Kaufentscheids auf diese Waren oder Leistungen angewiesen sind und sie diese erwähnten Waren oder Leistungen nicht zu vergleichbaren Preisen und Geschäftsbedingungen in der Schweiz erwerben können.

---

621 Vgl. Motion 11.3984 – Kartellgesetzrevision gegen unzulässige Preisdifferenzierungen. Vgl. dazu auch ZÄCH ROGER, Für eine «Lex-Nivea» gegen die Hochpreisinsel Schweiz, NZZ vom 21. Februar 2013, 26.

2 Unternehmen verhalten sich vorbehaltlich Absatz 3 unzulässig, wenn sie hinsichtlich Waren oder Leistungen, die auch in der Schweiz angeboten werden, Massnahmen treffen, um zu verhindern, dass Dritte unaufgefordert an sie herangetragenen Bestellungen aus der Schweiz nachkommen können.

3 Eine Verweigerung ist aus Gründen der wirtschaftlichen Effizienz gerechtfertigt, wenn die Voraussetzungen in Artikel 5 Absatz 3 (E-KG) erfüllt sind. Dies kann auch der Fall sein, wenn andere Preise oder Geschäftsbedingungen in anderen Ländern notwendig sind, um diese als neue Exportmärkte zu erschliessen.»

Damit soll dem Problem begegnet werden, dass eine Preisdifferenz nicht auf einer Abrede beruht, sondern durch ein einzelnes Unternehmen oder ein Zusammenwirken von mehreren zum selben Konzern gehörenden Gesellschaften erreicht wird.[622] 2.810

Die Anwendung von Art. 7a E-KG soll an drei Voraussetzungen geknüpft sein:[623] 2.811

- Bestehende Preisdifferenzen zu Lasten der Schweiz;
- Nachfrager in der Schweiz, welche im Ausland zu den dort geltenden Preisen und Bedingungen Waren bzw. Dienstleistungen nachfragen, aber nicht beliefert werden;
- Verweigerung lässt sich nicht auf Rechtfertigungsgründe stützen.

Einem Grossteil des Ständerates ging dieser Vorschlag jedoch zu weit, neben der mangelnden Durchsetzbarkeit wurde die Gesetzesvorlage auch als wettbewerbsfeindlich angesehen.[624] Deshalb berät das Parlament – der Ständerat hat dem entsprechenden Vorstoss bereits zugestimmt – momentan über eine abgeschwächte Motion Birrer-Heimo, welche die Verweigerung oder Behinderung von Lieferungen in die Schweiz durch ausländische Unternehmen unter bestimmten Voraussetzungen für sanktionierbar erklärt, ohne dass eine marktbeherrschende Stellung vorzuliegen hat. Voraussetzungen für die Lieferpflicht sind, dass die Schweizer Nachfrager auf die Belieferung angewiesen sind, weil es ihre eigenen Kunden erwarten («must-in-stock»-Produkte) oder weil sie aufgrund eines früheren Kaufentscheids auf die Produkte oder Dienstleistungen zählen, und dass die Produkte auch in der Schweiz angeboten werden. Die Lieferverweigerung kann durch die Geltendmachung von Effizienzgründen gerechtfertigt werden, als besonderer Grund soll auch das Erschliessen von Exportmärkten als Ausnahme geltend gemacht werden können. 2.812

Danach soll der neue Art. 7a E-KG folgenden Wortlaut haben: 2.813

Art. 7a E-KG Unzulässige Behinderung des Einkaufs im Ausland

«1 Unternehmen verhalten sich vorbehaltlich Absatz 3 unzulässig, wenn sie Nachfrager aus der Schweiz mit Waren oder Leistungen in einem Staat der OECD zu den dort geltenden Preisen und Geschäftsbedingungen nicht bedienen, soweit:

---

622 ZIRLICK/LÜTHI/STÜSSI, 41.
623 HILTY/FRÜH, 102.
624 Vgl. WOHLMANN HERBERT, Das Kartellrecht als Sündenbock, NZZ vom 21. Februar 2012, 26.

a. diese Waren oder Leistungen [in vergleichbarer Ausprägung] auch in der Schweiz angeboten werden; und

b. diese Unternehmen dort einen Verkaufspreis öffentlich bekannt geben oder die Nachfrager aufgrund der Erwartungen ihrer Kunden oder eines früheren Kaufentscheids auf diese Waren oder Leistungen angewiesen sind und sie diese erwähnten Waren oder Leistungen nicht zu vergleichbaren Preisen und Geschäftsbedingungen in der Schweiz erwerben können.

2 Unternehmen verhalten sich vorbehaltlich Absatz 3 unzulässig, wenn sie hinsichtlich Waren oder Leistungen, die auch in der Schweiz angeboten werden, Massnahmen treffen, um zu verhindern, dass Dritte unaufgefordert an sie herangetragenen Bestellungen aus der Schweiz nachkommen können.

3 Eine Verweigerung ist aus Gründen der wirtschaftlichen Effizienz gerechtfertigt, wenn die Voraussetzungen in Artikel 5 Absatz 3 (E-KG) erfüllt sind. Dies kann auch der Fall sein, wenn andere Preise oder Geschäftsbedingungen in anderen Ländern notwendig sind, um diese als neue Exportmärkte zu erschliessen.»

2.814 Der Antrag Hess wurde vom Ständerat angenommen und liegt nun beim Nationalrat. Trotz der abgeschwächten Form bleiben zahlreiche Stimmen skeptisch. Auch in dieser Form würde Art. 7a E-KG nur schwer durchsetzbar sein. Ferner verstösst die Vorlage nach Ansicht der Bundesverwaltung wohl gegen WTO-Recht, weil die Schweiz nicht mit allen OECD-Staaten ein Freihandelsabkommen unterhält.[625]

2.815 Im Zuge der Revision hat der Ständerat zudem vorgeschlagen, bei der Bestimmung von Art. 7 Abs. 2 lit. c KG das Wort «Erzwingen» durch «Festlegen» zu ersetzen, um die Eingriffsschwelle für die Behörde zu senken.

2. Würdigung und Erfolgsaussichten

2.816 Die vorgeschlagene Bestimmung wird von der Mehrheit der Lehre kritisch beurteilt. Insbesondere wird sie als (zu) weit gehender Eingriff in die Vertrags- und Wirtschaftsfreiheit der Unternehmen angesehen, ein Umstand, welcher schwer abschätzbare volkswirtschaftliche Folgen haben könnte.[626] Für Unternehmen, welche ihren Sitz im Ausland haben, soll die Regelung nach Gesetzeswortlaut zwar auch gelten, jedoch wird sich die Bestimmung faktisch kaum durchsetzen lassen.[627]

2.817 Die vorgesehene Änderung von Art. 7 Abs. 2 lit. c KG stösst demgegenüber weitgehend auf Zustimmung.

---

625 Schöchli Hansueli, Nachdenken nach dem Überraschungscoup, NZZ vom 23. März 2013, 15.
626 Zirlick/Lüthi/Stüssi, 41.
627 Hilty/Früh, 103; Zirlick/Lüthi/Stüssi, 42.

IV. Unternehmenszusammenschlüsse

A. Gesetzliches System

Der dritte Pfeiler des schweizerischen Wettbewerbsrechts betrifft die Regelung der Unternehmenszusammenschlüsse. Der Zusammenschluss von zwei oder mehr Unternehmen führt unter Umständen dazu, dass durch externes Wachstum marktmächtige Unternehmen entstehen und es dadurch bedingt zu Beeinträchtigungen des Wettbewerbs kommt. 2.818

Aus diesem Grund unterwirft das Kartellrecht gewisse Unternehmenszusammenschlüsse einer vorgängigen gesetzlichen Prüfung. Die Zusammenschlusskontrolle erfasst nur Fälle des exogenen Wachstums; falls eine marktbeherrschende Stellung aufgrund endogenen Wachstums (z.B. Produktepalettenerweiterung, Zugewinn von Marktanteilen) entsteht, sind die Regeln der Fusionskontrolle nicht anwendbar. 2.819

Der wesentliche Unterschied zwischen der Unternehmenszusammenschlusskontrolle und den zwei übrigen Pfeilern des Wettbewerbs ist darin zu sehen, dass nicht die Analyse eines Verhaltens zur Diskussion steht, sondern die Prüfung einer Strukturveränderung des Marktes (sog. Strukturkontrolle). 2.820

Die Schweiz kennt, wie auch die Europäische Union und zahlreiche andere Länder, ein System der präventiven Fusionskontrolle mit Vollzugsverbot; man spricht in diesem Zusammenhang auch von einer **echten Unternehmenszusammenschlusskontrolle,** weil sie sowohl über präventive als auch repressive Elemente verfügt:[628] 2.821

- **Präventiv** wirkt, dass Zusammenschlussvorhaben vor dem Vollzug den Wettbewerbsbehörden zu melden sind, bis zur Bewilligung besteht ein Vollzugsverbot (Art. 9 und Art. 34 KG).
- **Repressiv** ist die Kontrolle, wenn die WEKO das Zusammenschlussvorhaben untersagt oder nur unter Einhaltung gewisser Bedingungen oder Auflagen zulässt.

Gesetzlich geregelt ist die Zusammenschlusskontrolle einerseits im KG (einschlägig sind neben der Definition des Zusammenschlusses in Art. 4 Abs. 3 KG die Bestimmungen von Art. 9–11 KG über die Melde- und Beurteilungskriterien sowie die Verfahrensvorschriften von Art. 32–39 KG) und andererseits in der Verordnung über die Kontrolle von Unternehmenszusammenschlüssen vom 17. Juni 1996 **(VKU).** 2.822

Checkliste: Voraussetzungen einer Unternehmenszusammenschlusskontrolle 2.823

- ☐ Unternehmenszusammenschluss
- ☐ Überschreitung der Schwellenwerte

628 Borer, Art. 9 N 1.

B. Unternehmenszusammenschluss

1. Einleitung

2.824 Die Umschreibung des Unternehmenszusammenschlusses findet sich in Art. 4 Abs. 3 KG. Von der Zusammenschlusskontrolle erfasst sind sämtliche Sachverhalte, in denen ein oder mehrere bisher unabhängige Unternehmen fusionieren **(Fusion im engeren Sinn,** Art. 4 Abs. 3 lit. a KG) sowie sämtliche Sachverhalte, in deren Rahmen ein oder mehrere Unternehmen unmittelbar oder mittelbar die Kontrolle über ein oder mehrere bisher unabhängige Unternehmen oder Teile von einem solchen erlangen (**Kontrollerwerb,** Art. 4 Abs. 3 lit. b KG).

2.825 Nicht ausdrücklich in Art. 4 Abs. 3 KG erwähnt ist die Gründung eines Gemeinschaftsunternehmens; gleichwohl fällt auch dieser Tatbestand unter den Begriff des Unternehmenszusammenschlusses, wie Art. 2 VKU in Konkretisierung von Art. 4 Abs. 3 KG, ausdrücklich festhält.

2.826 Die Unterscheidung, ob eine Fusion im Sinne von Art. 4 Abs. 3 lit. a KG oder ein Kontrollerwerb nach Art. 4 Abs. 3 lit. b KG vorliegt, ist praktisch insbesondere deshalb von Bedeutung, weil bei einer Fusion sämtliche beteiligten Unternehmen meldepflichtig sind, während bei einem Kontrollerwerb nur das- oder diejenigen Unternehmen, welche(s) die Kontrolle erwirbt bzw. erwerben, zu melden haben.[629]

2. Fusion

2.827 Der Begriff der Fusion ist weder im KG noch in der VKU legaldefiniert. Eine gesetzliche Umschreibung des Fusionsbegriffs findet sich indessen im Fusionsgesetz (FusG). Charakteristisch für eine Fusion ist, dass mindestens eines der beteiligten Unternehmen seine Rechtspersönlichkeit verliert, sei es, weil es in einem anderen Unternehmen aufgeht, oder sei es, weil die beteiligten Unternehmen zu einer neuen juristischen Person verschmelzen und ihre bisherige Rechtspersönlichkeit verlieren.

a) Gesellschaftsrechtliche Fusionen

2.828 Von einer Fusion im engeren Sinn oder einer echten Fusion spricht man, wenn sich zwei oder mehrere bis dahin wirtschaftlich und juristisch selbstständige Unternehmen in Verwendung der gesellschaftsrechtlichen Instrumente zu einer neuen juristischen Einheit zusammenschliessen.[630]

2.829 Das Fusionsgesetz unterscheidet aus rechtlicher Sicht zwischen zwei möglichen Formen von Fusionen:

---

629 KG-Reinert, Art. 4 Abs. 3 N 100.

630 Weber/Vlcek, 103; Von Büren/Marbach/Ducrey, N 1573.

- Eine **Absorption** liegt vor, wenn das eine Unternehmen das andere übernimmt (Art. 3 Abs. 1 lit. a FusG); mindestens eine der fusionierenden Gesellschaften bleibt in ihrer ursprünglichen Form bestehen, während die absorbierte Gesellschaft untergeht.
- Eine **Kombination** liegt vor, wenn sich zwei selbstständige Unternehmen zu einer neu zu gründenden Gesellschaft zusammenschliessen (Art. 3 Abs. 1 lit. b FusG) mit der Folge, dass beide kombinierten Gesellschaften untergehen und eine neue juristische Person entsteht.

Gesellschaftsrechtliche Fusionen fallen immer unter den kartellrechtlichen Fusionsbegriff; indessen ist der kartellrechtliche Begriff breiter und umfasst auch weitere Transaktionsformen, welche sich als wirtschaftliche Fusionen oder Fusionen im weiteren Sinn bezeichnen lassen. 2.830

b) Wirtschaftliche Fusionen

Eine wirtschaftliche Fusion liegt vor, wenn zwar formell keine rechtliche Fusion stattfindet, die entsprechenden Transaktionen jedoch aus wirtschaftlicher Sicht zu denselben oder sehr ähnlichen Resultaten führen wie eine rechtliche Fusion. 2.831

An das Vorliegen einer wirtschaftlichen Fusion sind indessen hohe Anforderungen zu stellen und nicht jede Form wirtschaftlicher Abhängigkeit führt zu einer derartigen Strukturveränderung, welche ein Eingreifen der Wettbewerbsbehörden rechtfertigt. Eine wirtschaftliche Fusion ist nur dann anzunehmen, wenn es aufgrund einer Vereinbarung faktisch zu einer Vereinigung kommt, welche auf Dauer angelegt ist und unter einer einheitlichen Leitung steht.[631] 2.832

Gemäss Lehre und Rechtsprechung sind die folgenden Formen von wirtschaftlichen Fusionen vom kartellrechtlichen Fusionsbegriff erfasst: 2.833

- Im Rahmen der **Doppelfusion** oder der **umgekehrten Doppelabsorptionsfusion** gründen die fusionswilligen Unternehmen eine gemeinsame Tochtergesellschaft, welche anschliessend ihre Muttergesellschaften absorbiert.[632]
- Eine **unechte Fusion** liegt vor, wenn ein Unternehmen seine Aktiven und Passiven auf dem Weg der Vermögensübertragung nach Art. 69 ff. FusG auf ein anderes Unternehmen überträgt und als Gegenleistung Aktien des Unternehmens oder Bargeld erhält; nach der Übertragung wird das übertragende Unternehmen liquidiert.[633]

Keine Fusion, sondern eine Kontrollübernahme kommt bei einem **Aktientausch (Shares for Shares)** zustande; in dessen Rahmen übernimmt ein Unternehmen die Mehrheit oder sämtliche Aktien oder Anteilsrechte eines anderen Unternehmens 2.834

---

631 Borer, Art. 4 N 26; Reinert, N 112.

632 Weber/Vlcek, 103; KG-Reinert, Art. 4 Abs. 3 N 103; RPW 1997/2 202 ff.; RPW 2007/1 101 ff., 102; zur doppelten Annexion vgl. RPW 1998/2 278 ff., 279.

633 Weber/Vlcek, 103; Von Büren/Marbach/Ducrey, N 1573; a.A. KG-Reinert, Art. 4 Abs. 3 N 110.

und entschädigt die Aktionäre der Zielgesellschaft mit Beteiligungspapieren der eigenen Gesellschaft. Im Unterschied zur Fusion findet keine rechtliche Verschmelzung statt, sondern die übernommene Gesellschaft bleibt als Tochtergesellschaft der übernehmenden Gesellschaft bestehen.[634]

3. Kontrollerwerb

a) Allgemeines

2.835 Gemäss Art. 4 Abs. 3 lit. b KG gilt als Kontrollerwerb jeder Vorgang, wie der Erwerb von Beteiligungen oder der Abschluss eines Vertrages, durch den ein oder mehrere Unternehmen unmittelbar oder mittelbar die Kontrolle über ein oder mehrere bisher unabhängige Unternehmen oder Teile eines solchen erlangen.

2.836 Der Gesetzestext hält ausdrücklich fest, dass es sich bei den vom Kontrollerwerb betroffenen Unternehmen um ursprünglich voneinander unabhängige Unternehmen handeln muss; angesichts dieser Formulierung fallen Umstrukturierungen in **Konzernen** nicht unter den Begriff des Kontrollerwerbs, zumal derartige Sachverhalte bereits aufgrund des sachlichen Geltungsbereichs des Kartellrechts, welcher Konzerngesellschaften nicht als unabhängige Unternehmen im Sinne des Gesetzes bezeichnet, ausgenommen sind.[635]

2.837 Des Weiteren stellt der Gesetzeswortlaut klar, dass die Kontrollübernahme über **einzelne Teile** eines Unternehmens zur Beherrschung des Unternehmens für die Anwendung der Fusionskontrollnormen ausreichend ist; als nicht notwendig erweist es sich, dass der erworbene Unternehmensteil selbstständig als Nachfrager oder Anbieter von Gütern auf dem Markt auftritt.[636] Der betreffende Teil hat indessen als selbstständige Einheit organisiert zu sein; in praktischer Hinsicht hat ihm zudem eine gewisse marktstrategische Bedeutung zuzukommen, welche eine selbstständige Umsatzzuordnung ermöglicht, denn ansonsten ist die Ermittlung der kartellrechtlichen Schwellenwerte erst gar nicht möglich.[637]

b) Begriff

2.838 Die VKU enthält in Art. 1 eine Konkretisierung des Begriffs der Kontrollübernahme und beschreibt diese als Möglichkeit, durch den Erwerb von Beteiligungsrechten oder auf andere Weise einen **bestimmenden Einfluss** auf die Tätigkeit des anderen Unternehmens auszuüben.

2.839 Wesentlich für die Möglichkeit, einen bestimmenden Einfluss auf ein anderes Unternehmen auszuüben ist, dass das kontrollierende Unternehmen über die **strate-**

---

634 Weber/Vlcek, 103.
635 Borer, Art. 4 N 28.
636 RPW 2007/3 454 ff., 454; KG-Reinert, Art. 4 Abs. 3 N 10.
637 Borer, Art. 4 N 29; HK-Köchli/Reich, Art. 4 N 53.

gischen Entscheidungen der Zielgesellschaft bestimmen oder solche blockieren kann.[638]

Als strategische Entscheidungen gelten solche über die Zusammensetzung von Organen sowie Beschlüsse über die Unternehmensstrategie, Geschäftspolitik oder Finanzfragen. Die Einflussnahme auf das Tagesgeschäft ist weder notwendig noch für sich alleine ausreichend.[639] 2.840

Vertiefung: Die Möglichkeit, einen bestimmenden Einfluss auf die Geschäftstätigkeit auszuüben, nahm die WEKO beispielsweise in den folgenden Fällen an: 2.841

- Besitz von 40% des Aktienkapitals sowie Recht zur Stellung von zwei Mitgliedern des Verwaltungsrates, welcher aus höchstens fünf Personen bestand, in Kombination mit einer überragenden **Branchenkenntnis** des betroffenen Unternehmens (RPW 1997/2 179 ff, 181).
- Kooperationsvertrag mit einer Laufzeit von 10 Jahren in Kombination mit einer **wirtschaftlichen Abhängigkeit** des übernommenen Unternehmens, welches ohne die finanziellen und betrieblichen Ressourcen des übernehmenden Unternehmens nicht in der Lage gewesen wäre, Zugang zum Werbemarkt zu erhalten (RWP 2000/3 414 ff., 420).
- Vereinbarung, welche dem Mehrheitsbeteiligten zusätzlich die Berechtigung einräumt, die **Mehrheit der im Verwaltungsrat** einsitzenden Mitglieder zu bestimmen (RPW 1999/1 133 ff., 134).

Nicht erforderlich ist, dass die **Möglichkeit der Einflussnahme** auch tatsächlich umgesetzt wird; im Gegensatz zum konzernrechtlichen Kontrollbegriff von Art. 663e Abs. 1 OR, welcher eine einheitliche wirtschaftliche Leitung verlangt, reicht die Möglichkeit der bestimmenden Einflussnahme aus.[640] 2.842

Vertiefung: Ein Aktionärsbindungsvertrag, welcher ein Vetorecht vorsieht und die beteiligten Parteien dazu verpflichtet, die Stimmrechte aus den Aktien sowie die Befugnisse aus dem Verwaltungsrat übereinstimmend auszuüben und bei fehlender Übereinstimmung die Einsetzung eines Schiedsrichters festlegt, reicht nach Ansicht der WEKO zur Annahme der gemeinsamen Kontrolle aus, selbst wenn nach Angaben der Parteien der entsprechende Aktionärsbindungsvertrag völlig anders gelebt wurde und sich die Beteiligung der einen Partei auf die Finanzanlage beschränkt hatte, während die andere Partei alleine für das operative Geschäft zuständig war (RPW 1998/4 613 ff., 616). 2.843

c) Mittel

Das Gesetz nennt als Mittel des Kontrollerwerbs den Beteiligungserwerb und vertragliche Mittel der Kontrollübernahme. Die gesetzliche Aufzählung der rechtlichen Mittel ist jedoch nicht abschliessend zu verstehen; das Wettbewerbsrecht folgt einer wirtschaftlichen Betrachtungsweise, d.h., die Möglichkeit, einen bestimmen- 2.844

---

638 Weber/Rizvi, VKU, Art. 1 N 1; Von Büren/Marbach/Ducrey, N 1576.
639 KG-Reinert, Art. 4 Abs. 3 N 120; Weber/Rizvi, VKU, Art. 1 N 2.
640 Von Büren/Marbach/Ducrey, N 1577; HK-Köchli/Reich, Art. 4 N 53; Weber/Rizvi, VKU, Art. 1 N 3; RPW 2000/3 414 ff., 417.

den Einfluss auf ein Unternehmen auszuüben, kann sich auch aus faktischen und wirtschaftlichen Umständen ergeben.

aa) Beteiligungserwerb

2.845 Das typische Mittel der Kontrollübernahme ist die Übernahme von Eigentums- oder Nutzungsrechten an der Gesamtheit oder an Teilen des Vermögens eines Unternehmens (Art. 1 lit. a VKU).

2.846 In der Praxis am häufigsten ist die Übernahme in Form eines **Share Deals** mittels der Übernahme von Anteilsrechten (Aktien). Eine alleinige Kontrolle liegt dann vor, wenn ein Unternehmen die Stimmmehrheit erwirbt, was grundsätzlich bei **Stimmanteilen von über 50%** der Fall ist. Ausschlaggebend ist der Stimmanteil und nicht der Kapitalanteil, Unterschiede ergeben sich insbesondere beim Bestehen von Stimmrechtsaktien.[641]

2.847 Bei der Beurteilung der Stimmanteile sind stets die Bestimmungen von Statuten und Organisationsreglementen zu berücksichtigen, denn in gewissen Fällen enthalten diese für strategisch wichtige Entscheidungen gesonderte **qualifizierte Mehrheitserfordernisse,** was dazu führt, dass das Halten der absoluten Stimmmehrheit alleine zur Kontrollausübung nicht genügt.[642]

2.848 **Vertiefung:** Das Innehaben einer absoluten Stimmmehrheit von über 50% der Aktien reicht für sich betrachtet zur Annahme der alleinigen Kontrolle nicht aus, wenn wichtige strategische und organisatorische Entscheide nur durch einen einstimmigen Verwaltungsratsbeschluss gefasst werden können und sich der Verwaltungsrat zwingend aus Vertretern von verschiedenen Parteien zusammensetzt (RPW 2005/2 358 ff., 360).

2.849 **Wichtig:**

Nach der Praxis der WEKO wird nicht einmal eine Kapitalbeteiligung von 100% an einer Gesellschaft als alleinige Kontrolle angesehen, weil sich im konkreten Fall andere Unternehmen vertraglich Kontrollrechte zusichern liessen, welche ihnen Vetorechte einräumten und sicherstellten, dass wichtige Beschlüsse der Generalversammlung und des Verwaltungsrates nur mit ihrer Zustimmung gefasst werden konnten (RPW 2012/1 146 ff, 148).

2.850 Indessen ist eine Überschreitung der 50%-Schwelle für die Kontrollübernahme nicht zwingend erforderlich; bei einem breit gestreuten Aktienkapital einer Publikumsgesellschaft reicht auch die Vereinigung von 20–30% der Stimmrechte zur Kontrollausübung.[643] Eine Minderheitsbeteiligung vermag zudem in Kombination mit anderen Mitteln zu einer Kontrollübernahme zu führen.

641 KG-Reinert, Art. 4 Abs. 3 N 150.
642 KG-Reinert, Art. 4 Abs. 3 N 151; Weber/Rizvi, VKU, Art. 1 N 11.
643 Weber/Vlcek, 104; Weber/Rizvi, Art. 1 N 15; Borer, Art. 4 N 34 ff.

bb) Erwerb eines Unternehmensteils

Neben dem Beteiligungserwerb durch Aktien kann die Kontrollmöglichkeit auch durch die Übernahme bestimmter Aktiven erfolgen, und zwar im Rahmen eines **Asset Deals,** bei dem Aktien und Passiven gegen Entgelt auf ein anderes Unternehmen übergehen.[644] Als mögliche Aktiven kommen etwa Geschäftsbereiche wie z.B. Abteilungen oder Einheiten des Veräusserers oder sonstige Vermögenswerte in Betracht, wenn sich den entsprechenden Werten ein **Umsatz eindeutig zurechnen** lässt.[645] Damit übernommene Aktiven als Unternehmensteil im Sinne von Art. 4 Abs. 3 VKU qualifiziert werden können, ist indessen erforderlich, dass die übernommenen Anteile als selbstständige wirtschaftliche Einheit auf dem Markt zu funktionieren in der Lage sind, denn nur so ist eine Umsatzzurechnung möglich.[646] 2.851

Vertiefung: Eine Übernahme kann namentlich durch den Kauf sämtlicher Anlagen und Warenlager sowie der Übertragung sämtlicher Arbeitsverhältnisse und der nicht vollzogenen Verträge und Dauerschuldverhältnisse eines Betriebsstandortes eines Unternehmens erfolgen (RPW 2003/4 778, 779; vgl. auch RPW 2006/1 131 ff., 132). 2.852

Die folgenden Objekte vermögen gemäss WEKO einen Unternehmensteil im Sinne von Art. 3 Abs. 2 VKU darzustellen:[647] 2.853

- **Verlagsrechte:** Übernahme von Verlagsrechten zweier Zeitschriften sowie der dazugehörigen Aktiven wie Infrastruktur, Verträge und Arbeitsverhältnisse (RPW 2001/1 136 ff., 137).
- **Verträge:** Übernahme von Franchise-, Belieferungs- und Mietverträgen (RPW 2005/1 171 ff, 171).
- **Logistikzentrum:** Übernahme von Miet- und Leasingverträgen, Personal, Ladeneinrichtung sowie Warenverträgen (RPW 2006/1 131 ff., 132).
- **Verkaufsstellen:** Übernahme von eigenständigen und eingemieteten Verkaufsstellen (RPW 2008/2 341 ff., 341).
- **Kundenverträge:** Übernahme von Kundenverträgen, des für die Kunden zuständigen Personals sowie der mit den Kunden zusammenhängenden Mobilien, Verträge, Geschäftsbücher und Know-how (RPW 2008/2 416 ff., 417).
- **Kundenstamm:** Übernahme der Versorgung von Detailhändlern in mehreren Schweizer Regionen sowie der betroffenen Mitarbeiter, um die bestehenden Kundenbeziehungen abzusichern (RPW 2009/4 451 ff., 452).

---

644 Weber/Rizvi, VKU, Art. 1 N 12.
645 RPW 2008/3 416 ff., 417.
646 RPW 2006/1 131 ff., 132.
647 Vgl. dazu auch KG-Reinert, Art. 4 Abs. 3 N 15 ff.

2.854 **Outsourcing als Kontrollübernahme**[648]

Im Rahmen eines Outsourcings werden gewisse Unternehmensaufgaben zur Erledigung an ein Drittunternehmen übertragen. Je nachdem, wie weit das betreffende Outsourcing geht und welche Teile es umfasst, vermag darin eine Kontrollübernahme im Sinne von Art. 4 Abs. 3 KG zu liegen.

Eine Kontrollübernahme ist dann anzunehmen, wenn der ausgegliederte Teil als selbstständige juristische Person organisiert ist oder wenn ganze Abteilungen inklusive Personal, Lizenz- und sonstige immaterialgüterrechtliche Verträge sowie Hard- und Software übertragen werden und es mit Bezug auf einzelne Geschäftstätigkeiten zu einer Aufgabe der Selbstständigkeit des übertragenden Unternehmensteils kommt.

Nicht von einer Kontrollübernahme ist auszugehen, wenn das Outsourcing keine Übertragung von Vermögenswerten beinhaltet, sondern lediglich auf die Wahrnehmung von zuvor internen Aufgaben auf der Grundlage eines herkömmlichen Dienstleistungsvertrages beschränkt ist.

Ein Grenzfall liegt dann vor, wenn zwar keine Aktiven übertragen werden, jedoch das Outsourcing-Unternehmen aufgrund anderer Umstände in der Lage ist, faktisch eine Kontrolle über den übertragenen Unternehmensteils auszuüben. Ob in einem solchen Fall eine Kontrollübernahme und somit ein Unternehmenszusammenschluss anzunehmen ist, beurteilt sich insbesondere nach der Länge der Vertragsdauer sowie dem Vorliegen weiterer Kooperationselemente.[649]

cc) Vertragliche Kontrollübernahme

2.855 Eine Kontrollübernahme lässt sich auch auf vertraglicher Basis realisieren, soweit der betreffende Vertrag den Beteiligten die Möglichkeit eröffnet, die wichtigen strategischen Entscheidungen des kontrollierten Unternehmens zu beeinflussen, d.h. über diese zu bestimmen oder diese zu blockieren.[650]

2.856 Oft erfolgt eine solche vertragliche Kontrollübernahme durch einen **Aktionärsbindungsvertrag,** in dessen Rahmen zwei oder mehrere Aktionäre die gemeinsame Ausübung der Kontrolle regeln; zwingend erforderlich ist, dass der Vertrag den Aktionären die Möglichkeit gibt, direkt auf die Unternehmensstrategie Einfluss zu

648 Vgl. dazu Jacobs Reto, Kartellrechtliche Rahmenbedingungen des IT-Ousourcing in: Weber Rolf H./Berger Mathis/Auf der Maur Rolf (Hrsg.), IT-Outsourcing, Zürich 2003, 271 ff.; Schaller Oliver/Keller Benno, Wettbewerbsrechtliche Beurteilung von IT-Kooperationen und IT-Outsourcing im Bankensektor, in: sic! 2004 892 ff. Vgl. auch Credit Suisse/Bank Lindt, RPW 2003/3 514 ff.

649 Schaller/Keller, 892.

650 KG-Reinert, Art. 4 Abs. 3 N 154; Weber/Rizvi, VKU, Art. 1 N 14.

nehmen; bezieht sich der Vertrag nur auf den Schutz finanzieller Interessen der Beteiligten, liegt keine Kontrollübernahme vor.[651]

Vertiefung: Keine Kontrollübernahme ist anzunehmen, wenn eine Partei im Rahmen eines Aktionärsbindungsvertrages lediglich diejenigen Rechte zugesprochen erhält, welche allgemein zum Schutz von Minderheitsaktionären üblich sind, die wesentlichen strategischen und geschäftspolitischen Entscheidungen jedoch vom **Mehrheitsaktionär getroffen** werden (RPW 2007/1 87 ff., 88). Dasselbe gilt, wenn der Verwaltungsrat zwar paritätisch zusammengesetzt ist, der Mehrheitsaktionär jedoch den **Stichentscheid** bei Stimmengleichheit hat (RPW 2008/2 290 ff., 296). In einem Gemeinschaftsunternehmen[652] hat ein Unternehmen dann die alleinige Kontrolle, wenn zwar beide Parteien 50% des Unternehmens halten, jedoch aufgrund einer Vereinbarung ein Unternehmen die Mehrheit der Mitglieder in die Geschäftsleitung entsendet und für strategische Entscheide die **absolute Mehrheit der Stimmen der Geschäftsleitung** erforderlich ist (RPW 2007/1 87 ff., 88). 2.857

Auch **Management- oder Geschäftsführungsverträge** sind ein denkbares Mittel der Kontrollübernahme, wenn diese vorsehen, dass die am Vertrag Beteiligten die Geschäftsführung oder das Management eines anderen Unternehmens bestimmen oder dieses wirtschaftlich und weisungsfrei selbst führen.[653] 2.858

Vertiefung: Ein Kooperationsvertrag über eine Laufzeit von zehn Jahren begründet eine Kontrollübernahme, wenn eine Vertragspartei aufgrund fehlender finanzieller und betrieblicher Ressourcen wesentlich von der anderen abhängig und der Vertrag während seiner Laufzeit faktisch unkündbar ist (RPW 2000/3 414 ff., 419). 2.859

Auch Fälle von wirtschaftlicher Abhängigkeit können zu einer Kontrollübernahme führen; zu denken ist beispielsweise an **langfristige Bezugs- oder Lieferverträge,** welche faktisch eine Abhängigkeit begründen und auf eine eigentliche Kontrollübernahme hinauslaufen.[654] Dies vermag dann der Fall zu sein, wenn ein Unternehmen faktisch nicht in der Lage ist, sich aus dem betreffenden Vertrag herauszulösen, ohne seine wirtschaftliche Existenz zu gefährden.[655] Keine hinreichende Einflussmöglichkeit begründen demgegenüber **Franchise- oder Darlehensverträge.**[656] 2.860

dd) Kombinationen und Minderheitsbeteiligungen

Die genannten Mittel der Kontrollübernahme lassen sich auch kombinieren. Eine solche Kombination vermag insbesondere zu bewirken, dass eine Minderheitsbeteiligung ausreicht, um das erforderliche Mass an Mitbestimmung zu erreichen und einen kontrollierenden Einfluss auf das Unternehmen auszuüben.[657] 2.861

Wird eine Minderheitsbeteiligung mit einem Aktionärsbindungsvertrag verbunden, welche dem Minderheitsbeteiligten beispielsweise ein **Vetorecht** bei der Beschluss- 2.862

651 Ducrey, SIWR, 238.
652 Vgl. dazu hinten N 2.869 ff.
653 Ducrey, SIWR, 238; Weber/Vlcek, 104.
654 Ducrey, SIWR, 238; KG-Reinert, Art. 4 Abs. 3 N 161 ff.
655 Körber, Art. 3 N 56.
656 Körber, Art. 3 N 56.
657 HK-Köchli/Reich, Art. 4 N 55; Borer, Art. 4 N 32.

fassung einräumt, verleiht ihm dies unter Umständen die Möglichkeit, strategisch bedeutsame Entscheide zu bestimmen oder zumindest mitzubestimmen.[658]

2.863 Neben vertraglichen Zusicherungen sind auch **faktische Gegebenheiten** geeignet, um einen ausreichenden Einfluss auf die Gesellschaft auszuüben. Ein solcher Umstand liegt vor, wenn das Aktionariat einer Publikumsgesellschaft breit gestreut und deshalb die Generalversammlung gewohnheitsmässig schlecht besucht ist und dadurch schon eine geringere als die absolute Stimmenmehrheit ausreicht, um die Entscheidungen der Generalversammlung wesentlich zu beeinflussen.[659]

2.864 Die Minderheitsbeteiligung muss jedoch zwingend zur Folge haben, dass der Minderheitsbeteiligte die Wahl des Verwaltungsrats beeinflussen oder diesen selbst wählen kann, denn der Verwaltungsrat ist dasjenige Organ der Gesellschaft, welches die wichtigen strategischen Entscheide fällt.[660] Weil der Kontrollerwerb jedoch von einer gewissen Dauer zu sein hat, reicht eine blosse Zufallsmehrheit nicht aus, vielmehr muss es aufgrund der Analyse der Generalversammlungen der letzten Jahre und der Struktur des Aktionariats wahrscheinlich sein, dass der Minderheitsaktionär ebenso in Zukunft über einen wesentlichen Einfluss verfügt.[661]

2.865 Auch die finanzielle Abhängigkeit eines Unternehmens, eine überragende Marktstellung oder Branchenkenntnis können faktische Gegebenheiten sein, welche eine tatsächliche Kontrollübernahme ermöglichen.[662]

2.866 **Vertiefung:** Eine Minderheitsbeteiligung kann gemäss der Praxis der WEKO namentlich in den folgenden Fällen aus faktischen Gründen zu einer Kontrollübernahme führen:

- Bei einem Stimmanteil von 49,9%, wenn die übernommene Gesellschaft über ein breit gestreutes Aktionariat verfügt und die Stimmbeteiligung an der Generalversammlung erfahrungsgemäss tief ist (RPW 2009/1 85 ff., 86).
- Bei einem Stimmanteil von 34%, wenn der zweite Hauptaktionär seinen bisherigen Anteil an eine Vielzahl kleinerer Aktionäre veräusserte und hernach kein Aktionär mehr über einen annähernd so grossen Anteil verfügt wie der verbleibende Hauptaktionär (RPW 2004/2 525 ff., 525).
- Bei einem Stimmanteil von 40%, wenn die übrigen 60% zu mehr als der Hälfte in einem breiten Publikum gestreut sind und der Übernehmer ankündigt, neben den 40% noch weitere Anteile erwerben zu wollen (RPW 2002/2 339 ff., 341).

2.867 Keine faktische Kontrolle lag gemäss der WEKO indessen in den folgenden Fällen vor:

- Bei einer Kapitalbeteiligung von 30%, wenn die Stimmbeteiligung aufgrund einer Vinkulierung auf 5% beschränkt ist und kein Aktionärsbindungsvertrag besteht, welcher dem Erwerber ein Vetorecht einräumt (RPW 2001/2 306 ff., 307).

658 HK-Köchli/Reich, Art. 4 N 55; Borer, Art. 4 N 35.
659 Körber, Art. 3 N 89.
660 HK-Köchli/Reich, Art. 4 N 55; Borer, Art. 4 N 37.
661 Gemäss der Praxis der europäischen Kommission sind dabei die Versammlungen der letzten zwei bis drei Jahre zu beachten, vgl. Körber, Art. 3 N 89.
662 RPW 1997/2 179 ff., 181; RPW 2000/3 414 ff., 418.

- Eine Stimmbeteiligung von 10,46% reicht mangels Sperrminorität zur Kontrollausübung nicht aus (RPW 2008/2 260 ff., 231).

ee) Öffentliches Übernahmeangebot

Eine besondere Möglichkeit der Kontrollübernahme ohne vertragliche Grundlage besteht in der Unterbreitung eines öffentlichen Übernahmeangebotes. Die WEKO erachtet ein solches Angebot im Einklang mit der europäischen Praxis als Übernahmeabsicht, weil damit eine Mehrheitsbeteiligung von mindestens 50% plus eine Aktie des Aktienkapitals erworben werden soll, was eine Kontrollübernahme erlaubt.[663] 2.868

4. Gemeinschaftsunternehmen

a) Allgemeines

Ein Gemeinschaftsunternehmen ist ein von mehreren Unternehmen gemeinsam kontrolliertes Unternehmen. Es handelt sich dabei um einen gesetzlich nicht ausdrücklich geregelten Unterfall des Kontrollerwerbs von Art. 4 Abs. 3 lit. b KG. 2.869

Nach Art. 2 VKU liegt ein Gemeinschaftsunternehmen vor, wenn zwei oder mehrere Unternehmen gemeinsam die Kontrolle über ein Unternehmen erlangen, wenn das Gemeinschaftsunternehmen auf Dauer alle Funktionen einer selbstständigen wirtschaftlichen Einheit erfüllt (Art. 2 Abs. 1 VKU) oder wenn zwei oder mehr Unternehmen ein Unternehmen gemeinsam gründen und mindestens von einem der beteiligten Unternehmen die Geschäftstätigkeiten einfliessen (Art. 2 Abs. 2 VKU). 2.870

Unterschieden werden können grundsätzlich **kooperative und konzentrative** Gemeinschaftsunternehmen. Kooperativ sind Gemeinschaftsunternehmen, wenn es nicht zu einer Strukturveränderung kommt, konzentrative Gemeinschaftsunternehmen führen zu einer Strukturveränderung im Markt; der Fusionskontrolle unterstellt sind grundsätzlich nur letztere.[664] 2.871

b) Kontrollübernahme an einem bestehenden Unternehmen

aa) Gemeinsame Kontrolle

Gemeinsame Kontrolle besteht, wenn die kontrollierenden Unternehmen für die strategisch wichtigen Entscheidungen bei der Willensbildung eine **Übereinstimmung** erzielen müssen.[665] 2.872

Somit ist für die Annahme der gemeinsamen Kontrolle notwendig, dass ein Unternehmen alleine in der Lage ist, wichtige Entscheidungen zu blockieren, sofern kein 2.873

663 RPW 2007/2 312 ff., 313.
664 WEBER/RIZVI, VKU, Art. 2 N 9.
665 ZÄCH, 732; BORER, Art. 4 N 42; WEBER/RIZVI, VKU, Art. 2 N 2; HK-KÖCHLI/REICH, Art. 4 N 59.

Konsens gefunden wird. Kommt es im Unternehmen zu **wechselnden Allianzen,** ist eine gemeinsame Kontrolle nicht möglich.[666] Für das Vorliegen einer gemeinsamen Kontrolle ist jedoch nicht zwingend, dass alle beteiligten Unternehmen auf sämtliche wesentlichen Fragen der Geschäftsführung und der Geschäftstätigkeit Einfluss haben; entscheidend ist vielmehr, dass eine Gesamtbetrachtung der jeweiligen Kompetenzen und Entscheidungsspielräume im Einzelfall eine gemeinsame Kontrolle ergibt.[667]

2.874 Typischerweise liegt eine gemeinsame Kontrolle dann vor, wenn die Parteien über die **gleichen Stimmrechte** verfügen; dies ist jedoch nur bei einer Beteiligung von bloss zwei Gesellschaften möglich; sobald mehr als zwei Unternehmen an einer Gesellschaft beteiligt sind, besteht nämlich die Möglichkeit wechselnder Allianzen, was die Annahme einer gemeinsamen Kontrolle ausschliesst.[668] Weitaus häufiger basiert die gemeinsame Kontrolle jedoch auf vertraglichen Grundlagen, indem durch Verträge sichergestellt wird, dass bezüglich wichtiger Entscheide ein Einigungszwang besteht oder indem den Beteiligten der gleiche Einfluss auf die Besetzung der wichtigen Entscheidgremien wie z.B. den Verwaltungsrat eingeräumt wird.[669]

2.875 **Vertiefung:** Eine gemeinsame Kontrolle kann sich trotz ungleicher Stimmrechte auch aus vereinbarten **Vetorechten** ergeben, d.h., wenn die Unternehmen aufgrund von Statuten, Organisationsreglementen oder vertraglichen Vereinbarungen in der Lage sind, wichtige strategische Entscheide zu blockieren.[670]

bb) Vollfunktionsgemeinschaftsunternehmen

2.876 Ein Gemeinschaftsunternehmen liegt nach Art. 2 Abs. 1 VKU vor, wenn es auf Dauer alle Funktionen einer selbstständigen wirtschaftlichen Einheit erfüllt; d.h., es hat ein sog. Vollfunktionsunternehmen vorzuliegen. Die WEKO bejaht ein **Vollfunktions-Gemeinschaftsunternehmen** unter folgenden Voraussetzungen:[671]

- Das Vollfunktionsunternehmen muss als **Nachfrager oder Anbieter** auf dem Markt auftreten. Dazu hat es über **ausreichende Ressourcen** wie finanzielle Mittel, Immaterialgüterrechte sowie ein sich dem Tagesgeschäft widmendes Management zu verfügen. Wenn ein Gemeinschaftsunternehmen nur Teilfunktionen wie z.B. die Produktion oder den Vertrieb für die Gründerunternehmen realisiert, liegt ein Gemeinschaftsunternehmen mit Hilfsfunktion oder ein Teilfunktions-Gemeinschaftsunternehmen vor.[672] Für die Beurteilung ist von Bedeutung, dass das Unternehmen nicht bloss eine spezifische Funktion in der Geschäfts-

---

666 Zäch, N 732; Weber/Vlcek, 105; RPW 1998/1 20 ff., 22.
667 Zäch, N 733.
668 Körber, Art. 3 N 96.
669 Körber, Art. 3 N 97.
670 Körber, Art. 3 N 97.
671 Von Büren/Marbach/Ducrey, N 1593; Weber/Rizvi, VKU, Art. 2 N 7; RPW 2007/2 305 ff., 306; RPW 2008/2 274 ff., 275.
672 Zäch, N 736; Von Büren/Marbach/Ducrey, N 1593; Weber/Vlcek, 105.

tätigkeit der Mutter ausübt, z.B. indem seine Tätigkeit auf die Produktion bzw. Bereitstellung von Vorleistungsprodukten an die Muttergesellschaft beschränkt ist und der Verkauf dieser Vorleistungsprodukte auf einer langfristigen Grundlage erfolgt.[673] Wenn ein Gemeinschaftsunternehmen bloss eine Hilfsfunktion wahrnimmt, genügt dessen Auftritt auf dem Markt als blosser Nachfrager nicht, um eine selbstständige Marktstellung anzunehmen.[674]

- Das Gemeinschaftsunternehmen tritt als **selbstständige wirtschaftliche Einheit** auf, d.h., es muss in der Lage sein, eine eigenständige Geschäftspolitik zu verfolgen. Ein Indiz für das Vorliegen einer wirtschaftlichen Einheit ist, wenn die Leistungen an das Gemeinschaftsunternehmen durch die Muttergesellschaften nach ordentlichen Geschäftsgrundsätzen zu vergüten sind («Dealing at arm's length»).[675]
- Das Gemeinschaftsunternehmen ist **auf Dauer** angelegt, d.h. Statuten und Ressourcen müssen es ihm ermöglichen, eine zeitlich unbegrenzte oder zumindest eine langfristige Tätigkeit auszuüben.

Fallbeispiel: Swisscom AG/Groupe E, RPW 2011/3 423 ff. 2.877

Die WEKO präzisierte im Rahmen des Zusammenschlussvorhabens der Swisscom AG und der Groupe E SA die Voraussetzungen für das Vorliegen eines Vollfunktionsunternehmens. Die Swisscom und die Groupe E planten die Gründung eines Gemeinschaftsunternehmens namens SLNC, welches als reiner Infrastrukturanbieter einen flächendeckenden Aufbau eines Glasfasernetzwerkes bezweckte. Die WEKO hielt fest, dass ein Unternehmen nur dann als Nachfrager oder Anbieter auf dem Markt auftreten kann, wenn für das betreffende Produkt oder die Dienstleistung überhaupt ein Markt besteht oder in naher Zukunft, d.h. innerhalb von drei Jahren, voraussichtlich bestehen wird. Weil die SLNC nach Ansicht der WEKO eine blosse Hilfsfunktion ausüben würde, lag im betreffenden Fall kein Zusammenschlusstatbestand im Sinne des Kartellgesetzes vor (RPW 2011/3 423 ff., 431 f.).[676]

Die WEKO stellte jedoch fest, dass die Verträge zwischen der Swisscom und der Groupe E gewisse wettbewerbsrechtlich problematische Klauseln enthielten, weshalb sie eine Vorabklärung eröffnete, um das Vorliegen einer unzulässigen Abrede nach Art. 5 KG zu prüfen.

673 RPW 2011/3 423 ff., 430.

674 Vgl. dazu Präzisierung des Sekretariats der Wettbewerbskommission betreffend die Bedingungen für den Vollfunktionscharakter eines Gemeinschaftsunternehmens, RPW 2011/2 283 ff., 283.

675 RPW 1997/2 197 ff., 200.

676 Vgl. dazu auch die Zusammenfassung von VLCEK/MAMANE, 53 ff.

2.878 **Checkliste: Gemeinsamer Kontrollerwerb**

- ☐ Gemeinsame Kontrolle
- ☐ Vollfunktionsunternehmen
  - ☐ Nachfrager oder Anbieter auf dem Markt

    ACHTUNG: Hilfsfunktion – Nachfrager UND Anbieter
  - ☐ Ausreichende Ressourcen
- ☐ Selbstständige wirtschaftliche Einheit
- ☐ Auf Dauer angelegt

c) Neugründung

aa) Einleitung

2.879 Art. 2 Abs. 2 VKU unterstellt auch die Neugründung eines Gemeinschaftsunternehmens dem Anwendungsbereich des Kartellgesetzes. Ein Teil der Lehre ist indessen der Ansicht, dass die Neugründung eines Unternehmens nicht von Art. 4 Abs. 3 KG erfasst sei, weil sich die Zusammenschlusskontrolle auf bestehende Unternehmen beschränke.[677]

2.880 Die WEKO hat sich jedoch unter Berücksichtigung verschiedener Auslegungsaspekte dafür ausgesprochen, dass auch die Neugründung von Gemeinschaftsunternehmen von Art. 4 Abs. 3 KG erfasst sei.[678]

bb) Einfliessen der Geschäftstätigkeit

2.881 Bei einer Neugründung eines Gemeinschaftsunternehmens ist nach Art. 2 Abs. 2 VKU zu den genannten Voraussetzungen zusätzlich erforderlich, dass die Geschäftstätigkeit von mindestens einem der beteiligten Unternehmen in die neu gegründete Gesellschaft einfliesst. Dieses zusätzliche Erfordernis ist eine Besonderheit des schweizerischen Wettbewerbsrechts.[679]

2.882 Das Kriterium des Einfliessens der Geschäftstätigkeit wird von der Praxis weit ausgelegt. Das Tatbestandsmerkmal ist erfüllt, wenn mindestens ein Gründerunternehmen Produktionsanlagen, einen Betriebsteil oder seine Organisation in das neu gegründete Gemeinschaftsunternehmen einbringt.[680] Nicht ausreichend ist das blosse Einbringen von Kapital; eine Besonderheit besteht im Hinblick auf den Investmentsektor, in dem das Vorhandensein von Kapital wesentlich für die Ge-

677 Zäch, N 741; CR-Venturi, Art. 4 N 119. Vgl. dazu auch Borer, Art. 4 N 44 ff.
678 Vgl. dazu RPW 1998/3 460 ff., 474; KG-Reinert, Art. 4 Abs. 3 N 128 ff.
679 Borer, Art. 4 N 42; Zäch, N 745; Weber/Vlcek, 105.
680 RPW 2006/4 677 ff., 679; Zäch, N 744.

schäftstätigkeit an sich ist. In einem solchen Fall vermag das Einbringen von Kapital zu genügen, wenn dieses als Mittel für die Geschäftstätigkeit, z.B. zur Ausleihung an Kunden, verwendet wird.[681]

Vertiefung: Die WEKO sah beispielsweise in den folgenden Fällen die Voraussetzung des Einbringens der Geschäftstätigkeit als erfüllt an: 2.883

- Die Zurverfügungstellung von Infrastruktur im Zusammenhang mit gewissen Ausschliesslichkeitsrechten ist als Einbringen von eigener Geschäftstätigkeit zu werten (RPW 1997/2 197 ff., 200).
- Das Zurverfügungstellen von Soft- und Hardwareprodukten reicht für die Annahme des Einbringens der Geschäftstätigkeit aus, wenn die Parteien eigene Geschäftstätigkeiten zugunsten des Gemeinschaftsunternehmens aufgeben (RPW 1998/2 252 ff., 254).
- Die Vermietung von eigenen, besonders wichtigen Standorten genügt als Einbringen von eigener Geschäftstätigkeit (RPW 2000/1 36 ff., 37).
- Das Einbringen von Expertenwissen und Kapital, wenn dieses im jeweiligen Geschäftsbereich – in betreffenden Fall im Bereich des Fondsmanagements – von grundlegender Bedeutung ist, erweist sich als ausreichend (RPW 2008/1 124 ff., 126, vgl. auch RPW 2006/4 677 ff., 679).

Durch das Einbringen der Geschäftstätigkeit in das neu gegründete Unternehmen wird das einbringende Unternehmen in der Regel seine diesbezügliche Tätigkeit abspalten und nicht mehr länger in dem betroffenen Gebiet aktiv bleiben. Ein Indiz für eine Geschäftsaufgabe des einbringenden Unternehmens stellt beispielsweise die Vereinbarung eines Konkurrenzverbotes dar.[682] Denkbar ist jedoch auch, dass ein Wettbewerb zwischen der Mutter- und der neu gegründeten Tochtergesellschaft im Bereich der einfliessenden Geschäftstätigkeit möglich bleibt. 2.884

Ob die Aufgabe der Geschäftstätigkeit jedoch Voraussetzung für die Erfüllung von Art. 2 Abs. 2 VKU ist oder ob der Nachweis, dass aufgrund der Übertragung der Aktiven eine eigenständige Tätigkeit möglich bleibt, ausreicht, ist von der Lehre und der Praxis bislang offengelassen worden.[683] 2.885

Checkliste: Neugründung 2.886

- ☐ Gemeinsame Kontrolle
- ☐ Vollfunktionsunternehmen
  - ☐ Nachfrager oder Anbieter auf dem Markt
  - ☐ Ausreichende Ressourcen
- ☐ Selbstständige wirtschaftliche Einheit
- ☐ Auf Dauer angelegt
- ☐ Einfliessen von Geschäftstätigkeiten

681 RPW 2006/4 677 ff., 679; RPW 2008/1 124 ff., 125.
682 RPW 1998/2 252 ff., 254.
683 Vgl. RPW 2006/4 677 ff., 679.

d) Sonderfall: Auflösung eines Gemeinschaftsunternehmens

2.887 Weil der Begriff der Kontrollübernahme den Übergang von einer gemeinsamen Kontrolle zu einer alleinigen Kontrolle erfasst, fällt unter Umständen auch die Auflösung eines Gemeinschaftsunternehmens unter den kartellrechtlichen Begriff des Zusammenschlussvorhabens.

2.888 Durch die Auflösung eines Gemeinschaftsunternehmens werden die Vermögenswerte des Gemeinschaftsunternehmens neu aufgeteilt, eine Auflösung ist als Übergang von der gemeinsamen Kontrolle über das Gesamtvermögen zu einer alleinigen Kontrolle über einzelne Teile des Vermögens zu betrachten.[684] Der Grund für die Erfassung solcher Tatbestände ist darin zu sehen, dass derjenige, der die alleinige Kontrolle über ein Unternehmen oder gewisse Unternehmensteile hat, über mehr Handlungsspielraum und Einflussmöglichkeiten verfügt als wenn die Kontrolle gemeinsam ausgeübt wird.[685]

2.889 **Vertiefung:** Die Migros und die Valora hatten die gemeinsame Kontrolle über die cenanova AG, welche 34 Convenience Shops unter dem Namen «avec» betrieb, und beabsichtigten, die gemeinsam gehaltene Gesellschaft aufzulösen und die Standorte untereinander aufzuteilen (RPW 2009/1 77 ff.). Die WEKO betrachtete das Vorhaben als Übergang von einer gemeinsamen zu einer alleinigen Kontrolle durch die Auflösung eines Gemeinschaftsunternehmens und prüfte das Vorhaben sowohl im Hinblick auf Migros (RPW 2009/1 81 ff.) wie auch im Hinblick auf Valora (RPW 2009/1 77 ff.) eigenständig. Weil durch die Auflösung weder bei Migros noch bei Valora Marktanteilsadditionen zu erwarten waren, sah die WEKO keine wettbewerbsrechtlich problematischen Auswirkungen in der Auflösung des Gemeinschaftsunternehmens.

e) Doppelkontrolle im Rahmen von Gemeinschaftsunternehmen?

2.890 Wenn es im Zusammenhang mit der Gründung oder der Existenz von Gemeinschaftsunternehmen zu Wettbewerbsbeschränkungen kommt, stellt sich die Frage, ob ein solches Unternehmen neben einer Prüfung im Rahmen der Zusammenschlusskontrolle auch einem Verfahren nach Art. 5 und/oder Art. 7 KG zu unterziehen ist (Doppelkontrolle).[686]

2.891 Die h.L. geht von der Zulässigkeit einer Doppelkontrolle aus. Dafür spricht, dass mit der Zusammenschlusskontrolle keine Umgehung der Bestimmungen von Art. 5 oder Art. 7 KG ermöglicht werden soll; zudem schliessen sich die Rechtsfolgen der verschiedenen Institute nicht aus.[687] Diese Ansicht steht auch im Einklang mit dem europäischen Recht, das eine derartige Doppelkontrolle im Rahmen der Fusionskontrolle kennt.[688]

---

684 RPW 2009/1 81 ff., 81.
685 KG-Reinert, Art. 4 Abs. 3 N 412.
686 Zäch, N 747.
687 Zäch, N 747; Hoffet, N 10.19.
688 Hoffet, N 10.19.

Schwieriger ist die Beurteilung bei Vorliegen eines Zusammenschlusses, der zwar den Tatbestand von Art. 4 Abs. 3 KG, jedoch nicht die Aufgreifkriterien von Art. 9 KG erfüllt.[689] Im Zusammenhang mit der Anwendung von Art. 7 KG ist diese Frage unter dem Titel des Marktstrukturmissbrauchs zu prüfen.[690] Die Anwendung von Art. 5 KG auf solche Zusammenschlüsse wird von der Lehre tendenziell abgelehnt.[691] 2.892

Problemlos ist die Prüfung einer Zusammenarbeit möglich, wenn kein Tatbestand nach Art. 4 Abs. 3 KG, d.h., wenn überhaupt kein Zusammenschluss vorliegt. In diesem Fall steht es der WEKO frei, die Zusammenarbeit der Unternehmen auf allfällige wettbewerbswidrige Verhaltensweisen nach Art. 5 bzw. Art. 7 KG zu untersuchen.[692] 2.893

5. Ausgenommene Transaktionen

a) Kooperative Gemeinschaftsunternehmen

Kooperative Gemeinschaftsunternehmen führen im Gegensatz zu konzentrativen Gemeinschaftsunternehmen nicht zu einer Veränderung der Struktur der beteiligten Unternehmen. Verbleibt mindestens ein kontrollierendes Unternehmen im Tätigkeitsbereich des Gemeinschaftsunternehmens, fehlt es an einer Strukturveränderung; ein kooperatives Gemeinschaftsunternehmen ist der Zusammenschlusskontrolle nicht unterstellt.[693] 2.894

Unter Umständen können Handlungen im Rahmen eines kooperativen Unternehmens jedoch den Tatbeständen von Art. 5 oder 7 KG unterliegen. 2.895

b) Bankenklausel

Die aus dem europäischen Recht stammende Bankenklausel ist gemäss Sekretariat der WEKO auch auf Zusammenschlüsse in der Schweiz anwendbar: Der vorübergehende Erwerb von Anteilen durch Finanzinstitute und Versicherungsgesellschaften stellt dann keinen Zusammenschluss dar, wenn der Erwerb mit der Absicht der Wiederveräusserung erfolgt, diese Wiederveräusserung innert eines Jahres nach dem Erwerb erfolgt oder die Beteiligung zumindest so weit reduziert wird, dass keine Kontrolle mehr vorliegt und das erwerbende Unternehmen auf die Ausübung der Stimmrechte verzichtet bzw. die Stimmrechte nur veräusserungsvorbereitend ausübt, d.h. in Situationen, die in unmittelbarem Zusammenhang mit der Veräusserung stehen.[694] 2.896

---

689 Vgl. dazu ausführlich KG-Reinert, Vor Art. 9 und 10 N 9 ff.
690 Vgl. dazu vorne N 2.797.
691 Ducrey, SIWR, 245; KG-Reinert, Vor Art. 9 und 10 N 16, 19 ff.
692 So z.B. im Fall Swisscom Groupe E, vgl. vorne N 2.877 ff.
693 HK-Köchli/Reich, Art. 4 N 57; Weber/Rizvi, VKU, Art. 2 N 8 f.
694 Meinhardt, Sanierung, 118; Von Büren/Marbach/Ducrey, N 1598; Zäch, N 850; RPW 1999/3 476 ff., 477.

2.897 Die Ausnahme ist nur anwendbar, wenn der Erwerb durch ein Kredit- oder Finanzinstitut oder durch eine Versicherungsgesellschaft erfolgt, keine Anwendung findet sie beispielsweise im Falle von Erwerbsgeschäften durch Investmentfonds oder Private Equity Funds.[695]

2.898 Die Veräusserungsfrist von einem Jahr ist auch dann eingehalten, wenn das erwerbende Unternehmen seinen Beteiligungsanteil so weit verringert, dass keine Kontrolle mehr möglich ist. Neben der Sicherstellung, dass die Weiterveräusserung tatsächlich binnen Frist erfolgt, räumt die Jahresfrist den Unternehmen auch einen gewissen zeitlichen Spielraum ein, um die Anteile zu vernünftigen Konditionen auf dem Markt abzusetzen.[696]

2.899 Wenn die Stimmrechte dennoch ausgeübt oder wenn die für die Kontrollausübung notwendigen Anteile nicht innert eines Jahres veräussert werden, unterliegt der Unternehmenszusammenschluss nachträglich der Kontrolle, d.h., die Anwendung der Ausnahmeklausel entfällt mit Wirkung «ex nunc».[697]

2.900 **Checkliste: Bankenklausel**

- ☐ Erwerb durch ein Banken- oder Versicherungsinstitut
- ☐ Erwerb zum Zweck der Weiterveräusserung
- ☐ Keine Ausübung der Stimmrechte oder nur im Kontext der Weiterveräusserung
- ☐ Weiterveräusserung innert eines Jahres ab Erwerb

c) Luxemburgische Klausel

2.901 In Anlehnung an das europäische Recht findet auch die sog. luxemburgische Klausel in der Schweizer Wettbewerbspraxis Anwendung.[698] Nach diesem Konzept ist der Erwerb von Anteilen durch eine Beteiligungsgesellschaft nicht vom Begriff des Unternehmenszusammenschlusses erfasst, wenn der Erwerb bloss zu Investitionszwecken erfolgt und das erwerbende Unternehmen keinen Einfluss auf die Geschäftsführung oder Geschäftspolitik zu nehmen gedenkt.[699]

2.902 Die Stimmrechte dürfen nur insoweit ausgeübt werden, als sie zur Erhaltung des vollen Wertes der Investition und nicht zur direkten oder indirekten Beeinflussung des Marktverhaltens des kontrollierten Unternehmens genutzt werden.[700]

695 Körber, Art. 3 N 175.
696 Körber, Art. 3 N 179.
697 Körber, Art. 3 N 181.
698 RPW 1999/3 476 ff., 477.
699 Meinhardt, Sanierung, 118; Von Büren/Marbach/Ducrey, N 1600.
700 Körber, Art. 3 N 185.

Checkliste: Luxemburgische Klausel 2.903

- ☐ Erwerb durch eine Beteiligungsgesellschaft
- ☐ Erwerb zu Investitionszwecken
- ☐ Kein Einfluss auf Geschäftsführung und Geschäftspolitik

d) Fehlender Bezug zur Schweiz

Gemäss der WEKO besteht ausnahmsweise keine Meldepflicht, wenn ein Gemeinschaftsunternehmen weder Aktivitäten noch Umsätze in der Schweiz aufweist und solche Aktivitäten oder Umsätze auch weder geplant noch zu erwarten sind.[701] 2.904

e) Fehlende Dauerhaftigkeit des Kontrollerwerbs

Die im europäischen Wettbewerbsrecht ausdrücklich geforderte Voraussetzung der Dauerhaftigkeit der Strukturveränderung wird auch von der WEKO als ungeschriebenes Tatbestandsmerkmal des Zusammenschlusses verstanden.[702] 2.905

Die Tatsache, dass eine Beteiligung von vornherein nur für eine begrenzte Zeit erworben wird, schadet der Qualifikation als Zusammenschluss grundsätzlich nicht, soweit der Erwerb nur von einer gewissen Dauer ist.[703] Typische Fälle der fehlenden Dauerhaftigkeit sind mehrstufige Zusammenschlussvorhaben, in deren Rahmen es zur Änderung von einer gemeinsamen zu einer alleinigen Kontrolle oder umgekehrt zum Wechsel von einer alleinigen zu einer gemeinsamen Kontrolle kommt.[704] 2.906

Ein wichtiger Anwendungsfall der fehlenden Dauerhaftigkeit liegt beim sog. **Pooling** vor, d.h., wenn mehrere Unternehmen ein anderes Unternehmen erwerben, um dieses hernach sogleich wieder untereinander aufzuteilen. In einem solchen Fall ist nur die zweite Transaktion, d.h. die jeweilige Integration der Unternehmensteile in die Muttergesellschaften, als Unternehmenszusammenschluss zu werten, sofern die Aufteilung zwischen den erwerbenden Unternehmen bereits rechtsverbindlich vereinbart ist und kein Zweifel besteht, dass sie innert eines Jahres abgeschlossen sein würde.[705] 2.907

Ähnlich gelagert ist der Fall bei einem Durchgangserwerb, dem sog. **Warehousing,** bei dem eine Gesellschaft als Zwischenkäufer die zu erwerbende Gesellschaft für einen späteren Erwerber übernimmt. In einem solchen Fall liegt im Zwischener- 2.908

701 Neue Mitteilung bei Zusammenschlussverfahren, 1; RPW 2010/3 562 ff., 562.
702 KG-Reinert, Art. 4 Abs. 3 N 70; vgl. Körber, Art. 3 N 63.
703 KG-Reinert, Art. 4 Abs. 3 N 72.
704 Vgl. hinten N 2.909 ff.
705 KG-Reinert, Art. 4 Abs. 3 N 83; Körber, Art. 3 N 65.

werb der erste Schritt eines Zusammenschlusses, welcher evtl. mit dem dauerhaften Erwerb durch den endgültigen Erwerber abgeschlossen wird.[706]

6. Änderung der Qualität der Kontrolle

2.909 Auch Kontrolländerungen vermögen eine Meldepflicht auszulösen, soweit die erforderlichen Schwellenwerte überschritten sind. Die blosse Verstärkung einer bereits bestehenden Kontrolle unterliegt jedoch keiner Meldepflicht; dasselbe gilt bei einem Wechsel des Kontrollmittels, d.h. wenn beispielsweise eine bestehende faktische Kontrolle in eine rechtliche umgewandelt wird.[707]

2.910 Kommt es zu einem Wechsel von einer alleinigen zu einer gemeinsamen Kontrolle oder von einer gemeinsamen zu einer alleinigen Kontrolle, vermag dieser Vorgang wiederum eine Kontrollübernahme im Sinne von Art. 4 Abs. 3 lit. b KG zu begründen.[708] Verringert sich lediglich die Zahl der Kontrollinhaber, ist der Vorgang indessen nur dann als Zusammenschluss zu werten, wenn es dadurch zu einem Wechsel von der gemeinsamen zu einer alleinigen Kontrolle durch ein Unternehmen kommt. Bleibt die Kontrolle in der Hand mehrerer Unternehmen und ändert sich bloss die Zahl der Unternehmen, jedoch nicht die Zusammensetzung, hat dieser Vorgang in der Regel keinen Einfluss auf die Marktstruktur und der Vorgang unterliegt deshalb nicht der Zusammenschlusskontrolle.[709]

2.911 Tritt ein neuer Kontrollinhaber hinzu, liegt ein Unternehmenszusammenschluss vor, wenn die ursprünglich alleinige Kontrolle hernach gemeinsam von den beteiligten Unternehmen ausgeübt wird; war dies schon vorher der Fall und tritt ein neuer Kontrollinhaber hinzu oder kommt es zu einem Gesellschafterwechsel, ist dieser Vorgang ebenfalls als Zusammenschluss zu werten, wenn mindestens ein Gesellschafter durch die Transaktion neu die Kontrolle erwirbt, denn die Zusammensetzung der kontrollierenden Unternehmen ist für deren Einfluss auf die Marktstruktur von grosser Bedeutung.[710]

2.912 **Vertiefung:** Curti und Feldschlösschen hielten je 48,8% an der SSG, beide Unternehmen stellten je zwei Verwaltungsräte für das fünf Personen fassende Gremium und ein Aktionärsbindungsvertrag sah bei Streitigkeiten einen neutralen Einzelschiedsrichter vor, d.h., es handelte sich um einen Fall von gemeinsamer Kontrolle. Curti erwarb in der Folge einen Anteil von rund 97,6% der Aktien und verfügte so über die Möglichkeit, alleine über die Geschäftstätigkeit der SSR zu bestimmen. Der Kontrollwechsel führte zu einem meldepflichtigen Unternehmenszusammenschluss (RPW 1998/2 247 ff., 248 f.).

2.913 Im Rahmen von **mehrstufigen Zusammenschlussvorhaben,** welche den Erwerb einer alleinigen Kontrolle zum Ziel haben, selbst wenn während der Übergangsphase eine gemeinsame Kontrolle besteht, müssen besondere Voraussetzungen

706 KG-Reinert, Art. 4 Abs. 3 N 90; Körber, Art. 3 N 67.
707 Körber, Art. 3 N 113, 115.
708 Borer, Art. 4 N 47; vgl. auch RPW 2000/1 53 ff., 53; RPW 2001/4 712 ff., 714.
709 Borer, Art. 4 N 47.
710 Körber, Art. 3 N 119.

vorliegen, damit die WEKO das Zusammenschlussvorhaben einer einheitlichen und gesamthaften Beurteilung unterwirft. Ein Zusammenschlussvorhaben gilt dann als Erwerb der alleinigen Kontrolle durch ein Unternehmen, wenn für eine Übergangsphase eine gemeinsame Kontrolle entsteht, diese aber aufgrund einer rechtsverbindlichen Vereinbarung einer solchen Veränderung unterworfen ist, dass der Käufer in einer zweiten Phase die alleinige Kontrolle innehaben wird.[711] Die Übergangsphase der gemeinsamen Kontrolle hat dabei zeitlich befristet zu sein, die Übergangszeit ist gemäss WEKO in Anlehnung an die europäische Praxis auf ein Jahr beschränkt.[712]

Checkliste: Einheitliche Beurteilung mehrstufiger Zusammenschlussvorhaben 2.914

Voraussetzungen für eine einheitliche Beurteilung eines Zusammenschlussvorhabens als Übernahme einer gemeinsamen Kontrolle beim Vorliegen einer gemeinsamen Kontrolle während der Übergangszeit:

- ☐ Vorliegen eines rechtsverbindlichen **Verpflichtungsgeschäfts**
- ☐ Befristung der gemeinsamen Kontrolle auf maximal **ein Jahr**

C. Allgemeine Aufgreifkriterien

In der Unternehmenszusammenschlusskontrolle kann zwischen **Aufgreif- und Eingriffskriterien** unterschieden werden. Aufgreifkriterien dienen dazu, die unproblematischen Unternehmenszusammenschlüsse von Anfang an auszusieben und nur die potenziell marktstrukturverändernden Zusammenschlüsse überhaupt einer Meldepflicht zu unterwerfen. Dazu dienen die in Art. 9 KG statuierten Schwellenwerte.[713] Die Eingreifkriterien in Art. 10 KG umschreiben demgegenüber die Kriterien, anhand derer die materielle Beurteilung des Zusammenschlusses zu erfolgen hat.[714] 2.915

1. Quantitatives Aufgreifkriterium

Ziel der Fusionskontrolle ist es, die Entstehung oder Verstärkung einer marktbeherrschenden Stellung zu verhindern. Aus diesem Grunde sind nicht alle Unternehmenszusammenschlussvorhaben der WEKO zu melden, sondern nur diejenigen, welche gewisse quantitative Kriterien erfüllen.[715] Art. 9 KG formuliert deshalb formelle Aufgreifkriterien, die festlegen, wann geplante Zusammenschlüsse der 2.916

711 RPW 2005/2 363 ff., 364; RPW 2005/2 312 ff., 313; RPW 2009/3 245 ff., 252.
712 RPW 2009/3 245 ff., 253.
713 Hoffet, N 10.23.
714 Vgl. dazu hinten N 2.1021.
715 Botschaft, 578.

WEKO zu melden sind. Die Schwellenwerte von Art. 9 KG sind relativ **hoch,** was die Intention des Gesetzgebers unterstreicht, nur volkswirtschaftlich bedeutsame und strukturverändernde Unternehmenszusammenschlüsse einer Kontrolle zu unterwerfen.[716]

2.917 Die in Art. 9 Abs. 1 KG genannten Schwellenwerte[717] orientieren sich an den Umsätzen der beteiligten Unternehmen; Zusammenschlüsse sind zu melden, wenn:

- die beteiligten Unternehmen einen Umsatz von insgesamt mindestens **2 Milliarden Franken** oder einen auf die Schweiz entfallenden Umsatz von insgesamt mindestens **500 Millionen Franken** erzielt haben (lit. a), und
- mindestens zwei der beteiligten Unternehmen einen Umsatz **in der Schweiz** von je mindestens **100 Millionen Franken** aufweisen (lit. b).

2.918 Die Kriterien von lit. a und b sind kumulativ zu erfüllen; das zweite Kriterium dient der Sicherstellung, dass nur Unternehmenszusammenschlüsse von der Kontrolle erfasst werden, die sich auf dem Schweizer Markt auch spürbar auswirken, weil beide Unternehmen in der Schweiz über eine starke Marktstellung verfügen. Es handelt sich dabei um eine Konkretisierung des in Art. 2 Abs. 2 KG verankerten Auswirkungsprinzips.[718] Weil sich die Umsatzschwellenwerte ausdrücklich auf die Schweiz beziehen, ist eine gesonderte Prüfung, ob der betreffende Zusammenschluss überhaupt eine Inlandwirkung entfaltet, nicht notwendig.[719] Aus diesem Grunde besteht bei der Übernahme von ausländischen Unternehmen, welche in der Schweiz keine Umsätze erzielen, keine Meldepflicht gestützt auf Art. 9 Abs. 1 KG.

2.919 Ungeachtet der Schwellenwerte ist eine Meldung zu erstatten, wenn am Zusammenschluss ein Unternehmen beteiligt ist, welches auf einem bestimmten Markt über eine beherrschende Stellung i.S.v. Art. 9 Abs. 4 KG verfügt. In einem solchen Fall ist der Zusammenschluss ebenfalls zu melden.[720]

2.920 **Vertiefung:** Bei der Übernahme der an der italienischen Börse kotierten Fastweb durch die Swisscom stellte sich die Swisscom auf den Standpunkt, dass ein Zusammenschluss, welcher zwar gestützt auf eine festgestellte marktmächtige Position im Sinne von Art. 9 Abs. 4 KG meldepflichtig sei, aber aufgrund fehlender Geschäftstätigkeiten der Fastweb in der Schweiz keine unmittelbaren Inlandwirkungen entfalte, nicht meldepflichtig sei. Die WEKO hielt dazu jedoch fest, dass das Auswirkungsprinzip von Art. 2 Abs. 2 KG bereits in Art. 9 Abs. 4 KG konkretisiert sei und auch im Falle einer Meldepflicht nach Art. 9 Abs. 4 KG nicht gesondert geprüft werden müsse, ob Auswirkungen auf die Schweiz bestünden (RPW 2007/2 312 ff., 313).

---

716 Botschaft, 579; Von Büren/Marbach/Ducrey, N 1601; Borer, Art. 4 N 2; Weber/Vlcek, 106; KG-Reinert, Art. 9 N 2 ff. m.w.H.

717 Gemäss Art. 9 Abs. 5 KG kann die Bundesversammlung die Schwellenwerte mit einem allgemeinverbindlichen, nicht referendumspflichtigen Bundesbeschluss anpassen; zudem besteht die Möglichkeit, besondere Voraussetzungen für eine Meldepflicht von Unternehmenszusammenschlüssen in einzelnen Wirtschaftszweigen zu schaffen. Bis anhin wurde von der entsprechenden Ermächtigung indessen noch kein Gebrauch gemacht (Hoffet, N 10.28).

718 Zäch, N 755; Hoffet, N 10.25; BGE 127 III 129 ff., Erw. 3b.

719 RPW 2006/2 291 ff., 292.

720 RPW 2007/2 312 ff., 313; vgl. dazu hinten N 2.937.

Checkliste: Schwellenwerte nach Art. 9 Abs. 2 KG 2.921

- ☐ **Zusammen: 2 Mia. CHF weltweit oder 500 Mio. CHF** in der Schweiz
- ☐ **Mind. 2 Unternehmen:** je **100 Mio. CHF** in der Schweiz

2. Umsatzberechnung

a) Berechnungsgrundlage

Massgebend für die Berechnung der Umsatzwerte ist Art. 4 VKU. Relevant für die Umsatzberechnung ist danach der Umsatz des letzten abgeschlossenen Geschäftsjahres, für die Bestimmung des letzten Geschäftsjahres ist der Abschluss des Verpflichtungsgeschäftes massgebend.[721] 2.922

Grundlage für die Umsatzberechnung sind gemäss Art. 4 Abs. 1 VKU die Erlöse, welche die beteiligten Unternehmen während des letzten Geschäftsjahres mit Waren und Dienstleistungen in ihrem normalen geschäftlichen Tätigkeitsbereich erzielt haben. Umfasst das betreffende Geschäftsjahr nicht 12 Monate, ist der Umsatz gemäss dem Durchschnitt der erfassten Monatserlöse auf ein Jahr aufzurechnen. Davon sind zwei Posten zu subtrahieren:[722] 2.923

- Erlösminderungen wie Skonti oder Rabatte;
- Mehrwert- und andere Verbrauchssteuern, inkl. Zölle und Zollzuschläge.[723]

Für die geografische Zuordnung der Umsätze ist der **Standort der Nachfrager** massgebend; dies ist der Ort, an dem vertragsgemäss ein Produkt geliefert wird oder an dem der Leistungswettbewerb mit anderen Wettbewerbsteilnehmern stattfindet. Auf den Ort der Rechnungsstellung kommt es nicht an. Wenn die am Zusammenschluss beteiligten Unternehmen keine direkten Verkäufe an Kunden in der Schweiz tätigen, jedoch die Rechnungsstellung für diese Transaktionen in der Schweiz erfolgt, gilt der Umsatz nicht als in der Schweiz erzielt[724]. Diese Ansicht folgt auch aus dem das Wettbewerbsrecht beherrschenden **Auswirkungsprinzip.** 2.924

Für die Umsatzzuordnung ist es nicht notwendig, dass das betreffende Unternehmen in der Schweiz eine physische Niederlassung unterhält.[725] Bei internationalen Unternehmen ergeben sich indessen Probleme bei der Umsatzlokalisierung, falls bei einer mehrstufigen Vertragsbeziehung die Verfahrensschritte in verschiedenen 2.925

---

721 VON BÜREN/MARBACH/DUCREY, N 1605; KG-REINERT, Art. 9 N 81. Bei einer öffentlichen Übernahme ist der Tag der Veröffentlichung des Übernahmeangebots massgebend, vgl. KG-REINERT, Art. 9 N 81.

722 WEBER/RIZVI, VKU, Art. 4 N 2.

723 RPW 1997/1 42.

724 Neue Mitteilung bei Zusammenschlussverfahren, 2; WEBER/RIZVI, VKU, Art. 4 N 4.

725 ZÄCH, N 755; WEBER/RIZVI, VKU, Art. 4 N 4; HK-REICH, Art. 9 N 19; BORER, Art. 9 N 12. BGE 127 III 219 ff., Erw. 3b.

Ländern abgewickelt werden. In solchen Fällen ist jeweils auf den Schwerpunkt der Vertragsbeziehungen abzustellen.[726]

2.926 Art. 4 Abs. 2 VKU legt fest, dass fremde Währungen nach den Grundsätzen ordnungsgemässer Geschäftsführung in Schweizer Franken **umzurechnen** sind; bei der Berechnung sind normalerweise die während des Jahres geltenden Durchschnittskurse oder bei geringen Kursschwankungen der Mittelkurs des Bilanzstichtages heranzuziehen.[727]

2.927 Zur Verhinderung einer Meldepflichtumgehung bestimmt Art. 4 Abs. 3 VKU, dass im Sinne einer wirtschaftlichen Gesamtbetrachtung beim Vorliegen von mehreren strukturverändernden Vorgängen binnen zwei Jahren zwischen denselben beteiligten Unternehmen von einem Vorgang auszugehen und auch die Umsätze des Geschäftsjahres vor dem letzten Vorgang heranzuziehen sind.[728]

b) Beteiligte Unternehmen

2.928 Art. 3 VKU definiert, welche Unternehmen als beteiligt im Sinne von Art. 9 KG zu gelten haben und welche Umsätze demzufolge in die Berechnung der Schwellenwerte einzufliessen haben. Bei einer Fusion gelten die fusionierenden Unternehmen als beteiligt, bei der Kontrollübernahme die kontrollierenden und kontrollierten Unternehmen.[729] Nicht relevant sind für die Berechnung der Schwellenwerte die Umsätze des veräussernden Unternehmens.[730] Ist vom Zusammenschluss nur ein Teil eines Unternehmens betroffen, gilt dieser Teil als beteiligt im Sinne von Art. 3 VKU (Art. 3 Abs. 2 VKU). Als Unternehmensteil zu qualifizieren ist gemäss WEKO diejenige Konzerngesellschaft, welche die Zielgesellschaft erwirbt.[731]

2.929 Wegen des Grundsatzes der wirtschaftlichen Einheit ist bei Konzernverhältnissen der gesamte **Konzernumsatz** massgebend (Art. 5 VKU). Zum Umsatz der beteiligten Unternehmen im Sinne von Art. 3 VKU sind auch die Umsätze der Tochter-, Mutter- und Schwestergesellschaften sowie von Gemeinschaftsunternehmen hinzuzurechnen (Art. 5 Abs. 1 VKU). Diese Vorschrift bezweckt, dass der Umsatz die Gesamtheit der vorhandenen wirtschaftlichen Ressourcen berücksichtigt, unabhängig davon, ob die Tätigkeiten durch die Gesellschaft selbst oder indirekt durch verbundene Unternehmen vorgenommen werden.[732] Zur Vermeidung von Doppelzählungen ist der Umsatz um die internen Umsätze zu bereinigen (Art. 5 Abs. 2 VKU).[733]

2.930 Bei Gemeinschaftsunternehmen ist der Umsatz des gemeinsam kontrollierten Unternehmens den kontrollierenden Mutterunternehmen zu gleichen Teilen hinzuzurechnen.

---

726 HK-Reich, Art. 9 N 19.
727 Borer, Art. 9 N 10; KG-Reinert, Art. 9 N 126.
728 HK-Reich, Art. 9 N 18; RPW 2004/2 583 ff., 586.
729 Borer, Art. 9 N 8; ausführlich dazu HK-Reinert, Art. 9 N 21 ff. mit Beispielen.
730 RPW 2005/4 627 ff., 628.
731 Weber/Rizvi, VKU, Art. 3 N 4; RPW 2006/2 291 ff., 293.
732 HK-Reinert, Art. 9 N 196 m.w.H. zu den verbundenen Unternehmen i.S.v. Art. 5 Abs. 1 VKU.
733 RPW 2007/4 630 ff., 631.

D. Aufgreifkriterien für bestimmte Branchen

1. Allgemeines

Für einige Branchen gelten besondere Schwellenwerte, weil ein Abstellen auf den Umsatz nicht sachgerecht wäre. Mit der Revision des KG von 2003 wurden die bis dahin geltenden 20 Mal tieferen Schwellenwerte für Medienunternehmen aufgehoben, weil dem Ziel der Verhinderung der Medienkonzentration nicht mit ausserordentlichen kartellrechtlichen Mitteln entsprochen werden sollte.[734] Seither sind Medienunternehmen an die allgemeinen Schwellenwerte gebunden und nur noch gesamtwirtschaftlich bedeutsame Zusammenschlüsse von Medienunternehmen sind der Kontrolle der WEKO unterworfen. 2.931

Hinweis: Fusionskontrolle im Rundfunkbereich 2.932

Das RTVG enthält in Art. 74 und 75 RTVG Sonderbestimmungen zur Bekämpfung der Konzentration bei den elektronischen Medien. Die Anwendung der Bestimmungen beschränkt sich jedoch aufgrund des Wortlautes von Art. 74 RTVG auf Missbrauchsfälle, d.h., ein behördliches Eingreifen im elektronischen Medienbereich ist erst bei Vorliegen eines Missbrauchs einer marktbeherrschenden Stellung möglich, die Begründung oder Verstärkung einer solchen reicht nicht aus.[735]

Gleichwohl enthält das RTVG Bestimmungen, welche im Rahmen von Zusammenschlüssen zu beachten sind. Namentlich sieht Art. 44 Abs. 3 RTVG vor, dass ein Veranstalter maximal zwei Fernseh- und zwei Radiokonzessionen innehaben darf. Wenn immer diese Grenzen aufgrund eines Zusammenschlusses überschritten werden, ist ein behördliches Eingreifen gestützt auf die rundfunkrechtlichen Bestimmungen möglich.[736] Zudem hat das BAKOM die Medienkonzentration bei der Konzessionserteilung zu berücksichtigen (Art. 44 Abs. 1 lit. f RTVG).[737]

2. Versicherungsgesellschaften und Banken

Besondere Vorschriften gelten nach Art. 9 Abs. 3 KG für Versicherungen und Banken. Bei **Versicherungsgesellschaften** wird anstatt auf den Umsatz auf das Kriterium der **Bruttoprämieneinnahmen** abgestellt. Konkretisierungen zur Berechnung der Bruttoprämieneinnahmen enthält Art. 6 VKU. Die Bruttoprämieneinnahmen umfassen danach sämtliche verrechneten Prämien aus dem Erst- und Rückversicherungsgeschäft, einschliesslich der in der Rückdeckung gegebenen Anteile, abzuziehen sind die auf der Erstversicherungsprämie eingenommene Steuern oder 2.933

734 Borer, Art. 9 N 13; HK-Reich, Art. 9 N 20.
735 Nobel/Weber, 10 N 72.
736 Nobel/Weber, 10 N 73.
737 Vgl. dazu auch Bundesverwaltungsgericht A-6542_2011 vom 22. August 2012.

sonstigen Abgaben. Für die räumliche Zuordnung ist auf denjenigen Ort abzustellen, an dem die prämienzahlende Person **ansässig** ist.[738]

2.934 Auch bei Banken ist der Umsatz nicht die richtige Grösse zur Ermittlung des Marktpotenzials. Aus diesem Grund ist bei den Banken und den übrigen Finanzintermediären, die den Rechnungslegungsvorschriften des Bankgesetzes (BankG) unterliegen, nicht auf den Umsatz, sondern auf die Bruttoerträge aus der ordentlichen Geschäftstätigkeit abzustellen. Die Bestimmung des Bruttoertrages erfolgt nach Art. 8 VKU und entspricht der Definition und Gliederung der Bankengesetzgebung (Art. 25a BankG).[739] Von dem auf diese Weise berechneten Bruttobetrag sind Mehrwertsteuern und andere unmittelbar auf die Bruttoerträge bezogene Steuern abzuziehen (Art. 8 Abs. 2 VKU).

2.935 Finanzinstitute, die der Rechnungslegung nach IRFS unterliegen, haben ihre Bruttoerträge in Analogie zu Art. 8 Abs. 1 und 2 VKU zu berechnen (Art. 8 Abs. 3 VKU). Diese Anpassung an das europäische Recht vereinfacht bei grenzüberschreitenden Zusammenschlüssen die Arbeit der beteiligten Unternehmen in dem Sinne, dass ihnen eine gesonderte Berechnung der Beträge für eine Meldung in der Schweiz erspart bleibt.

2.936 Sind an einem Zusammenschluss Unternehmen beteiligt, die nur teilweise Finanzinstitute sind oder die lediglich ab und zu Tätigkeiten im Bankbereich ausüben, ist eine Mischrechnung aus Umsätzen, Bruttoerträgen und Bruttoprämieneinnahmen vorzunehmen.[740]

E. Marktbeherrschung als qualitatives Aufgreifkriterium

1. Einleitung

2.937 Eine besondere Meldepflicht besteht nach Art. 9 Abs. 4 KG, wenn ein Unternehmen am Zusammenschluss beteiligt ist, dessen Marktbeherrschung bereits in einem Verfahren nach Kartellgesetz festgestellt worden ist. In diesem Fall ist das Zusammenschlussvorhaben unabhängig davon, ob die betreffenden Schwellenwerte erreicht werden, bei der WEKO zu melden, wenn der Zusammenschluss den von der Marktbeherrschung betroffenen oder einen vor-, nachgelagerten oder benachbarten Markt betrifft.

2.938 Ziel der Regelung von Art. 9 Abs. 4 KG ist es, die Wirkung der hohen Schwellenwerte abzumildern, indem durch die besondere Meldepflicht marktbeherrschender Unternehmen eine Schranke gesetzt wird, um zu vermeiden, dass ein marktstarkes Unternehmen seine Konkurrenten jeweils vor dem Erreichen der Umsatzgrenze von

738 WEBER/RIZVI, VKU, Art. 6 N 2; HK-REICH, Art. 9 N 20. Ausführlich zur Berechnung des Umsatzes bei Banken vgl. HK-REINERT, Art. 9 N 132 ff.
739 BORER, Art. 9 N 14; WEBER/RIZVI, VKU, Art. 8 N 2.
740 BORER, Art. 9 N 14; WEBER/RIZVI, VKU, Art. 8 N 6.

100 Millionen Franken zu übernehmen und so die Marktstruktur erheblich zu verändern vermag.[741]

2. Feststellung der Marktbeherrschung

Die Feststellung der Marktbeherrschung lässt sich in einem Verfahren nach Art. 7 oder Art. 10 KG vornehmen. Indessen hat die Feststellung im Dispositiv einer rechtskräftigen Verfügung zu erfolgen; aus praktischer Sicht fallen drei mögliche Verfahren in Betracht: eine Untersuchung nach Art. 27 KG, eine vorläufige Prüfung nach Art. 32 Abs. 1 KG sowie eine Prüfung im Sinne von Art. 33 KG.[742] 2.939

In zeitlicher Hinsicht existieren keine Schranken, d.h., faktisch besteht eine Meldepflicht für einmal von der WEKO rechtskräftig als marktbeherrschend bezeichnete Unternehmen fort, bis eine anderslautende Verfügung ergeht, selbst wenn sich der betreffende Markt beispielsweise aufgrund regulatorischer oder tatsächlicher Entwicklungen derart verändert hat, dass das Unternehmen längst nicht mehr marktbeherrschend ist.[743] Um diese Dauerwirkung zu verhindern, ist es denkbar, dass das betreffende Unternehmen einen Antrag auf den Erlass einer entsprechenden negativen Feststellungsverfügung im Sinne von Art. 25 VwVG stellt.[744] 2.940

Die Lehre sieht teilweise den sachlichen Anwendungsbereich von Art. 9 Abs. 4 KG als zu weit gehend an. Insbesondere stellt sich in diesem Zusammenhang die Frage, ob die statuierte Meldepflicht auch dann gilt, wenn der Zusammenschluss nicht das marktbeherrschende Unternehmen direkt betrifft, sondern nur ein mit ihm verbundenes Unternehmen oder wenn ein mit einem nicht marktbeherrschenden Unternehmen zusammen gehaltenes Gemeinschaftsunternehmen beteiligt ist.[745] 2.941

Praxistipp: 2.942

Für die folgenden Unternehmen hat die WEKO eine Marktbeherrschung festgestellt:[746]

Swisscom – Marktbeherrschung auf dem Markt für Netze und Dienste im Zusammenhang mit der Festnetztelefonie (RPW 1997/2 161 ff., 167 und 174);

Batrec AG – Marktbeherrschung auf dem Markt für die stoffliche Verwertung von Altbatterien (RPW 1997/4 490 ff., 504);

741 HK-Reich, Art. 9 N 25; Borer, Art. 9 N 19; Zäch, N 759.
742 KG-Reinert, Art. 9 N 293 ff.
743 Von Büren/Marbach/Ducrey, N 1614; Borer, Art. 9 N 20; HK-Reich, Art. 9 N 26.
744 Borer, Art. 9 N 20; HK-Reich, Art. 9 N 26; Zäch, N 763.
745 Borer, Art. 9 N 20; HK-Reich, Art. 9 N 27.
746 KG-Reinert, Art. 9 N 329 ff.

Le Temps – Marktbeherrschung auf dem Markt für überregionale Tageszeitungen in der welschen Schweiz (RPW 1998/1 40 ff., 61);

Groupe Edipresse – Marktbeherrschung auf dem Markt für Tageszeitungen in der Region Genf und Lausanne (RPW 1998/1 40 ff., 61);

Kiosk AG – Marktbeherrschung auf dem Markt für den Vertrieb von Presseerzeugnissen (Pressegrossist) in der deutschsprachigen Schweiz (RPW 1999/3 400 ff., 415);

Intensiv AG – Marktbeherrschung auf dem Markt für rotierende Instrumente in der Schweiz (RPW 2001/1 95 ff., 109);

Entreprises électriques fribourgeoises (EEF) – Marktbeherrschung auf dem Markt für regionale und überregionale Verteilung und Versorgung mit Strom in ihrem Verteilgebiet (RPW 2001/2 255 ff., 293);

Emmi AG – Marktbeherrschung auf den Märkten für Konsummilch, -rahm und Butter (RPW 2006/2 261 ff., 290);

Flughafen Zürich AG (Unique) – Marktbeherrschung auf dem Markt für die Bereitstellung von Flughafeneinrichtungen zur Erbringung von «off airport»-Valet-Parking-Dienstleistungen für Flugpassagiere (RPW 2006/4 625 ff., 667);

Documed AG – Marktbeherrschung auf dem Markt für die Publikation von Fachinformationen gedruckt und online in einem vollständigen Werk sowie auf dem Markt für die Publikation von Patienteninformationen online in einem vollständigen Werk (RPW 2008/3 385 ff., 410);

Gesamtheit der öffentlichen und öffentlich subventionierten Spitäler des Kantons Luzern – Marktbeherrschung auf den Märkten der halbprivaten und privaten Zusatzversicherung (RPW 2008/4 544 ff., 592).

2.943 **Sonderfall Migros, RPW 2008/1 129 ff.**

Im Rahmen des Zusammenschlussvorhabens Migros/Denner (RPW 2008/1 129 ff.) verfügte die WEKO durch eine Auflage, dass die Migros jeden Zusammenschluss, welcher den Markt für Lebensmitteldetailhandel betreffe, zu melden habe. Obwohl eine solche Verpflichtung gesetzlich nicht vorgesehen ist, hat die Migros gestützt darauf eine Reihe von Unternehmenszusammenschlüssen gemeldet. Bis anhin wurde der Migros noch keine Übernahme untersagt, indessen äusserte sich die WEKO verschiedentlich dahingehend, dass ein sukzessiver Aufkauf kleinerer Zulieferer aufgrund der Stellung auf dem nachgelagertem Markt wettbewerbsrechtlich problematisch werden könnte (RPW 2009/1 61 ff., 62; RPW 2009/1 63 ff., 66; RPW 2009/2 169 ff., 172).

3. Betroffener Markt

Um eine Meldepflicht im Sinne von Art. 9 Abs. 4 KG auszulösen, muss der Unternehmenszusammenschluss denselben Markt betreffen, für den die Marktbeherrschung feststellt wurde, oder aber einen vor- oder nachgelagerten oder benachbarten Markt. Vorgelagert ist ein Markt dann, wenn dessen Produkte oder Dienstleistungen für die Vertrieb von Produkten oder Dienstleistungen des Marktes benötigt werden, für den die Marktbeherrschung feststeht. Nachgelagert ist ein Markt dann, wenn Produkte oder Dienstleistungen des Marktes, für den die Marktbeherrschung festgestellt wurde, für den Vertrieb von Produkten oder Dienstleistungen eines anderen Marktes benötigt werden.[747] 2.944

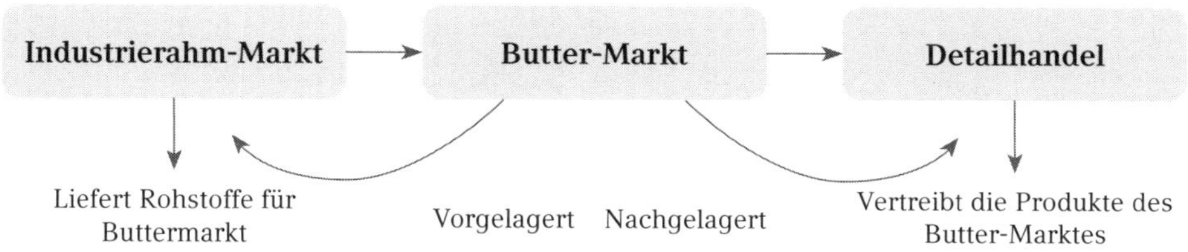

Abb. 2.9

Problematischer ist die Bestimmung von benachbarten Märkten. Der Begriff der benachbarten Märkte ist in räumlicher wie auch in sachlicher Hinsicht zu verstehen und wird tendenziell weit ausgelegt.[748] 2.945

Ein sachlich benachbarter Markt liegt gemäss der Praxis dann vor, wenn aufgrund von Faktoren wie gemeinsamer Rohstoffbasis, Kuppelungsproduktion oder einem gemeinsamen Produktsortiment auf dem Absatzmarkt eine Benachbartheit von Märkten angenommen werden kann.[749] 2.946

747 KG-Reinert, Art. 9 N 306 und 308 je m.w.H.
748 HK-Zäch, N 760.
749 RPW 2006/4 622 ff., 623; KG-Reinert, Art. 9 N 316.

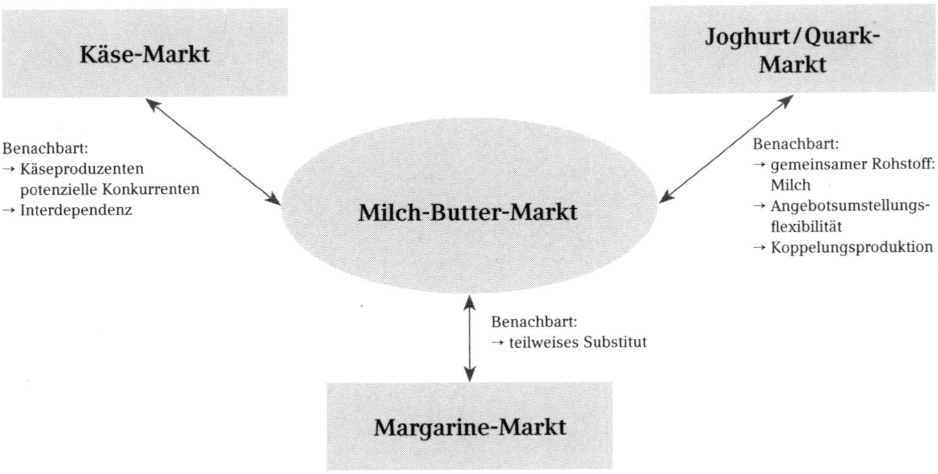

Abb. 2.10

2.947 Ein räumlich benachbarter Markt ist demjenigen Markt, für den die Marktbeherrschung besteht, räumlich angegrenzt. Welche Märkte als räumlich benachbart gelten, ist jeweils im Einzelfall festzustellen.

2.948 **Checkliste: Meldepflicht nach Art. 9 Abs. 4 KG**

- ☐ Rechtskräftige Verfügung über Feststellung der Marktbeherrschung
- ☐ Gleicher, vor- oder nachgelagerter, benachbarter Markt

F. Meldung

1. Meldepflichtige Unternehmen

2.949 Die Unternehmen, die ein Zusammenschlussvorhaben zu melden haben, sind in Art. 9 VKU genannt. Liegt eine Fusion nach Art. 4 Abs. 3 lit. a VKU vor, ist das Vorhaben von den fusionierenden Parteien gemeinsam zu melden; im Rahmen eines Kontrollerwerbs i.S.v. Art. 4 Abs. 3 lit. b KG obliegt die Meldung dem neu kontrollierenden Unternehmen. Das kontrollierte und das veräusserte Unternehmen unterliegen keiner Meldepflicht.[750]

2.950 Ist eine gemeinsame Meldung notwendig, haben die meldenden Unternehmen einen gemeinsamen Vertreter zu bestellen, welcher gegenüber der WEKO als Zustellungsberechtigter gilt (Art. 9 Abs. 2 VKU).

750 Borer, Art. 9 N 22; HK-Reich, Art. 9 N 28; Weber/Rizvi, VKU, Art. 9 N 2.

Die Benennung eines Zustellungsberechtigten mit einem Schweizer Zustellungsdomizil ist zwingend, wenn die Meldepflicht einem ausländischen Unternehmen obliegt (Art. 9 Abs. 3 VKU). 2.951

Wichtig: 2.952

Eine Meldepflicht ist im Rahmen eines Zusammenschlussvorhabens während der gesamten Verhandlungsdauer zu beachten. Wichtig ist insbesondere, entsprechende Klauseln in die Zusammenschlussverträge aufzunehmen. Von Bedeutung sind – abhängig vom jeweiligen Verfahrensstand – die folgenden Klauseln:[751]

Vorprüfungsverfahren (1 Monat ab vollständiger Einreichung der Meldung)

Wichtigster Punkt: Während des Vorprüfungsverfahrens besteht ein gesetzliches Vollzugsverbot (Art. 32 Abs. 2 KG).

- **Kündigungsrecht:** Kündigungsrechte sind insbesondere für den Fall vorzusehen, dass die WEKO das Zusammenschlussvorhaben verbietet oder dass eine Partei sich bezüglich des Prüfungsverfahrens gegenüber der WEKO unkooperativ verhält.
- **Bedingungen:** Bedingungen stellen sicher, dass ein Zusammenschlussvorhaben erst nach der Zustimmung der Wettbewerbsbehörden vollzogen wird. Je nach Interessenlage ist die Bedingung in der Form auszugestalten, dass ein Zusammenschluss unmittelbar nach der Zustimmung der Wettbewerbsbehörde erteilt wird, oder aber erst, nachdem – beispielsweise bei internationalen Zusammenschlüssen – die erforderliche Zustimmung von sämtlichen Wettbewerbsbehörden vorliegt.

Hauptprüfung (4 Monate ab Mitteilung der WEKO)

Wichtigste Punkte: Nur in unklaren Fällen führt die WEKO eine Hauptprüfung durch; deshalb haben die Parteien ein mögliches Verbot des Vollzuges oder eine Zulassung unter Auflagen und/oder Bedingungen zu bedenken. Wichtig ist, diese Risiken zwischen den Parteien zu verteilen; dies geschieht durch die folgenden Klauseln:[752]

- **Hell-or-High-Water-Klauseln:** Hell-or-High-Water-Klauseln stammen ursprünglich aus dem Vertragsrecht und bedeuten, dass der Käufer den Kaufpreis bezahlen muss, unabhängig von allfällig auftauchenden Schwierigkeiten («komme, was wolle»). Im Kartellrecht bedeuten solche Klauseln, dass der Käufer alles zu unternehmen hat, um die Zustimmung der Wettbewerbsbehörden zu erlangen, und das Zusammenschlussvorhaben unabhängig von allfälligen Auflagen und/oder Bedingungen zu vollziehen hat. Hell-or-High-Water-Klauseln sind im Interesse des Verkäufers und bieten diesem maximale Durchführungssicherheit.

751 Die nachfolgenden Ausführungen basieren auf Meinhardt, 212 ff.
752 Meinhardt, 217 ff.

- **Material-Adverse-Change-Klauseln:** MAC-Klauseln sind Ausstiegsklauseln, welche für die jeweilige Partei den Ausschluss des Zusammenschlussvorhabens sicherstellen, falls sich durch behördliches Eingreifen die wesentlichen Grundlagen des Vorhabens ändern.
- **Break-Fees:** Break Fees sind eine Art Konventionalstrafen, welche der Käufer dem Verkäufer auszurichten hat, wenn es infolge Auftretens eines MAC nicht zum vorgesehenen Zusammenschluss kommt.

2. Sonderprobleme

a) Gun Jumping

2.953 Unter **Gun Jumping** versteht man ein gegen das kartellrechtliche Vollzugsverbot verstossendes Verhalten von an einem Zusammenschlussvorhaben beteiligten Unternehmen.[753]

2.954 Das Gun-Jumping-Problem stellt sich im Hinblick auf zwei Aspekte, nämlich einerseits mit Bezug auf einen Verstoss gegen das Vollzugsverbot i.S.v. Art. 32 Abs. 2 KG bzw. Art. 33 Abs. 2 KG (Gun Jumping im engeren Sinne) und andererseits mit Bezug auf einen unzulässigen Informationsaustausch oder sonstige Wettbewerbsabsprachen i.S.v. Art. 5 KG (Gun Jumping im weiteren Sinn).[754]

aa) Verstoss gegen das Vollzugsverbot

2.955 Art. 32 Abs. 2 und Art. 33 Abs. 2 KG halten fest, dass ein Zusammenschlussvorhaben während der Vorprüfung bzw. während der Prüfung nicht vollzogen werden darf. Weder das KG noch die VKU enthalten indessen eine Konkretisierung, was genau als Vollzug des Unternehmenszusammenschlusses gilt, WEKO und Lehre verstehen unter Vollzug die Vornahme eines eigentlichen **Verfügungsgeschäfts.**[755] Darunter versteht man den Akt, der die effektive Änderung der Marktstrukturen herbeiführt, d.h. den Zeitpunkt, in welchem die tatsächliche oder rechtliche Möglichkeit besteht, auf die Willensbildung der betroffenen Unternehmen mittelbar oder unmittelbar Einfluss zu nehmen.[756]

2.956 Der Zeitpunkt der tatsächlichen Beeinflussungsmöglichkeit kann sehr unterschiedlich sein. Im Rahmen eines Beteiligungserwerbs besteht die Möglichkeit zur Einflussnahme auf die Willensbildung regelmässig dann, wenn die betreffenden Betei-

753 REINERT, Gun-Jumping, 358; KG-BORER/KOSTKA, Art. 32 N 80.
754 REINERT, Gun-Jumping, 358; KG-BORER/KOSTKA, Art. 32 N 81.
755 VON BÜREN/MARBACH/DUCREY, N 1621.
756 BORER, Art. 9 N 23; HK-REICH, Art. 9 N 31; RPW 2001/ 144 ff., 150; RPW 2002/2 356 ff., 361.

ligungen erteilt sind. Bei einem Share Deal ist dies die Übertragung der Aktien, als wesentlicher Vollzugszeitpunkt gilt der Eintrag ins Aktienbuch.[757]

Unter Umständen ist jedoch erst der Zeitpunkt massgebend, in welchem die rechtmässige Einsitznahme in das willensbildende Organ der Gesellschaft erfolgt.[758] Als besonders schwierig erweist sich die Bestimmung des Vollzugszeitpunktes, wenn die Möglichkeit der Einflussnahme von faktischen Gegebenheiten oder von einer Kombination aus faktischen und rechtlichen Tatsachen abhängig ist.[759] 2.957

Vertiefung: Aus der Praxis der WEKO sind bezüglich des Vollzugszeitpunkts die folgenden Entscheide erwähnenswert: 2.958

- Im Rahmen des Zusammenschlusses Druckerei Wetzikon AG (DW AG)/Anzeiger von Uster AG (AvU) schlossen die Parteien im Vorfeld einen Gründungsvertrag ab, in welchem die DW AG dem AvU eine Kaufoption für ein substanzielles Aktienpaket einräumte. Weil der Zeitpunkt und der Umfang der Ausübung der Option noch nicht bestimmt waren, handelte es sich dabei nicht um den Vollzug, erst die Ausübung der Option führte zur Übernahme der alleinigen Kontrolle des AvU und damit zu einem meldepflichtigen Zusammenschluss (RPW 1998/1 90 ff., 95).
- Beim Erwerb von Namenaktien ist der Zeitpunkt des Eintrages ins Aktienbuch massgeblich, weil die Aktien mit der Übergabe der Titel zwar übergehen (Art. 648 OR), jedoch gegenüber der Gesellschaft erst mit dem Eintrag ins Aktienbuch geltend gemacht werden können (Art. 686 OR) (RPW 1998/4 613 ff., 617).
- Die WEKO liess – nach dem Beschluss, eine vertiefte Prüfung nach Art. 33 KG durchzuführen – die Gründung einer AG zur firmenrechtlichen Sicherung des Namens zu, sofern diese vor Abschluss des Prüfungsverfahrens keine Geschäftstätigkeit entfalten würde (RPW 2006/2 261 ff.).

Unzulässig ist auch die Übertragung der Aktien im Rahmen eines öffentlichen Übernahmeangebotes oder Creeping Takeovers (sog. sukzessiver Aktienerwerb), dies ergibt sich e contrario aus Art. 16 Abs. 2 VKU, der festhält, dass bei einem öffentlichen Übernahmeangebot ein vorzeitiger Vollzug bewilligt werden könne.[760] Als Vollzugshandlungen sind auch sämtliche Einträge ins Handelsregister sowie die Bezahlung des Kaufpreises zu beurteilen.[761] Gegen das Vollzugsverbot verstösst ferner ein gemeinsamer Marktauftritt vor Genehmigung des Zusammenschlusses.[762] 2.959

Vertiefung: Die Ernst&Young (E&Y), welche die Arthur Anderson (AA) zu kaufen gedachte, bezeichnete die AA gegen aussen hin als «verbundenes Unternehmen»; dadurch tätigte E&Y gemäss der WEKO nicht bloss eine Vorbereitungs-, sondern bereits eine Vollzugshandlung, weil sich durch die Bezeichnung zeigte, dass das eine Unternehmen bereit war, seine Identität zugunsten der anderen Firma aufzugeben, und deshalb eine Änderung der Marktstruktur erfolgte (RPW 2002/2 356 ff., 361 f.). 2.960

---

757 Reinert, Gun-Jumping, 361; RPW 1998/4 613 ff., 616.

758 Borer, Art. 9 N 23; Reinert, Gun-Jumping, 358; RPW 2001/ 144 ff., 150.

759 Borer, Art. 9 N 23; RPW 2002/2 356 ff., 361.

760 Reinert, Gun-Jumping, 363.

761 KG-Borer/Kostka, Art. 32 N 14; differenzierend bezüglich der Bezahlung des Kaufpreises: Reinert, Gun-Jumping, 366.

762 Reinert, Gun-Jumping, 368 ff.

2.961 Das Vollzugsverbot bedeutet indessen nicht, dass vor der Meldung bzw. der Freigabe nicht gewisse vorbereitende Handlungen vorgenommen werden dürfen. Zulässig sind beispielsweise die Einholung der für den Zusammenschluss notwendigen Gesellschafterbeschlüsse oder das gemeinsame Auftreten der Gesellschafter gegen aussen.[763] Auch die Durchführung einer Due Diligence gehört zu den üblichen Vorbereitungshandlungen.[764]

2.962 **Checkliste: Gun Jumping**

Zulässige Handlungen:	Unzulässige Handlungen:
Verpflichtungsgeschäfte	Verfügungsgeschäfte
☐ Durchführung Due Diligence	☐ Handelsregistereinträge
☐ Einholen von Generalversammlungsbeschlüssen	☐ Bezahlung des Kaufpreises
☐ Abschluss eines Kaufoptionsvertrages	☐ Ausübung einer Kaufoption
☐ Vorbereitung zur Integration des zu übernehmenden Unternehmens	☐ Aktientransfer
☐ Abschluss eines Aktienkaufvertrages	
☐ Abschluss eines Aktionärsbindungsvertrags oder eines Kooperationsvertrags	
☐ Abschluss eines Joint-Venture-Vertrages zur Gründung eines GU	

bb) Unzulässiger Informationsaustausch

2.963 Das Vollzugsverbot kann auch durch einen unzulässigen Informationsaustausch verletzt werden. Werden heikle Informationen ausgetauscht, besteht die Gefahr, dass die betroffenen Unternehmen schon vor dem eigentlichen Vollzug ihr Marktverhalten abstimmen.[765]

2.964 Als Vorbereitung für einen Zusammenschluss wird oft eine Due Diligence durchgeführt, um die Risiken einer Transaktion besser einschätzen zu können. Dies ist grundsätzlich zulässig und stellt für sich allein genommen keinen Verstoss gegen das Vollzugsverbot dar. Weil die Durchführung einer **Due Diligence** indessen den

763 Borer, Art. 9 N 23; HK-Reich, Art. 9 N 31; RPW 2002/2 356 ff., 361.
764 Reinert, Gun-Jumping, 360.
765 Körber, Art. 7 N 15; Reinert, Gun-Jumping, 374.

Austausch von sensitiven Geschäftsgeheimnissen bedingt, sind bei deren Durchführung gewisse Vorsichtsregeln zu beachten.

In der Praxis ist es üblich, im Vorfeld des Informationsaustausches eine **Vertraulichkeitsvereinbarung** abzuschliessen.[766] Die Vertraulichkeitserklärung sollte festhalten, dass (i) die Daten nur für den Zweck der Transaktion verwendet werden dürfen, (ii) nur diejenigen Personen Zugang zu den Daten erhalten, welche diese für den Zweck der Transaktion benötigen und (iii) die Daten beim Abbruch der Transaktion sofort zu vernichten sind.[767] 2.965

Die Bearbeitung besonders heikler Daten sollte zudem nur über spezielle **Clean Teams** abgewickelt werden, welche mit dem Tagesgeschäft der betroffenen Unternehmen nichts zu tun haben.[768] Dies ist insbesondere im Rahmen von horizontalen Zusammenschlüssen von Bedeutung, wenn die betroffenen Unternehmen auf dem Markt als Konkurrenten auftreten.[769] 2.966

Checkliste: Informationsaustausch beim Zusammenschluss 2.967

Grundregel: Kein Austausch von Geschäftsgeheimnissen zwischen den Unternehmen

- ☐ Produktpreise
- ☐ Produktionskosten
- ☐ Kundenlisten
- ☐ Marketing- und Geschäftsstrategien

Austausch von Geschäftsdaten: Nur über Clean Teams

Bei Gründung eines neuen Unternehmens: Künftige Geschäftspläne sowie Marketing- und Geschäftsstrategien des neuen Unternehmens dürfen zwischen den Parteien besprochen werden.

---

766 Reinert, Gun-Jumping, 376; Meinhardt, 212.
767 Reinert, Gun-Jumping, 376.
768 Körber, Art. 7 N 15.
769 Reinert, Gun-Jumping, 377.

2.968 **Praxistipp:**

Im Rahmen des Vollzugsverbotes können auch sog. **Conduct-of-Business-Klauseln** problematisch sein. Solche Klauseln dienen der Überbrückung zwischen Vertragsabschluss (Signing) und Vollzug (Closing) und sollen sicherstellen, dass der Geschäftsbetrieb im bisherigen Rahmen fortgeführt wird und keine Handlungen vorgenommen werden, die einen nachteiligen Einfluss auf den Geschäftsgang haben.[770]

Solche Klauseln sind indessen kritisch, wenn sie es faktisch ermöglichen, dass der Erwerber bereits in die Willensbildung des zu übernehmenden Unternehmens eingreift oder wenn durch die Klauseln der Wettbewerb zwischen den Parteien eingestellt wird.[771]

b) Ancillary Restraints

2.969 Als **Ancillary Restraints** bezeichnet man Nebenabreden, die mit der Durchführung eines Zusammenschlussvorhabens verbunden sind und eine wettbewerbsbeschränkende Wirkung entfalten.[772] Typische Nebenabreden sind Wettbewerbsverbote, Lizenzverträge oder Liefer- und Bezugsvereinbarungen.

2.970 Solche Nebenabreden können insbesondere auch eine Wettbewerbsbeschränkung im Sinne von Art. 5 bzw. Art. 7 KG beinhalten, weshalb sich die Frage stellt, ob im Rahmen der Prüfung des Zusammenschlusses auch die Bestimmungen über die Verhaltenskontrolle von Art. 5 und 7 KG heranzuziehen sind.[773]

2.971 Nebenabreden von Zusammenschlussvorhaben werden nach h.L. und Praxis ausschliesslich im Rahmen der Zusammenschlusskontrolle überprüft und sind deshalb von einer allfälligen Unbedenklichkeitserklärung erfasst.[774]

2.972 Vorausgesetzt dafür ist, dass die betreffende Abrede unmittelbar mit der Durchführung des Zusammenschlussvorhabens verbunden und für dieses notwendig, d.h. verhältnismässig, ist. Abreden, welche zwar in einem Zusammenhang mit dem Zusammenschlussvorhaben stehen, jedoch diese Voraussetzungen nicht erfüllen, sind keine Nebenabreden im Sinne des Kartellrechts und unterliegen deshalb einer gesonderten Prüfung nach Art. 5 bzw. Art. 7 KG.[775]

2.973 Die Europäische Kommission hat für die Beurteilung von Nebenabreden eine gesonderte Bekanntmachung[776] erlassen, welche auch der WEKO als Orientierungs-

770 Körber, Art. 7 N 16; Reinert, Gun-Jumping, 378 f.

771 Körber, Art. 7 N 16.

772 RPW 2006/1 131 ff., 139; zum Begriff allgemein vgl. auch Kostka, 366 f., 548.

773 Vgl. zu dieser Problematik vorne N 2.890 ff.

774 KG-Borer/Kostka, Art. 32 N 88; RPW 2006/1 131 ff., 139.

775 RPW 2006/1 131 ff., 139.

776 Bekanntmachung der Kommission über Einschränkungen des Wettbewerbs, die mit der Durchführung von Unternehmenszusammenschlüssen unmittelbar verbunden sind, ABl. C 56, 5. März 2005, 27 ff.

hilfe dient.[777] Die Nebenabreden sind demgemäss vom Konzernprivileg erfasst, wenn die folgenden Voraussetzungen erfüllt sind:

- **Unmittelbarkeit:** Die Unmittelbarkeit bedeutet, dass die Abrede in wirtschaftlicher Hinsicht mit dem Zusammenschluss verbunden ist und den reibungslosen Übergang zur neuen Unternehmensstruktur gewährleisten soll.[778]
- **Notwendigkeit:** Notwendig ist eine Abrede, wenn der Zusammenschluss ohne sie entweder gar nicht oder nur unter deutlich ungewisseren Voraussetzungen, zu wesentlich höheren Kosten, über einen spürbar längeren Zeitraum oder mit erheblich geringeren Erfolgsaussichten möglich ist.[779] Die Notwendigkeit beurteilt sich im Sinne einer Verhältnismässigkeitsprüfung ferner danach, ob sie im Hinblick auf ihren sachlichen, räumlichen und zeitlichen Geltungsbereich nicht über das erforderliche Mass hinausgeht.[780]

Typische Nebenabreden sind **Wettbewerbsverbote,** welche dem Veräusserer im Zusammenhang mit der Übertragung eines Unternehmens auferlegt werden und sicherstellen sollen, dass der Erwerber den vollständigen Wert des übertragenen Vermögens erhält, welcher sowohl materielle als auch immaterielle Werte wie den Goodwill (Unternehmenswert) umfasst.[781] Wettbewerbsverbote sind zulässig, soweit sie mit der Durchführung des Zusammenschlussvorhabens unmittelbar verbunden und für dieses in räumlich, zeitlich und sachlicher Hinsicht notwendig sind. Ist dies nicht der Fall, handelt es sich um eine Wettbewerbsabrede, welche nach Massgabe von Art. 5 KG zu prüfen ist.[782] 2.974

In zeitlicher Hinsicht ist ein Konkurrenzverbot von bis zu drei Jahren gerechtfertigt, wenn Goodwill und Know-how übertragen werden; wird nur Goodwill übertragen, beträgt die zulässige Höchstdauer zwei Jahre.[783] Überdies kann eine Dauer von über drei Jahren gerechtfertigt sein, wenn nachgewiesen wird, dass die Kunden dem Veräusserer länger als drei Jahre treu bleiben.[784] 2.975

Vertiefung: Im Rahmen des Zusammenschlussvorhabens zwischen Denner und Pick Pay sah die WEKO ein Konkurrenzverbot von drei Jahren im Rahmen einer Nebenabrede als gerechtfertigt an, weil sowohl Goodwill (Kunden der Filialen) als auch Know-how (Personal) übertragen wurden (RPW 2006/1 131 ff., 139). 2.976

Im Rahmen des Zusammenschlussvorhabens ISS/Edelweissfm erachtete die WEKO ein Konkurrenzverbot von fünf Jahren als gerechtfertigt, weil der praktisch ausschliessliche Wert des zu übernehmenden Unternehmens im Vertrag mit der Hauptkundin bestand und es für das übernehmende Unternehmen, die ISS, deshalb von herausragender Bedeutung war, diesen Vertrag wieder zu erlangen. Durch das fünfjährige Konkurrenzverbot sollte sichergestellt 2.977

---

777 Vgl. z.B. RPW 2006/1 131 ff., 139; KG-Borer/Kostka, Art. 32 N 89; Martenet/Holzmüller, 193.
778 RPW 2006/4 682 ff., 690.
779 RPW 2006/4 682 ff., 690.
780 RPW 2006/1 131 ff., 139.
781 RPW 2006/1 131 ff., 139.
782 RPW 2006/4 682 ff., 690.
783 RPW 2006/1 131 ff., 139; vgl. Bekanntmachung EU, Ziff. 20.
784 RPW 2006/4 682 ff., 691.

werden, dass die Aktionäre der Edelweissfm nach dem Auslaufen des Vertrages sich nicht unter einer neuen Firma für das Mandat bewerben konnten (RPW 2006/4 682 ff., 691 f.).

2.978 **Fallbeispiel: Denner/Pick Pay, RPW 2006/1 131 ff.**

Im September 2005 meldete die Denner AG (Denner) die Übernahme von 146 Pick-Pay-Filialen der Rewe Schweiz AG sowie des dazugehörigen Logistikzentrums. Die übernommenen Filialen sollten in der Folge unter dem Denner-Logo auftreten, die Marke Pick Pay aufgegeben werden. Die Meldung war aufgrund des Überschreitens der Schwellenwerte nach Art. 9 Abs. 1 KG notwendig.

Das Zusammenschlussvorhaben war mit zwei Nebenabreden (Ancillary Restraints) verbunden, einerseits mit einem dreijährigen Konkurrenzverbot, andererseits mit einer Vereinbarung zwischen Migros (als Vermieterin eines Teils der zu übernehmenden Filialen) und Denner betreffend die Übernahme von Mietverträgen der betroffenen Filialen.

Im Detailhandel ist zwischen zwei sachlich relevanten Märkten zu unterscheiden:

- Absatzmarkt, auf dem die Detailhändler den Endverbrauchern als Anbieter gegenüberstehen;
- Beschaffungsmarkt, auf dem die Detailhändler den Lieferanten als Nachfrager gegenüberstehen, wobei dieser sich in einzelne Produktgruppen (z.B. Brot/Fleisch/Tiefkühlprodukte, Raucherwaren usw.) gliedern lässt.

Als betroffene Märkte i.S.v. Art. 11 lit. d VKU sah die WEKO lediglich die Beschaffungsmärkte für alkoholische Getränke und Raucherwaren, jedoch wurde durch das Zusammenschlussvorhaben keine marktbeherrschende Stellung begründet oder verstärkt. Die Voraussetzungen für eine Prüfung nach Art. 10 KG lagen deshalb nicht vor, die WEKO erklärte den Zusammenschluss als unbedenklich. Die Unbedenklichkeitserklärung umfasste auch die mit dem Zusammenschlussvorhaben verbundenen Nebenabreden.

3. Zeitpunkt der Meldung

a) Zeitpunkt der Einreichung

2.979 Art. 9 KG hält fest, dass die Meldung des Unternehmenszusammenschlusses vor dessen **Vollzug** zu erfolgen hat. Weder das KG noch die VKU enthalten indessen eine Konkretisierung, was genau als Vollzug des Unternehmenszusammenschlusses gilt; die h.L. geht indessen davon aus, dass die Meldung vor dem eigentlichen **Verfügungsgeschäft** vorzunehmen ist.[785] Die WEKO stellt im Allgemeinen auf den Zeitpunkt der **Kontrollübernahme** ab.[786] Wird ein Zusammenschluss vollzogen,

785 Vgl. zum Zeitpunkt des Vollzugs vorne N 2.955 ff.
786 Vgl. vorne N 2.953 ff.

obwohl die Genehmigung der WEKO noch nicht vorliegt, spricht man auch von einem Verstoss gegen das Gun-Jumping-Verbot.[787]

In den Fällen, in denen ein Zusammenschluss in mehreren Schritten vollzogen wird, lässt es die WEKO zu, das Zusammenschlussvorhaben als einen wirtschaftlich einheitlichen Vorgang zu sehen, wenn die Anlaufzeit, während welcher die gemeinsame Kontrolle vorliegt, auf maximal ein Jahr beschränkt ist.[788] 2.980

Praxistipp: 2.981

In der Praxis ist es sinnvoll, vor der eigentlichen Meldung eine **informelle Beratung** mit dem Sekretariat der WEKO gestützt auf einen **Entwurf** der Meldung abzuhalten. Dadurch kann einerseits das Bestehen einer Meldepflicht überhaupt geklärt werden, andererseits besteht die Möglichkeit, den Inhalt der zu erfolgenden Meldung mit dem Sekretariat der WEKO einvernehmlich festzulegen (Art. 12 VKU, Art. 23 Abs. 2 KG).

Im Nachgang zur informellen Voranmeldung lässt sich das eigentliche Verfahren, sollte ein solches sich als notwendig erweisen, rascher und effizienter abwickeln.

Aus praktischer Sicht haben die betreffenden Unternehmen unter Umständen ein Interesse daran, ein Zusammenschlussvorhaben möglichst früh zu melden und genehmigt zu erhalten, um allfällige Kosten, welche im Rahmen von Vertragsverhandlungen entstehen, zu vermeiden. Normalerweise erfolgt die Meldung nach Abschluss des Verpflichtungsgeschäfts. In gewissen Fällen erlaubt die WEKO jedoch in Anlehnung an die europäische Praxis die Einreichung einer Meldung bereits nach Abschluss einer entsprechenden **Grundsatz- und Rahmenvereinbarung** (z.B. eines Letter of Intent), welche den Transaktionswillen rechtsgenügend zum Ausdruck bringt.[789] In einem solchen Fall sind die schriftliche, von den Parteien unterzeichnete Grundsatzentscheidung oder Absichtserklärung, aus welcher die Absicht zum Zusammenschluss konkret hervorgeht, sowie allfällige Vertragsentwürfe der Meldung beizulegen.[790] 2.982

Vertiefung: Die WEKO betrachtete beispielsweise die Einreichung einer **Absichtserklärung** der ALSTOM, die Vermögenswerte der SBB Schienenfahrzeuge AG (SBB) erwerben zu wollen, sowie einen **Vertragsentwurf** über die geplante Transaktion als ausreichend, um glaubhaft zu machen, dass die Unternehmen gewillt sind, das der geplanten Transaktion zugrunde liegende Verpflichtungsgeschäft abzuschliessen, und sah das Vorhaben als meldefähig an (RPW 2007/3 454 ff., 455 f.). 2.983

---

787 Vgl. dazu vorne N 2.953 ff.

788 Neue Mitteilung bei Zusammenschlussverfahren, 1; Weber/Rizvi, VKU, Art. 9 N 5.

789 Borer, Art. 9 N 23; HK-Reich, Art. 9 N 32; RPW 2008/3 416 ff., 417; RPW 2007/3 454 ff. Vgl. dazu auch Tschäni Rudolf/Diem Hans-Jakob/Wolf Matthias, M&A Transaktionen nach Schweizer Recht, Zürich/Basel/Genf 2013, 545.

790 RPW 2007/3 454 ff., 455 ff.; RPW 2006/3 476 ff., 481.

2.984 **Letter of Intent**

Formulierungsbeispiel: «Die XY AG will die wesentlichen Vermögenswerte der Z AG für deren bisherige Geschäftstätigkeit erwerben» (RPW 2007/3 454 ff., 455).»

Der Transaktionswille kann in verschiedenen Formen zur Geltung kommen, beispielsweise ist an folgende Instrumente zu denken:[791]

- Schriftliche Grundsatzvereinbarung
- Kaufempfehlung des Verwaltungsrates
- Aktionärsbindungsvertrag
- Schriftliche Bestätigung, dass der Vorvertrag in unveränderter Form in den definitiven Aktienkaufvertrag überführt werden soll (RPW 2009/2 173 ff.)
- Abschluss eines Kaufoptionsvertrages (RPW 1998/1 90 ff.)

2.985 Die Gefahr einer solchen Meldung besteht jedoch darin, dass sich die Vertragsverhandlungen anders als ursprünglich geplant entwickeln, wodurch es zu einer wesentlichen Veränderung der Verhältnisse kommt. Solche Veränderungen sind gemäss Art. 21 VKU dem Sekretariat der WEKO umgehend zu melden; wenn sich daraus erhebliche Auswirkungen auf das Zusammenschlussvorhaben ergeben, beginnen die Prüfungsfristen neu zu laufen. Aus diesem Grund ist eine Meldung an die WEKO für die Unternehmen erst dann empfehlenswert, wenn die grundlegenden Parameter des Zusammenschlussvorhabens feststehen.[792]

2.986 Wird die Meldung unterlassen, leitet die WEKO das Vorprüfungsverfahren von Art. 32 ff. KG gemäss Art. 35 KG von Amtes wegen ein; den zur Meldung verpflichteten Unternehmen droht in diesem Fall die Auferlegung einer Sanktion im Sinne von Art. 51 Abs. 1 bzw. 55 KG.[793]

2.987 **Praxistipp:**

Aus zivilrechtlicher Sicht ist es notwendig, dass sämtliche Verträge, welche die Unternehmen im Hinblick auf den geplanten Zusammenschluss abschliessen, unter der Suspensivbedingung geschlossen werden, dass die WEKO den entsprechenden Zusammenschluss genehmigt. Ansonsten drohen den Beteiligten vertragliche Schadenersatzansprüche, sollte durch eine Nichtgenehmigung oder bei einer Genehmigung unter Bedingungen oder Auflagen eine der Parteien einen Schaden erleiden.

791 KG-Borer/Kostka, Art. 32 N 16.
792 Borer, Art. 9 N 24; HK-Reich, Art. 9 N 32.
793 Von Büren/Marbach/Ducrey, N 1621; HK-Reich, Art. 9 N 29.

b) Vorzeitiger Vollzug

Bei Auslösung der Meldepflicht gemäss Art. 9 KG unterliegen die beteiligten Unternehmen im Hinblick auf den Unternehmenszusammenschluss einer Vollzugssperre, d.h., das Vorhaben kann bis zum Bescheid der WEKO nicht vollzogen werden. 2.988

Aus wichtigen Gründen vermag die WEKO das Vollzugsverbot indessen aufzuheben und den **vorzeitigen Vollzug** zu bewilligen (Art. 32 Abs. 2 KG). Sachlich handelt es sich um eine provisorische Entscheidung, welche der WEKO im Hinblick auf die Untersuchung keinerlei Verpflichtungen auferlegt, d.h. um eine vorsorgliche Massnahme.[794] Das Gesuch um einen vorzeitigen Vollzug ist grundsätzlich zusammen mit der Meldung selbst einzureichen, Lehre und Praxis lassen indessen einen vorzeitigen Vollzug beim Vorliegen bestimmter Voraussetzungen schon **vor der Einreichung der Meldung** zu. 2.989

Die Bewilligung des vorzeitigen Vollzugs ist gemäss WEKO ausnahmsweise vor Einreichung der Meldung möglich, wenn (1) die WEKO anderweitig, beispielsweise durch einen Entwurf einer bei den europäischen Behörden einzureichenden Meldung, genügend über das Zusammenschlussvorhaben informiert ist, (2) besondere Gründe vorliegen, aufgrund derer eine vorzeitige Meldung nicht vorgenommen werden kann und schliesslich ist (3) in Betracht zu ziehen, ob und wie die fraglichen Vollzugshandlungen wieder rückgängig gemacht werden können.[795] 2.990

Als Voraussetzung für die Zulassung eines vorzeitigen Vollzugs nennt das Gesetz das Vorliegen wichtiger Gründe; die WEKO untersucht jeweils zusätzlich im Rahmen einer summarischen Prüfung, ob im Hinblick auf die Auswirkungen des Zusammenschlusses auf die betroffenen Märkte keine allzu grossen wettbewerbsrechtlichen Bedenken bestehen. 2.991

Ein möglicher **wichtiger Grund** für einen vorzeitigen Vollzug ist insbesondere das Vorliegen der Voraussetzungen einer Sanierungsfusion (Failing Company Defense)[796], d.h. einer Fusion, welche zum Zwecke der Sanierung des betreffenden Unternehmens notwendig ist. Gleiches gilt im Zusammenhang mit einem öffentlichen Übernahmeangebot, doch auch andere Gründe wie z.B. die Erhaltung von Arbeitsplätzen oder die offensichtliche Unbedenklichkeit eines Zusammenschlussvorhabens können Gründe für einen vorzeitigen Vollzug sein.[797] Zu denken ist weiter an eine positive ausländische Entscheidung oder an einen Fall, in dem eine zeitliche Dringlichkeit auf einer Besonderheit des betroffenen Marktes beruht.[798] 2.992

Gemäss der Praxis der WEKO liegt ein wichtiger Grund immer dann vor, wenn das Abwarten der einmonatigen Prüfungsfrist den Erfolg des Unternehmenszusammenschlusses gefährdet oder den beteiligten Unternehmen oder Dritten ein schwerer Schaden droht.[799] Die WEKO handhabt die wichtigen Gründe zur Bewilligung des 2.993

794 Borer, Art. 32 N 8.
795 RPW 2009/1 85 ff., 87.
796 Vgl. dazu hinten N 2.1059 ff.
797 Botschaft, 141; Borer, Art. 32 N 10; Hoffet, N 10.58.
798 RPW 2011/4 680 ff., 681.
799 RPW 2009/1 85 ff., 88; Borer, Art. 32 N 10.

vorzeitigen Vollzugs **restriktiv** und berücksichtigt bei der Prüfung, dass das Verfahren der vorläufigen Prüfung mit einem Monat relativ kurz bemessen ist. Eine Zulassung ist insbesondere nur dann möglich, wenn sich die zeitliche Dringlichkeit nicht aus Gründen ergibt, welche durch die Parteien selbst verursacht wurden, sondern wenn sie auf **äusseren Umständen** beruht.[800]

2.994 **Vertiefung:** In der Praxis hat die WEKO beispielsweise die folgenden Gründe als ausreichend wichtig für einen vorzeitigen Vollzug angesehen:

- **Gefährdung von Arbeitsplätzen:** Weil das Abwarten der einmonatigen Frist die Entlassung und allfällige Wiedereinstellung von rund 200 Mitarbeitern zur Folge hätte haben können, dadurch der Erfolg des Zusammenschlusses gefährdet worden wäre und eine erste Würdigung ergab, dass der Zusammenschluss wahrscheinlich nicht zu schädlichen Auswirkungen auf dem betroffenen Markt führen würde, hat die WEKO einen vorzeitigen Vollzug bei der Übernahme der Berner Vertragsorganisation (BEVO) durch die Post bewilligt (RPW 1998/2 268 ff., 273).
- **Konflikte von in- und ausländischen Fristen:** Weil zwischen den anwendbaren börsenrechtlichen Fristen im Ausland und den kartellrechtlichen Fristen Konflikte vorlagen und eine summarische Prüfung ergab, dass der Zusammenschluss nicht zu Wettbewerbsbedenken führen würde, liess die WEKO einen vorzeitigen Vollzug des Zusammenschlusses zwischen Schaeffler und Continental zu (RPW 2009/1 85 ff., 88).

2.995 Nicht ausreichend für die Bewilligung eines vorzeitigen Vollzugs waren von den Parteien geltend gemachte **«Commitment Costs»,** weil es die Parteien gemäss WEKO versäumten, diese ausreichend zu belegen und zu beweisen bzw. deren Höhe im Verhältnis zu den gesamten Transaktionskosten darzulegen. Zudem wäre es im betreffenden Fall den Parteien möglich gewesen, die Meldung schon früher einzureichen (RPW 2011/4 680 ff., 681).

2.996 **Vorzeitiger Vollzug gemäss Art. 32 Abs. 2 KG**

- ☐ Einreichung des Gesuchs mit der Meldung
- ☐ Vorliegen eines wichtigen Grundes
- ☐ Keine grundlegenden Bedenken betreffend die Auswirkungen des Zusammenschlussvorhabens auf den Wettbewerb

Vor Einreichung der Meldung zusätzlich:

- ☐ Genügende Information der WEKO über das Zusammenschlussvorhaben
- ☐ Besondere Gründe für die Nichtvornahme der Meldung
- ☐ Möglichkeit der Rückgängigmachung von Vollzugshandlungen

800 RPW 2011/4 680 ff., 681.

c) Comfort Letter bei Unbedenklichkeit des Unternehmenszusammenschlusses

Gestützt auf Art. 16 VKU kann die WEKO den beteiligten Parteien in sog. **Comfort Letters** die Unbedenklichkeit des Zusammenschlusses bescheinigen. Eine solche Unbedenklichkeitserklärung ist jedoch keine Verfügung, sondern stellt nach h.L. und Praxis eine unverbindliche Stellungnahme bzw. eine behördliche Auskunft dar.[801] Fraglich ist, inwieweit ein solcher Comfort Letter Bindungswirkung zu entfalten vermag, sollte das betreffende Zusammenschlussvorhaben von der WEKO schliesslich gleichwohl als problematisch angesehen werden. 2.997

Die Bindungswirkung des Comfort Letters beurteilt sich nach dem verwaltungsrechtlichen Vertrauensschutz (Art. 9 BV). Damit eine Behördenauskunft verbindlich wird, hat sie zur Begründung von Vertrauen geeignet zu sein; wesentlich dafür ist, dass die Auskunft inhaltlich genügend bestimmt ist. Zudem hat die Auskunft vorbehaltlos von der zuständigen Behörde zu erfolgen. Dem Auskunftsadressaten darf es nicht möglich gewesen sein, die Unrichtigkeit der Auskunft zu erkennen und er hat gestützt darauf nachteilige Dispositionen getroffen, welche sich nicht oder nicht ohne Schaden rückgängig machen lassen.[802] 2.998

Für den Bestandesschutz erforderlich ist ferner, dass sich die Sach- oder Rechtslage seit der Auskunftserteilung nicht geändert hat und ein überwiegendes Interesse am Schutz des Vertrauens an der richtigen Auskunft gegenüber einem öffentlichen Interesse an der Durchsetzung des Kartellrechts besteht.[803] In der Praxis hängt die Bindungswirkung entscheidend von der Formulierung ab.[804] 2.999

Es steht den Parteien indessen offen, von der WEKO eine Feststellungsverfügung i.S.v. Art. 25 VwVG hinsichtlich der Unbedenklichkeit zu verlangen.[805] 2.1000

4. Inhalt der Meldung

a) Anforderungen und Inhalt

Nähere Hinweise zu den Anforderungen an Inhalt und Formalien der Meldung enthalten Art. 9 und Art. 11 VKU. 2.1001

Eine Konkretisierung des notwendigen Inhalts der Meldung findet sich in Art. 11 VKU. Neben dem Sitz, den Angaben zur Geschäftstätigkeit und zum geplanten Zusammenschluss hat die Meldung insbesondere Angaben über die vom Zusammenschlussvorhaben betroffenen relevanten Märkte zu beinhalten. Art. 11 Abs. 3 VKU erläutert die Abgrenzung des relevanten Marktes.[806] 2.1002

---

801 Kölz/Häner/Bertschi, N 2006; zur rechtlichen Einordnung vgl. Häner, 138.
802 Häner, 140 ff.
803 Häner, 146.
804 Häner, 148.
805 Weber/Rizvi, VKU, Art. 16 N 4; KG-Borer/Kostka, Art. 32 N 107.
806 Vgl. ausführlich dazu vorne N 2.30 ff.

2.1003 **Inhalt der Meldung nach Art. 11 VKU**

- ☐ Firma, Sitz und Kurzbeschreibung der Geschäftstätigkeit der betroffenen Unternehmen
- ☐ Beschreibung des Zusammenschlussvorhabens
- ☐ Umsätze der betroffenen Unternehmen
- ☐ Angaben zu den betroffenen sachlichen und räumlichen Märkten
- ☐ Marktanteile der am Zusammenschluss beteiligten Unternehmen auf den betroffenen Märkten in den letzten drei Jahren
- ☐ Angaben zu den in den letzten fünf Jahren in die betroffenen Märkte eingetretenen Unternehmen sowie zu den Unternehmen, welche innerhalb der nächsten drei Jahre in die Märkte eintreten könnten

2.1004 Auf der Website der WEKO ist ein Formular abrufbar, welches detaillierte Vorschriften über die zu meldenden Tatsachen sowie Hinweise zur Marktabgrenzung und zur Umsatzbestimmung enthält.[807] In Art. 11 Abs. 2 VKU ist weiter aufgeführt, welche Unterlagen der Meldung beizulegen sind.

2.1005 **Praxistipp:**

Die Meldung an die WEKO umfasst unter anderem Angaben über die Marktanteile der am Zusammenschlussvorhaben betroffenen Unternehmen. In der Praxis ist die Beibringung der entsprechenden Daten z.T. mit Schwierigkeiten verbunden, weil Daten wie z.B. das Gesamtvolumen eines Marktes oft überhaupt nicht vorhanden sind. Selbst wenn entsprechende Daten über den Gesamtmarkt vorliegen, unterscheiden sich diese im Hinblick auf die Erhebungsmethode nicht selten von den von den Unternehmen verwendeten Berechnungen.

807 Weber/Vlcek, 108.

Vorsicht: Informationsaustausch 2.1006

Die Meldung im Zusammenhang mit einem geplanten Unternehmenszusammenschluss umfasst auch interne Geschäftsgeheimnisse wie Umsatzzahlen und dergleichen. Insbesondere bei Grossfusionen ist darauf zu achten, dass sich die beteiligten Unternehmen nicht gegenseitig alle relevanten Geschäftsinformationen liefern, weil dies als **unzulässiger Informationsaustausch im Sinne von Art. 5 Abs. 3 oder Abs. 4 KG** gewertet werden könnte **(sog. Gun-Jumping-Problematik).**[808] In der Praxis ist es üblich, dass die heiklen Informationen der beteiligten Unternehmen jeweils nur den beteiligten Clean Team Member bekannt gemacht werden und die Unternehmen untereinander die Zahlen nicht austauschen.[809]

Adressat der Meldung ist gemäss Art. 9 Abs. 1 VKU das Sekretariat der WEKO. Eine Einreichung erfolgt normalerweise in fünffacher Ausfertigung (Art. 9 Abs. 1 VKU). Geschieht die Meldung gemeinsam oder durch ein ausländisches Unternehmen, ist ein gemeinsames bzw. ein schweizerisches Zustellungsdomizil festzulegen (Art. 9 Abs. 2 und 3 VKU). Die Amtssprache der Meldung bestimmt sich aufgrund der Verfahrenssprache, als Amtssprachen zugelassen sind Deutsch, Französisch und Italienisch, zulässig ist die Einreichung der Meldung auch in Englisch (Art. 11 Abs. 4 VKU). 2.1007

Oftmals ist es für die beteiligten Unternehmen nicht möglich, den notwendigen Inhalt im Zeitpunkt der Meldung im Detail zusammenzustellen; deshalb sieht Art. 15 VKU vor, dass die WEKO während der Dauer des Verfahrens jederzeit zusätzliche Unterlagen und Informationen von den Unternehmen verlangen kann. Es wird jedoch im Allgemeinen im Interesse der Unternehmen sein, die benötigten Unterlagen der WEKO frühestmöglich zukommen zu lassen, um das Verfahren so schnell als möglich zu einem Abschluss zu bringen.[810] 2.1008

Checkliste: Meldung nach Art. 9 KG 2.1009

- ☐ Adressat: Sekretariat der WEKO
- ☐ Fünffache Ausführung
- ☐ Sprache: Amtssprache oder Englisch
- ☐ Inhalt: Art. 11 VKU

Nach Eingang der Meldung prüft das Sekretariat diese innert zehn Tagen auf ihre Vollständigkeit hin (Art. 14 VKU). Wenn es die Meldung als unvollständig erachtet, hat es innert derselben Frist die Unternehmen dazu anzuhalten, die Meldung zu ergänzen. Die Vorprüfungsfrist beginnt in diesem Fall erst nach dem Eingang der 2.1010

808 Vgl. dazu vorne N 2.953 ff.
809 Vgl. auch Hoffet, N 10.36; Meinhardt, 212.
810 Borer, Art. 9 N 26; Weber/Rizvi, VKU, Art. 11 N 6.

vollständigen Meldung zu laufen (Art. 20 Abs. 1 VKU). Fällt der letzte Tag auf einen Samstag, einen Sonntag oder einen am Wohnsitz oder Sitz der Partei oder ihres Vertreters vom kantonalen Recht anerkannten Feiertag, endet die Frist am nächsten Werktag.[811]

2.1011 **Praxistipp: Geschäftsgeheimnisse**

Der Inhalt der Meldung an die WEKO umfasst notwendigerweise auch Geschäftsgeheimnisse der beteiligten Unternehmen. Gemäss Art. 25 Abs. 4 KG dürfen die Veröffentlichungen der WEKO indessen keine Geschäftsgeheimnisse enthalten.

Für die Unternehmen ist es deshalb empfehlenswert, jeweils zwei Fassungen der Meldung bei der WEKO einzureichen, eine mit und eine ohne Geschäftsgeheimnisse, oder die Geschäftsgeheimnisse besonders zu markieren. In der Regel konsultiert die WEKO vor der Veröffentlichung von Entscheiden die betroffenen Unternehmen bezüglich der Geschäftsgeheimnisse in der vorgesehenen Veröffentlichung.

b) Erleichterte Meldung

2.1012 Neben der herkömmlichen Meldung besteht die Möglichkeit, dass im gegenseitigen Einvernehmen zwischen Sekretariat und Unternehmen eine erleichterte Meldung i.S.v. Art. 12 VKU eingereicht wird.

2.1013 Gemäss Art. 12 VKU kann das Sekretariat das bzw. die Unternehmen von der Pflicht zur Vorlage einzelner Angaben oder Unterlagen befreien, wenn es der Ansicht ist, dass die Angaben oder Unterlagen nach Art. 11 VKU für die Prüfung des Falles nicht notwendig sind. Eine solche erleichterte Meldung ist insbesondere dann denkbar, wenn die WEKO die vom Zusammenschluss betroffenen Märkte bereits in einem früheren Verfahren eingehend analysiert hat.[812] Die WEKO befreit in solchen Fällen die Unternehmen oftmals von der Pflicht, Ausführungen über sämtliche Märkte zu machen, auf denen die betroffenen Unternehmen tätig sind, und beschränkt sich darauf, detaillierte Angaben über die von der Transaktion wirtschaftlich betroffenen Märkte zu verlangen. Vorbehalten bleibt die Pflicht der Unternehmen, auf Verlangen des Sekretariats zusätzliche Unterlagen und Angaben nachzuliefern (Art. 15 VKU).

2.1014 **Vertiefung:** Im Zusammenschlussvorhaben Emmi und Nutrifrais, ein Unternehmen, welches Joghurt und Desserts produzierte und vermarktete, bewilligte die WEKO eine erleichterte Meldung i.S.v. Art. 12 VKU und erwartete von den beteiligten Parteien lediglich detaillierte Angaben zu den vom Unternehmenszusammenschluss betroffenen Märkten, namentlich den Märkten für Joghurt und Milchprodukte, und erliess ihnen weitere Ausführungen über die Märkte für Konsummilch, Konsumrahm und Butter (RPW 2009/4 227 ff., 227).

---

811 Art. 20 Abs. 3 VwVG.

812 Weber/Rizvi, VKU, Art. 12 N 2. Vgl. beispielsweise RPW 2009/1 90.

Praxistipp: 2.1015

In der Praxis ist es empfehlenswert, beim Bestehen einer Meldepflicht zuerst informellen Kontakt mit der WEKO zu suchen und allenfalls einen ersten Meldeentwurf einzureichen, um allfällige kartellrechtliche Probleme frühzeitig zu erkennen. In dieser Phase kann auch geklärt werden, ob allenfalls das Einreichen einer erleichterten Meldung im Sinne von Art. 12 VKU möglich ist.

G. Beurteilung des Zusammenschlusses

1. Einleitung

Nach der Einreichung der Meldung wird der Unternehmenszusammenschluss durch die WEKO geprüft. Art. 10 KG legt die materiellen Beurteilungskriterien fest, anhand derer die Prüfung vorgenommen wird (Eingreifkriterien). Zeigt die Prüfung, dass die Eingreifkriterien von Art. 10 KG erfüllt sind, kann die WEKO den Zusammenschluss untersagen oder nur unter Auflagen und Bedingungen zulassen. 2.1016

Die Prüfung, ob Eingreifkriterien vorliegen, erfolgt im Rahmen eines zweistufigen Prüfungsverfahrens; zuerst findet eine einmonatige Vorprüfung nach Art. 32 Abs. 1 KG statt, gegebenenfalls gefolgt von einer viermonatigen Hauptprüfung (Art. 33 Abs. 3 KG). 2.1017

2. Ablauf des Prüfungsverfahrens

Die Prüfung von Unternehmenszusammenschlüssen erfolgt gemäss den Kriterien von Art. 32 ff. KG. Nach Eingang der Meldung unterzieht die WEKO das Zusammenschlussvorhaben einer summarischen **einmonatigen Vorprüfung** (Art. 32 Abs. 1 KG).[813] Im Rahmen dieser Vorprüfung wird untersucht, ob Anhaltspunkte vorliegen, die darauf hindeuten, dass durch das Zusammenschlussvorhaben eine marktbeherrschende Stellung begründet oder verstärkt werde (Art. 10 Abs. 1 KG). 2.1018

Nur wenn die Vorprüfung das Vorliegen entsprechender Anhaltspunkte ergibt, erfolgt eine **Hauptprüfung** nach Art. 33 KG. Den Entschluss über die Vornahme einer Hauptprüfung teilt die WEKO den Unternehmen innert einem Monat ab Meldungseingang mit. Die Hauptprüfung analysiert, ob durch den Zusammenschluss eine marktbeherrschende Stellung begründet oder verstärkt wird, durch welche der 2.1019

813 Die Monatsfrist berechnet sich nach Art. 20 VKU: Die Frist beginnt am Tag nach der Einreichung der vollständigen Meldung zu laufen (d.h. am Tag, nachdem das Sekretariat die Vollständigkeit der Meldung bestätigt hat) und endet mit dem Ablauf des Tages des Folgemonats, welcher dieselbe Zahl trägt wie der Tag, an dem die Frist begann (vgl. BORER, Art. 32 N 4 ff.; HOFFET, N 10.59).

wirksame Wettbewerb beseitigt werden kann (Art. 10 Abs. 2 lit. a KG), und ob durch den Zusammenschluss nicht eine Verbesserung der Wettbewerbsverhältnisse auf einem anderen Markt bewirkt wird, welche die Nachteile der marktbeherrschenden Stellung überwiegen (Art. 10 Abs. 2 lit. b KG). Das Hauptverfahren ist innert vier Monaten abzuschliessen (Art. 33 Abs. 3 KG). Die genauen Verfahrensschritte werden im Rahmen der verfahrensrechtlichen Vorschriften näher erläutert.[814]

2.1020 Ergibt die Vorprüfung keine Hinweise, dass das Zusammenschlussvorhaben einer vertieften Prüfung bedarf, ist das Verfahren nach der Vorprüfung beendet. Erhält ein meldendes Unternehmen innert eines Monats keine anderslautende Mitteilung, kann der gemeldete Zusammenschluss ohne Weiteres vollzogen werden. In der Regel bestätigt die WEKO jedoch den meldepflichtigen Unternehmen durch eine Unbedenklichkeitserklärung i.S.v. Art. 16 Abs. 1 VKU, dass sie das Zusammenschlussvorhaben als unbedenklich ansieht.

H. Materielle Prüfung anhand der Eingreifkriterien

1. Einleitung

2.1021 Im Rahmen der materiellen Prüfung wird während der Vorprüfung analysiert, ob durch den geplanten Zusammenschluss eine marktbeherrschende Stellung begründet oder verstärkt wird. Dazu ist in einem ersten Schritt der relevante Markt abzugrenzen. In einem zweiten Schritt ist sodann aufgrund des aktuellen und potenziellen Wettbewerbs zu untersuchen, ob sich das betreffende Unternehmen auf dem relevanten Markt unabhängig verhalten kann.

2.1022 Ergeben sich aufgrund der Vorprüfung Hinweise, dass eine marktbeherrschende Stellung vorliegt, ist im Rahmen der Hauptprüfung eine vertiefte Analyse vorzunehmen.

2. Marktbeherrschende Stellung

a) Relevanter Markt und Betroffenheit des Marktes

2.1023 Die Bestimmung des relevanten Marktes erfolgt grundsätzlich nach denselben Kriterien, wie sie bereits im Einführungsteil eingehend erläutert wurden.[815] Danach ist der relevante Markt in dreierlei Hinsicht abzugrenzen:

- **Sachlich relevanter Markt** (Art. 11 Abs. 3 lit. a VKU): Der sachlich relevante Markt umfasst alle Waren oder Leistungen, die von der Marktgegenseite hinsichtlich ihrer Eigenschaften und ihres vorgesehenen Verwendungszwecks als substituierbar angesehen werden.

---

814 Vgl. dazu hinten N 3.187 ff.
815 Vgl. dazu vorne N 2.30 ff.

- **Räumlich relevanter Markt** (Art. 11 Abs. 3 lit. b VKU): Der räumlich relevante Markt umfasst das Gebiet, in welchem die Marktgegenseite die den sachlichen Markt umfassenden Waren oder Leistungen nachfragt oder anbietet.
- **Zeitlich relevanter Markt:** Der zeitlich relevante Markt ist nur von Bedeutung, wenn gewisse Waren oder Leistungen lediglich während einer begrenzten Zeit angeboten werden.

Nach der Konkretisierung des relevanten Marktes sind die Marktanteile der am Zusammenschlussvorhaben beteiligten Unternehmen sowie diejenigen der übrigen Konkurrenten während der letzten drei Jahre unter Angabe der entsprechenden Berechnungsgrundlage zu untersuchen (Art. 11 lit. e VKU). 2.1024

Im Bereich der Unternehmenszusammenschlüsse ist die Marktabgrenzung vor allem deshalb von Bedeutung, weil es aufgrund des Unternehmenszusammenschlusses zu einer Addition der Marktanteile der betroffenen Unternehmen kommt. Aus diesem Grund ist die Abgrenzung des relevanten Marktes praktisch sehr wichtig, denn je enger ein Markt abgegrenzt wird, desto grösser sind die Marktanteile der betroffenen Unternehmen auf dem Markt.[816] 2.1025

Besonderer Fokus ist dabei auf **dynamische Marktelemente** zu legen, etwa die zukünftigen technischen Entwicklungen oder die zu erwartenden Änderungen der wirtschaftlichen und rechtlichen Rahmenbedingungen. Bei Innovationsmärkten ist besonders zu bedenken, dass diese Märkte erst im Entstehen begriffen sind.[817] 2.1026

Praxistipp: 2.1027

Weil die Marktabgrenzung nach schweizerischem und europäischem Recht auf dieselbe Weise vorgenommen wird, stützt sich die WEKO in ihrer Beurteilung oft auf europäische Präjudizien.

Aus diesem Grund empfiehlt es sich, bei der Abklärung über die bestehende Praxis im Bereich der Marktabgrenzungen auch die Praxis der Europäischen Kommission heranzuziehen. Weil das System der Prüfung von Unternehmenszusammenschlüssen in der Schweiz nach derselben Methode erfolgt wie in der Europäischen Union, bieten die Entscheide der Europäischen Kommission gute Anhaltspunkte betreffend die Bestimmung des relevanten Marktes. Die Datenbank der Entscheide ist nach Sektoren gegliedert im Internet abrufbar; vor allem bei grösseren internationalen Unternehmen ist es denkbar, dass sie bereits früher an Zusammenschlüssen beteiligt waren, in deren Rahmen auch eine entsprechende Marktabgrenzung erfolgte. Nicht selten verzichtet die WEKO gänzlich auf eine abschliessende Bestimmung des relevanten Marktes und beschränkt sich auf den pauschalen Verweis, dass keine Anhaltspunkte für die Begründung oder die Verstärkung einer marktbeherrschenden Stellung bestehen, weshalb auf die Marktabgrenzung verzichtet werden könne.

816 Körber, Art. 2 N 17.
817 Körber, Art. 2 N 21.

Indessen ist immer im Auge zu behalten, dass jeweils regionale Besonderheiten bestehen und auch der schweizerische Markt Eigenarten aufweist, welche unter Umständen aus wettbewerbsrechtlicher Sicht zu anderen Schlussfolgerungen führen können, als dies auf einem europäischen Markt der Fall ist.

2.1028 **Betroffen** ist ein Markt gemäss Art. 11 Abs. 1 lit. d VKU, wenn der gemeinsame Marktanteil von zwei oder mehreren am Zusammenschlussvorhaben beteiligten Unternehmen mehr als 20% beträgt oder wenn der Marktanteil von einem der beteiligten Unternehmen 30% oder mehr beträgt. Als weitere Voraussetzung muss entweder (1) ein Unternehmen einen Markteintritt planen, (2) auf dem betroffenen Markt über wichtige Immaterialgüterrechte verfügen, (3) auf dem vor- oder nachgelagerten Markt aktiv sein oder (4) auf demselben sachlichen, jedoch räumlich verschiedenen Markt tätig sein.[818]

2.1029 Nur diejenigen Märkte, welche gemäss Art. 11 Abs. 1 lit. d VKU auch tatsächlich betroffen sind, bedürfen einer vertieften kartellrechtlichen Prüfung. Wenn die genannten Schwellenwerte nicht erreicht sind, ist das Zusammenschlussvorhaben aus Sicht der WEKO in der Regel unproblematisch und unterliegt keiner vertieften Untersuchung.[819]

2.1030 **Betroffene Märkte i.S.v. Art. 11 VKU**

Tätigkeitsbereich der betroffenen Unternehmen

- ☐ Bestimmung der relevanten Märkte der beteiligten Unternehmen in sachlicher, räumlicher und zeitlicher Hinsicht
- ☐ Ermittlung möglicher Überschneidungen der Tätigkeitsgebiete der Unternehmen (Overlaps)

Marktanteile

- ☐ Ermittlung der Marktanteile der beteiligten Unternehmen auf den relevanten Märkten
- ☐ Ermittlung der betroffenen Märkte aufgrund der Marktanteile
  - ☐ Gemeinsamer Marktanteil grösser als 20%
  - ☐ Marktanteil eines Unternehmens in der Schweiz grösser als 30%

818 Vgl. Neue Praxis bei Zusammenschlussverfahren vom 25. März 2009, v2 Stand vom 3. Mai 2011.

819 HK-Reich, Art. 10 N 7; Borer, Art. 10 N 6.

b) Marktbeherrschung

Die Beurteilung der Marktbeherrschung erfolgt grundsätzlich nach denselben Kriterien wie bei Art. 7 KG, der Begriff umfasst die alleinige und die kollektive Marktbeherrschung, d.h., die materiellen Beurteilungskriterien für die Marktbeherrschung ergeben sich sowohl für Art. 7 KG als auch für Art. 10 Abs. 2 aus Art. 4 Abs. 2 KG.[820] Danach gilt ein Unternehmen als marktbeherrschend, wenn es auf dem relevanten Markt als Anbieter oder Nachfrager in der Lage ist, sich von anderen Marktteilnehmern (Mitbewerbern, Anbietern oder Nachfragern) im wesentlichen Umfang unabhängig zu verhalten. 2.1031

Vorzuliegen hat eine **qualifizierte Marktbeherrschung:** Während im Rahmen von Art. 7 KG nur eine bestehende Marktposition geprüft wird (Diagnose), ist im Rahmen von Art. 10 KG eine zukünftige Marktentwicklung zu analysieren.[821] Bei der Prüfung im Rahmen von Art. 10 KG geht es darum, die Wirkung des Unternehmenszusammenschlusses für den betroffenen Markt zu untersuchen und abzuschätzen, ob es durch das exogene Wachstum zu einer wettbewerbsbeseitigenden Marktstrukturveränderung kommt.[822] 2.1032

c) Beurteilungskriterien

Die Beurteilungskriterien für das Vorliegen einer marktbeherrschenden Stellung entsprechen im Wesentlichen denjenigen, welche im Rahmen der Missbrauchsprüfung nach Art. 7 KG heranzuziehen sind; von Bedeutung sind somit insbesondere der aktuelle Wettbewerb, der potenzielle Wettbewerb sowie die Stellung der Marktgegenseite. Je nachdem, ob ein horizontaler, ein vertikaler oder ein konglomeraler Zusammenschluss vorliegt, sind bei der Prüfung jedoch unterschiedliche Schwerpunkte massgebend.[823] 2.1033

Die Prüfung des aktuellen Wettbewerbs erfolgt vordergründig anhand der Kriterien der Marktanteile und der Marktkonzentration, bei der Beurteilung des potenziellen Wettbewerbs steht die Analyse der Marktzutrittsschranken im Vordergrund. Diese drei Kriterien sind als Kernkriterien zu betrachten, weil sie immer geprüft werden, die Heranziehung der übrigen Beurteilungskriterien erfolgt in Abhängigkeit der jeweiligen Umstände.[824] 2.1034

Wichtigster Anhaltspunkt für das Vorliegen einer Marktbeherrschung sind die **Marktanteile;** im Unterschied zu Art. 7 KG ist im Zusammenhang von Art. 10 KG insbesondere die mit einem horizontalen Zusammenschluss zusammenhängende **Marktanteilsaddition** auf dem relevanten Markt zu beachten. Liegt bereits vor dem Zusammenschluss eine marktbeherrschende Stellung vor, muss durch den horizon- 2.1035

---

820 WEBER/VLCEK, 110; HK-REICH, Art. 10 N 8.
821 Dazu ausführlich ZÄCH, N 781 ff.
822 BORER, Art. 10 N 4; HK-REICH, Art. 10 N 9.
823 BORER, Art. 10 N 8.
824 KG-MEINHARDT/WASER/BISCHOF, Art. 10 N 60.

talen Zusammenschluss eine spürbare Verstärkung derselben bewirkt werden.[825] Führt ein Zusammenschluss nicht zu einer spürbaren Addition der Marktanteile, gilt er in der Regel als unproblematisch.[826] Eine Ausnahme besteht dann, wenn es trotz fehlender Marktanteilsaddition durch andere Wettbewerbsparameter zu einer Steigerung der Marktmacht kommt, so namentlich durch die Erhöhung der Finanzkraft oder wegen mangelnder Ausweichkapazitäten.[827] Weil der Beurteilung im Rahmen von Art. 10 KG eine dynamische Betrachtungsweise zugrunde liegt, ist indessen nicht allein auf die statischen Marktanteilswerte abzustellen, sondern es ist auch die Veränderung der Marktanteile im Laufe der Zeit zu berücksichtigen.[828]

2.1036 Aufgrund der Definition der betroffenen Märkte (Art. 11 Abs. 1 lit. d VKU) und der Praxis der WEKO sind **Marktanteile unter 30%** regelmässig als unproblematisch zu beurteilen und die WEKO verzichtet auf eine nähere Prüfung.[829]

2.1037 Marktanteile zwischen **30% und 50%** sind zwar nicht unbedenklich, indessen haben spezielle Umstände für das Vorliegen einer marktbeherrschenden Stellung zu sprechen, so beispielsweise beim Bestehen von Kapazitätsengpässen oder mit Blick auf Stärke und Anzahl der verbleibenden Wettbewerber.[830]

2.1038 Marktanteile von **über 50%** vermögen aufgrund ihrer Höhe allein als Indiz für eine marktbeherrschende Stellung zu genügen. Liegt ein Marktanteil von 50% oder höher vor, bedarf die Situation auf dem relevanten Markt in der Regel einer eingehenderen Untersuchung.[831]

2.1039 Der Marktanteil ist insbesondere im Hinblick auf die Marktstruktur bzw. das Verhältnis der Marktanteile der übrigen Wettbewerber auf dem relevanten Markt von Bedeutung. Zu dessen Beurteilung wird in der Praxis oft der sog. **Herfindahl-Hirschman-Index (HHI),** welcher den Konzentrationsgrad eines Marktes bemisst, herangezogen. Zur Berechnung des HHI wird die Summe der Marktanteile im Quadrat sämtlicher in einem Markt tätigen Unternehmen berechnet, d.h., hohe Marktanteile erfahren im Ergebnis eine stärkere Berücksichtigung. Die Höhe des Indexes gibt Auskunft über den nach der Fusion bestehenden Wettbewerbsdruck.[832] Während der HHI in der Praxis der Europäischen Kommission regelmässig zur Anwendung kam, fand er bei der WEKO bis anhin wenig Beachtung.[833]

---

825 Borer, Art. 10 N 8; HK-Reich, Art. 10 N 12; Weber/Vlcek, 112.

826 RPW 2002/3 500 ff., 506; RPW 2006/2 248 ff., 254; RPW 2006/2 291 ff., 295; RPW 2006/3 470 ff., 475.

827 HK-Reich, Art. 10 N 12.

828 Botschaft, 584; Zäch, N 797.

829 Borer, Art. 10 N 9; KG-Meinhardt/Waser/Bischof, Art. 10 N 66. Zu den verschiedenen Marktanteilsschwellen im europäischen Raum vgl. Körber, Art. 2 N 236.

830 Borer, Art. 10 N 9; vgl. beispielsweise RPW 2003/2 303 ff., 312; RPW 2003/4 778 ff., 784; RPW 2003/4 827 ff., 833.

831 KG-Meinhardt/Waser/Bischof, Art. 10 N 67.

832 Hoffet, N 10.42.

833 KG-Meinhardt/Waser/Bischof, Art. 10 N 70 f. Beispielsweise RPW 2011/4 529 ff., 635; RPW 2008/4 592 ff., 617; RPW 2008/1 129 ff., 169; RPW 2006/1 65 ff., 98; RPW 2003/3 514 ff., 525.

Herfindahl-Hirschman-Index:[834] 2.1040

$$H = \sum_{i=1}^{N} S_i^2$$

HHI = Summe der quadrierten Marktanteile der Unternehmen auf dem relevanten Markt

Delta = Veränderung des Indexes aufgrund des Zusammenschlusses, d.h. HHI vor und nach dem Zusammenschluss. Grundsatz: je höher das Delta, desto stärker wirkt sich der Zusammenschluss auf dem betroffenen Markt aus.

Nach den Leitlinien der Europäischen Kommission zur Bewertung horizontaler Zusammenschlüsse[835] bestehen in den folgenden Fällen keine wettbewerbsrechtlichen Bedenken:

- HHI unter 1000
- HHI zwischen 1000 und 2000 und Delta unter 250
- HHI über 2000 und Delta unter 150, ausgenommen sind Fälle, in denen besondere Umstände vorliegen.

Auch die **Finanzkraft** des aus dem Zusammenschluss hervorgehenden Unternehmens ist von Bedeutung. Je finanzkräftiger ein Unternehmen ist, desto mehr Handlungsspielräume bezüglich der Wettbewerbsparameter Preis, Werbung und Kapazität stehen ihm zu.[836] Dies gilt auch im Hinblick auf Faktoren wie **Innovationpotenzial** und **Humankapital,** welche nur bei Vorhandensein einer gewissen Finanzstärke optimal genutzt werden können. Die Finanzkraft vermag auch in dem Sinne in die Beurteilung der Marktbeherrschung einzufliessen, als eine grosse Finanzkraft Dritter die Wahrscheinlichkeit einer marktbeherrschenden Stellung relativiert.[837] 2.1041

Bei Unternehmenszusammenschlüssen, durch welche es nicht zu einer Marktanteilsaddition kommt, ist einem allfälligen **Portfolio-Effekt** besondere Beachtung zu schenken.[838] Bei horizontalen Zusammenschlüssen spielt die finanzielle Situation indessen eine untergeordnete Rolle. Gemäss WEKO besteht eine Wettbewerbsgefahr gestützt auf eine finanzielle Situation höchstens dann, wenn (1) ein konglomeraler Zusammenschluss vorliegt und (2) dieser zu einer erheblichen Verbesserung der finanziellen Stärke der sich zusammenschliessenden Unternehmen führt und 2.1042

834 Vgl. dazu KÖRBER, Art. 2 N 252 ff.

835 Leitlinien zur Bewertung horizontaler Zusammenschlüsse gemäss der Ratsverordnung über horizontale Zusammenschlüsse, Abl. C 31 vom 5. Februar 2004, 3 ff.

836 ZÄCH, N 798.

837 KG-MEINHARDT/WASER/BISCHOF, Art. 10 N 89.

838 Vgl. dazu vorne N 2.27 f.; ZÄCH, N 799.

die anderen auf dem Markt verbleibenden Wettbewerber in dieser Hinsicht erheblich schlechter gestellt sind.[839]

2.1043 Neben den Marktanteilen sind auch allfällige **Marktzutrittsschranken** zu berücksichtigen, denn von ihnen hängt es im Wesentlichen ab, ob überhaupt potenzieller Wettbewerb besteht.

2.1044 **Vertiefung:** Marktzutrittsschranken können sich auch aus Imagegründen ergeben: So überlegte die WEKO im Zusammenschluss Electric Capital Corporation/Bank Prokredit, dass traditionelle Bankinstitute trotz praktisch vorhandener Möglichkeiten allenfalls aus Imagegründen nicht in den Markt für Konsumkredit eintreten würden, verneinte jedoch schliesslich das Vorliegen einer solchen Marktzutrittsschranke (RPW 1999/1 144 ff., 170).

2.1045 Ein wichtiger Faktor ist auch das Vorliegen von **potenziellem Wettbewerb.** Bedeutend für den potenziellen Wettbewerb ist, ob und in welchem Ausmasse **Marktzutrittsschranken** bestehen; die Begriffe sind indessen nicht deckungsgleich, weil der potenzielle Wettbewerb nicht allein von Marktzutrittsschranken abhängig ist.[840] Wegen der Art. 10 KG zugrunde liegenden dynamischen Betrachtungsweise der Marktbeherrschung ist der potenzielle Wettbewerb ein wichtiger Bestandteil bei der Beurteilung der Marktverhältnisse. Wirksamer potenzieller Wettbewerb liegt gemäss der Praxis der WEKO dann vor, wenn Marktzutritte im Falle eines missbräuchlichen Verhaltens der Zusammenschlussparteien wahrscheinlich sind, innerhalb von zwei bis drei Jahren erfolgen können und es durch den Marktzutritt zu einer tatsächlichen Veränderung der Marktverhältnisse kommt.[841]

2.1046 Schliesslich ist auch die **Stellung der Marktgegenseite** in die Beurteilung miteinzubeziehen. Je mehr Unternehmen sich auf der Marktgegenseite befinden und je stärker diese sind, desto unwahrscheinlicher ist ein unabhängiges Verhalten und somit eine marktbeherrschende Stellung.[842]

2.1047 Gemäss Art. 10 Abs. 4 KG ist die **Marktentwicklung** ausdrücklich in die Beurteilung eines Unternehmenszusammenschlusses miteinzubeziehen. In wachsenden, dynamischen Märkten sind Marktzutrittsschranken im Allgemeinen gering und allenfalls vorhandene Marktzutrittsschranken erodieren schnell.[843]

2.1048 **Beurteilungskriterien**

Kernkriterien

- ☐ Marktanteil
- ☐ Marktzutrittsschranken

---

839 RPW 2007/4 605 ff., 628.
840 Borer, Art. 10 N 10.
841 Borer, Art. 10 N 10; RPW 2004/2 529 ff., 545; RPW 1997/4 540 ff., 546.
842 Zäch, N 800.
843 Zäch, N 807.

Weitere Kriterien

- ☐ Finanzkraft
- ☐ Innovationspotenzial
- ☐ Stellung der Marktgegenseite
- ☐ Marktentwicklung

d) Kollektive Marktbeherrschung und Oligopol

Besteht ein Markt nur aus wenigen Teilnehmern, ist neben der alleinigen Marktbeherrschung auch eine kollektive Marktbeherrschung zu prüfen. Das Vorliegen einer kollektiven Marktbeherrschung beurteilt sich nach denselben Kriterien wie im Rahmen von Art. 7 KG. 2.1049

Als Kriterien für die Prüfung der Marktbeherrschung sind grundsätzlich dieselben Faktoren heranzuziehen, wie dies für eine Beurteilung im Rahmen von Art. 7 KG der Fall ist; um eine kollektive Marktbeherrschung anzunehmen, hat zwischen den auf dem Markt tätigen Unternehmen zusätzlich ein **kollusives Verhalten** (Parallelverhalten) vorzuliegen.[844] 2.1050

Im Rahmen von oligopolistischen Märkten ist bei einem Zusammenschlussvorhaben insbesondere auf das Vorliegen **unilateraler (d.h. nicht koordinierter) Effekte** zu achten. 2.1051

Fallbeispiel: Orange/Sunrise (France Télécom SA/Sunrise Communications), RPW 2010/3 499 ff. 2.1052

Die erste und bislang einzige Untersagungsverfügung erliess die WEKO im Zusammenschlussvorhaben France Telecom SA (France Télécom) und Sunrise Communications (Sunrise). Ende 2009 ging bei der WEKO die Meldung ein, dass die France Télécom die Sunrise zu übernehmen und hernach mit der Orange Communications SA (Orange) zu fusionieren gedenke.

Gestützt auf eine ausführliche und technisch komplexe Prüfung des Mobilfunkmarktes der Schweiz gelangte die WEKO zum Schluss, dass der Zusammenschluss zu einer kollektiv marktbeherrschenden Stellung der Orange und der Swisscom auf dem Endkunden- und Netzzugangsmarkt führen würde. Der Grund dafür war, dass im Schweizer Mobilfunkmarkt nur drei Anbieter über ein eigenes Netz verfügten und nach der Fusion von Orange und Sunrise folglich nur noch zwei Anbieter vorhanden gewesen wären. Aufgrund der Marktsituation hätte für diese kein Anreiz

844 Vgl. dazu vorne N 2.115 ff. Zum Beispiel: RPW 2003/3 559 ff., 580.

bestanden, sich zu konkurrenzieren, vielmehr wäre es für beide wirtschaftlich sinnvoller gewesen, die bestehenden hohen Preise beizubehalten. Die WEKO sah auch keine Möglichkeit, dass innert nützlicher Frist ein weiterer Anbieter mit eigenem Netz in den Markt eintreten würde.

Schliesslich gab es keine Auflagen, mit welchen der Gefahr der kollektiven Marktbeherrschung wirksam entgegengetreten werden konnte, was dazu führte, dass die WEKO den Zusammenschluss untersagte.

Ein Teil der Lehre kritisierte den Entscheid, weil durch den Zusammenschluss die Möglichkeit entstanden wäre, dass das neue Unternehmen der nach wie vor marktbeherrschenden Swisscom ebenbürtig gewesen wäre.[845] Durch den Entscheid seien schliesslich nur die Swisscom gestärkt und die kleineren Anbieter geschwächt worden. Zurückblickend haben die Kritiker wohl Recht behalten, Orange wurde ins Ausland verkauft und die Preise im Mobilfunkbereich sind auch nicht gesunken.

e) Besonderheiten bei nicht horizontalen Zusammenschlüssen

2.1053 Weil es im Zusammenhang mit vertikalen oder konglomeralen Zusammenschlüssen in der Regel nicht zur Addition von Marktanteilen kommt, sind bei der Prüfung solcher Zusammenschlüsse besondere Beurteilungskriterien zur Anwendung zu bringen.

2.1054 Die Marktanteile der betroffenen Unternehmen sind indessen auch bei nicht horizontalen Zusammenschlüssen als erster Anhaltspunkt für die nachfolgende Beurteilung zu sehen. Bei vertikalen Zusammenschlüssen steht neben den Marktanteilen die Frage im Vordergrund, ob durch den Zusammenschluss Abschottungseffekte entstehen oder entstehen können. Solche Effekte vermögen auch im Rahmen von konglomeralen Zusammenschlüssen eine Rolle zu spielen, wenn die am Zusammenschluss beteiligten Unternehmen auf nahe verwandten Märkten tätig sind.[846]

2.1055 Steht ein nicht horizontaler Zusammenschluss zur Debatte, ist eine einzelfallbezogene Analyse im Hinblick auf die in Frage stehenden Wettbewerbswirkungen vorzunehmen. Die Europäische Kommission berücksichtigt in diesem Zusammenhang insbesondere, ob Möglichkeiten oder Anreize zur Marktabschottung oder Effizienzvorteile bestehen. Gemäss der WEKO steht bei der Beurteilung die Frage im Vordergrund, ob die Zusammenschlussparteien nach dem Zusammenschluss die Möglichkeit haben, auf den relevanten Märkten Marktmacht auszuüben. Dies ist primär dann der Fall, wenn ein Unternehmen auf dem relevanten Markt nach erfolgtem Zusammenschluss mindestens einen 20–30% Marktanteil besitzt.[847]

845 Jacobs, SJZ 2011, 207.
846 Körber, Art. 2 N 542 ff., 584.
847 RPW 2007/4 557 ff., 568.

3. Möglichkeit der Beseitigung wirksamen Wettbewerbs

Gemäss Art. 10 Abs. 2 lit. a KG muss mit der Begründung und Verstärkung der marktbeherrschenden Stellung die Möglichkeit der Beseitigung des wirksamen Wettbewerbs einhergehen. Dem Kriterium der Beseitigung des wirksamen Wettbewerbs kommt nach bundesgerichtlicher Praxis eigenständige Bedeutung zu; fehlt es an der Möglichkeit der Wettbewerbsbeseitigung, mangelt es an einer materiellen Voraussetzung für ein Eingreifen der WEKO.[848] 2.1056

Das Bundesgericht verlangt für die Bejahung der möglichen Wettbewerbsbeseitigung die Vornahme einer zweistufigen Prüfung. Obwohl die WEKO die Anwendung eines zweistufigen Prüfungsschemas aufgrund einer Doppelspurigkeit als problematisch erachtet, wendet sie zur Beurteilung der Wettbewerbsbeseitigung ein solches Verfahren an:[849] 2.1057

- In einem ersten Schritt ist zu untersuchen, ob das Zusammenschlussvorhaben auf dem betroffenen Markt eine **marktbeherrschende Stellung** begründet.
- In einem zweiten Schritt wird hernach die **Möglichkeit der Beseitigung** des wirksamen Wettbewerbs geprüft. Die Möglichkeit einer Wettbewerbsbeseitigung besteht dann, wenn ein Unternehmen aufgrund seiner Marktstellung bereits vorhandene Konkurrenten aus dem Markt drängen oder zu verhindern vermag, dass solche ihm gegenüber als Konkurrenten oder neu eintretende Wettbewerber auftreten.[850] Das Kriterium der möglichen Wettbewerbsbeseitigung ist dann nicht erfüllt, wenn auf dem betroffenen Markt von Anfang an kein Wettbewerb besteht und auch nicht zu erwarten ist.[851]

Die Prüfung, ob es durch den Zusammenschluss zu einer Beseitigung des wirksamen Wettbewerbs kommt, ist aufgrund einer prognostizierenden **Gesamtmarktbetrachtung** vorzunehmen. 2.1058

4. Kausalzusammenhang und Failing Company Doctrine

a) Notwendigkeit eines Kausalzusammenhangs

Ein Eingreifen der WEKO ist nur dann zulässig, wenn die qualifizierte marktbeherrschende Stellung eine direkte Folge des Unternehmenszusammenschlusses ist, d.h., es muss ein **natürlicher und adäquater Kausalzusammenhang** vorliegen. 2.1059

Die Notwendigkeit eines Kausalzusammenhangs ergibt sich aus zwei Gründen: Faktoren, welche ein internes Unternehmenswachstum begründen, dürfen für die Beurteilung von Unternehmenszusammenschlüssen nicht berücksichtigt werden; 2.1060

848 RPW 2007/2 324 ff., 328.
849 RPW 2009/3 245 ff., 299.
850 RPW 2007/2 324 ff., 328.
851 RPW 2007/2 324 ff., 329.

Gleiches gilt für Veränderungen der Marktstruktur, welche nicht durch den Zusammenschluss verursacht werden.[852]

b) Failing Company Defense

2.1061 Von Relevanz ist die Frage nach dem Kausalzusammenhang insbesondere bei Sanierungsfusionen, welche in der Regel mangels Vorliegens eines Kausalzusammenhanges von Art. 10 Abs. 2 KG nicht erfasst sind.[853] Bei einem Zusammenschluss mit einem sanierungsbedürftigen Unternehmen ist die Fusion für die daraus entstehende marktbeherrschende Stellung dann nicht kausal, wenn die Marktanteile des sanierungsbedürftigen Unternehmens nach dessen Marktaustritt ohnehin an das übernehmende Unternehmen fallen würden.

2.1062 Für die Anwendung der Failing Company Defense ist das Vorliegen folgender Kernvoraussetzungen erforderlich:[854]

- Eines oder mehrere der beteiligten Unternehmen würden ohne externe Unterstützung innert kurzer Zeit **vom Markt verschwinden.**
- Die anderen beteiligten Unternehmen würden die meisten oder sämtliche **Marktanteile** des verschwindenden Unternehmens **absorbieren.**
- Es gibt keine für den Wettbewerb **weniger schädliche Lösung** als das Zusammenschlussvorhaben.

2.1063 Die Wahrscheinlichkeit, dass ein Unternehmen innert kurzer Zeit aus dem Markt **ausscheidet,** hängt im Wesentlichen von dessen finanzieller Situation ab; die WEKO nimmt ein baldiges Ausscheiden namentlich bei einer Überschuldung oder einem unmittelbar bevorstehenden Konkurs an.[855] Die Wahrscheinlichkeit des Marktaustrittes ist gemäss WEKO durch Dokumente zu belegen.[856]

2.1064 Die zweite Voraussetzung der **Absorption der Marktanteile** des ausscheidenden Unternehmens wird erfüllt, wenn sich auf dem sachlich relevanten Markt neben dem ausscheidenden und dem am Zusammenschluss beteiligten Unternehmen keine weiteren Konkurrenten befinden. Die WEKO hat in ihrer jüngeren Praxis diese Voraussetzung indessen einschränkend ausgelegt und festgehalten, dass die Failing Company Defense auch in Fällen Anwendung finden kann, in denen ein Restwettbewerb bestehen bleibt und daher nicht von vornherein sicher ist, wem die Marktanteile des aus dem Markt ausscheidenden Unternehmens zufallen würden.[857] Die Voraussetzung ist somit auch dann erfüllt, wenn die zur Übernahme anstehenden Vermögenswerte ohne den Zusammenschluss für den Markt verloren gingen oder wenn die Marktstruktur nach der Nichtbewilligung des Zusammen-

852 BORER, Art. 10 N 16; ZÄCH, N 813 f.
853 Zum vorzeitigen Vollzug im Rahmen von Sanierungsfusionen vgl. vorne N 2.992 ff.
854 RPW 2006/2 261 ff., 267; RPW 2004/2 484 ff., 518; RPW 2003/3 529 ff., 547; RPW 2002/3 469 ff., 482; RPW 1999/1 173 ff., 174. Zum europäischen Recht auch KÖRBER, Art. 2 N 386.
855 KG-MEINHARDT/WASER/BISCHOF, Art. 10 N 173.
856 RPW 2006/2 261 ff., 287.
857 RPW 2006/2 261 ff., 288.

schlusses aus wettbewerblicher Sicht nicht günstiger ausfallen würde, als wenn der Zusammenschluss gewährt würde.[858] Diese Auslegung steht im Einklang mit der jüngeren Praxis der Europäischen Kommission.[859] Es fehlt jedoch beispielsweise an der Absorption der Marktanteile des ausscheidenden Unternehmens, wenn die Tätigkeit des ausscheidenden Unternehmens mit einer Konzession verbunden ist, die auf dem Wege der öffentlichen Ausschreibung erfolgt, denn in diesem Fall ist völlig offen, wer die frei werdende Konzession erhält.[860]

Auch an die dritte Voraussetzung, dass eine wettbewerbsfreundlichere Lösung fehlen muss, stellt die WEKO keine übermässigen Anforderungen; anzuwenden ist eine ökonomische Betrachungsweise.[861] Die Prüfung der wettbewerbsfreundlicheren Alternative knüpft im Wesentlichen daran an, ob ein Verkauf an ein anderes Unternehmen in Frage kommt, welches in den relevanten Märkten über geringere Marktanteile verfügt. Denkbar wäre ein vertikaler oder horizontaler Zusammenschluss mit einem schweizerischen oder ausländischen Unternehmen, soweit dieses ein Interesse an der möglichen Übernahme des maroden Unternehmens bekundet. Der alternative Erwerber hat jedoch durch eine mögliche Übernahme den Wettbewerb weniger stark zu beeinträchtigen als das übernehmende Unternehmen.[862] Wettbewerbsfreundlichere Alternativen gibt es nicht, wenn die Gefahr von Lieferengpässen besteht. Zur Annahme mangelnder Alternativen gehört auch der Umstand, dass einmal stillgelegte Anlagen nur noch schwer veräusserbar sind, was zu volkswirtschaftlichen Kosten führt.[863] 2.1065

Praxistipp: 2.1066

Sanierungsfusionen bedürfen in der Regel eines schnellen Handelns; deshalb ist es sinnvoll, bei der Einreichung der Meldung ein Gesuch um vorzeitigen Vollzug im Sinne von Art. 32 Abs. 2 VKU zu stellen.[864]

Vertiefung: Die Failing Company Defense kam in der Praxis beispielsweise in den folgenden Fällen zur Anwendung: 2.1067

- Übernahme der Recyment durch die Batrec: Die Recyment war total überschuldet und überlebte nur dank Subordinationserklärungen der Aktionäre und einem Zinszahlungsmoratorium; weil auf dem betroffenen schweizerischen Markt für die stoffliche Verwertung von Altbatterien nur zwei Wettbewerber agierten, war klar, dass bei einem Marktaustritt der Recyment deren Marktanteile gezwungenermassen an die Batrec fallen würden. Schliesslich war eine Marktstruktur mit einem einzigen Anbieter aufgrund des geringen Marktvolumens die effizienteste Marktlösung, weshalb auch das Erfordernis der wettbewerblich am wenigsten schädlichen Lösung erfüllt war (RPW 1999/1 172 ff., 174).

858 RPW 2002/2 356 ff., 370.
859 Körber, Art. 2 N 389.
860 RPW 2004/2 484 ff., 520.
861 RPW 2006/2 261 ff., 288; KG-Meinhardt/Waser/Bischof, Art. 10 N 177.
862 Körber, Art. 2 N 388.
863 RPW 2006/2 261 ff., 288.
864 Vgl. zum vorzeitigen Vollzug vorne N 2.988 ff.

- Übernahme der AZM durch Emmi: Die AZM litt seit Längerem unter Liquiditätsengpässen, eine Überschuldung war gemäss WEKO unabwendbar und es bestand keine Aussicht auf Sanierung. Bei einem Ausscheiden von AZM wären 80% der Marktanteile der AZM betreffend Konsummilch, -rahm und Butter an Emmi gefallen, weil sich die übrigen Wettbewerber räumlich eher auf die französische Schweiz ausgerichtet hatten und die AZM auf dem Deutschschweizer Markt tätig war. Zudem zeigten keine anderen Unternehmen Interesse an der Übernahme von AZM, weshalb auch keine wettbewerbsfreundlichere Lösung bestand (RPW 2006/2 261 ff., 287 f.).
- Übernahme des Sortenkäsegeschäftssektors der SDF durch Emmi: Die SDF verfügte gemäss WEKO langfristig nicht über eine gesicherte Zukunft, ohne finanzielle Hilfe war ein Konkurs unabwendbar. Bei einem Ausscheiden von SDF vom Markt würden deren Marktanteile an Emmi fallen, denn Emmi war das einzige Unternehmen, welches über das entsprechende Know-how, über die erforderliche Finanzkraft, Logistik und über das notwendige Gesamtsortiment verfügte. Die dritte Voraussetzung war deshalb erfüllt, weil sich weder in- noch ausländische Unternehmen für die Übernahme des gesamten Sortenkäsesektors der SDF interessierten (RPW 2003/3 529 ff., 547).

2.1068 **Checkliste: Failing Company Defense**

- ☐ Unmittelbar bevorstehender **Marktaustritt** des übernommenen Unternehmens
- ☐ **Drohender Verlust** der zur Übernahme anstehenden Vermögenswerte für den Markt
- ☐ Keine wettbewerbsrechtlich **weniger schädliche Lösung**

c) Sonderfall: Failing Division Defense

2.1069 Ein Sonderfall der Failing Company Defense ist die sog. Failing Division Defense. Im Unterschied zur Failing Company Defense ist im Fall der Failing Division Defense nicht ein Unternehmen als Ganzes, sondern ein Teil davon oder ein einzelner Geschäftsbereich betroffen.[865]

2.1070 Damit ein Fall der Failing Division Defense vorliegt, sind die folgenden Voraussetzungen zu erfüllen:[866]

- Der zu übernehmende Geschäftsbereich verschwindet ohne externe Unterstützung innert kürzester Zeit vom Markt.
- Die anderen beteiligten Unternehmen würden die meisten oder sämtliche Teile des verschwindenden Unternehmens absorbieren.
- Es gibt keine für den Wettbewerb weniger schädliche Lösung.

2.1071 Im Einklang mit der Rechtsprechung der Europäischen Kommission lässt die WEKO zwar die Failing Division Defense zu, knüpft aber strengere Bedingungen an den

865 RPW 2009/3 245 ff., 299; Körber, Art. 2 N 383.
866 RPW 2009/3 245 ff., 301. Vgl. auch Ducrey, SIWR, 297 f.

Nachweis der fehlenden Kausalität für die mit dem Zusammenschluss einhergehende Veränderung der Marktstruktur. Grund dafür ist, dass das Ausscheiden aus einem Markt durch Einstellung eines Geschäftsbereiches eine übliche Geschäftsstrategie ist und ansonsten praktisch jeder Unternehmenszusammenschluss, welcher die Veräusserung eines unrentablen Geschäftsbereiches zum Gegenstand hat, durch die Failing Division Defense gerechtfertigt werden könnte.[867]

Besondere Anforderungen sind in diesem Zusammenhang an den Nachweis des baldigen Verschwindens aus dem Wettbewerb zu stellen, denn in diesem Bereich besteht eine erhöhte Gefahr der Manipulation von Ertrags- und Kostenrechnungen, denn die Wettbewerbsbehörden können sich bei der Beurteilung des Marktaustritts nicht auf die gesamte Buchhaltung abstützen, sondern müssen sich auf unternehmensinterne Zahlen verlassen, welche von aussen kaum je überprüfbar sind.[868] 2.1072

Fallbeispiel: Tamedia/PPSR, RPW 2009/3 245 ff. 2.1073

Die WEKO prüfte und bejahte die Failing Division Defense bislang erst einmal im Rahmen des Zusammenschlussvorhabens Tamedia/ Presse publications SR S.A. (PPSR) (RPW 2009/3 245 ff., 299). Aufgrund des Zusammenschlusses sah die WEKO die Gefahr, dass der wirksame Wettbewerb auf dem Markt für Pendlerzeitungen sowie auf dem Markt für Firmen- und Printwerbung in der französischsprachigen Schweiz beseitigt werden könnte. Namentlich ging es um die Übernahme der Le Matin Bleu (PPSR) durch die Tamedia als Herausgeberin der 20 minutes. Trotzdem bejahte die WEKO den Zusammenschluss gestützt auf die Failing Division Defense:

- Verschwinden des Geschäftsbereiches innert kurzer Zeit: Weil der Markt für Pendlerzeitungen in der französischen Schweiz sehr klein ist, bestand langfristig nur Raum für eine Pendlerzeitung. Aus diesem Grund wäre die kleinere und finanzschwächere Le Matin Bleu der PPSR über kurz oder lang aus dem Markt ausgeschieden.
- Absorption der meisten Marktanteile durch die beteiligten Unternehmen: Weil dem Westschweizer Markt für Pendlerzeitungen lediglich Tamedia mit 20 minutes und die Le Matin Bleu angehörten, fielen die Marktanteile beim Ausscheiden der Le Matin Bleu automatisch 20 minutes zu.
- Keine wettbewerbsfreundlichere Lösung: Weil der Markt für Pendlerzeitungen mit einem Anbieter ausreichend versorgt war, hatte kein anderer Herausgeber ein Interesse, die defizitäre Le Matin Bleu zu übernehmen.

Aus den genannten Gründen sah die WEKO die Voraussetzungen für das Vorliegen der Failing Division Defense als erfüllt an, obwohl sie mehrfach darauf hinwies, dass an die Voraussetzungen der Failing Division Defense erhöhte Anforderungen zu stellen seien, dies namentlich mit Bezug auf die erhöhte Beweislast.

867 RPW 2009/3 245 ff., 300.
868 RPW 2009/3 245 ff., 300; Körber, Art. 2 N 391.

5. Keine Verbesserung der Marktverhältnisse auf einem anderen Markt

2.1074 Selbst wenn der Zusammenschluss die marktbeherrschende Stellung auf dem relevanten Markt verstärkt und damit eine Gefahr der Beseitigung des wirksamen Wettbewerbs eingehergeht, steht es der WEKO offen, den Zusammenschluss gleichwohl zuzulassen, wenn es dadurch zu einer Verbesserung der Verhältnisse auf einem anderen Markt kommt (Art. 10 Abs. 2 lit. b KG).

2.1075 Diese sogenannte **Abwägungsklausel** beruht auf dem Prinzip der Gesamtmarktbetrachtung; gemeint ist damit, dass der Zusammenschluss, der eine Wettbewerbsbeschränkung auf einem absterbenden Markt verursacht, zugelassen werden soll, wenn dadurch der Wettbewerb auf einem zukünftigen Markt verstärkt wird.[869] Für die Beurteilung des Zusammenschlusses sind sämtliche betroffenen Märkte zu untersuchen, denn falls es im Rahmen einer vertikalen oder konglomeralen Integration zur Erschliessung neuer Produktmärkte kommt, kann ein Zusammenschluss im Endeffekt auch wettbewerbsintensivierend wirken.[870] Der Eintritt der Verbesserung der Marktverhältnisse auf anderen Märkten hat jedoch sicher oder zumindest hinreichend wahrscheinlich zu sein und es darf keine Möglichkeit bestehen für das marktbeherrschende Unternehmen, zu einem späteren Zeitpunkt auch den Wettbewerb auf den von der Verbesserung betroffenen Märkten einzuschränken oder zu beseitigen.[871]

2.1076 **Vertiefung:** Im Zusammenhang mit der Gründung des Gemeinschaftsunternehmens Swissgrid, welche als einzige Anbieterin auf dem Markt für Stromübertragung tätig sein sollte, prüfte die WEKO eine durch die Gründung entstehende marktbeherrschende Stellung auf diesem Markt. Die WEKO untersuchte deshalb, ob allenfalls durch die Verbesserung der Wettbewerbsverhältnisse auf dem Markt für Stromversorgung die Nachteile der marktbeherrschenden Stellung auf dem Markt für Stromübertragung überwogen würden. Zwar waren durch die Verstärkung der marktbeherrschenden Stellung auf dem Markt für Stromübertragung nur wenige Verbraucher betroffen, während von einer Verbesserung der Marktverhältnisse auf dem Versorgungsmarkt fast alle profitieren könnten. Weil jedoch die Swissgrid auch nach dem Zusammenschluss die Möglichkeit hatte, den Durchleitungsanspruch zu bestreiten oder an unangemessene Bedingungen zu knüpfen, war die Verbesserung der Marktverhältnisse auf dem Versorgungsmarkt nicht sicher oder hinreichend wahrscheinlich; das nötige Ausmass der Wettbewerbsbesserung auf dem Markt für Stromversorgung war in diesem Fall nicht erfüllt (RPW 2005/2 347 ff., 354).

6. Stellung der Unternehmen im internationalen Wettbewerb

2.1077 Art. 10 Abs. 4 KG schreibt vor, dass die WEKO bei der Beurteilung der Eingreifkriterien den schweizerischen Markt nicht isoliert zu betrachten, sondern auch die

869 Weber/Vlcek, 110; Zäch, N 817.
870 Botschaft, 585; Zäch, N 817.
871 RPW 2005/2 347 ff., 354.

Stellung der betreffenden Unternehmen im internationalen Wettbewerb zu berücksichtigen hat.

In der Praxis wird dieses Kriterium bei der Bestimmung des räumlich relevanten Marktes mitberücksichtigt.[872] Besondere Bedeutung erlangt es dann, wenn sich der räumlich relevante Markt nicht bloss auf die Schweiz erstreckt, sondern international ist, oder wenn von ausländischen Unternehmen potenzieller Wettbewerbsdruck ausgeht.[873] 2.1078

Aus praktischer Sicht besteht eine Erleichterung für internationale Unternehmen im Hinblick auf eine Meldung, welche Wirkung auf internationalen Märkten entfaltet und deshalb auch bei der Europäischen Union gemeldet werden muss. Profitieren können davon insbesondere internationale Unternehmen, welche in mehreren Ländern über Tochtergesellschaften verfügen und welche Unternehmen akquirieren, die wiederum international tätig sind. In diesem Fall bringt die WEKO ein vereinfachtes Verfahren zur Anwendung. Wenn das betroffene Unternehmen zusichert, dass – soweit die Wirkungen des Zusammenschlusses in der Schweiz mit denjenigen im Ausland übereinstimmen – der Zusammenschluss auch in der Schweiz EU-konform durchgeführt wird, ist das vereinfachte Verfahren möglich.[874] Dies ist selbst dann der Fall, wenn die WEKO eine vertiefte Prüfung gemäss Art. 33 KG vornimmt; eine solche wird indessen nur dann überhaupt notwendig sein, wenn die Europäische Kommission eine vertiefte Prüfung anordnet und die WEKO deshalb aus praktischen Gründen die europäische Entscheidung abwartet.[875] 2.1079

7. Besonderheiten bei Banken und Versicherungen

Nach Art. 10 Abs. 3 KG können bei Zusammenschlüssen von Banken, die der Eidgenössischen Finanzmarktaufsicht (FINMA) aus Gründen des Gläubigerschutzes als notwendig erscheinen, die Interessen der Gläubiger vorrangig Berücksichtigung finden. Ein solcher Fall wird in der Regel bei einer echten Sanierungsfusion anzunehmen sein. Wenn eine solvente Bank ein illiquides Unternehmen zu übernehmen gedenkt und dadurch dessen Kunden vor den Schäden der Insolvenz bewahrt, sind die Wettbewerbsinteressen erst an zweiter Stelle zu berücksichtigen.[876] 2.1080

Die FINMA ist in diesem Fall für die Beurteilung zuständig, sie hat aber die WEKO zur Stellungnahme einzuladen. Für die Zuständigkeit der FINMA muss es sich nicht um einen Unternehmenszusammenschluss zwischen zwei Banken handeln, es reicht, wenn eine Bank am Zusammenschluss beteiligt ist.[877] 2.1081

Bei **Dringlichkeit** kann die FINMA gestützt auf Art. 17 VKU auf Ersuchen der betroffenen Banken einen definitiven oder vorläufigen Vollzug bewilligen. 2.1082

872 VON BÜREN/MARBACH/DUCREY, N 1631. Vgl. auch RPW 1997/4 532 ff., 537.
873 ZÄCH, N 810.
874 RPW 2010/1 1 ff., 8; RPW 2010/1 189 ff., 189.
875 WEBER/VLCEK, njus 2010, 79.
876 ZÄCH, N 840.
877 BORER, Art. 10 N 29.

I. Folgen der Prüfung

2.1083 Wie erwähnt kommt es nur dann zu einem Hauptprüfungsverfahren, wenn die Vorprüfung Anhaltspunkte für das Vorliegen einer marktbeherrschenden Stellung ergibt. Zerstreuen sich die allfälligen Bedenken im Rahmen der Hauptprüfung, ist der Unternehmenszusammenschluss zuzulassen.

2.1084 Sieht die WEKO indessen die in Art. 10 KG genannten Eingriffskriterien als erfüllt an, hat sie den Zusammenschluss entweder ganz oder teilweise zu untersagen oder nur unter Auflagen und Bedingungen zuzulassen.

2.1085 Ein allfälliges Prüfungsverfahren kann somit auf drei verschiedene Weisen abgeschlossen werden:

- **Zulassung des Unternehmenszusammenschlusses:** Nach der viermonatigen Frist kann entweder eine formelle Zulassung erfolgen oder aber die WEKO kann auf eine Mitteilung verzichten, was eine automatische Zulassung des Zusammenschlusses zur Folge hat.
- **Zulassung des Unternehmenszusammenschlusses unter Auflagen und Bedingungen:** Die Zulassung ergeht in Form einer anfechtbaren Verfügung.
- **Verbot des Zusammenschlusses:** Der Beschluss ergeht ebenfalls in Form einer anfechtbaren Verfügung.

2.1086 Unklar ist in diesem Zusammenhang, ob die WEKO beim Vorhandensein der Eingreifkriterien i.S.v. Art. 10 KG nur zwischen den letzteren beiden Möglichkeiten wählen kann oder ob es auch im Ermessen der WEKO liegt, zu entscheiden, ob sie überhaupt eingreifen will. Die h.L. geht davon aus, dass bezüglich des «ob» kein Ermessen besteht und sich der Ermessensspielraum auf die konkrete Ausgestaltung der Massnahmen beschränkt.[878]

2.1087 Bei der Auswahl des Interventionsinstrumentariums hat sich die WEKO streng an das im Verwaltungsrecht vorherrschende **Verhältnismässigkeitsprinzip** zu halten.[879]

2.1088 **Beurteilung von Unternehmenszusammenschlüssen**

Vorprüfung

☐ Bestehen Anhaltspunkte für das Vorliegen einer marktbeherrschenden Stellung?

878 Borer, Art. 10 N 26; HK-Reich, Art. 10 N 18; Zäch, 821.
879 Botschaft, 586; HK-Reich, Art. 10 N 18; KG-Meinhardt/Waser/Bischof, Art. 10 N 181.

Hauptprüfung

- ☐ Begründung oder Verstärkung der marktbeherrschenden Stellung
- ☐ Möglichkeit der Beseitigung des wirksamen Wettbewerbs
- ☐ Kausalzusammenhang
- ☐ Keine Wettbewerbsverbesserung auf einem anderen Markt

J. Auflagen und Bedingungen

1. Einleitung

Aufgrund des geltenden Verhältnismässigkeitsprinzips hat die WEKO von der ihr gegebenen Möglichkeit, einen Zusammenschluss unter Auflagen und Bedingungen zuzulassen, Gebrauch zu machen. Die Untersagung ist somit nur **ultima ratio,** wenn keine milderen Massnahmen ersichtlich sind. 2.1089

In analoger Anwendung von Art. 37 Abs. 2 KG ist es in erster Linie an den Parteien, der WEKO geeignete Auflagen und Bedingungen vorzuschlagen.[880] Die Rolle der WEKO vermag indessen aufgrund des im Verwaltungsrecht geltenden Untersuchungsgrundsatzes nicht allein darauf beschränkt zu sein, auf Vorschläge der Parteien zu warten, vielmehr hat sie ihnen die wettbewerbsrechtlichen Bedenken hinsichtlich des Zusammenschlusses darzulegen, damit es den Parteien möglich ist, taugliche Auflagen oder Bedingungen vorzuschlagen.[881] In der Praxis erfolgt die Ausarbeitung der Auflagen und Bedingungen in aller Regel im Rahmen eines dialogischen Verfahrens zwischen der WEKO und den am Zusammenschluss beteiligten Unternehmen.[882] 2.1090

Für die Parteien besteht auch die Möglichkeit, die Meldung zurückzuziehen und das Zusammenschlussvorhaben in abgeänderter Form erneut zu melden, damit der Zusammenschluss ohne Auflagen oder Bedingungen genehmigt werden kann.[883] Indessen besteht die Gefahr, dass aufgrund der Modifikation das Zusammenschlussvorhaben neu gemeldet werden muss, was dazu führt, dass die Fristen zur Beurteilung für die WEKO von Neuem zu laufen beginnen.[884] 2.1091

880 Zäch, 824 ff.; HK-Reich, Art. 10 N 20.
881 HK-Reich, Art. 10 N 20; Von Büren/Marbach/Ducrey, N 1637; Zäch, N 836.
882 Zäch, N 836; KG-Meinhardt/Waser/Bischof, Art. 10 N 184; Neff, N 23.
883 Von Büren/Marbach/Ducrey, N 1637; Zäch, N 835 ff.
884 Neff, N 25.

2. Abgrenzung von Auflagen und Bedingungen

2.1092 Aus verwaltungsrechtlicher Sicht unterscheiden sich Auflagen und Bedingungen dadurch, dass die Rechtswirksamkeit von Bedingungen an ein künftiges, ungewisses Ereignis anknüpft; je nachdem, ob eine aufschiebende (suspensiv) oder eine aufhebende (resolutiv) Bedingung vorliegt, wird eine Verfügung rechtswirksam oder verliert ihre Rechtswirksamkeit. Bei einer Auflage hingegen hängt die Rechtswirksamkeit einer Verfügung nicht mit der Auflage zusammen, sondern die Verfügung ist von Anfang an wirksam, jedoch mit einer Verpflichtung zu einem Tun, Dulden oder einem Unterlassen verbunden.[885]

2.1093 Gemäss der Praxis der WEKO ist in den Fällen, in denen zwischen dem Zusammenschluss und dem Eintritt bzw. der Wirkung einer Anordnung keine zeitliche Lücke bestehen darf, die Anordnung so auszugestalten, dass sie vor dem Vollzug erfolgt; in diesem Fall ist eine Bedingung zu erlassen.[886]

2.1094 **Praxistipp:**

Abgrenzung Auflage und Bedingung

Bedingung: Umsetzung **vor** Vollzug des Zusammenschlussvorhabens

Auflage: Umsetzung **nach** Vollzug des Zusammenschlussvorhabens

3. Möglichkeiten der Gestaltung von Auflagen und Bedingungen

2.1095 Grundsätzlich lassen sich zwei Arten von Massnahmen unterscheiden:

2.1096 **Strukturelle Massnahmen:** Strukturelle Massnahmen nehmen auf die Struktur des Zusammenschlusses Einfluss. Sie haben zum Ziel, der durch den Zusammenschluss resultierenden Marktstrukturänderung ein Gegengewicht zu geben, indem entweder neue Wettbewerber geschaffen oder bestehende Wettbewerber gestärkt werden.[887] Denkbar sind beispielsweise die folgenden Massnahmen:[888]

- **Veräusserungszusagen:** Bei Veräusserungszusagen verpflichten sich die Parteien, ein Unternehmen oder einen Teil davon zu veräussern, wodurch sich die Marktanteile der beteiligten Unternehmen vermindern und sich die Wettbewerbsfähigkeit der übrigen Unternehmen verstärken lässt. Das zu veräussernde Geschäft oder der Geschäftsteil hat lebensfähig zu sein, damit dieser Teil wirksam und auf Dauer mit dem durch den Zusammenschluss entstandenen Unternehmen konkurrieren kann.[889]

---

885 Häfelin/Müller/Uhlmann, N 913 f.; Weber/Vlcek, 118; Hoffet, N 10.71; Neff, N 10.
886 RPW 1998/3 392 ff., 410; RPW 2001/4 721 ff., 741.
887 Neff, N 14.
888 Von Büren/Marbach/Ducrey, N 1639 ff.; KG-Meinhardt/Waser/Bischof, Art. 10 N 187 ff.
889 Neff, N 31.

- **Marktöffnungszusagen:** Durch Marktöffnungszusagen sollen bestehende Marktzutrittsschranken aufgebrochen und für den potenziellen Wettbewerb geöffnet werden. Denkbar ist beispielsweise die Pflicht zur Einräumung einer Lizenz.
- **Entflechtungszusagen:** Entflechtungszusagen haben die Entflechtung von finanziellen, vertraglichen, personellen oder sonstigen Verflechtungen der beteiligten Unternehmen zum Ziel, wodurch die wettbewerbsrechtliche Unabhängigkeit der Konkurrenten verstärkt und das Kollusionsrisiko geschwächt wird.

Verhaltensmassnahmen: Verhaltensmassnahmen sollen abgesehen von der Markt- 2.1097 struktur auch auf das Wettbewerbsverhalten der Parteien einwirken. Verhaltensmassnahmen werden mitunter als nicht strukturelle Massnahmen bezeichnet. Sie weisen keinen Bezug zur Marktstruktur auf und sind darauf ausgerichtet, den Parteien gewisse Pflichten aufzuerlegen oder ihre Reche einzuschränken.[890] Als Beispiele für Verhaltensmassnahmen, welche auf die Änderung der Wettbewerbsbedingungen ausgerichtet sind, kommen Zugangserleichterungen zu Infrastrukturen in Betracht; Verhaltensmassnahmen, welche sich auf das Verhalten der Parteien auswirken, sind beispielsweise das Verbot von langfristigen Bezugs- und Lieferverpflichtungen oder die Aufrechterhaltung der eigenständigen Geschäftsführung des übernommenen Unternehmens.[891]

Vertiefung: Aus der Praxis der WEKO sind beispielsweise die folgenden Auflagen und Bedin- 2.1098 gungen zu erwähnen:

- Im Rahmen der Übernahme der SEG durch die Bell verpflichtete sich Bell, die Beteiligung an ihrer Tochtergesellschaft zu veräussern; dabei durfte der Käufer weder Migros noch Coop sein, um so die Schaffung einer neuen Wettbewerbskraft zu ermöglichen (RPW 1998/3 392 ff., 410).
- Bei der Übernahme der Belcom, welcher u.a. der Radiosender Radio 24 angehörte, durch das Medienhaus Tamedia verpflichtete sich die Tamedia im Gegenzug, die Kontrolle über den Radiosender Radio Zürichsee abzugeben, um dadurch den Wettbewerb auf dem Markt für Radiowerbung im Grossraum Zürich aufrechtzuerhalten. Der Vollzug des Zusammenschlusses wurde von der WEKO unter der Bedingung bewilligt, dass die Beteiligung der Radio Zürichsee AG durch die Tamedia veräussert würde (RPW 2001/4 721 ff., 741; dazu auch RPW 2004/3 484 ff., 524).
- Im Fall SBG/SBV verfügte die WEKO die Auflage zur Veräusserung von Banken, insbesondere der Banca della Svizzera Italiana und der Solothurner Bank; der Vollzug des Zusammenschlusses wurde sofort zugelassen, jedoch mit einer Frist zur Veräusserung verbunden; weiter auferlegte die WEKO dem fusionierenden Unternehmen die Pflicht, die Infrastrukturplattform weiter zu betreiben (RPW 1998/2 278 ff., 316).
- Beim Zusammenschlussvorhaben der im Pharmabereich tätigen Glaxo Wellcome PLC/ SmithKline Beecham PLC verpflichteten sich die Parteien, eine Auslizenzierung ihrer Produkte vorzunehmen, sodass es nicht zu einer Marktanteilsaddition kommen konnte und

---

890 Neff, N 14; ausführlich zur Zulassung von Verhaltensmassnahmen KG-Borer/Kostka, Art. 32 N 104.

891 Hoehn/Zurkinden, 168.

Dritten ein Marktzutritt möglich wurde (RPW 2001/2 338 f., 339; dazu auch RPW 2003/2 314 ff., 356).

- Im Fall SWX Group/Verein SWX Swiss Exchange/SIS Swiss Financial Services Group AG/ Telekurs Holding AG genehmigte die WEKO den Zusammenschluss unter der Bedingung, dass der European Code of Conduct für Clearing and Settlement vom 7. November 2006 (CoC) in der jeweils geltenden Fassung eingehalten würde (RPW 2007/4 557 ff., 591).
- Bei der Übernahme von Denner durch Migros hatte sich diese zu verpflichten, bis zu einem Eintritt eines bedeutenden Randwettbewerbers Denner im Hinblick auf die Preis-, Sortiments- und Standortpolitik juristisch, organisatorisch und operationell selbstständig zu belassen; der Migros wurde aber das Recht zugestanden, bei der WEKO nach zwei Jahren eine Änderung der Auflagen zu beantragen (RPW 2008/1 129 ff., 191).
- Im Entscheid Fenaco/Steffen Ris Holding AG verpflichtete die WEKO die Fenaco, auf branchenunübliche Bezugs- oder Lieferpflichten zu Lasten der Produzenten zu verzichten und dafür zu sorgen, dass die Produzenten informiert sind, dass keinerlei solche Pflichten bestehen (RPW 2008/2 290 ff., 336).

2.1099 **Fallbeispiel: Migros/Denner, RPW 2008/1 129 ff.**

Umfangreiche Auflagen verhängte die WEKO im Rahmen des Zusammenschlussvorhabens Migros/Denner. Der Migros-Genossenschaftsbund (Migros) meldete der WEKO im Jahre 2007, dass er die Übernahme der Denner AG (Denner) mittels Aktienkauf beabsichtige.

Im Rahmen der vertieften Prüfung kam die WEKO zum Schluss, dass die Übernahme zwar nicht zu einer Einzelmarktbeherrschung führe, wohl aber zu einer kollektiven Marktbeherrschung der Marktleader Migros und Coop. Durch die Übernahme des stärksten Randwettbewerbers Denner durch die Migros entstünde insbesondere auf dem Absatzmarkt eine kollektiv marktbeherrschende Stellung von Migros und Coop, welche nach dem Zusammenschluss einen Marktanteil von rund 90% auf sich vereinigten.

Im Rahmen der Untersuchung des Zusammenschlussvorhabens analysierte die WEKO auch die unilateralen Effekte. Das mögliche kollusive Verhalten durch die kollektiv marktbeherrschende Stellung sah die WEKO jedoch durch das mittelfristige Auftauchen von ausländischer Konkurrenz (Aldi und Lidl) gemildert.

Die WEKO liess die geplante Transaktion unter den folgenden Auflagen zu:

- Die Migros hatte Denner juristisch, organisatorisch und operationell selbstständig zu belassen.
- Denner musste weiterhin eine eigene Preis-, Sortiments- und Standortpolitik betreiben.
- Die Migros durfte in der Schweiz keine anderen Lebensmittelhändler ohne vorgängige Bewilligung durch die WEKO erwerben.

- Die Migros hatte in Zukunft sämtliche Zusammenschlüsse analog Art. 9 Abs. 4 KG zu melden.
- Der Migros wurde untersagt, M-Budget-Geschäfte zu eröffnen.
- Migros und Denner hatten ihre Waren auf unterschiedlichen Wegen zu beschaffen.
- Lieferanten, welche vor dem Zusammenschluss rund 30% ihres Umsatzes über Denner erzielt hatten, durften Denner auch in Zukunft beliefern, wenn die Produkte eine marktübliche Qualität und einen konkurrenzfähigen Preis aufweisen. Wird ein Produkt eines solchen Produzenten aus dem Sortiment genommen, ist Migros/Denner verpflichtet, mit dem Lieferanten eine Lösung zu finden, wenn der Lieferant als Folge der Auslistung seine wirtschaftliche Existenz verlieren könnte.
- Denner durfte Eigenmarkenlieferanten nur dann durch Migros-Industrien ersetzen, wenn diese das Produkt in vergleichbarer Qualität zu günstigeren Preisen anboten und die Einsparungen an die Konsumenten weitergegeben würden.

Die Auflagen waren auf sieben Jahre befristet; bei einer wesentlichen Veränderung der Verhältnisse auf dem Detailhandelsmarkt hatte die Migros zudem ab dem Jahr 2010 das Recht, bei der WEKO die Abänderung bzw. die Aufhebung der Auflagen zu beantragen.

Kurz nach der Denner-Übernahme durch die Migros gestattete die WEKO auch die Übernahme der Carrefour-Läden durch Coop, jedoch gleichwohl nur unter Auflagen. Coop wurde untersagt, mit den Lieferanten Exklusivlieferverträge abzuschliessen und musste wie die Migros für Lieferanten von Carrefour, die über 30% ihres Umsatzes durch Carrefour erzielten, individuelle Lösungen erzielen.

Ein Grossteil der Stimmen äusserte sich zustimmend zur Zulassung der Fusion mit Auflagen. Viele befanden jedoch die Auflagen als zu weit gehend. Insbesondere ist fraglich, ob sich Denner tatsächlich als dritte Kraft neben Migros und Coop etabliert hätte. Weil Denner nur ein Drittel des Umsatzes der anderen Detailhändler erwirtschaftete, ist dies praktisch unwahrscheinlich. Die wirtschaftliche Freiheit der Migros wird durch die Auflagen denn auch erheblich eingeschränkt. Die Auflagen enthalten indessen eine «Ausstiegsklausel», wonach Migros die Aufhebung der Auflagen beantragen darf, sobald Aldi und Lidl zusammen 250 Filialen betreiben. Diese Grenze wurde mittlerweile überschritten und Migros hat bei der WEKO die Aufhebung der Auflagen beantragt.

Strukturelle Massnahmen stehen bei der Unternehmenszusammenschlusskontrolle 2.1100
im Vordergrund, weil sie einfacher anzuwenden und zu überprüfen und deshalb

auch wirkungsvoller sind.[892] Die WEKO hat in ihrer Praxis den Parteien gleichwohl relativ oft Verhaltensmassnahmen auferlegt.[893]

2.1101 Ausnahmsweise ist eine Zulassung mit Auflagen und Bedingungen bereits im Vorverfahren möglich, wenn ein Wettbewerbsproblem klar ersichtlich ist, auf einfache Weise gelöst werden kann und sich die Erfüllung der Bedingungen oder Auflagen leicht kontrollieren lässt. Die WEKO hat in ihrer Praxis bereits verschiedentlich solche Auflagen in Übereinstimmung mit der europäischen Praxis festgehalten. Sie verzichtet somit in gewissen Fällen auf eine vertiefte Prüfung, wenn durch die Auflage die Gefahr der Begründung oder Verstärkung einer marktbeherrschenden Stellung beseitigt werden kann.[894]

4. Sonderfall: Überprüfung der Einhaltung von Auflagen

2.1102 Wie erwähnt ergeben sich bei der Zulassung unter Auflagen Probleme im Hinblick auf die Überprüfung ihrer Einhaltung. In der Vergangenheit setzte die WEKO verschiedentlich eine **unabhängige Revisionsgesellschaft** ein, welche die Einhaltung der Auflagen zu überwachen und ihre Befunde jährlich an die WEKO zu rapportieren hatte; die Kosten für die Überprüfung der Einhaltung der Auflagen, d.h. die Kosten der Revisionsgesellschaft, trug jeweils der Erwerber.[895]

2.1103 Im Rahmen von Unternehmenszusammenschlüssen von internationaler oder zumindest europäischer Bedeutung, in deren Rahmen parallele Verfahren in der EU stattfinden, verweist die WEKO bezüglich der einzuhaltenden Auflagen oftmals auf die Vorgaben der Europäischen Kommission.[896] Die Sicherung der entsprechenden Auflagen erfolgt in der Regel, indem den Parteien die Pflicht auferlegt wird, der WEKO nach Erfüllung der Massnahmen Bericht zu erstatten.

2.1104 Im Hinblick auf die Überprüfung ihrer Einhaltung ist insbesondere das Zusammenarbeitsübereinkommen zwischen der Schweiz und der Europäischen Union zu beachten.[897] Die betroffenen Parteien können den Wettbewerbsbehörden dafür in einem Schreiben die Zustimmung zum Informationsaustausch erteilen.

892 VON BÜREN/MARBACH/DUCREY, N 1643; NEFF, N 13, 15; ZÄCH, N 834.
893 Vgl. dazu HOEHN/ZURKINDEN, 168; ZURKINDEN, 514.
894 RPW 2001/2 338 ff., 339; RPW 2007/4 557 ff., 587; RPW 2008/1 113 ff.; RPW 2008/2 355 ff.
895 RPW 2008/1 129 ff., 191; RPW 2008/3 475 ff., 506; RPW 2008/4 593 ff., 661. Die Einsetzung einer unabhängigen Instanz zur Überwachung der Auflagen wird von der WEKO jedoch nicht immer vorgenommen, vgl. z.B. RPW 2008/2 290 ff., 336; dazu auch HOEHN/ZURKINDEN, 167.
896 Vgl. RPW 2001/2 338 ff., 339; RPW 2003/2 314 ff., 356.
897 HOEHN/ZURKINDEN, 168.

Praxistipp: 2.1105

Für den Austausch von vertraulichen Informationen ist das ausdrückliche Einverständnis der Unternehmen erforderlich. Dies gilt auch nach dem neuen Zusammenarbeits-Abkommen zwischen der Schweiz und der EU.[898] Für die Unternehmen ist es indessen oft von Vorteil, wenn die Behörden die Informationen untereinander austauschen können, weil dadurch das Verfahren verkürzt wird.

Aus diesem Grund ist es für Unternehmen sinnvoll, der Meldung einen sog. «Waiver Letter» oder einfach «Waiver» beizulegen, welcher einem allfälligen Informationsaustausch ausdrücklich zustimmt.[899]

In gewissen Fällen übernahm die WEKO selbst die Überwachungsfunktion oder übertrug die Überwachungskompetenz einer anderen Behörde, wie z.B. der FINMA, oder auferlegte den Parteien eine Selbstüberwachungspflicht.[900] Verschiedentlich verzichtete sie auch ganz auf die Anordnung von Überwachungsmassnahmen, sondern verwies in ihren Entscheiden auf die Sanktionsandrohung von Art. 50 KG bei Nichteinhaltung der Auflagen.[901] 2.1106

Meldung in der Europäischen Union 2.1107

Die europäische Fusionskontrolle greift grundsätzlich immer dann, wenn ein Zusammenschluss gemeinschaftsweite Bedeutung aufweist. Dafür sind im Gesetz gewisse Schwellenwerte vorgesehen.

Alternativ kann ein Zusammenschlussvorhaben der EU auch gemeldet werden, wenn sich gestützt auf die Aufgreifkriterien zwar keine Meldepflicht ergeben würde, jedoch ein Zusammenschluss nach dem Wettbewerbsrecht von mindestens drei Staaten zu prüfen wäre.[902] Anstelle der nationalen Prüfungen wird in diesem Fall nur ein einziges Verfahren durch die EU durchgeführt. Interessant ist diese Alternative insbesondere bei grossen internationalen Zusammenschlüssen, weil dadurch in der Regel Kosten und Aufwand für die – z.T. national unterschiedlich geregelten – Meldungen eingespart werden können.

Ein Unternehmen, das eine solche Meldung einreichen möchte, hat das entsprechende Gesuch an die Direktion Wettbewerb der Kommission zu richten. Diese leitet das Schreiben dann umgehend an die betroffenen Mitgliedstaaten weiter. Die Staaten haben sodann innert 15 Arbeitstagen zu entscheiden, ob sie gegen die Verweisung

898 Vgl. dazu hinten N 3.38 ff.

899 Hoffet, N 10.69; vgl. zum Beispiel RPW 2006/3 494 ff., 494.

900 Im Fall Le Temps verpflichtete die WEKO die Parteien beispielsweise, sämtliche Änderungen in der Kapitalstruktur sowie der Stimmrechtsverteilung von der WEKO genehmigen zu lassen (RPW 1998/1 39 ff., 60).

901 Zurkinden, 520. Vgl. auch RPW 2005/2 347 ff., 357; RPW 2008/2 290 ff., 337.

902 Ausführlich dazu Körber, Art. 4 N 96 ff.

an die EU ihr Veto einlegen oder nicht. Ist ein Staat mit der Verweisung nicht einverstanden, behalten die Einzelstaaten ihre Zuständigkeit, ansonsten wird die gemeinschaftsweite Bedeutung vermutet und das Zusammenschlussvorhaben ist der EU zur Prüfung anzumelden.

2.1108 **Key Points Unternehmenszusammenschlüsse**

- ☐ **Weiter Anwendungsbereich:** Zahlreiche Sachverhalte aus dem Gebiet von M&A fallen in den Geltungsbereich der Unternehmenszusammenschlusskontrolle, denn dieser umfasst nicht nur Fusionen im eigentlichen Sinne, sondern erstreckt sich auch auf die Übernahme von Unternehmensteilen und die Gründung von Gemeinschaftsunternehmen.
- ☐ **Hohe Schwellenwerte:** Die Schwellenwerte, welche eine Meldepflicht auslösen, sind in der Schweiz sehr hoch.
- ☐ **Strikte Eingreifkriterien:** Die Hürden für eine Untersagung eines Unternehmenszusammenschlusses sind sehr hoch, in der Praxis hat die WEKO erst einmal einen Zusammenschluss untersagt.
- ☐ **Europa 1:** Die grossen Unternehmenszusammenschlüsse erfordern oftmals eine Meldung in mehreren Staaten oder eine Meldung bei der Europäischen Kommission.
- ☐ **Europa 2:** Wenn Meldungen in verschiedenen Staaten eingereicht werden müssen, ist die Koordination der Verfahren von besonderer Bedeutung.
- ☐ **Wettbewerbsabsprachen:** Die am Zusammenschluss beteiligten Unternehmen haben vor dem Vollzug darauf zu achten, dass keine Geschäftsgeheimnisse ausgetauscht werden, denn ein solches Verhalten könnte allenfalls den Tatbestand der kartellrechtswidrigen Absprachen erfüllen.

K. Ausnahmsweise Zulassung (Art. 11 KG)

1. Einleitung

2.1109 Gemäss Art. 11 KG kann der Bundesrat auf Antrag der beteiligten Unternehmen Unternehmenszusammenschlüsse, welche nach Art. 10 KG untersagt wurden, zulassen, wenn sie in Ausnahmefällen notwendig sind, um überwiegende öffentliche Interessen zu verwirklichen.

2.1110 Schon die Botschaft zum revidierten Kartellgesetz attestierte der Vorschrift vermutungsweise eine geringe praktische Relevanz; dies hat sich denn auch bewahrheitet; bislang ging – soweit ersichtlich – beim Bundesrat noch kein Gesuch um eine ausnahmsweise Zulassung im Sinne von Art. 11 KG ein.[903]

Dieser Umstand ist wohl auf zweierlei Gründe zurückzuführen: Einerseits sind die Schwellenwerte für eine Meldung in der Schweiz generell eher hoch, sodass die Zahl der zu meldenden Zusammenschlüsse von vornherein eher gering ist. Andererseits lässt sich ein Zusammenschluss in der Regel durch die Verfügung von Auflagen und Bedingungen vermeiden, sodass Zusammenschlüsse kaum je überhaupt untersagt werden.[904] Schliesslich stehen Zusammenschlussvorhaben oft auch unter Zeitdruck und ein Zuwarten auf den Entscheid des Bundesrates würde den Erfolg der Fusion gefährden. 2.1111

2. Gründe

Die Gründe für die ausnahmsweise Zulassung entsprechen im Wesentlichen denjenigen von Art. 8 KG. Die Prüfung des Bundesrates beschränkt sich allein darauf, ob die ausnahmsweise Zulassung aus öffentlichen Interessen gerechtfertigt ist, eine Überprüfung der wettbewerbsrechtlichen Beurteilung des Zusammenschlusses durch die WEKO ist nicht möglich.[905] 2.1112

Im Rahmen der Beurteilung hat der Bundesrat insbesondere das Verhältnismässigkeitsprinzip zu beachten; er ist gehalten, die öffentlichen Interessen an der Zulassung des Zusammenschlusses gegen die Interessen an einem Verbot desselben abzuwägen. Der Zusammenschluss ist zuzulassen, wenn Erstere die Zweiteren überwiegen.[906] 2.1113

3. Verfahren

Das Verfahren ist in Art. 36 KG geregelt, es entspricht zum grossen Teil der Regelung betreffend die ausnahmsweise Zulassung von Wettbewerbsbeschränkungen gemäss Art. 31 KG. 2.1114

Der Antrag auf ausnahmsweise Zulassung steht nur den am untersagten Zusammenschluss beteiligten Unternehmen offen, d.h. nicht i.S.v. Art. 3 VKU am Zusammenschluss beteiligte Unternehmen können kein entsprechendes Gesuch stellen. Ein Gesuch lässt sich zudem nur einreichen, wenn die WEKO das Zusammenschlussvorhaben im Sinne von Art. 10 Abs. 2 KG untersagt, nicht jedoch, wenn sie den Zusammenschluss unter Auflagen oder Bedingungen genehmigt hat.[907] Indessen ist es für die Einreichung des Gesuchs nicht notwendig, dass die Parteien 2.1115

---

903 Die Botschaft spricht von «grosszügigen Grenzbeträgen» und «toleranten Eingreifkriterien», Botschaft, 579 und 584. KG-Meinhardt/Prümmer, Art. 11 N 6; HK-Köchli, Art. 11 N 3.

904 KG-Meinhardt/Prümmer, Art. 11 N 6.

905 HK-Köchli, Art. 11 N 7.

906 HK-Köchli, Art. 11 N 9.

907 Borer, Art. 11 N 3; KG-Meinhardt/Prümmer, Art. 11 N 9; HK-Köchli, Art. 11 N 5.

sämtliche Rechtsmittel gegen den Zusammenschlussentscheid ergriffen haben, das Gesuch kann direkt im Anschluss an die Untersagungsverfügung der WEKO gestellt werden.[908]

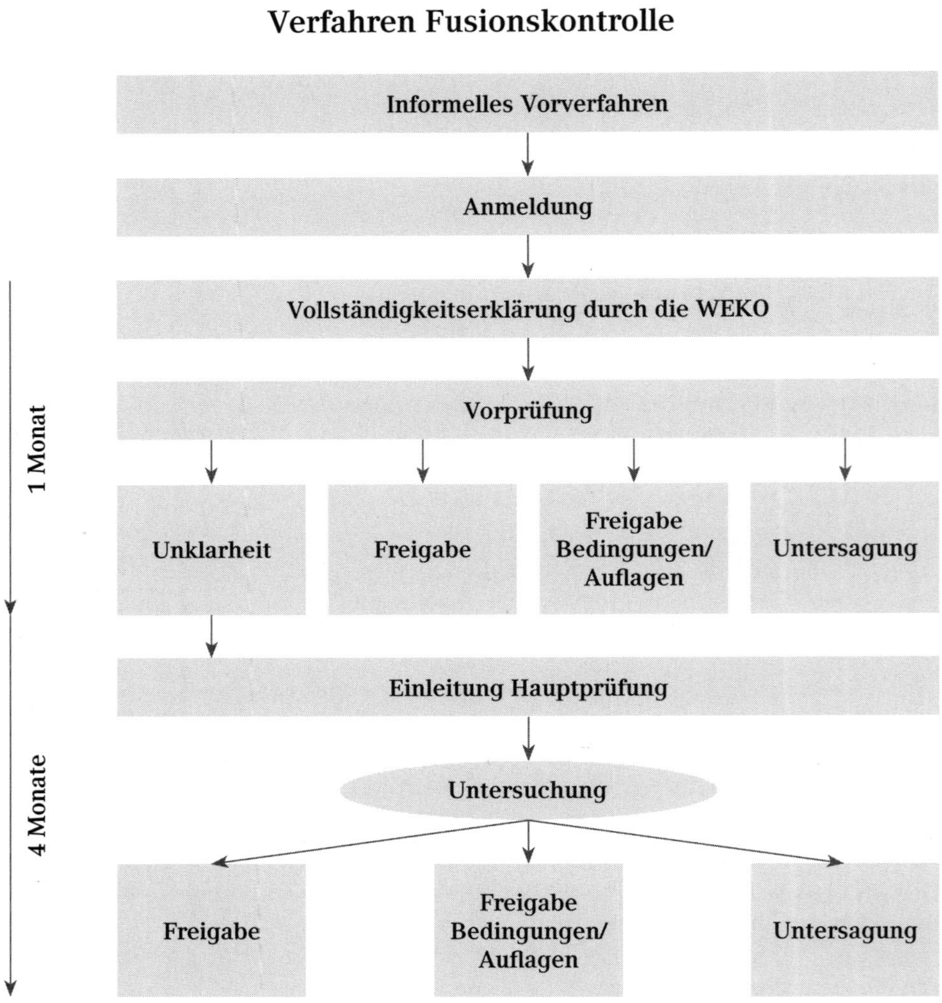

Abb. 2.11

---

908 Borer, Art. 11 N 3.

L. Revision des Kartellgesetzes

Auch im Zusammenhang mit der Zusammenschlusskontrolle beabsichtigt der Gesetzgeber einige Änderungen vorzunehmen. Ziel der Revision ist namentlich, die bislang als zu wenig wirkungsvoll erachtete Zusammenschlusskontrolle zu stärken, um auf diese Weise die negativen Auswirkungen von Marktkonzentrationen zu verhindern. Um der zunehmenden Internationalisierung besser Rechnung zu tragen, sind zudem gewisse Harmonisierungen mit dem europäischen Wettbewerbsrecht vorgesehen. 2.1116

1. Geplante Neuregelungen

a) Übersicht über die geplanten Änderungen

Die geplante Revision betrifft vorab die administrative Erleichterung von internationalen Zusammenschlüssen. Einerseits sollen internationale Zusammenschlüsse, welche neben der Schweiz auch europaweite Wirkung entfalten, stark vereinfacht werden, um dadurch Doppelspurigkeiten zu vermeiden. Andererseits erfolgt eine Anpassung der Fristen bei den Fusionsverfahren an diejenigen der EU, was zu einer vereinfachten Koordination bei mehreren Verfahren führt. 2.1117

Die wichtigste Änderung im Zusammenhang mit den Unternehmenszusammenschlüssen betrifft indessen die Verschärfung der Eingriffskriterien. Anstatt der bis anhin von der WEKO angewandten Prüfung der Marktbeherrschung soll neu der in der europäischen Praxis vorherrschende SIEC-Test (Significant Impediment to Effective Competition) Anwendung finden. 2.1118

Schliesslich ist beabsichtigt, einem – allenfalls neu geschaffenen – Wettbewerbsgericht eine Ordnungsfrist von drei Monaten aufzuerlegen, innert welcher es über allfällige Beschwerden im Zusammenhang mit Zusammenschlussverfahren zu entscheiden hat. 2.1119

b) Einzelne Änderungspunkte

aa) Internationale Zusammenschlussvorhaben

Zur Vereinfachung internationaler Zusammenschlüsse sollen der geltende Art. 9 Abs. 1 KG, welcher die für eine Meldung erforderlichen Schwellenwerte enthält, durch Bestimmungen mit folgendem Wortlaut ergänzt werden: 2.1120

Art. 9 Abs. 1bis E-KG

«Solche Vorhaben müssen nicht gemeldet werden, sofern:

c) Sämtliche vom Zusammenschlussvorhaben betroffenen sachlichen Märkte so abzugrenzen sind, dass sie die Schweiz und zumindest den europäischen Wirtschaftsraum erfassen; und

d) Das Zusammenschlussvorhaben von der Europäischen Kommission beurteilt wird.»

Art. 9 Abs. 1ter E-KG

«Die an einem Zusammenschlussvorhaben nach Abs. 1bis beteiligten Unternehmen sind verpflichtet, der Wettbewerbsbehörde innert zehn Tagen ab Einreichen der Meldung des Zusammenschlussvorhabens bei der Europäischen Kommission eine vollständige Kopie der Meldung zuzustellen.»

2.1121 Im Rahmen von grenzüberschreitenden Zusammenschlüssen kommt es vor, dass diese parallel in verschiedenen Staaten gemeldet werden müssen, was bei den betroffenen Unternehmen zu einem erheblichen Mehraufwand führen kann. Durch die neuen Bestimmungen sollen nun Doppelspurigkeiten bei internationalen Zusammenschlussvorhaben vermieden werden. Vorhaben, welche grosse Märkte betreffen und bereits von den europäischen Behörden geprüft werden, unterliegen einem vereinfachten Prüfungsverfahren. Dies führt sowohl bei den Unternehmen wie auch bei den Behörden zu einer Ressourceneinsparung.

bb) *Beurteilung von Unternehmenszusammenschlüssen*

2.1122 Die Eingreifkriterien, welche in Art. 10 E-KG normiert sind, haben gemäss Botschaft den folgenden Wortlaut:

Art. 10 E-KG

«1 Meldepflichtige Zusammenschlüsse werden von der Wettbewerbsbehörde geprüft, sofern sich in einer vorläufigen Prüfung (Art. 32 KG) Anhaltspunkte ergeben, dass sie den wirksamen Wettbewerb erheblich behindern.

2 Die Wettbewerbsbehörde kann den Zusammenschluss untersagen oder ihn mit Bedingungen und Auflagen zulassen, wenn die Prüfung ergibt, dass der Zusammenschluss:

a. den wirksamen Wettbewerb erheblich behindert; und

b. keine von den beteiligten Unternehmen nachgewiesenen zusammenschlussspezifische und überprüfbaren Effizienzvorteile für die Nachfrager bewirkt, welche die Nachteile der erheblichen Behinderung des Wettbewerbes ausgleichen.»

2.1123 Die heutige Zusammenschlusskontrolle wird vom Bundesrat wie auch von einem Teil der Lehre als ungenügend angesehen, um die negativen und positiven Effekte von Zusammenschlüssen adäquat zu erfassen, weshalb eine Änderung der Eingreifkriterien von Art. 10 KG vorgeschlagen wird.

2.1124 Die Neuregelung soll die schweizerische Zusammenschlusskontrolle stärken und zugleich vereinfachen. Nach geltendem Recht kann ein Zusammenschluss nur verhindert, bzw. unter Auflagen und Bedingungen zugelassen werden, wenn erstens eine marktbeherrschende Stellung begründet oder verstärkt und zweitens der Wettbewerb auf dem relevanten Markt beseitigt wird und durch den Zusammenschluss nicht überwiegende Verbesserungen auf einem anderen Markt bewirkt werden. Dieses «Doppelkriterium» für ein behördliches Eingreifen stellt hohe Hürden auf und erscheint deshalb als wenig griffiges Mittel zur Verhinderung von negativen strukturellen Einflüssen von Zusammenschlüssen.[909]

909 ZIRLICK/LÜTHI/STÜSSI, 42 f.; BGE 133 II 104 ff., Erw. 6; BGer 2A.327/2006 vom 22. Februar 2007, Erw. 6.4.

Durch die **Einführung des SIEC-Tests** soll nun ein behördliches Eingreifen schon möglich sein, wenn es durch den Zusammenschluss zu einer **erheblichen Behinderung** des Wettbewerbs kommt. Damit lassen sich auch diejenigen negativen Effekte von Zusammenschlüssen erfassen, die sich von Unternehmen ergeben, die auf dem Markt keine marktbeherrschende Stellung haben, so insbesondere nichtkoordinierte bzw. unilaterale Effekte im Oligopol.[910] 2.1125

Mit dem SIEC-Test sollen gleichwohl auch die positiven Einflüsse, welche ein Zusammenschluss haben kann, angemessen berücksichtigt werden können (Art. 10 Abs. 2 lit. b E-KG). Soweit die negativen Effekte eines Zusammenschlussvorhabens durch Effizienzvorteile für die Nachfrager einen Ausgleich erfahren, ist das Vorhaben zuzulassen.[911] 2.1126

Der Test soll eine gesamtheitlichere Beurteilung der Konsequenzen von Unternehmenszusammenschlüssen ermöglichen; zudem käme es zu einer Harmonisierung mit dem europäischen Recht.[912] Obschon die Regelung die Hürde für behördliche Eingriffe herabsetzt, soll es nicht zu einer erhöhten Interventionsrate kommen. Gleichwohl würde sich der Aufwand für Behörden und Unternehmen bei problematischen Zusammenschlüssen – davon gibt es pro Jahr schätzungsweise deren vier – erhöhen.[913] Weil die Schwellenwerte indessen nicht herabgesetzt werden, sollte die Zahl der gemeldeten Zusammenschlüsse gleich bleiben. 2.1127

cc) Anpassung der Fristen

Die Botschaft sieht zudem vor, die Fristen und Verfahren mit denjenigen der Europäischen Union in Einklang zu bringen. Gleich wie das europäische Recht sind auch in der Schweiz für die Prüfung von Unternehmenszusammenschlüssen gewisse Fristen vorgesehen, diese sind im KG jedoch kürzer gehalten als in der EU. Wenn ein Zusammenschluss in der Schweiz und der EU gemeldet werden muss, verursacht dies den Unternehmen hohe Abstimmungskosten.[914] Aus diesem Grund soll Art. 32 um einen neuen Abs. 3 ergänzt und Art. 33 Abs. 4 E-KG geändert werden. 2.1128

Art. 32 Abs. 3 E-KG

«3 Die Wettbewerbsbehörde kann die Fristen nach den Absätzen 1 und 2 mit Zustimmung der meldenden Unternehmen aus wichtigen Gründen um maximal 21 Tage verlängern.»

Art. 33 Abs. 4 E-KG

«4 Die Wettbewerbsbehörde kann die Frist nach Absatz 3 mit Zustimmung der meldenden Unternehmen aus wichtigen Gründen um höchstens zwei Monate verlängern.»

An der Hauptfrist wird festgehalten, jedoch schafft Art. 32 Abs. 3 E-KG bei der Vorprüfung die Möglichkeit, bei grenzüberschreitenden Zusammenschlüssen die 2.1129

910 Botschaft 2012, 3945; Künzler/Zäch, AJP 2013, 756.
911 Botschaft 2012, 3946.
912 Botschaft 2012, 3929; Martenet/Holzmüller, 195.
913 Botschaft 2012, 3947.
914 Zirlick/Lüthi/Stüssi, 45.

Unterschiede bei den Fristen durch eine Fristverlängerung aufzufangen.[915] Gleiches gilt für den Fall einer vertieften Prüfung nach Art. 33 Abs. 4 E-KG. Die Fristen werden im Kartellgesetz jedoch nicht generell verlängert, sondern nur im jeweiligen Einzelfall; vorausgesetzt ist zudem das Einverständnis der betroffenen Unternehmen.[916]

2.1130 Als weiterer Punkt der Revision wird vorgeschlagen – im Hinblick auf die Neugestaltung der Behörden – dem Wettbewerbsgericht eine Ordnungsfrist von vier Monaten aufzuerlegen, innert der es über allfällige Beschwerden im Zusammenhang mit Unternehmenszusammenschlüssen entscheiden soll (Art. 33 Abs. 5 E-KG).

2. Würdigung und Erfolgsaussichten

2.1131 Die neue Regelung von Art. 9 Abs. 1bis E-KG zur Vereinfachung der Meldung internationaler Zusammenschlüsse wird mehrheitlich positiv beurteilt, wenn zwar mit dem Hinweis, dass das Erfordernis der Abgrenzung der Märkte nach Art. 9 Abs. 1bis lit. a E-KG zu streichen sei.[917] Gleiches gilt für die Anpassung der Fristen im Rahmen von Art. 32 und 33 E-KG.

2.1132 Auch die vorgeschlagene Neuregelung von Art. 10 KG und der Wechsel zum SIEC-Test werden von der Lehre mehrheitlich unterstützt. Insbesondere gelten die heutigen Eingriffskriterien als zu hoch, was das Instrument der Zusammenschlusskontrolle in der Praxis wenig wirksam machte.[918]

2.1133 Kritische Stimmen äussern sich dahingehend, dass die vorgeschlagenen Änderungen mindestens teilweise der mit der Revision verfolgten Zielsetzung der Steigerung der Wettbewerbsdynamik und der Rechtssicherheit im Widerspruch stünden.[919] Zudem wird befürchtet, dass es durch die Einführung des SIEC-Tests zu einem erhöhten Ressourcenbedarf bei den Wettbewerbsbehörden und auch bei Unternehmen kommen könne.[920]

915 Botschaft 2012, 3953.
916 Zirlick/Lüthi/Stüssi, 45; Botschaft 2012, 3953.
917 Heizmann/Togni, AJP 2010, 1593; Dies. Zusammenschlusskontrolle, 109.
918 Zirlick/Lüthi/Stüssi, 43; Martenet/Holzmüller, 193.
919 Künzler/Zäch, AJP 2013, 754 ff.; kritisch auch Heizmann/Togni, AJP 2010, 1595 ff.
920 Heizmann/Togni, Zusammenschlusskontrolle, 129.

TEIL 3:

Verfahrensrecht

Inhaltsübersicht

Teil 3: Verfahrensrecht

Spezialliteratur

BALDI MARINO, Für eine «informierte» Wettbewerbspolitik, in: AJP 2012 1183 ff.; BANGERTER SIMON/SCHALLER OLIVER, Gedanken zum Ablauf kartellrechtlicher Hausdurchsuchungen, in: AJP 2005 1221 ff.; BANGERTER SIMON/TAGMANN CHRISTOPH, Ausgewählte Themen zum Verfahrensrecht, in: Zäch Roger (Hrsg.), Das revidierte Kartellrecht in der Praxis, Zürich 2006, 166 ff.; BAUDENBACHER CARL, Kritische Bemerkungen zum geplanten Bundeswettbewerbsgericht, in: Jusletter 11. Juli 2011 (Bundeswettbewerbsgericht); BAUDENBACHER CARL, Gutachten zur Evaluation bestimmter Aspekte des schweizerischen Kartellgesetzes: Institutionelles Setting – Vertikalbeschränkungen – Individualsanktionen – Private Enforcement; zu Projekt P9 der KG-Evaluation gemäss Art. 59a KG, St. Gallen 2008, abrufbar unter: <http://www.weko.admin.ch/dokumentation> (Gutachten); BÖNI FRANZ, Rechtliche Rahmenbedingungen für Dawn Raids gemäss dem europäischen und schweizerischen Kartellrecht, in: Jusletter 15. Mai 2006; BÖNI FRANZ/WASSMER ALEX, Rechtliche Beurteilung der sich abzeichnenden Ablehnung der Strukturreform im Kartellrecht, in: Jusletter 29. April 2013; BORER JÜRG, § 13 Zivil- und strafrechtliches Vorgehen, in: Geiser Thomas/Krauskopf Patrick/Münch Peter, Schweizerisches und europäisches Wettbewerbsrecht (Hrsg.), Basel 2005, 523 ff. (Vorgehen); BREMER FRANK, Strafsanktionen gegen natürliche Personen im schweizerischen Kartellgesetz: Wenn das Kind mit dem Bade ausgeschüttet wird – Betrachtungen zur laufenden Gesetzesrevision, in: Jusletter 25. Februar 2013; BRUNNSCHWEILER STEFAN/CHRISTEN MARQUARD, Korrektes Verhalten bei Hausdurchsuchungen, in: Jusletter 17. Oktober 2005; BÜHLER THEODOR, Corporate Governance und Compliance – Modewörter oder Bedürfnis im schweizerischen Aktienrecht, in: Von der Crone Hans Caspar/Weber Rolf H./Zäch Roger/Zobl Dieter (Hrsg.), Neuere

Tendenzen im Gesellschaftsrecht – Festschrift für Peter Forstmoser, Zürich 2003, 211 ff.; Bürgi Johannes Andreas, Zivilrechtsfolge Nichtigkeit bei Kartellrechtsverstössen, Diss., Bern 2001; Bürgi Johannes Andreas/Jacobs Reto, Auswirkungen der Kartellrechtsrevision auf Verträge, in: SJZ 2004 149 ff.; Dähler Rolf/Krauskopf Patrick L., Die Sanktionsbemessung und die Bonusregelung, in: Zäch Roger/Stoffel Walter A. (Hrsg.), Kartellrechtsrevision 2003, Zürich 2004, 128 ff.; Denoth Seraina, Kronzeugenregelung und Schadenersatzklagen im Kartellrecht – Ein Vergleich zwischen der Schweiz, der EU und den USA, Diss., Zürich 2012; Doss Andrea, Vertikalabreden und deren direkte Sanktionierung nach dem schweizerischen Kartellgesetz, Diss., Zürich 2009; Ducrey Patrik, Meldung und Widerspruchsverfahren nach revidiertem Kartellgesetz (Art. 49a Abs. 3 lit. Bst. a KG), in: Stoffel Walter A./Zäch Roger (Hrsg.), Kartellrechtsrevision 2003, Zürich 2004, 152 ff. (Meldung); Eufinger Alexander/Maschemer Andreas, Die Compliance Defence im novellierten schweizerischen Kartellgesetz – Vorbild für europäisches Kartellrecht, in: EWS 2012 509 ff.; Häner Isabelle, Comfort letters – Einsatzmöglichkeiten im Schweizerischen Kartellrecht von Wettbewerbsstreitigkeiten, in: Zäch Roger (Hrsg.), Schweizerisches Kartellrecht – Revision und Praxis, Zürich 2002, 133 ff.; Heinemann Andreas, Kartellzivilrecht, in: Zäch Roger/Weber Rolf H./Heinemann Andreas (Hrsg.), Revision des Kartellgesetzes – Kritische Würdigung der Botschaft 2012 durch Zürcher Kartellrechtler, Zürich 2012, 137 ff. (Kartellzivilrecht); Heinemann Andreas, Die privatrechtliche Durchsetzung des Kartellrechts. Evaluation Kartellgesetz, Studie im Auftrag des SECO, Bern 2009, abrufbar unter <www.seco.admin.ch/dokumentation/publikation> (Gutachten); Hoffet Franz, Revision Art. 5 KG: Schnellschuss über das Ziel hinaus, in: Anwaltsrevue 2011 418 ff. (Anwaltsrevue); Howald Samuel, Einvernehmliche Regelungen bei sanktionsbedrohten Verhaltensweisen im schweizerischen Kartellrecht, in: sic! 2013 704 ff.; Hubacher Kevin, Die strafrechtliche Verfolgung von natürlichen Personen bei Kartellrechtsvergehen, in: Jusletter 3. September 2012; Kellerhals Andreas, Soll die Wettbewerbskommission abgeschafft werden? – Überlegungen zur institutionellen Reform der Wettbewerbsbehörden, in: Zäch Roger/Weber Rolf H./Heinemann Andreas (Hrsg.), Revision des Kartellgesetzes – Kritische Würdigung der Botschaft 2012 durch Zürcher Kartellrechtler, Zürich 2012, 63 ff.; Krauskopf Patrick/Schaller Oliver/Bangerter Simon, Die Teilrevision des Kartellrechts – Wettbewerbspolitische Quantensprünge, in: sic! 2003 3 ff.; Krauskopf Patrick/Senn Dorothea, § 12 Verhandlungs- und Verfahrensführung vor den Wettbewerbsbehörden, in: Geiser Thomas/Krauskopf Patrick/Münch Peter, Schweizerisches und europäisches Wettbewerbsrecht (Hrsg.), Basel 2005, 471 ff.; Jacobs Reto, Sanktionen vermeiden – Meldung gemäss revidiertem Kartellgesetz, in: Jusletter 27. September 2004; Jacobs Reto, Wirkungen der direkten Sanktionen, in: Ducrey Patrick/Amstutz Marc/Stoffel Walter A. (Hrsg.), Schweizerisches Kartellrecht im 13. Jahr nach dem Paradigmenwechsel, Zürich 2009, 141 ff.; Jacobs Reto, Entwicklungen im Kartellrecht, in: SJZ 2012 215 ff. (SJZ 2012); Jacobs Reto, Zivilrechtliche Durchsetzung des Wettbewerbsrechts, in: Zäch Roger (Hrsg.), Das revidierte Kartellrecht in der Praxis, Zürich 2005, 209 ff. (Zivilrecht); Lang Christoph, Untersuchungsmassnahmen der Wettbewerbskommission im Spannungsverhältnis zwischen Wahrheitsfindung und Verteidigungsrechten des Angeschuldigten, in: Jusletter 27. September 2004; Marbach Eugen/Schindler Bühler Katharina, § 14 Schiedsgerichtsbarkeit und Kartellrecht, in: Geiser Thomas/Krauskopf Patrick/Münch Peter, Schweizerisches und europäisches Wettbewerbsrecht (Hrsg.), Basel 2005, 575 ff.; Martenet Vincent/Heinemann Andreas, Schweizer Kartellrecht im Umbruch, in: EuZW 2012 867 ff.; Müller Thomas S., Die Passing-on Defense im schweizerischen Kartellzivilrecht: unter besonderer Berücksichtigung des amerikanischen, europäischen und deutschen Rechts, Diss., Bern 2008; Raemy Alain/Sommer Patrick, Rechtliche Fragen bei Hausdurchsuchungen im Rahmen des schweizerischen Kartellrechts, in: sic! 2004 758 ff.; Rauber Martin, Verteidigungsrechte von Unternehmen in kartellrechtlichen Verwaltungsverfahren, insbesondere unter Berücksichtigung des «legal privilege», Diss., Zürich/St. Gallen 2010; REINERT MANI, Gun-Jumping und Zusammenschlusskontrolle, in: Vogt Nedim P./Stupp Eric/Dubs Dieter (Hrsg.), Unternehmen – Transaktion – Recht – Liber Amicorum für Rolf Watter, Zürich/St. Gallen 2008, 357 ff. (Gun-Jumping); REINERT PETER, Die Sanktionsregelung gemäss revidiertem Kartellgesetz, in: Zäch Roger (Hrsg.), Das revidierte Kartellrecht in der Praxis, 2006, 148 ff. (Sanktionsregelung); SCHENKER URS, Die vorsorgliche Massnahme im Lauterkeits- und Kartellrecht, Diss., Zürich 1984; SCHNEIDER HENRIQUE, Änderung des Schweizerischen Kartellgesetzes: eine Kritik, in: sic! 2013 17 ff.; SKOCZYLAS ANNA-ANTONINA, Verantwortlichkeit für kartellrechtliche Verstösse im Konzern, Diss., Bern 2011; SOMMER PATRICK, Praktische Verfahrensfragen bei Inanspruchnahme der Bonusregelung, in: Jusletter 17. Oktober 2005; SOMMER PATRICK/BRUNNSCHWEILER STEFAN, Kartellrechtliche Hausdurchsuchungen – Erste praktische Erfahrungen, in: Jusletter 9. Oktober 2006; SPITZ PHILIPPE, Das Kartellzivilrecht und seine Zukunft nach der Revision des Kartellgesetzes 2003, in: SZW 2005 113 ff.; STOFFEL WALTER A., Das neue Kartell-Zivilrecht, in: Zäch Roger (Hrsg.), Das neue schweizerische Kartellgesetz, Zürich 1996, 87 ff. (Zivilrecht); STOFFEL WALTER A., Design einer Wettbewerbsbehörde, in: Hochreutener Inge/Stoffel Walter/Amstutz Marc (Hrsg.), Kartellrechtspraxis: Missbrauch von Marktmacht, Verfahren, Revision, Zürich/Basel/Genf 2013, 23 ff. (Wettbewerbsbehörde); TAGMANN CHRISTOPH/ZIRLICK BEAT, Schwächen und Risiken der Bonusregelung im schweizerischen Kartellrecht, in: Jusletter 10. August 2009 (Bonusregelung); TSCHUDIN MICHAEL, Die verhandelte Strafe, einvernehmliche Regelungen neben kartellrechtlicher Sanktion, in: AJP 2013 1017 ff. (AJP 2013); UHLMANN FELIX, Verfahrensrecht, namentlich Melde- und Widerspruchsverfahren, in: Zäch Roger/Weber Rolf H./Heinemann Andreas (Hrsg.), Revision des Kartellgesetzes – Kritische Würdigung der Botschaft 2012 durch Zürcher Kartellrechtler, Zürich 2012, 161 ff.; WASER ASTRID, Grundrechte der Beteiligten im europäischen und schweizerischen Wettbewerbsverfahren, Diss., Zürich 2002; WEBER ROLF H., Sanktionsminderung durch Compliance-Massnahmen, in: Zäch Roger/Weber Rolf H./Heinemann Andreas (Hrsg.), Revision des Kartellgesetzes – Kritische Würdigung der Botschaft 2012 durch Zürcher Kartellrechtler, Zürich 2012, 189 ff.; WEBER ROLF H./RIZVI SALIM, Compliance – Trojanisches Pferd vor den Toren der Wettbewerbsbehörden? – Zur Berücksichtigung von Compliance Programmen in kartellrechtlichen Sanktionsverfahren, in: SJZ 2010 501 ff.; WIGET LUKAS, Wirksamkeit von Folgeverträgen bei Kartellabsprachen, Diss., Zürich 2006; WOHLERS WOLFGANG, Individualsanktionen gegen Manager, in: Zäch Roger/Weber Rolf H./Heinemann Andreas (Hrsg.), Revision des Kartellgesetzes – Kritische Würdigung der Botschaft 2012 durch Zürcher Kartellrechtler, Zürich 2012, 209 ff.

I. Überblick über das Verfahrensrecht

3.1 Das kartellrechtliche Verfahrensrecht ist in drei unterschiedliche Teile gegliedert. Zuerst geregelt, jedoch mit der praktisch geringsten Relevanz, ist das zivilrechtliche Verfahren (Art. 12–17 KG). Das Kartellzivilrecht will es einem durch eine Wettbewerbsbeschränkung Betroffenen ermöglichen, seine Ansprüche vor einem Zivilgericht unmittelbar gegen den Schädiger geltend zu machen. Grundlagen bilden Art. 12 und Art. 13 KG, die einen Anspruch auf Beseitigung/Unterlassung, Schadenersatz, Genugtuung sowie auf Herausgabe des unrechtmässig erzielten Gewinns enthalten.

3.2 Anschliessend finden sich in den Bestimmungen 18–49 KG detaillierte Ausführungen über das verwaltungsrechtliche Kartellverfahren, eingeleitet durch einen Überblick über die Wettbewerbsbehörden (Art. 18–25 KG). Hernach enthält das Gesetz in Art. 26–31 KG Bestimmungen über die Untersuchung von Wettbewerbsbeschränkungen, Art. 32–38 KG regeln das Vorgehen bei der Prüfung von Unternehmenszusammenschlüssen. In Art. 39–49 KG sind zudem ergänzende Vorschriften über Verfahren und Rechtsschutz vorgesehen.

3.3 Schliesslich enthält das Kartellgesetz Bestimmungen über die Verwaltungs- und Strafsanktionen für diejenigen Fälle, in denen juristische oder natürliche Personen gegen die im Kartellgesetz statuierten Pflichten verstossen. Von besonderer Relevanz ist in diesem Zusammenhang Art. 49a KG, welcher für Unternehmen, die sich an einer unzulässigen Abrede nach Art. 5 Abs. 3 oder 4 KG beteiligen oder sich im Sinne von Art. 7 KG unzulässig verhalten, eine direkte Sanktionsmöglichkeit von bis zu 10% des in den letzten drei Geschäftsjahren in der Schweiz erzielten Umsatzes vorsieht.

3.4 Dem Grade ihrer Praxisrelevanz folgend wird zuerst das Verwaltungsverfahren, danach das Verwaltungsstrafverfahren und schliesslich das Zivilverfahren behandelt.

II. Verwaltungsrechtliches Verfahren

Das verwaltungsrechtliche Verfahren der Wettbewerbsbehörden ist im zweiten Titel des Kartellgesetzes unter dem Titel «Untersuchung von Wettbewerbsbeschränkungen» geregelt. Die wesentlichen Verfahrensschritte sind die Vorabklärung (Art. 26 KG), die Untersuchung (Art. 27 ff. KG) und der nachfolgende Entscheid durch die Wettbewerbsbehörde (Art. 30 KG).[1] 3.5

A. Wettbewerbsbehörden

1. Schweizerische Wettbewerbsbehörden

Die wichtigsten Bestimmungen über die schweizerischen Wettbewerbsbehörden finden sich in Art. 18–24 KG. Obwohl neben der WEKO und dem Sekretariat noch weitere Behörden, wie beispielsweise das Bundesverwaltungsgericht oder der Bundesrat, mit der Anwendung des Kartellgesetzes befasst sind, regelt das KG nur diese Institutionen ausdrücklich, weshalb sich die nachfolgenden genaueren Ausführungen auf diese Institutionen beschränken. 3.6

a) Wettbewerbskommission

Die WEKO ist eine Milizbehörde und besteht von Gesetzes wegen aus **11 bis 15 Mitgliedern,** derzeit sind es deren zwölf. Gewählt werden die Mitglieder vom Bundesrat. Bei der WEKO handelt es sich nicht um eine richterliche Behörde, sondern um eine Verwaltungsbehörde mit Fachkompetenz. Dies äussert sich etwa darin, dass nicht alle Mitglieder unabhängig sein müssen, sondern nur deren Mehrheit (Art. 18 Abs. 2 KG); wesentlich ist jedoch, dass es sich bei ihnen um Sachverständige handelt. 3.7

Unabhängige Sachverständige sind Personen, welche nicht mit der Wirtschaft oder wirtschaftlichen Interessenorganisationen verflochten sind; in der Praxis wird diese Voraussetzung mehrheitlich von Hochschullehrern aus dem rechts- oder wirtschaftswissenschaftlichen Bereich erfüllt.[2] Bei den **abhängigen Sachverständigen** handelt es sich demgegenüber um Personen, welche die Interessen der am Wirtschaftsprozess Beteiligten wahrnehmen, zu denken ist z.B. an Interessenvertreter von Wirtschaftsorganisationen, Gewerkschaften und Konsumentenvereinigungen.[3] Diese Zusammensetzung soll gewährleisten, dass die Kommission trotz der Bindung an fachliche und sachliche Wahlkriterien über genügend wirtschaftliches Know-how verfügt, um ihre Entscheide bedürfnisgerecht zu begründen.[4] 3.8

---

1 Vgl. Richli, SIWR, 419.

2 Borer, Art. 18 N 6; HK-Carcagni, Art. 18 N 4.

3 Borer, Art. 18 N 7.

4 <http://www.weko.admin.ch/org/>.

3.9 Dass in einer Behörde, welche über so weit reichende Kompetenzen verfügt, auch Interessenvertreter aus der Wirtschaft Einsitz haben, gab immer wieder Anlass zu Kritiken; ein Problempunkt, der durch die Einführung der direkten Sanktionsmöglichkeit zusätzlich verstärkt wurde.[5]

3.10 Unabhängig davon, ob es sich um abhängige oder unabhängige Sachverständige handelt, haben die Mitglieder der WEKO ihre **Interessensbindungen** in einem Interessensbindungsregister offenzulegen (Art. 18 Abs. 2bis KG). Die WEKO als Behörde selbst ist indessen von anderen Verwaltungsbehörden **unabhängig** (Art. 19 Abs. 1 KG), d.h., andere Behörden vermögen ihr keine Weisungen zu erteilen.

3.11 Organisatorische Belange sind im **Geschäftsreglement** der WEKO geregelt (Art. 20 KG). Das Geschäftsreglement kann die WEKO selbstständig erlassen; sie verfügt in organisatorischer Hinsicht über weitgehende Autonomie.[6]

3.12 Die Leitung der WEKO obliegt dem dreiköpfigen Präsidium, d.h. dem Präsidenten und den zwei Vizepräsidenten. Das Präsidium übernimmt die Koordination der Arbeiten der verschiedenen Kammern der Kommission untereinander sowie diejenige mit dem Sekretariat.

3.13 Art. 18 Abs. 3 KG umschreibt die **Verfügungskompetenz** der WEKO. Demnach ist die WEKO zum Erlass von Verfügungen befugt, soweit dieser nicht ausdrücklich einer anderen Behörde vorbehalten ist. Einschlägig ist die Verfügungskompetenz insbesondere im Zusammenhang mit Verfügungen bezüglich unzulässiger Wettbewerbsbeschränkungen nach Art. 5 und 7 KG sowie bei Unternehmenszusammenschlüssen.[7] Des Weiteren ist die WEKO auch zuständig für die Abgabe von Empfehlungen an Behörden (Art. 45 KG), die Stellungnahme im Vernehmlassungsverfahren sowie das Erstellen von Gutachten nach Art. 15 KG. Beschlüsse werden mit dem einfachen Mehr der anwesenden Mitglieder gefällt, in Pattsituationen hat der Präsident den Stichentscheid (Art. 21 Abs. 2 KG). Zur Beschlussfähigkeit ist erforderlich, dass mindestens die Hälfte der Mitglieder, in jedem Fall aber mindestens drei, anwesend sind (Art. 21 Abs. 1 KG).

3.14 Nicht an der Beschlussfassung mitwirken dürfen Mitglieder, welche als befangen erscheinen. Art. 22 Abs. 1 KG verweist bezüglich der **Ausstandsgründe** auf Art. 10 VwVG; danach haben Personen in den Ausstand zu treten, welche entweder in der Sache ein persönliches Interesse haben, mit einer Partei in verwandtschaftlichen oder verschwägerten Beziehungen stehen, sie als Parteivertreter oder für eine Partei in der gleichen Sache tätig waren oder aus anderen Gründen befangen sein können.

3.15 Liegen Befangenheitsgründe vor, hat das betreffende Mitglied von sich aus darauf hinzuweisen und in den Ausstand zu treten (Art. 10 Abs. 1 VwVG). Ist der Ausstand streitig, entscheidet die WEKO unter Ausschluss des möglicherweise befangenen Mitgliedes (Art. 22 Abs. 2 KG).

---

5 Böni/Wassmer, N 1; KG-Bangerter, Art. 18 N 21; Baudenbacher, Gutachten, 40.
6 Borer, Art. 20 N 1.
7 Zäch, N 957.

b) Sekretariat

Das Sekretariat unterstützt die WEKO in wesentlichen Belangen; es soll die Entscheidungen der WEKO beschlussreif vorbereiten. Die Anzahl der Mitglieder ist im Gesetz nicht geregelt. Eine Regelung enthält das KG aber bezüglich des Wahlprozederes insoweit, als es festlegt, dass die Direktion des Sekretariates vom Bundesrat gewählt wird und die übrigen Mitglieder von der WEKO (Art. 24 KG). Derzeit hat das Sekretariat 45 Mitglieder. 3.16

Die Hauptaufgabe des Sekretariats ist die Durchführung von **Untersuchungen** (Art. 23 KG). Inhaltlich betreffen die Untersuchungen sowohl Wettbewerbsbeschränkungen i.S.v. Art. 5 und 7 KG wie auch die Prüfung von Unternehmenszusammenschlüssen. Nach Abschluss des jeweiligen Untersuchungsverfahrens stellt das Sekretariat einen Verfügungsantrag an die WEKO und vollzieht hernach die getroffenen Entscheide (Art. 23 Abs. 1 KG). Ferner kommen dem Sekretariat beratende Aufgaben zu, es gibt Stellungnahmen ab und berät Amtsstellen und Unternehmen (Art. 23 Abs. 2 KG). 3.17

Verfügungen kann das Sekretariat nur zusammen mit einem Mitglied des Präsidiums erlassen. Der Umfang der Verfügungskompetenz des Sekretariats beschränkt sich auf den Erlass **verfahrensleitender Verfügungen** im Rahmen seiner Untersuchungskompetenz.[8] 3.18

c) Zusammenarbeit von WEKO und Sekretariat

Das Gesetz enthält keine Ausführungen bezüglich des Verhältnisses zwischen der WEKO und dem Sekretariat. Namentlich gibt es keine Bestimmung, die besagt, dass die WEKO die Aufsicht über das Sekretariat führe. Dennoch statuiert Art. 8 des Geschäftsreglements der WEKO, dass der Präsident der WEKO die Aufsicht über das Sekretariat wahrzunehmen habe.[9] 3.19

Diese Vorschrift kann aber nicht darüber hinwegtäuschen, dass das Sekretariat eine eigenständige und unabhängige Behörde mit weitreichender Autonomie ist. Grundsätzlich obliegt dem Sekretariat die Kompetenz zur selbstständigen Durchführung sämtlicher Untersuchungsaufgaben. Der WEKO hingegen kommt im Rahmen von Art. 18 Abs. 3 KG eine umfassende Verfügungskompetenz zu. 3.20

Zwischen der WEKO und dem Sekretariat bestehen gewisse Überschneidungen, was zu Kritik im Hinblick auf die (mangelhafte) Trennung von Untersuchungs- und Entscheidkompetenz führte.[10] So sind gewisse Untersuchungshandlungen wie z.B. eine Hausdurchsuchung von einem Mitglied des Präsidiums anzuordnen, andere Verfügungen wie die Eröffnung einer Untersuchung oder der Erlass einer verfahrensleitenden Verfügung ist nur mit dem Einverständnis eines Mitgliedes des Prä- 3.21

8 RPW 1997/4 618 ff., 623.
9 Borer, Art. 23 N 2; HK-Courvoisier, Art. 39 N 2.
10 Borer, Art. 23 N 3.

sidiums möglich.[11] Umgekehrt hat das Sekretariat aber auch die Möglichkeit, in den Entscheidfindungsprozess der WEKO einzugreifen, so z.B. indem es an der Beratung über deren Beschluss teilnimmt. Schliesslich finden zwischen Sekretariat und WEKO auch auf informeller Ebene, beispielsweise zu Koordinationszwecken, Austäusche statt.[12]

3.22 **Praxistipp:**

Mit Bezug auf die Ausgestaltung des kartellrechtlichen Verfahrens sind zwei Grundsatzmodelle zu unterscheiden. Einerseits das amerikanische Modell, andererseits das europäische Modell.

Beim **amerikanischen Modell** untersucht die Wettbewerbsbehörde den Sachverhalt und klagt das Unternehmen hernach beim Gericht an.

Beim **europäischen Modell** hingegen besteht nur eine Wettbewerbsbehörde, welche als Untersuchungs- und Entscheidungsbehörde amtet.

d) Kritikpunkte an der heutigen institutionellen Ausgestaltung

3.23 Hauptkritikpunkt am bestehenden Organisationsmodell ist vor allem, dass es den Grundsätzen von Art. 6 EMRK nicht zu genügen vermöge. Art. 6 EMRK gibt jeder natürlichen und juristischen Person das Recht auf ein faires Verfahren vor einem unabhängigen, unparteiischen und gesetzlichen Gericht. Das Recht besteht namentlich für Verfahren, die eine strafrechtliche Anklage zum Gegenstand haben. Weil das Kartellbussenverfahren unbestritten strafrechtlichen Charakter hat, fällt es anerkanntermassen in den Anwendungsbereich von Art. 6 EMRK.[13]

3.24 Die WEKO selbst wird von Lehre und Rechtsprechung nicht als unabhängiges Gericht erachtet. Wesentliche Gründe dafür sind die Verflechtung von Untersuchungs- und Entscheidkompetenz sowie die fehlende Unparteilichkeit aufgrund der Einsitznahme von Interessenvertretern.[14]

3.25 Das Bundesgericht hat sich jedoch dafür ausgesprochen, dass die erstinstanzliche Beurteilung einer Sanktion durch die WEKO mit Art. 6 EMRK in Einklang stehe. Es reicht aus, dass der WEKO-Entscheid durch eine gerichtliche Instanz mit tatsächlich und rechtlich voller Kognition (wie dies beim Bundesverwaltungsgericht der Fall ist) überprüft werden kann.

3.26 Weil jede Entscheidung der WEKO an das Bundesverwaltungsgericht weitergezogen werden kann, ist den Anforderungen der EMKR somit Genüge getan.[15] Ein mögli-

11 Vgl. KG-Bangerter, Art. 23 N 14 ff.
12 KG-Bangerter, Art. 23 N 24 f.
13 BGer 2C_484/2010 vom 29. Juli 2012, in: RPW 2013/1 114 ff., Erw. 2; vgl. auch hinten N 3.218 ff.
14 Zirlick/Lüthi/Stüssi, 29; Böni/Wassmer, N 20.
15 Stoffel, Wettbewerbsbehörde, 27; Böni/Wassmer, N 22; Schneider, 19.

cher Kritikpunkt liegt aber darin, dass das Bundesverwaltungsgericht bisweilen auf die Ausübung seines Kognitionsrechts verzichtet, wenn die Natur der Streitsache dies sachlich gebietet, namentlich wenn die Vorinstanz bei technischen Problemen oder Fachfragen aufgrund ihres Fachwissens kompetenter ist, was bei der WEKO zum Teil erfüllt sein könnte.[16] Das Bundesgericht hat nun aber klargestellt, dass gewisse Kognitionsbeschränkungen im Rahmen von Art. 6 EMRK zulässig seien und dass es nach der Rechtsprechung des EGMR den Gerichten erlaubt sei, sich bei der Beurteilung von Fachfragen eine gewisse Zurückhaltung aufzuerlegen. Ob eine solche Kognitionsbeschränkung den Anforderungen von Art. 6 EMRK genügt, ist im jeweiligen Einzelfall anhand des Verfahrensgegenstandes, der Art und Weise des Zustandekommens des Entscheides sowie des Streitgegenstandes zu prüfen.[17]

2. Revision des Kartellgesetzes

a) Geplante Änderungen

Die Evaluation des Kartellgesetzes äusserte sich einmal mehr kritisch zur organisatorischen Ausgestaltung der Wettbewerbsbehörden, insbesondere im Hinblick auf deren Unabhängigkeit und die unzureichende Trennung zwischen Untersuchungs- und Entscheidungsinstanz. Dieser Kritik versucht der Gesetzgeber durch eine umfassende Strukturreform zu begegnen, welche insbesondere zu einer Zweiteilung der Behörden führen soll. 3.27

Die Botschaft zur Revision des Kartellgesetzes sieht die Schaffung einer als Untersuchungsinstanz waltenden, unabhängigen Wettbewerbsbehörde sowie einer selbstständigen Entscheidungsinstanz in Gestalt eines Bundeswettbewerbsgerichts vor. Es handelt sich um eine Annäherung an das amerikanische Verfahren.[18] Mit dem Vorschlag geht der Bundesrat indessen weit über die Empfehlungen der Evaluationsgruppe hinaus.[19] 3.28

Die Wettbewerbsbehörde soll aus dem bisherigen Sekretariat bestehen und auch weiterhin für die Untersuchungen zuständig sein. Hingegen entfällt ihre Entscheidkompetenz. Nach der Untersuchung hat die Wettbewerbsbehörde einen Antrag an das Gericht zu stellen; dieser Grundsatz gilt umfassend, so auch beim Abschluss des Verfahrens durch eine einvernehmliche Regelung oder bei einer Einstellung des Verfahrens. Einzig im Rahmen der Zusammenschlussvorhaben soll die Wettbewerbsbehörde selbst einen Entscheid fällen können. Die Wettbewerbsbehörde soll organisatorisch als öffentlich-rechtliche Anstalt des Bundes ausgestaltet werden, wofür der Erlass eines eigenen Gesetzes, des Bundesgesetzes über die Wettbewerbsbehörde (WBBG), vorgesehen ist. 3.29

16 Böni/Wassmer, N 21; vgl. BVG, B-2050/2007 vom 24. Februar 2010.
17 BGer 2C_484/2010 vom 29. Juli 2012, in: RPW 2013/1 114 ff., Erw. 4.5.
18 Baudenbacher, Bundeswettbewerbsgericht, N 1; Stoffel, Wettbewerbsbehörde, 31.
19 Kellerhals, 68.

3.30 Das Wettbewerbsgericht ist ein Teil des Bundesverwaltungsgerichts und soll mit Blick auf die WEKO professionalisiert werden, bestehend aus ordentlichen und ausserordentlichen Richtern, welche unabhängig sein müssen. Vorgesehen ist, dass am Wettbewerbsgericht neben Richtern mit juristischem Hintergrund auch solche aus der ökonomischen Praxis Einsitz nehmen, um die Fachkenntnis des Gerichts zu erhöhen. Zudem sollen, zum Zwecke der Professionalisierung, die Richter als Vollzeitangestellte oder zumindest mit hohem Beschäftigungsgrad tätig sein.[20]

3.31 Beabsichtigt ist, das Wettbewerbsgericht als erste Instanz über die Anträge der Wettbewerbsbehörde entscheiden zu lassen. Auch vorsorgliche Massnahmen müssen nach diesem Konzept zwingend vom Wettbewerbsgericht angeordnet werden (Art. 39 E-KG).

3.32 Eine dritte Änderung betrifft den Verfahrensweg: Entscheide des Wettbewerbsgerichts sollen direkt beim Bundesgericht angefochten werden können; das Ziel besteht darin, durch den Wegfall einer Beschwerdeinstanz das Verfahren zu beschleunigen.[21]

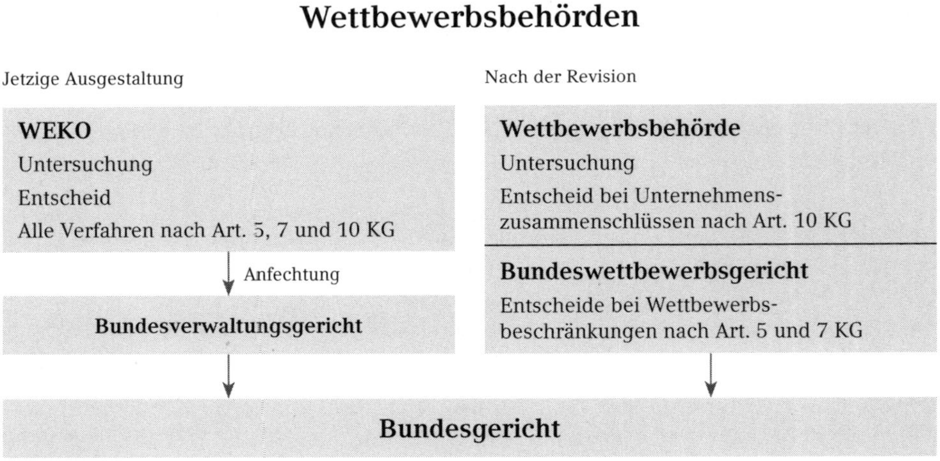

Abb. 3.1

b) Würdigung und Erfolgsaussichten

3.33 Ein Grossteil der Lehre äussert sich skeptisch zur geplanten Änderung der Verfahrensordnung und auch die Zustimmung im Parlament ist fraglich. Der Ständerat hat sich zwischenzeitlich gegen eine Änderung der institutionellen Ausgestaltung der Wettbewerbsbehörden ausgesprochen.[22] Dem geltenden Modell ist zugute zu hal-

20 Botschaft, 16; Zirlick/Lüthi/Stüssi, 29; vgl. dazu auch Baudenbacher, Gutachten, 40 ff.
21 Botschaft 2012, 3923.
22 N 1.38 ff.; zu den Vorbehalten der Politik vgl. Baudenbacher, Bundeswettbewerbsgericht, N 21 ff.

ten, dass es funktioniert. Entscheide der WEKO, welche die Parteien ans Bundesgericht ziehen, werden von diesem relativ selten umgestossen, was für die Arbeit der WEKO spricht. Dies gilt auch für den problematischen Bereich der Bussen.[23]

Die Lösung geht einigen Autoren zu weit.[24] Viele befürchten auch, dass das Verfahren allgemein schwerfälliger werde, was eine verschlechterte Durchsetzung des Wettbewerbsrechts zur Folge hätte.[25] 3.34

Positiv bewerten viele Stimmen die verbesserte Verfahrensgerechtigkeit.[26] 3.35

Im Rahmen der Evaluation hat die Evaluationsgruppe die fehlende Trennung von Untersuchungs- und Entscheidbefugnis zwar beanstandet, als möglicher Lösungsansatz vorgesehen war jedoch einfach eine klarere Trennung der Aufgabenbereiche von Sekretariat und Kommission. Ein Grossteil der Stimmen sieht die strikte Trennung von Sekretariat und Kommission als ausreichend an (Chinese Walls).[27] 3.36

Grosse Zustimmung findet indessen die von der Evaluation angeregte und auch im Rahmen der Botschaft vorgeschlagene Verkleinerung der WEKO auf fünf Mitglieder sowie die Professionalisierung der Behörde durch die Abschaffung der Interessenvertreter und die Erweiterung der Pensen der Mitglieder.[28] Die Verbände äussern jedoch die Befürchtung, dass durch den Ausschluss der Interessenvertreter die Praxisnähe der WEKO verloren gehen würde. 3.37

3. Zusammenarbeit mit ausländischen Wettbewerbsbehörden

a) Zusammenarbeit mit der EU

Angesichts der wechselseitigen Verflechtungen zwischen der Schweiz und der EU stösst die Durchsetzung der innerstaatlichen Wettbewerbsnormen immer mehr an ihre Grenzen. Kartellrechtswidrige Praktiken halten sich selten an nationale Grenzen und finden oft grenzüberschreitend statt, weshalb die Zusammenarbeit mit den Nachbarstaaten für die Schweiz von grosser Bedeutung ist.[29] 3.38

Aus diesem Grund hat die Schweiz am 17. Mai 2013 ein Zusammenarbeitsabkommen mit der EU unterzeichnet.[30] Zweck des Abkommens ist durch Zusammenarbeit, Koordination und Informationsaustausch zur wirksamen Durchsetzung des Wettbewerbsrechts der Vertragsparteien beizutragen und Konflikte wenn immer möglich zu vermeiden (Abs. 1). 3.39

---

23 BAUDENBACHER, Bundeswettbewerbsgericht, N 34 f.

24 STOFFEL, Wettbewerbsbehörde, 34; MARTENET/HEINEMANN, 869; BÖNI/WASSMER, N 23 ff.; BAUDENBACHER CARL, Kartellgesetz – Will man uns für dumm verkaufen?, Handelszeitung vom 8. März 2012, 7.

25 STOFFEL, Wettbewerbsbehörde, 35 f.; SCHNEIDER, 19; KELLERHALS, 75.

26 STOFFEL, Wettbewerbsbehörde, 34; WEBER/RIZVI, SVKG, Art. 1 N 14.

27 BÖNI/WASSMER, N 26; STOFFEL, Wettbewerbsbehörde, 38 f.

28 BÖNI/WASSMER, N 29; BAUDENBACHER, Bundeswettbewerbsgericht, N 36 ff.; KELLERHALS, 73; BALDI, 1187.

29 BOTSCHAFT Abkommen, 2.

30 ABKOMMEN, 1 ff.

3.40 Das Abkommen ist bloss verfahrensrechtlicher Natur und beinhaltet keine Vereinheitlichung des materiellen Rechts. Es bringt einzig die bis anhin informelle Zusammenarbeit mit den Wettbewerbsbehörden der EU in einen formalisierten Rahmen.[31]

3.41 Inhaltlich erfasst es die Zusammenarbeit bei Untersuchungen und Verfahren im Bereich der Abreden, von Missbräuchen marktbeherrschender Stellungen sowie von Unternehmenszusammenschlüssen; ausgenommen ist das Gebiet der staatlichen Beihilfen, welches zwar Gegenstand des EU-Wettbewerbsrechts, nicht jedoch des schweizerischen Kartellgesetzes ist.[32]

3.42 Die praktisch wichtigste Bestimmung über den Informationsaustausch findet sich in Art. 7 des Abkommens. Der Austausch von nicht vertraulichen Informationen ist uneingeschränkt möglich, der Austausch vertraulicher Informationen ist demgegenüber nur im Rahmen eines formellen Untersuchungsverfahrens nach Art. 27 KG zulässig.[33] Allgemein gilt der Grundsatz der «Double Barrier» (Abs. 7), d.h., die Behörden sind nur ermächtigt, diejenigen Informationen zu übermitteln, welche sie selbst im Verfahren verwenden dürften, d.h. deren Verwendung aus rechtsstaatlicher Sicht zulässig wäre (z.B. keine Übermittlung von Anwaltskorrespondenz).[34]

3.43 Zu unterscheiden sind drei Formen des Informationsaustausches:

- **Erörterungen (Art. 7 Abs. 2):** Die Wettbewerbsbehörden können über sämtliche nicht vertraulichen Informationen sprechen, die sie innerhalb oder ausserhalb eines Verfahrens erlangt haben.
- **Informationsaustausch mit Zustimmung des betroffenen Unternehmens (Art. 7 Abs. 3):** Die Behörden können mit ausdrücklicher Zustimmung der betroffenen Unternehmen (Waiver) die von diesen stammenden Informationen austauschen; sind Personendaten betroffen, ist der Austausch nur möglich, wenn beide Behörden in einem ähnlichen Sachverhalt ermitteln.
- **Informationsaustausch ohne Zustimmung des betroffenen Unternehmens (Art. 7 Abs. 4):** Ohne Zustimmung der betroffenen Unternehmen können Informationen nur übermittelt werden, wenn (1) ein formelles (schriftliches) Gesuch vorliegt, (2) die Behörden im gleichen Sachverhalt ermitteln und (3) beide Behörden ein formelles Verfahren eröffnet haben.

3.44 Die Behörden sind jedoch auch bei Vorliegen der entsprechenden Voraussetzungen nicht verpflichtet, die Informationen auszutauschen, sie können darüber frei entscheiden (Abs. 5); dies gilt insbesondere, wenn wichtige Interessen gegen eine Übermittlung sprechen oder der Austausch einen unverhältnismässigen Aufwand verursachen würde. Besondere Vorsicht ist beim Informationsaustausch geboten,

---

31 Ausführlich zur früheren Rechtslage, STOFFEL WALTER A., Die schweizerische Wettbewerbspolitik im internationalen Kontext, in: Zäch Roger (Hrsg.), Das revidierte Kartellgesetz in der Praxis, Zürich 2006, 1 ff., 10 ff.

32 BOTSCHAFT Abkommen, 7.

33 BOTSCHAFT Abkommen, 12.

34 BOTSCHAFT Abkommen, 15.

wenn Informationen betroffen sind, welche eine Bonusmeldung betreffen. In diesem Fall ist dafür die ausdrückliche Zustimmung des Unternehmens erforderlich (Abs. 6).

Ferner enthält das Übereinkommen auch Bestimmungen über die Notifikation zwischen den Wettbewerbsbehörden, zur Koordinierung von Durchsetzungsmassnahmen, zur Vermeidung von Konflikten (positive und negative Comity) sowie zu Konsultationen zwischen den Parteien und den Wettbewerbsbehörden (Art. 3 ff.).[35] 3.45

b) Zusammenarbeit mit Drittstaaten

Die Zusammenarbeit mit Drittstaaten ist vertraglich nicht geregelt, sondern erfolgt entweder auf bilateralem Weg direkt mit den betroffenen Staaten oder multilateral im Rahmen der Organisation für wirtschaftliche Zusammenarbeit und Entwicklung (OECD) und des internationalen Wettbewerbsrechtsnetzwerks (International Competition Network, ICN).[36] 3.46

Im Rahmen der OECD stützt sich die Zusammenarbeit auf die OECD-Richtlinien, welchen allerdings nur Empfehlungscharakter zukommt.[37] Die Zusammenarbeit ist dadurch beschränkt, dass der Austausch von Informationen aufgrund der Pflicht zur Bewahrung des Amts- und Geschäftsgeheimnisses begrenzt ist, der Informationsaustausch ist auf praktische wettbewerbsrechtliche Punkte beschränkt.[38] 3.47

B. Verfahren und Rechtsschutz

1. Anwendbarkeit des VwVG

Das verwaltungsrechtliche Verfahren richtet sich gemäss Art. 39 KG nach dem VwVG, soweit nicht das KG selbst bestimmte Ausnahmen vorsieht. Dies ergibt sich auch als Folge der in Art. 18 Abs. 3 KG verankerten Verfügungskompetenz der WEKO.[39] 3.48

Die Anwendbarkeit des VwVG gilt jedoch unter dem Vorbehalt kartellrechtlicher Sonderbestimmungen, diese müssen im Kartellgesetz selbst ausdrücklich vorgesehen sein.[40] Insbesondere das Verfahren bezüglich der Prüfung von Unternehmenszusammenschlüssen enthält zahlreiche verfahrensrechtliche Sonderbestimmungen.[41] Anwendung findet das VwVG jedoch auf die kartellrechtlich vorgesehenen kooperativen Verhandlungsformen (Art. 29 und Art. 37 Abs. 2 KG); insoweit ob- 3.49

---

35 BOTSCHAFT Abkommen, 7.
36 BOTSCHAFT Abkommen, 4.
37 KG-NYDEGGER/NADIG, Art. 41 N 56.
38 BOTSCHAFT Abkommen, 4; KG-NYDEGGER/NADIG, Art. 41 N 56.
39 BORER, Art. 39 N 2.
40 BORER, Art. 39 N 19.
41 Vgl. dazu hinten N 3.176 ff.

liegt die Sachverhaltsermittlung der WEKO, bevor überhaupt eine einvernehmliche Lösung möglich ist.[42]

2. Verfahrensbeteiligte

a) Verfahrensbeteiligte und Parteistellung

3.50 Die Parteistellung ist in Art. 6 VwVG geregelt; danach hat im Verwaltungsrecht derjenige Parteistellung, dessen Rechte und Pflichten durch die Verfügung berührt werden sollen (Art. 6 VwVG) oder der zu einer Beschwerde legitimiert ist.[43]

3.51 Das Kartellgesetz enthält indessen bezüglich der Verfahrensbeteiligten eine Sonderregelung in Art. 43 KG, welcher die Beteiligung von betroffenen Personen, Berufs- und Wirtschaftsverbänden sowie von Konsumentenschutzorganisationen im Untersuchungsverfahren näher regelt. Insbesondere gewährt Art. 43 lit. a KG Personen, die aufgrund einer Wettbewerbsbeschränkung in der Aufnahme oder in der Ausübung des Wettbewerbs behindert sind, ein Beteiligungsrecht. Die gesetzliche Regelung spricht ausdrücklich von einer möglichen Beteiligung Dritter im Untersuchungsverfahren; daraus ergibt sich, dass Dritte in der Vorabklärung noch keine Verfahrensrechte haben. Dritte, welche die Durchführung einer Vorabklärung anregen, haben die verfahrensrechtliche Stellung von Anzeigern i.S.v. Art. 26 Abs. 1 KG, d.h., sie haben weder Parteistellung noch einen Anspruch auf Verfügung, sie unterliegen aber auch keinen möglichen Kostenfolgen.[44]

3.52 Verfahrensbeteiligte Dritte sind indessen nicht gleichzusetzen mit dem Parteibegriff nach Art. 6 VwVG. Eine Verfahrensbeteiligung nach Art. 43 KG führt nicht automatisch zur Gewährung der Parteirechte i.S.v. Art. 6 VwVG.[45] Im kartellrechtlichen Verfahren ist somit grundsätzlich zu unterscheiden zwischen **Beteiligten mit Parteirechten** und **Beteiligten ohne Parteirechte.**[46]

3.53 Die **Hauptbeteiligten,** d.h. die Verursacher einer Wettbewerbsbeschränkung oder die an einem Zusammenschluss beteiligten Unternehmen, sind ohne Weiteres als Parteien i.S.v. Art. 6 VwVG zu qualifizieren.[47]

b) Betroffene Dritte

3.54 Konkurrenten und Vertragspartner der direkt Beteiligten sind demgegenüber Dritte und haben nach Art. 6 VwVG i.V.m. Art. 48 Abs. 1 lit. b und c VwVG im erstinstanzlichen Verfahren nur dann Parteistellung, wenn sie gegen eine Verfügung ein Rechtsmittel ergreifen können, d.h., wenn ihnen eine Beschwerdelegitimation nach

42 Zäch, N 1050.
43 Zäch, N 1052.
44 RPW 2004/4 1193 ff., 1200.
45 Richli, SIWR, 496.
46 KG-Bilger, Art. 43 N 3.
47 KG-Bilger, Art. 39 N 49.

Art. 48 VwVG zukommt. Sie müssen daher über eine **qualifizierte Beziehungsnähe** zum Verfahrensgegenstand verfügen.[48]

Bei der Umschreibung der Beschwerdebefugnis im Kartellverwaltungsverfahren sind die Wechselwirkungen zwischen VwVG und den kartellrechtlichen Sondervorschriften zu berücksichtigen und bei der Auslegung ist auf die gegenseitige Konformität der Normen zu achten.[49] 3.55

Mit Bezug auf Art. 6 VwVG und Art. 48 VwVG bedeutet dies, dass Konkurrenten nicht ohne Weiteres über die für die Parteistellung erforderliche Beziehungsnähe verfügen. Für die Beschwerdebefugnis ist erforderlich, dass der Konkurrent einen deutlich spürbaren, wesentlichen Nachteil erleidet. Vorausgesetzt dafür ist eine konkrete, individuelle Betroffenheit und die Tatsache, dass die Abrede oder Verhaltensweise den Konkurrenten in wesentlichem Ausmass benachteiligt, namentlich indem er Umsatzeinbussen erleidet, ohne dass aber eine besondere Schwere vorausgesetzt ist.[50] 3.56

c) Berufs- und Wirtschaftsverbände und Konsumentenorganisationen

Nach Art. 43 lit. b KG gelten als Verfahrensbeteiligte auch Berufs- und Wirtschaftsverbände, die nach den Statuten zur Wahrung der wirtschaftlichen Interessen ihrer Mitglieder befugt sind, sofern sich auch Mitglieder des Verbands oder eines Unterverbands an der Untersuchung beteiligen können. Die Voraussetzungen der Verfahrensbeteiligung sind praktisch deckungsgleich mit denjenigen für die egoistische Verbandsbeschwerde nach Art. 48 lit. a VwVG. Der einzige Unterschied besteht darin, dass es nach Art. 43 KG nicht notwendig ist, dass eine Mehrheit der Mitglieder selbst zur Beschwerde legitimiert wäre.[51] 3.57

Schliesslich können sich auch Organisationen von nationaler oder regionaler Bedeutung, die sich statutengemäss dem Konsumentenschutz widmen, am Verfahren beteiligen (Art. 43 Abs. 1 lit. c KG), dies obwohl die einzelnen Konsumenten nicht zur Beschwerde legitimiert wären.[52] 3.58

d) Verfahrensbeteiligung im Rahmen von Unternehmenszusammenschlüssen

Eine Sonderregelung über die Verfahrensbeteiligung enthält Art. 43 Abs. 4 KG. Danach haben im Verfahren der Prüfung von Unternehmenszusammenschlüssen lediglich die beteiligten Unternehmen Parteirechte. Als beteiligte Unternehmen gelten nach Art. 3 VKU bei einer Fusion die fusionierenden Unternehmen (lit. a) 3.59

---

48 KG-Bilger, Art. 39 N 50.

49 BGer 2C_1054/2012 vom 5. Juni 2013, Erw. 4.5.

50 BGer 2C_1054/2012 vom 5. Juni 2013, Erw. 4.5; vgl. dazu auch BVG, B-446/2012 vom 19. September 2012, Erw. 3.3.

51 KG-Bilger, Art. 43 N 15 f.; HK-Kuster, Art. 43 N 8; Borer, Art. 43 N 9.

52 Borer, Art. 43 N 10.

und bei der Erlangung der Kontrolle (und der Erlangung der gemeinsamen Kontrolle) die kontrollierenden und die kontrollierten Unternehmen (lit. b). Ist Gegenstand des Zusammenschlusses ein Teil eines Unternehmens, so gilt dieser Teil als beteiligtes Unternehmen (Abs. 2).

3.60 Dritten steht nach Art. 33 Abs. 1 KG lediglich das Recht zu, zum geplanten Zusammenschluss Stellung zu nehmen.[53]

3.61 Die Bestimmung von Art. 43 Abs. 4 KG findet nach bundesgerichtlicher Rechtsprechung auch auf das Beschwerdeverfahren Anwendung, d.h., Dritte können gegen zustimmende oder verweigernde Entscheide der WEKO bezüglich des Zusammenschlusses keine Rechtsmittel ergreifen.[54]

3.62 Ein Teilnahmerecht liesse sich lediglich dadurch erreichen, dass die betroffenen Unternehmen im Falle einer Wettbewerbsbeschränkung bei der WEKO bzw. beim Sekretariat Anzeige erstatten und sich an einem allfälligen Verfahren nach Art. 5 oder 7 KG beteiligen.[55]

3.63 **Vertiefung:** Die WEKO liess im Mai 2005 den Zusammenschluss von Swisscom und Cinetrade ohne Auflagen zu. Dagegen erhob die Cablecom – ein Konkurrenzunternehmen – Beschwerde und verlangte die Aufhebung des Entscheides der WEKO bei der damaligen Rekurskommission (REKO). Die REKO hielt fest, dass sich die Teilnahme Dritter am Untersuchungsverfahren nach Art. 43 Abs. 4 KG richte, dies gelte nach der bundesgerichtlichen Rechtsprechung auch für das Beschwerdeverfahren. Danach sei für die Beurteilung der Beschwerdebefugnis im Rahmen der Genehmigung von Unternehmenszusammenschlüssen Art. 48 lit. a VwVG nicht anwendbar und Dritte seien zur Anfechtung der Zulassung eines Zusammenschlusses nicht legitimiert (RPW 2006/2 296 ff., bestätigt durch das Bundesgericht, RPW 2006/4 727 ff.).

Teilnahme Dritter am Verfahren

	Verfahrensbeteiligte Dritte ohne Parteirechte	Verfahrensbeteiligte Dritte mit Parteirechten
Rechtsgrundlage	Art. 43 KG	Art. 48 VwVG
Wettbewerber	Wer aufgrund der Wettbewerbsbeschränkung in der Aufnahme oder der Ausübung des Wettbewerbsrechts behindert ist (lit. a)	– Teilnahme am Vorverfahren – Besonders berührt – Schützenswertes Interesse – Konkrete individuelle Betroffenheit, Erleiden eines spürbaren wirtschaftlichen Nachteils

53 HK-Kuster, Art. 43 N 14.
54 BGE 131 II 497 ff., Erw. 5.5; RPW 2004/3 922 ff., 962; kritisch KG-Bilger, Art. 43 N 36.
55 BGE 131 II 497 ff., Erw. 5.5.

Berufs- und Wirtschaftsverbände	– Nach den Statuten zur Wahrung der wirtschaftlichen Interessen ihrer Mitglieder befugt – Mitglieder des Verbandes oder eines Unterverbandes können sich an der Untersuchung beteiligen	– Juristische Persönlichkeit – Nach den Statuten zur Wahrung der wirtschaftlichen Interessen ihrer Mitglieder befugt – Mehrheit bzw. eine Grosszahl ihrer Mitglieder wäre selbst zur Beschwerde legitimiert
Konsumentenverbände	– Nationale oder regionale Bedeutung – Nach Statuten dem Konsumentenschutz gewidmet	

Abb. 3.2

Die weitreichende Einschränkung des Beschwerderechts für Dritte im Rahmen von Unternehmenszusammenschlüssen wird von der Lehre zum Teil kritisiert.[56] Das Erfordernis der Verfahrensbeschleunigung, welches die Bestimmung von Art. 43 Abs. 4 KG legitimiert, entfällt im Beschwerdeverfahren. Zudem stehen der Beschwerdeinstanz mit der Möglichkeit des Erlasses vorsorglicher Massnahmen gestützt auf Art. 55 und 56 VwVG grundsätzlich Instrumente zur Verfügung, um dem Anliegen der Verfahrensbeschleunigung Rechnung zu tragen.[57] 3.64

Dass Dritte bei Unternehmenszusammenschlüssen kein Beschwerderecht haben, wirft im Hinblick auf die Rechtsstaatlichkeit Fragen auf. Zu denken ist insbesondere an Art. 29 BV und Art. 6 EMRK, welche einen Anspruch auf ein gerichtliches Verfahren statuieren. Das Bundesgericht sieht in der Anwendung von Art. 43 Abs. 4 KG auf das Beschwerdeverfahren jedoch keinen Verstoss gegen diese Bestimmungen, weil Art. 43 Abs. 4 KG nicht am Zusammenschluss beteiligten Dritten gerade keinen Anspruch auf eine gerichtliche Beurteilung des Zusammenschlusses einräume und Art. 43 Abs. 4 KG als lex specialis auch im Beschwerdeverfahren Geltung beanspruche.[58] 3.65

3. Verfahrensgrundsätze im Kartellrecht

a) Allgemeines

Aus der Verweisung auf das VwVG ergibt sich die Anwendbarkeit der darin verankerten Verfahrensgrundsätze. Des Weiteren sind die Grundsätze der Bundesverfassung und der EMRK einschlägig. 3.66

56 Borer, Art. 43 N 14; Richli, SIWR, 510.
57 Borer, Art. 43 N 14.
58 Vgl. RPW 2006/4 727 ff., 728.

b) Untersuchungsgrundsatz

3.67 Im Verfahren vor der WEKO findet grundsätzlich der **Untersuchungsgrundsatz** (Art. 12 VwVG) Anwendung, die Wettbewerbsbehörden haben folglich den Sachverhalt von Amtes wegen abzuklären. Dies bedeutet im Kartellverfahren insbesondere, dass der WEKO auch die Suche nach für das Unternehmen entlastenden Elementen obliegt, namentlich nach Gründen für die Beseitigung der Vermutung gemäss Art. 5 Abs. 3 und Abs. 4 KG oder aber nach Legitimate Business Reasons im Sinne von Art. 7 KG.[59]

3.68 Der Untersuchungsgrundsatz wird ergänzt durch gewisse **Mitwirkungspflichten** der Parteien (Art. 13 Abs. 1 lit. c VwVG), welche Art. 40 KG spezialgesetzlich noch erweitert. Die WEKO ist aufgrund der oftmals komplexen Sachverhalte in ihren Untersuchungshandlungen in besonderem Masse auf die Mitwirkung der Beteiligten oder auf dem Markt tätigen Drittunternehmen angewiesen, Art. 40 KG statuiert deshalb eine **umfassende Auskunftspflicht** für die beteiligten Unternehmen wie auch für Dritte.[60] Obwohl es sich bei Art. 40 KG um eine lex specialis zur allgemeinen Mitwirkungspflicht i.S.v. Art. 13 Abs. 1 lit. c VwVG handelt, sind die verfassungsmässigen Grundsätze des VwVG zu beachten.[61]

3.69 Nach Art. 40 KG haben Beteiligte an Abreden und marktmächtige Unternehmen, Beteiligte an Zusammenschlüssen sowie betroffene Dritte den Wettbewerbsbehörden für alle Abklärungen die erforderlichen Auskünfte zu erteilen und die notwendigen Urkunden vorzulegen. Die Auskunftspflicht gilt somit in allen kartellrechtlichen Verfahren, im Rahmen der Zusammenschlusskontrolle ist sie in Art. 15 Abs. 2 VKU noch einmal wiederholt.[62]

3.70 Wann ein Dritter als betroffen anzusehen ist, regelt das Kartellgesetz nicht. An die Betroffenheit sind keine allzu hohen Anforderungen zu stellen, das Tätigsein auf demselben Markt oder das Unterhalten geschäftlicher Beziehungen reicht aus.[63] In der Regel erfolgt das Einholen von Auskünften von Dritten durch Fragebogen, welche das Sekretariat den betroffenen Unternehmen zusendet.[64]

59 Zäch, N 1057; Borer, Art. 39 N 6.
60 Borer, Art. 40 N 2.
61 Waser, 60; Rauber, 166.
62 RPW 2006/3 510 ff., 510.
63 Borer, Art. 40 N 3; HK-Courvoisier, Art. 40 N 3; RPW 2006/3 510 ff., 510.
64 Lang, N 12; Rauber, 171.

Praxistipp: 3.71

In der Praxis nimmt die WEKO bzw. das Sekretariat gestützt auf Art. 40 KG auch sog. **Hearings** vor, diese sind aber weder im KG noch im VwVG als Beweismittel vorgesehen.[65]

Ihre Erkenntnisse können indessen trotz des «informellen» Charakters des Verfahrens als Beweismittel verwendet werden, soweit den Parteien dieselben Mitwirkungsrechte zugestanden werden wie bei Zeugeneinvernahmen.

Aus diesem Grunde sind die wesentlichen Inhalte solcher Gespräche schriftlich zu protokollieren und die entsprechenden Inhaltsprotokolle den Betroffenen zur Korrektur zuzustellen. In der Folge müssen die von der Untersuchung betroffenen Unternehmen Gelegenheit haben, zu den Aussagen Stellung zu nehmen.[66]

Bezüglich der Grenze der Auskunftsverpflichtung verweist Art. 40 KG auf das **Zeugnisverweigerungsrecht** von Art. 16 VwVG, welches wiederum auf Art. 42 BZP verweist. Danach ist eine Zeugnisverweigerung zu Fragen zulässig, wenn dadurch nahe Verwandte oder der aussagenden Person selbst eine strafrechtliche Verfolgung, eine schwere Benachteiligung der Ehre oder ein unmittelbarer vermögensrechtlicher Schaden droht. Darüber hinaus kann sich auch ein **Träger des Berufsgeheimnisses** – also insbesondere ein Anwalt – auf das Zeugnisverweigerungsrecht berufen.[67] 3.72

Überdies gilt die Auskunftspflicht auch für Informationen, welche als **Geschäftsgeheimnisse** zu werten sind. Die WEKO hat solche Geheimnisse nach Art. 25 KG zu wahren. 3.73

Ein Auskunftsbegehren ergeht in Form einer **verfahrensleitenden Verfügung.**[68] Es handelt sich dabei um eine selbstständig anfechtbare Zwischenverfügung i.S.v. Art. 46 VwVG, soweit der Verfügungsadressat nachweisen kann, dass ihm aus der Auskunftserteilung ein nicht wieder gutzumachender Nachteil droht.[69] Der Nachteil braucht nicht rechtlicher Natur zu sein, sondern kann auch durch tatsächliche oder wirtschaftliche Interessen begründet sein.[70] 3.74

Zuständig für den Erlass verfahrensleitender Verfügungen ist nach Art. 23 KG das Sekretariat zusammen mit einem Mitglied des Präsidiums. 3.75

Die Verletzung der Auskunftspflicht ist sanktionsbedroht, die WEKO kann einem Unternehmen, welches die Auskunft ungerechtfertigt verweigert oder seiner Auskunftspflicht sonst nicht nachkommt, ein Busse von bis zu CHF 100 000 auferlegen (Art. 52 KG). Bei natürlichen Personen beträgt die maximale Busshöhe CHF 20 000 3.76

---

65 KG-BILGER, Art. 40 N 11; KRAUSKOPF/SCHALLER/BANGERTER, 12.63; RPW 1998/4 655 ff., 671.
66 LANG, N 12.
67 BORER, Art. 40 N 5.
68 KG-BILGER, Art. 40 N 5.
69 KG-BILGER, Art. 40 N 28.
70 RPW 2008/4 722 ff., 728; BGE 130 II 149 ff., Erw. 1.1.

(Art. 55 KG). Auch der Bussenentscheid ergeht im Rahmen einer kostenpflichtigen Zwischenverfügung.[71] In der Praxis wird die Sanktion durch eine entsprechende Mahnung angedroht, welche in der Regel neben der Sanktionsandrohung auch eine Nachfrist zur Erfüllung der Auskunftspflicht enthält.[72]

3.77 **Praxistipp:**

Das Zeugnisverweigerungsrecht des VwVG ist auf natürliche Personen zugeschnitten und auf juristische Personen grundsätzlich nicht anwendbar. Ein Kernelement des fairen Verfahrens ist der Grundsatz, dass sich eine Person nicht selbst beschuldigen muss, d.h. schweigen kann **(Selbstbelastungsverbot).**[73]

Dieser Grundsatz ist in Art. 6 EMRK verankert; die Bestimmungen der EMRK finden auch auf juristische Personen Anwendung. Weil es sich bei kartellrechtlichen Bussen um Strafen handelt, sind im Verfahren die Grundsätze von Art. 6 EMRK zu beachten. Die Unternehmen können sich somit im betreffenden Verfahren grundsätzlich auf das Selbstbelastungsverbot berufen.

Nach der Praxis des Bundesverwaltungsgerichts vermag sich ein Unternehmen jedoch erst dann auf das Selbstbelastungsverbot zu berufen, wenn es mittels Verfügung zur Aussage verpflichtet wird; kommt ein Unternehmen einem Auskunftsgesuch nach Art. 40 KG selbst nach, ist das Verbot der Selbstbelastung nicht betroffen, auf diese Weise gewonnene Beweise unterliegen keinem Verwertungsverbot.[74]

3.78 Eine Auskunftspflicht gilt nach Art. 41 KG zudem für **Amtsstellen des Bundes und der Kantone.** Es handelt sich bei dieser Vorschrift um eine Ergänzung von Art. 40 KG, erfasst sind nicht nur die direkte Informationsbeschaffung, sondern auch die Unterstützung der Wettbewerbsbehörden bei Untersuchungshandlungen. Eingeschränkt wird die Auskunftspflicht durch spezialgesetzliche Vorschriften, welche die Weitergabe von Daten beschränken, so insbesondere das Datenschutzgesetz.[75] Die Verweigerung der Datenweitergaben vermag jedoch nicht in allgemeiner Weise mit Berufung auf das DSG zu erfolgen. Vielmehr muss im jeweiligen Einzelfall geprüft werden, ob die Weitergabe der Daten zulässig ist.[76] Dies beurteilt sich nach Art. 19 Abs. 4 DSG; danach hat die ersuchende Behörde, falls eine Geheimhaltungsvorschrift anzuwenden ist, die auf dem Spiel stehenden Interessen gegeneinander abzuwägen (lit. a); wenn die ersuchte Behörde lediglich einzelfallweise gegen die Datenweitergabe opponiert, hat sie zu begründen, inwiefern dieser wesentliche öffentliche Interessen bzw. ein offensichtlich schutzwürdiges privates Interesse entgegensteht (lit. b).[77]

71 David/Jacobs, N 815; RPW 2007/3 487 f., 488; vgl. dazu hinten N 3.354.
72 Krauskopf/Schaller/Bangerter, N 12.22.
73 KG-Bilger, Art. 40 N 19; vgl. zu dieser Problematik auch Lang, N 10 ff.; Böni, N 15.
74 RPW 2010/2 242 ff., 277; vgl. auch David/Jacobs, N 816; HK-Courvoisier, Art. 39 N 11.
75 Borer, Art. 41 N 2. Ausführlich dazu KG-Nydegger/Nadig, Art. 41 N 40 ff.
76 Vgl. dazu Beurteilung EDÖB, RPW 2007/3 509 ff., 511.
77 Beurteilung EDÖB, RPW 2007/3 509 ff., 512.

Die Auskunftsverpflichtung gilt für sämtliche Amtsstellen des Bundes und der Kantone, soweit sie nicht als direkte Verfahrensbeteiligte der Auskunftspflicht nach Art. 40 KG unterliegen.[78] 3.79

c) Untersuchungshandlungen

Zur Sachverhaltsermittlung stehen den Wettbewerbsbehörden neben den genannten Mitwirkungspflichten der Parteien weitere Mittel zur Verfügung. Die ordentlichen Beweismittel ergeben sich aus Art. 12 VwVG: 3.80

Das wichtigste Beweismittel sind auch im kartellrechtlichen Verfahren die **Urkunden** (Art. 12 lit. a VwVG); dabei handelt es sich um Schriften bzw. Zeichen, die bestimmt und geeignet sind, eine Tatsache von rechtlicher Bedeutung zu beweisen.[79] Aus dem strafrechtlichen Urkundenbegriff (Art. 110 Ziff. 4 StGB) ergibt sich die Gleichstellung von Aufzeichnungen auf Bild- und Tonträgern, soweit sie demselben Zweck dienen wie Papierurkunden. Der Begriff der Urkunden ist weit auszulegen. 3.81

Ein weiteres wichtiges Beweismittel sind **Parteiauskünfte** (Art. 12 lit. b VwVG) sowie **Informationen von Dritten und Zeugen** (Art. 12 lit. c VwVG); eine spezifische Regelung bezüglich der Parteiauskünfte im kartellrechtlichen Verfahren ergibt sich aus Art. 42 KG. Wenn notwendig, kann die WEKO zudem einen **Augenschein** vornehmen (Art. 12 lit. d VwVG); dabei geht es um die Wahrnehmung von Fakten mittels Sinnesorganen. Die unmittelbare Wahrnehmung lässt sich beispielsweise durch einen Besuch vor Ort bewirken, denkbar ist aber auch eine akustische Wahrnehmung (Ohrenschein).[80] 3.82

Die WEKO kann zudem von Sachverständigen **Gutachten** zum Sachverhalt einholen (Art. 12 lit. e VwVG). Voraussetzung ist, dass die Person, welche als Sachverständige auftritt oder ein Gutachten erstellt, hinsichtlich des Sachverhaltes besondere Fachkenntnisse – über welche die WEKO selbst nicht verfügt – hat.[81] In Frage kommen insbesondere Gutachten über empirische Marktanalysen.[82] 3.83

d) Anspruch auf rechtliches Gehör

Ein wichtiger Verfahrensgrundsatz im kartellrechtlichen Verfahren ist der Anspruch auf **rechtliches Gehör,** welcher sich aus Art. 29 BV und Art. 29 VwVG ergibt. Nach Ansicht des Bundesgerichtes handelt es sich dabei um einen **formellen Anspruch,** dessen Verletzung unabhängig von den Erfolgsaussichten einer allfälligen Beschwerde in der Sache selbst zur Aufhebung des Entscheides führt.[83] Eine Heilung 3.84

---

78 Borer, Art. 41 N 2.
79 VwVG-Emmenegger/Krauskopf, Art. 12 N 87.
80 VwVG-Emmenegger/Krauskopf, Art. 12 N 132 ff. Vgl. z.B. Augenschein am Flughafen-Kloten im Verfahren Valet-Parking, RPW 2006/4 625 ff., 629.
81 David/Jacobs, N 815.
82 Lang, N 15.
83 Vgl. BGE 135 I 279 ff., Erw. 2.6.1; Borer, Art. 39 N 7; HK-Courvoisier, Art. 39 N 11.

der Verletzung ist nur ausnahmsweise bei nicht sehr schwerwiegenden Einschränkungen möglich.[84]

3.85 Ein wesentliches Element des Anspruchs auf rechtliches Gehör ist das **Akteneinsichtsrecht.** Im Rahmen des Verwaltungsverfahrens ist es in Art. 26 ff. VwVG statuiert. Ergänzend gilt als vorgehende Norm Art. 26 Abs. 3 KG, die festlegt, dass im Vorverfahren kein Akteneinsichtsrecht gilt. Die Akteneinsicht ist grundsätzlich am Ort der zuständigen Behörde vorzunehmen, eine (u.U. elektronische) Zustellung erfolgt nur auf Antrag hin (Art. 26 Abs. 1bis VwVG).

3.86 Im Kartellverfahren gelten nach h.L. **erhöhte Anforderungen** an das Akteneinsichtsrecht.[85] Die Parteien dürfen erwarten, dass die WEKO beziehungsweise ihr Sekretariat sie über die Entwicklung des Standes der Akten informiert und ihnen insbesondere Gelegenheit gibt, zu beweiserheblichen Akten betreffend rechtserhebliche Sachverhaltsfragen Stellung zu nehmen.[86] Die Parteien haben somit einen Anspruch darauf, über die Entwicklung des Aktenstandes informiert zu sein. In der Praxis stellt die WEKO deshalb den Parteien ein vollständiges Verzeichnis der verwendeten Aktenstücke zusammen mit dem Verfügungsentwurf zu.[87]

3.87 Das Recht auf Akteneinsicht wird eingeschränkt durch die Interessen von anderen Verfahrensbeteiligten. Gestützt auf Art. 27 Abs. 1 lit. b VwVG können die Wettbewerbsbehörden die Akteneinsicht verweigern, wenn wesentliche private Interessen, insbesondere von Gegenparteien, die Geheimhaltung erfordern.[88] Die Pflicht zum Schutz des Geschäftsgeheimnisses ergibt sich für die WEKO zudem aus Art. 25 KG. Die Geheimhaltung erstreckt sich jedoch nur auf Tatsachen, für die **Geheimhaltungsgründe** bestehen.

3.88 **Vertiefung:** Nach Praxis der WEKO ist eine Tatsache unter den folgenden Voraussetzungen als Geheimnis zu betrachten (RPW 2001/2 373 ff., 375):

- Die Tatsache darf weder allgemein bekannt noch allgemein zugänglich sein (Mangel an Offenkundigkeit und Zugänglichkeit);
- Der Geheimnisherr will die Tatsache geheim halten (subjektiver Geheimhaltungswille);
- Der Geheimnisherr hat an der Geheimhaltung der Tatsache ein berechtigtes Interesse (objektives Geheimhaltungsinteresse).

3.89 Zwischen den Akteneinsichtsrechten und den Geheimhaltungsinteressen besteht folglich ein gewisses Spannungsverhältnis. In manchen Fällen kann das Problem dadurch umgangen werden, dass für den Entscheid wesentliche, jedoch durch das Geschäftsgeheimnis geschützte Tatsachen in geeigneter Weise verschleiert oder umschrieben werden.[89] Denkbar ist die Gewährung des Akteneinsichtsrechts auch durch Mitteilung des wesentlichen Inhalts unter Abdeckung und Zusammenfassung

84 Ausführlich dazu RPW 2010/2 242 ff., 279 m.w.H.
85 KG-Bilger, Art. 39 N 77; Borer, Art. 39 N 8.
86 RPW 1998/4 655 ff., 669; RPW 2006/2 347 ff., 358.
87 Borer, Art. 39 N 8.
88 Zäch, N 1066; Borer, Art. 39 N 8; KG-Bilger, Art. 39 N 80.
89 Zäch, N 1069; RPW 2002/4 698 ff., 715.

der geheimen Passagen. Bei Zahlen ist es oft möglich, diese durch ungefähre Angaben zu ersetzen.[90] Wird die Akteneinsicht bezüglich eines Aktenstücks verweigert, darf die WEKO ihren Entscheid nur dann zum Nachteil der betroffenen Partei auf diesen Beweis stützen, wenn sie der Partei mündlich oder schriftlich Kenntnis vom wesentlichen Inhalt des Aktenstücks gegeben hat und sich die Partei dazu äussern und Gegenbeweismittel bezeichnen konnte (Art. 28 VwVG).[91]

In zeitlicher Hinsicht besteht das Akteneinsichtsrecht erst, wenn eine formelle Untersuchung eröffnet worden ist, im Verfahren der Vorabklärung besteht nach Art. 26 Abs. 3 KG kein Einsichtsrecht.[92] 3.90

Der Anspruch auf rechtliches Gehör umfasst auch das **Recht auf Äusserung und Stellungnahme,** d.h., ein durch einen Entscheid Betroffener muss sich zu allen für den Entscheid relevanten Tatsachen äussern können.[93] Nach Art. 30 Abs. 2 KG haben die Beteiligten das Recht, zum Antrag des Sekretariats schriftlich Stellung zu nehmen, bevor die WEKO ihren Entscheid trifft. 3.91

Daraus ergibt sich auch ein Recht, bei der Erhebung wesentlicher Beweise **mitzuwirken** oder sich zumindest zum Beweisergebnis zu äussern, wenn dieses geeignet ist, den Entscheid zu beeinflussen.[94] Nach Art. 33 Abs. 1 VwVG besteht zudem ein Anspruch, dass das Sekretariat rechtzeitig und formgerecht angebotene Beweise abnimmt; eine Ausnahme besteht nur, wenn die angebotenen Beweise nicht erheblich oder ungeeignet sind. 3.92

Vertiefung: Im Rahmen der antizipierten Beweisabnahme kann indessen auf die Abnahme von Beweisen verzichtet werden, wenn der Sachverhalt, der bewiesen werden will, nicht rechtserheblich ist, wenn bereits Feststehendes bewiesen werden soll, wenn von vornherein klar ist, dass der angebotene Beweis keine Klärung herbeiführt oder wenn die Behörde den Sachverhalt aufgrund eigener Sachkenntnis ausreichend zu würdigen vermag.[95] 3.93

Schliesslich ergibt sich aus dem rechtlichen Gehör der Grundsatz der **Begründungspflicht.** Die entscheidende Behörde hat sich mit dem Vorbringen der Parteien auseinanderzusetzen. Die Entscheidbegründung muss so abgefasst sein, dass der Betroffene ihn sachgerecht anfechten kann.[96] 3.94

e) Amts- und Geschäftsgeheimnisse (Art. 25 KG)

Die Wettbewerbsbehörden haben nach den kartellrechtlichen Vorschriften das Amtsgeheimnis und die Geschäftsgeheimnisse zu wahren und dürfen Geschäftsgeheimnisse nur zu dem mit der Auskunft oder dem mit dem Verfahren verfolgten Zweck verwenden (Art. 25 KG). 3.95

---

90 RPW 2001/4 698 ff., 715.
91 RPW 2001/2 373 ff., 375.
92 ZÄCH, N 1073.
93 BORER, Art. 39 N 10; RPW 1998/3 460 ff., 470.
94 BGE 121 III 331 ff., Erw. 3b; BGE 119 Ia 260, Erw. 6a; BGE 117 Ia 262 ff., Erw. 4b; BORER, Art. 39 N 12; HK-COURVOISIER, Art. 39 N 11.
95 KG-BILGER, Art. 39 N 84.
96 ZÄCH, N 1076; KG-BILGER, Art. 39 N 109.

3.96 Neben den Geschäftsgeheimnissen ist auch das **Amtsgeheimnis** zu schützen. Was genau unter das Amtsgeheimnis fällt, ist im Gesetz nicht geregelt; deshalb ist wohl auf den allgemeinen Geheimnisbegriff zurückzugreifen.[97] Der Inhalt des Amtsgeheimnisses beurteilt sich zudem im Zusammenhang mit den gesetzlich vorgesehenen **Informationspflichten** der Wettbewerbsbehörden (Art. 28, Art. 33 Abs. 1, Art. 48 und 49 KG). Zulässig ist deshalb die Bekanntgabe, dass eine Untersuchung oder ein Vorverfahren eröffnet wurde; durch das Amtsgeheimnis geschützt sind demgegenüber die in den Verfahren gewonnenen Ergebnisse.[98] Grundsätzlich besteht die Möglichkeit, einen Beamten vom Amtsgeheimnis zu entbinden; dies geschieht in der Regel durch die übergeordnete Behörde. Weil die WEKO indessen über keine übergeordnete Instanz verfügt, hat sie selbst über eine mögliche Entbindung vom Amtsgeheimnis zu entscheiden.[99]

3.97 Die in Art. 25 Abs. 2 KG festgehaltene **Beschränkung des Verwendungszwecks** begrenzt die Weitergabe von Informationen an andere Behörden.[100] Die durch die Wettbewerbsbehörden erlangten Kenntnisse dürfen auch nicht an andere Bundes- oder Zivilrechtsbehörden weitergegeben werden; eine Ausnahme besteht nach Art. 25 Abs. 3 KG einzig mit Bezug auf den Preisüberwacher, er darf solche Informationen erhalten, die er für die Erfüllung seiner Aufgaben benötigt. Die Vorschrift soll zudem sicherstellen, dass die in einem Verfahren gewonnenen Erkenntnisse nicht in einem neuen Verfahren verwertet werden, wenn das neue Verfahren einen neuen Sachverhalt betrifft.[101] Zulässig ist jedoch die Verwendung der im Rahmen von Marktbeobachtungen i.S.v. Art. 45 KG gewonnenen Erkenntnisse durch das Sekretariat, falls gestützt darauf eine Untersuchung i.S.v. Art. 26 ff. eröffnet wird.[102]

3.98 Schliesslich schützt Art. 25 Abs. 4 KG die Preisgabe von Geschäftsgeheimnissen durch Veröffentlichungen. Nach der Praxis der WEKO sind Informationen und Dokumente geschützt, die (1) nicht allgemein bekannt und der Öffentlichkeit zugänglich gemacht worden sind (Mangel an Offenkundigkeit und Zugänglichkeit), (2) die das betroffene Unternehmen geheim halten will (subjektiver Geheimhaltungswille) und (3) an denen ein objektives Interesse an Geheimhaltung besteht (objektiver Geheimhaltungswille).[103] Als Geschäftsgeheimnisse gelten im kartellrechtlichen Verfahren beispielsweise Marktanteile, Umsätze, Geschäftsstrategien und Businesspläne.[104] Vorausgesetzt ist, dass die Informationen für das Unternehmen einen wirtschaftlichen Wert haben, d.h., sie müssen sich entweder direkt auf das Unternehmen beziehen oder zumindest indirekt Rückschlüsse auf dieses zulassen.[105]

97 Vgl. vorne N 3.88.
98 HK-Zenhäusern, Art. 25 N 8.
99 KG-Bangerter, Art. 25 N 34.
100 KG-Bangerter, Art. 25 N 35.
101 Borer, Art. 25 N 8; HK-Zenhäusern, Art. 25 N 9; a.A. wohl KG-Bangerter, Art. 25 N 37 ff.
102 HK-Zenhäusern, Art. 25 N 9.
103 RPW 2006/1 65 ff., 80; HK-Zenhäusern, Art. 25 N 15; RPW 2001/2 373 ff., 375. Vgl. auch vorne N 3.88.
104 KG-Bangerter, Art. 25 N 56.
105 Heizmann/Heinemann, 81.

Die Unternehmen teilen den Wettbewerbsbehörden im Rahmen ihrer Eingaben regelmässig mit, welche Tatsachen sie als geheimniswürdig ansehen. Sofern die Behörden mit der Einschätzung der Unternehmen nicht übereinstimmen, haben sie bezüglich der Informationen eine verfahrensleitende Verfügung zu erlassen.[106] Bei der Beurteilung der Geschäftsgeheimnisse ist indessen zu beachten, dass es auch im Interesse der Wettbewerbsbehörde ist, dass die von den Unternehmen zur Verfügung gestellten Informationen möglichst vertraulich behandelt und so gut wie möglich geschützt werden. Denn nur so vermag sie eine optimale Grundlage für eine vertrauensvolle Zusammenarbeit mit den Unternehmen zu schaffen und diese dazu zu bringen, die für das Verfahren notwendigen Geschäftsgeheimnisse umfassend zu offenbaren.[107] 3.99

Verletzen Mitglieder der WEKO oder des Sekretariats die ihnen obliegenden Geheimhaltungspflichten, machen sie sich unter Umständen nach Art. 320 StGB strafbar. 3.100

f) Sanktionen nach Art. 49a KG

Stehen Verhaltensweisen zur Diskussion, welche gemäss KG mit Busse bedroht sind – so Art. 5 Abs. 3 und 4 sowie Art. 7 KG – sind ab Verfahrensbeginn die strafprozessualen Garantien von Art. 6 Ziff. 2 und 3 EMRK sowie Art. 32 BV zu beachten. Bei den Bussen nach Art. 49a KG handelt es sich um Strafen im Sinne der EMRK, was eine Beachtung der entsprechenden Verfahrensgrundsätze erfordert.[108] 3.101

g) Vorsorgliche Massnahmen im Besonderen

Im Rahmen des zivilrechtlichen Verfahrens ergeben sich Möglichkeiten und Voraussetzungen vorsorglicher Massnahmen aus Art. 261 ff. ZPO. Weder das KG noch das VwVG sehen indessen für das erstinstanzliche Verwaltungsverfahren vorsorgliche Massnahmen vor. Gleichwohl erachten Lehre und Praxis den Erlass vorsorglicher Massnahmen im Kartellverwaltungsverfahren als zulässig, um die Wirksamkeit einer später zu treffenden Anordnung sicherzustellen.[109] Eine Besonderheit der von der WEKO im Verwaltungsverfahren verhängten vorsorglichen Massnahmen ist, dass deren Erlass von Amtes wegen erfolgt und die Behörde deshalb immer dann einzuschreiten hat, wenn Sinn und Zweck des materiellen Rechts solche Massnahmen erfordern. Weil der WEKO die Wahrung des öffentlichen Interesses am wirksamen Wettbewerb obliegt, ist dieses auch für den Erlass vorsorglicher Massnahmen ausschlaggebend.[110] 3.102

106 KG-Bangerter, Art. 25 N 62 ff.; HK-Zenhäusern, Art. 25 N 9.
107 RPW 2002/4 698 ff., 711.
108 David/Jacobs, N 813; Borer, Art. 26 N 1. Vgl. dazu hinten N 3.210.
109 HK-Courvoisier, Art. 39 N 11; KG-Bilger, Art. 39 N 92; Zäch, N 1002 m.w.H.; BGE 130 II 149 ff., Erw. 2; RPW 2004/1 198 ff., 202.
110 RPW 2003/3 653 ff., 674; RPW 2004/2 640 ff., 646.

3.103 Der Erlass vorsorglicher Massnahmen ist an die folgenden Voraussetzungen geknüpft:[111]

- **Günstige Entscheidprognose,** an welche im Kartellrechtsverwaltungsverfahren besonders hohe Anforderungen zu stellen sind, weil die vorgezogene Durchsetzung des materiellen Rechts dem Schutz des öffentlichen Interesses am wirksamen Wettbewerb dienen muss;
- Drohen eines nicht leicht wieder gutzumachenden **Nachteils** für den wirksamen Wettbewerb;
- Zeitliche **Dringlichkeit,** welche über das allgemeine Bestreben nach möglichst rascher Umsetzung gesetzlicher Vorgaben hinausgeht;
- Wahrung des **Verhältnismässigkeitsgrundsatzes.**

3.104 Zuständig für den Erlass vorsorglicher Massnahmen ist die WEKO, nicht jedoch das Sekretariat. Vorausgesetzt dafür ist die **Eröffnung einer Untersuchung,** diese muss spätestens zusammen mit dem Erlass der Massnahme eingeleitet werden.[112]

3.105 Von der WEKO erlassene vorsorgliche Massnahmen stützen sich auf verwaltungsrechtliche Grundlagen, sie sind deshalb nur dann zulässig, wenn sie für die Aufrechterhaltung des wirtschaftlichen Wettbewerbs notwendig sind (Institutitionsschutz).[113] Die WEKO ist somit nur dann zum Erlass vorsorglicher Massnahmen befugt, wenn es zur Wahrung überwiegender öffentlicher Interessen notwendig erscheint.[114] Stehen hingegen Interessen Privater im Vordergrund (Individualschutz), sind vorsorgliche Massnahmen gestützt auf privatrechtliche Grundlagen, d.h. Art. 261 ff. ZPO, durch ein Zivilgericht zu erlassen.

3.106 Grundsätzlich denkbar ist auch der Erlass superprovisorischer Massnahmen, d.h. der Erlass von vorsorglichen Massnahmen ohne vorherige Anhörung der Gegenpartei bei besonderer Dringlichkeit; die WEKO hat von dieser Möglichkeit in ihrer bisherigen Praxis aber noch nie Gebrauch gemacht. Im Gegenteil, meist dauert es einige Monate, bis die WEKO einen Entscheid über den Erlass vorsorglicher Massnahmen trifft.[115]

3.107 Die vorsorgliche Massnahme ergeht in der Regel in Form einer Verfügung, indessen kann eine vorsorgliche Massnahme auch durch eine einvernehmliche Regelung erfolgen. In einem solchen Fall sind gleichwohl alle materiellen Voraussetzungen zu erfüllen, doch können einzelne Elemente der Entscheidprognose eher offengelassen werden.[116]

---

111 Zäch, N 1005; HK-Courvoisier, Art. 39 N 24; BGE 130 II 149 ff., Erw. 2.2; RPW 2004/1 198 ff., 202.

112 Zäch, N 1003; HK-Courvoisier, Art. 39 N 30; KG-Bilger, Art. 39 N 101.

113 David/Jacobs, N 828; Zäch, N 1009; KG-Bilger, Art. 39 N 93; Richli, SIWR, 470 ff.

114 Zäch, N 1008; RPW 2003/3 653 ff., 678.

115 David/Jacobs, N 833.

116 RPW 2011/3 400 ff., 403.

Prozessrechtlich betrachtet handelt es sich bei einer vorsorglichen Massnahme um einen Zwischenentscheid; als solcher unterliegt er im Rahmen von Art. 46 VwVG der Beschwerde, sofern ein nicht wieder gut zumachender Nachteil droht (Art. 46 lit. a VwVG) oder wenn die Gutheissung der Beschwerde sofort einen Endentscheid herbeiführen und damit einen bedeutenden Aufwand an Zeit oder Kosten für ein weitläufiges Beweisverfahren ersparen würde (Art. 46 lit. b VwVG). Es reicht aus, wenn der drohende Nachteil tatsächlicher Natur ist, ein drohender rechtlicher Nachteil ist für das Verfahren vor Bundesverwaltungsgericht nicht notwendig.[117] 3.108

Die Nichteinhaltung der von der WEKO erlassenen vorsorglichen Massnahmen kann mittels Busse i.S.v. **Art. 50 KG sanktioniert** werden, die Sanktionshöhe beträgt maximal 10% des in den letzten drei Jahren in der Schweiz erzielten Umsatzes.[118] 3.109

4. Ergänzende Untersuchungsmassnahmen nach Kartellgesetz

Neben den allgemeinen, in Art. 12 VwVG genannten Untersuchungsmassnahmen enthält Art. 42 KG eine Aufzählung von weiteren Untersuchungsmassnahmen. 3.110

a) Zeugeneinvernahme und Beweisaussage

Nach Art. 42 Abs. 1 KG kann die Wettbewerbsbehörde Zeugen einvernehmen und einen von einer Untersuchung Betroffenen zur Beweisaussage verpflichten. Art. 64 BZP ist dabei sinngemäss anwendbar. 3.111

Die Möglichkeit der **Zeugeneinvernahme** ergibt sich aus Art. 12 lit. c VwVG, für das Kartellrecht gelten die allgemeinen Regelungen des VwVG (Art. 14–19 VwVG).[119] Als Zeugen können sämtliche Personen einvernommen werden, welche nicht selbst von der Untersuchung betroffen sind.[120] Zeugeneinvernahmen sind von der Auskunftspflicht nach Art. 40 KG dadurch abzugrenzen, dass diese der Strafandrohung von Art. 307 StGB unterliegt.[121] 3.112

Von Bedeutung ist insbesondere die Abgrenzung, wer als Partei und wer als Zeuge einzuvernehmen ist. Organe von Unternehmen, gegen welche sich das Verfahren richtet, sind nicht als Zeugen, sondern als Partei einzuvernehmen. Normale Mitarbeiter ohne Organstellung sind im Verfahren indessen als Zeugen zu behandeln.[122] Ein allfälliges Zeugnisverweigerungsrecht richtet sich nach Art. 42 BZP.[123] 3.113

Beweisaussagen unterscheiden sich von Zeugenaussagen dadurch, dass sie direkt von Verfahrensbeteiligten (Parteien) erfolgen sowie der zusätzlichen Strafandrohung von Art. 306 StGB (Falsche Aussage) unterstehen und deshalb beweistech- 3.114

117 VwVG-Uhlmann/Wälle-Bär, Art. 46 N 6.
118 RPW 2006/1 141 ff., 148; David/Jacobs, N 838.
119 Borer, Art. 42 N 5.
120 Brunnschweiler/Christen, N 63.
121 Rauber, 199.
122 HK-Reinert, Art. 42 N 5.
123 Vgl. dazu vorne N 3.72.

nisch höher zu werten sind als normale Parteiaussagen. Sie lassen sich nur dann anordnen, wenn eine vorgängig durchgeführte Parteibefragung dies gebietet, wobei im kartellrechtlichen Verfahren an die Stelle der Parteibefragung ein Auskunftsersuchen tritt.[124] Die Einholung von Beweisaussagen kommt nur von natürlichen Personen in Frage; in analoger Anwendung von Art. 112 StPO hat ein Unternehmen einen Vertreter zu bestimmen, welcher die Beweisaussage tätigt.[125] Als Vertreter fällt nur in Betracht, wer nicht als Zeuge befragt werden kann, d.h. wer (materielles oder formelles) Organ des betroffenen Unternehmens ist. Der zur Beweisaussage Verpflichtete kann seine Aussage gestützt auf Art. 6 Ziff. 1 EMRK verweigern, daraus dürfen ihm keine Nachteile erwachsen. Auf die in der EMRK garantierten Rechte vermögen sich auch Unternehmen zu berufen.[126] In der Praxis finden Beweisaussagen oft im Zusammenhang mit Selbstanzeigen statt.[127]

b) Hausdurchsuchungen und Beschlagnahmen

aa) Allgemeines

3.115 Nach Art. 42 Abs. 2 KG können die Wettbewerbsbehörden **Hausdurchsuchungen («Dawn Raids»)** und **Beschlagnahmen** anordnen, in diesen Fällen sind Art. 45–50 VStR (BG über das Verwaltungsstrafrecht)[128] sinngemäss anwendbar.

124 Brunnschweiler/Christen, N 64.
125 Lang, N 23; Borer, Art. 42 N 6.
126 HK-Reinert, Art. 42 N 10; Lang, N 23; Waser, 108 f.
127 RPW 2012/2 270 ff., 387.
128 Bundesgesetz über das Verwaltungsstrafrecht (VStrR) vom 22. März 1974 (SR 313.0).

Ablauf Hausdurchsuchung

Erlass Hausdurchsuchungsbefehl
Antrag Sekretariat – Anordnung: Mitglied WEKO-Präsidium

Vor der Hausdurchsuchung

Sekretariat/Polizei	Unternehmen
Ausweisen	Prüfung der Ausweise und des Durchsuchungsbefehls
Vorzeigen des Durchsuchungsbefehls	Benachrichtigung der verantwortlichen Personen

Während der Hausdurchsuchung

Sekretariat/Polizei	Unternehmen
Durchsuchen in Anwesenheit des Inhabers der Räume, Papiere und IT-Infrastruktur	Duldungspflicht
Aufklärung über Rechte	Begleitung Behördenpersonen
Erstellen von Kopien	

Am Ende der Hausdurchsuchung

Sekretariat/Polizei	Unternehmen
Erstellen Beschlagnahmeprotokoll	Prüfung Beschlagnahmeprotokoll
Erstellen notwendiger Kopien	Geltendmachung des Siegelungsrechts

Abb. 3.3

Die Hausdurchsuchung ist eine Zwangsmassnahme und stellt als solche einen 3.116
schwerwiegenden Eingriff in die Grundrechte der Betroffenen dar. Sie hat deshalb den Anforderungen von Art. 36 BV zu genügen, d.h., erforderlich ist eine gesetzliche Grundlage, ein öffentliches Interesse und zudem ist das Verhältnismässigkeitsprinzip zu beachten. Die rechtliche Grundlage findet sich – wie erwähnt – in Art. 42 KG, das öffentliche Interesse ist im Schutz des Wettbewerbs zu sehen.

Besondere Beachtung verdient indessen das **Verhältnismässigkeitsprinzip.** In 3.117
erster Line führt es dazu, dass eine Hausdurchsuchung grundsätzlich nur dann angeordnet werden darf, wenn der notwendige Sachverhalt nicht in anderer Weise festgestellt werden kann.[129] In diesem Zusammenhang ist der mit der Hausdurchsuchung verbundene Überraschungseffekt zu beachten. Weil die vorherige Ankündigung die Gefahr begründet, dass mutmassliche Beweismittel beiseite geschafft werden, können die Wettbewerbsbehörden andere Untersuchungsmassnahmen wie z.B. das Einholen von Auskünften nach Art. 40 KG oft nicht in Betracht zie-

129 Borer, Art. 42 N 3; Lang, N 31; Raemy/Sommer, 760; Rauber, 213.

hen.[130] Im Rahmen der Verhältnismässigkeit ist immer auch die Schwere des in Frage stehenden Kartellrechtsverstosses zu berücksichtigen.[131]

3.118 Zudem ist eine Hausdurchsuchung nur dann zulässig, wenn ein **hinreichender Tatverdacht** besteht. Eine Durchsuchung, welche sich nicht auf einen Tatverdacht stützt, stellt eine **«Fishing Expedition»** dar und ist unzulässig, allfällig aufgefundene Beweise sind unverwertbar.[132] In kartellrechtlichen Verfahren ergibt sich der Tatverdacht oftmals aufgrund einer vorgängigen Selbstanzeige eines Unternehmens.[133] Ohne vorangegangene Selbstanzeige haben tatsächliche Anhaltspunkte vorzuliegen, welche objektiv einen Kartellrechtsverstoss als gut möglich erscheinen lassen.[134]

3.119 Der Tatverdacht muss sich dahingehend konkretisieren, dass sich in den durchsuchten Räumen voraussichtlich Gegenstände befinden, die als Beweismittel von Bedeutung sein können. **Objekt der Durchsuchung** sind deshalb in erster Linie die Räumlichkeiten von Unternehmen, wie z.B. Büros und dergleichen, in Ausnahmefällen können indessen auch die Räumlichkeiten von Privatpersonen durchsucht werden; zu denken ist etwa an Wohnungen und Häuser leitender Mitarbeiter oder sonstiger natürlicher Personen, welche vermutungsgemäss wesentlich an der Wettbewerbsbeschränkung beteiligt sind.[135] Eine Durchsuchung ist immer nur dann gerechtfertigt, wenn wahrscheinlich ist, dass sich Gegenstände, die der Beschlagnahme unterliegen, oder Spuren der Widerhandlung in den entsprechenden Räumlichkeiten vorhanden sind (Art. 48 Abs. 1 VStR).

3.120 Keine Voraussetzung für die Zulässigkeit einer Hausdurchsuchung ist eine **laufende Untersuchung.** Der hinreichende Tatverdacht der Hausdurchsuchung erfüllt praktisch aber gleichzeitig die materielle Voraussetzung für die Eröffnung einer Untersuchung nach Art. 27 KG; deshalb ist eine solche in der Regel mit der Anordnung der Hausdurchsuchung zu eröffnen.[136] Weil die vorgängige Ankündigung der Untersuchungseröffnung jedoch den Überraschungseffekt und letztlich den Sinn der Hausdurchsuchung vereiteln würde, eröffnet die WEKO ein Verfahren in der Regel oft erst kurz vor der Durchführung der Hausdurchsuchung.

3.121 **Zuständig** für die Anordnung der Hausdurchsuchung ist ein Mitglied des WEKO-Präsidiums, welches den Durchsuchungsbefehl zu unterzeichnen hat.[137] Der Durch-

---

130 KG-Bangerter, Art. 42 N 59; Bangerter/Schaller, 1224; Waser, 64.

131 KG-Bangerter, Art. 42 N 60.

132 David/Jacobs, N 819; Bangerter/Schaller, 1224. Dazu ausdrücklich die strafrechtliche Bestimmung, Art. 197 Abs. 1 lit. b StPO.

133 David/Jacobs, N 819. Zu den Selbstanzeigen vgl. hinten N 3.252 ff.

134 Raemy/Sommer, 760; Bangerter/Schaller, 1223.

135 David/Jacobs, N 819; Lang, N 25; Raemy/Sommer, 761; Brunnschweiler/Christen, N 51.

136 KG-Bangerter, Art. 42 N 66.

137 Die Vorschrift von Art. 48 Abs. 2 VStR sieht zwar vor, dass der untersuchende Beamte eine Durchsuchung von sich aus vornehmen oder anordnen kann, wenn Gefahr im Verzuge ist und ein Durchsuchungsbefehl nicht rechtzeitig eingeholt werden kann, indessen wird insbesondere die zweite Voraussetzung bei der kartellrechtlichen Hausdurchsuchung kaum je erfüllt sein (Borer, Art. 42 N 9; Lang, N 28 und Raemy/Sommer, 760; Bangerter/Schaller, 1225). Denkbar wäre es aber, dass im Rahmen der Hausdurchsuchung Hinweise auf einen bisher

suchungsbefehl hat die zu untersuchenden Räume sowie die gesuchten Beweismittel zu bezeichnen.[138] Gleichzeitig mit der Hausdurchsuchung wird auch eine allfällige Beschlagnahme angeordnet.[139]

Durchgeführt wird die Hausdurchsuchung von Mitarbeitenden des Sekretariats der WEKO, wenn notwendig mit Unterstützung der kantonalen Polizeiorgane.[140] Gestützt auf Art. 41 KG kann das Sekretariat zudem über den Weg der Amtshilfe die Unterstützung von weiteren Personen, wie z.B. IT-Spezialisten, anfordern.[141] Art. 49 VStR enthält weitere Vorschriften über die Durchführung der Hausdurchsuchung. Danach haben sich die untersuchenden Beamten vor Beginn der Untersuchung auszuweisen (Art. 49 Abs. 1 VStR) und dem Unternehmensvertreter ein Doppel des Untersuchungsbefehls zu überreichen (Art. 49 Abs. 4 VStR). Zur Untersuchung ist eine Amtsperson beizuziehen, welche darüber wacht, dass sich die Massnahme nicht ihrem Zweck entfremdet. Ausnahmsweise kann auf den Beizug der Amtsperson verzichtet werden, wenn Gefahr im Verzuge ist und der Inhaber der Betroffenen Räume zugestimmt hat (Art. 49 Abs. 2 VStR). 3.122

Die untersuchenden Personen haben den Inhaber der Räume über den Grund der Durchsuchung zu unterrichten (Art. 49 Abs. 2 VStR). Nach dem Merkblatt der WEKO handelt es sich beim Inhaber der Räume im Falle von Unternehmen im kartellrechtlichen Verfahren um diejenige anwesende Person, welche im Unternehmen hierarchisch die höchste Position innehat.[142] Die Durchsuchung ist im Beisein des Inhabers der Räume durchzuführen. 3.123

Wichtig: 3.124

In der Praxis stellt sich mitunter die Frage, ob eine Hausdurchsuchung noch verhindert werden könnte, wenn die Behördenvertreter bereits beim betroffenen Unternehmen vor der Tür stehen.

Juristisch gesprochen geht die Frage dahin, ob gegen die Hausdurchsuchung direkt ein Rechtsmittel mit aufschiebender Wirkung ergriffen werden kann. Weil der Hausdurchsuchungsbeschluss in Form einer Verfügung ergeht, wäre dies grundsätzlich zu bejahen.

---

unbekannten Teilnehmer an der Wettbewerbsbeschränkung auftauchen und die Hausdurchsuchung im betreffenden Unternehmen unverzüglich durchgeführt werden muss (Bangerter/Tagmann, 170).

138 Lang, N 28; Raemy/Sommer, 760; Brunnschweiler/Christen, N 47.

139 Bangerter/Tagmann, 169.

140 Borer, Art. 42 N 9; Lang, N 20.

141 Bangerter/Schaller, 1223 m.w.H.; Bangerter/Tagmann, 171.

142 Merkblatt Hausdurchsuchungen; Bangerter/Tagmann, 171.

Die WEKO hat jedoch nach Art. 55 Abs. 2 VwVG die Möglichkeit, vorgängig einem allfälligen Rechtsmittel die aufschiebende Wirkung zu entziehen. Von dieser Möglichkeit macht sie im Rahmen von Hausdurchsuchungen regelmässig Gebrauch, denn eine Beschwerde würde den Sinn und Zweck der Durchsuchung vereiteln. Faktisch steht den Unternehmen somit kein unmittelbares Rechtsmittel zur Verfügung. Möglich wäre allenfalls eine spätere Anfechtung der Durchsuchung; in einem solchen Fall vermögen sich jedoch Probleme wegen des fehlenden Rechtsschutzinteresses zu ergeben.

3.125 Nach Art. 50 Abs. 1 VStR sind Papiere unter grösster Schonung der Privatgeheimnisse zu durchsuchen; insbesondere sollen sie nur dann durchsucht werden, wenn anzunehmen ist, dass sich Schriften darunter befinden, die für die Untersuchung von Bedeutung sind. Zudem sind allfällige Amts- und Berufsgeheimnisse zu wahren (Art. 50 Abs. 2 VStR).

3.126 **Checkliste: Voraussetzungen Hausdurchsuchung**

- ☐ Hinreichender Tatverdacht
- ☐ Wahrscheinlichkeit, dass sich in den durchsuchten Räumen Beweismittel befinden
- ☐ Wahrung der Verhältnismässigkeit
- ☐ Durchsuchungsbefehl

bb) Rechte und Pflichten betroffener Unternehmen

3.127 Dem Unternehmen obliegt im Hinblick auf die Hausdurchsuchung lediglich eine **Duldungspflicht,** eine aktive Mitwirkung ist nicht notwendig. Dies ergibt sich aufgrund des strafprozessualen Nemo-Tenetur-Grundsatzes, welcher jeglichen Zwang zur Selbstbelastung verbietet.[143] Indessen haben die Unternehmen alles zu unterlassen, was die Untersuchungshandlungen der Behörden vereiteln könnte.[144] Die Unternehmen werden aber regelmässig ein eigenes Interesse daran zu haben, wenigstens in minimalem Umfang mit den Behörden zu kooperieren. Hinweise über die Lage gewisser Unterlagen, verwendete IT-Lösungen und dergleichen führen im Allgemeinen dazu, dass die Durchsuchung rascher und effizienter durchgeführt werden kann und sich die dadurch verursachte Störung des Geschäftsbetriebes gering hält.[145]

143 Borer, Art. 42 N 9; Raemy/Sommer, 763; Lang, N 35; Brunnschweiler/Christen, N 24.
144 KG-Bangerter, Art. 42 N 105; Bangerter/Schaller, 1226; Rauber, 229.
145 Bangerter/Schaller, 1226; Bangerter/Tagmann, 174.

Praxistipp: Kooperation während der Hausdurchsuchung? 3.128

Nach der Praxis der WEKO ist eine Selbstanzeige und ein vollständiger Sanktionserlass noch während der Hausdurchsuchung möglich. Betroffene Unternehmen sollten sich deshalb überlegen, bei einer Hausdurchsuchung ihre Kooperationsbereitschaft anzuzeigen.

Allerdings kann sich das Problem stellen, dass man als Unternehmen bei einer überraschenden Hausdurchsuchung nicht alle Informationen zur Hand hat, die für eine Selbstanzeige notwendig sind.

In der Praxis empfiehlt es sich deshalb, sogleich beim Auftauchen der Behörden die Kooperationsbereitschaft anzumelden, sodann den Behörden während der Untersuchung behilflich zu sein, beispielsweise indem man den Vertretern unaufgefordert Beweismittel vorlegt. Die angemeldete Selbstanzeige ist sodann so schnell als möglich schriftlich per Fax oder telefonisch bei der WEKO zu bestätigen. Sodann ist eine mündliche Selbstanzeige zu erstatten. Zu beachten ist dabei, dass zu diesem Zeitpunkt noch nicht alle Beweismittel detailliert vorgelegt werden müssen, sondern diese können auch – natürlich innert einer angemessenen Frist – nachgereicht werden.

Wie erwähnt hat der Inhaber der von der Untersuchung betroffenen Räumlichkeiten das Recht, bei der Durchsuchung anwesend zu sein. Indessen kann die Hausdurchsuchung auch ohne den Inhaber bzw. eine Vertretung vorgenommen werden, es handelt sich bei der entsprechenden Vorschrift lediglich um eine Ordnungsvorschrift, deren Verletzung weder zur Nichtigkeit der Durchsuchung noch zur Unverwertbarkeit der Beweismittel führt.[146] 3.129

Grundsätzlich hat das Unternehmen das Recht, während der Hausdurchsuchung einen **Anwalt** beizuziehen. Ist beim Erscheinen der Behörden kein Anwalt vor Ort – was in der Regel der Fall sein dürfte – wartet das Sekretariat aber nicht auf sein Erscheinen, sondern beginnt mit der Durchsuchung. Die während der Abwesenheit des Rechtsvertreters gesammelten Beweismittel werden in diesem Fall separat gesammelt, damit sich der Anwalt bei seinem Erscheinen dazu äussern kann.[147] 3.130

Bei einer vollumfänglichen Kooperation und beim freiwilligen Vorlegen von Informationen besteht mitunter die Möglichkeit, eine allfällige Bussenreduktion nach Art. 49a Abs. 2 KG und Art. 12 SVKG in Anspruch zu nehmen.[148] Die Wahrnehmung dieses Rechts ist auch noch anlässlich der Hausdurchsuchung möglich, weshalb die betroffenen Unternehmen in der Praxis darauf aufmerksam gemacht werden.[149] 3.131

146 KG-Bangerter, Art. 42 N 98.

147 Vgl. Merkblatt Hausdurchsuchung. Die Lehre fordert indessen zum Teil, dass die Behördenvertreter für eine kurze Zeit auf das Eintreffen des Anwalts warten (vgl. Lang, N 32; KG-Bangerter, Art. 42 N 104; HK-Reinert, Art. 42 N 15; Sommer/Brunnschweiler, N 5).

148 David/Jacobs, N 819; Borer, Art. 42 N 9; Raemy/Sommer, 763; Lang, N 35; Brunnschweiler/Christen, N 35 ff.

149 KG-Bangerter, Art. 42 N 110.

Ein vollständiger Sanktionserlass fällt aber nur in Betracht, wenn nicht bereits ein anderes Unternehmen von der Bonusregelung profitiert und die für die Hausdurchsuchung notwendigen Informationen geliefert hat.[150]

3.132 Neben der Durchsuchung steht der Wettbewerbsbehörde auch das Recht zur **Beschlagnahme** zu; konkret geht es um den Fall der Beweismittelbeschlagnahme, die der vorläufigen Sicherstellung von Beweismitteln dient (Art. 46 Abs. 1 lit. a VStR).[151]

3.133 Auch bei der Beschlagnahme hat die Wettbewerbsbehörde den Grundsatz der Verhältnismässigkeit zu beachten. Soweit möglich beschlagnahmt sie keine Originaldokumente, sondern erstellt von Unterlagen oder elektronischen Datenträgern Kopien. Wenn die Beschlagnahme von Datenträgern erforderlich ist, hat die WEKO den Unternehmen eine Arbeitskopie zu überlassen.[152]

3.134 Die WEKO hat beschlagnahmte oder versiegelte Dokumente zu **protokollieren** (Art. 47 Abs. 2 und 49 Abs. 4 VStR). Die beschlagnahmten Gegenstände werden gekennzeichnet und im sog. Beschlagnahmeprotokoll aufgelistet.[153]

3.135 **Vertiefung:** Weder das Kartellgesetz noch das VStR enthalten Bestimmungen dazu, wie mit **Zufallsfunden** umzugehen ist. Als Zufallsfunde sind Funde zu bezeichnen, die auf weitere Taten – i.c. Wettbewerbsbeschränkungen – hinweisen, aufgrund derer die Hausdurchsuchung aber nicht angeordnet wurde.[154] Die StPO legt hinsichtlich der im Rahmen von strafprozessualen Hausdurchsuchungen aufgefundenen Zufallsfunde fest, dass diese ohne Weiteres verwertet werden können. Vorausgesetz ist, dass 1) die primäre Zwangsmassnahme rechtmässig war und 2) die Massnahme auch betreffend das neue Delikt bzw. Straftäter zulässig gewesen wäre. Nach der hier vertretenen Ansicht sind für die Verwertung von Zufallsfunden aus kartellrechtlichen Hausdurchsuchungen die strafprozessualen Grundsätze analog anzuwenden.[155] In diesem Sinne gelten die Zufallsfunde unter den folgenden Voraussetzungen als verwertbar:

- Die primäre Hausdurchsuchung/Beschlagnahme war rechtmässig;
- Die Massnahme wäre auch hinsichtlich der neu entdeckten Wettbewerbsbeschränkung zulässig gewesen.

150 KG-BANGERTER, Art. 42 N 112; vgl. dazu hinten N 3.525 ff.
151 BANGERTER/SCHALLER, 1231.
152 RAEMY/SOMMER, 762; LANG, N 34.
153 BANGERTER/SCHALLER, 1233.
154 BANGERTER/SCHALLER, 1233.
155 BANGERTER/SCHALLER, 1233.

Praxistipp: Anwaltskorrespondenz 3.136

Vor dem Inkrafttreten der neuen StPO war es umstritten, ob auch die Korrespondenz zwischen dem Unternehmen und einem externen Anwalt der Beschlagnahme durch die WEKO unterliegt. Weil nach der früheren Rechtsprechung lediglich die eigentliche «Verteidigungskorrespondenz» durch das Anwaltsgeheimnis geschützt war und eine solche zu Beginn der Untersuchung, zu welcher die Hausdurchsuchungen in der Regel stattfinden, gar nicht vorliegt, konnten solche Unterlagen beschlagnahmt werden, soweit sie sich beim Unternehmen befanden.[156]

Durch den neuen Art. 248 StPO hat sich dieses Problem nun dahingehend gelöst, dass Unterlagen externer Anwälte unabhängig von Aufbewahrungsort und Zeitpunkt der Erstellung einem Beschlagnahmeverbot unterliegen.

Keine Anwendung findet die Bestimmung indessen auf die Korrespondenz und die Unterlagen von internen Unternehmensjuristen, selbst wenn diese über das Anwaltspatent verfügen.[157]

Das Beschlagnahmeverbot von Anwaltskorrespondenz ist zudem folgenden Einschränkungen unterworfen:[158]

- ☐ Die Dokumente müssen im Zusammenhang mit der anwaltlichen Tätigkeit stehen und dürfen dem Anwalt nicht in einem anderen Zusammenhang, namentlich im Rahmen seiner privaten, politischen oder sozialen Tätigkeit zugekommen sein.
- ☐ Der Anwalt darf nicht selbst eines Kartellrechtsverstosses verdächtigt sein bzw. nicht selbst in die Untersuchung involviert sein.
- ☐ Die Unterlagen dürfen nicht in rechtsmissbräuchlicher Weise beim Anwalt hinterlegt worden sein.
- ☐ Die Unterlagen sind dem Anwalt nicht für ihn selbst, sondern für einen Dritten übergeben worden.

Auf jeden Fall von der Beschlagnahme ausgenommen sind Unterlagen, welche offensichtlich nichts mit der Untersuchung zu tun haben, wie z.B. private Korrespondenz von Mitarbeitern.[159] Das Unternehmen bzw. der Inhaber der Papiere kann, wenn es der Meinung ist, dass gewisse Gegenstände nicht der Beschlagnahme unterliegen oder nicht durchsucht werden dürfen, die **Siegelung** verlangen. In praktischer Hinsicht ist der jeweilige Inhaber von Räumen und Papieren zur Untersu- 3.137

---

156 RPW 2008, 742; diese Ansicht wurde von der Lehre stark kritisiert, vgl. DAVID/JACOBS, N 821; VON BÜREN ROLAND, Schutz des Anwaltsgeheimnisses in kartellrechtlichen Verfahren, in: Sethe Rolf/Heinemann Andreas/Hilty Reto M./Nobel Peter/Zäch Roger (Hrsg.), Kommunikation – Festschrift für Rolf H. Weber zum 60. Geburtstag, Bern 2011, 215 ff.

157 Vgl. Merkblatt Hausdurchsuchung; dazu auch RPW 2008/3 513 ff., 516.

158 KG-BANGERTER, Art. 42 N 74 ff.; BANGERTER/TAGMANN, 176 f.; KOSTKA, 959.

159 DAVID/JACOBS, N 819.

chung beizuziehen und ihm Gelegenheit zu geben, sich bezüglich der Inhalte der aufgefundenen Papiere zu äussern (Art. 49 Abs. 2, Art. 50 Abs. 3 VStR). Der Behördenvertreter hat sodann die Papiere kurz zu sichten und summarisch zu prüfen, um festzustellen, ob er die Dokumente als beschlagnahmewürdig betrachtet. Besteht er hernach auf der Beschlagnahme, hat der betroffene Inhaber Einsprache zu erheben (Siegelungsbegehren). Die Siegelung ist spätestens bei der Unterzeichnung des Beschlagnahmeprotokolls anzubringen; das durchführende Sekretariat hat den Betroffenen auf die Möglichkeit aufmerksam zu machen.[160]

3.138 Die gesiegelten Papiere werden verwahrt. Während dieser Zeit haben weder die Wettbewerbsbehörden noch das Unternehmen Zugriff auf die Dokumente. Die Entsiegelung geschieht hernach durch das Bundesstrafgericht auf Ersuchen der WEKO (Entsiegelungsbegehren).[161]

3.139 **Praxistipp: Verhalten bei Hausdurchsuchungen**

Hausdurchsuchungen spielen in der Praxis eine wichtige Rolle; sie finden in der Regel für die betroffenen Unternehmen überraschend vor der Eröffnung einer eigentlichen Untersuchung statt. Aus diesem Grund empfiehlt es sich, gewisse interne Regeln für das Verhalten der Mitarbeiter im Rahmen einer Hausdurchsuchung festzulegen.[162]

- ☐ Entgegennahme und Prüfung des Durchsuchungsbefehls: Die hierarchisch höchste Person (Ansprechperson der WEKO) und die Empfangsmitarbeitenden sind über die Vorgehensweise zu informieren.
- ☐ Benachrichtigung des Rechtsvertreters: Sobald die Behördenvertreter eingetroffen sind, ist der Rechtsvertreter des Unternehmens zu informieren.
- ☐ Begleitung: Die Mitarbeiter der Behörden sind von einem Unternehmensmitarbeiter begleiten zu lassen.
- ☐ Fragen während der Hausdurchsuchung: Mitarbeiter haben nur Fragen bezüglich des Lageortes von Dokumenten zu beantworten, eine weitere Auskunftspflicht besteht nicht.
- ☐ Beschlagnahme: Wenn immer möglich Beschlagnahme von Kopien; falls das Original beschlagnahmt wird, darf das Unternehmen eine Kopie erstellen.
- ☐ Versiegelungsrecht: Vertrauliche oder private Dokumente, Anwaltskorrespondenz; Geltendmachung spätestens bei Unterzeichnung Beschlagnahmeprotokoll.

---

160 KG-Bangerter, Art. 42 N 136 f.; Lang, N 28; Bangerter/Schaller, 1231.

161 Borer, Art. 42 N 11; RPW 2010/1 226 ff.

162 Vgl. dazu Raemy/Sommer, 760; Rauber, 250 ff.; Brunnschweiler/Christen, N 8 ff.

5. Gang der Untersuchung im Rahmen von Abreden und missbräuchlichen Verhaltensweisen

Die Bestimmungen zum verwaltungsrechtlichen Vorgehen bei der Abklärung von Abreden und missbräuchlichen Verhaltensweisen finden sich in Art. 26 ff. KG. Es handelt sich um ein **zweistufiges Verfahren,** bestehend aus einer Vorabklärung (Art. 26 KG) sowie – bei Anhaltspunkten für wettbewerbsschädliches Handeln – einer Hauptuntersuchung (Art. 27 KG). 3.140

a) Vorabklärung (Art. 26 KG)

Das Sekretariat der WEKO führt eine Vorabklärung entweder von Amtes wegen, auf Begehren eines Beteiligten oder auf Anzeige eines Dritten hin durch (Art. 26 KG). Der selbstständigen Durchführung einer Vorabklärung geht in der Regel eine **Marktbeobachtung** i.S.v. Art. 45 KG voraus. Dabei handelt es sich um ein informelles Verfahren, in dessen Rahmen sich das Sekretariat Kenntnisse über einen bestimmten Markt aneignet, um zu beurteilen, ob genauere Abklärungen notwendig sind oder nicht.[163] Aufgrund des informellen Charakters des Verfahrens ist das VwVG nicht anwendbar und es besteht keine Auskunftspflicht i.S.v. Art. 40 KG für Unternehmen.[164] 3.141

Zeigen die Marktbeobachtung oder sonstige Hinweise, dass kartellrechtliche Probleme vorliegen könnten, nimmt das Sekretariat eine **Vorabklärung** vor.[165] Neben der Verfahrenseröffnung von Amtes wegen kann eine Vorabklärung auch auf Begehren der Beteiligten oder auf eine Anzeige eines Dritten hin erfolgen (Art. 26 KG). Ein Anspruch auf Durchführung einer Vorabklärung besteht indessen nicht.[166] Die Vorabklärung dient dazu, festzustellen, ob genügend Anhaltspunkte für das Vorhandensein einer Abrede oder einer missbräuchlichen Verhaltensweisen vorliegen. Der Vorabklärung kommt somit in erster Linie eine **Triage-Funktion** zu, indem sie die untersuchungswürdigen Fälle aussondert, in welchen genügend Anhaltspunkte bestehen, um die Einleitung einer Untersuchung im Sinne von Art. 27 KG zu rechtfertigen.[167] 3.142

Zuständig für die Vorabklärung ist das **Sekretariat,** es führt diese selbstständig durch. Im Rahmen der Vorabklärung hat das Sekretariat die Möglichkeit, in informeller Weise den Sachverhalt zu untersuchen und wenn möglich mit den Beteiligten eine **einvernehmliche Lösung** für die Beseitigung einer Wettbewerbsbeschränkung zu finden oder den betroffenen Unternehmen Anregungen zur Beseitigung 3.143

---

163 KG-Zirlick/Tagmann, Vor Art. 26–31 N 8; Krauskopf/Schaller/Bangerter, N 12.5.

164 Krauskopf/Schaller/Bangerter, N 12.5; Kölz/Häner/Bertschi, N 1994.

165 In seltenen Fällen, in denen bereits hinreichende Anhaltspunkte für einen Kartellrechtsverstoss vorliegen, kann auch direkt eine Untersuchung eröffnet werden (vgl. Krauskopf/Schaller/Bangerter, N 12.8).

166 RPW 2004/2 625 ff., 635; Krauskopf/Schaller/Bangerter, N 12.10 f.

167 Richli, SIWR, 420; Borer, Art. 23 N 1; Weber/Vlcek, 129.

oder Vermeidung von wettbewerblichen Behinderungen aufzeigen.[168] Wenn es zur Abklärung des Sachverhaltes notwendig ist, kann das Sekretariat die betroffenen Unternehmen zur Auskunft verpflichten.[169]

3.144 Unklar ist, ob im Rahmen der Vorabklärung das VwVG Anwendung findet oder nicht. Während sich die Lehre tendenziell für die Anwendung ausspricht, hat sich die ehemalige REKO dagegen ausgesprochen, das Bundesgericht hat die Frage offengelassen.[170] Praktisch hat die Frage indessen wenig Relevanz, denn selbst wenn man die direkte Anwendung des VwVG verneint, müssen die entsprechenden Verfahrensvorschriften doch mindestens analog berücksichtigt werden.[171]

3.145 Der Abschluss der Vorabklärung, d.h. der Entscheid darüber, ob die Vorabklärung eingestellt oder ob eine Hauptuntersuchung eröffnet wird, stellt keine Verfügung i.S.v. Art. 5 VwVG dar, weil dadurch kein Rechtsverhältnis im Einzelfall durch einseitige, hoheitliche Begründung geregelt wird.[172] Auch die Eröffnung der Untersuchung greift nicht direkt in die Rechte und Pflichten von Unternehmen ein, sondern dient nur der Vorbereitung einer Verfügung.[173]

3.146 Kommt das Sekretariat zur Einsicht, dass weder eine Abrede noch ein missbräuchliches Verhalten besteht, stellt es die Vorabklärung ein, es kann jedoch gleichzeitig mit der Mitteilung der Einstellung dem betreffenden Unternehmen gewisse Empfehlungen abgeben.[174]

b) Untersuchung (Art. 27 KG)

3.147 Bestehen nach der Durchführung des Vorverfahrens Anhaltspunkte für eine Wettbewerbsbeschränkung, eröffnet das Sekretariat im Einvernehmen mit einem Mitglied des Präsidiums eine Untersuchung (Art. 27 KG). Eine Untersuchung wird sodann eröffnet, wenn das Sekretariat von der WEKO oder einem Departement mit deren Durchführung beauftragt wird, ohne dass vorausgesetzt ist, dass vorgängig eine Vorabklärung durchgeführt wurde. Eine direkte Untersuchungseröffnung wird aber nur dann geboten sein, wenn konkrete Hinweise auf offensichtliche Wettbewerbsverletzungen vorliegen.[175]

3.148 Materielle Voraussetzung für die Eröffnung einer Untersuchung ist das Vorliegen von Anhaltspunkten für eine unzulässige Wettbewerbsbeschränkung. Die Frage, ob eine Untersuchung eröffnet wird, entscheidet das Sekretariat bzw. die WEKO nach pflichtgemässem Ermessen, indessen ist ein Verzicht auf Untersuchung beim

---

168 Zäch, N 973; Borer, Art. 26 N 1; vgl. z.B. RPW 1997/4 472 ff., 478.

169 Borer, Art. 26 N 3.

170 Aus der Lehre: KG-Zirlick/Tagmann, Art. 26 N 27; Borer, Art. 26 N 10; Zäch, N 665; Rauber, 160. REKO: RPW 2004/2 625 ff., 636; Bundesgericht: BGE 135 II 60 ff., Erw. 3.1.3; BGE 130 II 521 ff., Erw. 2.6.

171 Krauskopf/Schaller/Bangerter, N 12.17; KG-Zirlick/Tagmann, Art. 26 N 31 m.w.H.

172 Zäch, N 975; Von Büren/Marbach/Ducrey, N 1723; vgl. dazu auch HK-Frick, Art. 26 N 10.

173 Böni, N 6; Borer, Art. 27 N 5; vgl. dazu auch Richli, SIWR, 424 ff.

174 RPW 2006/4 591 ff., 600.

175 Richli, SIWR, 428.

Vorliegen klarer Anhaltspunkte für das Bestehen einer erheblichen Wettbewerbsbeschränkung wohl unstatthaft.[176] Im Rahmen der Untersuchung nach Art. 27 KG wird beurteilt, ob eine unzulässige Wettbewerbsabrede i.S.v. Art. 5 KG oder eine unzulässige Verhaltensweise nach Art. 7 KG vorliegt. Es handelt sich dabei um ein **formelles Verfahren,** welches auf den Erlass einer Verfügung ausgerichtet ist.[177]

Sind mehrere Untersuchungen hängig, ist es an der WEKO im Sinne des Opportunitätsprinzips, die Prioritäten unter den einzelnen Untersuchungen festzulegen (Art. 27 Abs. 2 KG). Das Willkürverbot gebietet es jedoch, dass die Prioritätensetzung gestützt auf sachliche Kriterien erfolgt.[178] 3.149

Die Eröffnung einer Untersuchung ist amtlich zu publizieren (Art. 28 KG). Die Publikation erfolgt gemäss dem Geschäftsreglement der WEKO[179] im Schweizerischen Handelsamtsblatt (SHAB), wenn der Zweck es erfordert, kann die Veröffentlichung auch in anderen Publikationsorganen erfolgen. 3.150

Die Veröffentlichung hat den Zweck, Dritten die Möglichkeit zu eröffnen, sich im Sinne von Art. 43 KG an der Untersuchung zu beteiligten; deshalb enthält sie eine Aufforderung an Dritte, sich bei Interesse an einer Beteiligung innert 30 Tagen zu melden.[180] Bei der 30-tägigen Frist handelt es sich um eine Verwirkungsfrist.[181] 3.151

Um Wettbewerbern eine angemessene Beurteilung der Frage betreffend eine allfällige Beteiligung zu ermöglichen, hat die Veröffentlichung mindestens Gegenstand und Namen der von der Untersuchung betroffenen Unternehmen sowie die Art der massgeblichen Wettbewerbsbeschränkungen zu enthalten.[182] 3.152

Art. 28 Abs. 3 KG hält fest, dass Untersuchungshandlungen durch die fehlende Publikation nicht gehindert werden, somit hat die Publikation für die Eröffnung der Untersuchung lediglich **deklaratorische Bedeutung.**[183] Eine spätere Publikation lässt sich beispielsweise durch Geheimhaltungsinteressen rechtfertigen; indessen ist zu bedenken, dass sich eine fehlende Publikation insbesondere gegenüber Dritten auswirkt, welchen es dadurch an der Möglichkeit fehlt, sich im Sinne von Art. 43 KG am Untersuchungsverfahren zu beteiligen. Wartet die Wettbewerbsbehörde mit der Publikation zu lange zu, besteht die Gefahr, dass interessierte Drittbetroffene rechtswidrig in der Ausübung ihrer Verfahrensrechte behindert werden.[184] 3.153

Gegenüber den betroffenen Unternehmen hat die fehlende Publikation indessen keine Wirkung, die Wettbewerbsbehörden können sämtliche in Art. 42 KG genannten **Untersuchungshandlungen** vornehmen. Auch besteht die Auskunftspflicht nach Art. 40 KG für Beteiligte und sonstwie betroffene Dritte. Aufgrund der Ge- 3.154

176 Weber/Vlcek, 130; Borer, Art. 27 N 3.
177 KG-Zirlick/Tagmann, Art. 27 N 7.
178 Krauskopf/Schaller/Bangerter, N 12.47; Richli, SIWR, 430.
179 Art. 22 Geschäftsreglement WEKO.
180 Borer, Art. 28 N 2; Von Büren/Marbach/Ducrey, N 1727.
181 Von Büren/Marbach/Ducrey, N 1727.
182 Borer, Art. 28 N 4.
183 Borer, Art. 28 N 4; Von Büren/Marbach/Ducrey, N 1728; Zäch, N 984.
184 Borer, Art. 28 N 7.

währleistung eines fairen Verfahrens sind die betroffenen Unternehmen jedoch über ihre Rolle in der Untersuchung aufzuklären, sie haben insbesondere einen Anspruch darauf zu erfahren, ob sie als Betroffene oder als Dritte um Auskunft ersucht werden.[185]

3.155 Die Untersuchungseröffnung ist den Beteiligten zur Stellungnahme zuzustellen. Im Rahmen der eigentlichen Untersuchung werden von Beteiligten und Dritten meist schriftlich Auskünfte eingeholt und Urkunden einverlangt; gestützt darauf erarbeitet das Sekretariat einen Verfügungsentwurf.[186] Dieser wird den Betroffenen sodann zur Stellungnahme unterbreitet (Art. 30 Abs. 2 KG). Wenn notwendig werden Anhörungen durchgeführt oder Zeugen einvernommen. Die Untersuchung wird vollumfänglich durch das Sekretariat durchgeführt, die WEKO hat lediglich das Recht, Akten einzusehen, an Beweiserhebungen teilzunehmen und, wenn notwendig, Fragen zu stellen.[187]

6. Abschluss der Untersuchung im Rahmen von Abreden und missbräuchlichen Verhaltensweisen

3.156 Das Untersuchungsverfahren kann auf Antrag des Sekretariats durch eine Verfügung der WEKO abgeschlossen werden. Die Verfügung betrifft entweder die zu treffenden Massnahmen, die Genehmigung einer einvernehmlichen Regelung oder die Einstellung der Untersuchung.[188]

a) Einvernehmliche Regelung (Art. 29 KG)

3.157 Eine besondere Bestimmung findet sich in Art. 29 KG. Danach kann das Sekretariat, wenn es eine Wettbewerbsbeschränkung als unzulässig erachtet, den Beteiligten eine einvernehmliche Regelung über die Art und Weise ihrer Beseitigung vorschlagen. Sind die Beteiligten mit der Regelung einverstanden, wird sie schriftlich abgefasst und der WEKO zur Genehmigung unterbreitet (Art. 29 Abs. 2 KG).[189]

3.158 Durch die Möglichkeit der einvernehmlichen Regelung wurde der in Art. 26 Abs. 2 KG verankerte Grundsatz der Selbstregulierung im Kartellgesetz konkretisiert. Durch kooperative Verfahren sollen bessere Ergebnisse erzielt werden; zudem entsprechen solche Regelungen dem in Art. 5 Abs. 2 BV verankerten Verhältnismässigkeitsprinzip.[190]

3.159 Zuständig für die Unterbreitung des Vorschlages ist nach dem Gesetzestext das Sekretariat (Art. 29 Abs. 1 KG). In der Regel wird das Sekretariat indessen die WEKO

185 Borer, Art. 28 N 6 f.
186 Zäch, N 986.
187 Zäch, N 989.
188 Zäch, N 991; Richli, SIWR, 434.
189 Ausführlich zum Institut der einvernehmlichen Regelung: Howald, 704 ff. sowie Tschudin, AJP 2013, 1017 ff.
190 Borer, Art. 29 N 1.

über die Aufnahme entsprechender Verhandlungen informieren, weil diese den Vorschlag i.S.v. Art. 29 Abs. 2 KG zu genehmigen hat und sich ferner auf das in Art. 17 Abs. 2 des Geschäftsreglements statuierte Teilnahmerecht berufen kann.[191]

Bei Art. 29 KG handelt es sich um eine **«Kann»-Vorschrift,** d.h., dem Sekretariat obliegt keine Pflicht zur Unterbreitung eines entsprechenden Angebots.[192] Im Hinblick auf die Förderung des kooperativen Verwaltungshandelns und einer ökonomischen Verfahrensführung ist das Sekretariat aber gehalten, grundsätzlich eine einvernehmliche Regelung vorzuschlagen.[193] Ausgenommen sind einerseits jedoch Fälle, in denen die betroffenen Unternehmen sich von Anfang an weigern, sich an der Ausarbeitung einer entsprechenden Regelung zu beteiligen, und andererseits Fälle, in denen aufgrund des Sachverhaltes kein Raum für eine einvernehmliche Regelung besteht.[194] In der Regel signalisieren die beteiligten Unternehmen ihre Gesprächsbereitschaft gegenüber dem Sekretariat dadurch, dass sie dem Sekretariat am Anfang der Untersuchung einen entsprechenden Antrag stellen.[195] Die Unternehmen haben jedoch grundsätzlich keinen Anspruch auf den Abschluss einer einvernehmlichen Regelung, das Sekretariat kann nicht dazu verpflichtet werden, den Unternehmen einen entsprechenden Vorschlag zu unterbreiten.[196] 3.160

Für die beteiligten Unternehmen stellt sich die Frage, ob der Abschluss einer einvernehmlichen Regelung sinnvoll ist, insbesondere dann, wenn sich der vereinbarte Inhalt nicht wesentlich von einer allfällig drohenden Verfügung unterscheidet.[197] Dem Unternehmen kommen aber neben einer milderen Verfügung weitere Vorteile zu, namentlich können durch eine einvernehmliche Regelung negative Schlagzeilen vermieden werden, zudem resultiert in der Regel auch eine erhebliche Zeit- und Kostenersparnis gegenüber einem Verfahren.[198] 3.161

Inhaltlich vermögen einvernehmliche Regelungen sämtliche Massnahmen zu umfassen, welche eine unzulässige Wettbewerbsbeschränkung aufgrund von Art. 5 oder Art. 7 KG verhindern oder beseitigen können. Eine einvernehmliche Regelung ist auch dann möglich, wenn sich die Untersuchung auf sanktionsbedrohte Verhaltensweisen im Sinne von Art. 49a KG bezieht. In einem solchen Fall wird die Genehmigung durch die WEKO mit einer Sanktion verknüpft;[199] die einvernehmliche Regelung wirkt sich dabei sanktionsmindernd im Sinne von Art. 6 SVKG aus.[200] 3.162

---

191 Borer Art. 29 N 2.

192 Im Unterschied zum PüG, das die einvernehmliche Regelung der Verfügung vorgehen lässt und einen Verfügungserlass nur im Ausnahmefall vorsieht (vgl. Weber, PüG, Art. 9 N 1).

193 Borer, Art. 29 N 3.

194 Borer, Art. 29 N 3.

195 David/Jacobs, N 841.

196 RPW 2007/1 129 ff., 132.

197 David/Jacobs, N 841.

198 Ausführlich zu den möglichen Vorteilen von Unternehmen: KG-Zirlick/Tagmann, Art. 29 N 44 ff.

199 David/Jacobs, N 841; Howald, 705 mit einer Aufzählung der einschlägigen Fälle.

200 Vgl. dazu hinten N 3.246 ff.

3.163 **Checkliste: Einvernehmliche Regelung**

- ☐ Vorliegen einer unzulässigen Wettbewerbsbeschränkung
- ☐ Vorteilhaftigkeit der einvernehmlichen Regelung gegenüber dem formellen Verfahren aus verwaltungsökonomischer Sicht

3.164 Die einvernehmliche Regelung nach Art. 29 Abs. 2 KG ist von der WEKO zu genehmigen. Bei der einvernehmlichen Regelung handelt es sich somit um einen **verwaltungsrechtlichen Vertrag,** welcher unter der Suspensivbedingung der **Genehmigung** der WEKO steht.[201] Die Genehmigungs- bzw. Nichtgenehmigungsverfügung der WEKO unterliegt sodann der Beschwerde, soweit die Legitimationsvoraussetzungen von Art. 48 VwVG erfüllt sind.

3.165 Die Nichteinhaltung der einvernehmlichen Regelung kann nach Art. 50 KG mit einem Betrag von bis zu 10% des in den letzten drei Geschäftsjahren in der Schweiz erzielten Umsatzes sanktioniert werden. Deshalb tun die beteiligten Unternehmen gut daran, auf eine möglichst enge und präzise Formulierung zu achten, aus welcher für sie hinreichend klar hervorgeht, zu welchem Verhalten sie aufgefordert sind bzw. was sie zu unterlassen haben.[202]

3.166 **Praxistipp:**

Für Unternehmen ist es empfehlenswert, ein allfälliges Interesse an einer einvernehmlichen Regelung so früh als möglich gegenüber dem Sekretariat zu kommunizieren. Die WEKO hat in ihrer jüngeren Rechtsprechung verschiedentlich darauf hingewiesen, dass sie inskünftig einvernehmliche Regelungen in einem sehr späten Verfahrensstadium – d.h. nach der Abhandlung der wesentlichen verfahrensrechtlichen Schritte – nicht mehr genehmigen will, weil dies nicht dem Sinn und Zweck des Instruments entspreche.[203]

b) Entscheid (Art. 30 KG)

3.167 Kommt eine einvernehmliche Regelung nicht in Frage oder nicht zustande, hat die WEKO entweder eine Einstellungsverfügung oder aber bei festgestelltem Gesetzesverstoss eine Verfügung mit entsprechenden Massnahmen zu erlassen.[204] Die Verfügungsmöglichkeit ergibt sich aus Art. 30 KG.

3.168 Erachtet die WEKO die Wettbewerbsbeschränkung als unzulässig, ordnet sie auf Antrag des Sekretariats die notwendigen Massnahmen an. Inhaltlich können solche

201 RPW 2010/3 592 ff., 602; KG-Zirlick/Tagmann, Art. 29 N 88; Howald, 705.
202 David/Jacobs, N 841.
203 RPW 2010/4 717 ff., 765.
204 Weber/Vlcek, 130.

Massnahmen Unterlassungen oder auch ein aktives Handeln, wie beispielsweise das Abschliessen eines Vertrages, betreffen.[205]

Neben dem Erlass von Massnahmen ist auch die Einstellung der Untersuchung durch Verfügung möglich, namentlich wenn eine untersuchte Wettbewerbsbeschränkung zulässig ist oder ihre Unzulässigkeit nicht rechtsgenügend nachgewiesen werden kann. 3.169

Vor Erlass der Verfügung ist den Beteiligten das rechtliche Gehör zu gewähren. Nach Art. 30 Abs. 2 KG steht den Beteiligten das Recht zu, zum Antrag des Sekretariats schriftlich **Stellung zu nehmen,** bevor die WEKO entscheidet. Als Beteiligte gelten einerseits die an der Wettbewerbsbeschränkung direkt Beteiligten, andererseits aber auch Dritte i.S.v. Art. 43 KG. 3.170

Die WEKO kann im Rahmen des Entscheidverfahrens auch eine Anhörung der Betroffenen vornehmen (Art. 30 Abs. 2 KG). Dabei handelt es sich nur um ein Recht, nicht aber um eine Pflicht der WEKO; für die Betroffenen besteht – abgesehen vom Vorliegen besonderer Umstände – grundsätzlich kein Recht auf Anhörung.[206] 3.171

Wenn die WEKO die vom Sekretariat zur Verfügung gestellten Unterlagen als ungenügend ansieht, kann es dieses mit weiteren Untersuchungshandlungen beauftragen (Art. 30 Abs. 2 KG). 3.172

Aus der Verfahrenshoheit der WEKO ergibt sich, dass weder ein allfälliger Anzeigenerstatter noch die Unternehmen, deren Verhalten Gegenstand kartellrechtlicher Untersuchungen war, einen Anspruch darauf haben, dass im Rahmen der Verfügung endgültig über die Zu- oder Unzulässigkeit ihres Verhaltens entschieden wird.[207] 3.173

c) Widerruf des Entscheides

Wenn sich die tatsächlichen oder rechtlichen Verhältnisse seit einem Entscheid wesentlich geändert haben, kann die WEKO auf Antrag des Sekretariats oder von Betroffenen den Entscheid widerrufen oder ändern (Art. 30 Abs. 3 KG). 3.174

Die Widerrufsmöglichkeit ergibt sich grundsätzlich bereits aus allgemeinen verwaltungsrechtlichen Prinzipien. Verwaltungsrechtliche Verfügungen erlangen grundsätzlich nie materielle Rechtskraft und können geändert werden, wenn sie den tatsächlichen Verhältnissen nicht mehr entsprechen.[208] Haben sich die tatsächlichen oder rechtlichen Verhältnisse geändert, besteht sogar ein Anspruch darauf dass der entsprechende Antrag behandelt wird; dies ergibt sich aus Art. 29 Abs. 1 BV.[209] 3.175

---

205 Zäch, N 997.
206 Borer, Art. 30 N 8.
207 David/Jacobs, N 813.
208 Borer, Art. 30 N 13.
209 Krauskopf/Schaller/Bangerter, N 12.91.

7. Gang der Untersuchung bei der Beurteilung von Unternehmenszusammenschlüssen

3.176 Wie auch im Verfahren bei der Prüfung von unzulässigen Wettbewerbsbeschränkungen sind bei der Prüfung von Unternehmenszusammenschlüssen zwei Stufen zu unterscheiden. Das Vorprüfungsverfahren wird bei allen gemeldeten Zusammenschlussvorhaben durchgeführt und soll klären, ob Anhaltspunkte für die Begründung oder Verstärkung einer marktbeherrschenden Stellung i.S.v. Art. 10 Abs. 2 KG vorliegen. Fehlt es an solchen Anhaltspunkten, wird der Zusammenschluss zugelassen, ansonsten fasst die WEKO einen Beschluss zur Eröffnung eines Hauptprüfungsverfahrens, in dessen Rahmen die Zulässigkeit des Zusammenschlusses genau untersucht wird.[210]

a) Meldung (Art. 9 KG)

3.177 Das Verfahren bei der Untersuchung von Unternehmenszusammenschlüssen wird durch eine Meldung nach Art. 9 KG seitens der betroffenen Unternehmen eingeleitet.[211] Die an einem Zusammenschlussvorhaben beteiligten Unternehmen sind verpflichtet, den Zusammenschluss vor dessen Vollzug zu melden, wenn die Aufgreifkriterien von Art. 9 KG erfüllt sind. Die notwendigen Inhalte der Meldung sind in Art. 11 VKU aufgelistet.[212]

3.178 Neben der direkten Einreichung der Meldung ist es auch möglich, im Rahmen einer erleichterten Meldung i.S.v. Art. 12 VKU vorab mit dem Sekretariat abzuklären, welche Unterlagen und Angaben für die Meldung einzureichen sind **(Voranmeldung).** Es handelt sich dabei um eine informelle Beratung, durch welche die einreichenden Unternehmen sicherstellen können, dass sie sämtliche notwendigen Unterlagen zur Verfügung stellen.[213]

3.179 Das Sekretariat bestätigt dem Unternehmen innert zehn Tagen ab Eingang der Meldung deren Vollständigkeit oder verlangt Ergänzungen (Art. 14 VKU). Die Monatsfrist für die Vorprüfung beginnt am Tag der vollständig eingereichten Meldung zu laufen.

b) Vorprüfung (Art. 32 KG)

3.180 Nach Art. 32 KG prüft die WEKO nach Eingang der Meldung innerhalb von **einem Monat,** ob eine Prüfung durchzuführen ist. Die Vorprüfung untersucht, ob Anhaltspunkte für eine wettbewerbsbeherrschende Stellung vorliegen (Art. 10 Abs. 1 i.V.m. Art. 4 Abs. 3 KG). Zuständig für die Vorprüfung ist das Sekretariat der WEKO, wel-

210 ZÄCH, N 1017.
211 Vgl. dazu vorne N 2.979 ff.
212 Ausführlich dazu KG-BORER/KOSTKA, Art. 32 N 19 ff.
213 KG-BORER/KOSTKA, Art. 32 N 7 f.

ches nach Art. 23 KG die Geschäfte der WEKO vorbereitet und die notwendigen Untersuchungen vornimmt.

Die einmonatige Frist bemisst sich nicht nach den Grundsätzen des VwVG, sondern folgt der Sonderregelung von Art. 20 VKU.[214] Danach endet sie mit Ablauf des Tages im Folgemonat, dessen Datum dieselbe Tageszahl trägt wie der Tag des Fristbeginns. Gibt es den Tag im Folgemonat nicht, endet die Frist am letzten Tag des Folgemonats. 3.181

Der gemeldete Unternehmenszusammenschluss darf während der Monatsfrist nicht vollzogen werden (Art. 32 Abs. 1 KG). Betroffen vom Verbot sind nur eigentliche **Vollzugshandlungen,** möglich ist indessen die Durchführung von für den Zusammenschluss notwendigen Vorbereitungshandlungen.[215] 3.182

Liegen wichtige Gründe vor, können die Unternehmen bei der WEKO den vorzeitigen Vollzug des Zusammenschlusses beantragen (Art. 32 Abs. 2 KG). Dieser vorzeitige Vollzug nach Art. 32 Abs. 2 KG ist vom vorläufigen Vollzug nach Art. 33 Abs. 2 KG zu unterscheiden. Der vorzeitige Vollzug nach Art. 32 Abs. 2 KG ist grundsätzlich endgültig, für die WEKO besteht nach dessen Genehmigung nur noch die Möglichkeit, im Rahmen eines Verfahrens nach Art. 37 KG die Unternehmen zur Wiederherstellung des wirksamen Wettbewerbs zu verpflichten.[216] 3.183

Wichtige Gründe, welche einen vorzeitigen Vollzug rechtfertigen, bestehen, beispielsweise bei einer Sanierungsfusion oder allgemein, wenn das Abwarten des einmonatigen Vollzugsverbots den Erfolg des Zusammenschlussvorhabens gefährden würde.[217] 3.184

Nach Abschluss des Vorverfahrens stehen drei Möglichkeiten zur Verfügung: 3.185

- **Zulassung:** Entweder greift die Zulassungsfiktion nach Art. 32 Abs. 1 KG und es erfolgt keine Kommunikation seitens der WEKO oder aber, praktisch weit häufiger, die WEKO teilt den beteiligten Unternehmen direkt mit, dass der Zusammenschluss unbedenklich sei (Art. 16 Abs. 3 VKU).
- **Zulassung unter Bedingungen und Auflagen:** Bereits nach der Vorprüfung besteht nach Art. 16 Abs. 2 VKU die Möglichkeit, den Zusammenschluss zuzulassen, jedoch mit Auflagen oder Bedingungen zu verknüpfen, soweit auf diese Weise die Wirksamkeit des Wettbewerbs sichergestellt werden kann.[218]
- **Mitteilung bezüglich Einleitung der Hauptprüfung:** Wenn ein Zusammenschluss nach dem Abschluss der Vorprüfung indessen als nicht unproblema-

214 Borer, Art. 32 N 6.

215 Zäch, N 1022; zur Unterscheidung von Vollzugs- und Vorbereitungshandlungen vgl. vorne N 2.955 ff.

216 Borer, Art. 32 N 8; KG-Borer/Kostka, Art. 32 N 93.

217 Borer, Art. 32 N 10; RPW 2009/1 85 ff., 88; Botschaft, 141; zu den wichtigen Gründen vgl. vorne N 2.992 ff.

218 KG-Borer/Kostka, Art. 32 N 107.

tisch erscheint, erlässt die WEKO eine formlose Mitteilung, dass es zu einer vertieften Prüfung des Vorhabens komme.

3.186 **Praxistipp: Europäische Fusionen**

Im Rahmen von internationalen Fusionen sind insbesondere die unterschiedlichen Prüfungsfristen zwischen der schweizerischen und der europäischen Regelung zu beachten.

Europäische Union	**Schweiz**
Einleitungsphase: 25 Arbeitstage	Einleitungsphase: 1 Monat
Prüfungsphase: 90 Arbeitstage	Prüfungsphase: 4 Monate
Die Fristen können u.U. verlängert werden[219]	

ACHTUNG: Die Fristen in der EU berechnen sich nach Arbeitstagen, d.h. Wochenenden und Feiertage werden nicht mitgerechnet. Eine Liste der Feiertage in Brüssel findet sich unter: http://eur-lex.europa.eu.[220]

Faktisch muss die Meldung bei der EU früher eingereicht werden als in der Schweiz.

Die Fristen der Schweiz sollen im Rahmen der KG-Revision denjenigen der EU angeglichen werden.[221]

c) Hauptprüfung (Art. 33 KG)

3.187 Das Hauptprüfungsverfahren bei Unternehmenszusammenschlüssen ist gesetzlich nur rudimentär geregelt. Lediglich Art. 33 KG befasst sich mit dem entsprechenden Verfahren. Beschliesst die WEKO die Durchführung eines Prüfungsverfahrens, veröffentlicht sie den wesentlichen Inhalt der Meldung und hat ab Eröffnung der Hauptprüfung vier Monate Zeit, die Untersuchung abzuschliessen.

3.188 Die **Publikation** erfolgt in der nächstfolgenden Ausgabe des Bundesblattes und des SHAB und umfasst inhaltlich die betroffene Firma, den Sitz und die Geschäftstätigkeit der Unternehmen sowie eine kurze Umschreibung des geplanten Zusammenschlusses. Wichtig ist die Angabe einer entsprechenden Frist, innert derer beteiligte Dritte Stellung nehmen können (Art. 18 VKU). Zweck der Publikation ist es, Dritten die Möglichkeit zur Beteiligung zu geben. Parteistellung im Verfahren haben in-

---

219 Bei Verpflichtungszusagen kann die Dauer für die Vorprüfung auf 35, diejenige der Hauptprüfung auf 105 Tage verlängert werden (Art. 10 Abs. 1 FKVO). Zudem können das Unternehmen oder die Kommission eine Fristverlängerung von max. 20 Tagen beantragen (Art. 10 Abs. 3 FKVO).Weitere Möglichkeiten und konkrete Voraussetzungen sind in Art. 10 FKVO normiert.

220 <http://eur-lex.europa.eu/LexUriServ/LexUriServ.do?uri=OJ:C:2011:243:0004:0004:EN:PDF> für die Feiertage von 2013.

221 Vgl. dazu hinten N 2.1128 ff.

dessen nur die direkt beteiligten Unternehmen, nach Art. 43 Abs. 4 KG kommen Dritten im Unternehmenszusammenschlussverfahren **keine Parteirechte** zu.[222] Auf den Lauf der viermonatigen Prüfungsfrist hat die Publikation keine Auswirkungen.

Zuvor ergeht ein Entscheid über einen allfälligen **vorläufigen Vollzug** nach Art. 33 Abs. 2 KG. Die beteiligten Unternehmen haben in Anwendung von Art. 32 Abs. 2 KG die wichtigen Gründe darzulegen, welche einen vorzeitigen Vollzug erforderlich machen. Weil es sich nur um einen **provisorischen Vollzug** handelt, ist durch entsprechende Auflagen und Bedingungen nach Art. 16 Abs. 1 VKU sicherzustellen, dass bei einer Untersagung des Zusammenschlusses ein Rückgängigmachen des Vollzugs möglich bleibt. Die Genehmigung nach Art. 33 Abs. 3 KG gewährt den Unternehmen keinerlei Rechtssicherheit; aus prozessualer Sicht ist es eine vorsorgliche Massnahme, deren Wirkung mit dem Erlass der definitiven Entscheidung dahinfällt.[223] Wird ein vorzeitiger Vollzug bewilligt und kommt es im Rahmen des Hauptprüfungsverfahrens zu wesentlichen Veränderungen der Verhältnisse, kann die WEKO den betreffenden Entscheid widerrufen oder ändern. 3.189

Die Frist für die Hauptprüfung ist sehr kurz bemessen und beträgt lediglich **vier Monate,** sie beginnt nach Art. 20 Abs. 3 VKU am Tag nach der Zustellung des Beschlusses bezüglich der Durchführung einer Hauptprüfung. Die Frist endet in Anwendung von Art. 20 Abs. 1 VKU mit dem Ablauf des vierten Monates, dessen Datum dieselbe Tageszahl trägt wie der Tag des Fristbeginns. 3.190

Eine **Verlängerung** der viermonatigen Frist ist nur möglich, wenn Umstände, welche die beteiligten Unternehmen zu verantworten haben, eine Verlängerung erforderlich machen (Art. 33 Abs. 3 KG). Eine Verlängerung ergeht durch einen Beschluss der WEKO, prozessrechtlich handelt es sich um eine anfechtbare **Zwischenverfügung** i.S.v. Art. 45 VwVG.[224] 3.191

Das Hauptprüfungsverfahren endet durch einen formellen Entscheid im Sinne von Art. 10 Abs. 2 KG. Der WEKO stehen hierfür verschiedene Handlungsoptionen offen, welche von einer bedenkenlosen Zulassung bis hin zu einer Untersagung des Zusammenschlussvorhabens reichen. Bei der Wahl hat sich die WEKO insbesondere am Prinzip der Verhältnismässigkeit zu orientieren, welcher grundsätzlich das Ergreifen der mildest möglichen Massnahmen verlangt, die Untersagung des Zusammenschlusses fällt nur als ultima ratio in Betracht.[225] Konkret bestehen folgende Optionen: 3.192

- **Zulassung:** Die Zulassung geschieht meist auf dem Weg einer Unbedenklichkeitserklärung der WEKO zuhanden der betroffenen Unternehmen; erfolgt bis zum Ablauf der viermonatigen Frist keine Mitteilung, greift die Zulassungsfiktion von Art. 34 KG.

222 Borer, Art. 43 N 3; KG-Borer/Kostka, Art. 33 N 14; Weber/Rizvi, VKU, Art. 18 N 4 f.
223 Borer, Art. 32 N 8; KG-Borer/Kostka, Art. 33 N 29; RPW 2004/1 152 ff., 155.
224 Borer, Art. 33 N 6.
225 Borer, Art. 33 N 13.

- **Zulassung unter Auflagen und Bedingungen:** Die Zulassung unter Auflagen und Bedingungen erfolgt durch eine entsprechende Verfügung nach Art. 10 Abs. 2 KG.
- **Untersagung des Zusammenschlussvorhabens:** Auch die Untersagung erfolgt auf dem Weg einer entsprechenden Verfügung.
- **Einstellungsverfügung:** Eine Einstellungsverfügung ergeht, wenn die betroffenen Unternehmen ihre Meldung zurückziehen.

3.193 Zu beachten ist, dass die zivilrechtliche Wirksamkeit des Zusammenschlusses während der Dauer des Prüfungsverfahrens aufgeschoben ist (Art. 34 KG). Die gegenseitigen Verpflichtungen befinden sich in einem Schwebezustand. Sobald die Genehmigung zum Zusammenschluss erteilt wird, endet der Schwebezustand in positiver Hinsicht und die bis dahin als bedingt abgeschlossen geltenden Rechtsgeschäfte erlangen volle Gültigkeit.[226]

d) Widerruf und Revision

3.194 Art. 38 KG enthält eine Sonderregelung bezüglich der Revision von Zulassungs- und Nichtprüfungsentscheiden im Zusammenhang mit Fusionsverfahren. Danach kann die WEKO eine Zulassung widerrufen oder die Prüfung eines Zusammenschlusses trotz dem Ablauf der einmonatigen Vorprüfungsfrist anordnen, wenn (1) die beteiligten Unternehmen unrichtige Angaben gemacht haben, (2) die Zulassung arglistig herbeigeführt worden ist oder (3) die beteiligten Unternehmen einer Auflage zur Zulassung in schwerwiegender Weise zuwiderhandeln. Unter denselben Gründen kann der Bundesrat auch eine ausnahmsweise Zulassung widerrufen (Art. 38 KG).

3.195 Bei der Widerhandlung gegen Auflagen genügt eine einfache Widerhandlung aufgrund des klaren Gesetzeswortlauts nicht, vielmehr muss eine schwerwiegende Widerhandlung in dem Sinne vorliegen, dass das Ziel der Aufrechterhaltung des wirksamen Wettbewerbs nicht mehr gewährleistet werden kann.[227] Auch eine wesentliche Änderung der Verhältnisse begründet keinen Revisionsgrund, selbst wenn eine erteilte Auflage hernach keinen Sinn mehr macht.[228]

e) Amtliches Verfahren bei Verletzung der Meldepflicht

3.196 Wenn Unternehmen trotz bestehender Meldepflicht ein Zusammenschlussvorhaben nicht melden, kann die WEKO ein **Prüfungsverfahren von Amtes wegen** einleiten, wenn sie vom meldepflichtigen Fusionsvorhaben Kenntnis erhält (Art. 35 KG).

3.197 Die Einleitung eines amtlichen Prüfungsverfahrens ist an zwei Voraussetzungen gebunden: Einerseits haben die Schwellenwerte von Art. 9 KG erreicht zu sein, an-

---

226 Borer, Art. 34 N 7.
227 Borer, Art. 38 N 6.
228 Borer, Art. 38 N 7.

dererseits müssen die beteiligten Unternehmen das Zusammenschlussvorhaben vollzogen haben.[229]

Zuständig ist die WEKO, welche das Verfahren mittels Beschlusses einzuleiten und diesen den beteiligten Unternehmen umgehend zur Kenntnis zu geben hat. Beim entsprechenden Beschluss handelt es sich um eine nicht anfechtbare Zwischenverfügung. Die Rechtsstellung der Unternehmen bleibt jedoch vorerst unbeeinflusst; nur wenn es zur Untersagung des Vorhabens kommt und Massnahmen nach Art. 37 KG angeordnet werden, sind die Unternehmen direkt betroffen.[230] 3.198

Vollziehen Unternehmen einen Zusammenschluss trotz Vorliegens eines Vollzugsverbotes, sind sie nach Art. 37 KG gehalten, die zur Widerherstellung des wirksamen Wettbewerbs notwendigen Massnahmen zu ergreifen. In erster Linie ist es an den betroffenen Unternehmen, der WEKO Vorschläge bezüglich der Wiederherstellung des wirksamen Wettbewerbs zu unterbreiten. Erst wenn die Unternehmen keine entsprechenden Massnahmen vorschlagen oder die WEKO diese als ungenügend erachtet, kann sie selbstständig verfügen (Art. 37 Abs. 4 KG). 3.199

Das Gesetz enthält sodann eine Aufzählung der möglichen Massnahmen: So kann die WEKO (1) die Trennung der zusammengefassten Unternehmen oder Vermögenswerte, (2) die Beendigung des kontrollierenden Einflusses verfügen oder aber (3) andere Massnahmen ergreifen, die geeignet sind, den wirksamen Wettbewerb wieder herzustellen. Die WEKO verfügt bezüglich der Ausgestaltung möglicher Massnahmen über einen weiten Ermessensspielraum, unter Beachtung des Verhältnismässigkeitsgrundsatzes hat deshalb die Entflechtung als ultima ratio zu gelten.[231] 3.200

8. Sonderverfahren: Ausnahmsweise Zulassung und Ausnahmegenehmigung

Mangels fehlender praktischer Relevanz nicht eingehend behandelt sind vorliegend die Verfahren der ausnahmsweisen Zulassung und der Ausnahmegenehmigung. Der Vollständigkeit halber sind sie aber kurz zu erwähnen. 3.201

Kommt die WEKO bei der Untersuchung von Wettbewerbsbeschränkungen durch Abreden oder durch missbräuchliches Verhalten marktbeherrschender Unternehmen zum Schluss, dass die dadurch verursachte Wettbewerbsbeschränkung unzulässig ist, können die Beteiligten innert 30 Tagen beim Volkswirtschaftsdepartement eine ausnahmsweise Zulassung durch den Bundesrat aus überwiegenden öffentlichen Interessen beantragen (Art. 31 KG). 3.202

Hat die WEKO ein Zusammenschlussvorhaben untersagt, besteht für die beteiligten Unternehmen die Möglichkeit, innert 30 Tagen beim Volkswirtschaftsdepartement eine ausnahmsweise Zulassung durch den Bundesrat aus überwiegenden öffent- 3.203

229 Borer, Art. 35 N 2; KG-Borer/Kostka, Art. 35 N 3.
230 Borer, Art. 35 N 4.
231 Borer, Art. 37 N 9.

lichen Interessen zu beantragen (Art. 36 KG). Der Bundesrat entscheidet hernach innert vier Monaten über den Antrag (Art. 36 Abs. 3 KG).

III. Sanktionen und Compliance

A. Einleitung

3.204 Das Kartellgesetz sieht in Art. 49a ff. KG verschiedene Sanktionen gegen Unternehmen oder natürliche Personen vor, welche sich nicht an die Regeln des Kartellgesetzes halten. Die Sanktionen sind aufgeteilt in Verwaltungssanktionen (Art. 49a ff. KG), welche den beteiligten Unternehmen auferlegt werden, sowie in Strafsanktionen (Art. 54 ff. KG), welche sich gegen natürliche Personen richten.

3.205 Inhaltlich handelt es sich bei den Verwaltungssanktionen nach Ansicht der h.L. und des Bundesgerichts gleichwohl um Strafsanktionen i.S.v. Art. 6 EMRK.[232] Folglich sind die in der EMRK und der BV für Strafrechtsanktionen geltenden Verfahrensgrundsätze zu beachten, insbesondere die Garantien des fairen Verfahrens sowie die Unschuldsvermutung.[233]

B. Direkte Sanktionen und Bonusregelung

1. Einführung von Direktsanktionen

3.206 Die Möglichkeit der Auferlegung von direkten Sanktionen wurde erst im Rahmen der Kartellrechtsrevision 2003 auf den 1. April 2004 eingeführt. Unternehmen, welche sich kartellrechtswidrig verhielten, drohte bis zu diesem Zeitpunkt lediglich eine Unterlassungsverfügung verbunden mit einer Busse bei Nichteinhaltung.

3.207 Faktisch waren Wettbewerbsverstösse somit nur im Wiederholungsfalle strafbar. Die WEKO hatte in einer ersten Phase durch einen formellen Entscheid eine Kartellrechtsverletzung festzustellen; erst wenn sich die betroffenen Unternehmen nicht an die Feststellung der WEKO hielten, war das Verhängen einer Sanktion möglich.[234] Der Gesetzgeber sah darin eine zu geringe präventive Wirkung gegen Wettbewerbsverstösse, dies auch vor dem Hintergrund der kartellrechtlichen Entwicklungen in den umliegenden Ländern, welche mehrheitlich strengere Vorschriften kannten.[235] Die Einführung der direkten Sanktionen war denn auch ein Schwerpunkt bei der Revision des Kartellgesetzes.[236]

---

232 Zäch, N 1105; Borer, Art. 49a N 2; RPW 2010/2 242 ff., 265.
233 Vgl. dazu ausführlich KG-Niggli/Riedo, Vor Art. 49a–53 N 222 ff.; Doss, 76 ff.
234 Weber/Rizvi, SVKG, Art. 1 N 5.
235 Botschaft 2001, 2023 ff.
236 Weber/Rizvi, SVKG, Art. 1 N 5 m.w.H.

Um die Rechtssicherheit der Unternehmen zu gewährleisten, wurde zeitgleich das sog. Meldeverfahren eingeführt, in dessen Rahmen die Unternehmen allenfalls unzulässige Verhaltensweisen der WEKO melden können. 3.208

Die Bestimmung von Art. 49a KG hält nun fest, dass bei einem Verstoss gegen einen sanktionsbedrohten Tatbestand von Gesetzes wegen eine Busse verhängt wird; der Behörde kommt bezüglich der Auferlegung somit kein Entschliessungsermessen zu, ob angesichts des Verhaltens überhaupt eine Busse notwendig sei, sondern es besteht lediglich Ermessen im Hinblick auf die konkrete Höhe der Busse.[237] 3.209

2. Direkte Sanktionen (Art. 49a KG)

a) Sanktionierbare Verhaltensweisen

Nach Art. 49a Abs. 1 KG wird ein Unternehmen, das sich an einer unzulässigen Abrede i.S.v. Art. 5 Abs. 3 oder Abs. 4 KG beteiligt oder sich nach Art. 7 KG unzulässig verhält, mit einem Betrag bis zu 10% des in den letzten drei Geschäftsjahren in der Schweiz erzielten Umsatzes belastet. Eine direkte Sanktion kann somit von Gesetzes wegen nur wegen gravierender Verstösse gegen das Kartellrecht verhängt werden. 3.210

b) Sanktionen für Verhaltensweisen nach Art. 5 Abs. 1 KG und Art. 7 Abs. 1 KG

Bezüglich der Auferlegung von Bussen sind sich Lehre und Praxis besonders in zwei Punkten nicht einig. Einerseits geht es um die Frage, ob eine Busse auch auferlegt werden kann, wenn zwar eine unzulässige Wettbewerbsabrede nach Art. 5 Abs. 3 oder 4 KG vorliegt, die Vermutung der Wettbewerbsbeseitigung jedoch umgestossen werden kann und im Ergebnis eine Abrede i.S.v. Art. 5 Abs. 1 KG vorliegt. Andererseits ist umstritten, ob bei Verhaltensweisen nach Art. 7 KG auch ein Verstoss gegen die Generalklausel von Art. 7 Abs. 1 KG mit Sanktionen belegt werden kann oder ob eine Busse nur bei Verhaltensweisen nach Art. 7 Abs. 2 KG möglich ist. 3.211

In beiden Fällen stellt sich die Frage im Hinblick auf das rechtstaatliche Legalitätsprinzip, welches für staatliche Eingriffe stets eine rechtliche Grundlage fordert. Sanktionen, seien sie verwaltungsstraf- oder strafrechtlicher Art, haben sich auf eine gesetzliche Grundlage zu stützen, welche genügend bestimmt ist, sodass der Einzelne sein Verhalten danach richten und die Folgen seiner Handlung mit einem bestimmten Grad an Gewissheit erkennen kann.[238] 3.212

Wie erwähnt liegt bei einer unzulässigen Abrede i.S.v. Art. 5 Abs. 3 oder 4 KG im Falle einer Widerlegung der Vermutung eine Abrede i.S.v. Art. 5 Abs. 1 KG vor. Eine solche Abrede ist vom Gesetzeswortlaut von Art. 49a KG nicht erfasst. Ein Teil der Lehre beruft sich deshalb darauf, dass sich direkte Sanktionen gestützt auf das Ana- 3.213

---

237 David/Jacobs, N 765; RPW 2010/2 329 ff., 354. Zur Höhe der Busse vgl. hinten N 3.228.

238 Häfelin/Müller/Uhlmann, N 387 m.w.H.

logieverbot und das Legalitätsprinzip auf harte Kartelle im Sinne von Art. 5 Abs. 3 und 4 KG zu beschränken haben.[239] Die Sanktionierung stütze sich auf die Wirkung und nicht auf die Art der Abrede, denn eine solche Anschauung würde faktisch zu einem Per-se-Verbot für gewisse Abreden führen.[240]

3.214 Die WEKO vertritt in diesem Zusammenhang jedoch eine abweichende Auffassung. Danach sind für eine Sanktionierung im Rahmen von Wettbewerbsabreden drei Voraussetzungen zu erfüllen:[241]

- Die sanktionierten Verhaltensweisen von Art. 49a KG müssen von einem Unternehmen im Sinne von Art. 2 KG begangen worden sein.
- Die Beteiligung an einer Abrede muss die Preise, die Mengen oder die Aufteilung von Märkten nach Art. 5 Abs. 3 und 4 KG betreffen.
- Die Abrede hat unzulässig zu sein: Unzulässig ist eine Abrede unabhängig davon, ob sie den Wettbewerb beseitigt oder nur i.S.v. Art. 5 Abs. 1 KG erheblich beeinträchtigt. Unerheblich ist demnach der Grad der Beschränkung. Die Umstossung der gesetzlichen Vermutung von Art. 5 Abs. 3 und 4 KG reicht demnach für eine Sanktionsbefreiung nicht aus.

3.215 Im Rahmen der unzulässigen Verhaltensweisen marktbeherrschender Unternehmen stellt sich die Frage dahingehend, ob Art. 7 Abs. 1 KG, welcher im Sinne einer Generalklausel generell Verhalten als unzulässig erklärt, welche andere Unternehmen in der Aufnahme oder der Ausübung des Wettbewerbs behindern oder die Marktgegenseite benachteiligen, als genügend bestimmte gesetzliche Grundlage betrachtet werden kann, welche es den Unternehmen erlaubt, ihr Verhalten danach zu richten.

3.216 Bei der Sanktionierung von Verhaltensweisen nach Art. 7 Abs. 1 KG folgt das Bundesverwaltungsgericht in seinem insoweit bisher einzigen Entscheid der wohl h.L. und sieht die Generalklausel als nicht genügend bestimmt an, um darauf gestützt eine Busse auszusprechen. Sanktionsbedroht sind somit nur die in Art. 7 Abs. 2 KG aufgezählten Verhaltensweisen marktbeherrschender Unternehmen.[242]

3.217 Nach der Praxis der WEKO und dem Bundesverwaltungsgericht können Bussen auch dann verhängt werden, wenn das Verfahren mit einer von der WEKO genehmigten einvernehmlichen Regelung abgeschlossen wird.[243]

c) Frage nach dem Verschulden und der Vorwerfbarkeit

3.218 Weil sich die verwaltungsrechtlichen Sanktionen gegen Unternehmen richten, stellt sich das Problem der Deliktsfähigkeit von Unternehmen. Weil juristische Personen

---

239 BORER, Art. 49a N 8; KG-NIGGLI/RIEDO, Art. 49a N 102 ff. m.w.H.
240 RPW 2012/3 540 ff., 581.
241 RPW 2010/1 65 ff., 108. So bereits unter Berufung auf die Botschaft, DÄHLER/KRAUSKOPF, 132.
242 RPW 2010/2 242 ff., 267; DAVID/JACOBS, N 767.
243 RPW 2006/4 625 ff., 667; RPW 2010/2 329 ff., 354.

nicht schuldfähig sind, gelten sie grundsätzlich im Strafrechtssinne auch nicht als deliktsfähig. Insofern könnte es sich bei den Sanktionen i.S.v. Art. 49a KG von vornherein nicht um Strafnormen handeln.

Gemäss Botschaft und WEKO handelt es sich bei den Sanktionen nach Art. 49a KG um verwaltungsrechtliche Sanktionen, welche gegen die Unternehmen selbst und ohne Nachweis des Verschuldens einer natürlichen Person verhängt werden können.[244] Die h.L. geht demgegenüber davon aus, dass es sich bei den Sanktionen von Art. 49a KG um strafrechtliche Sanktionen handelt.[245] 3.219

Die WEKO betont in ihrer aktuellen Praxis, dass eine Sanktion gleichwohl nicht allein aufgrund von objektiven Kriterien auferlegt werden darf, sondern dass sich auch subjektive Elemente verobjektivieren lassen.[246] Bei der Strafbarkeit von Unternehmen vermag in Anlehnung an Art. 102 StGB ein **objektiver Sorgfaltsmangel** die subjektiven Strafbarkeitsvoraussetzungen bis zu einem gewissen Grad zu ersetzen. Ein Unternehmen macht sich demgemäss bereits dann strafbar, wenn im Unternehmen **Organisationsmängel** festgestellt werden, auch ohne dass sich die Straftat einer bestimmten Person zuordnen lässt.[247] Damit wird dem Umstand Rechnung getragen, dass das Verhalten gewisser Führungspersonen nicht in jedem Fall ermittelt und nachvollzogen werden kann.[248] 3.220

Wichtig: 3.221

Zurechenbarkeit des Verhaltens der Tochtergesellschaft an die Muttergesellschaft

Nach Ansicht des Bundesgerichts ist das Verhalten einer 100%igen Tochtergesellschaft der Mutter subjektiv und objektiv zuzurechnen. Die objektive Zurechnung ergibt sich aus der fehlenden wirtschaftlichen Selbstständigkeit (Bildung einer Unternehmenseinheit), die subjektive Zurechnung liegt in der Vorwerfbarkeit, d.h. dem Vorliegen eines Organisationsverschuldens, selbst wenn die entsprechenden Anforderungen nicht zu hoch anzusetzen sind.[249]

Die WEKO stellt an die Vorwerfbarkeit keine hohe Anforderungen; Vorwerfbarkeit wird dann bejaht, wenn ein Unternehmen nicht alles Notwendige und Zumutbare getan hat, um einen Wettbewerbsverstoss zu verhindern. Es reicht aus, dass eine Sorgfaltspflichtverletzung vorliegt, die dem Unternehmen zugeschrieben werden kann, z.B. ein blosser Organisationsmangel.[250] Insbesondere die Tatsache, dass es zu einem schweren Kartellrechtsverstoss i.S.v. Art. 5 Abs. 3 KG gekommen ist, begründet eine objektive Sorgfaltspflichtverletzung. 3.222

244 Botschaft 2001, 2043.
245 KG-Niggli/Riedo, Vor Art. 49a–53 N 43 m.w.H.; Borer, Art. 49a N 2; HK-Reinert, Art. 49a N 3.
246 RPW 2010/1 65 ff., 109.
247 Borer, Art. 49a N 11; RPW 2010/1 65 ff., 109.
248 Borer, Art. 49a N 11.
249 BGer 2C_484/2010 vom 29. Juni 2012, in: RPW 2013/1 114 ff., Erw. 3 und Erw. 12.2.
250 KG-Tagmann/Zirlick, Art. 49a N 10; RPW 2010/4 717 ff., 757; RPW 2012/2 270 ff., 402.

3.223 Fahrlässiges Handeln liegt bereits vor, wenn ein Unternehmen ein Verhalten an den Tag legt, von welchem es sich bewusst ist, dass es möglicherweise gegen kartellrechtliche Normen verstösst.[251] Dass das Vorliegen eines Wettbewerbsverstosses direkt zur Annahme führen soll, dass ein Sorgfaltsmangel besteht, verursacht einen Zirkelschluss und bewirkt im Endeffekt eine Per-se-Vorwerfbarkeit, ein Umstand, der von der Lehre zum Teil kritisiert wird.[252]

3.224 Unternehmensinterne Massnahmen wie Compliance-Programme, welche solche Wettbewerbsverstösse eigentlich verhindern sollen, führen denn auch nicht zu einer Rechtfertigung des KG-Verstosses; vielmehr ergibt sich deren Unzulänglichkeit dadurch, dass es trotz ihrem Vorhandensein zu einem Wettbewerbsverstoss gekommen ist.[253]

3.225 **Vertiefung:** Bezüglich Compliance-Programmen hielt die WEKO im Sanktionsentscheid Aargauer Strassen- und Tiefbau fest, es genüge nicht, dass lediglich Weisungen erlassen werden, welche Wettbewerbsabsprachen in allgemeiner Weise – und ohne Sanktionsdrohung im Widerhandlungsfall – verbieten, und die Einhaltung der Weisungen lediglich stichprobenweise überprüft werde (RPW 2012/2 270 ff., 402).

3.226 Im Hinblick auf die Compliance-Programme hat der Gesetzgeber jedoch einen Handlungsbedarf erkannt, im Rahmen der anstehenden Kartellrechtsrevision soll es zu einer Neuregelung betreffend die Compliance-Programme kommen.[254]

3.227 **Voraussetzungen für eine Sanktion nach Art. 49a KG**

- ☐ Unternehmen i.S.v. Art. 2 KG
- ☐ Unzulässige Verhaltensweise i.S.v. Art. 5 Abs. 3 und 4 KG oder Art. 7 KG
- ☐ Vorwerfbarkeit

d) Höhe der Busse

3.228 Wird Art. 49a Abs. 1 KG verletzt, können fehlbare Unternehmen mit einem **Betrag bis zu 10%** des in den letzten **drei Geschäftsjahren in der Schweiz** erzielten Umsatzes bestraft werden (Art. 49a Abs. 1 KG, Art. 7 SVKG). Der Grund dafür, dass für die Berechnung der Busse auf den Umsatz und nicht auf den durch die Wettbewerbsverletzung erzielten Gewinn abgestellt wird, liegt darin, dass sich dieser Gewinn in der Praxis sehr schwer berechnen und nachweisen lässt.[255]

3.229 Der konkrete Betrag bemisst sich nach der **Dauer und der Schwere** des unzulässigen Verhaltens, ein mutmasslicher Gewinn, den das Unternehmen durch das verpönte Verhalten erzielt hat, ist angemessen zu berücksichtigen (Art. 2 Abs. 1 SVKG).

251 So ausdrücklich in RPW 2012/2 270 ff., 402.
252 Vgl. z.B. David/Jacobs, N 770.
253 Zu den Compliance-Programmen vgl. hinten N 3.368 ff.
254 Vgl. dazu hinten N 3.383 ff.
255 Botschaft 2001, 3038.

Eingehende Regelungen zur Höhe der Sanktion finden sich in der KG-Sanktionsverordnung (SVKG)[256], welche die rudimentäre Gesetzesbestimmung von Art. 49a KG eingehender erläutert.

Konkret erfolgt die Sanktionsbemessung in mehreren Schritten. Zunächst wird die im betreffenden Fall mögliche Maximalsanktion ermittelt. Innerhalb des Sanktionsrahmens wird sodann der Basisvertrag im Sinne von Art. 3 SVKG festgelegt. Schliesslich sind die Dauer und die Schwere des Wettbewerbsverstosses sowie die übrigen Sanktionszumessungskriterien (erschwerende sowie mildernde Umstände) angemessen zu berücksichtigen. 3.230

Die konkrete Festlegung der Sanktion liegt im **pflichtgemässen Ermessen** der WEKO.[257] Der Sanktionsrahmen von 0–10% ist sehr weit gefasst und ermöglicht deshalb eine **einzelfallbezogene Beurteilung.** In diesem Sinne ist eine Gesamtwürdigung der rechtlich und wirtschaftlich relevanten Umstände vorzunehmen, unter Beachtung des Prinzips der Verhältnismässigkeit.[258] Die in schweren Fällen mögliche Maximalsanktion von 10% soll mitunter eine abschreckende Wirkung zeitigen, in geringfügigen Bagatellfällen wiederum ist sodann die Ausfällung einer bloss symbolhaften Strafe möglich.[259] Die WEKO verfügt folglich über ein breites Instrumentarium, um ihr Ermessen pflichtgemäss auszuüben. Stets sind dabei jedoch die Grundsätze der Verhältnismässigkeit und der Gleichbehandlung zu beachten.[260] Die effektive Höhe der Sanktion ist auch bei mehreren Beteiligten an einer Sanktion für jedes Unternehmen individuell festzulegen.[261] 3.231

Sanktionsbemessung 3.232

- ☐ Maximalsanktion
- ☐ Konkrete Sanktionsberechnung
  - ☐ Basisbetrag i.S.v. Art. 3 SVKG
  - ☐ Dauer des Verstosses, Art. 4 SVKG
  - ☐ Erschwerende Umstände, Art. 5 SVKG
  - ☐ Mildernde Umstände, Art. 6 SVKG

Die **Maximalsanktion** liegt bei 10% des vom fehlbaren Unternehmen in den letzten drei Geschäftsjahren in der Schweiz ermittelten Umsatzes. Für die Berechnung des Umsatzes verweist die SVKG auf die Vorschriften betreffend Unternehmenszusam- 3.233

256 Verordnung über die Sanktionen bei unzulässigen Wettbewerbsbeschränkungen vom 12. März 2004 (SVKG), SR 251.5.
257 RPW 2010/1 65 ff., 111.
258 RPW 2012/3 540 ff., 585.
259 RPW 2010/1 65 ff., 111; BOTSCHAFT 2001, 2038.
260 RPW 2010/1 65 ff., 111.
261 RPW 2009/3 196 ff., 213.

menschlüsse, einschlägig sind folglich Art. 4–8 VKU.[262] Massgeblich ist der Umsatz auf Konzernebene, konzerninterne Umsätze bleiben für die Umsatzberechnung ausser Betracht. Der massgebliche Zeitpunkt, ab dem die letzten drei Jahresumsätze berechnet werden, ist nach h.L. der Zeitpunkt der Urteilsfällung.[263]

3.234 Die **konkrete Sanktionsberechnung** erfolgt nach Art. 2 SVGK. Für die Beurteilung relevant sind demnach die **Dauer und Schwere** des unzulässigen Verhaltens, ein mutmasslich durch das unzulässige Verhalten erzielter Gewinn ist angemessen zu berücksichtigen (sog. **Kartellrente**). Für die Festsetzung der Sanktion ist dem Prinzip der **Verhältnismässigkeit** Rechnung zu tragen (Art. 2 Abs. 2 SVKG). In diesem Sinne ist es beispielsweise unzulässig, dem Unternehmen eine derart hohe Busse aufzuerlegen, dass deren Bezahlung zwangsläufig zum Konkurs führt.[264] Die auferlegten Bussen haben zur finanziellen Leistungsfähigkeit eines Unternehmens in einem vernünftigen Verhältnis zu stehen, die Busse muss für das Unternehmen finanziell tragbar sein.[265] Die allgemeinen Grundsätze von Art. 2 SVKG werden in den Art. 3 ff. SVKG näher umschrieben.

3.235 Der **Basisbetrag** beschreibt die Prozentzahl am Umsatz des Unternehmens und beurteilt sich nach Schwere und Art des Verstosses (Art. 3 SVKG). Im Unterschied zur Maximalsanktion ist für die Berechnung des Basisbetrages nur derjenige Umsatz massgebend, welcher auf dem **relevanten Markt** in der Schweiz erzielt wurde.

3.236 Die **Schwere** des Verstosses beurteilt sich nach vordergründig objektiven Faktoren, massgebend ist das abstrakte Gefährdungspotenzial eines Verstosses sowie seine volkswirtschaftliche Schädlichkeit.[266] Sind von einer Abrede mehrere Wettbewerbsparameter (Preis, Gebiet, Qualität) betroffen, ist eine solche Abrede schwerer zu gewichten, als wenn die Absprachen nur über den Preis erfolgen.[267] Jedoch sind Abreden, welche den Preiswettbewerb ausschalten, aufgrund ihres erheblichen Gefährdungspotenzials für den Wettbewerb als schwer zu beurteilen, d.h., der Basisbetrag ist im oberen Drittel des Rahmens einzuordnen (zwischen 7%–10%).[268] Im Rahmen von vertikalen Abreden gelten Absprachen, welche Parallelimporte verhindern wollen, als schwer.[269] Die Schwere beurteilt sich ferner nach dem Grad der Beeinträchtigung des Wettbewerbs, deren Wirksamkeit sowie der Anzahl der Beteiligten.[270] Schwer ist ein Verstoss auch dann, wenn gleich mehrere sanktionsbedrohte Tatbestände verwirklicht werden.[271] Sanktionserleichternd wirkt sich demgegen-

262 Botschaft 2001, 2037; KG-Tagmann/Zirlick, Art. 49a N 45.
263 HK-Reinert, Art. 49a N 10; KG-Tagmann/Zirlick, Art. 49a N 48; Weber/Rizvi, SVKG, Art. 3 N 3.
264 HK-Reinert, Art. 49a N 14; Reinert, Sanktionsregelung, 158; Dähler/Krauskopf, 144.
265 RPW 2010/4 717 ff., 765; Dähler/Krauskopf, 144; Krauskopf/Senn, 14.
266 RPW 2009/3 196 ff., 214; Dähler/Krauskopf, 144; Krauskopf/Senn, 12.
267 RPW 2012/3 540 ff., 587.
268 RPW 2012/2 270 ff., 408; RPW 2010/4 717 ff., 760.
269 RPW 2012/3 540 ff., 587.
270 RPW 2012/3 540 ff., 588 ff.
271 KG-Tagmann/Zirlick, Art. 49a N 52.

über aus, wenn es sich faktisch um eine Abrede nach Art. 5 Abs. 1 KG handelt, die sich nicht durch Gründe der wirtschaftlichen Effizienz rechtfertigen lässt.[272]

Wichtig: 3.237

Kriterien für die Beurteilung der Schwere des Verstosses i.S.v. Art. 3 SVKG

Horizontale Abreden, Art. 5 Abs. 3 KG

- ☐ Preisabreden (Sanktionsrahmen 7–10%)
- ☐ Kombination von Preis- und Gebietsabrede
- ☐ Professionalisierte Kartelle
- ☐ Erfüllen mehrerer Tatbestände nach Art. 5 Abs. 3 und Abs. 4
- ☐ Sicherstellung der Einhaltung der Abrede durch Sanktionen

Vertikale Abreden, Art. 5 Abs. 4 KG

- ☐ Abreden zur Verhinderung von Parallelimporten
- ☐ Erfüllen mehrerer Tatbestände nach Art. 5 Abs. 3 und Abs. 4
- ☐ Sicherstellung der Einhaltung der Abrede durch Sanktionen

Nach Art. 4 SVKG erhöht sich der Basisbetrag um bis zu 50%, wenn der Wettbewerbsverstoss zwischen **einem und fünf Jahren** dauerte. Verstösse von weniger als einem Jahr wirken sich nicht auf die Höhe der Sanktion aus. Dauerte der Wettbewerbsverstoss länger als fünf Jahre, wird der Basisbetrag für jedes zusätzliche Jahr um 10% erhöht. In der Regel erfolgt eine **stufenweise Erhöhung von 10%** für jedes Jahr der Dauer des Wettbewerbsverstosses. Liegen jedoch besondere Umstände vor, steht es der WEKO frei, während der ersten fünf Jahre diesen Prozentsatz herauf- bzw. herunterzusetzen. 3.238

Praxistipp: 3.239

Weil im Rahmen von Submissionsabsprachen jede Ausschreibung einen eigenen Markt begründet, ist in diesem Fall ein Abstellen auf die eigentliche Dauer der Abrede unzweckmässig. Von Bedeutung ist vielmehr die jeweilige Anzahl und Häufigkeit der Treffen, so z.B. ob die Absprachen jeweils vorgängig vereinbart oder eigentlich institutionalisiert waren (RPW 2012/2 270 ff., 409).

Vertiefung: Im Fall Elektroinstallationsbetriebe Bern erhöhte die WEKO den Basisbetrag um 20%, obschon die konkrete Absprache von relativ kurzer Dauer war. Sie begründete die Erhöhung damit, dass die einzelnen Absprachen im Zusammenhang mit einer eigentlichen Rahmenabsprache erfolgten, welche Ausdruck eines Institutionalisierungswillens der Absprachen während mindestens zweier Jahre war (RPW 2010/3 196 ff., 216).[273] 3.240

272 RPW 2009/3 196 ff., 214.

273 Ausführlich dazu Weber Rolf H./Rizvi Salim, Submissionskartell, Horizontale Absprachen am Beispiel der Elektroinstallationsbetriebe Bern, in: Jusletter vom 1. Februar 2010.

3.241 Schliesslich sind in einem letzten Schritt erschwerende und mildernde Umstände zu berücksichtigen (Art. 5 und 6 SVKG). Die genannten Elemente sind nicht abschliessend genannt, auch schreibt die SVKG in keiner Weise vor, welche Gewichtung den betreffenden Umständen beizumessen ist.[274] In Fällen, in denen sowohl erschwerende als auch mildernde Umstände vorliegen, müssen beide Bestimmungen berücksichtigt werden.[275]

3.242 Die **erschwerenden Umstände** sind in Art. 5 SVKG in nicht abschliessender Weise aufgezählt. Straferhöhend wirken sich demzufolge wiederholte Verstösse gegen das Kartellgesetz (lit. a) sowie ein besonders hoher damit erzielter Gewinn (lit. b) aus, aber auch der Umstand dass das betreffende Unternehmen die Zusammenarbeit mit den Behörden verweigerte oder versuchte, die Untersuchungen zu verhindern (lit. c).

3.243 Ein durch das wettbewerbswidrige Verhalten erzielter Normalgewinn ist indessen bereits im Basisbetrag enthalten, eine zusätzliche Berücksichtigung im Rahmen der erschwerenden Umstände ist nur zulässig, wenn die berechen- und beweisbare Kartellrente im Einzelfall höher ausfällt.[276] Im Zusammenhang mit Art. 5 lit. c SVKG und der Verweigerung der Zusammenarbeit ist darauf hinzuweisen, dass dem Unternehmen keinerlei Mitwirkungspflichten obliegen und eine Erhöhung nach lit. c nur dann in Frage kommt, wenn das Unternehmen die Untersuchung aktiv behindert, so z.B. durch die Beseitigung oder Vernichtung von Beweismaterial.[277]

3.244 Besonders gravierend ist nach Art. 5 Abs. 2 SVKG der Umstand zu bewerten, dass ein Unternehmen zu einer Wettbewerbsbeschränkung angestiftet oder dabei eine führende Rolle gespielt hat (lit. a) oder wenn es sich zur Durchsetzung der Wettbewerbsabrede Vergeltungsmassnahmen bedient hat (lit. b); unter den Begriff Vergeltungsmassnahmen fallen auch Konventionalstrafen, Nichtlieferungen oder Rufschädigungen.[278]

3.245 **Vertiefung:** In der Praxis der WEKO wurden bislang die folgenden Verhaltensweisen als erschwerende Umstände gewertet:

- **Vernichtung von Beweisen:** Weil ein Unternehmensmitarbeiter während einer Hausdurchsuchung kompromittierende Akten vernichtete und elektronische Daten löschte, wurde die Busse um 10% erhöht; Gleiches galt für ein Unternehmen, bei dem ein Mitarbeiter lediglich versuchte, entsprechende Akten verschwinden zu lassen (RPW 2009/3 196 ff., 216).
- **Anzahl der Kartellrechtsverstösse:** Unternehmen, die an mehreren Wettbewerbsabreden beteiligt sind, müssen mit einer Erhöhung des Basisbetrages rechnen, im konkreten Fall führte die Teilnahme an zwei Wettbewerbsabsprachen zu einer Erhöhung von 20% (RPW 2010/4 717 ff., 763).

---

274 Weber/Rizvi, SVKG, Art. 5 N 2.

275 Weber/Rizvi, SVKG, Art. 5 N 2; Borer, Art. 49a N 19.

276 RPW 2009/3 196 ff., 216; RPW 2010/4 717 ff., 762.

277 Reinert, Sanktionsregelung, 159.

278 Weber/Rizvi, SVKG, Art. 6 N 13; KG-Tagmann/Zirlick, Art. 49a N 81 mit weiteren Beispielen.

- **Eingabe von Stützofferten:** Wenn Beteiligte an einem Submissionskartell Stützofferten, d.h. überhöhte Offerten, einreichen, um dem geschützten Unternehmen den Zuschlag zu ermöglichen, nehmen sie zwar an der Absprache teil, der Betrag der Stützofferte findet mangels Generierung eines Umsatzes aber keine Berücksichtigung im Rahmen des Basisbetrages. Aus diesem Grund handelt es sich bei der häufigen Einreichung von Stützofferten um erschwerende Umstände (RPW 2012/2 270 ff., 410).
- **Eingabeverzicht:** Der Verzicht auf die Einreichung von Offerten im Rahmen eines Submissionskartells ist nur dann als erschwerender Umstand zu werten, wenn zwischen den Beteiligten nachweisbare Kontakte stattgefunden haben oder die Betroffenen den bewussten Eingabeverzicht zugegeben haben (RPW 2012/2 270 ff., 413).
- **Führende Rolle:** Wenn ein oder mehrere Unternehmen im Rahmen von horizontalen Kartellen vermehrt die Initiative für Absprachen ergriffen oder besondere Organisations- oder Umsetzungsaufgaben erledigt haben, ist dies straferhöhend zu berücksichtigen (RPW 2012/2 270 ff., 413, wenn zwar im konkreten Fall keine Erhöhung erfolgte, weil kein Unternehmen eine führende Rolle innehatte).

Mildernd wirkt sich nach Art. 6 Abs. 1 SVKG aus, wenn das Unternehmen die Wettbewerbsbeschränkung nach dem ersten Eingreifen der WEKO, spätestens aber vor der Eröffnung des Verfahrens beendet. Strafmindernd wirkt sich nach Art. 6 Abs. 2 SVKG auch aus, wenn ein Unternehmen nur eine passive Rolle gespielt hat (lit. a) oder wenn vereinbarte Vergeltungsmassnahmen nicht eingehalten wurden (lit. b). Dabei ist zu beachten, dass Aspekte, welche bereits im Rahmen der Kooperation über einen Bonus abgegolten wurden, sich nicht nochmals als mildernde Umstände berücksichtigen lassen.[279] Dass von einem Unternehmen selbst keine Initiative zu einer Abrede ausging, es auf Anfrage der anderen aber gleichwohl teilnahm, reicht zur Annahme eines passiven Verhaltens nicht aus, es müssen vielmehr zusätzliche Tatsachen vorliegen, wie z.B. das Androhen einer Vergeltungsmassnahme, die das Unternehmen eigentlich zur Teilnahme zwingen.[280] 3.246

Schliesslich lassen sich nach der Praxis der WEKO auch weitere Umstände als die in Art. 6 Abs. 1 SVKG genannten als mildernde Umstände berücksichtigen. Zu denken ist etwa an das Vorliegen eines Compliance-Programms.[281] Sanktionsmildernd ist auch zu berücksichtigen, wenn ein Unternehmen durch sein Verhalten gar keinen Gewinn erzielt hat, indessen ist ein bloss geringer Gewinn ohne Belang.[282] 3.247

Praktisch bedeutsam ist der Milderungsgrund der Kooperation ausserhalb der Bonusregelung, namentlich durch die Bereitschaft zum Abschluss einer einvernehmlichen Regelung.[283] Als selbstständiger Milderungsgrund kommt der Abschluss einer einvernehmlichen Regelung in der Regel mangels Selbstanzeigen bei Bussen in Verbindung mit Art. 7 KG zur Anwendung und führt entsprechend auch zu höheren Sanktionserlassen.[284] 3.248

279 RPW 2012/2 270 ff., 409; RPW 2010/4 717 ff., 763; RPW 2009/3 196 ff., 216.
280 RPW 2012/2 270 ff., 414; KG-Tagmann/Zirlick, Art. 49a N 89.
281 RPW 2012/2 270 ff., 414; KG-Tagmann/Zirlick, Art. 49a N 88 und N 114.
282 RPW 2010/4 717 ff., 763; RPW 2009/3 196 ff., 216.
283 RPW 2010/4 717 ff., 765; Howald, 709; Tschudin, AJP 2013, 1017 ff.
284 RPW 2009/3 196 ff., 217; vgl. dazu RPW 2008/3 385 ff., 409; RPW 2007/2 190 ff., 238; RPW 2006/4 625 ff., 665.

3.249 **Vertiefung:** Die WEKO hat bislang die folgenden Umstände strafmildernd berücksichtigt:

- Die freiwillige Aufgabe des untersuchten missbräuchlichen Verhaltens und die kontinuierliche Senkung der Preise sowie ein kooperatives Verhalten beim Abschluss einer einvernehmlichen Regelung qualifizierte die WEKO als sanktionsmindernd, ohne dass sie einen genauen Prozentsatz angab (RPW 2008/3 385 ff., 409).
- Ein kooperatives Verhalten während der Ausarbeitung einer einvernehmlichen Regelung war in den Augen der WEKO als Milderungsgrund zu werten, obwohl das Unternehmen die untersuchte Wettbewerbsbeschränkung noch während der Ausarbeitung der einvernehmlichen Regelung und bis kurz vor Schluss der Untersuchung aufrecht erhalten hatte (RPW 2007/2 190 ff., 238).
- Eigenständige Konfliktlösungsbestrebungen, welche im Abschluss einer einvernehmlichen Sanktion mündeten, führten zu einer Sanktionsreduktion von 25%, obschon diese erst nach einer Sanktionierung i.S.v. Art. 50 KG erfolgten und im Rahmen des Verfahrens verschiedene Lösungsversuche scheiterten (RPW 2006/4 625 ff., 665).
- Der Abschluss einer einvernehmlichen Regelung, nachdem das betroffene Unternehmen bereits bei Beginn der Untersuchung der WEKO diesbezüglich Wille und Bereitschaft signalisierte, führte zu einer Reduktion von 20% (RPW 2009/3 196 ff., 218).
- Eine einvernehmliche Regelung, welche erst erreicht wurde, nachdem die WEKO bereits umfangreiche Sachverhaltsermittlungen vorgenommen hatte, rechtfertigte nur einen Erlass von 3% (RPW 2010/4 717 ff., 765). Im gleichen Fall wurde einem Unternehmen aber ein Sanktionserlass von 20% gewährt, weil es neue Angaben zum Sachverhalt und Beweise lieferte, welche einen besseren Gesamtüberblick über das Verfahren ermöglichten (RPW 2010/4 717 ff., 770).

3.250 In ihrer Praxis nimmt die WEKO am Schluss der Sanktionsbemessung die erforderliche Verhältnismässigkeitsprüfung nach Art. 2 SVKG vor und prüft in diesem Zusammenhang insbesondere, ob die im konkreten Fall auszufällende Busse für das betroffene Unternehmen wirtschaftlich tragbar ist.[285]

3.251 **Beispiel: Sanktionsbemessung der WEKO**

Die XY AG sprach sich über drei Jahre mit anderen Unternehmen über die Offertpreise bei Submissionen ab. Die WEKO führte darauf bei den beteiligten Unternehmen Hausdurchsuchungen durch, in deren Rahmen sie zahlreiches Beweismaterial sicherstellen konnte. Die XY AG war ziemlich überzeugt, dass ihr die WEKO nichts nachweisen könne, weshalb sie sich entschied, vorerst nicht zu kooperieren. Erst als die Beweislage aufgrund der Selbstanzeige anderer Unternehmen erdrückend wurde, erklärte sich die XY AG zu einer einvernehmlichen Regelung bereit; an diesem Punkt waren die wichtigsten Schritte in verfahrensrechtlicher Hinsicht jedoch bereits abgeschlossen. Der Gesamtumsatz der XY AG der letzten drei Jahre betrug 250 Mio. CHF, wobei 150 Mio. CHF auf den relevanten Markt entfielen.

285 Vgl. RPW 2009/3 196 ff., 218; RPW 2010/4 717 ff., 765.

- **Maximalsanktion:** 10% des vom Unternehmen in den letzten 3 Geschäftsjahren erzielten Gesamtumsatzes – 25 Mio.
- **Basisbetrag:** Je nach Art und Schwere 10% des Umsatzes, den das betreffende Unternehmen in den letzten 3 Jahren auf den relevanten Märkten in der Schweiz erzielt hat (Art. 3 SVKG) – Obergrenze Basisbetrag 15 Mio. CHF
- **Berücksichtigung Art und Schwere:** Preisabrede, oberes Drittel des Sanktionsrahmens, d.h. 7%
- **Dauer des Verstosses (Art. 4 SVKG):** Erhöhung um bis zu 50%, wenn der Wettbewerbsverstoss zwischen einem und fünf Jahren gedauert hat – 30% Erhöhung
- **Erschwerende und mildernde Umstände (Art. 5 und 6 SVKG):** Einvernehmliche Regelung, spätes Verfahrensstadium, 3%

Sanktionsbemessung WEKO[286]	
Maximalhöhe der Sanktion: 10% des Umsatzes der letzten drei Jahre Umsatz relevanter Markt letzte 3 Jahre Obergrenze Basisbetrag (Art. 3 SVKG)	25 Mio. CHF 15 Mio. CHF 15 Mio. CHF
Basisbetrag nach Art. 3 SVKG (7%)	10,5 Mio. CHF
Dauer (Art. 4 SVKG): + 30%	13,65 Mio. CHF
Erschwerende Umstände (Art. 5 SVKG): 0 Mildernde Umstände (Art. 6 SVKG): 3% Praxis WEKO: Verhältnismässigkeitsprüfung – Tragbarkeit	13,65 Mio. CHF 13,2405 Mio. CHF
Zwischenergebnis Sanktionsbemessung	13,2405 Mio. CHF
Reduktion der Sanktion (Art. 12 SVKG): 0	13,2405 Mio. CHF
TOTAL	**13,2405 Mio. CHF**

3. Bonusregelung (Art. 49a Abs. 2 KG)

Eine praktisch bedeutsame Bestimmung in diesem Kontext ist die in Art. 49a Abs. 2 KG enthaltene, sogenannte **Kronzeugenregelung,** welche im Rahmen der KG-Revision 2003 eingeführt wurde. Demnach kann auf eine Belastung ganz oder teilweise verzichtet werden, wenn ein Unternehmen an der Aufdeckung und der Beseitigung einer Wettbewerbsbeschränkung aktiv mitwirkt. Im internationalen Kontext werden solche Programme oftmals als «Leniency Program» bezeichnet.[287] 3.252

Ziel der Regelung ist es, für die beteiligten Unternehmen einen Anreiz zu schaffen, die wettbewerbswidrigen Praktiken aufzugeben und zugleich die Arbeit der Wett- 3.253

286 Gliederung nach RPW 2010/4 717 ff., 770.
287 BANGERTER/SCHALLER, 1236.

bewerbsbehörden zu erleichtern, indem die Entdeckungswahrscheinlichkeit erhöht und die Sachverhaltsermittlung durch den erleichterten Informationszugang vereinfacht wird.[288] Gleichzeitig hat die Regelung eine präventive Funktion und soll bereits die Entstehung von Kartellen verhindern, weil sich die Mitglieder nicht mehr auf die gemeinschaftliche Loyalität verlassen können.[289]

3.254 Der **Anwendungsbereich** der Bonusregelung beschränkt sich aufgrund der offenen Formulierung nicht auf eigentliche Kartelle i.S.v. Art. 5 Abs. 3 KG, sondern auch auf vertikale Wettbewerbsabreden i.S.v. Art. 5 Abs. 4 KG.[290] Obwohl die Gewährung eines Bonus nach dem Wortlaut von Art. 8 SVGK nicht auf Wettbewerbsbeschränkungen nach Art. 7 KG anwendbar ist, geht die h.L. grundsätzlich davon aus, dass die Anwendung auch auf Fälle missbräuchlichen Verhaltens nach Art. 7 KG zulässig sei, obgleich dieser Fall wohl praktisch kaum relevant sein dürfte.[291]

a) Materielle Voraussetzungen des Sanktionserlasses

3.255 Die materiellen Voraussetzungen für einen vollständigen Sanktionserlass sind in Art. 8 SVKG festgehalten. Ein vollständiger Erlass ist demzufolge nur für das **erste kooperierende Unternehmen** möglich; vorausgesetzt ist somit, dass nicht bereits ein anderes Unternehmen die Voraussetzungen von Art. 8 Abs. 4 SVKG erfüllt hat, indem es entweder Selbstanzeige erstattet oder der WEKO unaufgefordert Beweise vorgelegt hat.[292] Zudem darf die Wettbewerbsbehörde zum Zeitpunkt der Meldung **nicht über genügend Informationen** verfügen, um selbst ein Verfahren nach Art. 26 f. KG zu eröffnen (Art. 8 Abs. 3 SVKG).

3.256 Die SVKG unterscheidet zwischen zwei Formen der Kooperation:[293]

3.257 Bei einer **Eröffnungskooperation** nach Art. 8 Abs. 1 lit. a SVKG muss das Unternehmen der Wettbewerbsbehörde Informationen präsentieren, welche substanziiert genug sind, um die Eröffnung einer Untersuchung nach Art. 27 KG zu ermöglichen. Die Wettbewerbsbehörde darf von den betroffenen Informationen entweder überhaupt nichts gewusst haben, oder sie darf zur Eröffnung eines Verfahrens wegen der Wettbewerbsbeschränkung nicht über genügend Informationen verfügen.[294] Reichen die Informationen lediglich aus, um eine Vorabklärung nach Art. 26 KG zu eröffnen, ist ein vollständiger Sanktionserlass ausgeschlossen, in Frage kommt in einem solchen Fall unter Umständen ein teilweiser Erlass.[295] Für Unternehmen

---

288 BOTSCHAFT 2001, 2038; BORER, Art. 49a N 20; WEBER/RIZVI, SVKG, Art. 8 N 1 ff.

289 DAVID/JACOBS, N 786.

290 KG-TAGMANN/ZIRLICK, Art. 49a N 126; BORER, Art. 49a N 21; WEBER/RIZVI, SVKG, Art. 8 N 4. Vgl. z.B. auch RPW 2009/2 143 ff.

291 KG-TAGMANN/ZIRLICK, Art. 49a N 125; BORER, Art. 49a N 21; WEBER/RIZVI, SVKG, Art. 8 N 4; ZÄCH, N 1131. A.A. HK-REINERT, Art. 49a N 21. Ein vollständiger Sanktionserlass wird kaum je möglich sein, weil das marktbeherrschende Unternehmen wohl immer eine führende Rolle i.S.v. Art. 8 Abs. 2 lit. b SVKG spielt (DAVID/JACOBS, N 787).

292 Erläuterungen SVKG, 7.

293 WEBER/RIZVI, SVKG, Art. 8 N 7 f.

294 Erläuterungen SVKG, 6.

295 Erläuterungen SVKG, 6.

vermag die Abschätzung, welche Qualität die Informationen haben müssen, um die Eröffnung einer Untersuchung zu rechtfertigen, mitunter schwierig sein. Aus der bisherigen Praxis der WEKO lassen sich (noch) keine gefestigten Aussagen machen, jedoch festhalten, dass für den angezeigten Verstoss mindestens konkrete Anhaltspunkte und nicht ein blosser Verdacht vorhanden sein müssen, welche auch durch entsprechende Informationen zu unterlegen sind.[296] Eine Eröffnungskooperation ist nur so lange möglich, als noch keine Untersuchung eröffnet worden ist, d.h. nicht mehr anlässlich einer Hausdurchsuchung.[297]

Bei der **Feststellungskooperation** i.S.v. Art. 8 Abs. 2 lit. b SVKG legt ein Unternehmen der WEKO unaufgefordert Beweise vor, welche dieser den Nachweis oder die Feststellung eines Wettbewerbsverstosses ermöglichen. Ein vollständiger Sanktionserlass kann auch noch gewährt werden, wenn die Wettbewerbsbehörde eine Vorabklärung oder eine Untersuchung von Amtes wegen oder auf Anzeige eines Dritten hin eröffnet hat.[298] 3.258

Im Weiteren sind für einen vollständigen Erlass vier Voraussetzungen zu erfüllen (Art. 8 Abs. 2 SVKG): 3.259

(1) Das Unternehmen darf andere Unternehmen nicht zur Teilnahme am Wettbewerb **gezwungen** oder eine **anstiftende oder führende Rolle** beim Verstoss eingenommen haben (lit. a). Dass Anstifter und führende Täter vom Ausschluss betroffen sind, unterscheidet die schweizerische von der europäischen Regelung.[299] Praktisch hat dies zur Folge, dass internationale Unternehmen, welche mit den europäischen und den schweizerischen Behörden gleichzeitig kooperieren, nur in der Schweiz und nicht in Europa einer Sanktionsandrohung unterliegen. 3.260

(2) Das Unternehmen hat der Wettbewerbsbehörde **unaufgefordert** sämtliche in seinem Einflussbereich liegenden **Informationen und Beweismittel** mit Bezug auf den Wettbewerbsverstoss vorzulegen (lit. b). Durch diese Bestimmung soll verhindert werden, dass Unternehmen je nach Fortgang des Verfahrens die Herausgabe von Informationen staffeln und so das Verfahren erschweren.[300] Geeignete Unterlagen sind beispielsweise Listen mit möglicherweise einzuvernehmenden Personen sowie allgemein sich beim Unternehmen befindliche Beweisstücke.[301] 3.261

(3) Das Unternehmen muss während des gesamten Verfahrens ununterbrochen, uneingeschränkt und ohne Verzug mit den Wettbewerbsbehörden **zusammenarbeiten** (lit. c). Es handelt sich um eine weiter gehende Zusammenarbeitspflicht als sie sich bereits aus der in Art. 40 KG umschriebenen verwaltungsrechtlichen Mitwirkungspflicht ergibt.[302] 3.262

---

296 TAGMANN/ZIRKLICK, Bonusregelung, N 26 ff.
297 BANGERTER/TAGMANN, 185; RPW 2009/3 196 ff., 218.
298 RPW 2010/4 717 ff., 766; RPW 2009/3 196 ff., 219.
299 Erläuterungen SVKG, 7.
300 Erläuterungen SVKG, 7.
301 Erläuterungen SVKG, 7.
302 Erläuterungen SVKG, 8.

3.263 **Praxistipp: Kooperation ≠ Schuldbekenntnis**

Die WEKO hat sich verschiedentlich dahingehend geäussert, dass mit der Kooperationspflicht des Unternehmens die Pflicht einhergeht, sich bezüglich des untersuchten Wettbewerbsverstosses schuldig zu bekennen.

Namentlich drohte sie Unternehmen, welche eine Selbstanzeige erstattet hatten, im Laufe des Verfahrens jedoch das Vorliegen einer Abrede i.S.v. Art. 5 Abs. 3 KG bestritten, dass sie ihren Bonus dadurch verlieren würden.[303]

Dieser Ansicht ist jedoch nicht zu folgen. Die Kooperationspflicht umfasst lediglich die Vorlage von Beweismitteln und Informationen, die rechtliche Würdigung und die Beweiserbringung obliegen den Wettbewerbsbehörden. Dem meldenden Unternehmen steht es frei, bezüglich der rechtlichen Würdigung der gelieferten Informationen eine andere Ansicht zu vertreten, namentlich wenn es sich darauf beruft, es läge kein Wettbewerbsverstoss vor.[304]

3.264 (4) Das Unternehmen hat seine Beteiligung am Wettbewerbsverstoss spätestens im Zeitpunkt der Selbstanzeige oder auf erste Anordnung der Wettbewerbsbehörde **einzustellen** (lit. d). Der Fall der Androhung der Wettbewerbsbehörde bezieht sich auf den Fall, dass es die Wettbewerbsbehörde als geboten ansieht, dass das Unternehmen weiter am Kartell teilnimmt, um den Fortgang des Verfahrens nicht zu erschweren.

3.265 **Vollständiger Sanktionserlass: Voraussetzungen**

- ☐ Informationen, welche die Eröffnung einer Untersuchung i.S.v. Art. 27 KG ermöglichen ODER Beweismittel für die Feststellung eines weiteren Wettbewerbsverstosses
- ☐ WEKO verfügt nicht bereits über genügend Beweismittel
- ☐ Kein anderes Unternehmen profitiert bereits vom vollständigen Sanktionserlass
- ☐ Nicht Haupttäter oder Anstifter
- ☐ Ununterbrochene und uneingeschränkte Kooperation während des gesamten Verfahrens
- ☐ Unaufgeforderte Vorlage sämtlicher Informationen und Beweismittel
- ☐ Einstellung der Beteiligung im Zeitpunkt der Selbstanzeige oder auf Anordnung der Wettbewerbsbehörde

3.266 **Vertiefung:** Nach der Praxis der WEKO ist ein vollständiger Sanktionserlass auch noch bei einer Kooperation während oder nach einer Hausdurchsuchung möglich. Die WEKO gewährte

303 RPW 2011/4 529 ff., 578.
304 David/Jacobs, N 795; Jacobs, SJZ 2012, 218.

zum Teil den Unternehmen einen vollständigen Sanktionserlass, obwohl sie erst während respektive nach der Hausdurchsuchung kooperierten, so z.B. im Rahmen der Untersuchung Aargauer Tief- und Strassenbau, in welcher die WEKO auf die Sanktionierung des erstanzeigenden Unternehmens verzichtete, obwohl es erst während der Hausdurchsuchung seine Kooperationsbereitschaft erklärte und diese hernach schriftlich bestätigte. Die WEKO betrachtete als wesentlichen Zeitpunkt der Selbstanzeige die Bestätigung per Fax (RPW 2012/2 270 ff., 415).

b) Formelles Verfahren

Die Vorgaben bezüglich des formellen Verfahrens der Selbstanzeige finden sich in Art. 9 ff. SVKG. Die WEKO hat dazu das Meldeformular «Bonusmeldung» veröffentlicht, welches auf ihrer Website abrufbar ist.[305] 3.267

Um die Selbstanzeigen zu fördern, sieht die SVKG verschiedene Formen vor. Üblicherweise ergeht die Anzeige schriftlich unter Beilage der erforderlichen Beweismittel. Möglich ist aber auch eine mündliche Anzeige, dies dient vor allem dazu, den Selbstanzeiger vor der Gefahr zu schützen, dass er aufgrund seiner Anzeige bei der schweizerischen Wettbewerbsbehörde zur Herausgabe von Dokumenten im Zusammenhang mit (mehrheitlich ausländischen) Zivilverfahren verpflichtet werden kann. 3.268

Praxistipp: Mündliche Selbstanzeigen 3.269

Mündliche Selbstanzeigen spielen in der Praxis eine wichtige Rolle. Dies hängt damit zusammen, dass mündlich zu Protokoll gegebene Selbstanzeigen Verwaltungsakten werden, welche nicht an Dritte herausgegeben werden. Für andere Verfahrensbeteiligte oder potenzielle Zivilkläger ist deshalb nur die Einsichtnahme, nicht aber das Erstellen einer Kopie möglich.[306]

Insbesondere können mündliche Selbstanzeigen auch nicht im Rahmen des amerikanischen Pre-Trial-Discovery-Verfahrens für allfällige Zivilkläger erhältlich gemacht werden, was insbesondere für international tätige Unternehmen von Bedeutung ist.[307]

Eine weitere Möglichkeit ist die **anonymisierte Selbstanzeige** (Art. 9 Abs. 2 SVKG), bei dem das anzeigende Unternehmen seine Identität vorerst nicht preisgibt. Dadurch kann es vor der Einreichung der kompletten Selbstanzeige seine Erfolgsaussichten auf einen Sanktionserlass abklären.[308] Erscheint ihm der Sanktionserlass ungenügend, kann die Selbstanzeige wieder zurückgezogen werden. Wichtig ist, dass die anonymisierte Anzeige, sollte die WEKO trotz deren Rückzug ein Verfahren eröffnen, keinerlei Rückschlüsse auf das anzeigende Unternehmen zulässt. In 3.270

305 <http://www.weko.admin.ch/dienstleistungen>.
306 RPW 2012/2 107 ff., 283; Sommer, N 12; Spitz, 113 ff., 123; Dähler/Krauskopf, 148.
307 Sommer, N 14; Denoth, 297.
308 Erläuterungen SVKG, 10.

der Praxis geschieht dies oft dadurch, dass die Unternehmen die Anzeige nicht selbst, sondern über einen anwaltlichen Vertreter einreichen.[309] Zudem ist darauf zu achten, dass sämtliche Namen anonymisiert sind und Tatsachen wenn möglich hypothetisch geschildert werden.[310]

3.271 **Praxistipp: Anonymisierte Selbstanzeige**

Die Einreichung einer **anonymisierten Selbstanzeige** bietet sich somit an, wenn sich ein Unternehmen vorab über die Erfolgschancen für einen vollständigen Sanktionserlass erkundigen will.

Indessen ist zu beachten, dass die WEKO bei einer anonymisierten Anzeige vom Unternehmen verlangen kann, die Identität innerhalb einer bestimmten Frist offenzulegen. Grundsätzlich denkbar ist die Geheimhaltung des Selbstanzeigers gegenüber der Öffentlichkeit auch während einer Untersuchung, praktisch wird die Identität aufgrund von faktischen Gegebenheiten gleichwohl im Laufe des Verfahrens bekannt werden.

3.272 **Inhaltlich** hat die Selbstanzeige alle nötigen Informationen bezüglich der beteiligten Unternehmen, dem Wettbewerbsverstoss sowie den relevanten Märkten zu enthalten (Art. 9 Abs. 1 SVKG). Einzureichen sind somit Identität und Dokumente über das anzeigende und die weiteren Unternehmen, Aufenthaltsorte mitwirkender Personen sowie insbesondere Informationen über die Art und Dauer des angezeigten Wettbewerbsverstosses. Die WEKO kann jederzeit weitere Informationen verlangen (Art. 8 Abs. 2 SVKG).[311]

c) Reihenfolge der Selbstanzeigen

3.273 Weil ein vollständiger Sanktionserlass nur für das erstanzeigende Unternehmen möglich ist und auch Sanktionsreduktionen vom Zeitpunkt der Einreichung abhängig sind, erweist sich die Reihenfolge der Selbstanzeigen praktisch als von grosser Bedeutung (Art. 10 SVKG).

3.274 Eine eingegangene Anzeige wird dem Unternehmen von der WEKO unter Angabe des genauen Zeitpunktes schriftlich bestätigt (Art. 9 Abs. 3 SVKG). Durch diesen sog. **Marker** wird am Ende die Reihenfolge der Prüfung der Selbstanzeigen festgelegt; er gilt unabhängig davon, ob das Unternehmen auf Aufforderung zu einem späteren Zeitpunkt noch weitere Unterlagen einreichen muss.[312] Neben dem Eingangszeitpunkt teilt das Sekretariat dem Unternehmen auch mit, ob ein vollständiger Erlass der Sanktion gewährt wird. Die Mitteilung hat mit dem Einverständnis eines Mitglieds des Präsidiums möglichst früh zu erfolgen.[313] Die Mitteilung kann

309 Erläuterungen SVKG, 10.
310 Krauskopf/Senn, 17; Borer, Art. 49a N 25.
311 Erläuterungen SVKG, 9.
312 Erläuterungen SVKG, 10.
313 Erläuterungen SVKG, 10.

zudem Angaben darüber enthalten, welche Informationen das Unternehmen zusätzlich einzureichen hat, damit es die Voraussetzungen für einen vollständigen Sanktionserlass erfüllt. Dasselbe Verfahren gilt auch bei einer anonymen Selbstanzeige, wobei in diesem Fall die WEKO dem Unternehmen eine Frist setzt, innert der es die Identität offengelegen muss.

Vertiefung: Keine Regelung enthält die SVKG zur Frage, was passiert, wenn sich im Laufe des Verfahrens herausstellt, dass das selbstanzeigende Unternehmen, welches von einem vollständigen Sanktionserlass profitieren würde, die Voraussetzungen von Art. 8 SVKG nicht (mehr) erfüllt, beispielsweise weil es sich ergibt, dass es bezüglich der Wettbewerbsbeschränkung eine Anstifterrolle innehatte. Fraglich ist insbesondere, ob weitere kooperierende Unternehmen an seine Stelle treten können, d.h. von einem vollständigen Sanktionserlass zu profitieren vermögen, wenn sie selbst die Voraussetzungen von Art. 8 SVKG erfüllen (sog. **Nachrückungsrecht**). Für die Behörden würde sich ein solches Recht auf jeden Fall positiv auswirken, weil sich dadurch sicherstellen liesse, dass die meldenden Unternehmen während der Dauer des gesamten Verfahrens ein Interesse an der Aufrechterhaltung der Kooperation und zudem später meldende Unternehmen einen Anreiz hätten, die Kooperationsbereitschaft des erstmeldenden Unternehmens zu prüfen.[314] 3.275

d) Entscheid über den Sanktionserlass und Änderung

Der Entscheid über den vollständigen Sanktionserlass obliegt der WEKO; sie entscheidet auf Antrag des Sekretariats (Art. 11 SVKG). Dabei ist die WEKO grundsätzlich an die Mitteilung des Sekretariats i.S.v. Art. 9 Abs. 3 SVKG gebunden, ein Abweichen ist nur möglich, wenn der Wettbewerbsbehörde im Nachhinein Tatsachen bekannt werden, welche einem Sanktionserlass entgegenstehen (Art. 11 Abs. 3 SVKG). Zu denken ist etwa an den Fall, in welchem das Unternehmen während des Verfahrens nicht mit den Behörden kooperiert oder sich aber während des Verfahrens herausstellt, dass es sich beim anzeigenden Unternehmen um einen Anstifter bzw. Haupttäter handelt.[315] 3.276

Vertiefung: Die Praxis der WEKO zeigt, dass ein vollständiger Sanktionserlass sowohl im Rahmen einer Eröffnungs- als auch einer Feststellungskooperation möglich ist: 3.277

Die WEKO verzichtete auf eine Sanktion, als eine Selbstanzeige zur Eröffnung des Verfahrens führte (Eröffnungskooperation). Das betroffene Unternehmen reichte während des gesamten Verfahrens unaufgefordert weitere Beweise ein, erklärte sich von Anfang an kooperationsbereit und stellte das wettbewerbsschädliche Verhalten kurz nach Verfahrenseröffnung in Absprache mit der WEKO ein (RPW 2010/4 767 ff., 770). 3.278

Ein vollständiger Sanktionserlass im Rahmen einer Feststellungskooperation gewährte die WEKO im Rahmen des Verfahrens Aargauer Strassen- und Tiefbau. Während der Hausdurchsuchung übergab ein Mitarbeiter des Unternehmens der WEKO einen Ordner, welcher die wesentlichen Beweismittel enthielt, worauf sich hernach die gesamte Beweisführung der WEKO stützte. Der Zeitpunkt der Kooperation wurde jedoch nicht auf den Zeitpunkt der Übergabe des Ordners bezogen, sondern der Marker galt erst ab dem Zeitpunkt der schriftlichen Kooperationsbestätigung per Fax (RPW 2012/2 270 ff., 415). 3.279

---

314 Vgl. dazu ausführlich KG-Tagmann/Zirlick, Art. 49a N 142 f.
315 Erläuterungen SVKG, 11.

e) Teilweiser Sanktionserlass

3.280 Das schweizerische Kartellrecht sieht neben dem vollständigen auch einen teilweisen Sanktionserlass vor. Nach Art. 12 SVKG reduziert die WEKO die Sanktion, wenn ein Unternehmen an einem Verfahren unaufgefordert mitwirkt und im Zeitpunkt der Vorlage der Beweismittel die Teilnahme am betreffenden Wettbewerbsverstoss eingestellt hat.

3.281 Ein teilweiser Sanktionserlass ist immer dann zu prüfen, wenn ein vollständiger Erlass nach Art. 8 ff. SVKG nicht mehr möglich ist, weil andere Unternehmen ihre Meldung zu einem früheren Zeitpunkt eingereicht haben. In der Praxis entsteht nach der Einreichung einer Selbstanzeige oft ein Wettrennen der übrigen Beteiligten, möglichst schnell mit der WEKO zusammenzuarbeiten, um in den Genuss eines möglichst hohen Sanktionserlasses zu kommen.[316]

3.282 Im Gegensatz zum vollständigen Erlass ist ein Teilerlass für mehrere Unternehmen möglich. Die Höhe der Reduktion hängt von der Relevanz der gelieferten Informationen für den **Verfahrenserfolg** ab: Die Sanktion wird bis zu **50% reduziert,** wenn das Unternehmen unaufgefordert mit der Wettbewerbsbehörde kooperiert. Wesentlich ist, dass die gelieferten Informationen auch tatsächlich eine Auswirkung auf den Verfahrenserfolg haben.[317] Obschon sich die Mitwirkung nicht nur auf die Erschliessung ansonsten nicht aufgefundener Beweismittel beschränkt, muss es sich um Informationen oder Beweismittel handeln, über welche die Wettbewerbsbehörde noch nicht verfügt, denn durch die Kooperation soll der **Untersuchungsaufwand** des Sekretariats **vermindert** werden.[318] Tendenziell nimmt die Bedeutung eines Beitrages mit fortschreitendem Verfahren ab, und die Reduktionsbeträge werden deshalb geringer.[319] Insbesondere wenn zwischen mehreren Selbstanzeigen grössere zeitliche Abstände liegen, wird es dem später meldenden Unternehmen nur noch schwer möglich sein, einen wesentlichen Beitrag zum Verfahrenserfolg zu liefern.[320]

3.283 **Vertiefung:** In ihrer Praxis schöpft die WEKO die Möglichkeit zur Gewährung von teilweisen Sanktionsreduktionen voll aus. Unternehmen, welche während des Verfahrens vollumfänglich mit der WEKO kooperieren, können mit einem Sanktionserlass von bis zu 50% rechnen:

- Einem Unternehmen, welches einen Tag nach einer Hausdurchsuchung seine Kooperation mittels mündlicher Selbstanzeige erklärte und der WEKO hernach qualitativ und quantitativ gute Informationen lieferte, wurde mit einer Sanktionsreduktion von 50% belohnt (RPW 2012/2 270 ff., 416);
- Ein Unternehmen, welches erst nach der Sichtung des Beweismaterials seine Kooperationsbereitschaft erklärte, sich jedoch während des Verfahrens bemühte, bei der Sachverhaltsermittlung behilflich zu sein, erhielt einen Bonus von 20%, weil es aufgrund des Un-

---

316 David/Jacobs, N 790.
317 Weber/Rizvi, SVKG, Art. 12 N 4.
318 Erläuterungen SVKG, 12.
319 RPW 2009/3 196 ff., 220.
320 RPW 2009/3 196 ff., 221.

tersuchungszeitpunktes keine wesentlichen Angaben mehr machen konnte (RPW 2010/4 717 ff., 770);

- Eine Kooperation, welche erst nach erfolgter Hausdurchsuchung und erst nach dem Vorliegen einer anderen Bonusmeldung erfolgte, d.h. nachdem die WEKO bereits im Besitz von umfassenden und ergiebigem Aktenmaterial war, führte zu einem Bonus von 40% (RPW 2009/3 196 ff., 220).

Zu beachten ist, dass ein Unternehmen für die Kooperation nicht bestraft werden darf. Insbesondere im Rahmen von wiederholten Absprachen sollen auch nicht erstanzeigende Unternehmen einen Anreiz haben, den Wettbewerbsbehörden bislang unbekannte Verstösse zu melden, ohne dass sie dafür bestraft werden. Ein Unternehmen darf also durch die Kooperation nicht schlechter gestellt werden, als wenn es den Behörden keine weitergehenden Informationen geliefert hätte. Aus diesem Grund werden die betreffenden Informationen unter drei kumulativ zu erfüllenden Voraussetzungen nicht gegen das betreffende Unternehmen verwertet:[321] 3.284

- Die Beweismittel müssen kurz nach Untersuchungseröffnung vorgelegt werden;
- Die Beweismittel haben entscheidend zu sein, vage Hinweise genügen nicht;
- Das Unternehmen hat die schwerwiegendsten Verstösse zu melden und in der Folge vollumfänglich mit den Behörden zu kooperieren.

Sind die genannten Voraussetzungen erfüllt, werden die gelieferten Informationen über neu gemeldete Sachverhalte weder beim Basisbetrag noch bei der Sanktionsberechnung berücksichtigt.[322] 3.285

Eine Reduktion um bis zu 80% des Sanktionsbetrages ist möglich, wenn das Unternehmen Informationen oder Beweismittel über einen weiteren Wettbewerbsverstoss liefert (Art. 8 Abs. 3 SVKG). Diese sog. **Amnesty-Plus**-Regelung kommt unabhängig davon zur Anwendung, ob die WEKO bezüglich des gemeldeten Verhaltes ein Verfahren eröffnet oder es als unzulässig erklärt, einzige Voraussetzung ist die Zurverfügungstellung von Informationen und Beweismitteln. Das anzeigende Unternehmen muss an der betreffenden Wettbewerbsabrede auch nicht selbst beteiligt sein.[323] Die behauptete Wettbewerbsverletzung ist aber mindestens glaubhaft zu machen.[324] 3.286

Vertiefung: Ungenügend war nach Ansicht der WEKO der blosse Hinweis eines Unternehmens, dass sich Dritte möglicherweise zu einem sog. «Frühstückskartell» treffen würden. Weil keinerlei Beweise oder sonstige konkrete Anhaltspunkte für das Vorliegen eines Kartells geliefert wurden, kam ein Bonus nach Art. 8 Abs. 3 SVKG nicht in Frage (RPW 2009/3 196 ff., 220). 3.287

Mitunter kann die Frage, wann Beweise und Informationen zu einem «neuen» Wettbewerbsverstoss geliefert werden, schwierig sein. Insbesondere, wenn im Rahmen 3.288

321 RPW 2012/2 270 ff., 417.
322 RPW 2012/2 270 ff., 417 ff.
323 TAGMANN/ZIRKLICK, Bonusregelung, N 17 ff.
324 DAVID/JACOBS, N 793.

eines Submissionskartells mehrere Absprachen vorliegen, sind Informationen und Beweismittel über zusätzliche Absprachen zwischen den Beteiligten nicht als neue Wettbewerbsverstösse zu werten, sondern finden lediglich nach Art. 8 Abs. 2 SVKG Berücksichtigung.[325] Zu beachten ist ferner, dass bezüglich des zweiten – d.h. des neu angezeigten – Wettbewerbsverstosses ein vollständiger Sanktionserlass möglich ist.[326]

3.289 **Vertiefung:** Im Fall Baubeschläge lieferte ein Unternehmen im Rahmen des Verfahrens Hinweise auf einen weiteren Wettbewerbsverstoss, worauf die WEKO eine Untersuchung gegen Vertreiber von Türelementen eröffnete, um ein allfälliges Vorliegen von Abreden über Preise, Rabatte und Preiskonditionen zu untersuchen. Das Unternehmen, welches die betreffenden Hinweise lieferte, wurde im konkreten Fall mit einem Bonus von 60% belohnt.[327]

3.290 Auch für den teilweisen Sanktionserlass sind indessen die Voraussetzungen von Art. 8 Abs. 2 SVKG zu erfüllen, d.h., das meldende Unternehmen darf weder eine Anstifter- noch eine Führungsrolle innegehabt haben (lit. a), es muss der Wettbewerbsbehörde unaufgefordert sämtliche vorhandenen Beweismittel und Informationen vorlegen (lit. b), es hat während des gesamten Verfahrens zu kooperieren (lit. c) und das wettbewerbswidrige Verhalten spätestens im Zeitpunkt der Selbstanzeige aufzugeben (lit. d).[328]

3.291 **Form und Inhalt** der Kooperation richten sich analog nach dem Verfahren der Selbstanzeige (Art. 13 SVKG), namentlich bestätigt das Sekretariat dem meldenden Unternehmen den Eingang der Beweismittel wie auch den genauen Eingangszeitpunkt.

3.292 Im Unterschied zur Selbstanzeige fällt die WEKO den Entscheid über den Sanktionserlass erst in der **Endverfügung,** die vorgängige Mitteilung entfällt (Art. 14 SVKG). Grund dafür ist, dass sich der Beitrag eines Unternehmens an den Verfahrenserfolg erst am Ende der Untersuchung konkret abschätzen lässt.[329] Über die Höhe des Sanktionserlasses hat zwingend eine Verfügung zu ergehen, angesichts des klaren Wortlauts der Bestimmung ist eine einvernehmliche Regelung nicht möglich.[330] Bei der Berechnung der Sanktion ist derjenige Zeitraum eines Wettbewerbsverstosses nicht miteinzubeziehen, für welchen das Unternehmen Beweise vorlegt, von dem die Wettbewerbsbehörde jedoch keine Kenntnis hatte (Abs. 14 Abs. 2 SVKG). Dadurch soll verhindert werden, dass Unternehmen von einer umfassenden Zusammenarbeit mit der WEKO absehen, weil sie durch die Vorlegung von Beweismitteln eine höhere Sanktion zu befürchten hätten.[331]

325 RPW 2012/2 270 ff., 419.

326 Tagmann/Zirklick, Bonusregelung, N 14.

327 RPW 2010/4 717 ff., 769; zum Verfahren Türelemente vgl. Medienmitteilung der WEKO vom 9. Dezember 2008 <http://www.news.admin.ch/NSBSubscriber/message/attachments/13933.pdf>.

328 RPW 2010/4 717 ff., 769; David/Jacobs, N 793.

329 Erläuterungen SVKG, 13.

330 KG-Tagmann/Zirlick, Art. 49a N 155.

331 Erläuterungen SVKG, 13.

Wichtig: 3.293

Unternehmen, welche eine Selbstanzeige einreichen, müssen sich bewusst sein, dass allfällige zivilrechtliche Schadenersatzansprüche von der Strafbefreiung oder -milderung unberührt bleiben, d.h., auch einem selbstanzeigenden Unternehmen drohen **zivilrechtliche Schadenersatzforderungen.**[332]

Die im Verwaltungsverfahren eingereichten Beweismittel und Ergebnisse können von der klagenden Partei als Beweismittel verwendet werden. Bei Selbstanzeigen lässt sich dieses Problem teilweise dadurch umgehen, dass Selbstanzeigen mündlich erfolgen. Dies ändert aber nichts daran, dass die Ergebnisse des Verfahrens durch Publikation öffentlich gemacht werden und die dadurch publik gewordenen belastenden Informationen von einem Zivilkläger verwendet werden können.[333]

Bezüglich des Ergebnisses ist der Zivilrichter jedoch nicht an die rechtliche Beurteilung des Sachverhaltens durch die WEKO gebunden, er kann auch eine andere Meinung vertreten. Gleichwohl wird die Beurteilung durch die WEKO einen starken Einfluss haben.[334]

4. Meldung und Widerspruchsverfahren (Art. 49a Abs. 3 KG)

Für Unternehmen ist es in der Praxis oft schwierig, zu beurteilen, ob gewisse Verhaltensweisen kartellrechtlich zulässig sind oder nicht. Aufgrund des Sanktionsrisikos wäre es aus rechtsstaatlichen Gründen bedenklich, wenn den Unternehmen kein Instrument zur Klärung der Rechtslage zur Verfügung stünde.[335] Um die Rechtssicherheit zu erhöhen, stellt das Kartellrecht das sog. **Meldeverfahren** zur Verfügung. Nach Art. 49a Abs. 3 KG entfällt eine Belastung, wenn ein Unternehmen eine Wettbewerbsbeschränkung meldet, bevor diese eine Wirkung entfaltet. Eröffnet die Wettbewerbsbehörde innert fünf Monaten nach der Meldung ein Verfahren nach Art. 26/27 KG, entfällt die Sanktion nur, wenn das Unternehmen nach der Verfahrenseröffnung auf das wettbewerbsbeschränkende Verhalten verzichtet (sog. **Widerspruchsverfahren**). 3.294

a) Meldeverfahren

Für Unternehmen ist es oft nicht möglich, einen Sachverhalt in kartellrechtlicher Hinsicht korrekt zu würdigen, weil sie nicht über dasselbe Untersuchungsinstrumentarium verfügen wie die WEKO; so haben die Unternehmen in der Regel keine 3.295

---

332 Reinert, Sanktionsregelung, 162; Bangerter/Tagmann, 187.

333 Sommer, 45.

334 Sommer, 42; Reinert, Sanktionsregelung, 162.

335 Rhinow René/Gurovits Andràs, Gutachten über die Verfassungsmässigkeit der Einführung direkter Sanktionen im Kartellgesetz zuhanden des Generalsekretariats des Eidgenössischen Volkswirtschaftsdepartements (EDV), in: RPW 2001/3 592 ff.

Informationen bezüglich der Marktanteile anderer Wettbewerber.[336] Aus rechtsstaatlicher Sicht wäre eine Sanktionsandrohung ohne die Möglichkeit einer vorgängigen Zulässigkeitsprüfung problematisch. Ziel des Meldeverfahrens ist es deshalb, Unternehmen die Möglichkeit zu geben, sich rechtmässig zu verhalten; ein Unternehmen soll voraussehen können, ob sein Verhalten einer direkten Sanktionierung unterliegt oder nicht.[337]

3.296 Die Meldung hat zu erfolgen, bevor die mögliche Wettbewerbsbeschränkung **ihre Wirkung entfaltet,** d.h. aus praktischer Sicht, bevor die Unternehmen die Beschränkung umgesetzt haben.[338] Hat eine Handlung bereits Wirkung gezeitigt, kommt sie für eine Meldung und damit für das Entfallen einer Sanktion nicht mehr in Betracht.[339]

3.297 Die Voraussetzung der Neuheit bezieht sich auf den Zeitpunkt, in welchem die Wettbewerbsbeschränkung ihre Wirkung entfaltet. Unerheblich ist, ob die WEKO bereits Kenntnis vom betreffenden Sachverhalt hat; ausgeschlossen ist eine Meldung jedoch, wenn bereits ein Verfahren eröffnet wurde.[340] Gemeldet werden können indessen Änderungen bestehender Verträge oder Fälle, in denen bereits früher bestehende Wettbewerbsbeschränkungen verlängert werden.[341]

3.298 **Vertiefung:** Bereits vor der Einführung des Widerspruchsverfahrens, d.h. vor dem 1. April 2004, bestehende Wettbewerbsbeschränkungen konnten nach den Übergangsbestimmungen innert einem Jahr mit sanktionsbefreiender Wirkung gemeldet oder aufgelöst werden.

3.299 Das genaue Vorgehen mit Bezug auf die Meldung ist in Art. 15 ff. SVKG festgehalten. In Gang gesetzt wird das Meldeverfahren durch die Einreichung der Meldung. Die erforderlichen Angaben hat die WEKO in einem Meldeformular festgehalten, das entsprechende Formular ist auf der Website der WEKO abrufbar.[342] Nach Art. 17 SVKG ist auch eine erleichterte Meldung i.S.v. Art. 12 VKU möglich, wenn die WEKO einen Markt oder ein Unternehmen bzw. dessen Marktstellung bereits im Rahmen eines früheren Verfahrens überprüft hat.[343] Das Sekretariat bestätigt dem Unternehmen den Eingang der Meldung in **schriftlicher Form.** Wenn es die Angaben oder Beilagen in der Meldung für unvollständig hält, kann sie vom meldenden Unternehmen zusätzliche Unternehmen einfordern (Art. 18 SVKG).

3.300 Als Gegenstand der Meldung kommen nur Wettbewerbsbeschränkungen im Sinne von Art. 5 Abs. 3 und 4 KG sowie mutmassliche unzulässige Verhaltensweisen marktbeherrschender Unternehmen nach Art. 7 KG in Frage. Für andere Sachverhalte besteht jedoch die Möglichkeit, sich vom Sekretariat der WEKO i.S.v. Art. 23 Abs. 2 KG beraten zu lassen.[344]

---

336 Jacobs, Wirkungen, 146.
337 Borer, Art. 49a N 27.
338 Ducrey, Meldung, 159.
339 KG-Tagmann/Zirlick, Art. 49a N 185 ff.; HK-Reinert, Art. 49a N 29.
340 David/Jacobs, N 800; Jacobs, N 9; RPW 2005/4 708 ff., 711.
341 Borer, Art. 49a N 29; David/Jacobs, N 801; Jacobs, N 14 ff.
342 <http://www.weko.admin.ch/dienstleistungen>.
343 Erläuterungen SVKG, 14; RPW 2005/4 708 ff., 711.
344 Borer, Art. 49a N 28; Jacobs, N 6; Ducrey, Meldung, 158.

Praxistipp: Beratung durch das Sekretariat, Art. 23 Abs. 2 KG 3.301

Die in Art. 23 Abs. 2 KG geregelten Beratungen durch das Sekretariat sind ein in der Praxis von den Unternehmen oft in Anspruch genommenes Mittel, um das kartellrechtliche Risiko eines Verhaltens oder eines Sachverhaltes abzuklären.[345]

Formell wird die Beratung durch ein Gesuch des Unternehmens ausgelöst; weil das Verfahren **kostenpflichtig** ist, teilt das Sekretariat nach Eingang der Meldung dem Unternehmen mit, wie viel Zeit es für die Beratung veranschlagt. Die Beratung hat den Vorteil, dass das Unternehmen dem Sekretariat nur so viel Informationen geben muss, wie es möchte; zudem kann die Anfrage **anonym,** z.B. über einen Anwalt, erfolgen.

Indessen ist zu beachten, dass die Auskunft des Sekretariats für die WEKO nicht verbindlich ist und das anfragende Unternehmen auch nicht vom Sanktionsrisiko befreit. Je nach den Umständen kann indessen die Auferlegung einer Busse aus Vertrauensschutzgründen unzulässig sein.[346]

b) Widerspruchsverfahren

3.302 Der Widerspruch der Wettbewerbsbehörde erfolgt durch die Eröffnung einer Untersuchung im Sinne von Art. 26 ff. KG. Nach Eingang der Meldung hat die Wettbewerbsbehörde fünf Monate Zeit, um zu entscheiden, ob sie eine Untersuchung eröffnet oder nicht.

3.303 Ab dem Zeitpunkt der Meldung bis zur Mitteilung über die Untersuchungseröffnung kann das meldende Unternehmen die gemeldeten Sachverhalte vollziehen. Erhält das Unternehmen von der Wettbewerbsbehörde die Mitteilung, dass eine Untersuchung eröffnet wird, muss es die Verhaltensweisen unmittelbar aufgeben, wenn es der direkten Sanktion entgehen will, ansonsten bleibt die Sanktionsmöglichkeit bestehen.[347]

3.304 Wenn die Wettbewerbsbehörde innert der Frist auf die Eröffnung der Untersuchung verzichtet, unterliegen die gemeldeten Verhaltensweisen keiner direkten Sanktion. Dies gilt nicht nur für das meldende Unternehmen, sondern für alle an der entsprechenden Verhaltensweise Beteiligten. Gleichwohl bedeutet dies nicht automatisch, dass das gemeldete Verfahren zulässig ist. Der WEKO steht es frei, das gemeldete Verhalten zu einem späteren Zeitpunkt zu untersuchen und zu untersagen, es entfällt nur die direkte Sanktionsmöglichkeit.[348] Beim Meldeverfahren handelt es

345 Vgl. dazu KRAUSKOPF/SCHALLER/BANGERTER, N 12.4; KG-BANGERTER, Art. 23 N 48 ff.; JACOBS, Wirkungen, 153.

346 JACOBS, Wirkungen, 153; DUCREY, Meldung, 163; vgl. dazu HÄNER, 138 ff. vgl. dazu vorne N 2.997 ff.

347 Erläuterungen SVKG, 15.

348 Erläuterungen SVKG, 15.

sich um ein kartellrechtliches Sonderverfahren, weil es nicht durch eine Verfügung abgeschlossen wird und sich deshalb zur Zulässigkeit des gemeldeten Verhaltens nicht abschliessend äussert. Die materielle Rechtslage bleibt somit ungeklärt.[349]

3.305 Eine abschliessende Äusserung über die Zulässigkeit kann auch nicht über eine Feststellungsklage nach Art. 25 VwVG erreicht werden, weil sich die Wirkungen des gemeldeten Sachverhaltes erst in Zukunft zeigen werden und sich deshalb im Verfahren noch keine abschliessende Beurteilung der Wettbewerbsschädlichkeit vornehmen lässt.[350]

Zusammenfassung: Meldung und Widerspruchsverfahren

Ergebnis	Eröffnung einer Vorabklärung (Art. 26 KG) oder einer Untersuchung (Art. 27 KG)	Mitteilung durch die WEKO, dass kein Verfahren eröffnet wird	Ablauf von der Frist von 5 Monaten
Wirkung	Sanktionsandrohung entfällt nur bei Aufgabe der Wettbewerbsbeschränkung (Wideraufleben der Sanktionsandrohung)	Sanktion entfällt	Sanktion entfällt

Abb. 3.4

3.306 Unklar ist auch das anwendbare Verfahrensrecht für das Widerspruchsverfahren. Weil das Verfahren nicht durch Verfügung abgeschlossen wird und der Vorabklärung und dem formellen Untersuchungsverfahren vorgelagert ist, gilt der Verweis von Art. 39 KG wohl nicht. Aus diesem Grund besteht kein Akteneinsichtsrecht und die Parteien erhalten keine formelle Parteistellung. Indessen besteht nach Art. 40 KG die Auskunftspflicht.[351]

349 BGE 125 II 60 ff., Erw. 3.4; KG-Tagmann/Zirlick, Art. 49a N 209; Weber/Rizvi, SVKG, Art. 19 N 4.

350 BGE 125 II 60 ff., Erw. 3.4.

351 Ducrey, Meldung, 164.

Praxistipp: Untauglichkeit des Meldeverfahrens? 3.307

Das Meldeverfahren wurde von der Praxis immer wieder kritisiert und mithin als untauglich bezeichnet.[352] Ein Beispiel dafür war die Einführung einer multilateralen Domestic Interchange Fee (DMIF) durch die Herausgeber von Maestro-Kreditkarten (RPW 2007/3 478 ff.). Die WEKO kam nach der Meldung zum Schluss, dass die Einführung der Gebühr kartellrechtlich problematisch sein könnte, und eröffnete eine Vorabklärung. Weil dadurch das Sanktionsrisiko für die Unternehmen wieder auflebte, verzichteten sie auf die Umsetzung der Abrede. Im Anschluss an die Vorabklärung hielt die WEKO fest, dass das Verhalten der Herausgeber zwar kartellrechtlich nicht unproblematisch sei, eröffnete jedoch keine Untersuchung, weil die DMIF mangels Umsetzung keinen Markteinfluss zeitigte. Die meldenden Unternehmen verfügten somit nicht über Klarheit bezüglich der Zulässigkeit ihres Verhaltens. Ein Antrag auf den Erlass einer Feststellungsverfügung wurde von der WEKO abgelehnt.

c) Revision des Kartellgesetzes

aa) Geplante Neuregelungen

Im Rahmen der Kartellrechtsrevision ist auch eine Verbesserung des Widerspruchsverfahrens vorgesehen. Das Widerspruchsverfahren soll in Art. 49a Abs. 5 E-KG wie folgt geregelt werden: 3.308

Art. 49a Abs. 5 E-KG

«5 Die Belastung entfällt auch, wenn das Unternehmen die Wettbewerbsbeschränkung meldet, bevor sie Wirkung entfaltet. Das Unternehmen wird trotzdem belastet, und zwar für den Zeitraum ab Eröffnung der Untersuchung nach Artikel 27, wenn es an der Wettbewerbsbeschränkung festhält, nachdem gegen es innerhalb von zwei Monaten nach der Meldung:

a. eine Vorabklärung nach Artikel 26 und im gleichen Zeitraum oder später eine Untersuchung nach Artikel 27 eröffnet worden ist; oder

b. direkt eine Untersuchung nach Artikel 27 eröffnet worden ist.»

Wesentlich sind somit gegenüber dem alten Verfahren zwei Änderungen: 3.309

Einerseits soll die Frist, innert welcher die Behörden über die Untersuchungseröffnung zu entscheiden haben, von fünf auf zwei Monate verkürzt werden, um die Rechtssicherheit für die Unternehmen zu erhöhen.[353] 3.310

Als zweite Änderung ist vorgehen, dass nur die Eröffnung einer Untersuchung und nicht bereits die Eröffnung einer einfachen Vorabklärung zum Weiterbestehen des Sanktionsrisikos führen soll. Heute stehen die meldenden Unternehmen vor dem Dilemma, dass sie geplante und gemeldete Verhaltensweisen nicht umsetzen kön- 3.311

352 Vgl. dazu Jacobs, Wirkungen, 149 f.
353 Botschaft 2012, 3933.

nen, weil ihnen dadurch eine Sanktion droht. Für die Behörden war es deshalb oft schwierig, die wettbewerbsbeschränkenden Effekte der geplanten Verhaltensweise zu beurteilen.[354] Durch die Neufassung von Art. 49a KG sollen nun die Unternehmen ihre Verhaltensweisen vorerst sanktionslos umsetzen können, was auch den Behörden die Prüfung der Auswirkungen erleichtern wird.[355]

bb) Würdigung und Erfolgsaussichten

3.312 Die Neuregelung des Widerspruchsverfahrens wird mehrheitlich positiv beurteilt.[356] Weil das Sanktionsrisiko erst bei der Eröffnung einer Untersuchung wieder auflebt, können die Unternehmen eine geplante Verhaltensweise ab Eröffnung der Vorabklärung umsetzen und bei Untersuchungseröffnung einstellen. Ein Grossteil der Lehre ist sich darüber einig, dass das heutige Widerspruchsverfahren mit zahlreichen Mängeln behaftet und unbefriedigend ist. Einige Autoren hätten sich deshalb gleichwohl noch weitergehende Verbesserungen des Widerspruchsverfahrens gewünscht.[357]

3.313 Ein Teil der Lehre befürchtet, dass es durch die Neuregelung zum Missbrauch des Meldeinstruments und zu einer Überlastung der Behörde kommen könne.[358] Die Befürchtung, dass durch das Widerspruchsverfahren zu viele Ressourcen des Sekretariats gebunden werden, bestand indessen schon bei Einführung des Verfahrens und hat sich bis heute nicht verwirklicht.[359]

5. Verjährung von Bussen

3.314 Art. 49 Abs. 3 lit. b KG hält fest, dass keine Busse mehr verhängt werden kann, wenn die Wettbewerbsbeschränkung bei Eröffnung der Untersuchung länger als fünf Jahre nicht mehr ausgeübt worden ist. In die Frist ist die Vorabklärung nicht einzuberechnen.[360]

3.315 Im Übrigen enthält das Kartellgesetz keine Regelung, innert welcher Frist ein Sanktionsverfahren abzuschliessen ist. Indessen ergibt sich aus Art. 29 Abs. 1 BV sowie Art. 6 EMRK ein Anspruch auf Abschluss eines gerichtlichen Verfahrens innert angemessener Frist. Bezüglich der Angemessenheit lassen sich aber keine allgemeinen Aussagen machen, diese ist im Einzelfall zu beurteilen; dabei ist insbesondere der Komplexität des Falles und dem Verhalten der Parteien und der Behörden Rechnung zu tragen.[361]

354 Jacobs, Wirkungen, 146.
355 Botschaft 2012, 3960; Zirlick/Lüthi/Stüssi, 47.
356 Zirlick/Lüthi/Stüssi, 47.
357 Stoffel, Wettbewerbsbehörde, 43.
358 Uhlmann, 172 ff.
359 Ducrey, Meldung, 159.
360 HK-Reinert, Art. 49a N 36.
361 David/Jacobs, N 797; RPW 2010/2 242 ff., 355.

Das Bundesverwaltungsgericht stellt bezüglich der angemessenen Dauer kartellrechtlicher Verfahren auf die europäische Rechtsprechung ab. Auch der EMGR hat sich bis anhin nicht abschliessend zur maximalen Verfahrensdauer geäussert. Indessen beurteilt der EMGR die Angemessenheit nicht mehr anhand der einzelnen Instanzen, sondern gesamthaft. Als Rahmenwerte gelten, dass Verfahren von über zehn Jahren als unangemessen, eine Dauer von bis zu zwei Jahren vor einer Instanz jedoch als zulässig zu beurteilen sind.[362] 3.316

Vertiefung: Das Bundesverwaltungsgericht betrachtete im Fall Mobilfunkterminierung eine Verfahrensdauer von vier Jahren und vier Monaten als äusserste Grenze des zulässigen Zeitaufwandes. Begründet wurde die Zulässigkeit damit, dass es sich um einen äusserst komplexen Sachverhalt handle und der Fall an sich keine besondere Dringlichkeit aufweise (RPW 2010 242 ff., 355 f.). 3.317

C. Weitere Sanktionen (Art. 50–52 KG)

Auch die weiteren Verwaltungssanktionen nach Art. 50–52 KG dienen der Durchsetzung des Wettbewerbsrechts. Im Gegensatz zu den direkten Sanktionen nach Art. 49a KG gilt im Rahmen der Sanktionen nach Art. 50–52 KG das sog. Missbrauchsprinzip, d.h., eine Sanktion wird nur ausgefällt, wenn ein Unternehmen ein Verhalten weiter praktiziert, welches von den Behörden rechtsverbindlich als unzulässig qualifiziert worden ist.[363] 3.318

Art. 50–52 KG sehen demzufolge Sanktionen für Widerhandlungen gegen eine behördliche Verfügung vor. Durch die Sanktionsmöglichkeit entfällt indessen die ursprüngliche Primärpflicht nicht, dieser ist neben der Begleichung einer allfälligen Busse Folge zu leisten.[364] 3.319

Inhaltlich umfassen die Tatbestände Verstösse gegen einvernehmliche Regelungen und behördliche Anordnungen (Art. 50 KG), Verstösse im Zusammenhang mit Unternehmenszusammenschlüssen (Art. 51 KG) sowie andere Verstösse nach Art. 52 KG, namentlich das nicht oder ungenügende Erfüllen der Auskunfts- oder Editionspflicht. 3.320

1. Verstösse gegen eine einvernehmliche Regelung und behördliche Anordnungen (Art. 50 KG)

Nach Art. 50 KG kann ein Unternehmen, welches zu seinem Vorteil gegen eine einvernehmliche Regelung, eine rechtskräftige Verfügung der Wettbewerbsbehörde oder einen Entscheid der Rechtsmittelinstanzen verstösst, mit einem Betrag bis zu 10% des in den letzten drei Geschäftsjahren in der Schweiz erzielten Umsatzes sanktioniert werden. 3.321

---

362 RPW 2010/2 242 ff., 355.
363 RPW 2006/1 141 ff., 147.
364 RPW 2006/1 141 ff., 147.

3.322 Sanktionsbedroht sind diejenigen Unternehmen, welche in einer Verfügung formell als **Adressat** bezeichnet sind. In Frage kommen somit lediglich Unternehmen i.S.v. Art. 2 KG, weil nur sie Adressaten einer kartellrechtlichen Verfügung sein können.[365]

3.323 Voraussetzung für die Verhängung einer Verwaltungssanktion ist, dass der Verfügungsadressat gegen einen **rechtskräftigen Entscheid** verstossen hat.[366] Nicht erforderlich ist demgegenüber, dass es durch die Verletzung zu einer Beseitigung oder einer (erheblichen) Beeinträchtigung des Wettbewerbs gekommen ist, der Verstoss gegen eine Anordnung reicht für das Erfüllen des Tatbestandes aus.[367]

3.324 Ein Verstoss liegt nur dann vor, wenn das unzulässige Verhalten aus der einvernehmlichen Regelung bzw. der behördlichen Anordnung **genügend bestimmt** ist, d.h. für das Unternehmen aus dem Entscheid ersichtlich ist, welche Handlungen oder Unterlassungen zulässig sind und welche nicht.[368] An das Erfordernis der Bestimmtheit dürfen indessen keine übertriebenen Anforderungen gestellt werden, es reicht, wenn das geforderte Verhalten hinreichend klar umschrieben ist. Ob dies der Fall ist, ergibt sich aus der Auslegung nach Treu und Glauben.[369] Dass der Entscheid die Sanktionsandrohung enthält, ist indessen nicht erforderlich.[370]

3.325 Als mögliche verletzte behördliche Anordnungen kommen neben Endverfügungen der WEKO oder Rechtsmittelinstanzen auch Zwischenverfügungen wie z.B. vorsorgliche Massnahmen oder einvernehmliche Regelungen in Betracht. Die Sanktion gegen den Verstoss einer einvernehmlichen Regelung richtet sich gegen die Genehmigungsverfügung der WEKO und nicht gegen die einvernehmliche Regelung selbst.[371]

3.326 Das Unternehmen hat zudem **zum eigenen Vorteil** zu handeln, es muss ihm aus dem Verstoss gegen die behördliche Anordnung ein objektiv messbarer Vorteil zukommen. Unerheblich ist, ob es sich um einen materiellen, immateriellen oder einen sonstigen Vorteil handelt, Art. 50 KG umfasst alle möglichen Formen von Vorteilen.[372] Dieses Tatbestandsmerkmal wird bei der Wideraufnahme eines kartellrechtswidrigen Verhaltens ohne Weiteres erfüllt sein.[373]

3.327 Obwohl es sich bei Art. 50 KG um eine Verwaltungssanktion handelt, welche keinen Verschuldensnachweis erfordert, darf eine Sanktion gleichwohl nicht allein aus objektiven Gründen verhängt werden, sondern zu berücksichtigen sind auch subjek-

---

365 RPW 1998/3 421 ff., 423; RPW 2006/1 141 ff., 151.

366 So die h.L.; vgl. Borer, Art. 50 N 5; HK-Reinert, Art. 50 N 7; differenzierend KG-Tagmann/Zirlick, Art. 50 N 16. Nach Ansicht der WEKO genügt demgegenüber die Vollstreckbarkeit (RPW 2006/1 141 ff., 150).

367 RPW 2006/1 141 ff., 147.

368 RPW 2006/1 141 ff., 152; Von Büren/Marbach/Ducrey, N 1823; KG-Tagmann/Zirlick, Art. 50 N 8. Vgl. zum Beispiel auch RPW 2003/4 836 ff., 841.

369 RPW 2006/1 141 ff., 152.

370 HK-Reinert, Art. 50 N 3.

371 KG-Tagmann/Zirlick, Art. 50 N 9; Borer, Art. 50 N 4.

372 RPW 2006/1 141 ff., 169.

373 Borer, Art. 50 N 6; KG-Tagmann/Zirlick, Art. 50 N 18.

tive Elemente.[374] Entsprechend zu Art. 49a KG muss dem Unternehmen mindestens eine **Sorgfaltspflichtverletzung** oder ein **Organisationsverschulden** vorzuwerfen sein.[375]

Die Höhe der Sanktion beträgt maximal 10% des in den letzten drei Jahren in der Schweiz erzielten Umsatzes. Bei der Bemessung des Betrages ist der mutmassliche Gewinn, den das Unternehmen durch das unzulässige Verhalten erzielt hat, angemessen zu berücksichtigen. Im Übrigen können die **Grundsätze der SVKG** für die Sanktionsbemessung analog herangezogen werden.[376] 3.328

Sanktion nach Art. 50 KG 3.329

- ☐ Formeller Adressat
- ☐ Verstoss gegen eine einvernehmliche Regelung oder eine behördliche Anordnung
- ☐ Verschulden – Sorgfaltspflichtverletzung

Fallbeispiel: Flughafen Zürich AG (Unique), RPW 2006/1 176 ff. 3.330

Die Flughafen Zürich AG (Unique) wurde im Dezember 2005 wegen einer Widerhandlung gegen angeordnete vorsorgliche Massnahmen zur Bezahlung einer Sanktion verpflichtet. Es handelte sich um einen eigentlichen Präzedenzfall, weil die WEKO in diesem Verfahren das erste Mal eine Direktsanktion gestützt auf den Missbrauch einer marktbeherrschenden Stellung i.S.v. Art. 7 KG verhängte.

Im Anschluss an die Reorganisation der Parking-Dienstleistungen auf dem Flughafenareal eröffnete die WEKO im Jahr 2003 eine Untersuchung gegen die Unique wegen eines allfälligen Missbrauches einer marktbeherrschenden Stellung, weil sie zwei Anbietern von Valet-Parking die Verträge gekündigt hatte. Um den Zustand während der Dauer des Verfahrens zu sichern, verpflichtete die WEKO im Rahmen von vorsorglichen Massnahmen die Unique, den Valet-Parking-Anbietern weiterhin die erforderlichen Flughafeneinrichtungen zu bisherigen oder vergleichbaren Konditionen zu vermieten und die Gewerbebewilligung zu erteilen, damit diese ihre Dienste weiterhin anbieten könnten. Weil die Angebote, welche die Unique den Anbietern machte, der WEKO nicht genügten, verurteilte sie die Unique wegen eines Verstosses gegen Art. 50 KG.

374 RPW 2006/1 141 ff., 169.
375 Borer, Art. 50 N 9.
376 Ausführlich dazu KG-Tagmann/Zirlick, Art. 50 N 24 ff.

In ihrem Entscheid stellte die WEKO klar, dass auch der Verstoss gegen vorsorgliche Massnahmen eine Sanktion von Art. 50 KG rechtfertige, weil ansonsten die Einhaltung der vorsorglichen Massnahmen nicht sichergestellt würde. Zudem sei für eine Sanktion nach Art. 50 KG nicht erforderlich, dass die entsprechende Verfügung rechtskräftig sei, die blosse Vollstreckbarkeit reiche aus. Diese Ansicht wurde von der Lehre kritisiert, ein Grossteil der im Schrifttum geäusserten Meinungen verlangt für die Sanktionierung eine rechtskräftige Verfügung.[377]

2. Verstösse im Zusammenhang mit Unternehmenszusammenschlüssen (Art. 51 KG)

3.331 Art. 51 KG regelt die Sanktionen im Zusammenhang mit Unternehmenszusammenschlüssen. Nach Abs. 1 wird ein Unternehmen, welches einen meldepflichtigen Zusammenschluss ohne Meldung oder einen untersagten Zusammenschluss vollzieht, gegen eine mit der Zulassung erteilte Auflage verstösst oder eine Massnahme zur Wiederherstellung des wirksamen Wettbewerbs nicht durchführt, mit einem Betrag bis zu 1 Mio. CHF belastet. Die Sanktion wird um bis zu 10% des auf die Schweiz entfallenden Gesamtumsatzes erhöht, wenn ein Unternehmen wiederholt gegen mit der Zulassung erteilte Auflagen verstösst (Art. 51 Abs. 2 KG).

a) Tatbestand von Art. 51 KG

3.332 Art. 51 KG ist eine Spezialnorm, welche präventiv die Wirkung der kartellrechtlichen Zusammenschlusskontrolle verstärken soll.[378] Ein Teil der in Art. 51 KG genannten Verhaltensweisen ist bereits von Art. 50 KG erfasst, namentlich diejenigen, welche gestützt auf eine rechtskräftige Verfügung ergehen. Praktisch von Bedeutung ist Art. 51 KG deshalb vor allem beim Vollzug eines Zusammenschlusses ohne Meldung oder bei der Missachtung eines vorläufigen Vollzugsverbotes, denn in diesen Fällen ergeht keine vorgängige Verfügung der Wettbewerbsbehörden.[379]

3.333 Potenzielle Täter gemäss Art. 51 KG sind sämtliche Unternehmen, welche im Sinne von Art. 9 KG an einem Unternehmenszusammenschluss beteiligt sind; im Lichte von Art. 3 VKU handelt es sich dabei um diejenigen Unternehmen, welche **zur Meldung verpflichtet** sind (Art. 3 Abs. 1 VKU).

3.334 Wie bereits im Zusammenhang mit der Zusammenschlusskontrolle erwähnt, gilt ein Zusammenschluss dann als vollzogen, wenn das übernehmende Unternehmen über die Möglichkeit verfügt, einen wesentlichen Einfluss im zu übernehmenden Unternehmen auszuüben.[380] Um nicht der Gefahr einer Sanktion ausgesetzt zu sein,

---

377 Vgl. vorne N 3.323.
378 HK-Reich, Art. 51 N 1; RPW 1998/1 90 ff., 94.
379 Borer, Art. 51 N 2.
380 Vgl. vorne N 2.955 ff.

hat das Unternehmen deshalb eine Übernahme vor diesem Zeitpunkt zu melden.[381] Wird die Meldepflicht oder das Vollzugsverbot missachtet, entfaltet der Zusammenschluss indessen zivilrechtlich keine Wirkung.[382]

Damit eine Sanktion ausgefällt werden kann, ist aufgrund des Strafcharakters zusätzlich ein (Organisations-)**Verschulden** des Unternehmens notwendig. 3.335

b) Sanktionshöhe

Bezüglich der Höhe der Sanktion unterscheidet Art. 51 KG zwischen einfachen und qualifizierten Verstössen.[383] Ein **einfacher Verstoss** liegt vor, wenn ein Vollzug verfrüht vorgenommen, gegen eine Auflage verstossen oder eine Massnahme zur Wiederherstellung des wirksamen Wettbewerbs nicht durchgeführt wird. Ein solcher Verstoss ist mit einem Betrag bis zu 1 Mio. CHF zu bestrafen. Bei der Sanktionsbemessung hat die WEKO dem Grundsatz der Verhältnismässigkeit Rechnung zu tragen und die **konkreten Umstände des Einzelfalles** zu berücksichtigen.[384] 3.336

Als **qualifizierten Verstoss** bezeichnet Art. 51 Abs. 2 KG wiederholte Verstösse gegen eine mit der Zulassung verbundene Auflage. In einem solchen Fall beträgt die Sanktion 10% des auf die Schweiz entfallenden Gesamtumsatzes der beteiligten Unternehmen. Bezüglich der Sanktionsbemessung enthält das Gesetz keine genaueren Bemessungskriterien, auch die für Abreden entwickelten Grundsätze der SVKG passen nicht auf die Beurteilung von Verstössen nach Art. 51 KG. 3.337

Die WEKO stellt auf die folgenden Kriterien ab:[385] 3.338

- Bedeutung des die Meldepflicht verletzenden Unternehmens auf dem Markt;
- Potenzielle Gefahr des Zusammenschlussvorhabens für den Wettbewerb; eine solche Gefahr wird bejaht, wenn der Zusammenschluss zu gemeinsamen Marktanteilen von mehr als 20% bzw. 30% im Sinne von Art. 11 lit. d VKU führt;
- Möglichkeit der Beseitigung des wirksamen Wettbewerbs im Sinne von Art. 10 Abs. 2 KG durch das Zusammenschlussvorhaben.

Konkret wird zuerst der Basisbetrag anhand der Bedeutung des Unternehmens auf dem Markt bestimmt. Sodann wird dieser Betrag bei Vorliegen von Marktanteilen über 20% resp. 30% erhöht oder bei geringeren Marktanteilen vermindert. Schliesslich wird der Betrag abermals erhöht, wenn die Gefahr der Beseitigung des wirksamen Wettbewerbs besteht, ansonsten wird er vermindert.[386] 3.339

381 Borer, Art. 51 N 5.
382 HK-Reich, Art. 51 N 4.
383 Borer, Art. 51 N 6.
384 Zäch, N 1139; Borer, Art. 51 N 8.
385 RPW 2002/3 524 ff., 535; RPW 2001/1 144 ff., 152; RPW 1998/4 613 ff., 619.
386 Zäch, N 1140; RPW 1998/4 613 ff., 619.

3.340 **Sanktion nach Art. 51 KG**

- ☐ An Unternehmenszusammenschluss beteiligte Unternehmen (Art. 3 VKU)
- ☐ Vollzug eines meldepflichtigen Zusammenschlusses ODER Missachtung eines Vollzugsverbotes
- ☐ Verschulden – Sorgfaltspflichtverletzung

3. Andere Verstösse (Art. 52 KG)

3.341 Schliesslich enthält Art. 52 KG einen Sondertatbestand zur Sanktionierung der Nicht- respektive Schlechterfüllung der Auskunftspflicht. Danach kann ein Unternehmen, welches die Auskunftspflicht oder die Pflichten zur Vorlage von Urkunden nicht oder nicht richtig erfüllt, mit einem Betrag bis zu CHF 100 000 gebüsst werden.

3.342 Auskunftspflichten ergeben sich in allgemeiner Form aus Art. 40 KG sowohl für an Abreden oder missbräuchlichen Verhaltensweisen beteiligte Unternehmen wie auch für Dritte. Im Rahmen von Unternehmenszusammenschlüssen statuiert Art. 15 VKU sodann spezifische Auskunftspflichten.[387] Keine Anwendung findet Art. 52 KG, wenn Auskünfte im Rahmen eines zivilrechtlichen Verfahrens nach Art. 12 ff. KG verweigert werden.[388] Keine Auskunftspflicht besteht für Unternehmen, welchen nach Art. 5 Abs. 3 und 4 KG oder Art. 7 KG eine Sanktion droht, denn aufgrund des strafrechtlichen Charakters dieser Sanktion besteht für die betroffenen Unternehmen nach Art. 6 Abs. 1 EMRK das Recht, sich nicht selbst belasten zu müssen.[389]

3.343 Voraussetzung für eine Sanktion nach Art. 52 KG ist, dass bezüglich der Auskunftspflicht eine **vollstreckbare Verfügung** erging; aus der Verfügung muss sich klar ergeben, welche Informationen oder Dokumente herauszugeben sind.[390]

3.344 **Vertiefung:** Eine Sonderfrage stellt sich im Hinblick darauf, ob die **Rechtmässigkeit** der der Auskunftspflicht zugrunde liegenden Verfügung im Verfahren nach Art. 52 KG überprüft werden kann oder nicht. Die h.L. geht davon aus, dass dafür das Rechtsmittelverfahren vorgesehen ist und eine solche Überprüfung nicht zulässig ist, wenn dem Unternehmen die gerichtliche Anfechtung möglich war.[391]

3.345 Mögliche Täter i.S.v. Art. 52 KG sind Unternehmen, die einer Auskunfts- und Vorlagepflicht gemäss Art. 40 KG und Art. 15 VKU unterstehen und somit als Adressaten von Anordnungen gestützt auf diese Bestimmungen in Frage kommen.[392]

---

387 Borer, Art. 51 N 2. Zu Art. 15 VKU vgl. vorne N 2.1008.

388 HK-Livschitz, Art. 52 N 1.

389 HK-Livschitz, Art. 52 N 2; a.A. wohl Borer, Art. 51 N 3, welcher sich als Grundlage für das Zeugnisverweigerungsrecht jedoch auf Art. 42 BZP stützt, der nur auf natürliche Personen Anwendung findet.

390 HK-Livschitz, Art. 52 N 4; KG-Tagmann/Zirklick, Art. 52 N 7.

391 KG-Tagmann/Zirklick, Art. 52 N 12 m.w.H.

392 KG-Tagmann/Zirklick, Art. 52 N 4 ff.; HK-Livschitz, Art. 52 N 7.

Subjektiv ist vorausgesetzt, dass dem Unternehmen ein Verschulden zur Last gelegt werden kann; gefordert ist mindestens **eventualvorsätzliches** Handeln einer Organperson, deren Handlungen dem betreffenden Unternehmen zuzurechnen sind.[393] 3.346

Sanktioniert wird eine Verletzung von Art. 52 KG mit einer Busse von bis zu CHF 100 000. Die WEKO verfügt bezüglich der konkreten Sanktionsbemessung über einen erheblichen Ermessensspielraum; die Bemessung hat nach den konkreten Umständen des Einzelfalles zu erfolgen; ferner sind die allgemeinen Grundsätze der Verhältnismässigkeit und das Gleichbehandlungsgebot zu berücksichtigen.[394] 3.347

D. Strafsanktionen

Art. 54 und 55 KG enthalten gewisse strafrechtliche Sanktionen, welche sich gegen natürliche Personen richten. Es handelt sich dabei um die Parallelbestimmungen zu Art. 50–52 KG, um das Verhalten direkt verfolgbarer natürlicher Personen zu sanktionieren. 3.348

1. Tatbestände

a) Widerhandlungen gegen einvernehmliche Regelungen und behördliche Anordnungen

Art. 54 KG statuiert für Widerhandlungen gegen einvernehmliche Regelungen und behördliche Anordnungen eine Busse von bis zu CHF 100 000. Aus strafrechtlicher Sicht handelt es sich beim Tatbestand von Art. 54 KG um ein **echtes Sonderdelikt,** weil als Täter nur in Frage kommt, wer Adressat einer behördlichen Anordnung ist.[395] Aufgrund der Busse als Sanktionsandrohung ist der Tatbestand als **Übertretung** zu qualifizieren, d.h., ein Versuch ist straflos. Angesichts der Sondervorschrift von Art. 5 VStrR sind Teilnahme und Gehilfenschaft indessen strafbar. 3.349

Als Täter in Frage kommen diejenigen Personen, die in einem Unternehmen als Entscheidträger durch ihre Anordnungen gegen einen rechtskräftigen Entscheid der WEKO verstossen haben, d.h., die Personen müssen im Unternehmen über eine gewisse Entscheidkompetenz verfügen.[396] 3.350

Die strafbewehrte Anordnung hat aufgrund des Legalitätsgrundsatzes konkrete Verhaltensanordnungen zu enthalten und muss hinreichend bestimmt sein. Bei einem Verstoss gegen eine einvernehmliche Regelung ist zu beachten, dass sich der Verstoss nicht gegen eine von der WEKO genehmigte Vereinbarung i.S.v. Art. 29 KG 3.351

393 HK-Livschitz, Art. 52 N 10.
394 KG-Tagmann/Zirklick, Art. 52 N 14 ff.; HK-Livschitz, Art. 52 N 12 f.
395 KG-Riedo/Niggli, Art. 53 N 5 f.; HK-Livschitz, Art. 54 N 7.
396 Botschaft, 622.

richten kann.[397] Die verpflichtende Anordnung hat nach Praxis der WEKO ferner – entgegen dem deutschen Wortlaut – vollstreckbar zu sein, d.h., eine Sanktion ist auch bei einem Verstoss gegen einstweilige Anordnungen möglich.[398]

3.352 **Vertiefung:** Im Zusammenhang mit der Rechtmässigkeit stellt sich die Frage, inwieweit der Strafrichter zur Überprüfung der verwaltungsrechtlichen Verfügung befugt ist. Gemäss der Rechtsprechung des Bundesgerichts zu Art. 292 StGB gilt, dass eine gerichtliche Verfügung nur bei offensichtlichen Gesetzesverletzungen sowie bei Ermessensmissbrauch und Ermessensüberschreitung überprüfbar ist. War die Verfügung bereits Gegenstand eines gerichtlichen Verfahrens oder liegt eine blosse Unangemessenheit vor, ist der Richter an die Verfügung gebunden. Besonders schwere Mängel, welche die Nichtigkeit der Verfügung zur Folge haben, sind indessen von Amtes wegen zu beachten, die betreffende Verfügung entfaltet diesfalls keine Rechtswirkung.[399]

3.353 Die Strafbemessung richtet sich gemäss Art. 57 Abs. 1 KG i.V.m. Art. 6 VStrR nach den allgemeinen Bestimmungen des StGB.[400] Die Busse bemisst sich dementsprechend nach den Verhältnissen des Täters so, dass dieser eine seinem Verschulden angemessene Strafe erleidet (Art. 106 Abs. 3 StGB).

b) Andere Widerhandlungen (Art. 55 KG)

3.354 Art. 55 KG umfasst die Verwaltungssanktionen von Art. 51 und 52 KG und sanktioniert Verstösse gegen Verfügungen der Wettbewerbsbehörden betreffend die Auskunftspflicht sowie Verstösse hinsichtlich Unternehmenszusammenschlüssen, so der Vollzug eines Zusammenschlusses ohne Meldung und allgemein die Widerhandlung gegen Verfügungen im Zusammenhang mit Unternehmenszusammenschlüssen. Wie bei Art. 54 KG handelt es sich auch bei Art. 55 KG um ein Sonderdelikt in Form einer Übertretung.

3.355 Zu unterscheiden sind zwei Tatbestandsvarianten:

- **Nichtbefolgen der Auskunftspflicht:** Zu beachten ist, dass die blosse Verletzung der Auskunftspflicht nicht strafbar ist, sondern nur, wenn diese ausdrücklich in einer Verfügung statuiert wurde und die betroffene Person gegen diese Verfügung verstösst. Die auskunftspflichtigen Organe können sich zudem auf das Verbot der Selbstbelastung berufen und die Auskunft verweigern, wenn dadurch das Unternehmen einer Sanktion i.S.v. Art. 49a KG ausgesetzt würde.[401]
- **Delikte im Zusammenhang mit Unternehmenszusammenschlüssen:** Mögliche Delikte sind einerseits der Vollzug eines Zusammenschlusses ohne Meldung sowie andererseits die Widerhandlung gegen Verfügungen im Zusammenhang mit Unternehmenszusammenschlüssen; in Frage kommende Verfügungen

397 KG-Riedo/Niggli, Art. 53 N 27.

398 KG-Riedo/Niggli, Art. 53 N 57; a.A. HK-Livschitz, Art. 54 N 22, welcher die Rechtskräftigkeit der Verfügung verlangt.

399 Differenziert KG-Riedo/Niggli, Art. 53 N 57; a.A. HK-Livschitz, Art. 54 N 25, welcher eine volle Überprüfungsbefugnis des Strafrichters verlangt.

400 Borer, Art. 54 N 4.

401 KG-Riedo/Niggli, Art. 55 N 24; HK-Livschitz, Art. 55 N 3.

in diesem Bereich sind vorläufige Vollzugsverbote, mit der Zulassung erteilte Auflagen, Zusammenschlussverbote sowie Massnahmen zur Wiederherstellung des wirksamen Wettbewerbs.[402]

Die Busse beträgt maximal CHF 20 000, bezüglich der Bemessung sind die Grundsätze des allgemeinen Strafrechts heranzuziehen.[403] 3.356

2. Verfahren und Verjährung

Zuständig für die Verfolgung von Verstössen gegen Art. 54 und 55 KG ist das Sekretariat im Einverständnis mit einem Mitglied des Präsidiums, urteilende Behörde ist die WEKO. Der Entscheid ergeht in Form eines Strafbescheides nach Art. 64 VStrR. 3.357

Die Verfolgungsverjährung ist in Art. 56 KG geregelt; danach verjähren Widerhandlungen gegen einvernehmliche Regelungen und behördliche Anordnungen nach fünf Jahren, die Verfolgung für andere Widerhandlungen nach zwei Jahren. Die Frist ist durch den Entscheid im erstinstanzlichen Verfahren gewahrt.[404] 3.358

Prozessual richtet sich das Verfahren nach dem VStrR (Art. 57 Abs. 1 KG), für das Untersuchungsverfahren anwendbar sind insbesondere Art. 32 ff. VStR; die vom Strafverfahren betroffenen Personen verfügen über die im Strafverfahren vorgesehenen Teilnahme- und Verteidigungsrechte.[405] 3.359

Die Rechtsmittel richten sich nach Art. 67 VStrR. Danach kann ein Betroffener innert 30 Tagen nach Eröffnung des Bescheids Einsprache bei der WEKO erheben (Art. 67 Abs. 1 VStrR), diese hat sodann eine begründete Strafverfügung zu erlassen (Art. 70 VStrR). Gegen die Strafverfügung steht der Weg an das zuständige Strafgericht offen, der Betroffene kann innert zehn Tagen nach Zustellung eine gerichtliche Beurteilung verlangen (Art. 72 VStR).[406] 3.360

E. Gebühren

Mit der Bestimmung von Art. 53a KG betreffend Gebühren wurde in der Revision 2003 die bis dahin als mangelhaft beurteilte gesetzliche Grundlage für die Erhebung von Gebühren durch die Wettbewerbsbehörden eingeführt.[407] 3.361

Nach Art. 53a Abs. 1 KG hat die WEKO für die folgenden Leistungen Gebühren zu erheben: 3.362

---

402 HK-Livschitz, Art. 55 N 5.
403 Vgl. vorne N 3.353.
404 Borer, Art. 56 N 3.
405 Borer, Art. 57 N 1.
406 Borer, Art. 57 N 3.
407 Zäch, N 1148.

«Verfügungen über die Untersuchung von Wettbewerbsbeschränkungen nach den Artikeln 26–31;

Prüfung von Unternehmenszusammenschlüssen nach den Artikeln 32–38;

Gutachten und sonstige Dienstleistungen.»

3.363 Der Bundesrat hat dazu die Verordnung über die Gebühren zum Kartellgesetz (GebV-KG)[408] erlassen. Nach Art. 53a Abs. 2 KG bemessen sich die Gebühren in erster Linie nach dem Zeitaufwand.

3.364 Grundsätzlich gilt bei der Kostentragung das Verursacherprinzip, d.h., es hat derjenigen die Kosten zu tragen, der ein Verwaltungsverfahren veranlasst. Eingeschränkt wird das Verursacherprinzip durch das Unterliegerprinzip, d.h. den Grundsatz, dass derjenige, der im Verfahren unterliegt, die Kosten zu tragen hat.[409]

F. Compliance

1. Begriff

3.365 Der Begriff Compliance stammt aus der angloamerikanischen Bankenbranche und umschreibt allgemein ein Verhalten im Einklang mit geltenden Regeln.[410] Gemeint sind damit nicht bloss rechtlich statuierte Normen, sondern allgemein auch Standesregeln und etablierte Verhaltensgrundsätze.[411]

3.366 Aus Sicht des Kartellrechts steht der Begriff Compliance für Bemühungen eines Unternehmens, die geltenden kartellrechtlichen Vorgaben im Rahmen der internen Unternehmenspolitik einzuhalten. Durch Compliance-Vorkehren sollen Führungspersonen und Mitarbeiter eines Unternehmens Orientierungshilfen über die geltenden Regeln und Vorschriften erhalten.[412] Compliance-Massnahmen berücksichtigen den Aspekt, dass Wettbewerbsverstösse nicht zwingend aus Bösartigkeit, sondern in vielen Fällen auch unbewusst geschehen. Insbesondere kleinere Unternehmen sind sich oft nicht bewusst, dass auch sie die kartellrechtlichen Normen zu berücksichtigen haben.

3.367 Compliance-Massnahmen dienen einerseits dazu, dass sich die Mitarbeitenden eines Unternehmens aus kartellrechtlicher Sicht korrekt verhalten, andererseits aber auch dazu, gegenüber den Behörden darzulegen, dass man den auferlegten Sorgfaltspflichten nachgekommen ist.[413] Bezüglich ihrer Ausgestaltung besteht

408 Verordnung über die Gebühren zum Kartellgesetz (Gebührenverordnung KG) vom 25. Februar 1998, SR 251.2.

409 BGE 128 II 247 ff., Erw. 6; Zäch, N 1149; RPW 2003/3 639 ff.

410 Bühler, 211; Skoczylas, 160.

411 Bühler, 211.

412 Weber/Rizvi, 502; Doss, 155; Eufinger/Maschemer, 509.

413 Jacobs, Wirkungen, 144.

eine breite Gestaltungsautonomie, gesetzliche Vorgaben bestehen in diesem Bereich nicht.[414]

2. Compliance-Programme

a) Compliance im Unternehmen

Der erste Schritt zur Erstellung eines wirksamen Compliance-Konzepts ist die Ermittlung der unternehmensspezifischen kartellrechtlichen Risiken. Diesem Ziel dient ein sog. **Antitrust-Audit.**[415] 3.368

Im Rahmen eines Antitrust-Audits wird das gesamte Unternehmen konzernumfassend durchleuchtet, um die kartellrechtlich problematischen Verhaltensweisen zu eruieren: Zu analysieren sind sämtliche Geschäftsbeziehungen, d.h. Kontakte zu Konkurrenten, Lieferanten und Kunden.[416] Dies geschieht in der Regel in Abhängigkeit der jeweiligen Branche, denn die kartellrechtlichen Risiken unterscheiden sich je nach Tätigkeitsfeld eines Unternehmens. 3.369

Hernach sind die kritischen Bereiche auszusondern und geeignete Lösungen für die Kartellrechts-Compliance zu suchen. Wenn bereits bestehende Kartellrechtsverstösse festgestellt werden, ist über eine allfällige Selbstanzeige und eine Inanspruchnahme des Bonusprogramms nachzudenken.[417] 3.370

Wenn keine aktuellen Verstösse gegen das Kartellrecht vorliegen (bzw. solche einer Lösung zugeführt worden sind), geht es darum, im Sinne einer proaktiven Unternehmenssteuerung neue Risiken zu vermeiden. Zu diesem Zweck sind geeignete Programme auszuarbeiten und zu implementieren. Dies geschieht in der Regel dadurch, dass ein unternehmensspezifisches **Compliance Manual** ausgearbeitet wird, welches die für das betreffende Unternehmen geltenden Regeln festhält. 3.371

Schliesslich ist eine geeignete **Schulung** der Mitarbeiter vorzunehmen. Die Mitarbeiter sind abhängig von der jeweiligen Verantwortlichkeitsstufe über das rechtskonforme Verhalten aufzuklären; wichtig ist in diesem Zusammenhang, dass sich insbesondere die Unternehmensspitze zu einem kartellrechtskonformen Verhalten bekennt und dies als Teil der Unternehmenskultur verbreitet.[418] Grundlage der Schulung sollten einfach und klar gehaltene Weisungen und Anordnungen über erlaubtes und verbotenes Verhalten sein, welche als unternehmensinterne Richtlinien den Mitarbeitenden verteilt werden. Als vorsorgliche Massnahme ist es zudem empfehlenswert, ein **internes Meldesystem** einzuführen, über welches Mitarbeiter potenziell wettbewerbswidriges Verhalten – mitunter auch anonym – anzeigen können.[419] 3.372

---

414 Skoczylas, 161.
415 Jacobs, Wirkungen, 145.
416 Krauskopf/Rochat, 63.
417 Krauskopf/Rochat, 64; Weber /Rizvi, 505.
418 Krauskopf/Rochat, 64.
419 Weber, Sanktionsminderung, 201.

3.373 Neben der Schulung ist die entsprechende **Kontrolle** durch ein geeignetes Überwachungssystem sicherzustellen. Nur wenn die Einhaltung der Richtlinien wirksam überwacht wird, können die Compliance-Bemühungen ihre volle Wirksamkeit entfalten.[420]

3.374 Für die Nichteinhaltung der Richtlinien sind zudem **Sanktionen** vorzusehen, über welche die Mitarbeitenden zu informieren sind.[421] Die WEKO hat in ihrer Praxis verschiedentlich darauf hingewiesen, dass Compliance-Massnahmen sich nur dann als wirksam erweisen, wenn den Betreffenden bei Nichteinhaltung der Weisungen unternehmensinterne Sanktionen drohen und diese auch durchgesetzt werden.[422]

b) Phasen der Compliance im Kartellrecht

3.375 Im Rahmen des Kartellrechts lässt sich die Compliance in drei Phasen aufgliedern:[423]

3.376 **(1) Vor der Untersuchung:** Vor einer Untersuchung nach Art. 27 KG besteht die kartellrechtliche Compliance im Wesentlichen in der Implementierung und Durchsetzung entsprechender Richtlinien über kartellrechtskonformes Verhalten. Die Einhaltung der Richtlinien ist durch regelmässige Kontrollen sicherzustellen; zudem sind den Mitarbeitenden für eine Widerhandlung Sanktionen in Aussicht zu stellen, welche bei einem Verstoss auch durchgesetzt werden.[424]

3.377 **(2) Während der Untersuchung:** Während einer laufenden Untersuchung stellt sich für ein Unternehmen in erster Linie die Frage nach dem Ausmass der Zusammenarbeit mit der Wettbewerbsbehörde. Unternehmen, die bei einer Untersuchung als erste mit der WEKO kooperieren, können bei einer allfälligen Sanktionierung von einer vollumfänglichen Sanktionsbefreiung profitieren, eine spätere Kooperation vermag immerhin noch eine Reduktion zu begründen.[425] Die Kooperation hat auch dahingehend zu erfolgen, dass der Behörde von Anfang an angekündigt wird, dass man am Abschluss einer einvernehmlichen Regelung interessiert sei. Dies erspart dem Sekretariat und im Endeffekt wohl auch den beteiligten Unternehmen einen erheblichen Untersuchungs- und Kostenaufwand. Aus diesem Grund wirkt sich die Einwilligung zum Abschluss einer einvernehmlichen Regelung positiv auf eine allfällige Sanktion aus.[426] Ein kartellrechtswidriges Verhalten ist sodann sofort einzustellen, ansonsten droht im Rahmen von Art. 6 SVKG eine Erhöhung der Busse.

3.378 **(3) Nach einer Untersuchung:** Sofern noch nicht vorhanden, sind sogleich im Anschluss oder auch noch während der Untersuchung geeignete Richtlinien zur zukünftigen Verhinderung von Kartellrechtsverstössen auszuarbeiten. Wenn bereits

---

420 Eufinger/Maschemer, 510.
421 Krauskopf/Rochat, 65.
422 Vgl. hinten N 3.379 ff.
423 Vgl. Weber, Sanktionsminderung, 199 ff.
424 Weber/Rizvi, 504 f.
425 Vgl. dazu vorne N 3.248.
426 Weber/Rizvi, 505; vgl. dazu vorne N 3.248 ff.

Massnahmen bestehen, sind diese zu verfeinern. Gegebenenfalls sind die unternommenen Bemühungen der Wettbewerbskommission zur Kenntnis zu bringen.[427]

3. Zusammenhang von Sanktion und Compliance

a) Bisherige Praxis der WEKO zu Compliance-Massnahmen

aa) Prüfung im Rahmen der Vorwerfbarkeit

Der Hinweis auf Compliance-Massnahmen wurde von den Unternehmen bis anhin vorab unter dem Aspekt der Vorwerfbarkeit angeführt. In verschiedenen Verfahren brachten die angeschuldigten Unternehmen vor, dass ihnen keine objektive Sorgfaltspflichtverletzung vorgeworfen werden könne, weil sie durch die entsprechenden Compliance-Programme gerade solche Kartellrechtsverstösse verhindern wollten. Wie erwähnt lässt es die WEKO für die Vorwerfbarkeit genügen, dass dem Unternehmen ein Organisationsverschulden vorgeworfen werden kann. Der Umstand, dass es trotz Vorliegens von Compliance-Massnahmen zu Wettbewerbsverstössen gekommen ist, wird als ausreichend erachtet, um die Vorwerfbarkeit bzw. ein objektives Verschulden zu bejahen.[428] 3.379

Dass wegen des Bestehens eines Compliance-Programms die Vorwerfbarkeit und somit die Strafbarkeit entfällt, wird von einem Grossteil der Lehre wie auch der Praxis abgelehnt.[429] Begründet wird diese Ansicht namentlich damit, dass diese Möglichkeit die Wirksamkeit der kürzlich eingeführten direkten Sanktionsregelungen untergraben und die gesamte Bonusregelung in Frage stellen würde. Zudem würde sich die Arbeit der Wettbewerbsbehörden letztlich darauf beschränken, die konkrete Wirksamkeit eines Compliance-Programms zu prüfen, eine Aufgabe, die ihr grundsätzlich nicht zukommt.[430] 3.380

bb) Compliance als Schuldmilderungsgrund

In der Lehre spricht sich ein Grossteil der Stimmen dafür aus, dass Compliance-Massnahmen im Rahmen der Sanktionsmilderungsgründe von Art. 6 SVKG Beachtung finden sollten.[431] 3.381

cc) Kriterien aus der Praxis der WEKO

Obschon die WEKO in ihrer bisherigen Praxis weder einen Sanktionserlass noch eine Sanktionsmilderung aufgrund eines Compliance-Programms vornahm, hat sie sich verschiedentlich zu Compliance-Programmen und deren Anforderungen 3.382

---

427 Weber/Rizvi, 506.
428 Vgl. dazu vorne N 3.218 ff.
429 Vgl. auch Evalutionsgruppe KG, 89 m.w.H.; Doss, 155.
430 Evaluationsgruppe KG, 89 f.
431 Evaluationsgruppe KG, 89; Doss, 155.

geäussert. Aus der bisherigen Praxis der WEKO lassen sich folgende Schlüsse ziehen:

- **Grösse des Unternehmens:** Die erforderlichen Compliance-Massnahmen hängen massgeblich mit der Grösse des Unternehmens zusammen: Je grösser der Umsatz eines Unternehmens, desto eher hat sich ein Unternehmen um ein wirkungsvolles Programm zu bemühen. Bei kleineren Unternehmen können mitunter auch mündliche und auf Vertrauen basierende Ermahnungen, keine Wettbewerbsabsprachen zu tätigen, ausreichen.[432]
- **Sicherstellung der Wirksamkeit:** Ein wichtiger Punkt ist, dass die Unternehmen die Einhaltung der Vorgaben sicherstellen, dies einerseits durch regelmässige Kontrollen und andererseits auch durch hinreichende Verfolgung von Verdachtsmomenten.
- **Sanktion:** Ein bedeutendes Kriterium ist die Beurteilung, ob und welche Sanktionen für die Nichtbeachtung der Compliance-Programme vorgesehen sind und wie diese im Unternehmen kommuniziert werden.

G. Revision des Kartellgesetzes

1. Sanktionsmilderung durch Compliance

a) Geplante Neuregelung

3.383 Die Möglichkeit der Sanktionsmilderung durch Compliance-Programme soll ausdrücklich im Gesetz verankert werden; dies entspricht dem Anliegen der Motion Schweiger.[433] Beabsichtigt ist damit, für Unternehmen präventive Anreize zu setzen, die kartellrechtlichen Normen einzuhalten. Aus diesem Grund wird der geltende Art. 49a Abs. 1 KG in zwei Absätze aufgeteilt und mit neu lautendem Absatz 2 ergänzt. Die Bestimmung lautet wie folgt.

Art. 49a Abs. 2 E-KG

«Der Betrag bemisst sich nach der Dauer und der Schwere des unzulässigen Verhaltens. Der mutmassliche Gewinn, den das Unternehmen dadurch erzielt, ist angemessen zu berücksichtigen. Vorkehrungen zur Verhinderung von Verstössen gegen das Kartellgesetz, die das Unternehmen getroffen hat und die seiner Grösse, Geschäftstätigkeit und der Branche angemessen sind, sind sanktionsmindernd zu berücksichtigen, wenn sie vom Unternehmen nachgewiesen werden.»

3.384 Die Formulierung ist bewusst offen gewählt. Welche Massnahmen in einem Unternehmen genügend sind, unterliegt einer einzelfallweisen Beurteilung. Aufgrund der Vielfalt möglicher Unternehmensorganisationen und der unterschiedlichen Branchen- und Marktverhältnisse ist die Umschreibung generell-abstrakter Anweisungen kaum möglich.[434] Indessen soll die Schwelle für eine Sanktionsmilderung

---

432 RPW 2012/2 270 ff., 403.
433 Vgl. dazu vorne N 1.39.
434 Botschaft 2012, 3959; Weber, Sanktionsminderung, 205.

bewusst hoch gehalten werden und die Unternehmen sollen gehalten sein, ihre Compliance-Programme durch personelle, wirtschaftliche und organisatorische Massnahmen sicherzustellen, das blosse Aufstellen von Verhaltensrichtlinien, ohne deren Einhaltung zu überwachen, ist ungenügend.[435] Nach der Botschaft soll eine Sanktionsminderung jedoch an zwei Voraussetzungen geknüpft sein:

- **Nachweis ausreichender Compliance-Massnahmen:** Der Nachweis, dass ausreichende Massnahmen getroffen worden sind, ist vom Unternehmen zu erbringen.[436] Die Unternehmen haben auch nachzuweisen, dass sie sich um die Einhaltung des Kartellrechts bemüht haben, namentlich indem sie ein entsprechendes Kontroll- und Sanktionssystem implementiert haben.[437]
- **Angemessenheit der Massnahme:** Nach dem Gesetzestext haben die Compliance-Massnahmen angemessen zu sein. Weitere Ausführungen bezüglich der Angemessenheit enthält der Gesetzestext nicht, sondern verweist lediglich darauf, dass sich die Angemessenheit der Massnahme nach der Grösse, der Geschäftstätigkeit und der jeweiligen Branche beurteilt.

Gleichwohl ist unzweifelhaft, dass die Behörden bei der Beurteilung der genannten 3.385
Voraussetzungen über einen erheblichen Ermessensspielraum verfügen.[438]

b) Würdigung und Erfolgsaussichten

Ein wesentlicher Kritikpunkt der Verankerung der Sanktionsminderung beim Vor- 3.386
liegen von Compliance-Massnahmen ist die schwierige Festlegung von Beurteilungskriterien.[439] Weil im Rahmen der Beurteilung jeweils eine einzelfallbezogene Betrachtungsweise herangezogen werden müsste und die Behörden über einen erheblichen Ermessenspielraum verfügen, könnte dadurch neben dem Legalitätsprinzip auch das Gleichbehandlungs- und Vertrauensprinzip verletzt werden.

Zu berücksichtigen ist weiter, dass es sich bei der Aufnahme der entsprechenden 3.387
Bestimmung um einen europäischen Sonderfall handeln würde. Dies würde dem Ansinnen des Gesetzgebers widersprechen, sich dem Recht der EU anzunähern, denn nach Ansicht der EU-Wettbewerbsbehörden würde eine Sanktionsmilderung gestützt auf Compliance-Massnahmen dazu führen, dass auch fehlerhafte Compliance-Programme belohnt würden.[440]

Im Parlament fand die sog. Compliance Defense indessen bis anhin ihre Zustim- 3.388
mung.[441] Sollte es zur geplanten Gesetzesänderung kommen, wäre es sinnvoll, dass Gerichte und Behörden entsprechende Leitlinien zu den Voraussetzungen einer

435 Botschaft 2012, 3959.
436 Botschaft 2012, 3959.
437 Eufinger/Maschemer, 510.
438 Botschaft 2012, 3959.
439 Weber, Sanktionsminderung, 205; KG-Tagmann/Zirlick, Art. 49a N 112.
440 Schneider, 20; vgl. auch Weber, Sanktionsminderung, 207.
441 Der Ständerat hiess die Bestimmung am 21. März 2013 gut. Momentan liegt die Sache bei WAK-NR.

wirksamen Compliance entwickeln würden, um die Rechtssicherheit zu erhöhen und den Betroffenen zu helfen, sich gemäss den Anforderungen zu verhalten.[442]

2. Sanktionierung natürlicher Personen

a) Geplante Neuregelung

3.389 Obwohl sich der Bundesrat als auch ein Gutachten von Baudenbacher zurückhaltend zur Einführung der Sanktionierung natürlicher Personen äusserten, fand die Motion Schweiger, die ein entsprechendes Anliegen unterbreitete, im Parlament Zustimmung und wurde an den Bundesrat überwiesen. Als sich die Annahme der Motion im Parlament abzeichnete, gab der Bundesrat ein Gutachten in Auftrag, welches aufzeigen sollte, wie sich die Motion am besten umsetzen liesse.[443] Schliesslich unterbreitete der Bundesrat zwei Varianten zur Vernehmlassung, einerseits die Variante der verwaltungsrechtlichen Massnahmen, andererseits die strafrechtliche Variante, die eine Sanktion mit Geld- und Freiheitsstrafen bis zu drei Jahren vorsah.[444] Mangels Befürwortern wurde die erste Variante nach der Vernehmlassung nicht mehr weiter verfolgt und der Bundesrat beschloss, nur das strafrechtliche Modell vorzuschlagen. Aufgrund seiner ablehnenden Haltung, welche von einem grossen Teil der Vernehmlassungsteilnehmer geteilt wurde, hat der Bundesrat die Einführung der Individualsanktionen jedoch nicht in die Botschaft zur Kartellrechtsrevision aufgenommen, sondern dem Parlament als separaten Bericht vorgelegt.[445]

3.390 Das Ziel der Motion Schweiger war, dass natürliche Personen, welche für kartellrechtsrelevante Handlungen oder Unterlassungen verantwortlich sind, direkt zur Rechenschaft gezogen werden können. Die Individualsanktion sollte neben die Verfolgung der Unternehmen treten, jedoch gestützt auf einen eigenen Tatbestand die Strafverfolgung von Beteiligten an harten, horizontalen Kartellen (Preis-, Gebiets- und Mengenabsprachen unter Unternehmen gleicher Marktstufe) ermöglichen.

3.391 Der Bundesrat schlug in seinem Bericht die folgende Bestimmung vor:

Art. 53a E-KG Mitwirkung an Preis-, Gebiets- und Mengenabreden zwischen Wettbewerbern

«¹ Mit Freiheitsstrafe bis zu drei Jahren oder Geldstrafe wird bestraft, wer vorsätzlich an einer Abrede über die direkte oder indirekte Festsetzung von Preisen, über die Einschränkung von Produktions-, Bezugs- oder Liefermengen oder über die Aufteilung von Märkten nach Gebieten oder Geschäftspartnern zwischen Unternehmen, die tatsächlich oder der Möglichkeit nach miteinander im Wettbewerb stehen, mitwirkt.

² Der Versuch ist nicht strafbar.

³ Wirkt die Person nach Absatz 1 an der Aufdeckung und der Beseitigung der Wettbewerbsabrede mit, so wird die Strafverfolgung eingestellt oder es wird von einer Bestrafung ganz oder teilweise abgesehen.

---

442 WEBER, Sanktionsminderung, 208.
443 BERICHT des Bundesrates zur Motion Schweiger, 1837.
444 BERICHT des Bundesrates zur Motion Schweiger, 1841.
445 BERICHT des Bundesrates zur Motion Schweiger, 1843, 1844.

[4] Auf eine Strafverfolgung wird verzichtet, wenn:

a. die Belastung für das Unternehmen aufgrund einer Meldung nach Artikel 49a Absatz 4 entfallen ist;

b. die Wettbewerbsabrede bei der Eröffnung der Untersuchung gegen das Unternehmen länger als fünf Jahre nicht mehr ausgeübt worden ist;

c. der Bundesrat eine Wettbewerbsbeschränkung nach Artikel 8 zugelassen hat.

[5] Wird die Tat nach Absatz 1 im Ausland begangen, so ist Artikel 2 Absatz 2 anwendbar.»

Abs. 1 enthält den Tatbestand, der mit dem Per-se-Verbot horizontaler Kartellabreden weiter geht als die Variante für Unternehmen, die noch über eine Rechtfertigungsmöglichkeit verfügen. Dies ist jedoch vor dem Hintergrund des Bestimmtheitsgebots notwendig.[446] Die Beschränkung der Strafbarkeit auf horizontale Abreden ist dadurch gerechtfertigt, dass Vertikalabreden sich viel eher durch Effizienzgründe rechtfertigen lassen und horizontale Abreden deshalb allgemein als schädlicher angesehen werden.[447] 3.392

Die Absätze 3 und 4 versuchen die Bestimmung insoweit abzuschwächen, als Absatz 3 die Grundlage für die Ausdehnung der für die Unternehmen geltenden Bonusregelung auf die natürlichen Personen umschreibt und Absatz 4 sicherstellt, dass die im Widerspruchsverfahren für Unternehmen erreichte Strafbefreiung auch für natürliche Personen gelten soll.[448] 3.393

Das Verfahren ist in Art. 53b E-KG geregelt: 3.394

Art. 53b E-KG Verfahren bei Handlungen gemäss Artikel 53a

«[1] Die Verfolgung und die Beurteilung von Widerhandlungen gegen Artikel 53a unterliegen der Bundesstrafgerichtsbarkeit.

[2] Die Bundesanwaltschaft eröffnet im Einvernehmen mit der Wettbewerbsbehörde eine Untersuchung gemäss Artikel 309 Absatz 1 der Strafprozessordnung (StPO).

[3] Ist auch ein Verfahren nach den Artikeln 27–30 im Gang oder steht die Eröffnung eines solchen Verfahrens bevor, so stellen die Bundesanwaltschaft und die Wettbewerbsbehörde die Koordination ihrer Untersuchungsmassnahmen sicher, insbesondere bei der Durchführung von Zwangsmassnahmen im Sinne der Artikel 241–250 StPO, des Artikels 42 Absatz 2 dieses Gesetzes und der Artikel 45–50 des Bundesgesetzes vom 22. März 1974 über das Verwaltungsstrafrecht (VStrR). Ein Strafverfahren wegen einer Abrede nach Artikel 53a Absatz 1 darf solange nicht mit einer Verurteilung der angeklagten Person abgeschlossen werden, als wegen derselben Abrede ein Verfahren nach den Artikeln 26–30 hängig ist.

[4] Die Wettbewerbsbehörde und die Bundesanwaltschaft leisten einander Amtshilfe und unterrichten sich gegenseitig über den Stand ihrer jeweiligen Verfahren.

[5] Die Wettbewerbsbehörde kann gegenüber der Bundesanwaltschaft von der Weitergabe von Informationen absehen oder ihr Akten nicht übermitteln, sofern die Weitergabe

a) die Wettbewerbsbehörde in der Ausübung der Aufgaben beeinträchtigen würde, die ihr durch dieses Gesetz übertragen sind;

---

446 ZIRLICK/LÜTHI/STÜSSI, 53; WOHLERS, 231.
447 HUBACHER, N 33.
448 BERICHT des Bundesrates zur Motion Schweiger, 1849.

b) Aussagen von Personen betrifft, die sich im Strafverfahren auf das Recht, zu schweigen und nicht zur eigenen Verurteilung beitragen zu müssen, berufen können, soweit sich eine solche Person der Weitergabe widersetzt.

6 Über Streitigkeiten im Bereich der Zusammenarbeit zwischen der Bundesanwaltschaft und der Wettbewerbsbehörde entscheidet auf Begehren einer der beiden Behörden das Bundesverwaltungsgericht.

7 Das Strafverfahren wird eingestellt, wenn im Verfahren nach den Artikeln 26–30 keine administrative Sanktion nach Artikel 49a ausgesprochen wird.»

3.395 Durch die Einführung der Bundesstrafgerichtsbarkeit in Absatz 1 soll sichergestellt werden, dass es nicht zu Verfahren in verschiedenen Kantonen kommt. Absatz 2 hält bezugnehmend auf das in der StPO verankerte Opportunitätsprinzip fest, dass nur diejenigen Fälle zu verfolgen sind, die eine gewisse Relevanz aufweisen; dadurch soll gleichzeitig gewährleistet werden, dass der Verfolgung von Unternehmen erste Priorität zukommt.

3.396 Absätze 3 und 4 sollen die Zusammenarbeit der Bundesanwaltschaft und der Wettbewerbsbehörden während des gesamten Verfahrens garantieren, während Absatz 5 die nötigen Voraussetzungen schafft, dass sich eine Person im Sinne des Verbots der Selbstbelastung im Rahmen des Selbstanzeigeverfahrens gegen Unternehmen nicht zu Aussagen zu verpflichten hat, welche ihr hernach in einem allfälligen Strafverfahren zum Nachteil gereichen.[449]

b) Würdigung und Erfolgsaussichten

3.397 Die Lehre folgt überwiegend der Kritik des Bundesrates und steht der Einführung von Individualsanktionen eher negativ gegenüber. Betont wird die Gefahr, dass die Unternehmen versuchen könnten, die Verantwortlichkeit auf die einzelnen Mitarbeiter zu schieben.[450]

3.398 Des Weiteren besteht das Risiko, dass allfällige Strafverfahren die Verwaltungsverfahren gegen die Unternehmen beeinträchtigen, weil die betroffenen Personen sich sowohl im Straf- als auch im Verwaltungsverfahren zu verantworten hätten.[451]

3.399 Bezweifelt wird auch die von den Befürwortern proklamierte Abschreckungswirkung für natürliche Personen; eine solche lässt sich kriminologisch nicht begründen; dies gilt umso mehr, wenn man bedenkt, dass aufgrund der Strafandrohung wohl in der Regel blosse Geld- und selten Freiheitsstrafen ausgesprochen würden.[452] Zudem weisen verschiedene Autoren darauf hin, dass bereits heute im Wiederholungsfall Strafsanktionen gegen natürliche Personen ausgesprochen werden können.[453] Überdies gelten schon gewisse Straftatbestände, welche eine Sanktionierung von gesetzeswidrigem Verhalten von Managern erlauben, zu denken ist

---

449 BERICHT des Bundesrates zur Motion Schweiger, 1850.
450 ZIRLICK/LÜTHI/STÜSSI, 51; BREMER, N 12 ff.
451 ZIRLICK/LÜTHI/STÜSSI, 52.
452 WOHLERS, 219; BREMER, N 4 ff.
453 BREMER, N 5.

etwa an Art. 164 oder Art. 158 StGB. Zudem sind fehlbare Mitarbeiter mit zahlreichen zivilrechtlichen Negativfolgen, wie einer fristlosen Kündigung und allfälligen Schadenersatzansprüchen, konfrontiert.

Die Individualsanktionen könnten sich auch negativ auf die Bonusregelung auswirken, weil sich die Personen, welche eine Selbstanzeige machen, dem Risiko einer Strafverfolgung aussetzen würden.[454] Um gleichwohl Anreize für eine Selbstanzeige nach Art. 49a Abs. 2 KG zu schaffen, müsste mit dieser eine Kronzeugenregelung für natürliche Personen einhergehen, ein Institut, welches der schweizerischen Rechtstradition widerspricht.[455] 3.400

Insgesamt erscheint es deshalb als zweifelhaft, ob Bestimmungen über die Sanktionierung natürlicher Personen ihren Eingang ins Kartellgesetz finden. Neben dem Bundesrat, der sich schon mehrfach gegen die Bestimmung ausgesprochen hat, äusserten sich auch die Vertreter aus Praxis und Wissenschaft mehrheitlich negativ. Zuletzt hat auch der Ständerat die entsprechenden Bestimmungen abgelehnt. 3.401

IV. Zivilrechtliches Verfahren

A. Einleitung

Obwohl es ein erklärtes Ziel der Kartellrechtsrevision von 1995 war, dem Kartellzivilrecht zu mehr Bedeutung zu verhelfen, ist das Kartellrecht nach wie vor in erster Linie ein Kartellverwaltungsrecht.[456] 3.402

Zivil- und Verwaltungsverfahren sind im Kartellrecht als eigenständige, nebeneinander bestehende Verfahren ausgestaltet. Zwischen der WEKO und den Zivilgerichten besteht eine parallele Zuständigkeit. Durch die zivilrechtlichen Bestimmungen soll ein durch eine Wettbewerbsbeschränkung behindertes Unternehmen direkt die Instrumente erhalten, um seine Ansprüche gegen den Verursacher der Beschränkung durchzusetzen, welche ihm das Kartellverwaltungsrecht nicht gewährt.[457] Art. 5 und 7 KG sind in diesem Sinne Doppelnormen, d.h., ihre Verletzung kann sowohl im Rahmen des Verwaltungs- als auch des Zivilrechts sanktioniert werden.[458] 3.403

Nach der heute vertretenen Auffassung in Praxis und Lehre können gestützt auf das Kartellrecht auch individuelle Interessen verfolgt werden.[459] Aus dem gesetzlich vorgesehenen Nebeneinander ergibt sich, dass das verwaltungsrechtliche Verfah- 3.404

454 BAUDENBACHER, Gutachten, 149; a.A. wohl HUBACHER, N 41.
455 WOHLERS, 241; ZIRLICK/LÜTHI/STÜSSI, 52.
456 JACOBS, Zivilrecht, 209; MÜLLER, 4.
457 JACOBS, Zivilrecht, 210.
458 HK-HAHN, Art. 12 N 1.
459 JACOBS, Zivilrecht, 213.

ren eher der Durchsetzung öffentlicher Interessen dient, während das zivilrechtliche Verfahren privaten Interessen zum Durchbruch verhilft.[460]

3.405 **Exkurs: Zivilrechtliches Verfahren in den USA**

Während in den übrigen europäischen Staaten das Kartellzivilrecht eine ähnlich untergeordnete Stellung hat wie in der Schweiz, präsentiert sich in den USA ein gänzlich anderes Bild. In den USA machen Zivilverfahren rund 90% aller Kartellverfahren aus.[461]

Dies liegt vor allem daran, dass das amerikanische Recht den Zivilklägern verschiedene Instrumente in die Hand gibt, um ihre Ansprüche geltend zu machen. Die Wichtigsten sind:[462]

- Beweisbeschaffung: *Pretrial Discovery* – Im Rahmen der Pretrial Discovery besteht für die Parteien die Pflicht, sich sämtliche für den Prozess relevanten Informationen zukommen lassen, inklusive elektronischer Daten.
- Minimierung Kostenrisiko I: *Class Action* – Durch die Möglichkeit von Sammelklagen minimiert sich der Aufwand für den Einzelnen und die Geltendmachung von summenmässig kleinen Schäden wird lohnenswert.
- Gewinnaussicht: *Treble Damages* – Durch die Möglichkeit des dreifachen Schadenersatzes wird der Anreiz für die Geltendmachung eines Schadens erheblich erhöht.
- Minimierung Kostenrisiko II: *American Rule* – Im amerikanischen Kartellrecht schuldet der Unterliegende der obsiegenden Partei keine Parteientschädigung.

B. Anwendungsbereich

3.406 Die in Art. 12 KG genannten Ansprüche gelten nur für wettbewerbsrechtlich unzulässige Abreden im Sinne von Art. 5 KG und missbräuchliche Verhaltensweisen im Sinne von Art. 7 KG. Nicht möglich ist die Geltendmachung der Ansprüche bei Unternehmenszusammenschlüssen. In Betracht fällt eine Berufung auf Art. 9/10 KG nur dann, wenn gleichzeitig eine Wettbewerbsbeschränkung im Sinne von Art. 5 oder 7 KG auftritt.[463]

3.407 **Vertiefung:** Eine besondere, wenn auch in der Praxis wenig relevante Bestimmung findet sich in Art. 12 Abs. 3 KG, welcher auch derjenigen Person die zivilrechtlichen Ansprüche zugesteht, die durch eine zulässige Wettbewerbsbeschränkung über das jeweilige Mass hinaus behindert wird, das zur Durchsetzung der Wettbewerbsbeschränkung notwendig ist (Über-

460 BGE 130 II 521 ff., Erw. 2.9; RWP 2003/3 653 ff., 678.
461 Heinemann, Gutachten, 158; Müller, 77.
462 Vgl. dazu ausführlich Heinemann, Gutachten, 9, 158; vgl. auch Denoth, 70; Müller, 77 f.
463 HK-Hahn, Art. 12 N 10.

massgebot). Weil im Rahmen von Abreden nach Art. 5 KG und Verhaltensweisen nach Art. 7 KG die Verhältnismässigkeit ein Teil der Effizienzprüfung ist, beschränkt sich der Anwendungsbereich von Art. 12 Abs. 3 KG auf Tatbestände, die im Ausnahmeverfahren im Nachhinein für zulässig erklärt worden sind.

C. Anspruchsberechtigung und Anspruchsgegner

1. Aktivlegitimation

Gemäss Art. 12 Abs. 1 KG ist jeder, der durch eine unzulässige Wettbewerbsbeschränkung in der Aufnahme oder Ausübung des Wettbewerbs behindert wird, zur Geltendmachung von zivilrechtlichen Klagen legitimiert. 3.408

Mögliche legitimierte Personen sind demzufolge natürliche oder juristische Personen, wie auch Personengesamtheiten, die in der Ausübung oder der Aufnahme des Wettbewerbs behindert sind. Es reicht aus, dass die Person von der Verhaltensweise tatsächlich betroffen ist, nicht erforderlich ist, dass der Kläger zum beklagten Unternehmen in einem direkten Konkurrenzverhältnis steht oder sich die unzulässige Verhaltensweise direkt gegen ihn richtet.[464] Grundsätzlich können zivilrechtliche Ansprüche selbst von Personen erhoben werden, welche auch an den unzulässigen Verhaltensweisen beteiligt sind oder waren, dies jedoch unter dem Vorbehalt des Rechtsmissbrauchsverbotes.[465] 3.409

Nicht aktivlegitimiert sind Konsumenten, weil sie weder in der Aufnahme noch in der Ausübung des Wettbewerbs behindert werden können; auch Konsumentenverbände sind nicht aktivlegitimiert.[466] Unklar ist die Aktivlegitimation von **Wirtschafts- und Branchenverbänden.**[467] Fest steht, dass sie dann zur Klage legitimiert sind, wenn sie selbst in der Aufnahme oder Ausübung des Wettbewerbs behindert werden.[468] Eine Verbandsklage im Namen der Mitglieder ist in Anlehnung an das neu in Art. 89 ZPO statuierte Verbandsklagerecht nun aber wohl möglich, wenn der Verband nach den Statuten zur Wahrung der Interessen seiner Mitglieder befugt ist, doch ist die Klageberechtigung auf die Geltendmachung von Abwehransprüchen beschränkt.[469] 3.410

464 BORER, Art. 12 N 3; HK-HAHN, Art. 12 N 12.
465 HK-HAHN, Art. 12 N 15.
466 ZÄCH, N 881; SPITZ, 120.
467 Im KG von 1985 war ein Klagerecht von Wirtschafts- und Branchenverbänden noch ausdrücklich vorgesehen: ZÄCH, N 882; BORER, Art. 12 N 3; WEBER/VLCEK, 125; HK-HAHN, Art. 12 N 13. Für die Beteiligung im Verwaltungsverfahren vgl. vorne N 3.51.
468 BORER, Art. 12 N 5.
469 KG-JACOBS/GIGER, Art. 12 N 24.

2. Passivlegitimation

3.411 Die Passivlegitimation ist in Art. 12 KG nicht ausdrücklich geregelt, sie ergibt sich aber ohne Weiteres aus Sinn und Zweck der Norm. Passivlegitimiert sind diejenigen Unternehmen, welche den Wettbewerb behindern, d.h. entweder die sich absprechenden oder das marktmächtige Unternehmen.[470]

3.412 Sind – zum Beispiel im Rahmen eines Kartells – mehrere Unternehmen passivlegitimiert, können sie einzeln eingeklagt werden, es besteht **keine notwendige Streitgenossenschaft.**[471]

3. Beweislast

3.413 Der zivilrechtliche Grundsatz von Art. 8 ZGB, dass jeder diejenigen Tatsachen zu beweisen hat, auf die er seine Ansprüche stützt, findet auch im Kartellrecht Anwendung. Der Kläger hat somit die Voraussetzungen seiner jeweils geltend gemachten Ansprüche zu beweisen.[472]

3.414 Die Beweislast des Klägers wird erleichtert durch verschiedene im Kartellrecht statuierte Vermutungen, so z.B. im Rahmen der harten Kartelle i.S.v. Art. 5 Abs. 3 und 4 KG. Erleichtert wird die Beweisführung durch den Kläger auch dadurch, dass praktisch den meisten zivilrechtlichen Verfahren ein Verwaltungsverfahren der WEKO vorausgeht; diese hat den Sachverhalt von Amtes wegen abzuklären und verfügt zudem über gewisse Zwangsmittel (Hausdurchsuchung).

3.415 Weil die Parteistellung im Kartellrecht relativ weit gefasst ist, haben behinderte Unternehmen wie dargelegt im Verwaltungsverfahren regelmässig Parteistellung und verfügen zu deren Wahrnehmung über Akteneinsichtsrechte, welche sie nutzen können, um sich die für das Zivilverfahren notwendigen Informationen zu beschaffen.[473] Dieses Recht wird zwar zum Teil durch die Geheimhaltungsinteressen der anderen Beteiligten eingeschränkt. Die Hürden für die Annahme eines Geschäftsgeheimnisses sind in der Praxis indessen hoch angesetzt, sodass behinderte Unternehmen relativ oft Einblick in die relevanten Dokumente erhalten.[474]

---

470 Weber/Vlcek, 125; Borer, Art. 12 N 6.

471 BGE 104 II 209 ff., Erw. 2c; BGE 93 II 192 ff., Erw. 11b; Borer, Art. 12 N 6; HK-Hahn, Art. 12 N 16.

472 Jacobs, Zivilrecht, 209.

473 HK-Hahn, Art. 12 N 5; Jacobs, Zivilrecht, 217.

474 Jacobs, Zivilrecht, 217.

D. Einzelne Ansprüche

1. Beseitigung

Vorausgesetzt für die Geltendmachung eines Beseitigungsanspruches ist, dass das wettbewerbswidrige Verhalten noch **andauert** und sich auf den Kläger **auswirkt.** Sobald das wettbewerbsbeschränkende Verhalten dahinfällt, fehlt es am Rechtsschutzinteresse des Klägers. 3.416

2. Unterlassung

Die Unterlassungsklage setzt voraus, dass entweder die Gefahr der Wiederholung einer abgeschlossenen Behinderung droht oder dass gegen eine drohende Behinderung vorgegangen wird.[475] Im Rahmen der Unterlassungsklage sind zwei Varianten zu unterscheiden: 3.417

- **Wiederholung einer abgeschlossenen Behinderung:** Eine Wiederholungsgefahr ist zu vermuten, wenn bereits ein Verstoss gegen das Kartellgesetz festgestellt wurde und sich das Unternehmen nicht von der betreffenden Beschränkung distanziert hat.[476] Indizien für das Vorliegen einer Wiederholungsgefahr sind des Weiteren auch Hinweise auf Vorbereitungshandlungen oder das Ignorieren einer Verwarnung.[477]
- **Drohende Behinderung:** Erforderlich ist der Nachweis einer unmittelbaren Begehungsgefahr, d.h., es muss die Wahrscheinlichkeit bestehen, dass die widerrechtliche Handlung unmittelbar droht.[478]

Ein Unterlassungsanspruch ist indessen nur durchsetzbar, wenn eine gewisse Wahrscheinlichkeit für die Realisierung der Wettbewerbsbeschränkung spricht. Die Beweislast wird in der Praxis dadurch erleichtert, dass in der Vergangenheit begangene Beschränkungshandlungen, von denen sich der Verursacher nicht distanziert hat, eine natürliche Vermutung begründen, dass solche Verhaltensweisen auch in Zukunft erfolgen könnten.[479] 3.418

Wird eine solche Wahrscheinlichkeit durch den Kläger dargelegt, ordnet der Richter die Unterlassung an. Es obliegt sodann der Gegenpartei zu beweisen, dass die Gefahr einer zukünftigen Wettbewerbsbeschränkung nicht mehr besteht **(Gegenbeweis).** Damit dieser Gegenbeweis erbracht werden kann, dürfte es nicht genügen, dass die Gegenpartei durch eine formlose Absichtserklärung ihre Abstandnahme vom betreffenden Verhalten kundtut.[480] Drohen der Gegenpartei indessen konkrete 3.419

---

475 BORER, Art. 12 N 11.
476 HK-HAHN, Art. 12 N 27; SCHENKER, 37.
477 KG-JACOBS/GIGER, Art. 12 N 49.
478 BORER, Art. 12 N 12.
479 HK-HAHN, Art. 12 N 27.
480 HK-HAHN, Art. 12 N 28; WEBER/VLCEK, 123; vgl. dazu auch SCHENKER, 39.

Rechtsnachteile, wie z.B. die Ausrichtung einer Konventionalstrafe, dürfte dies zur Erbringung des Gegenbeweises genügen.[481]

3.420 Obwohl die Ansprüche keiner Verjährung unterliegen, können sie bei längerem Zuwarten gestützt auf Art. 2 Abs. 2 ZGB verwirken.[482]

3. Schadenersatz/Genugtuung

a) Allgemeines

3.421 Die Ansprüche auf Schadenersatz und/oder Genugtuung richten sich nach den allgemeinen Deliktvoraussetzungen (Art. 41 ff. OR).[483] Die Ansprüche aus Schadenersatz und Genugtuung unterliegen deshalb der allgemeinen deliktischen Verjährungsfrist; die relative **Verjährungsfrist** beträgt ein Jahr seit Schadenskenntnis, absolut verjähren die Ansprüche zehn Jahre seit der schädigenden Handlung.[484] Entscheidend für den Beginn der relativen Verjährungsfrist ist die **weitgehende Kenntnis** des eingetretenen Schadens und des Schädigers.

b) Schadenersatz

3.422 Aus der Anwendbarkeit von Art. 41 OR ergibt sich, dass der Kläger für die Geltendmachung von Schadenersatz den Schaden, die Widerrechtlichkeit, den Kausalzusammenhang und das Verschulden des Beklagten zu beweisen hat.

3.423 In der Praxis ist die Geltendmachung von Schadenersatzansprüchen oft aufgrund des schwer zu erbringenden **Schadensbeweises** problematisch. Der Schaden berechnet sich gemäss der **Differenztheorie** nach der Differenz zwischen dem tatsächlichen und hypothetischen Zustand, wie er sich ohne das schädigende Ereignis ergeben hätte. Im Rahmen des Kartellrechts betrifft der eingetretene Schaden oft ausgebliebene oder nicht realisierte Gewinne; die dafür erforderlichen Daten sind für den Kläger aber für gewöhnlich nicht verfügbar; die Berechnung hängt zudem oft von schwer abschätzbaren hypothetischen Marktanalysen ab.[485] Der mühsam zu vollbringende Schadensnachweis wird durch die kurze Verjährungsfrist von einem Jahr zusätzlich erschwert. Ist der Schaden nicht nachweisbar, besteht alternativ die Möglichkeit, eine richterliche Schätzung des Schadens im Sinne von Art. 42 Abs. 2 OR zu verlangen.[486] Dies entbindet den Geschädigten indessen nicht vollumfänglich vom Schadensnachweis, vielmehr hat er gleichwohl die Umstände, die für die

481 HK-Hahn, Art. 12 N 28.
482 Borer, Art. 12 N 13.
483 Borer, Art. 12 N 14.
484 Weber/Vlcek, 123; HK-Hahn, Art. 12 N 46.
485 Borer, Art. 12 N 14; HK-Hahn, Art. 12 N 36; Spitz, 116.
486 HK-Hahn, Art. 12 N 37.

Verwirklichung des behaupteten Schadens sprechen, soweit möglich und zumutbar zu behaupten und zu beweisen.[487]

Vertiefung: In der kartellzivilrechtlichen Praxis sind die Anforderungen an den Nachweis des eingetretenen Schadens indessen nicht zu hoch anzusetzen. So gab sich das Handelsgericht Aargau mit einer «plausiblen Schätzung» des Schadens zufrieden, welcher im Wesentlichen auf möglicherweise zu erreichenden Marktanteilen beruhte (RPW 2003/2 451 ff., 475). 3.424

Bezüglich des Schadensnachweises stellt sich weiter die Frage nach der Zulässigkeit der **Passing-on Defense,** d.h. die Frage, ob sich der Schädiger darauf berufen kann, dass das geschädigte Unternehmen seinen Schaden ganz oder teilweise auf seine Kunden abgewälzt hat.[488] Weil dem geschädigten Unternehmen in diesem Umfang kein Schaden entsteht, ergibt sich aus der Anwendung des Bereicherungsverbotes, dass sich dieser Betrag im Rahmen des Schadenersatzanspruches nicht geltend machen lässt.[489] Wird der Schaden auf die nicht zur Klage legitimierten Konsumenten überwälzt, ergibt sich das Problem, dass grundsätzlich niemand zur Geltendmachung von Schadenersatzansprüchen berechtigt ist. Die Konsumenten tragen den Schaden, sind aber nicht aktivlegitimiert, das geschädigte Unternehmen ist zwar aktivlegitimiert, hat aber infolge der Abwälzung keinen Schaden. Dieser unbefriedigenden Situation soll nun mit der Revision des Kartellgesetzes, in deren Rahmen die Verankerung der Aktivlegitimation der Konsumenten beabsichtigt ist, begegnet werden.[490] 3.425

Weniger Probleme bereitet der Beweis der **Widerrechtlichkeit;** diese liegt in der Verletzung der kartellrechtlichen Vorschriften, welche als Schutznorm i.S.v. Art. 41 OR auch rein vermögensrechtliche Schäden ersatzfähig machen.[491] Die Widerrechtlichkeit entfällt hingegen, wenn der Kläger in das schädigende Verhalten eingewilligt hat, so beispielsweise, wenn er selbst an der unzulässigen Abrede beteiligt war.[492] 3.426

Ferner hat der Kläger den **Kausalzusammenhang** zwischen dem eingetretenen Schaden und dem Verhalten der Gegenpartei zu beweisen. In der Praxis vermengen sich die Frage nach dem Schadensbeweis und diejenige des Kausalzusammenhanges in vielen Fällen, namentlich wenn es um die Berechnung entgangener Gewinne oder zukünftigen Schadens geht.[493] 3.427

Schliesslich hat der Kläger das **Verschulden** des Beklagten zu beweisen. Absprachen i.S.v. Art. 5 Abs. 3 und 4 KG sowie missbräuchliches Verhalten i.S.v. Art. 7 Abs. 2 KG sind wohl allgemein als geeignet zu betrachten, andere Wettbewerber zu schädigen; in diesem Sinne ist bei solchen Verhaltensweisen mindestens von Fahrlässigkeit auszugehen. Anders liegt der Fall, wenn die Rechtslage unklar ist oder 3.428

---

487 BGE 128 III 271 ff., Erw. 2baa; SCHÖNBERGER BEAT, in: Honsell Heinrich (Hrsg.), Kurzkommentar Obligationenrecht, Basel 2008, Art. 42 N 4.

488 Dazu ausführlich MÜLLER, 1 ff.

489 MÜLLER, 240 ff., JACOBS, 221; LANG, 124 f.

490 Vgl. dazu hinten N 3.473 ff.

491 ZÄCH, N 891; HK-HAHN, Art. 12 N 35.

492 HK-HAHN, Art. 12 N 35.

493 SPITZ, 118.

der Beklagte gestützt auf Abklärungen in guten Treuen davon ausging, dass sein Verhalten zulässig sei.[494] Die Zurechnung des Verhaltens der Organe richtet sich nach Art. 55 Abs. 2 ZGB bzw. Art. 722 OR, für Mitarbeiter ist Art. 55 OR anwendbar. In diesem Fall steht dem Unternehmen jedoch der Entlastungsbeweis offen, indem es nachweist, dass es bezüglich des Mitarbeiters die notwendige Sorgfalt im Hinblick auf Auswahl, Instruktion und Überwachung walten liess.[495]

3.429 **Vertiefung:** Sind Wettbewerbsbeschränkungen in Verträgen enthalten, stellt sich die Frage, ob die Geltendmachung von Schadenersatz aus Art. 12 KG wegbedungen werden könne.[496] Nach h.L. ist die Wegbedingung der deliktischen Haftung in Verträgen nur innerhalb der Schranken von Art. 100 und 101 OR möglich, d.h., eine Freizeichnung für vorsätzliches und grobfährlässiges Verhalten entfällt von vornherein, doch kann für Hilfspersonen die Haftung auch für grobe Fahrlässigkeit und Absicht wegbedungen werden. Weitere Schranken ergeben sich für eine Freizeichnung nicht, insofern ist der Ausschluss der deliktischen Haftung durch eine entsprechende Klausel unter Beachtung der Grenzen von Art. 100/101 OR grundsätzlich möglich.[497]

c) Genugtuung

3.430 Zur Geltendmachung eines Genugtuungsanspruchs ist erforderlich, dass eine solche durch die **Schwere der Verletzung** gerechtfertigt ist und die Verletzung nicht anders wieder gutgemacht werden kann (Art. 49 OR). Weil die Zusprechung einer Genugtuung eine besonders gravierende Beeinträchtigung notwendig macht, ist deren praktische Bedeutung im Kartellrecht beschränkt.

4. Gewinnherausgabe

3.431 Wer in der Aufnahme oder der Ausübung des Wettbewerbs behindert ist, kann nach Art. 12 Abs. 1 lit. c KG auf die Herausgabe des unrechtmässig erzielten Gewinns klagen. Voraussetzungen und Umfang des Anspruches richten sich nach Art. 423 OR.[498] Die Gewinnherausgabe i.S.v. Art. 423 OR ermöglicht es dem Anspruchsberechtigten, diejenigen Gewinne vom Verletzer abzuschöpfen, welche diesem aufgrund der Wettbewerbsbeschränkung (in dieser Höhe) zugekommen sind, zu denken ist etwa an Monopolgewinne aus der Elimination von Aussenseitern.[499]

3.432 Zwischen dem Schadenersatzanspruch und der Gewinnherausgabe besteht **Anspruchskonkurrenz,** d.h., der Betroffene hat ein Wahlrecht zwischen den Ansprüchen, kann diese aber nicht kumulieren.[500] Demgegenüber lässt sich der

494 HK-Hahn, Art. 12 N 42.
495 HK-Hahn, Art. 12 N 43.
496 Vgl. dazu Bürgi/Jacobs, 156.
497 Bürgi/Jacobs, 156.
498 RPW 2003/2 451 ff., 476. Zur Gewinnherausgabe ausführlich OR-Weber, Art. 423 N 12 ff.
499 Weber/Vlcek, 123; OR-Weber, Art. 423 N 16.
500 RPW 2003/2 451 ff., 477; Spitz, 119; Stoffel, 115.

Gewinnherausgabeanspruch mit dem Beseitigungs- oder Unterlassungsanspruch verbinden, weil die Ansprüche unterschiedliche Ziele verfolgen.[501]

Ein Gewinnherausgabeanspruch ist in der Praxis in der Regel im Rahmen einer **Stufenklage** geltend zu machen. Vorab ist ein Nebenanspruch auf Auskunftserteilung und Rechenschaftsablegung zu erheben, was dem Kläger den Gewinnnachweis erheblich erleichtert.[502] 3.433

Ein Teil der Lehre hat die Möglichkeit der Gewinnherausgabe kritisiert, namentlich mit dem Hinweis, dass die Grundsätze der Geschäftsanmassung nur schwer auf kartellrechtliche Sachverhalte zu passen vermögen.[503] In der Praxis hatte der Gewinnherausgabeanspruch kaum je praktische Relevanz.[504] 3.434

5. Feststellung

Das Kartellgesetz schweigt sich darüber aus, ob neben den genannten Unterlassungs- und Beseitigungsansprüchen auch eine Feststellungsklage möglich ist. Die h.L. geht davon aus, dass eine Feststellungsklage in Form einer (subsidiären) **allgemeinen Feststellungsklage** zulässig sei.[505] 3.435

Gestützt auf die allgemeinen Grundsätze ist eine Feststellungsklage dann gerechtfertigt, wenn dafür ein Rechtsschutzinteresse besteht; ein solches wird unter den folgenden Voraussetzungen bejaht:[506] 3.436

- Bestehen einer **Ungewissheit** mit Bezug auf den Rechtsanspruch des Klägers;
- Fortdauer dieser Ungewissheit ist für den Kläger **nicht zumutbar;**
- Leistungsklage ist nicht möglich **(Subsidiarität).**

In der kartellrechtlichen Praxis hatte die (positive) Feststellungsklage aufgrund des weiten Anwendungsbereichs des Beseitigungsanspruchs bislang wenig praktische Bedeutung. Interessant dürfte indessen allenfalls das Erheben einer negativen Feststellungsklage für einen mutmasslichen Urheber einer Kartellrechtsverletzung sein.[507] 3.437

501 Borer, Vorgehen, N 13.62.
502 Borer, Art. 12 N 15; Spitz, 125.
503 Lang, 133; vgl. dazu auch Spitz Philippe, Gewinnherausgabe und sonstige Gewinnabschöpfung im Kartellrecht, in: Jusletter vom 9. Oktober 2006.
504 HK-Hahn, Art. 12 N 18; Zäch, N 892.
505 HK-Hahn, Art. 12 N 31; Weber/Vlcek, 123; Stoffel, 112.
506 ZPO-Schenker, Art. 88 N 6.
507 BGE 129 III 545 ff., HK-Hahn, Art. 12 N 32.

3.438 **Fallbeispiel: Allgemeines Bestattungsinstitut, RPW 2003/2 451 ff.**

Im Verfahren Allgemeines Bestattungsinstitut ging es um einen Vertrag, durch den der Kanton Aargau die Aufgaben, die dem Kantonsspital Aarau bei einem Todesfall obliegen, der privaten Gesellschaft «Caminda» übertrug.

Gegen diesen Vertrag erhob das «Allgemeine Bestattungsinstitut» Klage mit der Forderung, dass das Spital die Angehörigen auch auf sein Institut aufmerksam zu machen habe; zudem sei der Vertrag infolge Kartellrechtswidrigkeit für nichtig zu erklären und der Kläger sei zu entschädigen.

Das Handelsgericht sah im Verhalten des Kantons einen Verstoss gegen Art. 5 und Art. 7 KG und erklärte den Vertrag als nichtig. Es verpflichtete den Kanton in der Folge, die Angehörigen auch auf das Allgemeine Bestattungsinstitut hinzuweisen.

Das Handelsgericht bejahte zudem den Anspruch des Allgemeinen Bestattungsinstituts auf Schadenersatz und Gewinnherausgabe, verneinte indessen den Genugtuungsanspruch.

E. Rechtsfolgen

1. Allgemeines

3.439 In Art. 13 KG findet sich eine Aufzählung möglicher Rechtsbegehren, mit welchen die Klagebegehren von Art. 12 KG umgesetzt, d.h. ein späteres Urteil vollstreckt werden kann.[508] Es handelt sich dabei jedoch lediglich um eine exemplarische und nicht um eine abschliessende Aufzählung, es steht den Parteien somit frei, weitere oder andere Rechtsbegehren zu stellen.[509]

3.440 Das Kartellgesetz enthält keine ausdrückliche Regelung zu den zivilrechtlichen Folgen von kartellrechtswidrigen Verträgen. Art. 20 Abs. 1 OR erklärt Verträge mit einem widerrechtlichen Inhalt für nichtig. Nach h.L. gilt diese Nichtigkeitsfolge jedoch nicht absolut, sondern nur dann, wenn diese Rechtsfolge gesetzlich vorgesehen ist oder sie sich aus dem Sinn und Zweck der anzuwendenden Norm ergibt.[510]

3.441 Unzulässige Wettbewerbsabreden i.S.v. Art. 5 KG sind aus Sicht des Schutzzweckes des Kartellgesetzes als schwerwiegend anzusehen, weshalb als zivilrechtliche Rechtsfolge nur die Nichtigkeit in Frage kommt.[511] Die h.L. und Rechtsprechung gehen von der **Nichtigkeit ex tunc** aus, d.h., KG-widrige Verhaltensweisen sind

508 Borer, Art. 13 N 1; HK-Hahn, Art. 13 N 1.
509 Borer, Art. 13 N 1.
510 Ausführlich dazu OR-Huguenin, Art. 19/20 N 54 m.w.H.
511 Borer, Vor Art. 12 ff. N 7.

von Anfang an nichtig und die die behördliche Anordnung der Nichtigkeit wäre nicht notwendig.[512]

In der Praxis bezieht sich die Kartellrechtswidrigkeit oft nur auf bestimmte Vertragsklauseln und nicht auf den gesamten Vertrag. In einem solchen Fall beschränkt sich die Nichtigkeit auf die kartellrechtswidrigen Klauseln, der Rest des Vertrages bleibt grundsätzlich bestehen, es tritt eine blosse **Teilnichtigkeit** (Art. 20 Abs. 2 OR) ein.[513] Die Folge der vollständigen Nichtigkeit betrifft nur den Fall, in welchem der Vertrag ohne die entsprechenden Klauseln erst gar nicht geschlossen worden wäre. In Frage kommt die Heranziehung der Rechtsfigur der «modifizierten Teilnichtigkeit», bei welcher das Gericht die einzelnen unzulässigen Vertragsteile nach Massgabe des hypothetischen Parteiwillens auf das zulässige Mass herabsetzt.[514] 3.442

Die zivilrechtlichen Rechtsfolgen der Verletzung von Zusammenschlussvorschriften sind in Art. 34–38 KG geregelt.[515] 3.443

2. Ungültigkeit von Verträgen

Eine mögliche Durchsetzung der in Art. 12 Abs. 1 lit. a KG genannten Ansprüche ist der Antrag auf die teilweise oder ganze Ungültigerklärung von Verträgen. In Frage kommen Verträge über unzulässige Wettbewerbsabreden, Folgeverträge mit Dritten sowie Verträge mit marktbeherrschenden Unternehmen.[516] 3.444

Die h.L. und Praxis gehen von der **Nichtigkeit ex tunc** aus, die behördliche Anordnung der richterlichen Ungültigerklärung dient lediglich der Feststellung der von Gesetzes wegen eingetretenen Nichtigkeit.[517] Dennoch kann das Urteil praktisch von Bedeutung sein, weil es festlegt, ob vertragliche Leistungspflichten bestehen.[518] 3.445

Das Recht auf Ungültigerklärung steht neben den Betroffenen auch Aussenseitern zu, die sich beispielsweise auf die Ungültigkeit eines Vertrages zwischen dem Grossisten und dem Detailhändler, der die Belieferung von Aussenseitern verbietet, berufen.[519] Auch Personen, welche an der Wettbewerbsbeschränkung selbst beteiligt waren, können sich auf die Ungültigkeit der Verträge berufen. 3.446

Von Bedeutung vermag Art. 13 lit. a KG sodann im Hinblick auf Folgeverträge zu sein. Folgeverträge sind Verträge, die mit den an einer unzulässigen Wettbewerbsabsprache Beteiligten in Anwendung der Wettbewerbsabrede geschlossen 3.447

512 BGE 134 III 438 ff., Erw. 2; KG-Jacobs/Giger, Vor Art. 12–17 N 36; Zäch, N 857; HK-Hahn, Art. 12 N 23; Bürgi, 224 ff.
513 David/Jacobs, N 808.
514 HK-Hahn, Art. 12 N 24; zur modifizierten Teilnichtigkeit vgl. OR-Huguenin, Art. 19/20 N 61 m.w.H.
515 Vgl. vorne N 3.193.
516 Zäch, N 884.
517 KG-Jacobs/Giger, Vor Art. 12–17 N 36; vgl. vorne N 3.441.
518 HK-Hahn, Art. 13 N 4.
519 Zäch, N 886.

wurden.[520] Folgeverträge, die der Umsetzung einer horizontalen oder vertikalen Wettbewerbsabsprache dienen, sind selbst rechtswidrig und deshalb im Umfang der Wettbewerbsabrede nichtig.[521]

3. Abschluss von marktgerechten und branchenüblichen Verträgen

3.448 Als Folge einer unzulässigen Wettbewerbsbeschränkung kann das Gericht auch anordnen, dass deren Verursacher mit den Behinderten sachgerechte Verträge abzuschliessen haben (Art. 13 lit. b KG). Von Bedeutung ist die Vorschrift insbesondere beim missbräuchlichen Verhalten marktbeherrschender Unternehmen i.S.v. Art. 7 KG.[522]

3.449 Die Kontrahierungspflicht bedeutet nicht einen direkten Liefer- und Bezugszwang, sondern beinhaltet nur die Pflicht zum Abschluss der entsprechenden Verträge.[523] Ein entsprechendes Sachurteil vermag im Rahmen der Urteilsvollstreckung die tatsächliche Willenserklärung der Parteien zu ersetzen, wie dies Art. 344 ZPO ausdrücklich festhält.[524]

3.450 Der Kontrahierungszwang geht indessen nicht so weit, dass der Beklagte zum Abschluss eines Vertrages gezwungen werden könnte, welchen er auch beim Vorhandensein eines wirksamen Wettbewerbs nicht eingegangen wäre. Für einen Anspruch nach Art. 13 lit. b KG hat der Kläger deshalb nachzuweisen, dass die Weigerung des Beklagten, den gewünschten Vertrag abzuschliessen, als kartellrechtswidrig zu betrachten ist.[525]

---

520 Zur Definition vgl. WIGET, 32. Keine Folgeverträge sind demgegenüber Verträge, die ein marktbeherrschendes Unternehmen mit der Marktgegenseite schliesst, weil sie für sich allein genommen schon kartellrechtswidrig sind (ZÄCH, N 422).

521 WIGET, 175 ff., 180; HK-HAHN, Art. 13 N 4. A.A. ZÄCH, N 857, der sich darauf beruft, dass Dritte nicht mit der Nichtigkeitsfolge belastet werden dürfen.

522 ZÄCH, N 888.

523 BORER, Art. 13 N 3.

524 ZPO-BOMMER, Art. 344 N 4; HK-HAHN, Art. 13 N 5.

525 HK-HAHN, Art. 13 N 6. Zum kartellrechtlichen Kontrahierungszwang vgl. auch ZÄCH ROGER, Der kartellrechtliche Kontrahierungszwang – Mittel zum Schutz der Wettbewerber und des Wettbewerbs, in: SZW 1992 1 ff.

F. Zuständigkeit und Verfahren

1. Zuständigkeit und anwendbares Recht

a) International

Ein internationaler Sachverhalt liegt immer dann vor, wenn ein anknüpfungsrelevanter Bezug zum Ausland vorliegt, so beispielsweise, wenn eine Partei im Ausland domiziliert ist. 3.451

In internationalen Sachverhalten richtet sich die Zuständigkeit für zivilrechtliche Ansprüche nach Art. 129 IPRG. Im Anwendungsbereich des LugÜ ist auf Art. 2 oder Art. 5 Ziff. 3 LugÜ zurückzugreifen. Eine Partei, welche ihren Sitz in einem LugÜ-Vertragsstaat hat, kann somit entweder vor den Gerichten ihres Wohnsitzes verklagt werden (Art. 2 LugÜ) oder aber in Anwendung von Art. 5 Ziff. 3 LugÜ an jedem anderen Ort, an dem der Erfolg der Wettbewerbsverletzung eingetreten ist.[526] Wenn der Schädiger nicht Wohnsitz in einem LugÜ-Vertragsstaat hat, ergibt sich die internationale Zuständigkeit in Anwendung von Art. 129 IPRG; danach steht dem Geschädigten die Klage am gewöhnlichen Niederlassungsort des Schädigers offen; überdies sind die schweizerischen Gerichte am Handlungs- oder Erfolgsort sowie für Klagen aufgrund der Tätigkeit einer Niederlassung in der Schweiz die Gerichte am Ort der Niederlassung zuständig.[527] 3.452

Nach Art. 137 IPRG unterstehen Ansprüche aus Wettbewerbsbehinderung dem Recht des Staates, auf dessen Markt der Geschädigte von der Behinderung unmittelbar betroffen ist (**Marktauswirkungsprinzip**). Massgeblich ist somit, in welchem Staat sich die Wettbewerber befinden, welche durch die kartellrechtswidrige Verhaltensweise unmittelbar betroffen sind. 3.453

Kommt es zur Anwendung ausländischen Rechts, hält Art. 137 Abs. 2 IPRG ergänzend fest, dass ein Schweizer Richter keine weitergehenden Leistungen zusprechen kann, als dies nach schweizerischem Recht möglich ist. 3.454

b) National

National bestimmt sich die Zuständigkeit nach den allgemeinen Grundsätzen von Art. 9 ff. ZPO. Für kartellzivilrechtliche Ansprüche ist insbesondere Art. 36 ZPO einschlägig, welcher die Zuständigkeit für Klagen aus unerlaubten Handlungen regelt. Danach ist für Klagen aus unerlaubten Handlungen das Gericht am Sitz oder Wohnsitz der geschädigten Person, der beklagten Partei oder am Handlungs- oder am Erfolgsort zuständig. 3.455

526 Vgl. dazu auch Wurmnest Wolfgang, Internationale Zuständigkeit und anwendbares Recht bei grenzüberschreitenden Kartelldelikten, in: EuZW 2012 933 ff.

527 Spitz, 124; Borer, Vorgehen, N 13.16.

2. Vorsorgliche Massnahmen

a) Zuständigkeit und Verfahren

3.456 Vorsorgliche Massnahmen sind Anordnungen des Gerichts, welche provisorisch die Sicherstellung einer definitiven Anordnung bezwecken. Die Anordnung von vorsorglichen Massnahmen war bis anhin der in der kartellzivilrechtlichen Praxis der am häufigsten geltend gemachte Anspruch.[528]

3.457 Die Zuständigkeit beurteilt sich nach Art. 13 ZPO; danach sind vorsorgliche Massnahmen entweder am Hauptsachegerichtsstand, d.h. an den Gerichtsständen nach Art. 36 ZPO, oder am Ort zu erlassen, an dem die Massnahme vollstreckt werden soll.

b) Voraussetzungen

3.458 Die Voraussetzungen für den Erlass vorsorglicher Massnahmen im Kartellzivilverfahren richten sich nach den Bestimmungen der ZPO, namentlich nach Art. 261 ff. ZPO. Damit vorsorgliche Massnahmen gewährt werden, hat die ansprechende Partei glaubhaft zu machen, dass (1) ein ihr zustehender Anspruch verletzt oder eine Verletzung zu befürchten ist (Hauptsacheprognose) und (2) dass ihr aus der Verletzung ein nicht leicht wieder gutzumachender Nachteil droht (Nachteilsprognose) (Art. 261 ZPO). Die Voraussetzungen müssen nur glaubhaft gemacht werden, d.h., der Richter braucht von der Wahrheit nicht völlig überzeugt zu sein, sie aber überwiegend für gegeben zu halten, obwohl nicht alle Zweifel beseitigt sind. **Glaubhaft machen** bedeutet nach h.L. und Praxis mehr als behaupten und weniger als beweisen.[529]

3.459 Für den Erlass vorsorglicher Massnahmen sind die folgenden Voraussetzungen kumulativ zu erfüllen:[530]

- **Materieller Anspruch:** Der Gesuchsteller muss glaubhaft machen, dass ein gegen eine Wettbewerbsbeseitigung gerichteter Beseitigungs- oder Unterlassungsanspruch besteht, welchem eine unmittelbare Verletzung droht.
- Drohender, **nicht leicht wieder gutzumachender Nachteil:** Nicht leicht wiedergutzumachen sind vor allem Schäden, die zwar naheliegen, aber kaum beweisbar und auch schwierig bezifferbar sind, namentlich wenn der Nachteil nicht oder nur schwer mit Geld ausgeglichen werden kann, weil eine mögliche Schadenersatzforderung durch die zweifelhafte Solvenz der Gegenpartei oder aufgrund des besonders schweren Schadensnachweises gefährdet ist.[531]
- **Dringlichkeit:** An den Anspruch der zeitlichen Dringlichkeit dürften im Rahmen von vorsorglichen Massnahmen nicht allzu hohe Anforderungen gestellt werden,

528 Vgl. schon Stoffel, 114.
529 ZPO-Treis, Art. 261 N 15 m.w.H.
530 ZPO-Treis, Art. 261 N 3 ff.; RPW 1999/2 324 ff., 328.
531 RPW 2004/4 1203 ff., 1213.

in der Praxis wird der Nachweis genügen, wenn ein ordentliches Verfahren länger dauern würde als das Massnahmeverfahren.[532]

- **Verhältnismässigkeit:** Nach dem Verhältnismässigkeitsgrundsatz sind Massnahmen nur so weit anzuordnen, als sie zur Abwehr des drohenden Nachteils notwendig sind.

Der Erlass einer superprovisorischen Massnahme – d.h. einer vorsorglichen Massnahme, die sofort und ohne Anhörung der Gegenpartei angeordnet wird – ist zudem an das Erfordernis der **besonderen Dringlichkeit** geknüpft, vorausgesetzt wird allgemein eine qualifizierte zeitliche und sachliche Dringlichkeit (Art. 265 ZPO). Notwendig ist, dass gerade die Anhörung der Gegenpartei den drohenden Nachteil zur Folge hätte.[533] 3.460

Auf den Anspruch auf vorsorglichen Massnahmen ist das summarische Verfahren anwendbar (Art. 252 ff. ZPO). 3.461

3. Vorlage an die Wettbewerbskommission

Eine besondere Kompetenzzuordnungsvorschrift enthält Art. 15 KG. Im Rahmen zivilrechtlicher Verfahren stellt sich grundsätzlich die Frage, ob der Zivilrichter zur Beurteilung der Zulässigkeit bzw. Unzulässigkeit von Wettbewerbsbeschränkungen befugt sein soll oder nicht. Das Problem ergibt sich daraus, dass die materiellrechtlichen Bestimmungen des Kartellgesetzes in parallelen Verfahren sowohl von den Wettbewerbsbehörden als auch von den Zivilgerichten angewendet werden können.[534] 3.462

Das Kartellzivilgesetz regelt dieses Problematik dahingehend, dass der Zivilrichter in einem zivilrechtlichen Verfahren, in welchem eine Wettbewerbsbeschränkung in Frage steht, die Sache der Wettbewerbskommission zur Begutachtung vorlegt (Art. 15 Abs. 1 KG). Der Bundesrat entscheidet, wenn geltend gemacht wird, die unzulässige Wettbewerbsbeschränkung diene der Verwirklichung überwiegender öffentlicher Interessen (Art. 15 Abs. 2 KG). Durch diese Vorschrift soll die einheitliche Anwendung des materiellen Kartellrechts gewährleistet werden. 3.463

Inhaltlich umfasst die Vorlagepflicht aufgrund des Gesetzeswortlautes nur diejenigen Fälle, in denen die **Zulässigkeit** der Wettbewerbsbeschränkung **in Frage steht.** Dies bedeutet, dass eine Vorlagepflicht nicht dann schon gegeben ist, wenn die Zulässigkeit einer Wettbewerbsbeschränkung streitig ist, sondern nur, wenn – unter Berücksichtigung von Lehre und Rechtsprechung – unklar ist, ob eine Wettbewerbsbeschränkung zulässig ist oder nicht.[535] Umgekehrt besteht dann keine Vor- 3.464

532 KG-Jacobs/Giger, Art. 15 N 18.
533 RPW 2004/4 1203 ff., 1213.
534 HK-Schleiffer, Art. 15 N 1.
535 RPW 1997/4 593 ff., 594; Zäch, N 900; Stoffel, 104.

lagepflicht, wenn aus objektiver Sicht die Rechtslage klar ist, beispielsweise wenn eine gefestigte Praxis der Wettbewerbsbehörden besteht.[536]

3.465 Von der Vorlagepflicht sind die folgenden Fälle **ausgenommen:**[537]

- **Vorsorgliche Massnahmen:** Weil das Massnahmeverfahren durch den Grundsatz der zeitlichen Dringlichkeit geprägt ist, würde eine Vorlagepflicht den Sinn und Zweck des Verfahrens verunmöglichen. Der Massnahmeentscheid ist zudem nicht endgültig und kann später noch geändert werden.[538]
- **Bundesgericht:** Weil das Bundesgericht als Rechtsmittelinstanz über die Zivilgerichte und die WEKO waltet und es die Aufgabe hat, die einheitliche Anwendung des Kartellgesetzes sicherzustellen, würde die Vorlagepflicht zu einer unzulässigen Einflussnahme der WEKO führen.[539]
- **Schiedsgerichte:** Auch Schiedsgerichten obliegt keine Vorlagepflicht, weil ihre Einsetzung auf einer privatrechtlichen Parteivereinbarung beruht und sie deshalb neben den staatlichen Rechtssetzungsinstanzen stehen.[540] Möglich wäre es indessen, die Vorlagepflicht für Schiedsgerichte durch Parteiabrede zu begründen.[541]

3.466 Besteht eine Vorlagepflicht, ist die WEKO dazu verpflichtet, ein Gutachten zum in Frage stehenden Sachverhalt abzugeben. Das Zivilgericht ist in der Folge jedoch nicht an die rechtliche Würdigung des Gutachtens gebunden, sondern ist befugt, eine abweichende Beurteilung vorzunehmen.[542] Gleichwohl wird das Gutachten faktisch einen grossen Einfluss auf den zivilrechtlichen Entscheid haben und es ist durch den Zivilrichter pflichtgemäss zu würdigen.[543] Unterbleibt die pflichtgemässe Würdigung, kann dies im Rahmen der Anfechtung des Entscheides gerügt werden.[544] Indessen besteht keine Möglichkeit, das Gutachten selbstständig anzufechten.

3.467 Aufgrund der fehlenden Bindungswirkung enthält das Gutachten indessen keine abschliessende Beurteilung über die Zulässigkeit bzw. die Unzulässigkeit der in Frage stehenden Wettbewerbsbeschränkung. Die Parteien können die Frage der Zulässigkeit im Rechtsmittelverfahren erneut aufbringen.[545]

---

536 Vgl. auch RPW 1997/4 593 ff., 594.
537 Borer, Art. 15 N 5 ff.
538 HK-Schleiffer, Art. 15 N 9.
539 RPW 1997/4 593 ff., 595; HK-Schleiffer, Art. 15 N 8; KG-Jacobs/Giger, Art. 15 N 7.
540 Borer, Art. 15 N 5; HK-Schleiffer, Art. 15 N 11; KG-Jacobs/Giger, Art. 15 N 8; Marbach/Schindler Bühler, N 14.104 ff. m.w.H.
541 Borer, Art. 15 N 5; HK-Schleiffer, Art. 15 N 11.
542 Zäch, N 897; Borer, Art. 15 N 11; HK-Schleiffer, Art. 15 N 25.
543 HK-Schleiffer, Art. 15 N 28. Zur Bindungswirkung vgl. auch Bürgi, 241 ff.; Denoth, 22.
544 KG-Jacobs/Giger, Art. 15 N 28; HK-Schleiffer, Art. 15 N 27.
545 Borer, Art. 12 N 11.

4. Kartellgesetz und Schiedsgerichte

a) Zulässigkeit

Weder das Kartellrecht noch das IPRG bezüglich internationaler oder die ZPO bezüglich nationaler Sachverhalte sehen ein Verbot von Schiedsabreden über kartellrechtliche Streitigkeiten vor. 3.468

Nach Art. 354 ZPO sind sämtliche Ansprüche schiedsfähig, über welche die Streitparteien selber frei verfügen können. Die ZPO ist jedoch nur auf diejenigen Fälle anwendbar, in denen das Schiedsgericht seinen Sitz in der Schweiz hat und beide Parteien Wohnsitz oder Sitz in der Schweiz haben. Sobald eine Partei ihren Sitz im Ausland hat, kommen die Bestimmungen des IPRG zur Anwendung (Art. 353 Abs. 1 ZPO i.V.m. Art. 176 IPRG). Das IPRG erklärt sämtliche vermögensrechtlichen Ansprüche als schiedsfähig (Art. 177 IPRG). 3.469

Aus Sicht des Kartellrechts sind sämtliche vertraglichen sowie ausservertraglichen zivilrechtlichen Ansprüche schiedsfähig.[546] Bei kartellrechtlichen Streitigkeiten handelt es sich regelmässig um vermögensrechtliche Ansprüche, über diese können die Parteien im Allgemeinen auch frei verfügen. 3.470

b) Anwendbares Recht

Im Rahmen der Schiedsgerichtsbarkeit obliegt die Wahl des anwendbaren Rechts den Parteien. Für die Binnenschiedsgerichtsbarkeit sieht Art. 381 ZPO vor, dass das Gericht nach dem von den Parteien gewählten Recht oder nach Billigkeit entscheidet, wenn es von den Parteien dazu ermächtigt wurde. Wenn eine Rechtswahl bzw. eine Ermächtigung fehlt, wendet das Schiedsgericht das Recht an, welches ein staatliches Gericht anwenden würde. Bei einem Schiedsgericht mit Sitz in der Schweiz unter Beteiligung von Schweizer Parteien wird es sich in diesem Fall um Schweizer Recht handeln. 3.471

Die internationale Regelung entspricht mehrheitlich der innerstaatlichen; ein Unterschied liegt immerhin darin, dass bei Fehlen einer Rechtswahl auf das Recht zurückgegriffen wird, welches mit dem Sachverhalt den engsten Zusammenhang hat (Art. 187 Abs. 2 IPRG). 3.472

G. Revision des Kartellgesetzes

1. Geplante Neuregelungen

Im Rahmen der KG-Revision ist eine Ausweitung des Klagerechtes auf Konsumenten vorgesehen. Nach heutiger Ansicht sind Konsumenten mangels Unternehmenseigenschaft nicht zur Ergreifung von kartellzivilrechtlichen Rechtsmitteln legiti- 3.473

546 ZÄCH, N 940; HK-HAHN, Art. 12 N 62; ausführlich: MARBACH/SCHINDLER BÜHLER, N 14.91 ff.

miert.[547] Dies führt in der Praxis dazu, dass es zu einer Haftungslücke kommt, wenn der Abnehmer seinen Schaden auf die Konsumenten abwälzen kann (Passing-on Defense) und deshalb keinen Schaden erleidet.[548] Die Konsumenten, welche den Schaden tragen, können ihre Ansprüche demgegenüber mangels Aktivlegitimation nicht durchsetzen.

3.474 Aus diesem Grund beabsichtigt der Bundesrat, die Aktivlegitimation zur Geltendmachung zivilrechtlicher Ansprüche auf alle Marktteilnehmer auszudehnen. In der neuen Version soll Art. 12 E-KG wie folgt lauten:

Art. 12 E-KG

«Wer durch eine unzulässige Wettbewerbsbeschränkung in seinen wirtschaftlichen Interessen bedroht oder verletzt wird, hat Anspruch auf:

a) Beseitigung und Unterlassung der Wettbewerbsbeschränkung;

b) Feststellung der Unzulässigkeit der Wettbewerbsbeschränkung;

c) Schadenersatz und Genugtuung nach Massgabe des Obligationenrechts;

d) Herausgabe eines unrechtmässig erzielten Gewinns nach Massgabe der Bestimmungen über die Geschäftsführung ohne Auftrag.»

3.475 Mit der neuen Regelung soll Konsumenten sowie allen anderen Endkunden ein Klagerecht zugestanden werden; zu den Endkunden gehören auch öffentlich-rechtliche Abnehmer.[549]

3.476 Bei der Änderung der Formulierung in Art. 12 Abs. 1 lit. a E-KG (anstatt ein Anspruch auf «Beseitigung oder Unterlassung» ein Anspruch auf «Beseitigung und Unterlassung») handelt es sich bloss um eine redaktionelle Änderung, denn das kumulative Bestehen der beiden Ansprüche ist seit jeher von Lehre und Praxis anerkannt, die Präzisierung ist deshalb ohne praktische Konsequenzen.[550] Neu soll in Art. 12 Abs. 1 lit. b E-KG auch die Zulässigkeit einer Feststellungsklage ausdrücklich verankert werden.

3.477 Im Zusammenhang mit der erweiterten Legitimation zur Geltendmachung von zivilrechtlichen Ansprüchen ist auch der Neuvorschlag von Art. 49a Abs. 6 KG zu sehen:

Art. 49a Abs. 6 E-KG

«Richtet ein nach Absatz 1 belastetes Unternehmen zu einem späteren Zeitpunkt gestützt auf einen rechtskräftigen Entscheid Leistungen nach Artikel 12 Buchstaben c und d aus, so stellt die Wettbewerbsbehörde gestützt auf ein entsprechendes Ersuchen des Unternehmens dem Bundesverwaltungsgericht Antrag, die Belastung nach Absatz 1 in angemessenem Umfang zu erlassen oder einen angemessenen Teil zurückzuerstatten.»

3.478 Um eine unbillige Doppelbelastung von Unternehmen zu verhindern, sollen die zivilrechtlich ausgerichteten Leistungen bei der Bemessung der Verwaltungs-

547 Vgl. vorne N 3.410.

548 Heinemann, Kartellzivilrecht, 144.

549 Botschaft 2012, 3948.

550 Vgl. dazu vorne N 3.416 ff.

sanktionen angemessen berücksichtigt werden.[551] Hat ein sanktionsbelastetes Unternehmen auch zivilrechtliche Konsequenzen zu tragen, kann es mit einem entsprechenden Ersuchen um Anrechnung an die Wettbewerbsbehörde gelangen. Diese hat die Möglichkeit, die Busse sodann in angemessenem Umfang zu erlassen, was praktisch zur Konsequenz zu führen vermag, dass Sanktionen teilweise zurückerstattet werden.[552]

Als weiterer Revisionspunkt im Kartellzivilrecht ist vorgesehen, dass die Verjährungsfristen für die Geltendmachung der Ansprüche faktisch verlängert werden. 3.479

Art. 12a E-KG Verjährung

«Während der Dauer einer Untersuchung nach Artikel 27 beginnt die Verjährung von Forderungen aus unzulässiger Wettbewerbsbeschränkung nicht oder steht still, falls sie begonnen hat. Dies gilt entsprechend, wenn die Europäische Kommission auf der Grundlage von Artikel 11 Absatz 1 des Abkommens vom 21. Juni 1999 zwischen der Schweizerischen Eidgenossenschaft und der Europäischen Gemeinschaft über den Luftverkehr ein Verfahren einleitet.»

Damit soll dem Problem begegnet werden, dass aufgrund der heute geltenden einjährigen Verjährungsfrist ein Opfer eines Kartellrechtsverstosses zu einer frühzeitigen Klageerhebung mit mässigen Erfolgsaussichten gezwungen ist.[553] Deshalb soll in Zukunft die Verjährungsfrist ab der Eröffnung der Untersuchung bis zum rechtskräftigen Entscheid stillstehen. Verbessert wird durch die Neuregelung namentlich das Erheben von sog. «Follow-on»-Klagen, d.h. von Schadenersatzklagen, welche sich auf Erkenntnisse des Verwaltungsverfahrens stützen.[554] 3.480

2. Würdigung und Erfolgsaussichten

Änderungen im Bereich des Kartellzivilrechts begegnen in der Praxis gewissen Vorbehalten; befürchtet wird bei jeglicher Steigerung der Attraktivität des Zivilverfahrens, dass es gleich in eine exzessive Klagepolitik nach dem Vorbild der USA münden würde.[555] 3.481

Die vorgesehene Neuregelung wird indessen mehrheitlich begrüsst, obschon sich verschiedene Autoren weitergehende Verbesserungen des Zivilverfahrens gewünscht hätten.[556] Bedauert wird beispielsweise, dass sich die Verlängerung der Verjährung nur auf Fälle beziehe, in denen es zu einer behördlichen Untersuchung kommt, für «Stand-alone»-Klagen, d.h. Klagen, die nicht im Anschluss an ein Kartellverwaltungsverfahren erhoben werden, bleibt es bei der kurzen Verjährungsfrist von einem Jahr.[557] Themen wie ein gestärktes Konsumentenverbandsklagerecht und Vereinfachungen in der Beweisführung wurden gar nicht erst aufgegriffen, was 3.482

551 Botschaft 2012, 3960.
552 Botschaft 2012, 3960.
553 Botschaft 2012, 3949.
554 Zirlick/Lüthi/Stüssi, 41.
555 Heinemann, Kartellzivilrecht, 146; Zirlick/Lüthi/Stüssi, 46.
556 Heinemann, Kartellzivilrecht, 158 f.; Martenet/Heinemann, 870.
557 Heinemann, Kartellzivilrecht, 147.

vor dem Hintergrund des mit der Revision verfolgten Zieles – Stärkung des Kartellzivilrechts – problematisch ist.[558]

3.483 Auch die Sanktionsreduktion, die beim Ausrichten von Schadenersatz erfolgen würde, hat positive Reaktionen hervorgerufen, obschon eine solche zu Lasten der Staatskasse erfolgt.[559]

558 HEINEMANN, Kartellzivilrecht, 151.
559 ZIRLICK/LÜTHI/STÜSSI, 49.

Stichwortverzeichnis

A

B

D

E

F

G

H

L

N

O

P

Q

R

S

T

U

V

W

Z